DAS GROSSE
KOSMOSBUCH DER
NÜTZLINGE

Dr. Manfred Fortmann

DAS GROSSE KOSMOSBUCH DER NÜTZLINGE

Neue Wege der
biologischen
Schädlingsbekämpfung

Franckh-Kosmos

Impressum

Mit 431 Farbfotos von
BASF: 173 o., 175 u., 176 u., 176 o.
Bäuerle: 165 u., 201, 218 l., 259 o. r.
BBA, Biologische Bundesanstalt für Land- und Forstwirtschaft: 25, 96 o. l., 173 u., 181 o.
Bühl: 49, 74 ganz u., 83 o. l., 83 u. l., 88 o., 88 u., 90, 97 M., 97 u., 99 l., 121 r., 122, 164 o. r., 164 o. l., 169, 174, 180 u. l., 183, 185, 187 r., 191 u., 205 o. l., 205 o. r., 205 u., 206, 208 o., 208 u., 211 l., 213 l., 213 r., 214 o., 214 u. l., 214 u. r., 220 o., 220 u., 226 M., 228, 229 o., 230, 232 r., 236 o., 236 u. l., 236 u. r., 241, 274, 275 l.
Dörflinger: 19 l.
Dr. Ehlers: 126, 191 o.
Forster: 92 u., 95 o. l., 95 M. l., 110 o., 180 o. l., 180 o. r.
Dr. Fortmann: 170, 203 o., 251 o., 251 u., 252 o., 252 M., 252 u., 256 o., 256 u., 257 o., 257 u., 258 o., 258 u., 259 o. l., 259 o. l., 269 2. v. o., 269 2. v. u., 269 u.
Grosch: 75 u. l., 85 r.
hapo/Agrimedia: 106
Dr. Heimbach: 260 o., 260 u., 261 o., 261 M., 261 u.
Henseler: 124, 204, 205 o. M.
Hildenhagen: 13, 18, 20 u., 58, 59 u. r., 60 u., 65 u., 76 o. l., 80 o., 81 M. r., 81 u., 84 u., 94 o., 94 M., 94 u., 95 u. l., 96 M., 96 o. r., 99 r., 100 o. l., 100 M. l., 100 o. r., 100 u. r., 101 M., 101 u., 110 o., 111 u. l., 116 o. r., 117 u. l., 113 o. l., 113 o. r., 113 u. l., 113 u. r., 114 o. l., 114 o. r., 114 u. r., 114 u. l., 123, 180 o. r., 181 u.
Dr. Höller: 14, 15 u., 16 o., 22, 73 M., 80 M., 95 M. r., 95 u. r., 96 u., 97 o. l., 97 o. r., 111 u. r., 117 o., 184 l.
Institut für Pflanzenpathologie und Pflanzenschutz, Uni Göttingen: 45, 276
Dr. Keller: 54, 57, 59 o., 59 u. l., 60 o., 98 r., 100 u. l., 101 o. l., 102
Kleinwanzlebener Saatzucht AG: 175 M., 175 o., 254 o., 254 u. l., 254 u. r.
Koppert B. V.: 211 r., 216 u., 222 r., 225, 226 r., 226 u., 229 u., 264 u., 277
Landesanstalt für Pflanzenschutz, Stuttgart: 189
Maywald/Agrimedia: 133
Natterer: 134 o., 134 M., 135, 150 o., 151 o., 155 u., 157, 158 o., 158 u., 159, 148
W. Neudorff GmbH KG: 134 u. r., 136, 140, 153 o., 164 u. l., 195, 200, 208 M. o., 208 M. u., 243 o. l., 243 M., 243 u., 245 o., 245 u., 264 o., 270 o. r., 270 o. l., 270 u., 270 M., 271, 280
W. Neudorff GmbH KG/Redeleit: 19 r., 23, 165 o., 192 o. l., 192 o. r., 192 u. l., 192 u. r., 203 u., 207 l., 207 r., 209 o., 209 u., 216 o., 221, 233 o., 233 u.,

237 o. l., 237 o. r., 237 u. l., 238, 246 o., 246 u., 248 o., 248 u.
Remund: 12 M. r., 15 o., 21 u., 21 o., 46, 47 l., 48, 51 r., 67 o., 82 o., 82 u., 85 l., 92 o., 98 l., 109 o., 109 u., 118 o., 118 M., 134 u. l., 149 u., 151 l., 153 u., 167 u., 186, 224 o., 224 u., 275 r., 282
Reupert: 51 l., 69, 75 o. l., 127, 128, 155 o.
Rohner: 3, 26 o. l., 26 o. r., 26 u. r., 30, 31 l., 32, 33, 35, 36 o. l., 36 u. l., 36 o. r., 36 u. r., 37 o. l., 37 o. r., 37 M., 37 M., 37 u., 38 o. l., 38 o. r., 38 o. M., 38 u., 39 o. l., 39 o. r., 39 u. l., 39 u. r., 40 o. l., 40 o. r., 40 M. r., 40 u. l., 40 u. M., 40 u. r., 41 o., 41 u., 42 o., 42 M., 42 u. r., 43 u., 43 o., 44 u., 44 o., 47 r., 55 o., 56 o. l., 56 u. l., 56 r., 60 M., 62 o., 63, 64 u. r., 67 M., 67 u., 71 l., 74 ganz o., 74 o., 75 r., 78 M., 86 o., 91, 95 o. r., 103 o., 103 u., 104 o., 104 u., 104 M., 105, 107, 116 o. l., 119 o., 121 l., 138, 149 o., 156, 166, 177, 182 u., 184 r., 187 M., 188, 190 o., 231, 232 l., 235 o. l., 235 o., 235 u., 243 o. r., 247 o., 247 u. l., 265, 281
Roßmann: 27
Scharf: 199
Dr. Schlüter: 12 o., 12 u., 16 u. l., 16 u. r., 64 o., 78 l., 81 M. l., 115, 137, 150 u., 182 o., 219, 222 l.
Dr. Schlüter/Agrimedia: 70 u.
Schrameyer: 31 r., 42 u. l., 53 l., 53 o. r., 53 u. r., 62 u., 79 M., 79 o., 80 u. l., 80 u. r., 81 o., 101 o. r., 117 u. r., 118 u., 120 o., 120 M., 120 u., 218 r., 240
Schwegler Vogel- und Naturschutzprodukte GmbH: 154
Dr. Sprick: 20 o., 71 r., 72, 73 o., 73 u., 74 u. r., 74 u. l., 78 r., 83 o. r., 83 u. r., 84 o., 111 o., 116 u. l., 116 u. r., 119 M., 119 o., 119 u., 152
Dr. Zunke: 12 M. l., 26 u. l., 52, 55 u., 64 u. l., 65 o., 70 o., 76 o. r., 76 M., 76 u., 77 o., 77 u., 79 u., 86 u., 87, 93 l., 93 r., 112, 131, 151 M., 153 M., 167 o., 187 l., 190 u., 223, 237 u. r., 269 ganz o.

Sämtliche Zeichnungen stammen aus dem Archiv des Verlages

Umschlaggestaltung von Jürgen Reichert, Stuttgart, unter Verwendung von 8 Farbfotos von Toni Angermayer (obere Reihe: 2. Bild von links; untere Reihe: links außen, 2. Bild von links und rechts außen), Rolf Bühl (untere Reihe: 2. Bild von rechts), Ellen Henseler (obere Reihe: links außen), Koppert B. V. (obere Reihe: 2. Bild von rechts) und W. Neudorff GmbH KG (obere Reihe: rechts außen)

Die Deutsche Bibliothek – CIP-Einheitsaufnahme
Ein Titelsatz für diese Publikation ist bei Der Deutschen Bibliothek erhältlich

2. Auflage
© 1993, 2000 Franckh-Kosmos Verlags-GmbH & Co., Stuttgart
Alle Rechte vorbehalten
ISBN 3-440-06588-X
Lektorat: Bärbel Oftring
Layout: Jürgen Reichert, Stuttgart
Herstellung: DIE HERSTELLUNG, Stuttgart
Printed in Italy/Imprimé en Italie
Satz: Utesch Satztechnik, Hamburg
Reproduktion: Master Image, Singapore
Druck und buchbinderische Verarbeitung: Printer Trento S. r. l., Trento

Alle Angaben in diesem Buch sind sorgfältig geprüft und geben den neuesten Wissensstand bei der Veröffentlichung wieder. Da sich das Wissen aber laufend in rascher Folge weiterentwickelt und vergrößert, muß jeder Anwender prüfen, ob die Angaben nicht durch neuere Erkenntnisse überholt sind. Dazu muß er zum Beispiel Beipackzettel lesen und genau befolgen sowie Gebrauchsanweisungen und Gesetze (zum Beispiel zum Artenschutz) beachten.

Über dieses Buch

Über 'Nützlinge' und insbesondere deren Bedeutung für den biologischen und Integrierten Pflanzenschutz wird in letzter Zeit auffallend viel geschrieben, gesprochen und diskutiert. Ob in Zeitschriften für Freizeitgärtner, in Fachblättern für Erwerbsgärtner und Landwirte oder in wissenschaftlichen Publikationen, auf Tagungen und in Seminaren – 'Nützlinge' stellen ein vielseitiges, interessantes und aktuelles Thema dar. Biologische Verfahren der Schädlingsbekämpfung finden immer mehr Anerkennung und werden zunehmend als Alternative zur Anwendung chemischer Präparate in der Praxis genutzt. Die Nützlinge spielen hierbei eine wichtige Hauptrolle.

Definition 'Nützling'

Der Begriff 'Nützling' wird sowohl in der Literatur als auch in Wissenschaft und Praxis sehr unterschiedlich definiert. Bei den in diesem Buch behandelten Nützlingen wurden vornehmlich tierische Gegenspieler (Antagonisten, natürliche Feinde) von tierischen Schädlingen berücksichtigt (siehe Seite 15). Diese Abgrenzung ist sicherlich willkürlich, entspricht jedoch im wesentlichen der internationalen Terminologie als auch dem allgemeinen Verständnis.

Zum Inhalt

Dieses Buch soll einen umfassenden Überblick geben über die große Artenvielfalt an Nützlingen sowie die zahlreichen Möglichkeiten ihrer Nutzung. Dazu werden zunächst einmal die wichtigsten und auch häufigsten Nützlinge, die bei uns in der freien Natur, im Garten sowie auf gärtnerisch, landwirtschaftlich und forstlich genutzten Flächen vorkommen, vorgestellt und beschrieben (siehe Seiten 26 bis 133). Aber auch seltenere – damit jedoch nicht zwangsläufig weniger wichtige – Familien, Gattungen und Arten von Nützlingen, die vielleicht nicht so bekannt sind, werden erwähnt. Der Schwerpunkt liegt bei den Spinnentieren und Insekten, da die meisten Nützlinge im Stamm der Gliederfüßer zu finden sind. Es folgt eine Darstellung der vielfältigen Maßnahmen und Methoden, die sich zur Ansiedlung, Förderung und Schonung natürlicherweise auftretender Nützlinge durchführen lassen (siehe Seiten 134 bis 163). Recht ausführlich werden die derzeit praktikablen Verfahren des 'gezielten' Einsatzes von Nützlingen erläutert (siehe Seiten 164 bis 269). Einen Blick 'hinter die Kulissen' gewähren die Kapitel über die Prüfung von Nebenwirkungen von Pflanzenschutzmitteln auf Nutzarthropoden (siehe Seiten 162 bis 163) sowie über die Massenzucht von Nützlingen in speziellen Nützlingszuchtbetrieben (siehe Seiten 250 bis 264). Neben den verschiedenen Verfahren des biologischen und Integrierten Pflanzenschutzes werden auch Ansätze der biologischen Schädlingsbekämpfung in der Tierproduktion aufgezeigt. Ein kleines Kapitel befaßt sich mit der Bearbeitung des Themas 'Biologische Schädlingsbekämpfung' im Schulunterricht (siehe Seiten 265 bis 269).

Im Anhang findet der Leser Hinweise auf weiterführende Literatur; es werden auch Filme und Diaserien sowie Bezugsquellen für Nützlinge und Adressen von Nützlingszuchtbetrieben und Institutionen genannt, die sich mit Nützlingen beschäftigen. Alle Informationen und Darstellungen beziehen sich vornehmlich auf die in Mitteleuropa heimischen sowie im Rahmen der biologischen Schädlingsbekämpfung einsetzbaren Nützlingsarten, unter besonderer Berücksichtigung der Situation in der Bundesrepublik Deutschland.

Fachausdrücke

Die Verwendung wissenschaftlicher Namen sowie entomologischer und phytomedizinischer Fachbegriffe ist leider unvermeidbar, da es häufig keine entsprechenden und vor allem eindeutigen deutschen Bezeichnungen gibt. Soweit möglich, werden Fachausdrücke im Text erklärt. Eine kurze Erläuterung verwendeter Fachausdrücke findet man zusätzlich im Anhang (Glossar, siehe Seite 308).

Information und Anregung

Dieses Buch richtet sich in erster Linie an den interessierten 'Laien'; andererseits werden hoffentlich auch 'Fachleute' auf ihre Kosten kommen. Hobby- und Erwerbsgärtner, Land- und Forstwirten, aber auch Beratern, Lehrern, Auszubildenden und Studenten möge es als Einführungs-, Übersichts- und Nachschlagewerk dienen. Es soll dabei nicht nur informieren, sondern auch Anregungen und Empfehlungen geben. Denn – so formulierte es einmal der ehemalige Leiter des Instituts für biologische Schädlingsbekämpfung der Biologischen Bundesanstalt für Land- und Forstwirtschaft in Darmstadt, Professor Franz: »Das Nützlingspotential ist ein Angebot des Ökosystems. An uns wird es liegen, dieses Angebot zu erhalten und die potentielle Nützlichkeit der Nützlinge optimal zu verwirklichen.«

Dr. Manfred Fortmann
Aerzen-Dehrenberg, im Juli 1993

Vorwort

Immer mehr Menschen leben in Städten. Sie erleben Natur oft nur bei Spaziergängen, bei Urlaubsreisen und – wer sich so glücklich fühlen darf – im eigenen Garten. Naturerlebnis ist die Wurzel für Naturliebe, und Naturliebe ist die Quelle für Naturschutz. Wenn durch Wissen noch Naturverständnis hinzutritt, so erwächst daraus bewußter Umweltschutz. Wie viele andere Naturbücher möchte auch das vorliegende die Liebe zur Natur fördern und das Wissen über natürliche Zusammenhänge erweitern. Es setzt bei einem Thema an, das gerade den Gartenfreund anspricht: Denn die Nützlinge tragen dazu bei, daß er nicht durch Schädlinge um den Lohn seiner Mühen gebracht wird. Aber auch der Naturfreund lernt viele Arten von Gliederfüßern und Vertretern anderer Tiergruppen kennen, die unsere Aufmerksamkeit erregen. Sie werden in sehr ansprechenden Bildern vorgestellt, und ihre Lebensweise und Bedeutung werden in prägnanten Textbeiträgen dem Leser nähergebracht. Das Buch führt also von der praktischen Seite der Nützlinge zur vertieften Beschäftigung mit der Natur. Das Werk dürfte damit einen breiten Leserkreis ansprechen.

Der biologische Pflanzenschutz geht auf die Beobachtung zurück, daß alle Lebewesen in einem Beziehungsgeflecht zu anderen stehen und daß sich jede Art nur begrenzt und in Abhängigkeit von anderen entwickeln kann. Wer weiß nicht, daß die Übervermehrung von Mäusen durch Katzen begrenzt werden kann. Die Förster haben schon vor 200 Jahren den Zusammenbruch von Massenvermehrungen bei gewissen Schädlingen durch Insektenkrankheiten oder andere Nützlinge systematisch beobachtet. Von der Beobachtung zum Wunsch

nach praktischer Nutzung ist es nur ein Schritt.

Der Weg bis zur Verwirklichung dieses Wunsches ist jedoch lang. Es müssen wirksame Nützlinge ausgewählt werden, die sich zur Massenzucht eignen, sie müssen lagerfähig sein und transportiert werden können. Darüber hinaus ist ihre Unbedenklichkeit für Mensch und Umwelt zu prüfen. Schließlich sind die zahlreichen Probleme der Anwendung zu klären. Entscheidend dafür, wieweit Nützlinge tatsächlich verwendet werden, sind der Preis, ihre Handhabbarkeit und ihre Wirksamkeit.

Durch umfangreiche und aufwendige Forschungen konnten viele Nützlinge in den praktischen Pflanzenschutz eingeführt werden. Der Verfasser des Buches war selbst in Forschung und Entwicklung maßgeblich und mit großem Engagement tätig. Seine umfangreichen Erfahrungen auf dem Gebiet der Nützlinge vermittelt er dem Leser dieses Buches. Ich wünsche mir, daß Nützlinge mehr als bisher für den Pflanzenschutz verwendet werden, aber nicht gegen die Chemie, sondern als Ergänzung zum chemischen Pflanzenschutz. Je mehr Gärtner und Landwirte bei Schädlingsproblemen vorrangig zu Nützlingen greifen, um so mehr lohnt sich die Erforschung neuer und verbesserter Verfahren und um so konkurrenzfähiger können die Preise sein.

Aber auch der Balkon- und Fenstergärtner kann zur Bekämpfung von Spinnmilben zu nützlichen Raubmilben greifen. Für den Biologielehrer bieten sich eindrucksvolle Schulversuche.

Ich möchte noch ein besonderes Anliegen weitergeben. Der neue Ansatz im Pflanzenschutz besteht darin, die Fortschritte im Naturverständnis mit einzubeziehen. Dazu gehört die Erkenntnis

von den natürlichen Verflechtungen der Lebewesen miteinander und der weiteren Umwelt. Die Einbeziehung natürlicher Regelmechanismen kennzeichnet den Integrierten Pflanzenschutz, das heißt, in der Praxis soll die Verwendung von chemischen Pflanzenschutzmitteln auf das notwendige Maß begrenzt und vorrangig zu alternativen Verfahren gegriffen werden, wie zum Beispiel zu Nützlingen. Die Biologische Bundesanstalt für Land- und Forstwirtschaft läßt nur solche Pflanzenschutzmittel zu, die eine umfangreiche Prüfung ihrer Wirkungen auf den Naturhaushalt, auf den Menschen, auf das Tier und auf das Grundwasser durchlaufen. Die Berücksichtigung der natürlichen Regelmechanismen heißt aber, nicht nur ein umweltfreundliches Mittel fachgerecht anzuwenden, vielmehr gehören zur gesunden Pflege von Pflanzen Umweltbedingungen als vorbeugender Pflanzenschutz. In dieser Forderung gleichen sich Phytomedizin (Pflanzenschutz) und Humanmedizin. Zu gesunden Umweltbedingungen zähle ich die Erhaltung und Förderung von Nützlingen. Sind Nützlinge in ausreichender Zahl zugegen, so erübrigt sich oft der Griff zum besonderen Mittel. Gerade der Kleingärtner hat bei der Förderung von Nützlingen weiten Spielraum, denn er ist ja nicht auf eine hohe Produktionsleistung angewiesen. Aber auch der Landwirt hat viele Möglichkeiten zur natürlichen Schädlingsvorbeuge, was nicht nur etwas Mühe erfordert, sondern ihm auch nutzt. Wie man dies macht? Lesen Sie das Buch!

Prof. Dr. F. Klingauf
Präsident der Biologischen
Bundesanstalt für
Land- und Forstwirtschaft
Berlin und Braunschweig

Inhalt

Über dieses Buch 5
Vorwort von Prof. Dr. Fred Klingauf,
  Präsident der Biologischen Bundesanstalt für Land- und Forstwirtschaft (BBA) 6

Schädlinge und Nützlinge 12

Was ist ein Schädling? 14
Was ist ein Nützling? 14
Räuber und Parasiten in Ökosystemen 17
Nutzarthropoden 17
Nützlinge entdecken, erkennen und erfassen 19
Lebensräume von Nützlingen 19
Erfassung von Nützlingspopulationen 21
Beobachten und bestimmen 22
Biologische Schädlingsbekämpfung 23
Probleme der chemischen Bekämpfung 23
Nützlinge statt Spritzmittel? 23
Verfahren der biologischen Bekämpfung 24

Nützlinge in Garten, Feld und Flur 26

Übersicht und Systematik 28
Gliederfüßer (ARTHROPODA) 29
Spinnentiere (ARACHNIDA) 30
Weberknechte (OPILIONES) 31
Afterskorpione (PSEUDOSCORPIONES) 31
Spinnen (ARANEAE) 32
• Finsterspinnen (AMAUROBIIDAE) 35
• Kräuselspinnen (DICTYNIDAE) 35
• Sechsaugenspinnen (DYSDERIDAE) 35
• Zitterspinnen (PHOLCIDAE) 35
• Plattbauchspinnen (GNAPHOSIDAE oder DRASSODIDAE) 36
• Sackspinnen (CLUBIONIDAE) 36
• Krabbenspinnen (THOMISIDAE) 37
• Laufspinnen (PHILODROMIDAE) 37
• Springspinnen (SALTICIDAE) 38
• Wolfsspinnen (LYCOSIDAE) 38
• Raubspinnen (PISAURIDAE) 39
• Trichterspinnen (AGELENIDAE) 39
• Bodenspinnen (HAHNIIDAE) 40
• Kugel- oder Haubennetzspinnen (THERIDIIDAE) 40
• Strecker- oder Kieferspinnen (TETRAGNATHIDAE) 41
• Radnetzspinnen (ARANEIDAE oder ARGIOPIDAE) 41
• Zwergspinnen (MICRYPHANTIDAE) 43
• Baldachinspinnen (LINYPHIIDAE) 43
• Jagdspinnen (HETEROPODIDAE) 43
Milben (ACARI) 44
• Phytoseiiden (PHYTOSEIIDAE) 46
• Anystiden (ANYSTIDAE) 47
• Stigmaeiden (STIGMAEIDAE) 48
• Trombidiiden (TROMBIDIIDAE) 48
Tausendfüßer (MYRIAPODA) 48
Hundertfüßer (CHILOPODA) 48

Insekten (INSECTA) 49
- Libellen (ODONATA) 50
- Ohrwürmer (DERMAPTERA) 51
- Flechtlinge (PSOCOPTERA) 52
Thripse (THYSANOPTERA) 53
Wanzen (HETEROPTERA) 53
- Blumenwanzen (ANTHOCORIDAE) 55
- Weichwanzen (MIRIDAE) 56
- Sichelwanzen (NABIDAE) 59
- Baumwanzen (PENTATOMIDAE) 60
- Raubwanzen (REDUVIIDAE) 61
Kamelhalsfliegen (RAPHIDIOPTERA) 62
Netzflügler (PLANIPENNIA) 62
- Florfliegen (CHRYSOPIDAE) 63
- Taghafte (HEMEROBIIDAE) 66
- Ameisenjungfern (MYRMELEONIDAE) 68
- Staubhafte (CONIOPTERYGIDAE) 68
Käfer (COLEOPTERA) 69
- Laufkäfer (CARABIDAE) 70
- Sandlaufkäfer (CICINDELIDAE) 74
- Marienkäfer (COCCINELLIDAE) 75
- Kurzflügler (STAPHYLINIDAE) 82
- Weichkäfer (CANTHARIDAE) 84
- Buntkäfer (CLERIDAE) 85
- Jagdkäfer (OSTOMIDAE) 86
- Leuchtkäfer (LAMPYRIDAE) 87
- Aaskäfer (SILPHIDAE) 87
- Zipfelkäfer (MALACHIIDAE) 87
Hautflügler (HYMENOPTERA) 88
- Ichneumoniden (ICHNEUMONIDAE) 91
- Braconiden (BRACONIDAE) 93
- Aphidiiden (APHIDIIDAE) 95
- Apheliniden (APHELINIDAE) 97
- Trichogrammatiden (TRICHOGRAMMATIDAE) 98
- Pteromaliden (PTEROMALIDAE) 99
- Encyrtiden (ENCYRTIDAE) 100
- Mymariden (MYMARIDAE) 101
- Eulophiden (EULOPHIDAE) 101
- Scelioniden (SCELIONIDAE) 102
- Platygasteriden (PLATYGASTERIDAE) 102
- Eucoiliden (EUCOILIDAE) 102
- Cynipiden (CYNIPIDAE) 102
- Dryiniden (DRYINIDAE) 102
- Bethyliden (BETHYLIDAE) 102
- Faltenwespen (VESPIDAE) 103
- Lehmwespen (EUMENIDAE) 105
- Grabwespen (SPHECIDAE) 105
- Ameisen (FORMICOIDEA) 106
Zweiflügler (DIPTERA) 107
- Raupenfliegen (TACHINIDAE) 108
- Schwebfliegen (SYRPHIDAE) 111
- Blattlausfliegen (CHAMAEIIDAE) 117
- Raubfliegen (ASILIDAE) 118
- Tanzfliegen (EMPIDIDAE) 118
- Langbeinfliegen (DOLICHOPODIDAE) 119
- Schnepfenfliegen (RHAGIONIDAE) 119

- Kotfliegen (SCATOPHAGIDAE) 119
- Stelzfliegen (TYLIDAE) 120
- Essig-, Obst- oder Taufliegen (DROSOPHILIDAE) 120
- Gallmücken (CECIDOMYIIDAE) 120
Andere Wirbellose 125
Fadenwürmer (NEMATODES) 125
Mermithiden (MERMITHIDA) 125
Rhabditiden (RHABDITIDA) 125
- Steinernematiden (STEINERNEMATIDAE) 126
- Heterorhabditiden (HETERORHABDITIDAE) 126
Wirbeltiere (VERTEBRATA) 127
Lurche (AMPHIBIA) 127
Kriechtiere (REPTILIA) 127
Vögel (AVES) 128
Säugetiere (MAMMALIA) 130
Insektenfresser (INSECTIVORA) 130
Fledermäuse (CHIROPTERA) 131
Raubtiere (CARNIVORA) 133

Schonung und Förderung von Nützlingen 134

Natürliche Lebensräume für Nützlinge 137
Bedeutung der Ackerwildkräuter 137
Bedeutung von Hecken 138
Ackerkulturen als Nützlingsreservoire 139
Kleinbiotope und Nistplätze 139
Biotope an und in Gebäuden 141
Wichtige Nützlingsbiotope 141
Hecken und Feldgehölze 141
Ackerrandstreifen 144
Sukzessionsstreifen 144
Ökosystem Rebberg 144
Dauergrünland 145
Feuchtbiotope 145
Trocken- und Halbtrockenrasen 145
Brachen und Teilbrachen 146
Obstanlagen 146
Wegränder 146
Bachläufe 147
Naturnahe Kleingewässer 147
Wälder und Waldränder 147
Ansiedlung und Förderung wichtiger Nützlingsgruppen 149
Spinnen 149
Raubmilben 149
Ohrwürmer 150
Raubwanzen 151
Florfliegen 151
Laufkäfer 152
Marienkäfer 152
Weichkäfer 153
Schlupfwespen 153
Solitärwespen 154
Hornissen 155
Waldameisen 155
Schwebfliegen 156
Vögel 157

Igel 158
Fledermäuse 159
Nützlingsschonender Pflanzenschutz 160
Nützlingsprüfungen 162

Nützlingseinsatz in der biologischen Schädlingsbekämpfung 164

Prinzipien der biologischen Schädlingsbekämpfung 166
Verfahren der biologischen Schädlingsbekämpfung 166
Biologischer Pflanzenschutz mit Nützlingen 167
Verwendung nützlicher Insekten, Milben und Nematoden 168
Nützlingseinsatz im Freiland 170
Hinweise für den Nützlingseinsatz im Freiland 171
Nützlinge gegen Maiszünsler 173
• Schlupfwespen (*Trichogramma evanescens*) 173
Nützlinge gegen Apfelwickler, Apfelschalenwickler und Pflaumenwickler 177
• Schlupfwespen (*Trichogramma*-Arten) 178
Nützlinge gegen Schadraupen im Kohlanbau 179
• Schlupfwespen (*Trichogramma*-Arten) 180
Nützlinge gegen Traubenwickler 181
• Schlupfwespen (*Trichogramma*-Arten) 181
Nützlinge gegen Blattläuse 182
• Florfliegen (*Chrysopa carnea*) 183
• Räuberische Gallmücken (*Aphidoletes aphidimyza*) 184
Nützlinge gegen Spinnmilben 184
• Raubmilben (*Typhlodromus pyri*) 185
Nützlinge gegen Blutläuse 187
• Zehrwespen (*Aphelinus mali*) 187
Nützlinge gegen San-José-Schildläuse 188
• Schlupfwespen (*Prospaltella perniciosi*) 188
Nützlinge gegen Dickmaulrüßler 190
• Parasitäre Nematoden (*Heterorhabditis*- und *Steinernema*-Arten) 191
Weitere Einsatzmöglichkeiten im Freiland 193
Nützlingseinsatz unter Glas 195
Anwendung im Gemüsebau 198
Anwendung im Zierpflanzenbau 201
Anwendung im Hobby- und Objektbereich 202
Nützlinge gegen Blattläuse 203
• Räuberische Gallmücken (*Aphidoletes aphidimyza*) 204
• Florfliegen (*Chrysopa carnea*) 208
• Schlupfwespen (*Aphidius*-Arten) 210
• Schlupfwespen (*Aphelinius abdominalis*) 212
Nützlinge gegen Weiße Fliegen 212
• Schlupfwespen (*Encarsia formosa*) 214
Nützlinge gegen Spinnmilben 219
• Raubmilben (*Phytoseiulus persimilis*) 220
Nützlinge gegen Thripse 223
• Raubmilben (*Amblyseius cucumeris, Amblyseius barkeri*) 224
Raubwanzen (*Orius*-Arten) 226
Nützlinge gegen Minierfliegen 228
• Schlupfwespen (*Dacnusa sibirica, Diglyphus isaea*) 229
Nützlinge gegen Woll- und Schmierläuse 231
• Australische Marienkäfer (*Cryptolaemus montrouzeri*) 232
• Schlupfwespen (*Leptomastix dactylopii*) 234

Nützlinge gegen Trauermücken 235
• Parasitäre Nematoden (*Steinernema feltiae*) 236
Nützlinge gegen Dickmaulrüßler 237
• Parasitäre Nematoden (*Heterorhabditis*- und *Steinernema*-Arten) 238
Weitere Einsatzmöglichkeiten unter Glas 238
Nützlingseinsatz in Sonderbereichen 242
Nützlinge gegen Stallfliegen 242
• Schlupfwespen (*Spalangia endius, Muscidifurax raptor*) 245
• Gülleffliegen (*Ophyra aenescens*) 247
Massenvermehrung und Vertrieb von Nützlingen 250
Massenzucht von Nutzarthropoden 250
Zuchtmethoden 255
• Laborzucht von Nutzarthropoden für Nützlingsprüfungen 259
Kontrolle der Nützlingsqualität 260
Nützlingsvertrieb und Beratung 263
Biologische Schädlingsbekämpfung als Unterrichtsthema 265
Vorschläge für die Behandlung des Themas in den Klassen 5 bis 13 266

Weitere Verfahren des biologischen Pflanzenschutzes 270

Biologische und biotechnische Verfahren 272
Mikrobiologische Schädlingsbekämpfung 273
Pilze gegen Schadinsekten 274
Bakterien gegen Schadinsekten 276
Viren gegen Schadinsekten 277
Pilze gegen phytophage Nematoden 278
Biotechnische Schädlingsabwehr 279
Selbstvernichtungsverfahren 283
Anwendung von Naturstoffen 283
Biologische Bekämpfung von Pflanzenkrankheiten 284
Integrierter Pflanzenschutz 286

Schlußbetrachtung (Probleme – Prognosen – Perspektiven) . 287

Kritik an der chemischen Schädlingsbekämpfung 287
Problemlösung biologische Schädlingsbekämpfung 288
Wie nützlich sind Nützlinge? 289
Nützlinge schonen und fördern 290
Massenzucht und Vertrieb von Nützlingen 292
Nützlingseinsatz in Erwerbsgartenbau und Landwirtschaft 295
'Nützlinge' – ein Thema, das uns alle angeht 298

Anhang 300

Übersichtstabelle: Wichtige Schädlinge und ihre natürlichen Gegenspieler 300
Bezugsquellen für Nützlinge 302
Institutionen und Institute 303
Filme und Diaserien 304
Weiterführende Literatur 305
Glossar 308
Register 312

Blattläuse gehören zu den bekanntesten und wichtigsten Schädlingen an gärtnerischen und landwirtschaftlichen Kulturpflanzen (hier: Rosenblattläuse Macrosiphon rosarum).

Unten: Blattläuse haben viele Feinde. Dazu gehören auch die räuberisch lebenden Blumenwanzen (Anthocoridae).

Oben rechts: Der Blattlauslöwe (Drepanopteryx phalaenoides) – hier beim Vertilgen von Holunderblattläusen – gehört zu den Taghaften (Hemerobiidae).

Rechts: Florfliegenlarven (Chrysopa carnea) packen die Blattläuse mit ihren zangenartigen Mundwerkzeugen und saugen sie aus.

Rechts: Der Siebenpunkt-Marienkäfer (Coccinella septempunctata) ist einer der bekanntesten Nützlinge. Sowohl die erwachsenen Käfer als auch die Larven ernähren sich von Blattläusen.

Schädlinge und Nützlinge

In der Natur hat jedes Lebewesen seine Aufgabe und seinen 'Nutzen'. Eine Unterscheidung in 'gut' und 'böse' oder 'schädlich' und 'nützlich' gibt es hier nicht, die haben wir Menschen erfunden. Denn grundsätzlich haben alle Arten ihren eigenen Platz und damit eine Funktion im komplexen Ökosystem 'Natur'. Dies gilt auch für alle Tierarten, die in Mitteleuropa heimisch sind. Fressen und gefressen werden heißt hier das Prinzip. Handelt es sich bei den 'Opfern' – aus unserer Sicht – um Schädlinge, sprechen wir bei den 'Tätern' von Nützlingen.

Was ist ein 'Schädling'?

Sprechen wir von 'Schädlingen', meinen wir i.d.R. Arten, die durch übermäßiges Auftreten an unseren Kulturpflanzen Schäden bzw. Ertragsverluste verursachen oder die Qualität des Erntegutes mindern. Vornehmlich handelt es sich dabei um Insekten oder Milben. Aus der Sicht des Pflanzenschutzes können ferner Nematoden (Älchen, Fadenwürmer) sowie teilweise auch Mäuse, Vögel und andere Wirbeltiere als Schädlinge eingestuft werden.

Pflanzenfresser

Es gibt viele Tiere, die sich von unseren Kulturpflanzen ernähren. Unter Umständen können sie sich so stark vermehren und dann so massenhaft auftreten, daß die Pflanzen Schaden nehmen oder gar absterben. Es wundert also nicht, daß wir die 'Schuldigen' gemeinhin als 'Schädlinge' bezeichnen. In der Fachsprache heißen die Pflanzenfresser 'Phytophage'. Handelt es sich bei diesen Schädlingen um Gliederfüßer (ARTHROPODA), spricht man auch von 'Schadarthropoden'.

Einige Schädlinge unserer Nutz- und Zierpflanzen sind bezüglich ihres Nahrungsbedarfs und ihrer Lebensbedingungen verhältnismäßig wenig spezialisiert. Andere wiederum sind an einige wenige Pflanzenarten angepaßt, manchmal an eine einzige oder sogar an ein bestimmtes Organ dieser Pflanzenart.

Beispiel Blattläuse

Pflanzenschädlinge haben i.d.R. eine sehr hohe Vermehrungsrate, die sowohl auf einer großen Fruchtbarkeit als auch auf einer raschen Entwicklung beruht. Am Beispiel der Blattläuse wird dies besonders deutlich: Bei der Mehligen Apfelblattlaus oder der Grünen Pfirsichblattlaus können Sommerweibchen 30 bis 70 Junge (Larven) hervorbringen, die wiederum nach weniger als 2 Wochen ausgewachsen sind und bereits selbst Junge gebären. Ein einziges Individuum könnte demnach theoretisch schon nach 1 Monat mehrere Tausend, nach 2 Monaten mehrere Millionen und nach 3 Monaten mehrere Milliarden Nachkommen haben.

Die enorme Vermehrungsfähigkeit einiger Schädlinge ist übrigens auch ein Grund dafür, daß viele Arten nach einer chemischen Bekämpfung durch das Überleben einiger weniger Individuen schnell wieder große Populationen aufbauen können. Man spricht hier von der sog. Resistenzbildung ('Mittelresistenz').

Parasitische Hautflügler – wie die hier gezeigte Schlupfwespe Aphelinus varipes beim Anstechen einer Getreideblattlaus (Rhopalosiphum padi) – spielen eine große Rolle als Antagonisten landwirtschaftlicher Schädlinge.

Natürliche Regulationsmechanismen

Daß es oft nicht zur geschilderten Übervermehrung von Pflanzenschädlingen kommt, verdanken wir einer Vielzahl natürlicher Regulationsmechanismen: Da das Nahrungsangebot (Qualität und Quantität der Wirtspflanzen) bei der Massenvermehrung zwangsläufig immer knapper wird, treten die Individuen einer Schädlingsart miteinander, gegebenenfalls auch mit den Individuen anderer Arten, in eine 'intraspezifische' respektive 'interspezifische' Konkurrenz. Es kommt zur Abwanderung von Teilen der Population, zu einem Rückgang der Geburtenzahl und einer Zunahme der Sterblichkeit (Mortalität).

Doch diese Regulationsfaktoren allein sind nicht ausschlaggebend dafür, daß Schädlingskalamitäten ausbleiben. Eine zentrale Rolle bei der Erhaltung des natürlichen Gleichgewichtes nehmen die 'natürlichen Feinde' bzw. 'Nützlinge' ein. Diese 'Gegenspieler' profitieren von einer Massenvermehrung ihrer Wirts- und Beutetiere. Da sie sich aufgrund des guten Nahrungsangebotes stärker vermehren können, fallen ihnen auch entsprechend mehr Schädlinge zum Opfer. Daraus wird bereits deutlich, daß es ohne Schädlinge natürlich auch keine Nützlinge geben würde.

Was ist ein 'Nützling'?

Als 'Nützlinge' bezeichnen wir die natürlichen Feinde der Schädlinge. Die meisten 'nützlichen' Arten finden sich bei den Insekten, Spinnen, Milben und Nematoden. Doch auch mikroskopisch kleine Krankheitserreger von Schädlingen bzw. Schaderregern, nämlich Mikroorganismen wie Bakterien, Protozoen, Pilze und Viren, gehören zu den Gegenspielern. Als Vertilger von Schädlingen können ferner Säugetiere, Vögel, Kriechtiere und Lurche eine mehr oder weniger große Rolle spielen.

Gegenspieler der Schädlinge

In der Literatur wird der Begriff 'Nützling' nicht einheitlich verwendet und ist unterschiedlich definiert. Entsprechend der im Pflanzenschutz gebräuchlichen Terminologie sollen im folgenden unter 'Nützlingen' tierische Makroorganismen verstanden werden, die als Gegenspieler (Antagonisten, natürliche Fein-

Was ist ein Nützling?

de) von Pflanzenschädlingen einen positiven Einfluß auf den Befallsstatus einzelner Pflanzen oder eines Pflanzenbestandes haben. Diese Einflußnahme erfolgt i. d. R. durch eine 'Interaktion' mit dem Schadorganismus. Einfacher ausgedrückt, handelt es sich also bei den Nützlingen um Lebewesen, die die Schädlinge an unseren Kulturpflanzen reduzieren.

Nützliche Makroorganismen

Zu den Nützlingen werden sowohl die natürlich vorkommenden als auch die 'produzierbaren' und 'applizierbaren', d. h. für gezielte Freilassungen in großer Anzahl züchtbaren, tierischen Makroorganismen gerechnet. In Anbetracht ihrer Artenvielfalt und Bedeutung für den Pflanzenschutz werden dabei nützliche Arthropoden (Gliederfüßer) sowie Nematoden besonders berücksichtigt. Doch auch unter den Wirbeltieren finden sich wichtige natürliche Feinde von Schädlingen. Vögel, Fledermäuse, Igel, Maulwürfe, Spitzmäuse, Blindschleichen, Eidechsen und Kröten tragen oft wesentlich dazu bei, daß sich Schädlinge nicht in Massen vermehren.

Antagonisten unerwünschter Organismen

Sofern es sich um Nützlinge handelt, die von Insekten, aber auch von Milben oder anderen Gliederfüßern leben, spricht man von 'Entomophagen'.

Ferner gibt es Arten, die sich von pflanzenschädigenden Nematoden oder Pilzen ernähren. Und sogar Pflanzenfresser können zu Nützlingen werden, wenn sie Unkräuter (unerwünschte Wildkräuter) vertilgen und damit deren Ausbreitung verhindern.

Da es jedoch auch außerhalb des Pflanzenschutzes natürliche Gegenspieler oder Feinde von Lästlingen und Schädlingen gibt

*Ganz oben: Blumenwanzen leben räuberisch. Diese Orius-Larve vertilgt gerade eine Spinnmilbe (Tetranychus urticae).
Oben: Fliegen, aber auch Blattläuse, Weiße Fliegen, Thripse u. a. Insekten werden häufig durch entomophage Pilze infiziert und abgetötet.*

(z. B. Gegenspieler von Stallfliegen, siehe Seite 242), können Nützlinge auch ganz generell als 'Antagonisten unerwünschter Organismen' definiert werden. Dieser Begriff läßt sich dann jedoch nicht auf tierische Makroorganismen beschränken, sondern schließt vielmehr auch nützliche Mikroorganismen und Viren ein.

Nützliche Mikroorganismen

Pilze, Bakterien, Protozoen (Einzeller, Urtierchen) und Viren können als Krankheitserreger (Pathogene) von Pflanzenschädlingen von großer Bedeutung sein. Teilweise lassen sie sich in Massen züchten, zu Präparaten 'formulieren' und als 'biologische Pflanzenschutzmittel' (Bio-Präparate) einsetzen. Nützliche Mikroorganismen und Viren werden im Kapitel 'Weitere Verfahren des biologischen Pflanzenschutzes' vorgestellt und beschrieben (siehe Seite 270).

Makro- und Mikroorganismen, die als natürliche Feinde, Gegenspieler bzw. Antagonisten von Schädlingen bzw. Schaderregern fungieren, werden auch übergreifend als 'Nutzorganismen' bezeichnet.

Können Nützlinge zu Schädlingen werden?

Im Zusammenhang mit der biologischen Bekämpfung von Pflanzenschädlingen, bei der Nützlinge oft in großen Mengen

16 Schädlinge und Nützlinge

freigelassen werden, taucht immer wieder die Frage auf, ob die Nützlinge nicht selbst auch zu Schädlingen werden können, wenn sie ihre Beute restlos vertilgt haben. Tatsächlich gibt es einige Arten, die sowohl tierische als auch pflanzliche Nahrung aufnehmen können (z.B. Ohrwürmer, Wanzen, Vögel). Die meisten räuberisch und parasitisch lebenden Nützlinge sind jedoch allein aufgrund ihres angeborenen Verhaltens ausschließlich auf eine 'zoophage' bzw. 'entomophage' Ernährungsweise spezialisiert. Ihre Mundwerkzeuge können kein pflanzliches Futter aufnehmen, und ihre Verdauungsorgane können die im Pflanzenmaterial enthaltenen Nährstoffe nicht ausnutzen. Zu diesen 'ausschließlich nützlichen' Arten gehören insbesondere auch diejenigen Nützlinge, die gezielt zur biologischen Schädlingsbekämpfung eingesetzt werden (siehe entsprechendes Kapitel ab Seite 164).

Nutzbare Arten

Natürlich können Tiere dem Menschen auch noch in ganz anderer als der oben beschriebenen Weise 'nützlich' sein. Erwähnt seien beispielsweise die Insekten, die sich als Honiglieferanten, als Blütenbestäuber, Seidenproduzenten oder Humusbildner und Bodenverbesserer äußerst nützlich machen. Auf diesen 'Typ' von Nützlingen, die auch als 'nutzbare' Insekten bezeichnet werden, soll aber im weiteren Verlauf nicht näher eingegangen werden.

Indifferente Arten

Neben den eindeutig als Schädlinge oder Nützlinge zu klassifizierenden Organismen gibt es natürlich noch eine große, wenn nicht insgesamt die größte Anzahl an Tierarten, die – aus der Sicht des Menschen – weder schädlich noch nützlich erscheinen oder von welchen man ganz einfach noch zuwenig weiß. Man spricht hier von den sog. 'indifferenten' Arten. Diese Arten können andererseits auch wieder (indirekt) nützlich sein, da sie z.B. räuberischen Nützlingen als Ersatznahrung oder Parasiten als Ersatzwirte (Ausweichwirte, Alternativwirte) dienen können.

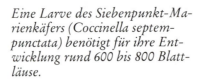

Eine Larve des Siebenpunkt-Marienkäfers (Coccinella septempunctata) benötigt für ihre Entwicklung rund 600 bis 800 Blattläuse.

*Ganz oben: Auch Parasiten von Schädlingen können wiederum von Parasiten befallen werden. Die Schlupfwespe Dendrocerus carpentari (hier an einer bereits parasitierten Getreideblattlaus) ist ein 'Hyperparasit' von Aphidius-Schlupfwespen.
Oben: Die Honigbiene (Apis mellifera) zählt zu den 'nutzbaren' Insekten. Sie ist dem Menschen zwar äußerst nützlich, lebt aber weder räuberisch noch parasitisch von Schädlingen und gehört deshalb nicht zu den in diesem Buch behandelten 'Nützlingen'.*

Räuber und Parasiten in Ökosystemen

Nützlinge spielen im sog. 'Massenwechsel' der Schädlinge, d. h. der Veränderung der Populationsdichte einer Art im Verlauf einer Generation, eine ganz wesentliche Rolle: Das Risiko starker Schädlingsvermehrungen ist viel geringer, wenn eine ausreichend große Zahl von natürlichen Feinden vorhanden ist.

Biologisches Gleichgewicht

In der freien Natur wird sich, auch wenn die Populationsdichte einer Art einmal kurzfristig ansteigt, immer wieder ein biologisches bzw. natürliches Gleichgewicht einstellen. Durch Bewirtschaftung, Landschaftsgestaltung, Bebauung und andere Maßnahmen greifen wir jedoch ganz entscheidend in dieses natürliche Schädling-Nützling-Gefüge ein. Dies zeigt die Entwicklung der Landwirtschaft in den letzten Jahrzehnten, die auf die Schädlinge vorwiegend fördernd, auf die Nützlinge jedoch eher hemmend gewirkt hat.

Basierend auf der Feststellung, daß Nützlinge vielfach in der Lage sind, Schädlingspopulationen unter Kontrolle zu halten, würde eine konsequente Nützlingsförderung also das Risiko von Schädlings-Massenvermehrungen erheblich vermindern. Bevor wir uns jedoch mit dieser Problematik intensiver auseinandersetzen, sollen zunächst einmal die große Vielfalt der Nützlinge sowie deren Ansprüche und Lebensweisen vorgestellt werden.

Nutzarthropoden

Für gartenbauliche sowie land- und forstwirtschaftliche Kulturen spielen als Nützlinge die Gliederfüßer (ARTHROPODA), und hier insbesondere die Spinnen, Milben und Insekten, eine ganz herausragende Rolle. Diese sog. 'Nutzarthropoden' lassen sich aufgrund ihrer Lebensweise oder – genauer gesagt – durch die Art ihrer 'Interaktion' mit dem Schädling in zwei große Gruppen einteilen: die 'Räuber' (auch Prädatoren genannt) und die 'Parasiten' (auch Schmarotzer oder Parasitoide genannt). Auch die ihnen zum Opfer fallenden Schädlinge werden begrifflich unterschieden: Bei den Räubern spricht man von 'Beute' oder 'Beutetieren', bei den Parasiten von 'Wirten' oder 'Wirtstieren'. Erwähnt sei an dieser Stelle, daß alle zu den Nützlingen zählenden Wirbeltiere (siehe Seiten 127 bis 133) ausschließlich 'räuberisch' leben.

Räuber-Beute- und Parasit-Wirt-Beziehungen zu kennen und beurteilen zu können ist vielleicht nicht unbedingt eine Voraussetzung, sicher aber eine Hilfe zum besseren Verständnis biologischer und ökologischer Zusammenhänge. Denn die zahlreichen und vielseitigen Wechselwirkungen und Wirkungsgefüge zwischen und innerhalb der verschiedenen Organismengruppen in den unterschiedlichsten Lebensräumen beinhalten fast immer auch Beziehungen zwischen 'Nützlingen' und 'Schädlingen'.

Räuber (Prädatoren)

Räuberisch lebende Gliederfüßer benötigen für ihre Entwicklung stets mehrere Beutetiere, vielfach sogar mehrere Hundert. Sie sind i. d. R. größer als ihre Opfer und meist wenig spezialisiert. Bei vielen Nutzarthropodenarten leben sowohl die Larven als auch die Adulten (Erwachsene, Imagines) räuberisch. Einige lauern in Verstecken auf ihre Beute oder bauen mehr oder weniger komplizierte Fallen (z. B. Netze der Spinnen). Andere wiederum stellen ihren Beutetieren nach, sei es an der Erdoberfläche, an Pflanzen oder im Flug. Die Beutetiere werden meist sofort getötet, oft auch vorher betäubt und dann gefressen oder ausgesaugt. Das Nahrungsspektrum der Räuber ist grundsätzlich breiter als das der Parasiten.

Schutz- und Säuberungsräuber

Im Pflanzenschutz unterscheidet man zwischen 'Schutzräubern' und 'Säuberungsräubern'. Schutzräuber sind bereits vor der Massenvermehrung eines Schädlings in einem Pflanzenbestand vorhanden. Da sie nicht auf bestimmte Beutetiere spezialisiert sind, können sie auf Ersatznahrung (z. B. indifferente Arten, Pollen) ausweichen. Säuberungsräuber dagegen treten erst nach einer Schädlingsvermehrung in Erscheinung und wandern nach Vertilgung der Schädlinge wieder ab. Es handelt sich dabei meist um Insekten mit gutem Flugvermögen.

Parasitoide (Parasiten)

Parasiten benötigen für ihre Entwicklung nur ein Wirtstier, dessen Tod meist erst nach einiger Verzögerung eintritt. Da der Wirt also abgetötet wird, ist der Ausdruck 'Parasitoid' eigentlich treffender. Trotzdem wird im folgenden – der Einfachheit halber und weil in der Literatur und in unserem Sprachgebrauch häufiger genutzt – von 'Parasiten' die Rede sein.

Schädlinge und Nützlinge

Endo- und Ektoparasiten

Genaugenommen leben nur die Parasitenlarven 'parasitisch', die meist winzigen Imagines leben frei. Es sind oft Blütenbesucher, allerdings nehmen einige auch Körperflüssigkeit des Wirtstieres ihrer Larven auf ('host-feeding'). Diese leben im Körperinneren ihrer Wirte (endoparasitisch) oder an deren Außenseite (ektoparasitisch) und ernähren sich zunächst von der Wirts-Körperflüssigkeit, später auch von den Wirts-Organen. Die ganze Entwicklung erfolgt auf Kosten eines einzigen Wirtstieres, das dabei meist gänzlich verzehrt wird.

Die Parasitenweibchen legen ihre Eier entweder in unmittelbarer Nähe, auf die Körperoberfläche oder auch im Inneren des Wirtstieres ab. Dabei kann der Wirt von seinem Parasiten auch unter der Erde oder selbst im Inneren verholzter Pflanzenteile ausgemacht werden. Häufig wird das Wirtstier beim Anstich gelähmt.

Grad der Spezialisierung

Die Parasiten sind i.d.R. weit enger spezialisiert als die Räuber, d.h., jeder Parasit greift nur eine kleine Zahl (phytophager) Arten an, manchmal nur eine einzige. Sie werden wie folgt eingeteilt: 'Monophage' Parasiten sind nur auf eine oder auf wenige nahe verwandte Wirtsarten spezialisiert. 'Oligophage' Parasiten sind auf Arten spezialisiert, die zu einer einzigen Insektenfamilie gehören. 'Polyphage' Parasiten sind auf mehrere Familien einer einzigen Insektenordnung spezialisiert. Zwischen diesen Gruppen gibt es Übergänge.

Ei-, Larven-, Puppen- und Imaginalparasiten

Zudem sind Parasiten auf ein bestimmtes Entwicklungsstadium des Wirtes angewiesen. Bei den Insekten sind dies das Ei-, das Larven-, das Puppen- (nur bei Arten mit 'vollkommener Verwandlung', siehe Seite 50) und das Imaginalstadium (erwachsenes Insekt). Entsprechend gibt es Ei-, Larven-, Puppen- und Imaginalparasiten. Ein Eiparasit beispielsweise belegt das Eistadium des Wirtes, und erst die ausgewachsene Parasitenlarve oder die Imago schlüpft aus der Wirtslarve.

Gregär- und Solitärparasiten

Man unterscheidet ferner gregäre und solitäre Parasiten. Die Weibchen der 'Gregärparasiten' legen in oder auf einem einzigen Wirt mehrere Eier ab, die sich zu ebenso vielen Imagines entwickeln können. Mehrere Larven entwickeln sich also im gleichen Wirt. Die Weibchen der 'Solitärparasiten' dagegen legen normalerweise nur ein einzelnes Ei pro Wirt ab. Es kann sich dann auch nur ein Individuum im Wirt entwickeln. Die Weibchen mehrerer Schlupfwespenarten sind in der Lage festzustellen, ob ein Wirt schon von einer Artgenossin belegt worden ist, und belegen diesen Wirt dann im allgemeinen nicht noch einmal.

Super- und Multiparasitismus

Befinden sich mehr als eine Parasitenlarve in einem Wirt, kann

Schlupfwespe (Diaeretiella rapae) beim Anstechen einer Mehligen Kohlblattlaus (Brevicoryne brassicae).

sich häufig trotzdem nur eine Larve bis zur Imago entwickeln, und die überzähligen Larven sterben ab. Eine solche 'Mehrfachbelegung' eines Wirtes durch die gleiche Parasitenart nennt man 'Superparasitismus'. Bei manchen Arten teilt sich jedoch das in den Wirt abgelegte Ei in mehrere, so daß sich daraus dann viele Parasiten entwickeln können (Polyembryonie). Wird ein Wirtstier gleichzeitig von zwei oder mehreren Parasitenarten belegt, spricht man von 'Multiparasitismus'. Es bleibt dann jedoch meist nur eine Art am Leben, oder beide gehen zugrunde.

Hyperparasiten

Auch Parasiten ('Primärparasiten' von Kulturpflanzenschädlingen) selbst können wieder von Parasiten befallen werden; diese werden dann als 'Hyper- oder Sekundärparasiten' bezeichnet. Hyperparasiten wiederum können 'Tertiärparasiten' zum Opfer fallen.

Nützlinge entdecken, erkennen und erfassen

Wer Nützlinge finden will, muß eigentlich nicht lange suchen. Überall wo Schädlinge auftreten, werden auch ihre natürlichen Gegenspieler zu entdecken sein. Dies gilt insbesondere für die Nutzarthropoden. Nur wer sich nicht auskennt, wird beispielsweise einem Insekt nicht unbedingt gleich auf den ersten Blick ansehen, ob es sich dabei tatsächlich um einen Nützling handelt. Es sei denn, man ertappt es 'in flagranti', also beim Verzehren oder Parasitieren eines Schädlings. So kann es auch vorkommen, daß Nützlinge für Schädlinge gehalten und sogar bekämpft werden. Andererseits ist auch eine Bekämpfung von Schädlingen oftmals völlig überflüssig, da die anwesenden Nützlinge das 'Problem' ganz allein 'in den Griff gekriegt' hätten. Dazu kommt dann noch, daß man durch das Abtöten der Schädlinge den Nützlingen die Nahrungsgrundlage entzieht.

Lebensräume von Nützlingen

Hilfreich ist in jedem Fall, nicht nur die Nützlinge zu kennen und rechtzeitig zu entdecken, sondern auch zu wissen, wann und wo mit einem verstärkten Auftreten von Räubern und Parasiten zu rechnen ist. Dazu gehört zunächst einmal die Kenntnis über deren bevorzugte Lebensräume (Biotope). Bevor wir uns also mit den Nützlingen selbst, ihrer Biologie sowie den vielfältigen Möglichkeiten ihrer 'Nutzung' auseinandersetzen, sollen kurz einige Standorte vorgestellt werden, die für die Entwicklung und damit für das Überleben von Nützlingen von Bedeutung sind.

Nützlinge in Gärten

Jeder noch so kleine Garten ist ein 'Stück Natur' und – wenn man es richtig macht – auch ein wertvoller Lebensraum für eine artenreiche Flora und Fauna. Je vielfältiger der Garten gestaltet ist, um so attraktiver ist er natürlich für zahlreiche Lebewesen. So sollte die Bepflanzung möglichst abwechslungsreich, aber standortgerecht sein. Bei der Auswahl der Pflanzen sollte man heimischen Arten den Vorzug gehen. Eine Mischung aus Laub- und Nadelgehölzen mit einer Kraut- und Laubschicht am Boden, Büsche und Hecken, eine kleine Wiese mit Wildblumen gehören ebenso dazu wie Stauden- und Mischkulturbeete. Bei allen Pflege-, Düngungs- und Pflanzenschutzmaßnahmen müssen die Bedürfnisse der Natur Beachtung finden, jeder unnötige oder störende Eingriff in den 'Naturhaushalt' ist zu vermeiden.

Jeder Gärtner, der sich an diese Grundregeln hält, wird sehr bald feststellen, daß sich neben indifferenten und schädlichen Tierarten zunehmend die verschiedensten Nützlingsarten ansiedeln werden.

Viele Nützlinge sind erst auf den zweiten Blick zu entdecken. Sie sitzen – wie diese Schwebfliegenlarve – häufig auf den Blattunterseiten.

Staudenbeete locken viele Nützlinge in den Garten. Hier lassen sich Schwebfliegen, Schlupfwespen u. a. Blütenbesucher bei der Aufnahme von Pollen und Nektar beobachten.

Schädlinge und Nützlinge

Biogärten

Reine Wild- und Naturgärten, in denen sich Pflanzen und Tiere weitgehend ungestört entfalten dürfen, sind natürlich auch für Nützlinge ein idealer Lebensraum. Doch auch gepflegte Biogärten, in denen nach den Prinzipien des naturgemäßen Gartenbaus gehandelt wird, können den vielfältigen Ansprüchen der Nützlinge gerecht werden. Man muß also nicht auf den Anbau von Obst, Gemüse, Kräutern und Zierpflanzen verzichten. Ganz im Gegenteil: Kulturpflanzen sind für Schädlinge oft besonders attraktiv, und wo Schädlinge sind, werden sich auch Nützlinge einstellen. Zudem kann der Gärtner mit wenig Aufwand den Nützlingen 'behilflich' sein: Von pollen- und nektarspendenden Blütenpflanzen bis zu Insektennisthölzern und Fledermauskästen reicht die große Palette nützlingsfördernder Maßnahmen (siehe Seiten 134 bis 163).

Nützlinge in Agrarlandschaften

Ackerland ist gekennzeichnet durch kurzdauernde, einjährige Monokulturen (Reinkulturen) und eine geringe ökologische Vielfalt (wenige Pflanzen- und Tierarten). Nur wenige Nützlingsarten, aber auch nur wenige Schädlingsarten können hier überdauern. Bodenbearbeitungen, Pflanzenschutzmittel- und Düngemittelanwendungen und schließlich das Abernten der Kultur sind die Ursachen für ihr Abwandern oder Absterben. Während Schädlinge im Frühling auch aus weit entfernten Überwinterungsstandorten in die einjährigen Kulturen einfliegen können, wandern die meisten Nützlinge aus nahegelegenen Verstecken und Biotopen ein.

Ökologische Ausgleichsflächen

Je vielseitiger und kleinstrukturierter die Landschaft ist, desto bessere Rückzugsmöglichkeiten in nächster Nähe bieten sich den Nützlingen, die dann aus diesen 'natürlichen Refugien' wieder in Kulturpflanzenbestände 'einwandern' können. Daher haben die sog. 'ökologischen Ausgleichsflächen', wie z.B. extensiv bewirtschaftete Wiesen, Feuchtbiotope, Hecken, ungedüngte Wegränder und Brachflächen, in der Nähe von Ackerkulturen eine große Bedeutung (siehe Seiten 137 bis 148).

Wildkräuter

Angesäten und natürlich vorkommenden Ackerwildkräutern wird eine Schlüsselfunktion für eine 'Ökologisierung' der Landwirtschaft zugeschrieben: Sie locken in großem Umfang Nützlinge an, die als Blütenbesucher, an den grünen Teilen der Pflanzen, überwinternd an abgestorbenem Pflanzenmaterial oder im Boden darunter nachgewiesen werden konnten. Blütennektar ist als Nahrung für viele landwirtschaftlich relevante Nutzarthropoden, wie z.B. Schlupfwespen und Schwebfliegen, sehr wichtig. Gute Nektarspender sind speziell die Doldenblütler, die man häufig an Wegrändern findet (siehe Seiten 137 und 144).

Der Vierzehnpunkt-Marienkäfer (Propylaea quatuordecimpunctata) vertilgt die verschiedensten Blattlausarten. Auch die Larve lebt räuberisch.

Petersilie u.a. Doldenblütler stellen nicht nur für Schwebfliegen (Syrphidae) eine wichtige Nahrungsquelle dar. Häufig findet man hier auch Schlupfwespen, Florfliegen, Weichkäfer u.a. Nützlinge.

Wiesen

Extensiv bewirtschaftete Wiesen können mit ihrem Reichtum an Pflanzenarten die Nahrungsgrundlage für eine große Zahl von pflanzenfressenden und Pflanzensaft saugenden Insekten bilden, wobei es sich überwiegend um landwirtschaftlich unbedeutende Arten und nur in geringerem Umfang auch um Schädlinge von Kulturpflanzen handelt. Von und in diesen Insekten können sich viele Räuber und Parasiten entwickeln, die dann in die Ackerkulturen übersiedeln (siehe Seite 145).

Hecken und Waldränder

Hecken und Waldränder mit krautigem Unterwuchs stellen Überwinterungsorte sowohl für Schaderreger als auch für viele Nützlinge dar. In Hecken und Feldgehölzinseln halten sich beispielsweise viele Marienkäfer, Laufkäfer und Kurzflügler sowie Raubmilben und Schlupfwespen auf. Da die hier überwinternden Schädlinge i.d.R. eine frühe Entwicklung ihrer natürlichen Feinde ermöglichen, tragen Hecken entscheidend dazu bei, die Gefahr von Massenvermehrungen bei diesen Schädlingen zu vermindern (siehe Seiten 138 bis 147).

Erfassung von Nützlingspopulationen

Zur Biologie vieler Nützlingsarten gibt es bereits umfangreiche Kenntnisse. Morphologische und physiologische Eigenschaften, Lebensdauer, Entwicklungszyklen, Wirts- bzw. Beutetierspektren, Fraßleistungen, Parasitierungsraten usw. wurden und werden in Labor- und Freilanduntersuchungen ermittelt. Um jedoch die Wirksamkeit natürlicherweise vorkommender wie auch freigelassener Nützlinge auf Schädlingspopulationen im Gartenbau sowie in der Land- und Forstwirtschaft beurteilen zu können, ist es notwendig, die 'Dynamik' beider Gruppen zu erfassen.

Erfassungsmethoden

Die Erfassungs- und Beobachtungsmethoden zur Beurteilung der sog. faunistischen Bewegungen in einem Habitat sind sehr vielfältig. Für eine Beurteilung der Aktivitätsdichte bzw. Populationsentwicklung spielt neben visuellen Boniturmethoden vor allem der Einsatz von (Insekten-)Fallen eine große Rolle. Das Fangen und Abtöten von Nützlingen (und Schädlingen) ist leider bei wissenschaftlichen Freilanderhebungen oft nicht zu vermeiden, sollte jedoch auch hier auf das notwendige Minimum begrenzt werden. Wichtig sind daher entsprechend geeignete Methoden und Gerätschaften, von denen einige kurz vorgestellt werden sollen:

Klopfmethode

Dieses Verfahren wurde seinerzeit zur Ermittlung von 'Schadensschwellen' im Integrierten Obstbau eingeführt und hat sich hier recht gut bewährt. Das dabei eingesetzte, einfach zu handhabende Gerät besteht aus einem trichterförmigen, mit einem Sammelgefäß versehenen Auffangschirm aus Stoff und einem gepolsterten Klopfstock. Der Fangtrichter wird durch ein Leistenkreuz offengehalten und ist zum Festhalten mit einem Handgriff versehen. Mit einer bestimmten Anzahl von Stockschlägen werden die Zweige der untersuchten Pflanzen erschüttert, so daß die darauf befindlichen Tiere in den Fangschirm fallen. Grenzen der Klopfmethode liegen darin, daß nicht alle Arten der Gehölzfauna damit erfaßt werden können. So gelangen i.d.R. Fluginsekten, fest mit der Pflanze verbundene Tiere oder im Pflanzengewebe lebende Insektenlarven nicht in den Trichter.

Kescherfang

Der Kescherfang wird sehr häufig im Bereich entomologischer Bestandsaufnahmen angewendet. Als Fanggerät dient üblicherweise ein Gaze- oder Nesselnetzbeutel, der von einem Metallring (Durchmesser ca. 30cm) gehalten wird. Die Tiere werden mit schnellen, gezielten Schlägen eingefangen. Die Länge des Griffs bestimmt den Aktionsradius. Diese Methode ist besonders geeignet zum gezielten Einzelfang sehr flugfähiger Tiere und kann die Klopfmethode günstig ergänzen.

Saugexhaustor

Unter einem Exhaustor versteht man i.d.R. eine Saugflasche, die aus einem Flaschenkörper mit Verschluß sowie einem Sammel- und einem Ansaugschlauch besteht. Unentbehrlich sind Exhaustoren als Hilfsgerät beim Sortieren und Bestimmen von Fängen aus anderen Fangmethoden.

Lichtfang

Lampen mit einem bestimmten Emissionsbereich (meist mit hohem UV-Anteil) sind ein Mittel zum Anlocken bestimmter nachtaktiver Flugtiere. Diese lassen sich gern auf der beleuchteten Fläche eines aufgespannten Fangtuches nieder und können hier registriert und aufgesammelt werden.

Klebfallen

Gelbe oder anders gefärbte Kunststoff-Klebfallen, wie sie z.B. im Handel als Kirschfliegenfallen und Gelbtafeln erhältlich

Der Klopftrichter wird z. B. für die Klopfprobe im Weinbau genutzt: Durch das systematische Abklopfen von Ästen fallen die hieran sitzenden Tiere in den Fangtrichter. Über die Auswertung der Fänge kann die Besatzdichte an Nützlingen und Schädlingen ermittelt werden.

Das Saugrohr eignet sich zum Sammeln einzelner kleiner Insekten. Dabei werden die Insekten in ein kleines Glasröhrchen gesogen.

sind, werden gelegentlich zum Fang bestimmter Insektengruppen eingesetzt. Der spezielle Klebstoff bleibt über sehr lange Zeit fängig. Nachteilig ist, daß zur Bestimmung die meisten Arten mit Lösungsmitteln von der Unterlage gelöst werden müssen, was meist zu Beschädigungen der (toten) Tiere führt.

Eklektorfallen

Die Eklektorfangmethode nutzt die positive Phototaxis (Orientierung zum Licht) von Insekten aus, die als Larve oder Puppe im Boden leben und nach dem Schlüpfen in den kegelförmigen Eklektorkörpern hochwandern, um sich dann in einer durchsichtigen Fangdose auf der Eklektorspitze anzusammeln. Nachteilig bei dieser Methode ist, daß es durch intensive Sonnenbestrahlung zu einer starken Erwärmung des Fangtrichters kommen kann. Bodenphotoeklektoren eignen sich gut als begleitende Methode zu Barberfallen (z.B. bei der Erfassung von Spinnenpopulationen).

Barberfallen

Als Barberfallen bezeichnet man auswechselbare Becher, die z.B. in einer PVC-Hülse in den Boden eingesetzt werden und meist mit einem Fang- bzw. Konservierungsmittel (z.B. Formalinlösung) angefüllt werden. Um eine Überflutung durch Regen oder auch eine zu starke Sonnenbestrahlung zu vermeiden, werden die Fallen meist abgedeckt. Geeignet sind Barberfallen zur Erfassung räuberischer Bodenarthropoden, wie z.B. Spinnen und Laufkäfer.

Beobachten und Bestimmen

Das Sammeln, Töten und anschließende 'Aufspießen' von Insekten war früher eine beliebte Freizeitbeschäftigung. Auch wenn es dadurch nicht unbedingt zu einem Rückgang oder gar Aussterben bestimmter Arten gekommen ist, sollte man sich – in Anbetracht der schwindenden Artenvielfalt – als Hobby-Entomologe besser auf das Beobachten und Photographieren beschränken. Außerdem ist das Nützlingsstudium am lebenden Objekt meist viel interessanter. Für wissenschaftliche Studien ist das Anlegen von „Sammlungen" natürlich nach wie vor unerläßlich.

Nützlinge entdecken

Nicht immer sind Nützlinge auf Anhieb zu finden. Manche Arten zeigen – zumindest tagsüber – eine 'versteckte' Lebensweise. Wer beispielsweise Laufkäfer sucht, wird schon mal Steine umdrehen, Moos anheben oder lose Baumrinde ablösen müssen, um fündig zu werden. Gerade Laufkäfer lassen sich aber auch recht gut ködern: Hierzu gräbt man Becher bis zum Rand in den Boden ein und legt ein Stück Obst, Fleisch oder Käse hinein.

Die meisten Nützlinge wird man auf Pflanzen, direkt bei oder in der Nähe von Schädlingen entdecken und beobachten können. Einige Nützlingsarten 'schwärmen' abends und können dann am Licht gekeschert werden. Wichtig ist in jedem Fall, die Naturschutzbestimmungen zu beachten und unnötige Störungen zu vermeiden.

Lupe und Binokular

Für die Untersuchung von Pflanzen auf Schädlinge und Nützlinge und deren Beobachtung 'vor Ort' ist eine Handlupe sehr zweckmäßig. Eine 3- bis 8fache Vergrößerung ist optimal, bei stärkerer Vergrößerung wird das Bildfeld zu klein. Zur Erkennung von Details und zur näheren Bestimmung von Lebendfängen oder auch Nützlingen aus Zucht-

Mit der Insektensaugfalle (Modell D-Vac) werden vorwiegend Arten aus der oberen Vegetationsschicht erfaßt. Sie wird z.B. zur quantitativen Erhebung des Nützlingsbesatzes von Getreidepflanzen und Ackerwildkräutern eingesetzt.

betrieben eignet sich ein Auflicht-Stereomikroskop mit 10- bis 80facher Vergrößerung (Binokular).

Bestimmung

Viele Nützlingsarten (Nutzarthropoden) sind auch vom 'Laien' problemlos anhand guter Photos aus Büchern zu bestimmen. Andererseits ist auch die Handhabung von Bestimmungsbüchern zu erlernen, mit denen man i.d.R. zumindest bis zur Familie (Systematik, siehe Seite 28) vorzudringen vermag. Angesichts der überwältigenden Artenfülle von Entomophagen erfordert eine genauere Determination (Identifikation oder Neubeschreibung) jedoch besondere Kenntnisse und Erfahrungen. Eine exakte Bestimmung muß daher häufig durch entsprechende Experten bzw. Fachinstitute erfolgen.

Biologische Schädlingsbekämpfung

In Anbetracht der vielfältigen ökologischen Probleme sollten wir unsere Umwelt nicht unnötig und nicht zusätzlich auch noch durch die Anwendung bzw. Ausbringung chemischer Schädlingsbekämpfungsmittel belasten.

Probleme der chemischen Bekämpfung

Ob im Gartenbau, in der Landwirtschaft oder im Forst – die Anwendung chemischer Präparate gegen Schädlinge, Lästlinge, Pflanzenkrankheiten oder auch Unkräuter ist nicht immer unproblematisch: Neben einer direkten Gefährdung des Anwenders kann es zu einer Kontamination von Luft, Wasser und Boden kommen. Auch Rückstände im Erntegut bzw. in unseren Nahrungsmitteln können die Folge sein. Die Anreicherung persistenter, d.h. schwer abbaubarer, Pestizide in Nahrungsketten ist in vielen Fällen nachgewiesen worden.

Nebenwirkungen
Nebenwirkungen auf das Ökosystem sind wohl in den wenigsten Fällen gänzlich auszuschließen. Sie sind jedoch sehr schwierig zu erfassen und daher auch nur selten nachweisbar. Beim Einsatz von Insektiziden und Akariziden können beispielsweise neben den eigentlichen Schädlingen auch die Populationen indifferenter und nützlicher Arten erheblich geschädigt werden.

Resistenzbildung
Bei der Anwendung chemischer Pflanzenschutzmittel stellt die Entwicklung von Resistenzen gegen diese Bekämpfungsmittel – insbesondere bei Schadinsekten – ein weiteres Problem dar. Immer höhere Pflanzenschutzmittelaufwendungen bei einer ständig steigenden Spritzfrequenz sind die Folge. Hilft zunächst das Ausweichen auf einen anderen zugelassenen Wirkstoff, sind schließlich in vielen Fällen überhaupt keine Mittel mehr verfügbar.

Darüber hinaus wird die Entwicklung neuer Pflanzenschutzpräparate zunehmend schwieriger. Die Zulassungsbedingungen werden durch die notwendige straffe Gesetzgebung (besonders für Wasserschutzzonen) erschwert. Dies führt zwangsläufig

Das rechtzeitige Erkennen eines Schädlingsbefalls ist eine Voraussetzung für den erfolgreichen Einsatz von Nützlingen. Auch Hobbygärtnern empfiehlt sich hier die Benutzung einer Lupe, möglichst mit einer 6- bis 8fachen Vergrößerung.

zu steigenden Preisen bei den Pflanzenschutzmitteln.

Nützlinge statt Spritzmittel?

Die geschilderten Probleme auf der einen und ein verstärktes Umweltbewußtsein auf der anderen Seite führten zum notwendigen Umdenken und zur Entwicklung zahlreicher Verfahren der sog. biologischen Schädlingsbekämpfung als Alternative zu chemischen Bekämpfungsmaßnahmen. Daß zur Bekämpfung von Schadorganismen deren natürliche Gegenspieler geeignet sind, haben Biologen bereits früh erkannt. Eine systematische Nutzung dieser Möglichkeiten begann aber erst im Laufe dieses Jahrhunderts.

Biologischer Pflanzenschutz
In der Landwirtschaft und im Gartenbau gewinnen die verschiedenen Möglichkeiten der Einbeziehung natürlicher Antagonisten bis hin zum 'gezielten'

Einsatz von Nutzorganismen zur Dezimierung von Schädlingen zunehmend an Bedeutung. Besondere Berücksichtigung finden diese 'biologischen' Methoden als Bestandteile des 'Integrierten Pflanzenschutzes'. Hier stehen die konsequente Schonung, die aktive Förderung sowie gezielte Einsätze von Nützlingen bei weitestgehender Reduktion des Pflanzenschutzmittelaufwandes im Vordergrund.

Verfahren der biologischen Bekämpfung

Die biologische Schädlingsbekämpfung wurde früher definiert als 'Verwendung von Lebewesen (Antagonisten) zur Populationsbegrenzung schädlicher Tiere und Pflanzen'. Da man neuerdings auch die gezielte Stärkung der Widerstandsfähigkeit gegenüber Schadorganismen dazurechnet, kann der Begriff erweitert und als 'gesteuerte Nutzung von Organismen (und Viren) und deren Leistung zum Schutz von Pflanzen, Tieren und Menschen gegenüber biotischen und abiotischen Schadfaktoren' umschrieben werden. Da es im folgenden jedoch ausschließlich um Nützlinge und ihre Verwendung gehen soll, ist die erstgenannte Definition zutreffender.

Möglichkeiten und Grenzen

Eine ganze Reihe von Verfahren der biologischen Schädlingsbekämpfung steht uns heute bereits für den Einsatz im Gartenbau sowie in der Land- und Forstwirtschaft zur Verfügung. Die Verfahren stellen eine umweltschonende Alternative zur Anwendung chemischer Bekämpfungsmittel dar. Doch nicht in allen Fällen können Pestizide einfach durch Nützlinge ersetzt werden.

Es erscheint daher wichtig, neben den vielfältigen Möglichkei-ten auch die Grenzen eines Einsatzes von Nützlingen zu kennen.

Schonung von Nützlingen

Zur Schonung von Nützlingen sollte die Verwendung chemischer Pflanzenschutzmittel in Kulturpflanzenbeständen auf ein (erforderliches) Minimum reduziert werden. Chemische Behandlungen sollten nur dann erfolgen, wenn die Anzahl von Schädlingsindividuen die 'Schadensschwelle' (Glossar, siehe Seite 308) überschreitet. Dabei sollten möglichst nur 'nützlingsschonende' Präparate zum Einsatz kommen, die einerseits die Schädlingspopulation ausreichend reduzieren und andererseits die in der betreffenden Kultur vorhandenen Nützlinge nicht oder kaum beeinträchtigen.

In Forschung und Industrie wird seit einigen Jahren verstärkt an der Entwicklung nützlingsschonender Präparate gearbeitet. Bei der Zulassung von Pflanzenschutzmitteln werden in der Bundesrepublik Deutschland seit 1989 Untersuchungen über Nebenwirkungen auf ausgewählte Nutzorganismen verlangt (siehe Seite 162).

Ansiedlung und Förderung von Nützlingen

Zur Förderung natürlich vorhandener Nutzorganismen bieten sich recht vielfältige Möglichkeiten an. Die Erhaltung oder Schaffung einer großen Vielfalt von heimischen Pflanzenarten im Garten, auf gärtnerisch sowie land- und forstwirtschaftlich genutzten Flächen sowie Hecken zwischen den Feldern verbessern die Lebensbedingungen zahlreicher Nützlinge. Das Säen von Pollen- und Nektarpflanzen kann räuberische und parasitische Insekten wie Florfliegen und Schwebfliegen respektive Schlupfwespen an gewünschte Standorte binden. Auch das Anlegen geeigneter Verstecke, das Schaffen günstiger Überwinte-rungsplätze oder das Anbieten von Lockpflanzen trägt zur Ansiedlung und Förderung verschiedener Nützlingsgruppen bei. Die Gestaltung der Landschaft, also auch die Vegetation außerhalb der Kulturen, kann den Nützlingsbestand ebenso stark beeinflussen wie die Art und Weise der Bewirtschaftung (Größe der Schläge, Kulturpflanzenart und -sorte, Bodenbearbeitung, Düngung, Pflanzenschutzmaßnahmen usw.). Eine ganz andere Art der Ansiedlung und Förderung von Nützlingen stellen die sog. 'Verfrachtungsverfahren' dar, z.B. die Umsiedlung von Kolonien der Roten Waldameise im Forst (siehe Seite 155).

Einbürgerung von importierten Nützlingen

Bei diesem Verfahren werden aus dem Ausland importierte und dann im Labor vermehrte Nutzorganismen im Freiland freigelassen, mit der Zielsetzung ihrer dauerhaften Ansiedlung. Eine solche 'Einbürgerung' nichtheimischer Nützlingsarten wird vorwiegend zur Bekämpfung eingeschleppter Schädlinge durchgeführt, die durch die vorhandene (heimische) Nützlingsfauna nicht oder nur unzureichend 'reguliert' (dezimiert) werden. Es gibt in verschiedenen Kontinenten aber auch Beispiele für Verfahren zur Einbürgerung von Nützlingen aus anderen Faunengebieten zur Bekämpfung von einheimischen Schädlingen. Im Gegensatz zu den nachfolgend beschriebenen Methoden werden die Nützlinge zur Einbürgerung in den verschiedenen Vermehrungsgebieten der betreffenden Schädlinge nur in einer relativ geringen Individuenzahl freigelassen, wobei diese Maßnahme i. d. R. mehrfach wiederholt werden muß.

Weltweit gibt es bisher etwa 180 Beispiele einer erfolgreichen Einbürgerung von Entomophagen gegen phytophage Insekten.

Biologische Schädlingsbekämpfung

Die beiden in der Bundesrepublik Deutschland mit Erfolg durchgeführten Ansiedlungen (Schlupfwespe *Prospaltella perniciosi* gegen die San-José-Schildlaus und Erzwespe *Aphelinus mali* gegen die Apfelblutlaus) werden im Kapitel 'Nützlingseinsatz im Freiland' beschrieben (siehe Seiten 170 bis 194).

Freilassung von Nützlingen aus Massenzuchten

Die biologische Bekämpfung tierischer Schaderreger an Zier- und Nutzpflanzen im Gewächshaus und Wintergarten, in Wohn- und anderen Innenräumen (sog. Unter-Glas-Bereich) sowie im Freiland (Gartenbau, Landwirtschaft) durch den Einsatz von Nützlingen hat mittlerweile große Bedeutung erlangt.

Blattläuse, Woll- und Schmierläuse, Weiße Fliegen und Spinnmilben können mit Hilfe von Florfliegen, Räuberischen Gallmücken, Schlupfwespen respektive Raubmilben bekämpft werden. Gegen Trauermücken und Dickmaulrüßler sind parasitäre Nematoden einsetzbar. Alle diese Nützlinge sind für Hobbygärtner über Bestellgutscheine im Gartenfachhandel erhältlich. In speziellen Nützlingszuchtbetrieben werden jedoch noch weitere natürliche Antagonisten vermehrt. So finden im Erwerbsgartenbau unter Glas z. B. Raubmilben, Raubwanzen und Schlupfwespen Anwendung gegen Thripse, Blattläuse und Minierfliegen (siehe Seiten 195 bis 241). Für die Bekämpfung von Schädlingen an Zierpflanzen in Räumen wächst die Zahl einsetzbarer Nützlinge. Selbst im Ackerbau sowie im Obst- und Weinbau schätzt man die Nützlinge als wirksame 'Pflanzenschützer'. Beispiele sind Schlupfwespen gegen Maiszünsler, Apfelwickler und Apfelschalenwickler und Raubmilben gegen Spinnmilben (siehe Seiten 173 bis 179 und 184 bis 187).

Ausbringung von Krankheitserregern

Neben den 'eigentlichen' Nützlingen (Nutzarthropoden und Nematoden) spielt auch die Anwendung mikrobiologischer Schädlingsantagonisten eine zunehmende Rolle. Als sog. 'Pathogene' kommen hier vor allem Pilze, Bakterien und Viren in Betracht (siehe Seiten 273 bis 279).

Bei der Verwendung von Mikroorganismen zur Bekämpfung von Schadtieren werden natürlich vorkommende Erreger von Infektionskrankheiten in der Weise eingesetzt, daß sie Epidemien auslösen, die unter den gegebenen Umständen von selbst nicht zustande kommen oder erst zu spät eintreten würden. Die Erreger sind durch ihre Spezifität für andere Organismengruppen meist ungefährlich, nützliche und indifferente Arten einer Biozönose werden also nicht geschädigt.

Forschung, Beratung und Anwendung

Um eine Nutzpflanzenproduktion mit biologischen Pflanzenschutzverfahren zu erreichen, müssen sowohl anwendungsorientierte Grundlagenuntersuchungen durchgeführt als auch praxisorientierte Anwendungsmethoden entwickelt werden.

Die Maiszünslerbekämpfung mit Trichogramma-Schlupfwespen zählt zu den erfolgreichsten Verfahren des biologischen Pflanzenschutzes im Freiland. Die Nützlinge werden dabei in Form von Kärtchen oder Kapseln ausgebracht.

Eine Voraussetzung hierfür ist die genaue Kenntnis von Vorkommen, Biologie, Verhalten, Reproduktions- und Wirtsfindungsstrategien sowohl der Schadorganismen als auch ihrer natürlichen Feinde. Solche Kenntnisse ermöglichen auch den Schutz und die Förderung von Nützlingen in Kulturpflanzenbeständen und ökologischen Ausgleichsflächen.

Weltweit arbeiten Forschungsinstitute, Universitäten, Pflanzenschutzdienststellen, Pflanzenschutzindustrie und nicht zuletzt die Nützlingszuchtbetriebe an praxisrelevanten Alternativen zum chemischen Pflanzenschutz. Eine besondere Rolle spielt in der Bundesrepublik Deutschland das Darmstädter Institut für biologischen Pflanzenschutz der Biologischen Bundesanstalt für Land- und Forstwirtschaft (BBA) und auf internationaler Ebene die Internationale Organisation für Biologische Schädlingsbekämpfung.

Oben: Spinnen gehören zu den wichtigsten polyphagen Räubern gärtnerischer und landwirtschaftlicher Schädlinge.

Oben links: Springspinne - Evarcha arcuata (Salticidae)

Unten: Zu den bekanntesten heimischen Marienkäferarten (Coccinellidae) gehört der sog. Siebenpunkt (Coccinella septempunctata). Neben blattlausfressenden Arten gibt es auch Käfer, die sich von Spinnmilben, Schildläusen oder pflanzenschädigenden Pilzen ernähren.

Oben rechts: Krabbenspinne Misumena vatia (Thomisidae)

Rechts: Eine Schwebfliege (Scaeva pyrastri) beim Blütenbesuch: Die erwachsenen Schwebfliegen (Syrphidae) leben von Pollen und Nektar; ihre Larven sind sehr wirksame Blattlausvertilger.

Unten: Taghafte (Hemerobiidae) – wie diese an Ginsterblattläusen fressende Micromus angulatus – sind nahe verwandt mit den bekannten Florfliegen, aber kleiner und weniger häufig anzutreffen. Sowohl die Imagines als auch die Larven ernähren sich von Blattläusen.

Nützlinge in Garten, Feld und Flur

Nahezu alle Schädlinge an unseren Kulturpflanzen haben natürliche Gegenspieler, die wir als Nutzorganismen bezeichnen. Neben einer Vielzahl an Mikroorganismen sind es vor allem die Nützlinge, die eine starke regulierende Wirkung auf die Entwicklung tierischer Schaderregerpopulationen ausüben können. Die meisten Nützlingsarten finden sich unter den Spinnentieren und Insekten. Doch auch andere Wirbellose und viele Wirbeltiere tragen dazu bei, daß sich Schädlinge nicht in Massen vermehren können. Damit diese 'natürliche Regulation' auch in Kulturpflanzenbeständen funktioniert, müssen die Nützlinge geschont und gefördert werden. Voraussetzung dafür ist die Kenntnis der verschiedenen Nützlingsgruppen und ihrer Lebensweisen.

Übersicht und Systematik

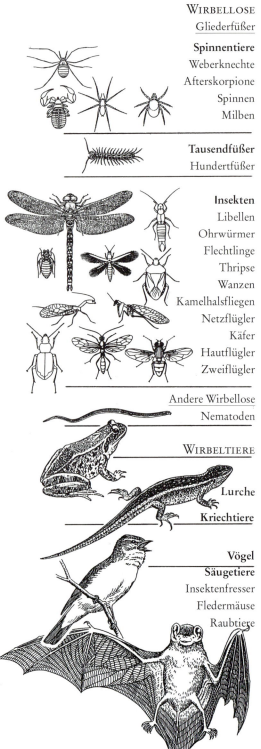

WIRBELLOSE
Gliederfüßer
Spinnentiere
Weberknechte
Afterskorpione
Spinnen
Milben

Tausendfüßer
Hundertfüßer

Insekten
Libellen
Ohrwürmer
Flechtlinge
Thripse
Wanzen
Kamelhalsfliegen
Netzflügler
Käfer
Hautflügler
Zweiflügler

Andere Wirbellose
Nematoden

WIRBELTIERE
Lurche
Kriechtiere
Vögel
Säugetiere
Insektenfresser
Fledermäuse
Raubtiere

Wer sich mit der Biologie und Lebensweise von Nützlingen auseinandersetzt, wird unweigerlich mit wissenschaftlichen (bzw. lateinischen und griechischen) Bezeichnungen konfrontiert. Doch schon bald wird man sich davon nicht mehr irritieren lassen. Die wissenschaftliche 'Nomenklatur' zeigt eindeutig die verwandtschaftlichen Beziehungen einzelner Nützlinge auf und ist auch für den 'Laien' soweit durchschaubar, daß er zumindest die wichtigsten Nützlinge bezüglich ihrer systematischen Stellung ein- und zuordnen kann.

Grundlagen zur Systematik

Das gesamte Tierreich (Regnum: ANIMALIA) ist in mehrere Stämme (Phylum) unterteilt, diese wiederum in Klassen (Classis), Ordnungen (Ordo), Familien (Familia), Gattungen (Genus) und Arten (Species). Innerhalb einer Art lassen sich zuweilen Unterarten (Subspecies) abgrenzen, die meist als geographische Rassen getrennte Bereiche besiedeln. Arten werden mit Doppelnamen bezeichnet (sog. binäre Nomenklatur): Der erste Terminus steht für die Gattung, der zweite bezeichnet die Art. Die Abgrenzung von Arten wie auch von allen anderen Kategorien (Taxa) ist eine Sache für Spezialisten (Taxonomen). Diese unterscheiden zusätzlich weitere Unterteilungen. Da die Taxonomie jedoch nicht nur durch einen steten Wandel gekennzeichnet ist, sondern zudem auch nicht immer einheitlich gehandhabt wird (insbesondere was die Arthropodensystematik angeht), wollen wir uns im folgenden auch nur auf die wesentlichen und weitestgehend einheitlich genutzten Zuordnungen und Einteilungen beschränken.

> 'Nützlingssystematik', dargestellt am Beispiel Lederlaufkäfer:
>
> Stamm: Gliederfüßer (ARTHROPODA)
> Klasse: Insekten (INSECTA)
> Ordnung: Käfer (COLEOPTERA)
> Familie: Laufkäfer (CARABIDAE)
> Gattung: Großlaufkäfer (*Carabus*)
> Art: Lederlaufkäfer (*Carabus coriaceus*)

Überblick

Die Grafik links zeigt alle Stämme, Klassen und Ordnungen des Tierreichs, die für uns wichtige Nützlinge enthalten und in diesem Buch beschrieben werden. Dazu zwei Hinweise: Zum einen enthalten viele der aufgeführten Ordnungen neben nützlichen auch indifferente und/oder schädliche Arten. Zum anderen wurden nur diejenigen Ordnungen berücksichtigt, die wirksame Gegenspieler von (vornehmlich tierischen) Schaderregern aufweisen. Aufgrund der großen Artenfülle an Nützlingen einerseits und der mitunter recht schwierigen Abgrenzung von nützlichen, schädlichen und indifferenten Arten oder auch Arten mit einer sowohl nützlichen als auch schädlichen Lebensweise andererseits wollen wir uns hier auf die wesentlichsten Nützlingsgruppen, die für Gartenbau, Land- und Forstwirtschaft von Bedeutung sind, beschränken. Doch auch sind Angaben zu Artenzahlen, zur Biologie sowie zur Wirksamkeit und damit Bedeutung einzelner Familien, Gattungen und Arten in der Literatur mitunter recht unterschiedlich.

Gliederfüßer
ARTHROPODA

Die Gliederfüßer (Arthropoden) stellen mit über 1 Million bekannter Arten den größten Stamm des Tierreichs dar. Er umfaßt nicht nur mehr als 80 % aller bekannten Tierarten, sondern enthält auch die meisten und wichtigsten Schädlinge unserer Kulturpflanzen (Schadarthropoden), andererseits aber auch eine Vielzahl ihrer bedeutenden natürlichen Feinde (Nutzarthropoden).

Körperbau

Arthropoden zeichnen sich durch eine meist gut erkennbare äußere Gliederung (Segmentierung) aus, d.h., ihr Körper ist in mehr oder weniger deutlich abgrenzbare Regionen unterteilt. Das Vorderende wird je nach Ausgestaltung als Kopf (Caput) oder Kopfbruststück (Prosoma, Cephalothorax) bezeichnet. Der daran anschließende 'Rumpf' kann einheitlich sein, oft ist er aber in Brust (Thorax) und Hinterleib (Abdomen) unterteilt.

Kutikula

Durch eine widerstandsfähige, chitinhaltige Körperdecke sind die Gliederfüßer vor Verletzungen und Austrocknung geschützt. Diese sog. Kutikula, die auch als 'Außenskelett' bezeichnet wird, besteht aus einzelnen Chitinplatten (Sklerite) und ist meist nur zwischen den Segmenten und anderen Gelenkstellen der Extremitäten weichhäutig und biegsam (Intersegmentalhäute). Als lebloses Ausscheidungsprodukt der Epidermis (Oberhaut der Körperdecke, unter der Kutikula gelegen) ist sie nicht wachstumsfähig, eine Größenzunahme erfolgt daher nur in Zusammenhang mit mehrfachen Häutungen. Das zu klein gewordene Außenskelett wird dabei sozusagen abgeworfen (man nennt es dann auch Exuvie) und durch ein größeres ersetzt. Häufig ist die Kutikula mit Haaren oder Stacheln besetzt. Die Häutungen können mit einem starken Formwandel (Metamorphose) sowie teilweise einem Wechsel der Lebens- und Ernährungsweise verbunden sein.

Extremitäten

Auch die paarweise an den Segmenten angeordneten Extremitäten bzw. Gliedmaßen der Arthropoden sind gegliedert. Oft sind sie in verschiedenster Weise umgebildet (umfunktioniert) oder ganz zurückgebildet. Am vorderen Körperende sind in den meisten Fällen 1 bis 2 Gliedmaßenpaare als Fühler (Antennen) zu Organen des Tastsinnes und zur Wahrnehmung chemischer Reize ausgebildet. Auf sie folgen Gliedmaßenpaare, die speziell der Aufnahme von Nahrung (Mundwerkzeuge) und der Fortbewegung (Lauf-, Spring- oder Schwimmbeine; bei den Insekten auch die Flügel) dienen. Am Hinterleib sind die Gliedmaßen oft verkümmert, fehlen ganz oder sind zu anderen Organen (z.B. Spinndrüsen der Spinnen) umgewandelt. Weitere Gliedmaßenpaare dienen der Fortpflanzung. Als Sinnesorgane fungieren neben den Fühlern z.B. Punktaugen, Facettenaugen (Insekten) und Sinneshaare auf allen Extremitäten.

Innere Organe

Die Mundöffnung führt in einen mit Kutikula ausgekleideten Vorderdarm mit verschiedenartiger Funktion (z.B. Vorverdauung, Filterung, Zerkleinerung). Daran schließt sich ein Mitteldarm an, der die Nahrung verdaut und resorbiert. Auf ihn folgt der Enddarm, der wiederum mit Chitin ausgekleidet ist und im After nach außen mündet. Bei Landarthropoden sind meist sog. Malpighische Gefäße (Exkretionsorgane, die z.B. Sekrete zum Herstellen von Puppenkokons absondern) vorhanden, lange Schläuche, die in den Darmkanal münden. Die Atmung erfolgt bei Wassertieren durch zarthäutige Ausstülpungen (Kiemen), bei Landtieren durch Einstülpungen (Tracheen) der Körperoberfläche. Das Kreislaufsystem ist zur Leibeshöhle offen, die 'Blutflüssigkeit' ist mit der Körperflüssigkeit identisch (Hämolymphe).

Das Nervensystem der Arthropoden besteht überwiegend aus einer Reihe von Ganglienpaaren an der Bauchseite, die durch Quer- und Längsstränge verbunden sind (sog. Strickleiternervensystem) und oberhalb der Mundöffnung in einem 'Oberschlundganglion' (Gehirn) enden. Von den Ganglien erstrecken sich Nerven in alle Teile des Körpers.

Fortpflanzung

Arthropoden sind bis auf wenige Ausnahmen getrenntgeschlechtlich (Jungfernzeugung kommt vor) und eierlegend. Die aus den Eiern schlüpfenden Jungtiere (Larven) sind oft an besondere Lebensbedingungen angepaßt und den Adulten (Erwachsenen) dann sehr unähnlich. Sie müssen sich über mehrere Häutungen in die adulten Formen umwandeln (Metamorphose).

Spinnentiere
Arachnida

Die Spinnentiere (ARACHNIDA) sind mit über 36 000 beschriebenen Arten nach den Insekten die artenreichste Klasse im Stamm der Gliederfüßer. Sie enthält 11 Ordnungen, von denen in Mitteleuropa aber nur folgende vorkommen: Weberknechte (OPILIONES), Echte Skorpione (SCORPIONES), Afterskorpione (PSEUDOSCORPIONES), Spinnen (ARANEAE), Milben und Zecken (ACARI).

Körperbau
Spinnentiere sind dadurch gekennzeichnet, daß sie im Gegensatz zu den Insekten keine Antennen (Fühler) und 8 Beine haben (Ausnahmen z. B. Larven der Milben mit 6 Beinen; erwachsene Gallmilben mit 4 Beinen). Der Körper ist zweigeteilt in ein sog. Kopfbruststück (Cephalothorax oder Prosoma) und den Hinterleib (Opisthosoma). Bei den Milben und Weberknechten erscheint der Körper allerdings einteilig. Flügel, wie sie bei Insekten vorhanden sein können, fehlen den Spinnentieren.

Kopfbruststück und Hinterleib
Am Kopfbruststück sitzen alle Gliedmaßen: 4 Beinpaare, 1 Paar Kiefertaster (Pedipalpen), 1 Paar Kieferklauen (Cheliceren) und die punktförmigen Einzelaugen (Ocellen). Es gibt also bei den Spinnentieren nur 2 Paar Mundgliedmaßen (Insekten haben 3 Paare); die Beine sind häufig 7gliedrig. Die Zahl der Augen kann bis zu 12 betragen, bei einigen Milbenarten fehlen sie vollständig. Trotz der Vielzahl der Augen ist das Sehvermögen der Spinnentiere nicht gut ausgebildet. Viele Spinnentiere besitzen daher zum Aufspüren der Beute noch spezielle Sinneshaare (Setae) an ihren Gliedmaßen. Der Hinterleib ist bei den Afterskorpionen deutlich gegliedert, bei den Weberknechten nur sehr undeutlich, bei Spinnen und Milben überhaupt nicht.

Weberknecht Mitopus morio: An dem hier gezeigten Weibchen haften Samtmilbenlarven (Thrombidiidae), die an seinem Körper schmarotzen.

Kieferklauen und Kiefertaster
Das 1. Gliedmaßenpaar (Kieferklauen, Cheliceren) dient zum Ergreifen und Zerkleinern der Nahrung und ist oft mit Scheren ausgestattet. Am Endglied der Cheliceren befindet sich bei den Spinnen eine Giftdrüse und bei den Afterskorpionen eine Spinndrüse. Das 2. Paar (Kiefertaster, Pedipalpen) wird zum Tasten oder zum Packen, Halten und Töten von Beutetieren gebraucht und kann ebenfalls Scheren tragen.

Lebensweise
Die Spinnentiere leben – mit Ausnahme der tier- und pflanzenparasitischen Milben – räuberisch. Besondere Bedeutung als Nützlinge haben die Spinnen, doch auch unter den Milben gibt es wichtige Antagonisten gärtnerischer und landwirtschaftlicher Schädlinge. Spinnen findet man fast überall, wo auch Insekten leben. Viele Arten sind nachtaktiv und verbergen sich tagsüber in den verschiedensten Schlupfwinkeln. Die netzbauenden Spinnen sitzen meist versteckt in der Nähe ihrer Netze, die man am besten entdeckt, wenn der Tau sie mit Perlen behängt und im Licht glitzern läßt. Spinnen, die keine Netze bauen, findet man in der Bodenstreu, auf oder unter Steinen, an Baumrinde, im Fallaub und an ähnlichen Orten.

Bedeutung
In der Agrarlandschaft gehören Spinnen, bedingt durch ihre insektivore Ernährungsweise und ihren Individuen- und Artenreichtum, zu den wichtigsten Gliedern der oberirdischen Fauna. Als polyphage Räuber fangen sie im wesentlichen Insekten, von denen einige große Bedeutung als Pflanzenschädlinge haben.

Weberknechte
OPILIONES

Von den Weberknechten (auch Afterspinnen oder Kanker genannt) sind ca. 2500 bis 3200 Arten bekannt. In Mitteleuropa treten rund 35 bis 100 Arten (unterschiedliche Literaturangaben) aus 4 Familien auf: Brettkanker (TROGULIDAE), Fadenkanker (NEMASTOMATIDAE), Schnekkenkanker (ISCHYROPSALIDAE) und Echte Weberknechte (PHALANGIIDAE). Etwa 10 der in Mitteleuropa heimischen Arten kommen auch in Deutschland häufiger vor.

Aussehen
Von den Spinnen unterscheiden sich die Weberknechte u.a. durch ihren ovalen bis länglichen (eiförmigen), einteiligen Körper. Der breit und stiellos angesetzte Hinterleib ist deutlich gegliedert und weist keine Spinnwarzen auf. Die Pedipalpen sind wie Laufbeine gebildet und wirken als Taster. Kennzeichnend für diese zwischen 5 und 20 mm langen, nachtaktiven Spinnentiere sind 2 auf dem Rücken sitzende Augen sowie extrem lange und sehr dünne Beine (7mal so lang wie der Körper). Die vielgliedrigen Füße gestatten es den Weberknechten, sich auf Pflanzen gut festhalten zu können. Bei Gefahr können sie ein Bein abwerfen, das dann noch eine Weile zuckt und dadurch mögliche Angreifer abzulenken vermag.

Entwicklung und Lebensweise
Weberknechte sind einjährig und getrenntgeschlechtlich. Das Weibchen legt seine Eier mit Hilfe einer Legeröhre in geschützte Spalten und Ritzen ab. Die meisten Arten leben in Bodennähe, wie z.B. in der Kraut- und Grasschicht, in der Bodenstreu, unter Steinen, in Moos, auf Gebüschen, teilweise auch auf Bäumen und in Höhlen.

Weberknecht Leiobunum rotundum: Die für Weberknechte charakteristischen dünnen, langen Beine sind bei dieser Art besonders ausgebildet.

Ernährung
Weberknechte ernähren sich von modernden pflanzlichen Stoffen, toten Insekten, aber auch von Blattläusen und anderen sich langsam bewegenden kleinen Beutetieren (Insekten, Spinnen, Milben, seltener kleinere Gehäuseschnecken). Die erbeutete Nahrung wird mit den kräftigen, scherentragenden Cheliceren zerzupft. Weberknechte können unter Umständen recht nützlich werden. Auf keinen Fall sind sie als schädlich, sondern höchstens als indifferent einzustufen.

Afterskorpione
PSEUDOSCORPIONES

In Mitteleuropa leben rund 30 der weltweit etwa 1300 Arten von Afterskorpionen (auch Pseudoskorpione genannt). Es handelt sich dabei um höchstens 7 mm lange, flache Spinnentiere mit einem ungegliederten Vorderkörper und einem deutlich gegliederten Hinterleib.

Aussehen
Von den Skorpionen unterscheiden sich die Afterskorpione durch das Fehlen des schwanzförmigen Teiles des Hinterkörpers sowie durch das Fehlen eines Giftstachels bzw. einer Giftblase. Dafür sind sie mit an den Pedipalpen sitzenden Scheren (Zangen mit Giftdrüsen) ausgestattet,

Der Bücherskorpion (Chelifer cancroides, Pseudoscorpiones) ernährt sich von Staubläusen und Büchermilben, kann also im weitesten Sinne auch als Nützling bezeichnet werden.

an denen sich sehr empfindliche Sinneshaare befinden, die jeden Lufthauch und so auch herannahende Beutetiere wahrnehmen können. Die Cheliceren sind klein und tragen Spinndrüsen.

Brutpflege
Eigenartig ist die Brutpflege der Afterskorpione: Die Eier werden in einem rundum geschlossenen Nest aus Partikeln und Seide abgelegt, bleiben dabei aber am Körper des Weibchens haften und werden von ihm mit einem Nährsekret versorgt. Dabei schrumpft der Hinterleib des Weibchens in gleichem Maße, wie die Embryonen in den Eiern heranwachsen.

Lebensweise und Ernährung
Afterskorpione leben in Moos, Laub und Bodenstreu, unter Steinen und Borken, auf Bäumen und Sträuchern. Auch in Vogel-, Ameisen- und Bienennestern sowie in Viehställen kann man sie finden. Durch ihren stark abgeplatteten Körper sind die Afterskorpione hervorragend an das Leben in schmalen Spalträumen angepaßt. Ihre Beute besteht aus kleineren Insekten (z.B. Springschwänze) und Milben. In Häusern kommt mitunter der Bücherskorpion (*Chelifer cancroides*) vor, der sich hier von Staubläusen und Büchermilben

ernährt. Zuweilen sieht man auch Afterskorpione, die sich an die Beine von Fliegen geklammert haben und sich von diesen transportieren lassen.

Spinnen
ARANEAE

Von den rund 30 000 bis 36 000 bekannten Spinnenarten (unterschiedliche Literaturangaben) sind ca. 800 bei uns heimisch. Genaugenommen handelt es sich bei der Ordnung ARANEAE um die 'Webspinnen', der Einfachheit halber soll jedoch der Begriff 'Spinnen' benutzt werden.

Körperbau
Der Spinnenkörper ist deutlich zweigeteilt in einen Vorderkörper (Kopfbruststück; Cephalothorax, Prosoma) und einen ungegliederten (unsegmentierten) Hinterleib (Abdomen; Opisthosoma). Beide Körperteile sind durch einen schmalen, röhrenförmigen Stiel (Petiolus) miteinander verbunden, so daß der Hinterleib sehr beweglich ist.

Vorderleib
Der Vorderleib trägt 4 Paar gegliederte Beine. Vor den Beinen, unmittelbar vor der Mundöffnung, liegen die Kiefertaster (Pedipalpen), mit denen die Spinne ihre nähere Umgebung erkundet, und die Kieferklauen (Cheliceren). Letztere bestehen aus einem massiven Grundglied und einer dünneren Klaue. In den Klauen münden Giftdrüsen (Ausnahme Kräuselspinnen). Die meisten Spinnen haben 8 sog. Punktaugen (2 dunkle Hauptaugen und 6 helle Nebenaugen). Neben einem festen Rückenschild (Carapax) auf der Oberseite des Vorderkörpers findet man an der Unterseite ein Brustschild (Sternum).

Hinterleib
Der Hinterleib ist meist weichhäutig und – in Abhängigkeit vom Ernährungszustand bzw. (bei den Weibchen) vom Stand der Eireifung – verschieden groß. Am hinteren Ende des Hinterleibs findet man bis zu 8 Spinnwarzen, in welchen die Spinndrüsen enden. Ferner befinden sich am Hinterleib die Geschlechtsorgane sowie spaltenförmige Atemlöcher (Stigmen), die den Eingang zu den Tracheenlungen bilden.

Gliedmaßen
Beine und Körper sind oft dicht behaart und meist auch gezeichnet. Die Gliedmaßen sind durch Gelenke in Abschnitte unterteilt: Hüfte (Coxa), Schenkelring (Trochanter), Schenkel (Femur), Knie (Patella), Schiene (Tibia), Fußgrundglied (Metatarsus) und Fußglied (Tarsus). Schenkel und Schiene sind gewöhnlich die längsten Glieder. Die Beine tragen oft sog. Hör- oder Becherhaare (Trichobothrien), über deren Schwingungen die Spinne 'hören' kann. Manche Arten weisen ferner charakteristische Stacheln oder Borsten auf.

Ernährung
Die bei uns heimischen Spinnen sind überwiegend Insektenfresser. Die Nahrung wird entweder im Mundvorraum durch Verdauungssäfte verflüssigt und mit Hilfe des muskulösen Saugmagens eingesaugt. Bei vielen Arten dient auch bereits das eingespritzte Gift dazu, das Nahrungstier aufzulösen.

Hauptnahrung
Die Hauptnahrung der Spinnen besteht aus Fliegen, Mücken und Blattläusen. Sie machen dabei zwar von sich aus keinen Unterschied, ob sie einen Schädling oder einen Nützling erbeuten, aber ihre Lebensweise bewirkt, daß sie doch weit mehr Schädlinge als Nützlinge einfangen können. So sind z.B. die Netze fest genug, um anfliegende Blattläuse festzuhalten, für geflügelte Nützlinge aber sind die Netze meist zu zart.

Beutetiere
Viele Arten bauen keine Fangnetze, sie lauern ihren Beutetieren auf oder erbeuten sie jagend. Die Bedeutung der Spinnen als Nützlinge richtet sich nach dem Beuteangebot in ihrem Lebensraum. In landwirtschaftlichen Kulturen sind dies vorwiegend Schadinsekten. Am Boden lebende Jagdspinnen und bodennah fangende Netzspinnen haben neben Blattläusen noch Springschwänze sowie Insekten, die zur Verpuppung oder Überwinterung den Boden aufsuchen, als Hauptnahrung. Jagende Spinnen (z. B. Wolfsspinnen) gehören zu den wichtigsten Bodenräubern im Ackerland. Netzspinnen in einjährigen landwirtschaftlichen Kulturen (z. B. Getreide, Raps) erbeuten vorwiegend kleine Fluginsekten wie geflügelte Blattläuse, Gallmücken, Fliegen und Blattwespen.

Finsterspinnen – hier Amaurobius fenestralis – sind nachtaktive, netzbauende, relativ große Spinnen. Man findet sie häufig auch an Keller- und Wohnungsfenstern.

Vertilgungsraten
Pro Spinnennetz wurden schon bis zu 1000 Blattläuse gezählt. Da manche Blattlausarten vom Rand aus sukzessive in Felder vordringen und auch die Spinnen-

fauna i.d.R. dort ihre höchsten Bestandsdichten hat, kann diese zur Zeit des Befallsfluges von großem wirtschaftlichem Interesse sein. Auf Feldern und Mähwiesen wurden Insektenvertilgungsraten von bis zu 2 kg Frischgewicht je Hektar und Jahr ermittelt. In unkultivierten Wiesen und Wäldern können sogar bis 200 kg Insektenbiomasse durch Spinnen gefressen werden. Es läßt sich also leicht nachvollziehen, daß Spinnen einen großen Einfluß auf Insekten- und damit auch auf Schädlingspopulationen nehmen können.

Fortpflanzung

I.d.R. ist bei den Spinnen das Weibchen größer und vor allem dicker als das Männchen. Unterscheiden kann man die Geschlechter auch an den Kiefertastern: Beim Weibchen sind sie beinähnlich, beim geschlechtsreifen Männchen ist das letzte Glied keulenförmig verdickt und trägt das Begattungsorgan (Bulbus).

Begattung

Vor der Begattung weben die Männchen ein kleines, spezielles Netz, setzen darauf einen Samentropfen ab und saugen ihn mit den hohlen Spitzen ihrer Kiefertaster auf. Bei der Begattung selbst verankern sie ihre Kiefertaster in der Geschlechtsöffnung des Weibchens und 'füllen' den Samen um. Viele Spinnenarten zeigen ein interessantes Balzspiel vor der Begattung. Die Männchen sterben i.d.R. bald darauf, während die Weibchen anschließend häufig eine intensive Brutfürsorge betreiben.

Eiablage und Überwinterung

Die Eier werden i.d.R. in Kokons abgelegt und darin von den Weibchen herumgetragen oder bewacht. Spinnen, die im Frühjahr geschlechtsreif werden, legen meist im Sommer ihre Eier

Röhrenförmige Gespinste (Trichternetze) aus bläulich schimmernden Kräuselfäden sind typisch für Finsterspinnen (Amaurobiidae).

ab. Die ausschlüpfenden Jungspinnen überwintern und sind erst im nächsten Frühjahr geschlechtsreif. Im Sommer geschlechtsreif werdende Spinnen legen ihre Kokons erst im Spätsommer an. Die Jungspinnen müssen dann zweimal überwintern, bevor sie geschlechtsreif sind. Die Entwicklungszeit ist artspezifisch und auch klimaabhängig.

Brutpflege

Bei vielen Spinnenarten schützen die Weibchen ihre Eier nicht nur in sicheren Kokons und gut getarnten Schlupfwinkeln, sondern sie versorgen auch die Jungspinnen noch mit Nahrung und schützen sie mit ihrem eigenen Körper. So ist z.B. bei den Haubennetzspinnen und den Trichterspinnen die sog. 'Regurgitationsfütterung' zu beobachten. Hierbei würgen die Weibchen eine nahrhafte Flüssigkeit hervor und füttern die Jungen damit sozusagen von Mund zu Mund.

Bei den Wolfsspinnen tragen die Weibchen den Eikokon an den Spinnwarzen und die ausgeschlüpften Jungspinnen auf ihrem Rücken herum. Die Raubspinnen tragen ihre Kokons zwischen den Kieferklauen und hängen sie dann kurz vor dem Ausschlüpfen der Jungen an gut geschützte Stellen.

Vorkommen

Spinnen sind weit verbreitet und dabei ihren Lebensräumen sehr gut angepaßt. Häufig treten sie in sehr hoher Dichte auf. In manchen Gebieten kann man auf kleinster Fläche bis zu 100 Arten finden. In der Streuschicht von Laubwäldern wurden schon bis zu 400 Spinnen pro Quadratmeter gefunden. Auf einem Hektar

Nützlinge in Garten, Feld und Flur

Wiese – so hat man errechnet – können 6 Millionen Spinnen leben! Auch in Feldgehölzen ist häufig eine große Artenvielfalt sowie eine hohe Individuendichte anzutreffen.

Im Unterschied zu Wiesen- und Waldökosystemen müssen Äcker in jedem Frühjahr von Spinnen neu besiedelt werden, da ihre an den Kulturpflanzen angeklebten Eikokons bei der Ernte vernichtet werden. Die Tiere selbst werden durch Bodenbearbeitungsmaßnahmen meist stark dezimiert. Wichtig sind deshalb geeignete Impfbiotope.

Verbreitung

Die Verbreitung – oft über weite Strecken – erfolgt häufig durch eine Windverdriftung der Jungspinnen an 'Flugfäden'. Besonders im Herbst sieht man die silbrigen Spinnfäden mit den kleinen Spinnen zu Tausenden durch die Luft gleiten (Altweibersommer).

Die wichtigsten der in Mitteleuropa und auch in Deutschland vorkommenden Familien (sowie einige Gattungen und Arten), die eine unserer Definition entsprechende 'nützliche' Lebensweise zeigen, sollen im folgenden vorgestellt werden.

Einige Spinnenfamilien in der Übersicht:
① *Radnetzspinnen (Araneidae, Argiopidae) mit Netz*
② *Plattbauchspinnen (Gnaphosidae, Drassodidae)*
③ *Raubspinnen (Pisauridae)*
④ *Sechsaugenspinnen (Dysderidae)*
⑤ *Zitterspinnen (Pholcidae)*
⑥ *Wolfsspinnen (Lycosidae)*
⑦ *Krabbenspinnen (Thomisidae)*
⑧ *Jagdspinnen (Heteropodidae)*
⑨ *Springspinnen (Salticidae)*
⑩ *Zwergspinnen (Micryphantidae)*
⑪ *Finsterspinnen (Amaurobiidae) und Trichterspinnen (Agelenidae) mit Netz*
⑫ *Kugelspinnen (Theridiidae) und Baldachinspinnen (Linyphiidae) mit Netzen (beide rechts unten)*
⑬ *Streckerspinnen (Tetragnathidae) mit Netz*
⑭ *Kräuselspinnen (Dictynidae) mit Netz*

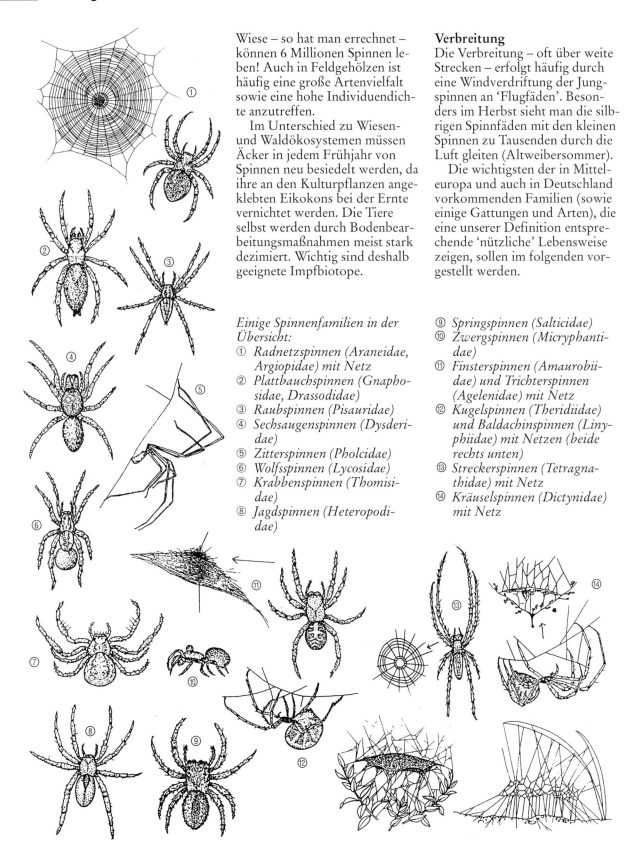

Finsterspinnen
AMAUROBIIDAE

Die relativ großen, kräftigen Finsterspinnen (Abbildungen, siehe Seite 32) sind nachtaktiv und halten sich vor allem in Mauerlöchern und Ritzen, unter Steinen und loser Baumrinde auf, wo sie sich röhrenförmige Gespinste bauen. Zum Beutefang legen sie bläulich schimmernde Wollstränge (sog. 'Kräuselfäden') aus, die sie zu trichterförmigen Netzen weben.

Finsterspinnen sind vor allem im Herbst anzutreffen. Dann werden sie auch geschlechtsreif. Sie ähneln im Körperbau und auch in ihren Netzen den Trichterspinnen, haben aber deutlich kürzere Spinnwarzen. Die Familie umfaßt 2 Gattungen (*Amaurobius* und *Callobius*) mit ca. 200 Arten, von denen jedoch nur 9 Arten bei uns heimisch sind.

Kräuselspinnen
DICTYNIDAE

Die Familie der Kräuselspinnen enthält 4 Gattungen (*Argenna*, *Dictyna*, *Lathys* und *Nigma*) mit über 200 Arten, von denen jedoch nur ca. 15 schwer bestimmbare Arten bei uns heimisch sind. Ihre Netze sind mit extrem dünnen, vielfach bläulich schimmernden, nicht klebrigen Fangfäden (Kräuselfäden) ausgestattet, die sich um die Beutetiere wickeln.

Kräuselspinnen, die übrigens nur etwa 2 bis 5 mm groß werden, findet man vornehmlich auf Bäumen und Sträuchern, wo sie ihre Netze häufig auf der Oberseite größerer Blätter anlegen und geflügelte Blattläuse, Fliegen, Mücken sowie andere Insekten erbeuten.

Sechsaugenspinnen
DYSDERIDAE

Die überwiegend nachtaktiven Sechsaugenspinnen zeigen artspezifische Lebensweisen. Einige streifen als Jäger umher oder bauen Netze, andere lauern in Erdhöhlen mit speziellen Signalfäden auf Beute. Stößt ein Beutetier auf einen der Fäden, so stürzt die Spinne hervor, ergreift die Beute und reißt sie in die Tiefe ihrer Höhle. Tagsüber halten sich die Spinnen verborgen, teilweise eingesponnen in ein Seidensäckchen unter Steinen, lockerer Rinde oder ähnlichen Verstecken.

Sechsaugenspinnen haben einen länglich walzenförmigen Körper. Charakteristisch für diese Spinnen sind ihre Mundwerkzeuge mit einer langgestreckten, schmalen Unterlippe und langen Kiefertastern, die kräftige Giftklauen besitzen. Die netzbauenden Sechsaugenspinnen erkennt man an ihrer typischen Lauerstellung, in der sie 3 Beinpaare nach vorn und nur das letzte nach hinten richten.

Die Familie der Sechsaugenspinnen umfaßt 3 Gattungen (*Dysdera*, *Harpactea* und *Harpactocrates*) mit über 250 Arten, von denen in Deutschland allerdings nur 7 bis 9 Arten (unterschiedliche Literaturangaben) auftreten.

Zitterspinnen
PHOLCIDAE

Die Familie der Zitterspinnen umfaßt ca. 240 Arten; bei uns kommen jedoch nur 3 Arten in den Gattungen *Pholcus* und *Psilochorus* vor.

Zitterspinnen sind die langbeinigsten aller Spinnen. Sie ähneln den Weberknechten, sind aber von diesen durch den zweigeteilten Körperbau leicht zu unterscheiden. Der walzenförmige Hinterkörper ist deutlich länger als der Vorderkörper. Die Grundfarbe ist hellgrau, mit angedeuteter dunkler Zeichnung.

Zitterspinnen bauen lockere Maschennetze, in denen sie – mit dem Rücken nach unten – auf Beute warten. Gerät ein Beutetier ins Netz, wird es so lange mit Leimtröpfchen 'beworfen', bis es sich nicht mehr rührt, und dann über eine winzige Bißwunde leergesaugt.

Die Weibchen spinnen ihre etwa 20 hellrosa gefärbten Eier in einem lockeren Netz zusammen und tragen diese in den Cheliceren, bis die Jungen schlüpfen.

Die langbeinigen Zitterspinnen (Pholcidae) – hier Pholcus phalangioides – sind häufig in Schuppen, Gartenhäusern und Kellern anzutreffen.

Plattbauchspinnen
Gnaphosidae oder Drassodidae

Die Plattbauchspinnen (auch Glattbauchspinnen genannt) sind nachtaktive Schleichjäger. Sie bauen keine Fangnetze und ruhen tagsüber meist in Gespinstsäcken unter Steinen, in Moospolstern, unter lockerer Baumrinde und in anderen Verstecken. Einige Arten spinnen sich in röhren- oder sackförmige 'Wohngespinste' ein.

Diese Familie umfaßt etwa 1500 Arten in mehreren Gattungen (*Callilepis, Drassodes, Gnaphosa, Haplodrassus, Micaria, Poecilochroa, Zelotes* u.a.). Die meisten Arten sind einheitlich graubraun bis schwarz gefärbt, ohne jede Zeichnung auf dem Hinterkörper. *Micaria*-Arten (in der älteren Literatur auch den Sackspinnen zugeordnet) zeigen ein ameisenähnliches Aussehen und fallen auch dadurch auf, daß sie ihren Hinterleib oft senkrecht nach oben tragen. Alle ca. 70 bis 120 in Mitteleuropa beheimateten Arten (unterschiedliche Literaturangaben) weisen typische lange, zylindrische Spinnwarzen ('Spinnstäbe') auf, die beim Weben geschickt wie Finger bewegt werden.

Plattbauchspinne Drassodes lapidosus mit Eikokon. Plattbauchspinnen (Gnaphosidae oder Drassodidae) sind nachtaktiv; sie bauen keine Fangnetze, sondern beschleichen ihre Beute.

Plattbauchspinne Drassodes lapidosus in ihrer Wohnröhre (unter einem abgehobenen Stein). Plattbauchspinnen fertigen oft spezielle Gewebesäcke zur Häutung und Paarung an.

Sackspinnen
Clubionidae

Die Familie der Sackspinnen umfaßt ca. 1500 Arten. Bei den rund 40 in Mitteleuropa beheimateten Arten handelt es sich um kleine, nachtaktive Jagdspinnen, die keine Fangnetze bauen. Sie schleichen sich nachts ganz vorsichtig an ihre Beute heran, um dann blitzschnell zuzupakken. Am Tage halten sie sich in sackförmigen Wohngespinsten, sog. 'Gespinstsäcken', unter lokkerer Baumrinde oder in ähnlichen Verstecken verborgen, die sie nach Einbruch der Dämmerung aufbeißen und zur Beutesuche verlassen. In diesen Säcken bewachen die Weibchen auch ihre Eier und Jungen.

Sackspinnen findet man sowohl auf Bäumen als auch auf unkultiviertem Grasland. Die ausgewachsenen Spinnen dieser Familie sind etwa 5 bis 15 mm lang und einfarbig hell, gelblichgrau oder gräulichbraun gefärbt. Auf dem Hinterleib erzeugt eine feine Behaarung einen seidigen Glanz. Die Beine sind relativ kurz. Unter den Fußkrallen liegt ein Büschel feinster Haare, die beim Klettern als Hafthaare nützlich sind und ein müheloses Laufen über glatte Blätter erlauben. Von den sonst sehr ähnlichen Plattbauchspinnen unterscheiden sich die Sackspinnen vor allem durch die Gestalt der Spinnwarzen, die

Sackspinnen (Clubionidae) weben rundum geschlossene Gespinstsäcke. Typisch für Clubiona stagnatilis – hier ein Weibchen mit Eikokon an einem geöffneten Schlupfwinkel – sind die dazu geknickten und zusammengesponnenen Grashalme.

Die Sackspinne Cheiracanthium punctorium (auch Dornfinger genannt) kommt in wärmeren Regionen vor.

eine gedrungen konische Form haben und dicht zusammenliegen.

Zu den Sackspinnen gehören die beiden Gattungen *Cheiracanthium* und *Clubiona*. Die in der Literatur genannten Gattungen *Agroeca, Apostenus, Liocranum, Phrurolithus* und *Scotina* sowie die Gattungen *Anyphaena* und *Zora* werden neuerdings den Familien Liocranidae, Anyphaenidae respektive Zoridae zugeordnet.

Spinnen 37

Laufspinnen
PHILODROMIDAE

Bei den Laufspinnen handelt es sich um relativ flache, schlanke und sehr bewegliche, flinke Räuber. Die Beine dieser auf Bäumen und Büschen zu findenden Spinnen sind alle ungefähr gleich lang und gleich stark.

Wie die ihnen nahe verwandten Krabbenspinnen weben die Laufspinnen keine Netze, sitzen aber auch nicht regungslos auf der Lauer, sondern erjagen ihre Beute in raschem Lauf. Manche Arten bauen einen feingewobenen Schlupfwinkel, in dem sie ihren Eikokon bewachen.

Es gibt über 400 Arten von Laufspinnen; in Mitteleuropa leben etwa 25 Arten aus den Gattungen *Philodromus*, *Thanatus* und *Tibellus*.

Die sogenannte Veränderliche Krabbenspinne Misumena vatia (Thomisidae) – hier mit einer erbeuteten Pflanzenwespe – kann eine weiße, gelbliche oder grünliche Färbung annehmen und sich so ihrer Umgebung anpassen.

Die Laufspinne Philodromus cespitum (Philodromidae) – hier ein Weibchen am Eikokon – ist sehr häufig und in den verschiedensten Lebensräumen zu finden. Auch in landwirtschaftlichen Kulturen spielt sie eine große Rolle.

Krabbenspinnen
THOMISIDAE

Krabbenspinnen haben ihren Namen wegen ihrer beiden kräftigen Vorderbeinpaare, mit denen sie – ähnlich den Krabben – sowohl seitlich als auch rückwärts laufen können. Auch die Körperform erinnert an diese Krebstiere.

Diese etwa 5 bis 10 mm großen Spinnen bauen keine Fang- und auch keine Wohnnetze, sondern lauern tagsüber – gut verborgen und farblich ihrer Umgebung angepaßt – auf Blättern, Blüten, Zweigen und anderen günstigen Stellen auf Beute. Die Beine sind dabei weit gespreizt, und sobald ein Insekt in Reichweite gelangt, wird es sofort gepackt und gebissen. Selbst geflügelte, mit Stacheln bewehrte Insekten (z.B. Bienen) werden auf diese Weise gefangen, wenn sie sich in der Nähe niederlassen. Doch auch größere Raupen gehören zu den typischen Beutetieren.

Die Grundfärbung der Krabbenspinnen läßt auf ihre Lebensweise schließen: Braun gefärbte Arten halten sich vorwiegend am Boden oder an Baumrinde auf, grün gefärbte Arten sitzen meist auf Sträuchern oder niedrigen Laubbäumen, bunte Arten finden sich häufig auf Blüten.

Zur Familie der Krabbenspinnen gehören über 1600 Arten, davon treten in Mitteleuropa ungefähr 40 bis 60 Arten auf. Vertreten sind die Gattungen *Coriarachne*, *Diaea*, *Heriaeus*, *Misumena*, *Misumenops*, *Oxyptila*, *Pistius*, *Runcinia*, *Synaema*, *Thomisus*, *Tamarus* und *Xysticus*.

Links: Die Laufspinne Philodromus dispar (auch Flachstrecker genannt) hält sich vorwiegend an Nadelgehölzen auf.

Laufspinne der Gattung Thanatus. Die vornehmlich auf offenem Boden anzutreffenden Laufspinnen (Philodromidae) erjagen ihre Beute in raschem Lauf.

Nützlinge in Garten, Feld und Flur

Oben links: Die Springspinne Phlegra insignita zeigt eine besonders ausgeprägte Färbung der Kiefertaster.
Oben Mitte: Die sog. Zebraspringspinne Salticus scenicus (Salticidae) mit einer erbeuteten Mücke. Diese ca. 5 bis 7 mm große Art ist häufig an Hauswänden zu finden.
Oben rechts: Die Weibchen der Wolfsspinnen tragen ihre Jungen nach dem Schlüpfen noch einige Zeit mit sich herum.
Rechts: Wolfsspinne der Gattung Pardosa: Weibchen mit an die Spinnwarzen geheftetem Eikokon.

Springspinnen
SALTICIDAE

Wie der Name bereits andeutet, ergreifen die Springspinnen (auch Hüpfspinnen genannt) ihre Beute im Sprung. Vor jedem Sprung befestigen sie einen 'Sicherheitsfaden' am Untergrund. Netze werden nicht gebaut. Als Schutz zum Wohnen und Häuten, zur Eiablage und Überwinterung weben sich die Springspinnen feine, sackartige Wohngespinste.

Springspinnen sind klein bis mittelgroß, sie haben einen gedrungenen Körper mit kurzen, kräftigen Beinen. Ihre Grundfärbung ist dunkelbraun, dunkelgrau oder schwarz, wobei die Männchen einiger Arten prächtiger ausgefärbt sind als die Weibchen. Charakteristisch ist die Stellung ihrer schwarzen Augen, die in 3 Reihen angeordnet sind, wobei die vorderen Mittelaugen (Frontalaugen) außergewöhnlich groß sind. Springspinnen können gut sehen. Sie sind sehr lebhaft und flink, tagaktiv und dabei sehr wärmebedürftig. Vor der Paarung wird das Weibchen mit charakteristischen Balztänzen umworben.

Mit mehr als 4000 bekannten Arten bilden die Springspinnen eine der größten Familien der Spinnen. In Mitteleuropa sind sie mit ca. 70 bis 100 Arten vertreten. Die wichtigsten Gattungen sind *Dendryphantes, Euophrys, Evarcha, Heliophanus, Leptorchestes, Marpissa, Myrmarachne, Neon, Pellens, Phlegra, Salticus, Sitticus* und *Synageles*.

Wolfsspinnen
LYCOSIDAE

Über 70 der weltweit ca. 2500 Wolfsspinnenarten leben in Mitteleuropa. Man findet sie fast überall; viele Arten haben sich auf bestimmte Lebensräume (z. B. Waldränder, Geröllhänge, Ödland, Feuchtwiesen) spezialisiert. Häufig kommen sie in der bodennahen Pflanzschicht oder zwischen Bodenstreu und Steinen vor.

Die unscheinbar grau- bis braunschwarz gefärbten Wolfsspinnen haben einen gedrungenen Körper mit kräftigen Beinen und können bis 20 mm groß werden. Charakteristisch ist die Augenstellung: Hinter 4 kleinen Augen sind auf gleicher Höhe 4 trapezförmig angeordnete,

Spinnen 39

Raubspinnen
PISAURIDAE

Die eng mit den Wolfsspinnen verwandten Raubspinnen ähneln diesen bezüglich ihrer Augenstellung und Lebensweise, haben jedoch einen mehr langgestreckten Körperbau. Es gibt ca. 400 Raubspinnenarten, dabei allerdings nur 2 Gattungen (*Dolomedes* und *Pisaura*). In unseren Breitengraden sind die Raubspinnen nur mit 2 (3) Arten vertreten:

Die sog. Listspinne *Pisaura mirabilis* ist häufig in feuchten Wiesen und auf Blättern der Krautschicht zu finden. Die Weibchen dieser 12 bis 15 mm großen Raubspinnenart tragen ihre weißen, kugeligen Eikokons (mit bis zu 1000 Eiern) zwischen den Kieferklauen. Erst kurz vor dem Schlüpfen der Jungspinnen webt das Weibchen ein kuppelförmiges Gespinst, in dem es den Kokon aufhängt. Die Jungen bleiben bis zur nächsten Häutung in diesem Gewebe und werden von der Mutter bewacht.

Die etwas größere Raubspinnenart *Dolomedes fimbriatus* lebt an stehenden und langsam fließenden Gewässern. Sie kann auf der Wasserfläche laufen und sogar untertauchen. Neben Insekten werden auch kleine Fische und Kaulquappen erbeutet.

Trichterspinnen
AGELENIDAE

Trichterspinnen bauen dicht gewebte, flache 'Decken- bzw. Trichternetze', die über lange Zeit genutzt und immer wieder ausgebessert werden. Das Deckennetz mündet an einer Stelle in eine beiderseitig offene Wohnröhre, in der die Spinne lauert und in die sie ihre Beute zum Verzehr verschleppt.

Kennzeichnend für die Trichterspinnen sind die sehr langen, 2gliedrigen hinteren Spinnwarzen. Von den Trichterspinnen

verhältnismäßig große Augen zu erkennen.

Wolfsspinnen bauen keine Netze, sondern beschleichen und bespringen ihre Beute (z.B. Springschwänze), wobei sie nur auf bewegliche Beutetiere reagieren. Größere Arten (z.B. Arten der Gattungen *Alopecosa*, *Arctosa*, und *Trochosa*) bauen sich als Unterschlupf Erdröhren, vor denen sie dann auch auf Beute lauern. Mit Ausnahme der Gattung *Trochosa* sind die bei uns heimischen Wolfsspinnen tagaktiv. Die Weibchen zeigen eine außergewöhnliche Brutpflege: Sie tragen sowohl ihre bis zu 400 Eier, in einem kugeligen Eikokon an ihre Spinnwarzen angeheftet, als auch die frisch geschlüpften Jungen mit sich herum. Die Familie der Wolfsspinnen enthält folgende

Ganz oben links: Die Raubspinne Dolomedes fimbriatus (auch Gerandete Jagdspinne genannt) ist feuchtigkeitsliebend und häufig in der Krautschicht anzutreffen. Sie kann sich auch auf der Wasseroberfläche fortbewegen.
Ganz oben rechts: Raubspinnenweibchen (Dolomedes fimbriatus) mit Jungtieren am Nest.
Oben links: Die sog. Listspinne Pisaura mirabilis ist eine weitverbreitete Raubspinnenart der Strauchschicht.
Oben rechts: Raubspinne Dolomedes fimbriatus: Die sehstarken Augen sind in 2 Reihen angeordnet.

Gattungen in Mitteleuropa: *Acantholycosa*, *Alopecosa* *Arctosa*, *Aulonia*, *Hygrolycosa*, *Pardosa*, *Pirata*, *Tricca*, *Trochosa* und *Xerolycosa*.

sind ca. 1000 Arten bekannt. Die meisten der etwa 35 bis 45 (unterschiedliche Literaturangaben) in Mitteleuropa beheimateten Arten leben in der Bodenstreu, im Gebüsch, in Schuppen, Ställen oder Kellern. Sie gehören folgenden Gattungen an: *Agelena, Cicurina, Coelotes, Cryphoeca, Cybaeus, Histopona, Tegenaria, Tetrix* und *Tuberta*.

Das Weibchen der Kugelspinne Theridion impressum bewacht seinen Eikokon in einem nach unten offenen Haubennetz.

Die sog. Labyrinthspinne Agelena labyrinthica (Agelenidae) lebt auf Wiesen und Weiden, wo sie u. a. durch häufigen Schnitt stark gefährdet wird.

Auch die sehr kleine Haubennetz- oder Kugelspinne Theridion pallens (Theridiidae) ist an einem kugelig geformten Hinterleib zu erkennen.

Kugel- oder Haubennetzspinnen
THERIDIIDAE

Kugelspinnen sind in Mitteleuropa mit etwa 60 bis 70 Arten vertreten; insgesamt gibt es ca. 1500 Arten. Sie kommen sowohl an Bäumen und Sträuchern als auch auf Wiesen vor. Kennzeichnend für diese im ausgewachsenen Zustand etwa 3 bis 7 mm großen Spinnen ist nicht nur ihr meist kugelförmiger Hinterleib, der von der Seite gesehen höher als lang ist, sondern auch ein sog. Borstenkamm am letzten Glied der Hinterbeine. Die Beine sind relativ schlank und kurz.

Kugelspinnen bauen lockere, nur mit Spannfäden befestigte Maschennetze, deren Form einer umgekehrten Tasse ähnelt ('Haubennetze') und die mit nach unten führenden Fangfäden (Klebfäden) ausgestattet sind. Wenn an diesen Fliegen, Mücken oder andere Insekten hängenbleiben, werden sie mit einem zähen Sekret (Leimtropfen) aus den

Typisches Trichternetz von Trichterspinnen (Agelenidae).

Bodenspinnen
HAHNIIDAE

Bodenspinnen sind sehr kleine, höchstens 3 mm große, am Boden lebende Spinnen. Dicht über dem Boden legen sie kleine Gewebenetze an, in denen sich ihre Beutetiere verfangen. Es sind etwa 70 Arten bekannt. Die etwa 7 bis 10 bei uns heimischen Arten sind aus den Gattungen *Antistea* und *Hahnia*.

Oben links: Haubennetz der Kugelspinne Theridion impressum (Theridiidae), mit Beuteresten getarnt.

Oben rechts: Kugelspinne der Gattung Enoplognatha (Theridiidae) mit einer erbeuteten Schwärmerraupe.

Spinnborsten überzogen. Strampelnde Beutetiere 'fesseln' sich dann selbst, indem der Leim zu Fäden ausgezogen wird. Erst dann tötet die Spinne ihr Opfer durch einen Giftbiß und saugt es aus. Die Spinne selbst wartet in einer von außen mit Blättern, Knospenschuppen u.ä. abgedeckten Wohnkuppel an der Spitze des Netzes auf Beutetiere.

Die Weibchen betreiben eine fürsorgliche Brutpflege. Einige Arten (z.B. *Theridion impressum*) füttern ihre Jungen von Mund zu Mund mit einem speziellen, aus dem Darm ausgewürgten Saft (Regurgitationsfütterung). Geschlechtsreife Männchen besitzen teilweise sog. Stridulationsorgane am Hinterleib, mit denen sie durch Reibung Töne erzeugen können.

In Europa vorkommende Kugelspinnen finden sich in den Gattungen *Achearanea, Anelosimus, Comaroma, Crustulina, Dipoena, Enoplognatha, Episinus, Euryopis, Pholcomma, Robertus, Steatoda, Theonoe* und *Theridion*.

Strecker- oder Kieferspinnen
TETRAGNATHIDAE

Diese mit 10 bis 16 Arten (unterschiedliche Literaturangaben) innerhalb der Gattungen *Tetragnatha* und *Pachygnatha* in Mitteleuropa vertretene Spinnenfamilie (insgesamt ca. 470 Arten) hat ihren deutschen Namen von der Eigenart, bei Gefahr eine stabförmige Form annehmen zu können. Dazu strecken die Spinnen die 2 vorderen sowie die 2 sehr langen hinteren Beinpaare dicht aneinandergelegt vor bzw. zurück, klammern sich mit dem 4. Beinpaar fest und schmiegen sich so eng an einen Halm oder eine andere Unterlage, daß sie von Feinden übersehen werden. Streckerspinnen kommen auf Wiesen und Feldern vor, wo sie sich meist in Bodennähe aufhalten. Hier bauen sie sog. Radnetze mit offener Nabe, d.h., in die Netzmitte wird ein Loch gebissen. Die Vertreter der Gattung *Pachygnatha* weben als erwachsene Tiere keine Fangnetze mehr.

Die Streckerspinnen sind nahe mit den Kreuzspinnen verwandt. Von diesen unterscheiden sie sich aber nicht nur durch ihre relativ langen und dünnen Beine, sondern auch durch die auffällig großen Kiefer der Adulten; man nennt sie deshalb auch Dickkieferspinnen. Der Hinterleib ist langgestreckt und auf dem Rücken mehr oder weniger ausgedehnt perlmuttglänzend.

Ganz oben: Strecker- oder Kieferspinne der Gattung Tetragnatha mit ektoparasitischer Schlupfwespenlarve.

Oben: Strecker- oder Kieferspinnen – hier Tetragnatha extensa – können sich lang strecken und sich eng an die Grashalme schmiegen.

Radnetzspinnen
ARANEIDAE oder - ARGIOPIDAE

Radnetzspinnen (auch Kreuzspinnen genannt) sind mittelgroße bis große, träge Spinnen mit einem rundlich-ovalen Hinterleib, der meist stark behaart und arttypisch gezeichnet ist sowie manchmal 2 deutliche Höcker trägt. Die langen Beine sind relativ dick und weisen meist viele Stacheln auf. Die Radnetzspinnen sind sicher-

42 Nützlinge in Garten, Feld und Flur

lich die bekanntesten Spinnen überhaupt. Alle ca. 40 bis 50 heimischen Arten dieser Familie bauen stabile, kunstvolle Radnetze, meistens mit einer geschlossenen Nabe. Sie bewohnen die verschiedensten Lebensräume und sind auch häufig in unseren Gärten anzutreffen. Täglich – je nach Art am Morgen oder Abend – werden neue Netze gefertigt und die alten verzehrt. Beim Herumklettern in ihren Netzen vermeiden die Spinnen geschickt jede Berührung mit den Klebfäden. Sich im Netz verfangende Beutetiere werden blitzschnell zu einem Seidenpaket zusammengewickelt und durch einen Biß getötet.

Die Weibchen legen ihre Eier in dicht gewobenen, relativ großen Kokons ab. Die Kokons werden im Netz oder in Netznähe meist an Pflanzenteilen festgeheftet.

Es sind rund 2500 Radnetzspinnenarten bekannt; in Europa treten u. a. folgende Gattungen auf: *Aculepeira, Araneus, Araniella, Argiope, Atea, Cercidia, Cyclosa, Gibbaranea, Hyposinga, Larinioides, Mangora, Neoscona, Nuctenea, Singa, Zilla.*

Ganz oben: Netz der Gartenkreuzspinne Araneus diadematus im Morgentau. Die Netze der Radnetzspinnen werden jede Nacht aufgefressen und neu gefertigt. Links: Die Radnetzspinne Araniella cucurbitina (auch Kürbisspinne genannt) ist zwar häufig, wird jedoch aufgrund ihrer geringen Größe leicht übersehen. Sie webt ihre Radnetze in charakteristischer Weise flach über einzelne große Blätter.

Die Radnetzspinne Argiope bruennichi (auch Wespenspinne genannt) ist zunehmend in Gärten anzutreffen.

Die sog. Eichenblatt-Radnetzspinne Aculepeira ceropegia (Araneidae oder Argiopidae) liebt feuchte, ungemähte Wiesen und ist vielerorts durch Trockenlegung und Intensivlandwirtschaft gefährdet.

Zwergspinnen
Micryphantidae

Zu den Zwergspinnen, die in der Literatur teilweise auch zu den Baldachinspinnen gerechnet werden, gehören rund 1000 Arten, von denen in Mitteleuropa bisher ca. 150 nachgewiesen wurden. Wie der Name schon sagt, handelt es sich um sehr kleine Spinnen, die ausgewachsen meist nur 1 bis 2 mm lang werden. Kennzeichnend für diese Spinnenfamilie sind arttypische Auswüchse am Kopf der Männchen sowie deren verdickte Kiefertaster.

Zwergspinnen bauen sich kleine Fangnetze aus relativ wenigen flächenartig oder kreuz und quer angeordneten Fäden in die Wölbungen von Blättern hinein, über Rindenvorsprünge oder ähnliche Stellen. Ihrer geringen Größe entsprechend sind auch die Beutetiere nur klein, z.B. Larven von Blatt- und Blutläusen oder Kleinzikaden.

Von den mehr als 70 zu den Zwergspinnen gerechneten Gattungen seien nur einige wichtige genannt: *Araeoncus, Asthenargus, Ceratinella, Ceratinopsis, Cnephaloctotes, Dicymbium, Diplocephalus, Entelecara, Erigone, Gonatium, Hilaira, Hypomma, Lessertia, Micrargus, Oedothorax, Panamomops, Pelecopsis, Pocadicnemis, Scotinotylus, Tapinocyba, Trichoncus, Walckenaeria.*

Baldachinspinnen
Linyphiidae

Zur Familie der Baldachin- oder Deckennetzspinnen zählen rund 3500 netzbauende Arten. In Mitteleuropa kommen rund 150 Arten vor, die häufig in sehr großer Individuendichte auftreten. Die meisten Baldachinspinnen sind nicht größer als 3 mm. Sie sind meist schwarz oder dunkel- bis hellbraun gezeichnet. Ihre relativ langen, dünnen Beine sind mit Stacheln besetzt.

Oben: Die Baldachinspinne Neriene (Linyphia) triangularis ist in lichten Wäldern beheimatet. Rechts: Typisches Deckennetz einer Baldachinspinne (Linyphiidae). Die normalerweise kaum wahrzunehmenden 'Stolperfäden' über dem Baldachin werden im Morgentau gut sichtbar.

Baldachinspinnen leben hauptsächlich in der bodennahen Pflanzschicht; häufig findet man sie auf Wiesen und an Waldrändern. Auffällig sind ihre sog. Raum- oder Deckennetze, horizontale, leicht gewölbte, baldachinartige Gewebedecken mit einer großen Zahl darüber befindlicher 'Stolperfäden'. Stößt an diese ein Insekt, so fällt es auf die dicht gewobene 'Decke' und kann hier von der darunter sitzenden Spinne erbeutet werden.

Der Familie der Baldachinspinnen werden 40 Gattungen zugeordnet, u.a. *Agyneta, Bathyphantes, Bolyphantes, Centromerus, Drapetisca, Floronia, Helophora, Labulla, Lepthyphantes, Linyphia, Meioneta, Microlinyphia, Neriene, Pityohyphantes, Poeciloneta, Porrhomma, Stemonyphantes* und *Tapinopa*.

Jagdspinnen
Heteropodidae

Die Familie der Jagdspinnen (früher Sparassidae) umfaßt ca. 700 Arten. In Mitteleuropa kommt jedoch nur eine einzige Art vor: die Grüne Jagdspinne *Micrommata virescens* (auch Grüne Huschspinne genannt).

Jagdspinnen sind äußerst flinke, angriffslustige Spinnen. Sie bauen keine Fangnetze, sondern überwältigen ihre Beutetiere durch einen blitzschnellen Sprung. Die tagsüber aktiven Jagdspinnen lieben Wärme und

44 Nützlinge in Garten, Feld und Flur

Ganz oben: Die Weibchen der Grünen Jagdspinne (Micrommata virescens) sind grün gefärbt. Sie bewachen ihren zwischen zusammengesponnenen Blättern aufgehängten beutelförmigen Eikokon. Oben: Die Männchen der Grünen Jagdspinne erkennt man an einem leuchtendroten Mittelband auf dem Hinterleib. Auf der Beutesuche springen sie von Grashalm zu Grashalm.

Sonnenschein. Man findet sie auf Sträuchern und niederen Laubbäumen.

Die Weibchen der Grünen Jagdspinne erkennt man an ihrem hell- bis gelbgrün gefärbten Hinterleib; die geschlechtsreifen Männchen tragen auf dem Hinterleib ein leuchtendrotes oder rotbraunes Mittelband. Die hellgrünen Eier werden in einem zwischen zusammengesponnenen Blättern aufgehängten, beutelförmigen Eikokon vom Weibchen bewacht. Die Jungspinnen sind zunächst blaßgelb oder bräunlich und werden erst allmählich grün. Die noch nicht ganz erwachsenen Jungspinnen überwintern in einem weißen Gespinst, geschützt unter Moos und Laub.

Milben
ACARI

Auch die Milben gehören zu den Spinnentieren. Von den weltweit etwa 30 000 bis 60 000 (sehr unterschiedliche Angaben) beschriebenen Milbenarten sind rund 3000 in Mitteleuropa beheimatet. Die Milbensystematik ist recht kompliziert. Man unterscheidet grundsätzlich 2 Hauptgruppen: die ACARIFORMES und die PARASITIFORMES. Zur letzteren Gruppe gehören die Vertreter der MESOSTIGMATA, denen auch viele Raubmilbenarten zugeordnet werden (z. B. aus den Familien PHYTOSEIIDAE und PERGAMASIDAE). Die Gruppe der ACARIFORMES enthält u. a. die PROSTIGMATA; hierzu zählen auch die Anystiden und Thrombidiiden (siehe Seite 47 bis 48).

Körperbau
Bei den Milben handelt es sich um sehr verschieden gestaltete winzige, meist weniger als 1 mm große Spinnentiere. Im Gegensatz zu den Spinnen ist ihr gedrungener Körper einteilig, länglich, ei-, sack- bzw. wurmförmig oder kugelig. Vorder- und Hinterleib (Proterosoma und Hysterosoma) bilden eine Einheit und scheinen miteinander verschmolzen zu sein. Der sog. 'falsche Kopf' (Gnathosoma) trägt die Mundwerkzeuge (Cheliceren) und Taster (Pedipalpen). Die Cheliceren enden i. d. R. in Scheren zum Erfassen oder Zerkleinern der Nahrung. Der Hinter-

leib ist ungegliedert. Ausgewachsene Milben besitzen meist 4 Beinpaare (6gliedrig), die Larven jedoch meist nur 3 Beinpaare, die in Krallen und einem Haftorgan enden. Milben haben – wie alle Spinnentiere – weder Flügel noch Fühler.

Fortpflanzung

Milben sind überwiegend getrenntgeschlechtlich. Die Vermehrung erfolgt über Eier. Die sog. Jungfernzeugung (Parthenogenese, d.h. Entwicklung eines Individuums aus einer unbefruchteten Eizelle) ist häufig und tritt in 2 Formen auf: Entweder schlüpfen aus unbefruchteten Eiern Männchen (arrhenothoke Parthenogenese) oder Weibchen (thelytoke Parthenogenese). Aus dem Ei schlüpft eine Larve, die dem erwachsenen Tier ähnlich ist; ihr fehlt jedoch das letzte Beinpaar.

An das Larvenstadium schließen sich mit Häutungen i.d.R. drei weitere Jugendstadien an, die bereits 4 Beinpaare tragen und als Nymphen bezeichnet werden (Proto-, Deuto- und Tritonymphe). Das letzte Nymphenstadium häutet sich zum erwachsenen Tier (Adulten). Viele Milbenarten entwickeln pro Jahr mehrere Generationen.

Ernährung

Einige Milbenarten leben parasitisch an Mensch und Tier, andere sind Vorratsschädlinge oder ernähren sich von toten organischen Substanzen (Saprobionten). Sehr viele Milbenarten sind phytophag, d.h., sie saugen Pflanzensaft und sind dann wichtige Schädlinge unserer Kulturpflanzen.

Andere Arten, die unter dem Oberbegriff 'Raubmilben' zusammengefaßt werden, leben räuberisch bzw. zoophag von (phytophagen) Milben, kleinen Insekten und Insekteneiern sowie – im Boden – von Nematoden und verschiedenen Mikroorganismen.

Die Raubmilbe Hypoaspis aculeifer (Laelapidae) kommt in Rübenäckern vor und ernährt sich hier von Springschwänzen (Collembolen).

Bodenmilben

Bei etwa der Hälfte aller Milbenarten handelt es sich um Bodenmilben: In Waldböden hat man bis zu 400 000 Individuen pro Quadratmeter gefunden; in Grünland- und Ackerböden wurden Individuenzahlen bis zu 150 000 respektive 80 000 ermittelt. In Abhängigkeit vom Nahrungsangebot, von der Struktur des Hohlraumsystems und von der Bodenfeuchte treten sie i.d.R. nestartig gehäuft auf. Ideale Voraussetzungen finden Bodenmilben dort, wo eine dichte Vegetationsdecke und damit auch ein reiches Wurzelwerk ausgebildet sind.

Raubmilben

Zur Unterscheidung der (weitestgehend) zur Unterordnung GAMASINA gerechneten Raubmilbenfamilien und -gattungen muß auf die wissenschaftlichen Namen zurückgegriffen werden. Raubmilben spielen eine große Rolle als Nützlinge im Pflanzenschutz. Sowohl im und auf dem Boden als auch auf Pflanzen (insbesondere die Phytoseiiden) erbeuten sie viele gärtnerisch und landwirtschaftlich bedeutsame Schädlinge.

Raubmilben im Boden

Unter den Bodenmilben finden sich auch räuberisch lebende Arten, mit einer dem jeweiligen Lebensraum angepaßten Körperform und -größe: Formen, die an der Bodenoberfläche leben, sind anders gebaut als solche, die das Hohlraumsystem tieferer Bodenschichten besiedeln. So sind z.B. die oberflächlich lebenden Arten der Gattung *Pergamasus* mit einem starken Chitinpanzer gegen Austrocknung geschützt. Ihr Körper ist rundlich oval; ihre langen Beine ermöglichen es ihnen, auf der Bodenoberfläche große, schnelle Springschwänze (Collembolen) zu erbeuten. Ausgesprochene Bodenbewohner dagegen (z.B. die Rhodacariden) sind wesentlich empfindlicher gegen Austrocknung, besitzen einen länglichen Körper als Anpassung an das Hohlraumsystem und haben im Verhältnis zum Körper kürzere Beine. Neben kleinen, in den Hohlräumen des Bodens lebenden Springschwänzen jagen sie Fadenwürmer, Wurzel- und Hornmilben. Collembolenfressende Arten haben schlanke Cheliceren mit rückwärts gerichteten Zähnen (flüchtende Nahrung!).

Raubmilben auf Pflanzen

Bekannter als die Bodenraubmilben sind räuberische Milbenarten, die sich vornehmlich auf Kulturpflanzen von Schädlingen ernähren. Äußerlich lassen sich diese Raubmilben i.d.R. allein schon durch eine größere Beweglichkeit von den phytophagen Milben unterscheiden. Überwiegend handelt es sich hier um 'Schutzräuber': Dadurch daß die Raubmilben im Unterschied etwa zu den flugfähigen Nutzinsekten dauernd auf den Blättern präsent sind, können sie – insbesondere in mehrjährigen Kulturen – die Entwicklung schädlicher Milbenarten bereits sehr früh unterdrücken und damit gefährliche Massenvermehrungen verhindern. Ein besonderer Vorteil ist dabei auch ihre relativ hohe Vermehrungsrate. Im Obstbau ist eine solche Schutzfunktion etwa bei einer Populationsdichte von durchschnittlich 0,5 bis 1 Raubmilbe pro Blatt gegeben.

Die in Mitteleuropa auf Obstbäumen vorkommenden rund 100 Raubmilbenarten gehören größtenteils zur Familie der Phytoseiiden. Daneben spielen noch die Stigmaeiden sowie die Anystiden und Thrombidiiden eine gewisse Rolle (siehe Seite 47). An Reben können als Vertilger von Kräuselmilben und an Apfel- und Nadelbäumen als Spinnmilbenräuber Arten der Familie Cunaxidae gefunden werden. Vorwiegend leben die Cunaxiden jedoch in der oberen Bodenschicht und seltener auf Kulturpflanzen.

Da Raubmilben im allgemeinen sehr empfindlich auf chemische Pflanzenschutzmittel reagieren, sind sie in intensiv bewirtschafteten Obstanlagen und Weinbergen seltener zu finden. Die hier bekannten Spinnmilbenprobleme sind nach Ansicht vieler Fachleute auf die Ausschaltung dieser effektiven Gegenspieler zurückzuführen. Wie jedoch zahlreiche Versuchsergebnisse und Praxisbeobachtungen der letzten Jahre belegen, ist bei Anwendung raubmilbenschonender Präparate eine Wiederansiedlung durchaus möglich.

Phytoseiiden
Phytoseiidae

In der Familie Phytoseiidae finden sich vor allem wichtige Räuber von phytophagen Milben, in einigen Fällen auch von kleineren Insekten. Bis heute wurden mehr als 2000 Phytoseiidenarten beschrieben. Zahlreiche Arten dieser Familie haben als Antagonisten von Spinnmilben in landwirtschaftlichen Kulturen wirtschaftliche Bedeutung. Die einzelnen Arten sind sich äußerlich so ähnlich, daß sie i.d.R. nur als mikroskopisches Präparat und nur von Experten bestimmt werden können.

Aussehen

Die ca. 0,3 bis 0,5 mm großen Raubmilben sitzen meist an den Blattunterseiten der Pflanzen. Ihre Körperform ist länglich-eiförmig; die Körperfarbe variiert je nach Nahrung von Gelblichrosa bis Rötlichbraun, teilweise erscheinen die Tiere auch farblos. Charakteristisch für diese recht lebhaften, flinken Milben sind ihre verhältnismäßig langen Beine, deren 1. Paar eine Tastfunktion zum Auffinden der Beute hat, und die mit Zähnchen besetzten scherenförmigen Cheliceren, mit denen die Beutetiere verletzt werden. Der durch Verdauungssäfte verflüssigte (vorverdaute) Nahrungsbrei wird durch die Mundöffnung aufgesogen.

Ernährung

Innerhalb der Familie Phytoseiidae gibt es große Unterschiede im Nahrungsspektrum. Zahlreiche Arten der Gattungen *Amblyseius* und *Typhlodromus* sind polyphag. Neben Spinnmilben (Tetranychiden; z.B. Obstbaumspinnmilben) dienen ihnen auch andere Milben (Weichhautmilben, Pockenmilben u.a.), Thripse sowie teilweise auch pflanzliche Stoffe (Blütenpollen, Pilzhyphen, Pilzsporen, Perldrüsen der Reben u.a.) als Nahrung. Bei ausschließlich pflanzlicher Nahrung dauert die Entwicklung jedoch länger, und die Reproduktionsrate sinkt.

Interessant ist die sog. 'funktionelle Reaktion' der Raubmilben auf die Spinnmilbendichte: Während bei geringem Nahrungsangebot die Beutetiere völlig ausgesaugt werden, wenden sich die Raubmilben bei hohen Populationsdichten der Spinnmilben nach kurzem Saugen von der Beute ab, um nach weiteren Opfern zu suchen.

Raubmilben der Familie Phytoseiidae spielen als sog. 'Schutzräuber' im Obst- und Weinbau eine große Rolle. Zu ihren Beutetieren gehören vor allem Spinnmilben.

Entwicklung

Die Fortpflanzung geschieht nur (zwei)geschlechtlich, unbegattete Weibchen legen keine Eier ab. Die Eier sind durchscheinend, glatt und leicht oval.

Milben

Im Larvenstadium haben die Milben nur 6 Beine, erst die Nymphen (3 Stadien) sowie die erwachsenen Tiere besitzen die für Spinnentiere typischen 4 Beinpaare.

Vermehrungsrate und Entwicklungsgeschwindigkeit der Raubmilben sind stark abhängig von der Menge der aufgenommenen Nahrung, also von der Populationsdichte der Beutetiere. Je höher letztere ist, desto mehr Beutetiere werden getötet. Aus diesem Grunde können die Phytoseiiden eine starke, regulierende Wirkung auf die Populationsdichte ihrer Beutetiere ausüben.

Auch die Temperatur beeinflußt die Entwicklungsgeschwindigkeit. Der Aufbau einer Raubmilbenpopulation kommt deshalb im Frühjahr nur langsam in Gang. Im Sommer nimmt die Zahl der Raubmilben dann rasch zu und erreicht im August/September ihren Höhepunkt.

Raubmilbe der Familie Phytoseiidae an Spinnmilbeneiern.

Generationen

Die in Mitteleuropa heimischen Phytoseiidenarten haben 4 Generationen, die sich aufgrund der langen Lebensdauer der Weibchen im Laufe des Jahres stark überschneiden. In wärmeren Klimazonen werden bis zu 7 Generationen pro Jahr gebildet.

Überwinterung

Die Phytoseiiden überwintern als erwachsene (befruchtete) Weibchen. Bei gehölz- und rebenbesiedelnden Arten wandern diese vor dem Blattfall (ab Ende August) auf das Holz ab und verkriechen sich in Rindenritzen, in den Spalten des abgestorbenen Holzes oder unter Knospenschuppen. Die Männchen überwintern nicht, sondern sterben im Herbst ab.

Die Wintersterblichkeit der Raubmilben ist hoch. Für *Typhlodromus pyri* (siehe Seite 185) werden Werte von 60% bis über 90% der überwinternden Weibchen genannt. Erst bei Temperaturen um 10°C werden die Tiere wieder aktiv. Sie verlassen dann ihre Winterquartiere und wandern beim Austrieb auf die Blätter. Ab Mai finden sich hier die hellen, einzeln abgelegten Raubmilbeneier.

Schutz- und Säuberungsräuber

Physiologie und Ökologie der einzelnen Phytoseiidenarten sind sehr unterschiedlich. Einige von ihnen sind auf Kulturpflanzen zu finden, auch wenn keine Spinnmilben vorhanden sind (z.B. *Typhlodromus pyri*). Sie ernähren sich dann von anderen Beutetieren oder von pflanzlichen Substanzen. Im Ökosystem treten sie als typische 'Schutzräuber' auf. Andere Arten dagegen, wie z.B. die nicht heimische *Phytoseiulus persimilis* (siehe Seite 220), haben ein enges Nahrungsspektrum und können dementsprechend nur bei schon vorhandenen Spinnmilbenpopulationen (Tetranychiden) die sog. 'Säuberungsräuber-Funktion' ausüben.

Bedeutung

Für den biologischen Pflanzenschutz interessante Arten finden sich in den Gattungen *Typhlodromus*, *Phytoseiulus* und *Amblyseius*. So werden insbesondere im Gemüse- und Zierpflanzenbau unter Glas seit vielen Jahren Spinnmilben erfolgreich mit der Raubmilbe *Phytoseiulus persimilis* biologisch bekämpft. *Amblyseius cucumeris* und *Amblyseius barkeri* sind gegen Thripse einsetzbar. Die Anwendung von Raubmilben im Gewächshaus wird im Kapitel 'Nützlingseinsatz unter Glas' beschrieben (siehe Seiten 220 und 224).

Doch auch im Freiland an Obstbäumen und Weinstöcken, aber auch an anderen Laubbäumen und Sträuchern können – natürlicherweise auftretend – Raubmilben gefunden werden. Als häufige Arten sind hier *Typhlodromus pyri*, *Typhlodromus tiliarum*, *Amblyseius aberrans*, *Amblyseius potentillae* und *Amblyseius finlandicus* zu nennen.

Anystiden
ANYSTIDAE

Im Obst- und Weinbau können neben den Phytoseiiden auch einige Arten der Familie ANYSTIDAE eine gewisse Bedeutung als Gegenspieler von Spinnmilben, Gallmilben und auch Thripsen haben. Unter Versuchsbedingungen verzehren z.B. Nymphen von *Anystis agilis* während ihrer Entwicklung mehr als 800 Spinnmilben (*Tetranychus urticae*).

In Obstanlagen kann die Raubmilbe Anystis agilis als Räuber von Milben oder kleinen Insekten gefunden werden.

Diese bis ca. 1 mm große, glänzend dunkelrot bis zitronengelb oder orange gefärbte, sehr lebhafte Raubmilbe tritt bevorzugt an unbehandelten Bäumen auf. Trotz ihrer meist geringen Populationsdichte und offenbar auch geringeren Generationenzahl (3 bis 4 pro Jahr) kann sie andere Raubmilbenarten bei der Vertilgung von Spinnmilben wirksam unterstützen. Sie vermag sogar die relativ harten Schalen ihrer Eier zu durchstechen und auszusaugen. Im Winter wird die Raubmilbe bereits bei 5 °C aktiv und vertilgt dann Wintereier von Obstbaumspinnmilben und Blattläusen.

Stigmaeiden
STIGMAEIDAE

Als wichtigster Vertreter dieser weniger häufig vorkommenden Raubmilbenfamilie ist die Art *Zetzellia mali* zu nennen. Diese ca. 0,5 mm kleine Raubmilbenart ist gelb bis orangerot gefärbt. In ihrer Lebensweise ähnelt sie den Phytoseiiden, allerdings ist sie wesentlich weniger beweglich. Unter unseren Klimabedingungen entwickeln sich nur 2 bis 3 Generationen pro Jahr. Trotzdem sollte die regulierende Wirkung auf Spinnmilben und Gallmilben in Obstanlagen nicht unterschätzt werden.

Trombidiiden
TROMBIDIIDAE

Weitere Räuber von Schadmilben, aber auch von Thripslarven oder sogar jungen Wicklerraupen im Obst- und Weinbau sind die feuerroten Thrombidiiden, auch Samtmilben oder Laufmilben genannt, die behende am Boden und auf den Pflanzen auf der Suche nach Beute umhereilen.

Bekannt ist die Samtmilbe *Allothrombium fuliginosum*. Sie ist ca. 2,5 mm groß und damit größer als Raubmilbenarten aus anderen Familien. Zu ihrem Beutetierspektrum sollen auch Blattläuse und Blutläuse gehören. Die in der Laubschicht am Boden überwinternden adulten Weibchen legen ihre Eier im Frühjahr in den Boden ab und wandern dann zur Nahrungssuche auf verschiedene Kulturpflanzen auf. Pro Jahr wird nur 1 Generation ausgebildet.

Tausendfüßer
MYRIAPODA

Bei den Tausendfüßern (exakter als Vielfüßer zu bezeichnen) handelt es sich um bodenbewohnende Gliederfüßer mit einem wurmartig gestreckten Körper, der aus oft sehr vielen, mehr oder weniger gleichartigen Segmenten besteht, die fast alle Laufbeinpaare tragen. Der Kopf trägt 1 Paar Antennen und als Mundwerkzeuge 1 Paar mehrgliedriger Mandibeln und 1 bis 2 Paar Maxillen, von denen das 2. Paar meist stark zurückgebildet ist.

Bisher sind mehr als 10 000 Arten beschrieben worden, doch ist die Artenzahl wahrscheinlich viel größer. Die meisten Myriapoden sind Bodentiere. Man findet sie überwiegend an feuchten Stellen. Nur wenige Arten greifen gelegentlich Kulturpflanzen an.

Die Klasse der Tausendfüßer wird in 4 Unterklassen eingeteilt: Hundertfüßer (CHILOPODA), Doppelfüßer (DIPLOPODA), Wenigfüßer (PAUROPODA) und Zwergfüßer (SYMPHYLA). Zu den Nützlingen (im Sinne unserer Definition) zählen jedoch nur die Hundertfüßer, da sie sich – im Gegensatz zu den anderen Unterklassen – zoophag ernähren.

Hundertfüßer
CHILOPODA

Hundertfüßer sind bodenbewohnende Gliederfüßer, die in Spalten und Ritzen, unter Steinen, in der Rinde, in Laub usw. leben. Von den etwa 2800 bekannten Arten lebt nur die artenarme Gruppe der Spinnenasseln (SCUTIGEROMORPHA) außerhalb des Bodens. Sie fangen mit ihren auffällig langen Beinen sehr gewandt Fluginsekten. Die übrigen Hundertfüßer werden in LITHOBIOMORPHA und EPIMORPHA eingeteilt (siehe auf der nächsten Seite).

Die recht agilen, räuberisch lebenden Samtmilben fallen vor allem im Frühjahr durch ihre leuchtendrote Färbung auf.

Aussehen

Hundertfüßer sind etwa 4 cm lang und haben einen länglichen, schlanken Körper. Dieser besteht aus 15 bis 185 Segmenten bzw. Körperringen, die alle (mit Ausnahme des 1. und der 3 letzten) je 1 Laufbeinpaar tragen. Typisch ist das Beinpaar des 1. Segments, das zu einem Paar zangenartiger 'Kieferfüße' umgewandelt ist, an deren Spitze eine Giftdrüse mündet. Das letzte Laufbeinpaar ist stark verlängert und bedornt, gelegentlich sogar zangenförmig.

Ernährung

Chilopoden sind recht flinke Räuber. Sie ernähren sich grundsätzlich räuberisch, indem sie ihre Beute mit einem Giftbiß lähmen, Verdauungssaft in die Wunde speien und ihr Opfer nach 'extraoraler' Verdauung aussaugen. Als Beute kommen die verschiedensten weichhäutigen Gliedertiere (Springschwänze, Blattläuse, Zweiflügler u.a.) und Würmer in Frage. Einige Arten nehmen zusätzlich pflanzliche Nahrung zu sich.

LITHOBIOMORPHA

Die Jungtiere der LITHOBIOMORPHA schlüpfen mit nur 7 Beinpaaren. Erst nach mehreren Häutungen wird die volle Bein- und Segmentzahl (15 Laufbeinpaare) erreicht. Die mitteleuropäischen Vertreter gehören zu den Familien HENICOPIDAE und LITHOBIIDAE. Es sind durchweg rasch laufende, abgeflachte Tiere, die unter Ausnutzung natürlicher Versteckmöglichkeiten an der Bodenoberfläche leben. Hier jagen sie rasch bewegliche Beutetiere. Die Steinläufer (auch Steinkriecher genannt; LITHOBIIDAE) werden bis zu 35 mm lang.

EPIMORPHA

Die EPIMORPHA schlüpfen dagegen mit der endgültigen (und höheren) Segmentzahl aus. Bei uns heimisch sind die Familien DIGNATHODONTIDAE, GEOPHILIDAE, HIMANTRARIIDAE und SCHENDYLIDAE. Die hierzu zählenden Arten zwängen sich wurmartig durch Bodenhohlräume und laufen auf der Bodenoberfläche nur relativ langsam.

Die räuberisch lebenden Erdläufer (GEOPHILIDAE) kommen vor allem in den Hohlräumen des lockeren Bodens bis zu ca. 70 cm Tiefe vor. Sie sind bis zu 65 mm lang und haben 31 bis ca. 170 Beinpaare. Bei Gefahr rollen sie sich bauchseitig zusammen und sondern ein Wehrsekret ab.

Insekten
INSECTA

Die Insekten stellen mit über 1 Million Arten die artenreichste Tiergruppe der Erde dar (mehr als 75%). Auch in Mitteleuropa machen die Insekten mit etwa 30000 Arten 2 Drittel der hier auftretenden Tierarten aus.

Körperbau

Typisch für Insekten ist nicht nur der Besitz von 3 Beinpaaren sowie – mit Ausnahmen – der Besitz von Flügeln, sondern auch die Gliederung ihres Körpers in die drei – nicht immer deutlich abgesetzten – Abschnitte Kopf (Caput), Brust (Thorax) und Hinterleib (Abdomen).

Insektenkopf

Am Kopf befinden sich 1 Antennenpaar, 2 seitliche Komplexaugen und in vielen Fällen bis zu 3 auf der Stirn befindliche Punktaugen (Ocellen) sowie 3 Paar Mundgliedmaßen. Letztere bestehen aus Mandibeln (Vorder- oder Oberkiefer), dem 1. Maxillenpaar (Hinter- oder Unterkiefer) und dem verschmolzenen 2. Maxillenpaar (Labium oder Unterlippe). Von oben bzw. vorn werden die Mundwerkzeuge durch eine abgegliederte Hautfalte, das sog. Labrum (Oberlippe), abgedeckt.

Mundgliedmaßen

Unterkiefer und Unterlippe weisen fühlerähnliche, gegliederte Anhänge auf, die als Taster oder Palpen bezeichnet werden und vor allem Geschmackssinnesorgane tragen. Die paarigen Mundgliedmaßen fungieren als Schneid- bzw. Beiß- und Kauwerkzeuge. Sie arbeiten zangenartig oder scherenartig gegeneinander, wobei die Mandibeln die Grobzerkleinerung und die Maxillen die Feinzerkleinerung übernehmen (z.B. Käfer). Unter Erhaltung dieser Grundelemente

Hundertfüßer sind nachtaktive Räuber, die unter- und oberirdisch die verschiedensten Insekten sowie Asseln und Würmer erbeuten. Tagsüber halten sie sich z. B. unter Steinen verborgen.

können die Mundwerkzeuge in sehr verschiedener Weise für andere Formen der Nahrungsaufnahme umgewandelt und dann als saugende (z. B. Schmetterlinge), leckend-saugende (z. B. Bienen) oder stechend-saugende (z. B. Wanzen) Mundwerkzeuge ausgebildet sein.

Brust und Hinterleib

Die Insektenbrust besteht aus 3 Segmenten (Pro-, Meso- und Metathorax) mit je 1 gegliederten Beinpaar. Das Insektenbein gliedert sich in Hüfte (Coxa), Schenkelring (Trochanter), Schenkel (Femur), Schiene (Tibia) und Fuß (Tarsus) mit 1 bis 5 Fußgliedern. Bei den erwachsenen Insekten (Imagines) der Unterklasse PTERYGOTA (geflügelte Insekten) sind am Meso- und Metathorax je 1 Paar Flügel vorhanden. Bei einigen Ordnungen (z. B. Käfer) ist das vordere Flügelpaar zu Deckflügeln (Flügeldecken), bei anderen wiederum (z. B. Fliegen) ist das hintere Flügelpaar zu Schwingkölbchen (Halteren) umgewandelt. Der Hinterleib ist in sich nochmals in bis zu 11 Segmente unterteilt. Hier befinden sich – wenn vorhanden – die äußeren Geschlechtsapparate (Gonapophysen) sowie zusätzliche Tastorgane (Cerci).

Entwicklung

Insekten sind i. d. R. zweigeschlechtlich, wobei Männchen und Weibchen oft sehr verschieden aussehen können. Die Mehrzahl der Insekten legt (nach Begattung) Eier ab. Bei vielen Arten sind dazu die Weibchen mit einer stachelartigen Legeröhre ausgestattet. Einige Insektenarten gebären ihre Jungen auch lebend. Bei Blattläusen wechseln sich eierlegende und lebendgebärende Generationen oft ab. Bei vielen Arten entwickeln sich die Eier auch ohne Befruchtung (parthenogenetisch). Das aus dem Ei geschlüpfte Insekt wird als 'Larve'

bezeichnet. Die stets ungeflügelte Larve durchlebt i. d. R. 4 oder 5 Stadien; nachfolgende Stadien werden jeweils durch eine Häutung eingeleitet. Es gibt Larventypen ohne oder mit Brustfüßen, letztere haben teilweise zusätzlich sog. Hinterleibsfortsätze (Afterfüße).

Entwicklungsformen

Bei den Insekten finden sich verschiedene Entwicklungsformen: Bei Arten mit einer 'unvollkommenen' Verwandlung (Hemimetabolie oder Heterometabolie) werden die aus den Eiern geschlüpften Larven bei jeder Häutung dem erwachsenen (adulten) Insekt (Imago) immer ähnlicher. Hier schlüpft das erwachsene Tier also aus dem letzten Larvenstadium. Insekten mit einer 'vollkommenen' Verwandlung (Holometabolie) dagegen durchleben ein meist bewegungsloses Puppenstadium, in welchem sich die Larve zum erwachsenen Tier entwickelt, dem sie vorher überhaupt nicht ähnlich sah. Hier schlüpft das erwachsene Tier demnach aus einer Puppe. Die Puppen (scheinbares Ruhestadium mit Verwandlung) nehmen keine Nahrung auf. Man unterscheidet 'Mumienpuppen' (Pupa obtecta), bei denen die entstehenden Beine, Antennen und Flügel von einer festen Kapsel umschlossen sind und 'freie Puppen' (Pupa libera), bei denen die Gliedmaßen gut zu erkennen und die Hinterleibsringe oft beweglich sind.

Bei beiden Entwicklungsformen, zwischen denen es übrigens zahlreiche Übergänge und Abweichungen gibt, haben die Imagines ihre endgültige Größe erreicht und wachsen nicht mehr weiter.

Libellen
ODONATA

Libellen sind vorwiegend in Wassernähe, mitunter aber auch kilometerweit entfernt davon in Wäldern, Gärten und landwirtschaftlichen Kulturen anzutreffen. Aufgrund ihrer räuberischen Lebensweise kann man sie auch zu den Nützlingen zählen. Weltweit kennt man ca. 4700 Libellenarten; in Europa kommen etwa 80 bis 100 Arten vor.

Aussehen

Libellen sind auffällig gefärbte, oft metallisch glänzende oder bunt gezeichnete Insekten von 13 bis 100 mm Körperlänge. Ihre Flügelspannweite kann bis zu 150 mm betragen. Ihr Körper ist langgestreckt oder kurz gedrungen. Der gut bewegliche Kopf ist mit der Brust durch einen dünnen Stiel verbunden. Er trägt große, stark vorstehende Augen und unauffällige, borstenartige Fühler. Die 4 häutigen, netzartig geäderten Flügel sind glasklar oder bunt gefleckt.

Nach der Flügelausbildung werden 2 Unterordnungen unterschieden: Kleinlibellen (ZYGOPTERA) haben gleichartige Flügelpaare, die in Ruhestellung nach hinten über dem Körper zusammengelegt werden; Großlibellen (ANISOPTERA) haben ungleichartige Flügelpaare, die sie in Ruhe waagerecht ausgebreitet halten.

Entwicklung und Lebensweise

Bei ihrer Entwicklung durchlaufen die Libellen eine unvollkommene Verwandlung. Die Weibchen legen ihre rundlichen, relativ kleinen Eier (0,5 bis 2 mm) entweder direkt ins Wasser, in Schlamm bzw. Sand ab oder – mit Hilfe eines kurzen Legeapparates – in das Gewebe von Wasserpflanzen.

Die Larven leben räuberisch im Wasser, wo sie mit Hilfe der zu einer einklappbaren Greifzan-

Libellen und Ohrwürmer 51

ge umgestalteten Unterlippe ('Fangmaske') verschiedene Wassertiere (Wasserinsekten, Kaulquappen, kleine Fische) erbeuten. Libellenlarven deshalb als Schädlinge zu bezeichnen wäre übertrieben; selbst in Fischzuchtteichen richten sie keinen nennenswerten Schaden an. Die ausgewachsene Larve nimmt keine Nahrung mehr auf. Sie kriecht an Wasserpflanzen teilweise oder ganz über die Wasseroberfläche und entwickelt sich hier zur Imago. Während die Kleinlibellen ihren Lebenszyklus in 1 Jahr vollenden, kann die Entwicklung bei Großlibellen 1 bis 4 oder mehr Jahre betragen. Die meisten Arten überwintern im Ei- oder Larvenstadium.

Libellen zählen zu den besten Fliegern unter den Insekten. Nicht nur die Paarung und teilweise die Eiablage geschehen im Flug. Auch die Beutetiere werden fliegend gefangen und verzehrt. Unter den erbeuteten Fliegen, Mücken, Käfern und Schmetterlingen finden sich auch viele Schadinsekten.

Ohrwürmer
Dermaptera

Von den ca. 1300 Ohrwurmarten kommen in Mitteleuropa nur 7 bis 9 Arten vor. Sie gehören den Familien Forficulidae, Carcinophoridae, Labiduridae und Labiidae an.

Aussehen

Ohrwürmer haben einen sehr langgestreckten, relativ flachen Körper. Kennzeichnend sind die zu kräftigen Zangen umgebildeten, teilweise mit Zähnchen besetzten Schwanzanhänge (Cerci). Sie dienen der Verteidigung, als Hilfsorgan bei der Kopulation zum Festhalten des Partners und auch zum Entfalten der nur sehr selten gebrauchten Hinterflügel. Beim Männchen ist die Zange stark gekrümmt, beim Weibchen fast gerade.

Die bei uns heimischen Ohrwurmarten haben eine Körperlänge zwischen 5 und 20 mm. Sie sind schwarzbraun bis hellbraun gefärbt und weisen vor allem an der Brust und den Schwanzanhängen gelbliche bis weißliche Zeichnungen auf.

Der frei bewegliche Kopf der Ohrwürmer trägt beißend-kauende Mundwerkzeuge, Punktaugen (Ocellen) fehlen. Die Fühler sind fadenförmig und fast halb so lang wie der Körper. Die Vorderflügel der Imagines sind als sehr kurze, stark sklerotisierte Flügeldecken ausgebildet, unter denen die großen, zarthäutigen Hinterflügel zusammengefaltet sind (bis zu 40 Flügellagen übereinander).

Lebensweise und Entwicklung

Ohrwürmer sind vornehmlich während der Dämmerung und Dunkelheit aktiv, tagsüber halten sie sich in Verstecken (in engen Mauerritzen, unter Bodenbrettern, Steinen, Folien oder Laub) verborgen.

Im Herbst oder im Frühjahr legen die Weibchen jeweils rund 20 bis 100 Eier in selbstgegrabene Erdhöhlen. Sie zeigen eine intensive Brutpflege, bewachen und pflegen die Eier und später auch noch eine Zeitlang die Larven.

Libellen leben räuberisch von Insekten. Da es sich bei den Beutetieren häufig um schädliche Arten handelt, können Libellen zu den Nützlingen gerechnet werden. Libellen zählen zu den besten Fliegern unter den Insekten. Auch die Paarung und teils sogar die Eiablage geschehen im Flug.

Der Gemeine Ohrwurm Forficula auricularia ist die häufigste und nützlichste Ohrwurmart, die in Mitteleuropa lebt. Er vertilgt vor allem Blattläuse, aber auch Schildläuse, Raupen und andere Insektenlarven. Will man Ohrwürmer im Garten ansiedeln, hängt man mit Holzwolle gefüllte Blumentöpfe in die Bäume.

Nützlinge in Garten, Feld und Flur

Diese haben eine unvollkommene Verwandlung (ohne Puppenruhe) und sind nach 4 Häutungen in einem Zeitraum von 5 bis 6 Monaten erwachsen.

Die Imagines leben bis zu 10 Monate lang. Im Herbst suchen die Ohrwürmer geeignete Schlupfwinkel auf, teilweise auch in selbstgegrabenen kleinen, bis 15 cm tiefen Erdgängen, und überwintern dort – je nach Art – als Imago, Larve oder Ei.

Ernährung
Ohrwürmer gelten als Allesfresser, einige Arten vertilgen aber als wichtige Nützlinge in Gärten vor allem Blattläuse, aber auch Spinnmilben und andere kleine Schädlinge sowie deren Larven und Eier. Im Obstbau gilt der Ohrwurm als wichtiger Antagonist der Blutlaus (*Eriosoma lanigerum*).

Bei Massenauftreten können Ohrwürmer gelegentlich durch Blüten-, Früchte- und Blattfraß schädlich werden. Fraßtests und Magenuntersuchungen haben ergeben, daß dabei weiche Pflanzennahrung (Blüten, überreife und faulende Früchte) bevorzugt wird. Bei Anwesenheit von Blattläusen wird Blattnahrung jedoch verschmäht. Wie Untersuchungen gezeigt haben, steigt der Anteil an Blattläusen in der Nahrung parallel zu deren Auftreten im Biotop. Junge Ohrwürmer können pro Nacht bis zu 50 Blattläuse verzehren, ausgewachsene sogar bis zu 120.

Der Gemeine Ohrwurm
Forficula auricularia
Die wichtigste, häufigste und nützlichste Ohrwurmart – zumindest aus der Sicht des Gärtners – ist der 9 bis 20 mm große Gemeine Ohrwurm *Forficula auricularia*. Er ist schwarzbraun gefärbt, hat gelbliche Beine und gelblich-olive Flügeldecken. Man findet ihn von April bis Oktober, besonders zahlreich zwischen Mitte Juni und Mitte August, tagsüber jedoch meist nur in Verstecken zwischen der Baumrinde, unter Steinen, Brettern, zwischen krautigen Pflanzen oder Fallaub. Die Eiablage mit 40 bis 50 Eiern pro Gelege erfolgt zwischen November und März in Erdgängen, erst ab Ende Mai verlassen die Jungtiere im 3. Larvenstadium das Nest. Es gibt nur 1 Generation pro Jahr.

Flechtlinge
PSOCOPTERA

Insgesamt kennt man mehr als 1600 Arten von Flechtlingen, in Mitteleuropa leben etwa 70 bis 100 Arten. Auch wenn sie keine so bedeutsamen Nützlinge sind, sollen die, vornehmlich auf Sträuchern und Bäumen in Gärten lebenden, 1 bis 4 mm großen Flechtlinge (auch Staub- oder Rindenläuse genannt) kurz erwähnt werden.

Ernährung
Im Gegensatz zu den meisten anderen hier vorgestellten Nützlingsarten ernähren sich Flechtlinge nicht von tierischen Schädlingen, sondern von Pilzhyphen und Pilzsporen sowie von Algen und Flechten. Einige der rund 30 als Blattbewohner bekannten Arten sollen auch pflanzenschädigende Pilze, wie z. B. Apfelschorf und Mehltau, verzehren.

Aussehen und Lebensweise
Die Flechtlinge sind bräunlich bis gräulich gefärbt. Einige Arten haben Flügel, die dann in Ruhe dachförmig gestellt sind. Die Weibchen legen ihre Eier an Unebenheiten der Rinde von Sträuchern und Bäumen in kleinen Gelegen ab. Einige Arten haben Spinndrüsen und schützen diese Eihäufchen, die den Winter überdauern müssen, durch ein dichtes Gespinst.

Flechtlinge (Psocoptera) ernähren sich von Pilzhyphen und Pilzsporen.

Flechtlinge, Thripse und Wanzen 53

Thripse
THYSANOPTERA

Diese Ordnung enthält ca. 5000 Arten, davon kommen ca. 300 in Mitteleuropa vor. Man findet Thripse vornehmlich auf Pflanzen, besonders in Blüten und Blütenständen. Neben Pflanzenschädlingen gibt es unter den Thripsen auch nützliche Arten.

Aussehen
Thripse (auch Fransenflügler oder Blasenfüße genannt) sind sehr kleine (meist 1 bis 2 mm), schlanke und oft abgeplattete Insekten. Sie haben stechend-saugende Mundwerkzeuge. Die beiden sehr schmalen Flügelpaare der Imagines sind am Rand mit langen Haarfransen (Borsten) besetzt. Viele Arten sind jedoch flügellos. Die Beine tragen 2gliedrige Füße, die in einer ausstülpbaren Haftblase oder einem Haftlappen enden; daher auch der (seltener genutzte) Name 'Blasenfüße'. Die Jugendstadien sind meistens hell, die Adulten dunkel gefärbt.

Entwicklung
Die Entwicklung vom Ei bis zum erwachsenen Tier erfolgt über 2 (flügellose) Larvenstadien, gefolgt von einer Pronymphe (Vorpuppe mit oder ohne Flügelanlagen) und 1 bis 2 Nymphenstadien (Puppen mit deutlichen Flügelanlagen). Diese besondere Form der unvollkommenen Verwandlung wird als 'Remetabolie' bezeichnet. I. d. R. entwickeln sich 2 oder mehr Generationen pro Jahr. Die Überwinterung erfolgt meist als Imago (Weibchen).

Ernährung
Die Mehrzahl der Thripse ernährt sich von Pflanzensäften, einige auch von Pilzen. Doch es gibt auch einige Arten mit zoophager bzw. räuberischer Lebensweise (Gattungen *Aelothrips, Haplothrips, Scolothrips* u.a.). Beutetiere sind dann (neben anderen Thripsen) Spinnmilben, Weiße Fliegen, Schildläuse, Blattsauger und vor allem Blattläuse.

Räuberische Thripse vertilgen neben phytophagen Thripsen vor allem Blattläuse und Spinnmilben, aber auch Weiße Fliegen, Schildläuse und Blattsauger.
Oben links: Raubthrips der Gattung Aelothrips an Blattlaus (Aphis gossypii).
Ganz oben: Raubthrips der Gattung Aelothrips.
Oben: Raubthrips (Aelothrips intermedius) an Spinnmilbe.

Wanzen
HETEROPTERA

Die Ordnung HETEROPTERA enthält weltweit ca. 40000 Arten. Etwa 40 Familien mit ca. 800 bis 1000 Arten kommen in Mitteleuropa vor. Die Wanzen bewohnen verschiedene Lebensräume im Wasser und auf dem Lande, wobei uns hier nur die sog. Landwanzen interessieren sollen.

Aussehen
Erwachsene Wanzen sind – je nach Art – 2 bis 20 mm groß und meist unscheinbar braun bis grau

Nützlinge in Garten, Feld und Flur

oder grün gefärbt. Nur wenige Arten besitzen eine auffällige Warnfarbe. Kennzeichnend ist ihr recht flacher Körper sowie der relativ kleine Kopf, der 2 höchstens 5gliedrige Fühler und einen mehrgliedrigen, mit stechend-saugenden Mundwerkzeugen versehenen Rüssel aufweist. Der schnabelförmige Saugrüssel wird in Ruhe unter dem Körper getragen. Neben den beiden Komplexaugen finden sich bei einigen Arten 2 Punktaugen (Ocellen).

Die Vorderflügel sind in Ruhestellung flach über den Körper gelegt, im vorderen Teil lederartig verhärtet und oft bunt gefärbt (Deckflügel), ansonsten durchsichtig oder durchscheinend wie die Hinterflügel, die unter den Deckflügeln zusammengefaltet sind. Auffallend ist der große Halsschild (Pronotum), hinter dem sich – zwischen dem lederartigen Teil der Deckflügel – ein dreieckiges 'Schildchen' (Scutellum) befindet. Die Beine sind i.d.R. als Laufbeine ausgebildet und damit der bevorzugten Fortbewegungsweise der Wanzen angepaßt.

Viele Arten besitzen Stinkdrüsen, die bei Bedrohung ein Sekret ausscheiden, das den typischen Wanzengeruch verbreitet und als Kontaktgift andere Insekten schädigen oder gar töten kann.

Entwicklung

Wanzen haben eine unvollkommene Verwandlung (Hemimetabolie) mit meist 5 ungeflügelten Larvenstadien. Ansonsten sehen die Larven den ausgewachsenen Tieren ähnlich. Bei den Larven des 3. Stadiums sind bereits die Flügelanlagen erkennbar.

Die Larvalentwicklung dauert etwa 3 Wochen. Pro Jahr werden je nach Art 1 bis 3 Generationen entwickelt. Die Überwinterung erfolgt im ausgewachsenen Zustand oder im Eistadium in Pflanzenverstecken (unter Baumrinde, zwischen Moos oder unter Laub). Die Eier sind je nach Gattungszugehörigkeit charakteristisch eiförmig, rundlich oder länglich geformt. Am freien Ende tragen sie oft einen Deckel, der beim Schlüpfen der Larve abgesprengt wird.

Ernährung

Viele Wanzenarten ernähren sich durch Saftentzug aus pflanzlichen oder tierischen Geweben. Neben den in Mitteleuropa vorkommenden schädlichen und indifferenten Arten gibt es jedoch mehrere mit räuberischer Lebensweise. Sowohl die Larven als auch die Imagines vertilgen dann Spinnmilben und kleinere Insekten wie Blattläuse, Blattflöhe, Zikaden, Blattsauger und kleine Raupen. Auch die Eier und Larven von Milben und Insekten werden ausgesaugt. Durch die Injektion inaktivierender Sekrete wird auch die Überwältigung relativ großer Beutetiere möglich. Mitunter werden von den Raubwanzen auch Nützlinge sowie die eigene Nachkommenschaft angegriffen.

Räuberische Wanzen (hier eine Sichelwanze) ernähren sich überwiegend von Milben, Blattläusen und anderen kleinen Insekten sowie deren Eiern.

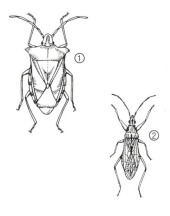

① *Baumwanzen (Pentatomidae)*
② *Sichelwanzen (Nabidae)*

Bedeutung

Die bekanntesten 'Raubwanzen' finden sich bei den Blumenwanzen (ANTHOCORIDAE), Weichwanzen (MIRIDAE), Sichelwanzen (NABIDAE) und Baumwanzen (PENTATOMIDAE). Sie spielen insbesondere als Blattlaus- und Spinnmilbenfeinde in gärtnerischen und landwirtschaftlichen Kulturen eine nicht zu unterschätzende Rolle. Man zählt sie hier zu den sog. 'Säuberungsräubern'. Der Ausdruck 'Raubwanze' ist eigentlich nicht ganz korrekt, da die Raubwanzen (REDUVIIDAE) eine eigene Wanzenfamilie darstellen (siehe Seite 61).

Blumenwanzen
ANTHOCORIDAE

In Mitteleuropa treten ca. 50 Blumenwanzenarten auf; jedoch sind nur wenige davon – dann allerdings als recht wirksame Nützlinge – auch in unseren Gärten zu finden. Da die Blumenwanzen ansonsten weder an bestimmte Lebensräume noch an eine bestimmte Nahrung besonders angepaßt sind, können sie nahezu überall vorkommen.

Aussehen und Entwicklung

Blumenwanzen sind als Imagines kaum größer als 5 mm, länglich-oval gebaut und oft unscheinbar braun bis schwarz gefärbt. Der kräftige, 4gliedrige Rüssel wird in Ruhestellung eingeklappt an der Unterseite des Kopfes getragen. Die erwachsenen Tiere besitzen sog. Nebenaugen (Ocellen) und voll entwickelte Flügel.

Blumenwanzen überwintern als Imagines an verschiedenen geschützten Schlupfwinkeln (Rinde, abgefallene Blätter). Pro Jahr treten 1 bis 3 Generationen auf.

Die Eier werden ins Blattgewebe (unter die Epidermis von Blattstielen, Blattnerven oder Blattspreiten, teilweise auch in Blütenorgane) versenkt und mit einem Deckelchen versehen, das wie ein Korken in einer Flasche sitzt. Sie sind ca. 0,6 mm lang, zunächst milchig gelb, später bräunlich gefärbt und haben eine Entwicklungsdauer von ca. 5 bis 8 Tagen. Pro Weibchen werden zwischen 50 und 200 Eier abgelegt.

Die ca. 1 bis 2 mm großen Larven haben eine ovale Form und sind hell- bis dunkelbraun, mitunter auch braunrot gefärbt. Sie ernähren sich ähnlich wie die erwachsenen Tiere, sind jedoch noch nicht flugfähig. Ihre Entwicklungsdauer beträgt ca. 3 Wochen.

Ganz oben: Blumenwanzen (Orius majusculus) bei der Paarung.

Ernährung

Die meisten Blumenwanzenarten sind polyphag, ernähren sich aber überwiegend von Spinnmilben, Blattläusen und Blattsaugern sowie deren Eiern. Blumenwanzen benötigen für ihre Larvalentwicklung 300 bis 600 Spinnmilben oder 100 bis 200 Blattläuse. Als Imagines können sie bis zu 100 Spinnmilben pro Tag verzehren. Die größeren Arten greifen gelegentlich auch kleine Raupen und andere Insekten an.

Oben: Blumenwanzen der Gattung Anthocoris gelten vor allem in Obstanlagen als wichtige Feinde von Blattläusen, Blattsaugern und Spinnmilben.

Auftreten

Blumenwanzen findet man häufig an Weidenkätzchen und in Blüten, wo sie sich auch von Pollen ernähren. Bedeutend sind die Gattungen **Anthocoris** (Adulte 3 bis 4,5 mm lang) und **Orius** (2 bis 3 mm lang), deren Arten häufig und dabei oft schon recht früh im Jahr in Obstanlagen auftreten.

Nützlinge in Garten, Feld und Flur

*Die Eier der Blumenwanzen werden ins Blattgewebe (unter die Epidermis von Blattstielen, -nerven oder -spreiten) versenkt und mit einem Deckelchen versehen.
Ganz oben: Eier von Anthocoris nemorum.
Oben: Eier von Orius majusculus.*

Wichtige Arten:
Anthocoris nemoralis und ***Anthocoris nemorum*** gelten als wichtige Feinde von kleinen Raupen, Gallmückenlarven, Käferlarven und -puppen sowie allen Stadien von Blattläusen, Blattsaugern und Spinnmilben. Im Obstbau spielen sie auch eine wichtige Rolle bei der Kontrolle der Birnblattsauger.

Anthocoris nemoralis hat eine ähnliche Lebensweise wie *Anthocoris nemorum*. Die Eier werden jedoch verstreut auf der Blattspreite und am Blattstiel abgelegt. Das 1. Larvenstadium ist hellgelb, die übrigen Stadien sind mehr oder weniger dunkelrotbraun. Pro Jahr treten 2 Generationen auf.

Anthocoris nemorum vertilgt allein während der Larvalentwicklung rund 200 Blattläuse. Die adulten Wanzen sind meist dunkelbraun, Kopf und Halsschild oft schwarz. Die Eier werden meist in Gruppen von 2 bis 8 Stück in das Blattgewebe abgelegt, häufig am Blattrand. Die Larven sind hellrotbraun. Pro Jahr treten 2 bis 3 Generationen auf.

Die Gattung ***Orius*** ist in Europa mit 12 Arten vertreten. Man findet sie meist in den Blüten von Bäumen, Büschen und krautigen Pflanzen. Neben Thripsen, Blattläusen, Spinnmilben und Schmetterlingseiern ernähren sie sich auch von Pollen.

Orius majusculus wird neuerdings zur Thripsbekämpfung im Gewächshaus eingesetzt (siehe Seite 226).

Der sog. Kleine Putt *Orius minutus* (Größe ca. 2,5 mm) vertilgt vor allem Obstbaumspinnmilben sowie deren Eier. Kopf, Brust und Hinterleib der adulten Tiere sind schwarz, die Vorderflügel braun bis gelbbraun mit dunklen Flecken am äußeren Flügelrand. Die nur 1 bis 2 mm großen Larven sind rotbraun gefärbt. Die Art hat 2 Generationen im Jahr. Adulte Tiere sind im Juni und August/September zu finden, Larven vor allem im Frühjahr und im Herbst.

Blumenwanzen benötigen für ihre Larvalentwicklung 300 bis 600 Spinnmilben oder 100 bis 200 Blattläuse.

Orius niger kommt durchweg auf trockenen Stellen vor, ernährt sich von Milben und kleinen Insekten (Blattläuse, Thripse u. a.) und überwintert als Imago.

Orius vicinus vernichtet während der gesamten Larvenentwicklung 300 bis 600 Spinnmilben oder 40 bis 200 Blattläuse (je nach Blattlausart) und im ausgewachsenen Stadium bis zu 100 Milben täglich.

Weichwanzen
Miridae

Bei den Weichwanzen handelt es sich um eine sehr artenreiche Familie (über 6000 Arten); allein in Mitteleuropa kommen über 300 Arten vor. Da sie im Gegensatz zu anderen Wanzen keine Nebenaugen (Ocellen) besitzen, heißen sie auch 'Blindwanzen'.

Aussehen und Entwicklung
Weichwanzen sind klein bis mittelgroß (1 bis 12 mm) und oft bunt gezeichnet. Ihr Kutikulapanzer ist dünn und weich

Wanzen

Räuberische Weichwanzen (Miridae) ernähren sich von Milben und kleinen Insekten, speziell von Blattläusen und Raupen.

('Weichwanzen'). Der 4gliedrige Rüssel wird in Ruhestellung unter dem Kopf getragen. Weichwanzen überwintern meist in der Baumrinde als Ei. Die Eier werden ins Pflanzengewebe oder unter die Rinde der Zweige gelegt. Pro Jahr treten 1 bis 2 Generationen auf.

Ernährung

Die verschiedenen Arten unterscheiden sich nicht nur im Aussehen, auch ihre Ernährungsweise ist sehr unterschiedlich. Einige saugen Pflanzensäfte, viele Arten leben jedoch ausschließlich räuberisch von Milben und kleinen Insekten, speziell von Blattläusen und Raupen.

Wichtige Arten:

Bei **Atractotomus mali** handelt es sich um eine relativ kleine Wanzenart (3 bis 3,6 mm). Ausgewachsene Wanzen sind entweder vollständig schwarz oder schwarzbraun mit zarter weißer Behaarung. Die Eier werden – oft in kleinen Gruppen – in einjähriges Holz abgelegt, meist bei den Fruchtknospen zwischen den Ansatzstellen der Blattstiele und dem Holz. Die jungen Larven sind gedrungen, grün oder gelb mit grauer Punktierung auf Kopf und Brust; ältere Larven sind rotorange mit heller Behaarung. Wie bei den meisten anderen Arten dieser Familie erfolgt die Überwinterung im Eistadium. Die Larven erscheinen Anfang Mai, die ausgewachsenen Wanzen im Juni. Pro Jahr gibt es 1 Generation. Neben Raupen (Apfelwickler, Gespinstmotten) werden Milben, Blattläuse und auch Blutläuse angegriffen.

Die Adulten der sog. Schwarzkniewanze **Blepharidopterus angulatus** erreichen eine Länge von 5 bis 6 mm. Sie sind sehr schlank, glänzend blaugrün gefärbt, schwarz behaart und haben lange, dünne Beine. Typisch sind die schwarzen Knie. Vornehmlich lebt diese Art von Spinnmilben, von denen eine Larve während ihrer Entwicklung bis zu 3000 Tiere verzehren kann. Eine ausgewachsene Wanze vernichtet pro Tag rund 70 Spinnmilben. Auch Zikaden werden angegriffen. Im Jahr tritt nur 1 Generation auf. Aus den einzeln in die Rinde (ein- bis zweijähriges Holz) abgelegten, überwinternden Eiern schlüpfen ab Ende Mai die Larven. Die Imagines zeigen sich ab Ende Juni, manchmal sind sie bis in den Oktober anzutreffen.

Die ziemlich ovale Weichwanze **Campylomma verbasci** wird nur etwa 3 mm lang. Ihre Farbe ist graugrün, bräunlichgrau oder fahlgelb. Das Schildchen ist aber zum Halsschild hin deutlich durch einen rotbraunen Streifen abgesetzt. Auf dem 1. und 2. Fühlerglied sowie auf den Schienen sind tiefschwarze Ringe und Punkte zu erkennen. Diese Art kommt vorwiegend an Wildpflanzen vor. Die Wanzen sind sehr polyphag, Spinnmilben und Blattsauger werden Blattläusen meist vorgezogen. Die Art hat 2, in einigen Regionen auch 3 Generationen. Die Eier werden in junges Holz abgelegt.

Deraeocoris lutescens ist ca. 3,8 bis 4,6 mm lang. Ihr ovaler, gelbbraun gefärbter, glänzender Körper ist mit vielen kleinen schwarzen Pünktchen übersät. Die Beine sind hellgelb. Die Überwinterung erfolgt bei dieser Art als Imago.

Allein während ihrer Larvalentwicklung kann die ca. 6,5 bis 10 mm große Weichwanzenart **Deraeocoris ruber** bis zu 200 Blattläuse (Jugendstadien) vertilgen. Der Kopf der Adulten ist rot, der übrige Körper rot und schwarz gefleckt. Die dunkelroten Larven des 1. bis 3. Stadiums tragen schwarze Borsten, die ihnen ein stacheliges Aussehen verleihen. Das 4. und 5. Larvenstadium ist violett; auch sie haben kleine Borsten auf den Seiten des Hinterleibs. Im Jahr bildet diese Art nur 1 Generation aus. Sie lebt auf Laubhölzern und anderen Pflanzen, vor allem auf Brennesseln. Die Imagines er-

Nützlinge in Garten, Feld und Flur

scheinen ab Juli. Im Spätsommer findet dann die Eiablage statt. Die ca. 2 mm langen Eier werden dabei tief ins Holz eingesenkt. Die Überwinterung erfolgt im Eistadium.

Heterotoma planicornis ist eine 4,5 bis 5,5 mm große Art, die häufig an krautigen Pflanzen, aber auch an Laubgehölzen vorkommt. Die rötlichen Junglarven schlüpfen ab Mai, die Imagines findet man ab Juli.

Malacocoris chlorizans ist mit ca. 4 mm Länge eine kleine, zierliche und verhältnismäßig schmale Art. Die Adulten zeigen eine fahle Färbung und sind fein weiß behaart. Die durchscheinenden weißlichen Deckflügel sind grün gefleckt. Die weiß bis gelbgrün gefärbten Larven haben lange Fühler. Sie sind sehr schlank und flink. Obwohl diese Weichwanze auf Spinnmilben spezialisiert ist, kann sie auch Pflanzensaft aufnehmen, wenn es zuwenig Spinnmilben gibt, und wandert deswegen nicht ab. Sie hat 2 Generationen. Die hellgelben Wintereier werden meist in kleinen Gruppen frei in Vertiefungen der Rinde oder an der Basis der Knospen abgelegt, die Sommereier hingegen auf der Blattfläche in der Nähe der Blattadern.

Bei *Orthotylus marginalis* handelt es sich um eine weitverbreitete Art. Die Imagines sind länglich, leuchtendgrün gefärbt; Kopf, Pronotum und Schildchen sind gelegentlich gelblich. Die Tiere werden 6 bis 7 mm lang. Zwischen den beiden hinteren Hüften ist ein orangefarbener Fleck zu erkennen. Die Augen sind groß, die Fühler lang, hell und dünn. Die Oberseite ist deutlich weißlich behaart. Diese Wanzen sind auf Stauden, Büschen und Bäumen zu finden und leben dort vorwiegend von Blattläusen. Gewöhnlich haben sie 1 Genera-

Die Weichwanze Lygus rugulipennis – hier an einer Mehligen Kohlblattlaus (Brevicoryne brassicae) – wurde bisher ausschließlich zu den Schädlingen gezählt, nach neueren Beobachtungen kann sie sich aber offenbar auch von Blattläusen ernähren.

tion, nur in sehr warmen Sommern oder in südlichen Ländern gibt es 2 Generationen im Jahr. Die Eier werden meist in einjähriges Holz in der Nähe der Knospen und in Blattnarben abgelegt. Die Eier überwintern, die Larven schlüpfen ab Ende April.

Phytocoris dimiduatus und *Phytocoris tiliae* sind graubeige gescheckte, ca. 6 bis 7 mm große Wanzen mit langen Beinen und langen Fühlern. Sie leben auf Büschen und Bäumen (häufig auf Eichen, Linden, Eschen und Apfelbäumen) und ernähren sich von Blattläusen, kleinen Raupen, anderen Insektenlarven und Milben. Am zahlreichsten treten die Imagines im Sommer (Juli, August) auf. Pro Jahr wird nur 1 Generation gebildet; die Überwinterung erfolgt im Eistadium.

Die älteren Larven und vor allem die adulten Tiere von *Pilophorus perplexus* ähneln sehr den Ameisen und sind deshalb leicht zu erkennen. Diese 4 bis 5 mm lang werdenden Wanzen sind als Lar-

ve bräunlich, als adultes Tier schwarzbraun mit goldschimmernder Rückenbehaarung. Auf dem Rücken erkennt man 2 weiße Querbinden. Diese Art hat 1 Generation im Jahr. Die meist tief in härtere, runzelige Rindenpartien versenkten Eier überwintern. *Pilophorus perplexus* lebt auf Bäumen und Sträuchern vorwiegend von Blattläusen, verschmäht aber auch Spinnmilben nicht. Sowohl die Larven als auch die erwachsenen Wanzen bewegen sich flinker als die meisten anderen Arten und verstecken sich schnell bei jeder Störung.

Psallus ambiguus, auch Forstwanze genannt, ist eine schwarze bis schwarzbraune, gelegentlich leicht rötliche, etwa 3,6 bis 5 mm lange Wanze. Deutlich erkennbar ist ein rotes Schildchen (Scutellum). Die Larven sind im 1. Stadium gelb, später blaugrün gefärbt. Diese dämmerungsaktive Art ist auf Bäumen und Sträuchern zu finden, wo sie von Blattläusen und Blattsaugern, gelegentlich auch von Spinnmilben lebt. Während ihrer Entwicklung kann eine Larve allein an die 160 Blattläuse vertilgen. Pro Jahr tritt nur 1 Generation auf; die Überwinterung erfolgt im Eistadium. Die Eier werden oft in der Nähe von Astgabelungen tief in die weiche Rinde abgelegt.

Sichelwanzen
Nabidae

Die rund 15 in Mitteleuropa heimischen Sichelwanzenarten ernähren sich überwiegend räuberisch von Milben, Blattläusen, kleinen Raupen und anderen kleinen Insekten sowie deren Eiern. Während ihrer dreiwöchigen Larvenzeit sollen Sichelwanzen pro Tag beispielsweise mindestens 15 bis 20 Blattläuse benötigen. Die lebhaften, flinken Räuber springen ihre Beute von hinten an und halten sie mit den Vorderbeinen fest.

Aussehen
Die meist bräunlich gefärbten Sichelwanzen haben einen schlanken, 4 bis 12 mm großen Körper und lange Beine. Die Vorderbeine weisen mehr oder weniger stark verdickte Schenkel auf. Kennzeichnend für die Sichelwanzen sind auch die großen kugeligen Augen. Ihr 4gliedriger Rüssel ist an seiner Basis sichelartig gekrümmt und kann daher nicht – wie es bei anderen Wanzenfamilien der Fall ist – in Ruhestellung auf der Unterseite des Kopfes getragen werden.

Lebensweise
Sichelwanzen findet man meist in Bodennähe, besonders häufig in Brennesselbeständen, aber auch an Gräsern und Stauden (z.B. *Nabis ferus*), andere auch auf Sträuchern und Bäumen (z.B. *Himacerus apterus*). Sie überwintern als Imago, teilweise auch als Ei unter Laub, in Moos und Grasbüscheln oder an Zweigen. Pro Jahr gibt es nur 1 Generation. Die Eier werden besonders in die Stengel niederer Pflanzen oder in Zweige gelegt.

Wichtige Arten:
Die sog. Buschraubwanze *Nabis apterus* (wegen ihrer Stummelflügel auch Flügellose Sichelwanze genannt) lebt hauptsächlich auf

niederen Pflanzen und Gebüschen außerhalb landwirtschaftlich genutzter Flächen. Man findet sie häufig in lichten Wäldern und an Waldrändern auf Laub- und Nadelgehölzen. Die ausgewachsenen Wanzen sind rot- bis dunkelbraun gefärbt und weisen eine helle feine Behaarung auf. Die Fühler sind gelbbraun und fast so lang wie der Körper (9 bis 12 mm). Die Weibchen haben einen auffällig verbreiterten Hinterleib, dessen Rand deutlich aufgebogen ist. Sie legen ihre Eier in junges Holz ab. Die Überwinterung erfolgt als Ei, das in die Rinde verholzter Pflanzenteile gesenkt wird; die Larven schlüpfen im Juni. Ausgewachsene Wanzen findet man von Juli bis Oktober. Jährlich wird 1 Generation ausgebildet. Die Art ist in ganz Europa verbreitet.

Die Sichelwanze *Nabis mirmicoides* ist kleiner als die obige Art (7 bis 9 mm). Ihre Fühler sind sehr viel kürzer als der Körper; meist sind auch die Flügel verkürzt. Die Larven sind sehr

Die rund 15 in Mitteleuropa heimischen Sichelwanzenarten ernähren sich überwiegend von Milben, Blattläusen, kleinen Raupen und anderen kleinen Insekten sowie deren Eiern.
Ganz oben: Sichelwanze Nabis mirmicoides an Blattläusen.
Oben links: Sichelwanze Nabis apterus an Getreidehähnchen.
Oben rechts: Sichelwanze Nabis pseudoferus an Mehligen Kohlblattläusen (Brevicoryne brassicae).

ameisenähnlich; helle Flecken täuschen eine Ameisentaille vor. Diese Art ist bei uns weit verbreitet (häufiger im Süden); sie lebt auf verschiedenen Pflanzen und am Boden räuberisch von Insekten.

Die sog. Brachenraubwanze *Nabis pseudoferus* lebt vorwiegend an Pflanzen in Bodennähe. Diese ca. 7 bis 9,5 mm große Art erkennt man an einem dunklen Mittelstreifen auf Kopf und Brust. Es überwintern die adulten Tiere.

60 Nützlinge in Garten, Feld und Flur

Baumwanzen
PENTATOMIDAE

Die Familie PENTATOMIDAE ist mit weltweit etwa 6000 Arten eine der artenreichsten Familien der Wanzen. Baumwanzen (häufig auch Schildwanzen genannt) sind gekennzeichnet durch ein auffallend großes Schildchen (Scutellum), das meist bis zur Abdomenmitte reicht.

Ernährung
Viele der rund 60 in Mitteleuropa vorkommenden Arten sind Pflanzensauger, doch einige leben auch räuberisch, hauptsächlich von Schmetterlingslarven, Fliegen, Käfern und anderen größeren Insekten. Insofern liegt es nahe, daß es sich bei den Baumwanzen um (überwiegend) recht robust gebaute und große Tiere (bis 17 mm) handelt. Die räuberischen Arten sind mit einem kräftigen beweglichen Rüssel ausgestattet.

Lebensweise
Baumwanzen legen ihre Eier in größeren Gruppen auf Blätter oder an die Rinde von Sträuchern und Bäumen. Sie überwintern als Imagines oder Larve (letztes Stadium) in der Bodenstreu.

Wichtige Arten:
Der sog. Waldwächter **Arma custos** ist eine ca. 10 bis 13 mm große, ovale, relativ flache Wanze. Der Seitenrand des Halsschildes erscheint bei Betrachtung von oben deutlich eingeknickt; der Abschnitt vor diesem Knick trägt zahlreiche kleine kutikulare Zähnchen. Der Körper ist gelbbraun bis braun gefärbt und mit ungleichmäßig verteilten schwarzen Punktgruben übersät. Die Art lebt in Wäldern und auf Waldlichtungen (häufig auf Erlen) räuberisch von Insekten, wie z.B. Käfern und deren Larven.

Die ca. 10 bis 15 mm große, überwiegend zimtbraun gefärbte

Ganz oben: Einige Baumwanzenarten ernähren sich von Schmetterlingslarven, Fliegen, Käfern und anderen größeren Insekten. Das hier gezeigte Tier hat gerade eine Blattwespenlarve erbeutet.
Oben: Wanzen haben eine unvollkommene Verwandlung. Die frisch geschlüpften Baumwanzenlarven (hier am Eigelege) sehen den ausgewachsenen Tieren deshalb schon recht ähnlich.
Rechts: Baumwanzen legen ihre Eier in größeren Gruppen (Gelegen) auf Blätter oder an Rinde.

Zweizähnige Dornwanze *Picromerus bidens* (auch Zweispitzwanze genannt) lebt vorwiegend an feuchten Wald- und Wiesenrändern auf Sträuchern und Laubbäumen, besonders auf Erlen und Birken. Charakteristisch für diese Art ist, daß die Seitenecken des Halsschildes in lange Spitzen ausgezogen sind. Sowohl die Imagines als auch die älteren Larven ernähren sich räuberisch von Insekten, z. B. von Schmetterlingsraupen und Blattkäferlarven. Die Beute wird meist von hinten angegriffen, durch den eingespritzten Speichel gelähmt, auf den Rüssel gespießt und ausgesaugt. Pro Weibchen werden – meist in Gruppen von 20 bis 50 Stück – insgesamt ca. 200 Eier an Blättern und Baumstämmen abgelegt. Die Überwinterung erfolgt im Eistadium; die Larven schlüpfen im Frühjahr.

Die ca. 10 bis 13 mm große Baumwanze *Troilus luridus* kommt häufig in Laub- und Nadelwäldern vor, ist aber auch an feuchten Sumpf- und Wiesenrändern anzutreffen. Sie ist graubräunlich gefärbt, mit gelben und bronzegrünen Zeichnungen am Hinterleibsrand. Alle Larvenstadien sind gelb und schwarz gezeichnet und glänzen bronzegrün. Larven und Adulte ernähren sich überwiegend von Blattläusen, Hautflügler- und Käferlarven und sogar hart-chitinisierten, adulten Käfern. Auch Schmetterlingsraupen zählen zu ihren Beutetieren, darunter zahlreiche Forstschädlinge, wie z. B. Afterraupen, Forleulenraupen, Nonnenraupen und -puppen u. a. Die auf dem Rüssel aufgespießten Beutetiere werden durch den Wanzenspeichel gelähmt. Einmal angestochen, sterben sie, auch ohne ausgesaugt zu sein. *Troilus luridus* bewegt sich relativ langsam, wird aber bei höheren Temperaturen lebhafter und fliegt dann häufig. Die Imagines dieser Baumwanze überwintern in trockenem Moos, unter Rinde oder in der Bodenstreu. Im Mai/Juni werden insgesamt über 200 Eier in Gelegen von jeweils etwa 20 Stück um Nadeln oder dünne Äste herum 'angekittet'.

Zicrona coerulea (Bläuling, Blaugrüne Baumwanze) ist eine metallisch grün und/oder blau bis violett glänzende, oval geformte, ca. 5 bis 8 mm große Art. Kennzeichen sind u. a. die abgerundeten Seitenecken des Halsschildes sowie der breite Hinterleib (deutlich breiter als der Halsschild). Diese Baumwanze lebt an Waldrändern, in Heidegebieten und auf Mooren am Boden. Gelegentlich ist sie auch auf Bäumen zu finden (z. B. Birken, Erlen, Weiden), wo sie Jagd auf verschiedene Insekten (hauptsächlich Larven von schädlichen Schmetterlingen und Käfern) macht.

Raubwanzen
REDUVIIDAE

Von den insgesamt ca. 3000 Raubwanzenarten kommen die meisten in den Tropen vor, nur etwa 10 bis 14 Arten sind in Mitteleuropa heimisch. Obwohl sie für den Pflanzenschutz kaum von Bedeutung sind, sollen sie hier – der Vollständigkeit halber – kurz beschrieben werden.

Aussehen
Bei den Reduviiden handelt es sich um mittelgroße bis stattliche Arten (ca. 3 bis 18 mm) mit einer zuweilen recht lebhaften schwarz-roten Musterung. Am lang vorgestreckten Kopf sitzen große Augen und lange, gekniete Fühler. Der starke, relativ kurze Rüssel ist in Ruhe sichelförmig unter dem Kopf gebogen. Die Beine sind lang und kräftig; die Vorderbeine haben häufig verdickte Schenkel (Raubbeine). Bei den heimischen Arten sind die Flügel meist gut entwickelt.

Lebensweise und Entwicklung
Raubwanzen sind meist aktive Räuber, die andere Insekten aussaugen. Dabei wird die Beute mit den Vorderbeinen gehalten und durch Speichel gelähmt und abgetötet. Es gibt tag- und nachtaktive Arten; die meisten leben am Boden, sind aber auch auf Pflanzen zu finden.

Die Eiablage erfolgt auf Blätter, Baumrinde oder in den Boden. Es überwintern die Eier und Imagines, zuweilen auch die Larven.

Wichtige Arten:
Die mückenähnliche, ca. 6 bis 7 mm große, bräunlich gefärbte, nachtaktive Art *Empicornis vagabundus* lebt an feuchteren Orten in Gebüschen und Wäldern. An Stämmen und Ästen von Laub- und Nadelhölzern erbeutet sie Staub- und Blattläuse. Die Imago überwintert an Bäumen.

Die Große Raubwanze *Reduvius personatus* (auch Staubwanze oder Maskierter Strolch genannt) ist ca. 15 bis 18 mm groß und schwarz-braun gefärbt. Man findet sie meist in Gebäuden, auf Dachböden oder in Kellern. Da sich die Larven, seltener auch die Imagines, mit Sand, Staub- oder Pflanzenteilchen bedecken, sind diese i. d. R. bei Dunkelheit aktiven Wanzen nur schwer zu finden. Sie erbeuten verschiedene Insekten, darunter auch Bettwanzen. Die Überwinterung der großen Raubwanze erfolgt als Imago oder als Larve.

Die Raubwanzenarten *Rhinocoris annulatus* und *Rhinocoris iracudus* sind ca. 16 mm große, auffallend rot-schwarz gemusterte Arten. Diese tagaktiven Räuber sind vor allem in südlichen, trocken-warmen Gebieten auf Gebüsch und Wiesen, häufig auch auf Blüten oder am Boden anzutreffen. Die Überwinterung erfolgt als Larve.

Kamelhalsfliegen
RAPHIDIOPTERA

Diese Insektenordnung enthält rund 100 Arten in 2 Familien und tritt in Mitteleuropa nur mit 12 (13) Arten auf, davon gehören 11 zur Gattung *Raphidia*. Larven und Imagines der holometabolen Kamelhalsfliegen ähneln im Aussehen den Florfliegen.

Aussehen
Die Imagines der Kamelhalsfliegen haben eine Körperlänge von 6 bis 20 mm und eine Flügelspannweite bis zu 40 mm. Ihr oft metallisch glänzender Körper weist i. d. R. eine schwarzbraune Grundfärbung auf, mit einer spärlichen weißgelben Fleckenzeichnung. Die schmale Vorderbrust ist stielartig verlängert und nach oben abgewinkelt ('Kamelhals'); der flache und verhältnismäßig große Kopf ist leicht nach unten geneigt. Die 4 reichgeäderten, durchsichtigen Flügel werden in Ruhe dachförmig über dem Hinterleib zusammengelegt.

Lebensweise und Ernährung
Die Imagines leben nur wenige Wochen. Schon im zeitigen Frühjahr kann man sie an Waldrändern, in Gebüschen oder auf gefällten Bäumen beobachten. Im Sommer sitzen die Tiere meist auf der Rinde von Laub- und Nadelbäumen. Sie können recht gewandt umherlaufen, fliegen dagegen, wenn sie aufgescheucht werden, nur kurze Strecken.

Erwachsene Kamelhalsfliegen ernähren sich räuberisch von verschiedenen Insekten, oft von Blattläusen, aber auch von Rüssel- und Borkenkäfern, Blattwespen, Raupen sowie den Eiern verschiedener Insekten. Die Weibchen haben eine lange, dünne Legeröhre, mit der sie ihre etwa 10 bis 15 Eier in kleinen Häufchen tief in Rindenritzen, in Risse und Spalten meist größerer Bäume oder in den Boden legen.

Kamelhalsfliegen ernähren sich räuberisch von verschiedenen Insekten, oft von Blattläusen, aber auch von Rüssel- und Borkenkäfern, Blattwespen, Raupen sowie den Eiern verschiedener Insekten.
Ganz oben: Kamelhalsfliege der Gattung Raphidia.
Oben: Kamelhalsfliege Raphidia flavipes.

Die Larven schlüpfen etwa Ende Juni bis Juli, sind schlank gebaut, sehr lebhaft und können sich schnell rückwärts bewegen. Sie halten sich oft in Fraßgängen von Borkenkäferlarven und anderen holzbewohnenden Insekten auf, von denen sie leben, fressen aber auch die Eier, die von anderen Insekten auf der Rinde abgelegt werden. Auch auf dem Boden können sie vorkommen, wo sie sich ebenfalls von kleinen Arthropoden ernähren.

Die Larven überwintern in einer selbstgegrabenen Mulde in der Rinde, zugedeckt mit Rindenspänen ('Puppenwiege'). Bei einigen Arten überwintert die Larve mehrmals, die Entwicklung dauert dann 2 oder 3 Jahre, und es treten etwa 10 Larvenstadien auf. Die Puppen dieser holometabolen Insekten sind beweglich und werden gegen Ende der Puppenzeit sehr mobil. Sie können dann klettern, laufen und sich sogar durch Beißen verteidigen.

Vorkommen und Bedeutung
Trotz ihrer sehr charakteristischen Gestalt sind Kamelhalsfliegen meist nur schwer zu entdecken. Sie bevorzugen Lebensräume mit einer Baum- und Strauchvegetation und sind vornehmlich in lichten Laubmischwäldern, in alten Nadelwäldern und an Waldrändern zu finden. Für Land- und Forstwirtschaft sind sie nützlich, ihre wirtschaftliche Bedeutung ist jedoch aufgrund ihrer Seltenheit relativ gering einzuschätzen.

Netzflügler
PLANIPENNIA

Bei den (Echten) Netzflüglern (auch Hafte genannt) handelt es sich um winzige bis sehr stattliche holometabole Insekten. Weltweit sind dieser Insektenordnung ca. 5000 Arten zugeordnet (unterschiedliche Literaturangaben), von denen etwa 70 bis 100 Arten in 8 Familien auch in Mitteleuropa vorkommen. Wichtige Nützlinge finden sich vor allem bei den Florfliegen (CHRYSOPIDAE), Taghaften (HEMEROBIIDAE), Ameisenjungfern (MYRMELEONIDAE) und Staubhaften (CONIOPTERYGIDAE).

Aussehen, Lebensweise und Entwicklung
Die überwiegend dämmerungs- und nachtaktiven Imagines haben gewöhnlich 2 Paar einander ziemlich gleiche, reichgeäderte, großflächige Flügel (länger als der Körper), die in Ruhe dachförmig auf den Hinterleib gelegt sind. Das Flugvermögen ist bei vielen Arten nicht besonders gut ent-

Kamelhalsfliegen und Netzflügler

wickelt; meist unternehmen sie nur kurze 'Flatterflüge'.

Bei den meisten Netzflüglern leben die Imagines räuberisch von Insekten und besitzen beißende Mundwerkzeuge. Einige Arten (z.B. die bekannte Florfliege *Chrysopa carnea*) ernähren sich aber auch von Pollen oder Honigtau.

Netzflüglerlarven leben ausschließlich räuberisch, hauptsächlich von Blattläusen, einige Arten auch von Blattsaugern, Raupen, Spinnmilben oder anderen vor allem an Pflanzen saugenden Insekten (Weiße Fliegen, Schildläuse). Sie sind mit 2 kräftigen Saugzangen ausgestattet, die aus Maxillen und Mandibeln zusammengesetzt sind und sich am Vorderkopf befinden. Die gefangene Beute wird durchbohrt und nach Injektion von Verdauungssäften aus dem Mitteldarm als gelöste (vorverdaute) Nahrung durch die Hohlzangen aufgesogen. Netzflüglerlarven können übrigens keine Verdauungsreste ausscheiden (erst nach ihrer Entwicklung zur Imago), da der Larvendarm keine Verbindung zum After hat. Unverdautes wird am Ende des Mitteldarms gespeichert oder nach vorn ausgewürgt.

Die gut beweglichen Puppen zeigen frei abstehende Flügelscheiden und Beinanlagen. Die Verpuppung erfolgt meist in einem Kokon aus Spinnseide (Sekret der Malpighischen Gefäße), den die Imago später aufbeißt und ganz (CHRYSOPIDAE) oder wenigstens teilweise (MYRMELEONIDAE) verläßt.

Einige Arten brauchen zu ihrer Entwicklung mehrere Jahre, andere bringen innerhalb eines Jahres 2 Generationen hervor (CHRYSOPIDAE). I.d.R. überwintert die Larve, manchmal auch die Imago.

Florfliegen
CHRYSOPIDAE

In Mitteleuropa kommen ca. 22 bis 33 (unterschiedliche Literaturangaben) der weltweit etwa 1400 Florfliegenarten vor. Ihr Name ist irreführend, denn Florfliegen haben 2 Flügelpaare und gehören deshalb nicht zu den 'Fliegen' (DIPTERA, Zweiflügler).

Aussehen und Entwicklung
Die Imagines sind meist grünlich gefärbt und durch große, halbkugelige und goldglänzende Augen gekennzeichnet. Daher auch der mitunter verwendete deutsche Name 'Goldauge'. Sie haben eine Körperlänge von 6 bis 10 mm. Ihre 4 durchsichtigen, netzförmig geäderten, unbehaarten Flügel können eine Spannweite bis zu 35 mm (72 mm; unterschiedliche Literaturangaben) aufweisen. In Ruhestellung werden sie dachförmig über den Körper gelegt. Da die Flügelpaare unabhängig voneinander bewegt werden, wirkt der Flug ein wenig flatterig.

Eier
Die Eier werden einzeln oder in Gruppen (Büscheln) auf allen möglichen Unterlagen, oft auch in der Nähe von Blattlauskolonien abgelegt. Sie sitzen auf der Spitze eines langen, dünnen Fadens. Dieser 'Stiel', ein schnell erstarrender Sekretfaden aus den Anhangdrüsen des Geschlechtsapparates, schützt die Eier und die frisch geschlüpften Larven vor anderen Räubern und auch vor Artgenossen, die auf der Blattfläche nach Nahrung suchen. Pro Weibchen werden bis zu 800 Eier ausgebildet.

Larven
Die Larven der Florfliegen haben einen langgestreckten, spindel-

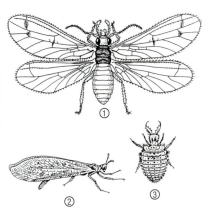

① *Staubhafte (Coniopterygidae)*
② *Ameisenjungfer (Myrmeleonidae), Imago*
③ *Ameisenlöwe, Larve der Ameisenjungfer*

Florfliegenimagines (hier Chrysopa carnea, Chrysopidae) sind meist grünlich gefärbt und durch große, goldglänzende Augen gekennzeichnet. Die Flügel werden in Ruhestellung dachförmig über den Körper gelegt.

förmigen Körper. Ausgewachsen sind sie 7 bis 10 mm lang. Sie haben eine gelbbraune bis graue Färbung, teilweise mit braunrötlichen Längsbändern an der Seite. Auf den Brust- und Hinterleibssegmenten findet man kleine behaarte Warzen.

Florfliegenlarven sind mit kräftigen, aus Maxillen und Mandibeln zusammengesetzten Saugzangen ausgestattet, mit denen sie ihre Beutetiere durchbohren, um dann – durch einen Kanal innerhalb der Zangen – die vorverdaute Nahrung aufnehmen zu können.

Puppen

Die Verpuppung erfolgt in einem kugeligen, seidenartigen weißen Gespinstkokon (Durchmesser 3 cm) an Pflanzenteilen (z. B. Blattfalte, Zweiggabel). Aus dem Kokon schlüpft nach der Puppenruhe zunächst eine Nymphe, aus der sich dann erst innerhalb weniger Stunden die Florfliege entwickelt.

Überwinterung

Pro Jahr treten 2 bis 3 Generationen auf. Je nach Art überwintern Florfliegen als Larve (z. B. *Chrysopa prasina*), als verpuppungsreife Larve (teilweise im Gespinst; z. B. *Chrysopa flava, Chrysopa septempunctata*) oder als Imago (*Chrysopa carnea*). Letztere suchen dazu frostfreie Schlupfwinkel im Freien oder in Gebäuden auf.

Ernährung

Die erwachsenen Florfliegen sind in der Dämmerung und nachts aktiv. Nur bei einigen Arten ernähren sich die Imagines räuberisch von kleinen Insekten, vor allem von Blattläusen (z. B. *Chrysopa perla*). Einige wichtige Arten (z. B. *Chrysopa carnea*) sind als erwachsene Tiere weniger räuberisch und ernähren sich als Blütenbesucher überwiegend von süßen Säften (Nektar, Honigtau)

und auch von Pollen. Die Larven sind aktive, sehr polyphage Räuber. Sie ernähren sich überwiegend von Blattläusen, greifen aber auch Eier, Larven und Adulte anderer Insekten (z. B. Schmetterlingsraupen, Blutläuse) sowie Milben an.

Fraßleistung

Florfliegenlarven leben, je nach Temperatur, etwa 2 bis 3 Wochen und verzehren in dieser Zeit mehrere hundert Blattläuse. Eine Larve von *Chrysopa carnea* beispielsweise braucht für ihre Entwicklung 200 bis 500 Blattläuse, die größeren Larven von *Chrysopa perla* sogar bis zu 1000 Blattläuse. Aufgrund dieser Gefräßigkeit nennt man die Larven der Florfliegen auch 'Blattlauslöwen'.

Ganz oben und oben: Die Eier der Florfliegen werden einzeln oder in Gruppen (Büscheln) auf allen möglichen Unterlagen, oft auch in der Nähe von Blattlauskolonien abgelegt. Sie sitzen auf der Spitze eines langen, dünnen Fadens. Dieser 'Stiel', ein schnell erstarrender Sekretfaden aus den Anhangdrüsen des Geschlechtsapparates, schützt die Eier und die frisch geschlüpften Larven vor anderen Räubern und auch vor Artgenossen, die auf der Blattfläche nach Nahrung suchen.
Oben links: Florfliegenlarve nach Ausschlüpfen aus dem Ei.

Netzflügler 65

Die Larven einiger Arten (z.B. *Chrysopa septempunctata*) 'tarnen' sich übrigens mit leeren Blattlaushäuten: Sie stecken sich die ausgesaugten Überreste auf die langen Rückenborsten und sehen dann aus wie ein 'wandelnder Blattlausfriedhof'. Auch Eier und bewegliche Stadien der Obstbaumspinnmilbe werden von Florfliegenlarven verzehrt. In 1 Stunde kann eine Larve durchschnittlich 30 bis 50 Milben aussaugen.

Da Florfliegenweibchen ihre Eier auch unabhängig vom Vorhandensein von Beute ablegen, finden sich die Larven in landwirtschaftlichen und gärtnerischen Kulturen häufig schon vor der Besiedlung durch Blattläuse. Sie können dadurch den Populationsaufbau der Schädlinge empfindlich stören oder gar verhindern.

Wichtige Arten:

Die bei uns am häufigsten auftretende Art ist die Gemeine Florfliege **Chrysopa** (**Chrysoperla**) **carnea**. Sie wird auch in Massen gezüchtet und zur biologischen Schädlingsbekämpfung sowohl im Freiland (siehe Seite 183) als auch unter Glas (siehe Seite 208) verwendet. *Chrysopa carnea* hat eine Flügelspannweite von 20 bis 30 mm. Körper und Flügeladern der vom Frühling bis zum Herbst aktiven erwachsenen Tiere sind grün bis gelbgrün gefärbt. Zur Überwinterung suchen die Imagines häufig Gebäude auf. Sie sind dann bräunlich gefärbt und werden leider oft mit Schädlingen verwechselt. In Mitteleuropa treten pro Jahr 2 Generationen auf, in Südeuropa 3 bis 4.

Die Imagines von *Chrysopa carnea* leben nicht räuberisch. Sie besuchen krautartige Pflanzen und Bäume, bevorzugt in der Umgebung von Wäldern, und ernähren sich von Nektar und anderen süßen Flüssigkeiten, hauptsächlich vom Honigtau der Blattläuse, Blattsauger und Schildläuse. Im Frühling nehmen sie auch Blütenpollen auf. Die erwachsenen Tiere leben relativ lang (bis zu 2 Monate) und fliegen vorzugsweise in der Dämmerung. Je nach Quantität und Qualität der verfügbaren Nahrung können die Weibchen eine hohe Fruchtbarkeit erreichen und durchschnittlich mehr als 20 Eier pro Tag ablegen. (insgesamt 400 bis 700 Eier pro Weibchen; unterschiedliche Literaturangaben). Die grünen, gestielten Eier werden einzeln, meist in der Nähe von Blattlauskolonien, abgelegt, im allgemeinen auf den Blattunterseiten oder auf kleinen Ästen. Die Entwicklungsdauer der Eier hängt sehr von der Temperatur ab und schwankt zwischen 3 und 10 Tagen.

Die Entwicklung der Larven dauert 8 bis 18 Tage (temperaturabhängig). Ausgewachsene Larven werden 7 bis 8 mm lang. Sie sind sehr beweglich, haben 3 Paar Brustfüße und am Kopf gut entwickelte, hakenförmige Saugzangen. Ihre Färbung ist gelblichgrau; auf der Seite der Brust- und Hinterleibssegmente erkennt man kleine, behaarte Warzen. Seitlich auf dem Rücken von Brust und Hinterleib erstreckt sich je ein braunroter Streifen.

Ganz oben: Florfliegenlarven sind mit kräftigen, aus Maxillen und Mandibeln zusammengesetzten Saugzangen ausgestattet, mit denen sie ihre Beutetiere durchbohren, um dann – durch einen Kanal innerhalb der Zangen – die vorverdaute Nahrung aufnehmen zu können.
Oben: Die Verpuppung der Florfliegen erfolgt in einem kugeligen, seidenartigen weißen Gespinstkokon an Blättern oder anderen Pflanzenteilen.

Neben Blattläusen werden Zikaden, Thripse, Raupen, Käferlarven und auch Milben als Beute angenommen. Eine Larve von *Chrysopa carnea* kann pro Stunde 30 bis 50 bewegliche Stadien der Obstbaumspinnmilbe (Rote Spinne) vertilgen. Für die gesam-

Nützlinge in Garten, Feld und Flur

te Larvalentwicklung hat man Fraßleistungen von mehr als 10 000 Eiern oder Larven von Spinnmilben (*Tetranychus urticae*) oder 200 bis 500 Blattläusen (*Myzus persicae*) ermittelt. Die Suche nach Nahrung erfolgt weitestgehend 'ungerichtet', offenbar ist der physikalische Kontakt ausschlaggebend für das Erbeuten von Beutetieren.

Die ausgewachsenen Larven suchen auf den Pflanzen geschützte Plätze auf, beispielsweise eine Krümmung der Rinde, des Stammes oder der Äste oder Falten eines Blattes, und spinnen sich in einen seidenartigen, kräftigen weißen, annähernd kugelförmigen Kokon von 3 bis 4 mm Durchmesser ein. Aus diesem Gespinst, in dem sich ihre Verwandlung vollendet, schlüpft die Nymphe und aus dieser die erwachsene Florfliege.

Der vollständige Entwicklungszyklus vom Ei bis zum Erscheinen des erwachsenen Tieres kann 22 bis 60 Tage dauern. Im Herbst, wenn die Tage kürzer werden und die Temperatur sinkt, suchen die Imagines der letzten Generation ihre Überwinterungsplätze auf. Dort erfolgen die charakteristischen, schon erwähnten Veränderungen der Farbe. So überstehen sie den Winter in Diapause.

Chrysopa flava ist deutlich größer als die letztgenannte Art (35 bis 50 mm), gelblichgrün gefärbt und als Imago von Mai bis Oktober auch in Parks und Gärten zu finden. Sie hat 2 Generationen pro Jahr und überwintert als Vorpuppe. Die Larven leben in der Baum- und Strauchschicht von Laubwäldern.

Eine weitere verbreitete Art ist *Chrysopa septempunctata*. Hier sind nicht nur die Larven räuberisch, auch die Imagines der sog. Siebenpunktflorfliege sind Räuber, die hauptsächlich Blattläuse,

aber auch andere Schädlinge, wie z.B. Blutläuse, angreifen. Ein Weibchen kann im Laufe einer halben Stunde bis zu 40 Blattläuse vernichten. Die Fruchtbarkeit ist sehr hoch (30 bis 60 Eier pro Tag), und die Lebensdauer kann 2,5 Monate erreichen. Die Dauer der Eientwicklung schwankt zwischen 4 und 15 Tagen. Auch die Larven sind sehr gefräßig, selbst Kannibalismus kommt vor. Eine Larve kann während ihrer Entwicklung bis zu 500 erwachsene Blattläuse oder bis zu 1000 Blattläuse jüngerer Stadien vertilgen. Nach 15 bis 20 Tagen spinnen sich die Larven in einen fast kugelförmigen, weißlichen und sehr widerstandsfähigen Kokon von rund 4,5 mm Durchmesser ein, der mit einem starken weißen Gewebe an der Unterlage befestigt ist. Diese Gespinste sind häufig in den gefalteten Blättern in unmittelbarer Nähe von Blattlauskolonien zu finden. *Chrysopa septempunctata* hat jährlich 2 bis 3 Generationen und überwintert als Larve im Gespinst.

Taghafte
HEMEROBIIDAE

Bei den Taghaften, die oft auch 'Blattauslöwen' genannt werden, handelt es sich überwiegend um Blattlausräuber. Imagines und Larven vertilgen aber auch andere kleine, weichhäutige Insekten sowie Spinnmilben.

In Mitteleuropa leben ca. 42 der weltweit rund 600 Arten. Häufiger vertreten sind dabei die Gattungen *Boriomyia*, *Drepanopteryx*, *Hemerobius*, *Micromus* und *Sympherobius*. Diese kleinen, meist dunkelgraubraun gefärbten Netzflügler halten sich auf Bäumen und Sträuchern, teilweise auch auf krautigen Pflanzen auf.

Aussehen und Entwicklung
Die Imagines unterscheiden sich von den Florfliegen durch ihre

hellgrau, braun bis fuchsrot gefärbten oder gefleckten, behaarten Flügel. Die verschiedenen Arten sind unterschiedlich groß; ihre Flügelspannweite kann 7 bis 35 mm betragen.

Die weißlich bis lachsrosa gefärbten Eier werden ohne oder höchstens mit einem sehr kurzen Sekretstiel an Blätter, Rinde und andere Pflanzenteile abgelegt. Ein Weibchen bildet insgesamt zwischen 50 und 600 Eier aus.

Die schlanken, spindelförmigen, recht lebhaften Larven sind nur schwach behaart und tragen keine Warzen. Die Saugzangen sind kürzer als der Kopf und weniger gekrümmt als bei den Florfliegen. Das 3. Larvenstadium spinnt zur Verpuppung einen Kokon (zerbrechliches, durchscheinendes Gespinst) an oder in lebenden und toten Pflanzenteilen, mitunter auch an Steinen. Wahrscheinlich überwintern die verpuppungsreifen Larven (Vorpuppen) im Kokon; möglich ist auch eine Überwinterung als Ei oder Imago. Es entwickeln sich pro Jahr 1 bis 3 Generationen.

Wichtige Arten:
Drepanopteryx phalaenoides, charakterisiert durch eine Flügelspannweite von bis zu 35 mm und sichelartig eingebuchtete, braune Vorderflügel, entwickelt sich an Laubbäumen und Laubsträuchern. Man findet diese Art in lichten Laubwäldern und in Obstgärten, seltener an Nadelgehölzen. Sie überwintert als Imago und ist von April bis November aktiv. Pro Jahr bildet sich meist nur 1 Generation aus.

Hemerobius humulinus hat eine Flügelspannweite von 12 bis 20 mm. Körper- und Flügelfärbung sind sehr variabel. Die Imagines sind bräunlichgrau, die Oberseite des Thorax trägt einen strohgelben Mittelstreifen. Die Vorderflügel sind grau mit brauner Pigmentierung, die Hinterflügel hellgrau. Die ovalen Eier sind ungestielt und werden einzeln oder in kleinen Gruppen meistens entlang der Hauptader auf der Blattunterseite festgeklebt.

Die sehr bewegliche ausgewachsene Larve ist 7 bis 8 mm lang und von gestreckter, schlanker Gestalt. Sie hat 3 Paar Brustfüße, und der Kopf trägt gut sichtbare Saughaken. Auf beiden Seiten des Rückens weist die ansonsten hellgrau gefärbte Larve eine Reihe kleiner braunroter Flecke auf.

Auch diese Art lebt in der Baum- und Strauchschicht verschiedener Laubgehölze, häufig auch in städtischen Parks, Obstanlagen und Gärten. Sie hat bis zu 3 Generationen pro Jahr und überwintert als Vorpuppe. Die seideartigen, weißlichen und durchscheinenden, weitmaschigen Gespinste sind am Fuß der Bäume unter Blättern oder Moos zu finden. Die Imagines sind von März bis Oktober anzutreffen. Es sind aktive Räuber, die vorwiegend Blattläuse angreifen.

Micromus variegatus hat typisch glasklare, markant dunkel gefleckte Flügel mit einer Spannweite von 10 bis 17 mm. Die Art besiedelt die Kraut- und Strauchschicht und bevorzugt dabei feuchte Biotope mit üppigem Pflanzenwuchs. Auch in Parkanlagen und Gärten trifft man sie von Mai bis Oktober an. Pro Jahr werden 2 Generationen ausgebildet.

Bei den Taghaften (Hemerobiidae) handelt es sich überwiegend um Blattlausräuber. Imagines und Larven vertilgen aber auch andere kleine, weichhäutige Insekten sowie Spinnmilben. Oben: Drepanopteryx phalaenoides an Holunderblattläusen. Mitte: Micromus angulatus. Unten: Taghaftenlarve (Micromus angulatus) an Ginsterblattläusen.

Ameisenjungfern
MYRMELEONIDAE

Die Ameisenjungfern stellen mit über 2000 Arten die größte Familie der Echten Netzflügler dar. In Mitteleuropa kommen etwa 12 Arten vor.

Aussehen, Lebensweise und Entwicklung

Die erwachsenen Ameisenjungfern sind ca. 35 mm lang und haben eine Flügelspannweite von bis zu 120 mm. Sie ähneln dadurch kleinen Libellen, können aber von diesen durch ihre kräftigen, am Ende keulig verdickten Fühler unterschieden werden. Tagsüber leben sie versteckt, erst in der Dämmerung und in der Nacht gehen sie auf Jagd. Die Imagines der meisten Arten sind räuberisch, nehmen aber nur wenig Nahrung auf. Die Eier werden einzeln in sandigen Boden abgelegt; die Larven überwintern i.d.R. zweimal. Bekannt sind die Larven unter dem Namen 'Ameisenlöwen'. Bei den meisten Arten jagen sie frei am Boden; einige Arten bauen spezielle Sandtrichter zum Beutefang. Die Verpuppung erfolgt in einem runden Kokon im Boden.

Myrmeleon formicarius

Die Gemeine oder Gefleckflügelige Ameisenjungfer *Myrmeleon formicarius* ist die bekannteste Art. Die Imagines (Flügelspannweite 65 bis 85 mm) fliegen von Juni bis August. Die mit kräftigen Kiefern (Zangen) ausgestatteten Larven heben in feinem Sand trichterförmige Gruben aus, an deren Grund sie auf herabfallende Opfer (Insekten, vor allem Ameisen) lauern. Man findet diese Fangtrichter an besonnten Orten, die von Regen und starkem Wind gut geschützt sind (Böschungen, Waldränder).

Staubhafte
CONIOPTERYGIDAE

Diese etwa 100 Arten zählende Familie ist in Europa mit mehr als 35, in Mitteleuropa mit 12 bis 22 Arten (unterschiedliche Literaturangaben) vertreten.

Aussehen, Lebensweise und Entwicklung

Staubhafte sind die kleinsten Netzflügler. Die ca. 1 bis 4 mm kleinen, bräunlichen Imagines leben häufig auf Bäumen, aber auch auf Sträuchern und krautigen Pflanzen. Ihre Flügel haben eine Spannweite, je nach Art, von 3 bis 10 mm und sind – verglichen mit denen der Florfliegen – nur mäßig geädert. Die Hinterflügel sind bei einigen Arten sehr klein. Körper und Flügel sind mit feinstem weißlichem bis gräulichem Wachsstaub überpudert (daher auch der Name 'Staubhafte'), weshalb man sie leicht mit Weißen Fliegen (Mottenschildläusen) verwechseln kann.

Die leicht abgeflachten, weiß bis orangegelb gefärbten Eier werden ohne Stiel an Blätter oder Rinde gelegt. Die Larven sind rundlich bis tropfenförmig gebaut, meist rötlich gefärbt, wenig behaart und nur mit kurzen, kaum sichtbaren, aber sehr scharfen Saugzangen ausgestattet. Ausgewachsene Larven spinnen einen losen Kokon (Spinnseide aus den Malpighischen Gefäßen), in dem sie auch überwintern. Pro Jahr werden 2 bis 3 Generationen ausgebildet.

Sowohl die Larven als auch die Imagines leben räuberisch

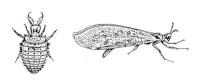

Ameisenjungfern (Myrmeleonidae): links die Larve (Ameisenlöwe), rechts die Imago.

von kleinen Insekten (sowie deren Eiern), darunter auch vielen pflanzenschädigenden Arten (Blattläuse, Schildläuse u. a.). Häufiger auftretende Arten sind *Coniopteryx tineiformis*, *Conwentzia pineticola*, *Conwentzia psociformis* und *Semidalis aleyrodiformis*.

Wichtige Arten:

Conwentzia pineticola und *Conwentzia psociformis* haben eine Flügelspannweite von 7 bis 8 mm. Beide Arten sind daran zu erkennen, daß die Hinterflügel sehr klein sind. Die Larven sind klein (ca. 3 mm) und hell gefärbt. Larven und Adulte können häufig in Obstgärten gefunden werden, wo sie sich vor allem von Spinnmilben und deren Eiern ernähren. Die Imagines sind sehr gefräßig und können in 1 Stunde bis zu 30 Milben verzehren, durchschnittlich fressen sie pro Tag 30 bis 40 Milben. Die Larven vertilgen je nach Alter 15 bis 35 Milben pro Tag. Im Herbst ernähren sich Adulte und Larven vor allem von den Wintereiern der Obstbaumspinnmilbe. Die Larven, die ihre Entwicklung während des Sommers beenden, spinnen auf den Blättern (teilweise auch in der Kelchgrube der Früchte oder auf jungen Zweigen) einen Kokon. Larven, die erst im Herbst ausgewachsen sind, spinnen sich in Rindenritzen großer Äste und des Stammes ein. Sie verpuppen sich am Ende des Winters, und die Adulten fliegen im Frühling. Pro Jahr treten mehrere sich – aufgrund der langen Lebensdauer der Weibchen – überschneidende Generationen auf.

Conwentzia psociformis ist auch in Laub- und Mischwäldern an Bäumen (vor allem Eichen) und Sträuchern anzutreffen. Da sie sich zeitweise in Massen vermehrt, ist ihre Bedeutung für die Regulierung von Schädlingspopulationen nicht zu unterschätzen.

Käfer
COLEOPTERA

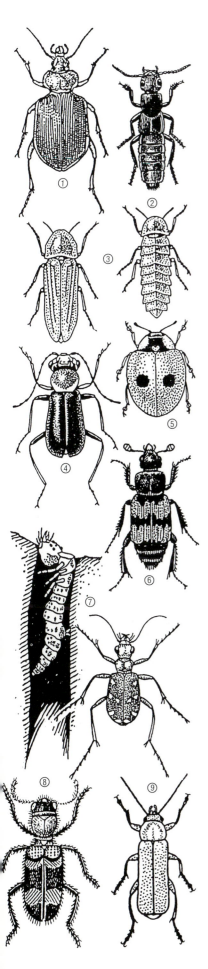

Diese mit weltweit über 350000 Arten größte und artenreichste Ordnung im gesamten Tierreich enthält neben Phytophagen zahlreiche oft wenig spezialisierte Räuber, in wenigen Fällen mit einem Übergang zu einer parasitischen Lebensweise. Allein in Mitteleuropa gibt es an die 6000 Käferarten aus etwa 50 Familien. Die Größe dieser Tiere ist sehr unterschiedlich, sie kann von 0,5 bis 50 mm Körperlänge betragen.

Körperbau und Entwicklung

Die Imagines sind mit einem derben Chitinpanzer ausgerüstet (Ausnahmen Weichkäfer und Zipfelkäfer). Sie haben stets beißende bzw. kauende Mundwerkzeuge, die bei den Räubern spitz und scharf sind und zum Fangen und Festhalten der Beute dienen. Typisch für alle Käfer sind die zu panzerartigen Deckflügeln (Flügeldecken, Elytren) umgewandelten Vorderflügel. Sie bedecken meist den ganzen Hinterleib, nur bei wenigen Familien, z.B. bei den Kurzflüglern, sind sie verkürzt. Die Flügeldecken überlappen sich nicht und sind oft bunt gefärbt oder metallisch glänzend. Beim Flug werden sie seitlich abgespreizt. Soweit vorhanden, sind die dünnhäutigen Hinterflügel unter den Deckflügeln einfaltbar. Bei einigen Familien (z.B. CARABIDAE) sind sie zurückgebildet, die Käfer sind dann flugunfähig.

Die Larven der Käfer sind recht vielgestaltig, meist jedoch schlank und haben – mit Ausnahme holzbewohnender Arten – wie die erwachsenen Käfer 6 gut ausgebildete Brustbeine. Die Kopfkapsel ist deutlich ausgebildet und trägt beißende Mundwerkzeuge.

Käfer haben eine vollkommene (holometabole) Verwandlung, nach der Larvalentwicklung folgt also das Puppenstadium. Die meisten Käfer bilden eine sog. 'freie Puppe' (Pupa libera) mit frei abstehenden Extremitäten. Die nützlichen Marienkäfer haben eine 'Mumienpuppe' (Pupa obtecta), bei der die Extremitäten fest am Körper anliegen. Man findet die Puppen meist an geschützten Stellen, so z.B. im Boden, unter Baumrinde, in Mulm oder in Pflanzen. Es gibt aber auch frei an Pflanzen hängende Käferpuppen (z.B. Marienkäfer, Abbildung auf Seite 77). Käferpuppen können sich nicht fortbewegen, teilweise vermögen sie aber schlagende, abwehrende Bewegungen zu machen.

Links: Einige wichtige Käferfamilien in der Übersicht:
① *Laufkäfer (Carabidae)*
② *Kurzflügler (Staphylinidae)*
③ *Leuchtkäfer (Glühwürmchen, Lampyridae), links Männchen, rechts Weibchen*
④ *Zipfelkäfer (Malachiidae)*
⑤ *Marienkäfer (Coccinellidae)*
⑥ *Aaskäfer (Silphidae)*
⑦ *Sandlaufkäfer (Cicindelidae), links Larve*
⑧ *Buntkäfer (Cleridae)*
⑨ *Weichkäfer (Cantharidae)*

Goldlaufkäfer Carabus auratus: Pro Tag können diese Käfer das 3fache ihres Eigengewichts an Beute verzehren. Dazu gehören Raupen, Engerlinge, Drahtwürmer, Kartoffelkäfer sowie Schnecken und Würmer.

Ernährung

Die Nahrung der Käfer umfaßt nahezu alles Freßbare. Viele Arten, Gattungen oder Familien haben sich hier jedoch mehr oder weniger spezialisiert. Bei den Arten der nachfolgend vorgestellten Familien handelt es sich vorwiegend um Räuber, die sich von Milben und Insekten, teilweise auch von Würmern und Schnecken ernähren. Die Beutetiere werden durch einen Biß getötet, dann werden Verdauungssäfte in das Opfer injiziert und der vorverdaute Nahrungsbrei aufgesaugt (sog. extraintestinale Verdauung).

Unterordnungen

In der wissenschaftlichen Literatur werden die Laufkäfer (CARABIDAE) und die Sandlaufkäfer (CICINDELIDAE) sowie einige Schwimmkäferfamilien teilweise in der Unterordnung ADEPHAGA zusammengefaßt. Kennzeichnend für diese Gruppe ist, daß die ersten 3 Bauchringe (Sternite) in der Mitte miteinander verschmolzen sind und die Hinterhüften bis in das 2. Sternit hineinragen. Laufkäfer und Sandlaufkäfer haben außerdem immer 11gliedrige Fühler und 5 Fußglieder (Tarsen).

Die übrigen Käferfamilien gehören bei dieser systematischen Einteilung der Unterordnung POLYPHAGA an. Hier sind die ersten 3 Sternite vollkommen getrennt, und die Hinterhüften ragen nur in das 1. Sternit hinein.

Laufkäfer
CARABIDAE

Die Laufkäfer bilden eine sehr artenreiche Familie. Von den über 25 000 bekannten Arten kommen in Mitteleuropa ca. 500 bis 900 Arten (unterschiedliche Literaturangaben) vor. Teilweise werden auch die Sandlaufkäfer (siehe Seite 74) zu den Carabiden gerechnet.

Aussehen und Entwicklung

Die Imagines sind verschieden groß (von 1,5 bis 42 mm). Die Flügeldecken sind gewölbt und zeigen deutliche Längsstreifen. Die Fühler setzen an der Seite des Kopfes zwischen den Augen und den Mundwerkzeugen an. Die meisten Laufkäferarten sind flugunfähig, dafür haben sie kräftige, lange Laufbeine. Bei vielen Arten sind die Hinterflügel teilweise oder ganz zurückgebildet, bei einigen sind die Flügeldecken (Vorderflügel) miteinander verwachsen. Die Grundfarbe der erwachsenen Laufkäfer ist schwarz. Es gibt jedoch auch viele Arten mit bunten, metallisch schillernden Flügeldecken. Alle Laufkäfer können bei Gefahr ein stinkendes Drüsensekret abgeben.

Eier, Larven und Puppen

Die Eiablage erfolgt meist einzeln in kleine Erdhöhlen unter der Bodenoberfläche. Pro Weibchen werden zwischen 20 und 60 Eier ausgebildet.

Die recht flinken Larven haben einen langgestreckten Körper. Vor allem die Brustbeine und der Kopf sind bei den im Boden lebenden Larven anders geformt als bei den auf der Bodenoberfläche lebenden Larven. Die Larvalentwicklung der Laufkäfer verläuft über 3 Stadien. Die Dauer der Larvalentwicklung ist sehr unterschiedlich; sie kann von 2 bis 3 Wochen bis zu mehrere Monate in Anspruch nehmen.

Die Verpuppung findet i.d.R. in kleinen Gespinsten am oder im Boden statt und dauert meist 2 bis 3 Wochen. Bei den Puppen handelt es sich, wie bei fast allen Käfern, um sog. 'freie Puppen', deren Körperanhänge (Fühler, Beine, Flügel) mehr oder weniger frei am Körper anliegen.

Fortpflanzungstypen

Man unterscheidet ganz allgemein zwei Fortpflanzungstypen: Bei den 'Herbsttieren' (sog. Herbstfortpflanzer) überwintert die Larve, und die Fortpflanzung findet im Spätsommer bis Herbst statt. Hierzu gehören z.B. Arten in trockenen Wäldern und Hecken.

'Frühlingstiere' überwintern als Imagines und bekommen ihre Nachkommenschaft im Frühling. Frühjahrsfortpflanzer sind z.B. Arten der Gattung *Carabus* bzw. die Mehrzahl der Arten feuchtkühler Wälder.

Laufkäfer der Gattung Carabus stellen in der Land- und Forstwirtschaft wichtige Nützlinge dar, denn sie ernähren sich von Schadinsekten und Schnecken.

Die recht flinken Laufkäferlarven haben einen langgestreckten Körper. Wie die erwachsenen Käfer sind sie polyphage Räuber.

Ernährung

Nur wenige Laufkäferarten sind phytophag. Larven und Imagines der meisten Arten sind karnivor (fleischfressend) und dabei ausgesprochen polyphage Räuber, d.h., sie sind nicht auf bestimmte Nahrung spezialisiert, sondern vertilgen sämtliche Entwicklungsstadien aller auf dem oder im Boden lebenden Insekten. Selbst

Schnecken und Regenwürmer werden nicht verschmäht. Bei einigen Arten (z.B. Gattung *Carabus*) erfolgt die Verdauung extraintestinal, d.h. außerhalb des Körpers. Hierbei werden nach Einschlagen der Mandibeln in das Beutetier Verdauungssäfte (Buttersäure enthaltendes Mitteldarmsekret) abgegeben, so daß dann die zersetzte Nahrung als verflüssigter Brei aufgeschlürft werden kann.

Laufkäfer sind sehr gefräßig. Pro Tag können sie bis zum 3fachen des eigenen Körpergewichtes verzehren. In landwirtschaftlichen und gärtnerischen Kulturen stellen Carabiden daher wichtige Regulatoren von Schädlingen dar.

Lebensweise und Vorkommen

Die Lebensweise der Laufkäferarten ist recht unterschiedlich. Viele halten sich in der oberen Bodenschicht auf, manche auch oberirdisch auf Pflanzen oder unter der Rinde morscher Bäume. Die meisten Arten sind nachtaktiv und verstecken sich tagsüber unter Steinen, Laub, in Erdspalten u.a. Schlupfwinkeln. Bei den tagaktiven Arten handelt es sich meistens um die farbenprächtigeren.

Wie der Name schon andeutet, können alle Arten gut laufen. Mit Hilfe von Markierungs- und Wiederfangversuchen konnte man nachweisen, daß Laufkäfer oft recht weite Strecken zurücklegen: Mit Entfernungen von über 150 m erwiesen sich die Arten *Carabus granulatus*, *Platynus dorsalis*, *Poecilus cupreus* und *Pterostichus melanarius* als besonders 'wanderlustig', auch wenn sie für diese Strecke teilweise bis zu 2 Wochen benötigten.

Viele Laufkäfer sind sehr feuchtigkeitsliebend. Für ihre Vermehrung sind sie vorwiegend auf Wiesen, Hecken und bewachsene Feldränder angewiesen. In diesen Lebensräumen kommen sie auch häufiger vor und wandern von dort in die Äcker ein. Vergraste Flächen sowie Hecken- und Feldgehölzsäume haben daher in Agrarlandschaften auch für die Carabiden den Charakter sog. 'Impfbiotope' (siehe Seite 152).

Wichtige Arten:

Die Gattung **Agonum** (Putzkäfer) ist in Mitteleuropa mit rund 30 Arten vertreten. Die oberseits schwarz oder metallisch gefärbten Käfer sind ca. 4 bis 10 mm groß, relativ flach und haben schlanke Fühler und Beine. Man findet die Käfer oft an feuchteren Standorten, an Gewässerrändern oder in feuchten Wäldern.

Agonum dorsale, eine sehr häufige, hauptsächlich nachtaktive Laufkäferart, lebt u.a. räuberisch von Blattläusen und gilt z.B. als wichtiger Getreideblattlausantagonist. Wie andere kleine Laufkäferarten klettert dieser Käfer auch an Getreidehalmen hoch, um Blattläuse zu erbeuten.

Die artenreichste Laufkäfergattung **Bembidion** (Ahlenkäfer), mit ca. 100 schwer bestimmbaren Arten, ist im Garten- und Ackerbau wichtig, weil wahrscheinlich alle Arten die Eier verschiedener, auch schädlicher Fliegenarten (z.B. Kohlfliege, Fritfliege) fressen, die in Bodennähe abgelegt worden sind. Die Käfer sind 2 bis 11 mm groß und schwarz, bunt oder metallisch gefärbt.

Bembidion lampros (Größe ca. 3 bis 4 mm; schwarz metallisch gefärbt), eine hauptsächlich tagaktive, wärme- und feuchtigkeitsliebende Art, findet man auf Kulturflächen, Grünland und in Wäldern, wo sie sich u.a. von Blattläusen sowie Springschwänzen (Collembolen) und Zweiflüglern (z.B. Kleine Kohlfliege, Fritfliege) ernährt. Sie gehört zu den häufigsten Feldcarabiden.

Die Gattung **Calosoma** ist in Mitteleuropa mit 5 Arten vertreten. Dabei handelt es sich vor allem um Forstnützlinge, die sich – Imagines und Larven gleichermaßen – überwiegend von Raupen auf Laub- und Nadelbäumen ernähren. Zur Beutesuche klettern die Käfer auf den Pflanzen herum, sie können aber auch gut fliegen. Ihre Larvalentwicklung dauert meist nur wenige Wochen, die Käfer leben dagegen 2 bis 4 Jahre lang.

Den Kleinen Puppenräuber (auch Kleiner Kletterläufer genannt) **Calosoma inquisitor**

Agonum dorsale, eine sehr häufige, hauptsächlich nachtaktive Laufkäferart, lebt u.a. räuberisch von Blattläusen und gilt als wichtiger Getreideblattlausantagonist.

Die Arten der Gattung Bembidion (hier: Bembidion faemoratum) gelten als wichtige Vertilger der Eier schädlicher Fliegenarten.

Nützlinge in Garten, Feld und Flur

(Größe ca. 13 bis 24 mm) findet man in Obstgärten sowie in lichten Laubwäldern, vornehmlich in Eichenwäldern, wo er u.a. dem Grünen Eichenwickler nachjagt. Zu seinen Beutetieren gehören aber auch Raupen und Puppen des Frostspanners. Im Unterschied zum Großen Puppenräuber ist er Nichtflieger und jagt seine Beute nicht nur an Baumstämmen und in Baumkronen, sondern auch auf dem Boden. Er ist meist einfarbig blauschwarz gefärbt, mit grünlich bis kupfrigem Metallschimmer. Seine Lebensdauer beträgt 2 bis 3 Jahre. Das Weibchen legt die Eier im Mai in die Erde, und bereits im Juni schlüpfen die jungen Käfer aus, bleiben aber noch bis zum folgenden Frühjahr unter der Erde.

Der Große Puppenräuber (Großer Kletterläufer) *Calosoma sycophanta* (Größe ca. 17 bis 30 mm; Halsschild schwarzblau, Flügeldecken blaugrün bis grünrot metallisch) lebt fast ausschließlich auf Bäumen und macht Jagd auf Raupen und Puppen, vor allem auf die der Prozessions-, Schwamm- und Kiefernspinner, auf Goldafter, Nonnen und Kiefernseule. Eine Larve frißt während ihrer ca. dreiwöchigen Entwicklungszeit etwa 40 Raupen, ein Käfer im Laufe eines Jahres ungefähr 400 Raupen. In Gebieten, in denen dieser Puppenräuber häufig ist, kann es daher kaum zu Massenvermehrungen dieser Schädlinge kommen. Seine außerordentliche Gefräßigkeit ist verständlich, da sich der Käfer nach ca. 50 Tagen Fraßzeit im August zur Überwinterung bis zu 50 cm tief in die Erde eingräbt und meist erst im Juni des nächsten Jahres wieder erscheint. Der Große Puppenräuber kann bis zu 4 Jahre alt werden.

Aus der Gattung *Carabus* gibt es in Mitteleuropa etwa 35 Arten. Diese großen, oft metallisch gefärbten Laufkäfer sind flugunfä-

Carabus granulatus ist einer unserer häufigsten Laufkäfer in der Kulturlandschaft und wird als Vertilger von Kartoffelkäfern besonders geschätzt.

hig, bei vielen sind die Hautflügel zurückgebildet. Sie leben vor allem räuberisch und ernähren sich von verschiedenen Käfern, Larven, Würmern und Schnecken. In der Land- und Forstwirtschaft stellen sie wichtige Nützlinge dar.

Von April bis August findet man auf Feldern und in Gärten tiefer und mittlerer Lagen häufig den Goldlaufkäfer (Goldschmied, Goldhenne) *Carabus auratus* (ca. 17 bis 30 mm). Seine Oberseite ist goldgrün schillernd, die Unterseite schwarzbraun gefärbt. Die ersten 4 Fühlerglieder und die Beine sind gelbrot. Dieser wärmeliebende Käfer geht tagsüber auf Nahrungssuche. Man findet ihn in Gärten, Wiesen und Feldern. Die Weibchen legen im Sommer 50 bis 60 Eier ab, aus denen die ebenfalls räuberischen Larven schlüpfen. Die Puppen überwintern im Boden.

Der mit einer Körpergröße bis zu 42 mm bei uns größte Laufkäfer ist der recht auffällige nachtaktive, schwarz gefärbte Lederlaufkäfer *Carabus coriaceus*. Kennzeichnend sind die lederartig gerunzelten Flügeldecken. Da die Hautflügel zurückgebildet sind, kann der Lederlaufkäfer nicht fliegen. Der Käfer lebt in Laubwäldern, ist aber auch häufig in unseren Gärten und Parks anzutreffen. Er ernährt sich hauptsächlich von Schnecken sowie von Raupen und Käfern.

Der Körnige Laufkäfer *Carabus granulatus* ist 17 bis 23 mm groß und kann von bronzefarben (auch rotkupfrig) über grünlich bis schwarz gefärbt sein. Charakteristisch ist, daß das 1. Fühlerglied schwarz ist und daß die Fühler besonders lang sind. Er ist einer unserer häufigsten Großlaufkäfer in der Kulturlandschaft, kommt auf Feldern, Wiesen und in Wäldern vor und wird als Vertilger von Kartoffelkäfern besonders geschätzt. Neben Tieren mit zurückgebildeten Hautflügeln treten oft auch flugfähige Individuen mit vollständig entwickelten Hinterflügeln auf. Die Käfer überwintern in einer etwa 50 cm unter der Erdoberfläche liegenden Wiege. Im Frühjahr legt das Weibchen rund 40 Eier ab. Die Larve verkriecht sich vor jeder Häutung in der Erde, die ausgewachsene Larve stellt sich hier eine Puppenwiege her. Die geschlüpfte Imago bleibt bis zum nächsten Frühjahr unter der Erde.

Der nachtaktive Gartenlaufkäfer *Carabus hortensis* gehört zu den häufigen Arten dieser Gattung. Er lebt in Wäldern, in größeren Gärten und sogar in städtischen Grünanlagen und bevorzugt steinig-kiesige Böden. Die Flügeldecken dieses ca. 22 bis 30 mm großen Laufkäfers sind mit 3 Reihen goldglänzender Grübchen ('Punktgruben') geschmückt. Charakteristisch ist auch der aufgewölbte Flügeldeckenrand.

Der kurz und gedrungen gebaute Hainlaufkäfer *Carabus nemoralis* (ca. 18 bis 28 mm; dunkel bronzeblau mit grünlichem Schimmer) lebt vor allem in Laubwäldern und an Waldrändern, ist aber auch in unseren Gärten zu finden. Er jagt überwiegend an der Erdoberfläche, kann aber auch Gänge graben. Hainlaufkäfer sind nachtaktiv, tagsüber halten sie sich unter Rindenstücken oder in morschen Baumstümpfen versteckt.

Die 4 in Mitteleuropa vorkommenden Arten der Gattung *Cychrus* ähneln den *Carabus*-Arten, haben aber einen zugespitzten Vorderkörper und einen stark verlängerten Kopf. Sie sind Schneckenräuber, fressen aber auch Würmer und andere Kleintiere. Die schaufelförmige Gestalt des Kopfes ermöglicht es ihnen, sich auch von Gehäuseschnecken zu ernähren. Die Käfer sind nachtaktiv, am Tage verstecken sie sich unter Moos und Rinde. Sie überwintern in morschen Baumstubben. Die am häufigsten verbreitete Art ist der Körnige Schaufelläufer *Cychrus caraboides* (ca. 12 bis 21 mm), man findet ihn vor allem in feuchten Wäldern. Er ist mattschwarz gefärbt, hat lederartige Flügeldecken und ganz dunkle Beine.

Die Arten der Gattungen *Demetrias* und *Dromius* sind auch auf Sträuchern und Bäumen zu finden, wo sie von Blattläusen und anderen kleinen Insekten leben.

Der Scheunenkäfer *Demetrias atricapillus* ist ein relativ kleiner Laufkäfer (ca. 4 bis 6 mm). Er ist gelbrot bis blaßgelb gefärbt, hat aber einen schwarzen Kopf. Man findet diese Art häufig unter Pflanzenabfällen.

Aus der Gattung *Dromius* (Rindenläufer; 5 bis 7 mm) gibt es in Mitteleuropa an die 20 Arten. Ihr Körper ist flach, was auf ihre Lebensweise unter der Rinde alter Bäume hindeutet; einige Arten findet man auch in der Bodenstreu, unter Moos und in Grashorsten.

Die Gattung *Harpalus* (Schnellläufer) ist in Mitteleuropa mit etwa 65 Arten vertreten. Die meisten Arten (Größe ca. 4,5 bis 17 mm; relativ kurze Beine und mäßig lange Fühler) kommen in offenem und sonnenexponiertem Gelände vor, wie Äcker oder Trockenhänge. Sie bevorzugen sandige oder kalkige Böden. Neben fleischlicher Nahrung nehmen die Käfer auch pflanzliche Stoffe (Pollen, Samen) auf, man findet sie daher oft in den Fruchtständen verschiedener Pflanzen.

Der ca. 8 mm große Haarhornkäfer *Loricera pilicornis* gehört in Mitteleuropa zu den Arten, die mit hoher Stetigkeit und oft auch in hohen Populationsdichten in unterschiedlichen landwirtschaftlichen Kulturen vorkommen. Die Art tritt nahezu ausschließlich auf der Bodenoberfläche auf und gehört sowohl als Imago als auch als Larve zu den spezialisierten Prädatoren von Springschwänzen (Collembolen). Ein typisches Artmerkmal sind die langen Borsten auf dem 1. Fühlerglied.

Von der Gattung *Nebria* (Dammläufer) sind ca. 20 Arten in Mitteleuropa heimisch. Sie leben vorwiegend an fließenden Gewäs-

Loricera pilicornis, auch Krummhornkäfer genannt, wird nur 6 bis 8 mm groß und ist schwarzgrünlich metallisch gefärbt. Die ersten Fühlerglieder tragen sehr lange Borstenhaare. Diese Art kommt vor allem an feuchten Stellen vor.

Der Buntflachläufer Platynus dorsalis liebt sonnige Hecken und Gebüsche sowie Kulturland. Man findet diese Art häufig an Feldrändern unter Steinen.

Der ca. 9 bis 12 mm große Laufkäfer Nebria salina ist wärmeliebend und kommt vor allem auf Sandböden vor.

Nützlinge in Garten, Feld und Flur

sern, wo man sie unter Steinen finden kann. Sie sind meist flach gebaut, haben lange Fühler und als schnelle Läufer lange Beine. Einige Arten können auch fliegen.

Die Käfer der Gattung **Platynus** (an die 10 Arten in Mitteleuropa) ähneln den *Agonum*-Arten. Der Buntflachläufer *Platynus dorsalis* (ca. 6 bis 8 mm, Abbildung auf Seite 73), ein charakteristisch grünlich-rötlich bis grünblau metallisch glänzender Käfer, ist überall anzutreffen; er liebt sonnige Hecken und Gebüsche sowie Kulturland. Besonders häufig ist diese Art an Feldrändern unter Steinen zu finden, wo die Tiere oft in Kolonien zusammenleben.

Felder und Waldränder sind auch Lebensräume der **Poecilus-Arten**, von denen man rund 10 in Mitteleuropa findet. Diese ca. 8 bis 14 mm großen Laufkäfer verstecken sich gern unter Steinen oder Holz. Sie sind häufig in Wiesen und Feldern, an Waldrändern und auf Wegen zu finden und bevorzugen dabei feuchtere Standorte.

Arten der Gattung **Pterostichus** (in Mitteleuropa an die 60 Arten; Größe ca. 5 bis 22 mm) kommen in allen Biotopen vor, auch auf Kulturflächen.
Pterostichus melanarius (Größe ca. 13 bis 17 mm), der sich u. a. von Raupen, Blattläusen, Käfern und Käferlarven sowie Fliegen und Mücken ernährt, gilt als der häufigste mitteleuropäische Carabide der Felder und des Grünlandes. Er kommt aber auch in Hecken und Wäldern vor.

Der meist schwarz gefärbte und in verschiedenen Farben schimmernde, ca. 9 bis 13 mm große Listkäfer Poecilus cupreus ist dämmerungsaktiv.
Ganz oben: Weibchen.
Zweites von oben: Männchen.
Zweites von unten: Larve.
Unten: Puppe.

Links: Pterostichus melanarius ernährt sich von Raupen, Blattläusen, Käfern und Käferlarven sowie von Fliegen und Mücken.

Sandlaufkäfer
Cicindelidae

Von den insgesamt ca. 1400 Sandlaufkäferarten sind nur 8 Arten, die alle der Gattung *Cicindela* angehören, in Mitteleuropa heimisch. In der wissenschaftlichen Literatur werden die Sandlaufkäfer teilweise als Unterfamilie Cicindelinae zu den Laufkäfern (Carabidae) gerechnet. Da sie sich jedoch durch eindeutige morphologische Merkmale von diesen unterscheiden, können sie auch als eigene Familie aufgefaßt werden.

Vorkommen
Sandlaufkäfer (auch Tigerkäfer genannt) kommen nur auf sandigen Böden vor. Man findet sie an sonnigen und spärlich bewachsenen Stellen wie lichten Wald- und Wiesenwegen, Trockenhängen, Kiesgruben, Dünen, Ödland und in Heidegebieten. Alle Arten stehen übrigens unter Naturschutz.

Aussehen und Lebensweise
Die Imagines sind ca. 13 bis 17 mm groß, metallisch grün bis kupferfarben, mit hellen Flecken auf den glatten Flügeln. Mit ihren langen, schlanken Beinen und langgestreckten Füßen sind sie ausgezeichnet an ihre räuberische Lebensweise angepaßt. Es sind polyphage Räuber, die ihre Beutetiere meist in raschem Lauf erjagen. Bei Störung fliegen sie blitzschnell auf.

Auch die Larven leben räuberisch. Sie lauern in charakteristischen senkrechten Röhren, die sie – teilweise bis zu einem halben Meter – in die Erde graben, auf vorbeikommende Beute. Mit 2 starken Häkchen am 5. Hinterleibsring und einem sog. 'Stemmzapfen' lehnen sie sich fest an die Wand der Röhre an, packen ihre oft recht großen Beutetiere blitzschnell und ziehen sie nach unten. Zu den Beutetieren von Imagines

Käfer 75

und Larven gehören die verschiedensten Insekten, aber auch Spinnen und Würmer.

Wichtige Arten:
Cicindela campestris, der Feld-Sandlaufkäfer, ist ca. 11 bis 15 mm groß. Kennzeichnend ist seine leuchtendgrüne Körperoberseite mit einem oder mehreren paarigen, hellen Flecken auf den Flügeldecken. Man findet diese Art häufig an Trockenhängen, sonnigen Böschungen sowie an Waldrändern. Die Weibchen legen ihre Eier in wenige Millimeter tiefe Sandlöcher.

Cicindela hybrida, der Gemeine oder Kupferbraune Sandlaufkäfer, ist ca. 11 bis 16 mm groß, dabei schlank, mit auffallend langen, dünnen Beinen. Kennzeichnend ist auch sein großer, abgesetzter Kopf mit großen Augen und langen, spitzen Oberkiefern. Im Gegensatz zu anderen Sandlaufkäfern fliegt er nur ungern auf. Die Larven leben in Wohnröhren, wo sie auch überwintern.

Cicindela silvicola, der Berg- oder Wald-Sandlaufkäfer, ist ca. 12 bis 17 mm groß. Seine braungelbe Zeichnung der Körperoberseite ist typisch, eignet sich aber nicht absolut sicher zur Artbe-

Ganz oben: Sandlaufkäfer (hier der Feld-Sandlaufkäfer Cicindela campestris) stehen unter Naturschutz. Es sind polyphage Räuber, die ihre Beutetiere meist in raschem Lauf erjagen.
Oben: Der Gemeine oder Kupferfarbene Sandlaufkäfer Cicindela hybrida geht bei Sonnenschein auf Beutejagd. Seine ebenfalls räuberischen Larven leben in selbstgegrabenen Wohnröhren.

stimmung. Er lebt in Wäldern meist auf sandigen Wegen, liebt Trockenhänge und Lehmgruben und kommt vor allem in den deutschen Mittelgebirgen vor. Im norddeutschen Tiefland dagegen ist diese Art nicht anzutreffen.

Der Berg-Sandlaufkäfer Cicindela silvicola kommt vor allem in den deutschen Mittelgebirgen vor.

Marienkäfer
COCCINELLIDAE

Weltweit gibt es ca. 4000 Marienkäferarten, davon kommen rund 100 in Europa vor. Eine genaue Bestimmung der Arten ist oft nicht einfach, da die Variabilität – vor allem der Färbung – innerhalb einer Art außerordentlich groß sein kann. Übrigens: Die Anzahl der Punkte auf den Flügeldecken gibt nicht – wie vielfach angenommen – das Alter der Tiere an, vielmehr handelt es sich hier um eine art- oder variantentypische Körperzeichnung. Sie schlägt sich in vielen Fällen auch in der Namensgebung nieder, wobei in der Literatur zwei Schreibweisen der wissenschaftlichen Bezeichnungen gebräuchlich sind (Beispiel Siebenpunkt-Marienkäfer: *Coccinella septempunctata* oder *Coccinella 7-punctata*).

Aussehen und Entwicklung
Die Imagines sind klein bis mittelgroß (1 bis 12 mm); die Größe hängt auch vom Nahrungsangebot ab. Der Körper ist hochge-

Nützlinge in Garten, Feld und Flur

Die Larve des Siebenpunkt-Marienkäfers (Coccinella septempunctata) benötigt für ihre Entwicklung rund 600 bis 800 Blattläuse.

wölbt bis halbkugelig geformt. Die Flügeldecken sind oft lebhaft gefärbt und gefleckt; Farbe und Muster sind bei mehreren Arten innerhalb der Art sehr variabel. Bemerkenswert ist das 'Sich-tot-Stellen' der Marienkäfer bei Gefahr: Sie ziehen Beine und Fühler an den Körper heran, lassen sich fallen und rühren sich nicht. Aus den Kniegelenken scheiden sie zudem orangefarbene Tröpfchen einer übelriechenden Flüssigkeit aus, die Feinde vertreiben soll (sog. 'Reflexbluten').

Eier
Die ovalen Eier sind gelb bis orangegelb gefärbt, je nach Art 0,4 bis 2 mm lang und werden – nach dem Reifungsfraß der Weibchen – meist gruppenweise (10 bis 30 Eier) auf die Blattunterseite, oft in Nähe von Blattlauskolonien, abgelegt. Eine Ausnahme bilden die Arten, die sich von Schildläusen ernähren: Sie legen ihre Eier einzeln unter die Schilde ihrer Beutetiere. Pro Weibchen sollen bei einigen Marienkäferarten – so zumindest einige Literaturangaben – bis zu 800 Eier abgelegt werden; wahrscheinlicher ist eine Zahl bis 400 Eier.

Die meisten bei uns heimischen Marienkäferarten (hier: Coccinella septempunctata an Mehligen Kohlblattläusen) leben als Imagines und Larven räuberisch von Blattläusen.

Nach der Überwinterung legen die Weibchen der Marienkäfer (hier: Coccinella septempunctata) bis zu 400 Eier an Pflanzen ab.

Junge Marienkäferlarven (Coccinella 7-punctata) an Blattläusen.

Larven
Die Larven schlüpfen nach etwa 7 bis 10 Tagen; je nach Klima und Jahreszeit auch schon früher. In jedem Falle schlüpfen alle Larven eines Geleges gleichzeitig und bleiben eine Zeitlang auf den leeren Eihüllen sitzen, um trocken zu werden und sich auszufärben. Sie sind länglich, oft blaugrau bis schwarz gefärbt, teilweise auch farbig gefleckt und haben schwach entwickelte, borstentragende Warzen. Bei einigen Arten (z. B. der Gattung *Scymnus*) sind die Larven von feinen, weißen, wachsartigen Fäden (Flocken) bedeckt. Die Größe der Larven kann je nach Art zwischen 1 und 12 mm betragen. Die meisten Arten haben 4, einige auch 5 Larvenstadien. Nach der drei- bis sechswöchigen Larvalentwicklung erfolgt die Verpuppung auf Blättern oder an Baumstämmen.

Puppen
Die Puppen sind mit dem – oft noch von der letzten Larvenhaut umgebenen – Hinterende auf dem Blatt bzw. einer anderen Unterlage festgeheftet. Gewöhnlich sind sie gelblichrot, manchmal (bei schildlausfressenden Arten) auch schwarz gefärbt. Sie sehen kugelförmig gequollen und zusammengezogen aus. Bei allen blattlausfressenden Marienkäferarten bleibt die Puppe nackt und ganz sichtbar. Lediglich die letz-

ten Abdominalsegmente sind von der letzten Larvenhaut bedeckt. Die Puppen der schildlausfressenden Marienkäfer sind daran zu erkennen, daß sie fast ganz in der letzten Larvenhaut versteckt sind und nur ihr Rückenteil sichtbar ist. Die Puppenruhe dauert – je nach Witterung – ungefähr 4 bis 9 Tage. Die Gesamtentwicklungsdauer der Marienkäfer beträgt also ungefähr 1 bis höchstens 3 Monate; sie wird entscheidend beeinflußt durch Witterung und Nahrungsangebot. Die aus den Puppen geschlüpften Jungkäfer sind zunächst farblos, erst nach 1 bis 3 Tagen nehmen sie ihre endgültige Farbe an.

Überwinterung

Die Überwinterung der Marienkäfer erfolgt als Imago in speziellen Winterquartieren, die sie z.T. in Gruppen aufsuchen. Dazu gehören Plätze wie die Bodenstreu von Hecken, Waldränder und Böschungen oder andere geschützte Stellen, z.B. unter einer Laubdecke, in dichten Grasbüscheln, Lesesteinhaufen, hohlen Stubben und Genistmaterial; aber auch Gebäude werden häufig zur Überwinterung aufgesucht. Pro Jahr bilden sie meist 1 bis 2 Generationen aus.

Ernährung

Nur wenige Marienkäferarten (weniger als 10%) ernähren sich von Pflanzen (z.B. *Subcoccinella vigintiquatuorpunctata*) oder von Pilzen (z.B. *Thea vigintiduopunctata*). Die meisten mitteleuropäischen Arten zeigen eine räuberische Lebensweise und ernähren sich in allen Stadien von Insekten. Einige Arten (Gattungen *Chilocorus* und *Exochomus*) sind auf Schildläuse spezialisiert. Die kleine Art *Stethorus punctillum* frißt hauptsächlich Spinnmilben.

Sowohl die Larven als auch die Imagines der meisten Marienkäferarten sind in erster Linie Blattlausvertilger. Sie greifen sowohl Blattläuse auf Kulturpflanzen an als auch Blattläuse, die im Wald vorkommen, besonders auf Koniferen.

Die Imagines nehmen zeitweise auch Pollen und Nektar auf. Bei einigen Arten reifen die Eier sogar erst nach Aufnahme von Pollennahrung. Der von Blattläusen ausgeschiedene Honigtau dagegen wird nicht als Nahrung aufgenommen, er scheint jedoch die Suchaktivität der Larven zu steigern.

Fraßleistung

Vollentwickelte Larven und Imagines größerer Arten, wie z.B. *Coccinella septempunctata*, können pro Tag bis zu 150 Blattläuse verzehren. Kleinere Arten, wie z.B. *Adalia bipunctata*, fressen täglich bis zu 60 Blattläuse. Auf die Lebensdauer der Käfer bezogen sind dies mehrere tausend Blattläuse, die von einem einzigen Tier verzehrt werden. So benötigt allein die Larve von *Coccinella septempunctata* für ihre Entwicklung rund 600 bis 800 Blattläuse. Ähnlich groß ist die Fraßleistung der anderen Arten.

Die Menge der von Marienkäfern gefressenen Beutetiere hängt sehr von der Witterung (Temperatur) ab. Natürlich beeinflußt auch die Populationsdichte der Beutetiere die Fraßmenge. Bei Nahrungsmangel neigen Marienkäferlarven zu Kannibalismus.

Bei Nahrungsmangel kann es unter den Marienkäferlarven (hier: Coccinella septempunctata) zu Kannibalismus kommen. Da die Eier jedoch meist in die Nähe von Blattlauskolonien abgelegt werden, ist diese, der Arterhaltung dienende, Verhaltensweise relativ selten zu beobachten.

Die Puppen des Marienkäfers (hier: Coccinella septempunctata) sind mit schwarzen Punkten gemustert. Die frisch geschlüpften Käfer sind anfangs gelb gefärbt (links im Bild).

Bedeutung

Durch ihre räuberische Lebensweise sind Marienkäfer in allen landwirtschaftlichen und gärtnerischen Kulturen äußerst wichtige Nützlinge. Obwohl sie eine wesentlich artenärmere Gruppe sind als Laufkäfer (siehe Seite 70) und Kurzflügler (siehe Seite 82), ist ihre agrarwirtschaftliche Bedeutung ebenso groß. Als gut fliegende Insekten gehören sie zu den 'Säuberungsräubern', die auf der Suche nach Beute zwischen den verschiedenen landwirtschaftlichen und gärtnerischen Kulturen wechseln. Insbesondere als Blattlausfeinde können sie in erheblichem Maße dazu beitragen, Schädlingskalamitäten zu vermeiden. Untersuchungen haben jedoch gezeigt, daß die Coccinelliden bereits in der Anfangsphase der Blattlausentwicklung auf den Kulturflächen vorhanden sein müssen, wenn es ihnen gelingen soll, die Blattlauspopulation wirksam zu begrenzen oder gar auszurotten. Nach der Erstbesiedlung im Frühjahr, die unterstützt durch den Wind auch von weit entfernten Winterquartieren aus erfolgen kann, werden die einzelnen Kulturpflanzen gezielt nach Blattläusen abgesucht.

Nützlinge in Garten, Feld und Flur

Die Überwinterung der Marienkäfer erfolgt als Imago in speziellen Winterquartieren, die sie z. T. in Gruppen aufsuchen.

Der sog. Zweipunkt (Adalia bipunctata) – hier bei der Paarung – tritt in verschiedenen Farbvarianten auf.

Der sog. Augenmarienkäfer Anatis ocellata ist mit 8 bis 9 mm Länge der größte bei uns heimische Marienkäfer.

Häufige Arten:
Zu den häufigsten Arten gehören: *Coccinella septempunctata*, *Adalia bipunctata*, *Calvia quatuordecimguttata*, *Adalia decempunctata* und *Propylaea quatuordecimpunctata*. Vor allem die beiden erstgenannten sind wissenschaftlich gut untersucht. Jede Marienkäferart hat ihre ganz besonderen biologischen und ökologischen Eigenheiten. Ihr Verhalten hängt stark von den folgenden Faktoren ab: Lebenszyklus, Generationenfolge, Einfluß ökologischer Gegebenheiten, klimatische Faktoren und ihre 'Wanderlust'.

Mehrere Marienkäferarten wurden in den verschiedensten Ländern bereits mit großem Erfolg in der biologischen Schädlingsbekämpfung eingesetzt, so z. B. der bei uns nicht heimische Australische Marienkäfer (*Cryptolaemus montrouzieri*) gegen Wolläuse an Unter-Glas-Kulturen (siehe Seite 231).

Wichtige Arten:
Adalia bipunctata (3,5 bis 6 mm), der sog. Zweipunkt, ist so farbvariabel, daß man einzelne Individuen der Käfer leicht zu verschiedenen Arten rechnen könnte. Es gibt 2 Hauptformen: Die eine hat rote bis orangegelbe Flügeldecken mit je einem schwarzen Punkt; die andere hat dagegen schwarze Flügeldecken mit insgesamt 4 bis 6 roten Flecken. Außer diesen Hauptformen gibt es viele weitere Varianten, die jedoch seltener auftreten. Das wichtigste Bestimmungsmerkmal ist die völlig schwarze Unterseite der Käfer dieser Art.

Der Käfer überwintert häufig in Häusern. Im zeitigen Frühjahr kommen die Tiere aus ihren Verstecken heraus und erscheinen an den Fensterscheiben. Nach der Paarung legt das Weibchen 100 bis 150 Eier ab. Die Larven sind außerordentlich gefräßig. Ihre Lieblingsspeise sind Blattläuse, doch sollen sie auch an Blutläuse, Käferlarven und andere Insekten gehen. Schon nach 10 bis 15 Tagen, wenn sie ca. 350 bis 400 Blattläuse gefressen haben, sind sie ausgewachsen und verpuppen sich. Die meisten Puppen findet man im Juni. Die Puppenruhe dauert 5 bis 10 Tage, dann schlüpft der Käfer, der wieder überwintert.

Adalia bipunctata bevorzugt als Lebensraum Büsche und Bäume. Im Unterschied zu *Coccinella septempunctata* (siehe Seite 79) bleibt er auch den Sommer über in Feldgehölzen und deren unmittelbarem Umfeld. Daher bevorzugt diese Art Blattlausarten der Gehölze (z.B. Holunderblattläuse).

Adalia decempunctata wird 3,5 bis 5,5 mm groß. Der Körper ist kurz und wenig gewölbt. Die Deckflügel können unterschiedlich gefärbt sein, von fahlrot über braun bis völlig schwarz. Jeder Deckflügel trägt 5 schwarze Flecken, die unterschiedlich verteilt sein können. Die Flecken können auch fehlen, oder es können weitere dazukommen. Es gibt deshalb die unterschiedlichsten Zeichnungen auf den Deckflügeln. *Adalia decempunctata* findet man vornehmlich auf Laubgehölzen und auf Wiesen.

Der sog. Augenmarienkäfer *Anatis ocellata* ist mit 8 bis 10 mm Länge der größte bei uns heimische Marienkäfer. Seine überwiegend gelbroten Flügeldecken tragen 20 meist von einem blassen Rand umgebene schwarze Flecken. Allerdings gibt es auch bei dieser Art zahlreiche Farbvarianten. Der Käfer kommt, obwohl er in Nadelwäldern zu Hause ist, nicht selten auf Bäumen und Sträuchern in Gärten vor. Imagines und Larven ernähren sich hier von Blattläusen.

Aphidecta obliterata ist 3 bis 5 mm groß und schmutziggelb bis bräunlich gefärbt. Die Art ist bei uns auf Nadelholz nicht selten, wo sie Koniferenblattläuse vertilgt.

Calvia quatuordecimguttata ist zwischen 4,5 und 6 mm groß, hat rötlichgelbe bis braungelbe Flügeldecken mit je 7 weißgelben Flecken, die mehr oder weniger ineinanderfließen und gelegentlich auch dunkel umrandet sind. Auch diese Art ernährt sich überwiegend von Blattläusen. Man findet sie häufig an jungen Büschen an Waldrändern.

Chilocorus bipustulatus und *Chilocorus renipustulatus* sind der Art *Exochomus quadripustulatus* (siehe Seite 80) ähnlich. Käfer und Larven fressen bei uns Blattläuse und Schildläuse. Beide Arten sind unbehaart, der Körper ist glänzend schwarz, stark gewölbt und erscheint zusammengedrückt. *Chilocorus bipustulatus* erreicht eine Körperlänge von 3,3 bis 4,5 mm; *Chilocorus renipustulatus* ist etwas größer (4,5 bis 5,7 mm).

Die winzige Marienkäferart Clitostethus arcuatus hat sich auf Mottenschildläuse spezialisiert. Man findet diesen einheimischen, relativ unbekannten Nützling vornehmlich in wärmeren Gebieten. Sowohl Käfer als auch Larven fressen alle Stadien der Weißen Fliegen.
Links: Larve des Marienkäfers Clitostethus arcuatus.
Unten: Imagines des Marienkäfers Clitostethus arcuatus.

Marienkäfer Aphidecta obliterata: Man findet diese Art oft auf Nadelholz, wo Käfer und Larven Koniferenblattläuse erbeuten.

Coccinella septempunctata, der sog. Siebenpunkt, ist wohl die bekannteste und in Mitteleuropa – zumindest auf landwirtschaftlichen Nutzflächen – dominierende Marienkäferart. Die Käfer sind 5 bis 9 mm groß; Farbvarianten treten hier relativ selten auf. Man findet sie vorwiegend in der Krautschicht von Gehölzen, in Gehölzsäumen, Wiesen und Feldern. Die Art wechselt, wie viele andere Coccinelliden auch, im Imaginalstadium zu bestimmten Jahreszeiten den Lebensraum. So weichen die Käfer nach der Ernte landwirtschaftlicher Kulturen in Feuchtbiotope, Gras- und Krautfluren, Heckensäume usw. aus. Käfer und Larven dieser bei uns sehr häufigen Art fressen Blattläuse. Bevorzugt werden dabei Blattlausarten an Kulturpflanzen und Wildkräutern erbeutet. Die Larven finden ihre Beutetiere nur bei direkter Berührung mit den Maxillartastern. Sie können daher wenige Millimeter an einem Beutetier vorbeilaufen, ohne dieses wahrzunehmen. Haben sie eine Blattlaus gefunden, so suchen sie das weitere Umfeld nach weiteren Beuteobjekten ab. Da die Imagines ihre Eier meist an Blattlauskolonien ablegen, ist die Überlebenschance der Eilarven relativ groß. Im Unterschied zu den Larven suchen die Imagines einzelne Pflanzen nur kurz nach Blattlausnahrung ab und fliegen weiter, wenn sie nicht gleich auf Beutetiere stoßen. Die Art kann auch einige Zeit von Nektar und Pollen leben. Pro Jahr wird nur

80 Nützlinge in Garten, Feld und Flur

1 Generation ausgebildet. Es überwintern die Imagines. Nach der Begattung im Frühjahr legen die Weibchen 15 bis 50 Eier ab, aus denen nach etwa 10 Tagen die Larven schlüpfen. Bei ausreichender Beute und Temperatur dauert die Larvalentwicklung etwas mehr als 2 Wochen. Aus der Puppe schlüpft nach etwa 1 Woche der adulte Käfer. *Coccinella septempunctata* gilt als einer der wichtigsten Regulatoren von Populationen der Getreideblattläuse (z. B. *Macrosiphum avenae*). Bei einem Räuber-Beute-Verhältnis über 1:20 kann i. d. R. auf eine Blattlausbekämpfung verzichtet werden.

Exochomus quadripustulatus ist 3 bis 5 mm lang. Der Käfer hat einen gewölbten, unbehaarten und glänzenden Körper. Seine Flügeldecken sind schwarz, selten braun oder braunrot und tragen je 2 rote oder orangefarbene Flecke. Der erste, halbmondförmige Fleck liegt im vorderen Teil des Deckflügels dem Rand an. Der zweite, kleinere und rundliche Fleck liegt an der Innennaht (auf ungefähr 3 Fünftel ihrer Länge). Die sehr variablen, halbkugeligen Käfer sind bei uns vor allem auf Nadelholz häufig, sind aber auch auf Weißdorn, Kreuzdorn, Ahorn und Esche anzutreffen.

Sie fressen Blatt- und Schildläuse, dabei wurden Fraßleistungen von 30 Schildläusen je Käfer und Tag ermittelt.

Neomysia (Sospita) oblongoguttata erreicht eine Größe zwischen 7 und 9 mm. Seine Größe und typische Zeichnung (viele gelbliche Flecken auf schwarzem Untergrund) lassen Verwechslungen mit anderen Arten kaum zu. Er lebt besonders auf Nadelhölzern und ernährt sich von Blattläusen.

Propylaea quatuordecimpunctata ist 3,5 bis 4,5 mm groß und verfügt über eine solche Formenvielfalt wie kaum ein anderer Käfer. In der wissenschaftlichen Literatur sind über 100 verschiedene Formen beschrieben, die man teilweise sogar für eigenständige Arten hielt. Die 14 schachbrettartig auf den roten oder gelben Flügeldecken angeordneten schwarzen Flecke lassen die Flügeldecken oft ganz schwarz erscheinen. Die Art gehört bei uns zu den häufigsten Marienkäfern. Sie lebt an vielen Orten, wie z. B. in Getreide und anderen eher lockeren Pflanzenbeständen, und vertilgt die verschiedensten Blattlausarten.

***Scymnus*-Arten** sind nur wenig größer als *Stethorus*-Arten (bis

Der kleine Marienkäfer Platynaspis luteorubra frißt die Blattläuse nicht, sondern saugt sie aus.

Larve des Marienkäfers Platynaspis luteorubra an Apfelblattläusen (Aphis pomi).

Propylaea quatuordecimpunctata gehört bei uns zu den häufigsten Marienkäfern. Er lebt an vielen Orten, wie z. B. in Getreide und anderen eher lockeren Pflanzenbeständen, und vertilgt die verschiedensten Blattlausarten.
Ganz oben: Imago des Marienkäfers Propylaea quatuordecimpunctata.
Oben: Larve des Marienkäfers Propylaea quatuordecimpunctata.

Käfer 81

3 mm). Die dunklen, behaarten, oft mit düsterroten Punkten versehenen Käfer leben aber überwiegend von Blattläusen. Ihre Larven sind an starken weißen Wachsausscheidungen zu erkennen. Von den über 20 Arten dieser Gattung ist *Scymnus suturalis* eine der häufigsten. Man findet sie an Nadelbäumen, vor allem an Kiefern. *Scymnus subvillosus* ist meist schwarz. Die Deckflügel tragen 2 längliche, fahle, schräggestellte Flecke, wovon der eine vor der Körpermitte liegt.

Der sog. Kugelkäfer *Stethorus punctillum* ist sehr klein (1,3 bis 1,5 mm). Die schwarzen Flügeldecken sind fein behaart; Fühler und Beine sind gelb. Die kleinen weißlichen Eier werden einzeln in der Nähe von Spinnmilbenkolonien abgelegt. Die länglichen, dunkelbraunen Larven sind unbehaart und mit einer schmutzigweißen, wachsartigen Substanz bedeckt. Diese Art tritt häufig an Laub- und vor allem an ungespritzten Obstbäumen auf und ernährt sich von Spinnmilben. Ein Kugelkäfer kann durchschnittlich bis zu 100 Spinnmilben pro Tag vertilgen. Räuberisch aktiv sind die Larven und die ausgewachsenen Käfer. Die Käfer überwintern in und außerhalb der Obstanlagen in größeren Kolonien unter Steinen o. ä. Im April beginnen die Winterweibchen die Obstbäume zu besiedeln. Im Jahr kommen bei uns 2 bis 3 Generationen vor.

Synharmonia conglobata ist an 8 schwarzen, eckigen, teilweise recht großen (auch ineinander übergehenden) Flecken auf gelb bis rosa oder rot gefärbten Flügeldecken zu erkennen. Dieser bis zu 5 mm große Käfer ist bei uns überall meist sehr häufig, besonders auf Laubbäumen (Obstbäumen, Pappeln), und ernährt sich vorwiegend von Blattläusen.

Thea vigintiduopunctata, der sog. Zweiundzwanzigpunkt, ist streng auf Pilznahrung spezialisiert. Käfer und Larven fressen Mehltaupilze.
Ganz oben: Larve des Marienkäfers Thea vigintiduopunctata.
Oben: Imago des Marienkäfers Thea vigintiduopunctata.

Thea vigintiduopunctata ist streng auf Pilznahrung spezialisiert. Der Käfer wird 3 bis 4,5 mm groß; seine Deckflügel sind zitronengelb gefärbt und tragen meist 22 schwarze Punkte. Käfer und Larven fressen Mehltaupilze. Den 22-Punkt-Käfer findet man vor allem auf Büschen und Bäumen (häufig auf Eichen), aber auch auf Wiesen, in Weinbergen und Gärten.

Der sog. Kugelkäfer Stethorus punctillum wird kaum größer als 1,5 mm. Er kann bis zu 100 Spinnmilben pro Tag vertilgen. Räuberisch aktiv sind die Larven und die ausgewachsenen Käfer.

Der bis zu 5 mm große Marienkäfer Synharmonia conglobata ist vor allem auf Laubbäumen zu finden, wo er sich vorwiegend von Blattläusen ernährt.

Kurzflügler
STAPHYLINIDAE

Von den ca. 30 000 Kurzflüglerarten leben 1300 bis 2000 Arten (unterschiedliche Literaturangaben) in Mitteleuropa. Unter den Staphyliniden finden sich viele wichtige Regulatoren landwirtschaftlicher Schädlinge.

Aussehen und Entwicklung
Die Imagines haben einen länglichen Körper. Sie sind klein bis mittelgroß (ca. 1 bis 30 mm) und meist braun oder schwarz gefärbt, selten bunt. Charakteristisch sind die stark verkürzten Flügeldecken (Vorderflügel), die den größten Teil des häufig nach oben gekrümmten Hinterleibes frei lassen. Die Hinterflügel sind in Ruhestellung unter den Vorderflügeln gefaltet. Viele Arten fliegen gut; andere, bei denen die Hinterflügel stark reduziert sind, sind flugunfähig.

Die Eier werden meist in den Boden abgelegt. Die Larven sind langgestreckt und ähneln denen der Carabiden. Am Hinterleibsende haben sie einen Saugnapf. Nach 3 Larvenstadien erfolgt die Verpuppung, i. d. R. in einer Erdhöhle. Larven und Käfer sind meist flinke Läufer.

Ernährung
Viele Arten ernähren sich von zerfallenden pflanzlichen und tierischen Stoffen, einige auch von Algen und Pilzen. Die meisten Arten leben aber – sowohl die Imagines als auch die Larven – überwiegend räuberisch von Insekten oder Milben und sind dabei sehr polyphag. Dank ihrer Beweglichkeit und Schlankheit können sie auch Beute in engen Hohlräumen aufstöbern. Sie fressen im allgemeinen kleinere Beutetierstadien als die Laufkäfer, z. B. Milbeneier. Nachts lassen sich häufig Kurzflüglerlarven an Getreideähren auf der Jagd nach Blattläusen beobachten. Einige Arten leben auch als (Halb-)Parasiten an bzw. in Puppen von Fliegen. Dabei dringen die Kurzflüglerlarven in die Tönnchenpuppen ein, fressen deren Inhalt auf und verpuppen sich dann selbst.

Vorkommen
Kurzflügler kommen so ziemlich überall vor, bevorzugen aber eher feuchte Orte. Kulturpflanzenarten, deren Bestände früher im Jahr geschlossen sind (z. B. Winterraps), werden von der Mehrzahl der Arten daher auch früher besiedelt als z. B. Getreide- und Hackfruchtbestände. Einige Arten zeigen eine deutliche Bevorzugung blattlausreicher Standorte. Dazu gehören z. B. *Philonthus cognatus*, *Tachinus rufipes* sowie Arten der Gattung *Tachyporus*.

Überwinterung
I. d. R. gibt es bei den Kurzflüglern 1 Generation pro Jahr. Bei manchen Arten oder günstigen Bedingungen können es auch 2 pro Jahr sein. Meist überwintern die Larven oder die Imagines. Einige Kurzflüglerarten sind winteraktiv. Zeiten mäßigen bis starken Frostes überdauern sie in Kältestarre. Während einige Feld- und Wiesenarten in den Wintermonaten Wälder, Waldränder, Feldholzinseln und Hecken aufsuchen und dann im Frühjahr zurück auf die landwirtschaftlichen Nutzflächen wandern, gehen die winteraktiven Arten häufig den umgekehrten Weg. Vor allem die vielen kleineren Arten können größere Entfernungen im Flug überwinden und auf diese Weise Hecken und Waldränder erreichen.

Ganz oben: Charakteristisch für die Kurzflügler (Staphylinidae) sind die stark verkürzten Flügeldecken (Vorderflügel), die den größten Teil des Hinterleibes frei lassen.
Oben: Die meisten Staphylinidenarten leben – sowohl die Imagines als auch die Larven – überwiegend räuberisch von Insekten oder Milben und sind dabei sehr polyphag (hier eine Kurzflüglerlarve an einer Spinnmilbe).

Käfer 83

*Aleochara bilineata lebt als Larve halbparasitisch in den Tönnchenpuppen von Fliegen, z. B. in den Puparien der Kohlfliege. Die Junglarven dringen in das Puparium ein, ernähren sich von der Fliegenpuppe und verpuppen sich dann in der Tönnchenpuppe der Fliege.
Ganz oben: Imagines des Kurzflüglers Aleochara bilineata.
Oben: Durch den Kurzflügler Aleochara bilineata parasitierte Zwiebelfliegenpuppen (Delia antiqua).*

Wichtige Arten:
Die Gattung *Aleochara* ist in Mitteleuropa mit etwa 50 Arten vertreten. Die Käfer sind meist durch einen breitovalen, spindelförmigen Körper, einen kleinen Kopf, spindelförmige Fühler und eine weiche Behaarung gekennzeichnet.

Aleochara bilineata und *Aleochara bipustulata* leben als Imagines räuberisch von Eiern und Larven verschiedener Insekten, die sie im Boden oder auch an der Bodenoberfläche erbeuten. Sie sind ca. 2 bis 4 mm lang, schwärzlich gefärbt und metallisch glänzend. Ihre Larven leben parasitisch, sie entwickeln sich in den Puparien (Tönnchenpuppen) von Fliegen, wie z. B. Kohlfliege, Zwiebelfliege und Rübenfliege: Die jungen Larven dringen an bestimmten Stellen in das Puparium ein, verschließen die Öffnung von innen mit Kot und ernähren sich von der Fliegenpuppe. Das 3. Larvenstadium verläßt dann das Puparium und verpuppt sich im Boden oder – bei einigen Arten der Gattung – auch direkt in der Tönnchenpuppe der Fliege.

Oligota flavicornis lebt an krautigen Pflanzen und ernährt sich von Spinnmilben. Die Käfer sind etwa 1 mm lang, schwarz gefärbt und behaart. Fühler und Mundwerkzeuge sind gelb, die Beine rotbraun. Die Eier werden an von Spinnmilben befallenen Blättern abgelegt. Die Larven schlüpfen nach 4 bis 8 Tagen und leben zunächst von Spinnmilbeneiern, später von Spinnmilben. Die Larvalentwicklung dauert rund 1 Monat. Nach der 3. Häutung findet in feuchter Erde oder unter Laub die Verpuppung statt. Nach 6 bis 8 Tagen schlüpft der Käfer. Käfer und Larven fressen außer verschiedenen Spinnmilbenarten Thripse, Weiße Fliegen (Mottenschildläuse) und Blattlauseier. Sie sind auf den verschiedensten Pflanzen gefunden worden. Die Art kommt in ganz Europa vor, gilt als selten, ist jedoch z. B. auf Apfelbäumen bei Spinnmilbenbefall oft in großer Zahl zu finden.

Philonthus fuscipennis ist der häufigste räuberische Kurzflügler landwirtschaftlicher Nutzflächen. Die Imagines findet man von März bis November. Die Art überwintert in Hecken und Grasflächen. Die Gattung *Philonthus* ist in Mitteleuropa mit 75 Arten vertreten.

Aus der Gattung *Quedius* sind in Mitteleuropa etwa 70 Arten heimisch. Kopf und Halsschild der Käfer tragen arttypische Borsten-

*Die räuberischen Kurzflügler der Gattung Philonthus findet man häufig auf landwirtschaftlichen Nutzflächen. Zum Beutetierspektrum gehören u. a. Springschwänze (Collembolen).
Ganz oben: Imago des Kurzflüglers Philonthus rutundicollis.
Oben: Larve des Kurzflüglers Philonthus rutundicollis.*

punkte. Sie leben in der Bodenstreu, in Moos, unter Rinde, einige auch in Nestern und Baumhöhlen. *Quedius boops*, eine räuberische und feuchtigkeitsliebende Art, bevorzugt offenes Gelände.

Staphylinus caesareus ist 17 bis 25 mm groß. Der Körper ist schwarz, Flügeldecken, Beine und Fühler sind rötlichbraun gefärbt. Der Hinterleib ist mit goldfarbenen Haarbüscheln besetzt. Die Käfer halten sich unter Steinen und in anderen Verstecken auf; schon im Frühjahr kann man sie auf Wegen entlanglaufen sehen. Die Larven überfallen aus kurzen Erdröhren heraus ihre Beutetiere. In Hügellandschaften ist diese Art häufiger anzutreffen als im Flachland.

Staphylinus olens zählt mit 32 mm Körperlänge zu den größten einheimischen Kurzflüglern.

84 Nützlinge in Garten, Feld und Flur

Stenus biguttatus gehört zu den zahlreichen Kurzflüglerarten, die feuchte Standorte bevorzugen. Die Art hat besonders große Augen und trägt auf den Flügeldecken 2 orangegelbe Punkte.

Die vollkommen schwarz gefärbten Tiere verstecken sich tagsüber unter Holzstücken u.ä.

Die Gattung **Stenus** ist in Mitteleuropa mit ca. 120 Arten vertreten. Die Käfer sind dunkel gefärbt, einige tragen aber auf den Flügeldecken rote Flecken. Ihre Größe liegt zwischen 2 und 7 mm. Stenus-Arten findet man vor allem in der Nähe von Gewässern. Ihre Hauptnahrung sind Springschwänze (Collembolen), die sie mit ihrer schlauchförmigen Unterlippe (ca. 3 mm langer 'Fangschlauch', in Ruhe bis in die Vorderbrust zurückgezogen) fangen, durch einen Klebstoff (aus speziellen Drüsen am Kopf) hieran festkleben. Die mit diesem sog. Klebfangapparat festgehaltene Beute wird dann mit den Mandibeln zerkleinern.

Stenus biguttatus (4,5 bis 5 mm) gehört zu zahlreichen Arten, die in feuchter Umgebung, sehr oft an nassen, schlammigen Ufern, zu finden sind. Die Art hat besonders große Augen und trägt auf den Flügeldecken 2 orangegelbe Punkte. Die Imago überwintert. An Waldrändern, in Wiesen, Feldrainen und Feldgehölzen tritt die ebenfalls feuchtigkeitsliebende Art **Stenus clavicornis** auf.

Die Gattung **Tachyporus** ist in Mitteleuropa mit 18 Arten vertreten. Die Käfer sind nur 2 bis 4 mm lang, gelbrot und schwarz, meist bunt gefärbt. Ihr Hinterleib ist stark zugespitzt. Unter den Tachyporus-Arten finden sich sowohl Bewohner der Bodenoberfläche als auch der Krautschicht. **Tachyporus chrysomelinus**, **Tachyporus hypnorum** und **Tachyporus rufipes** sind Arten der Felder und Wiesen, überwintern aber in Feldgehölzen. **Tachyporus obtusus** ist eine 3 bis 4 mm große Kurzflüglerart, die häufig auf Bäumen und Sträuchern vorkommt und u.a. auch Blattläuse frißt. Sie fällt durch einen hellen Schild auf, lebt bevorzugt im Moos und in der Bodenstreu.

Weichkäfer
CANTHARIDAE

Von den über 400 Weichkäferarten kommen ca. 80 bis 135 Arten (unterschiedliche Literaturangaben) in Mitteleuropa vor. Die verschiedenen Arten sind aufgrund des ähnlichen Aussehens und der identischen Lebensweise oft schwer zu unterscheiden.

Aussehen und Entwicklung

Die Imagines sind mittelgroß (4 bis 15 mm), länglich geformt und haben eine weiche, schwach sklerotisierte Kutikula. Die oft etwas verkürzten Flügeldecken sind von bräunlicher, rötlicher oder schwarzer Farbe. Halsschild und Kopf sind bei manchen Arten rot, schwarz, blau oder gelb gefärbt. Diese recht prägnante, an alte Uniformen erinnernde Farbzusammenstellung hat den Weichkäfern auch den Namen 'Soldatenkäfer' eingebracht. Die Flügeldecken tragen kurze flaumige Haare und geben ihnen ein mattes Aussehen. Die adulten Weichkäfer sind etwas schwerfällige Flieger. Die Eiablage erfolgt ab Mai unter Grasbü-

Die etwa 16 in Mitteleuropa heimischen, meist ockerbraun gefärbten Weichkäferarten der Gattung Rhagonycha sind schwer zu bestimmen. Man kann sie häufig in Dolden von Wildem Kümmel, Wilder Möhre, Geißfuß oder Engelwurz beobachten.

scheln oder an Baumstämmen. Die kurzbeinigen, düster gefärbten und samtartig behaarten Larven schlüpfen im Juni und leben in der Laubstreu, unter Steinen, in leeren Schneckengehäusen oder im Boden. Sie überwintern in Laub, Moos oder unter Steinen, teilweise auch in selbstgegrabenen, tiefen Gängen in der Erde. Weichkäferlarven sind weitgehend winterhart und tauchen bereits während der Schneeschmelze auf; daher auch der Name 'Schneewürmer'. Das Puppenstadium durchlaufen sie während der Wintermonate bzw. im darauffolgenden Frühjahr in Bodenhöhlen oder auch an der Bodenoberfläche in Puppenlagern. Pro Jahr tritt nur eine Weichkäfergeneration auf.

Vorkommen und Ernährung
Weichkäfer besiedeln vor allem landwirtschaftliche Kulturen, Wiesen, Brachland, Buschlandschaften und Wälder. Ab Ende Mai/Anfang Juni sind die adulten Weichkäfer sehr häufig auf Büschen und Blüten, besonders von Doldenblütlern, und daher auch in unseren Gärten zu finden.

Die Imagines leben überwiegend räuberisch von kleinen Arthropoden, z. B. von Blattläusen, Schmetterlingsraupen oder Blattwespenlarven. Zuweilen ernähren sie sich auch von Pollen und anderen Pflanzenmaterialien und können dann einen geringfügigen Schaden durch Befressen von Jungtrieben und Blüten anrichten. Auch die Larven sind Räuber. Sie ernähren sich von kleinen Spinnentieren und Insektenlarven, gelegentlich auch von kleinen Schnecken.

Wichtige Arten:
Der Gemeine Weichkäfer *Cantharis fusca* kommt bei uns sehr häufig vor. Schon im Frühjahr finden wir ihn überall auf blühenden Sträuchern, auf Wiesen und an Waldrändern. Der ca. 10 bis 15 mm lange Käfer lebt auf Blüten, auf denen er kleine Insekten jagt. Das Vorderteil des Kopfes und ein Großteil des Halsschildes sind rot, Flügeldecken und Beine schwarz gefärbt. Die räuberischen, samtschwarz behaarten Larven ernähren sich hauptsächlich von Schnecken, die mit einem Giftbiß getötet werden. Sie überwintern unter Steinen, Laub und Moos und erscheinen bereits gegen Ende des Winters auf dem tauenden Schnee.

Rhagonycha fulva (auch Rotgelber Weichkäfer genannt) ist als erwachsener Käfer ca. 7 bis 10 mm groß und hat gelbrote Flügeldecken mit dunklen Spitzen. Ab Juni ist diese Art sehr häufig anzutreffen, vor allem auf Doldenblütlern. Da die Kopulation bei diesen Tieren verhältnismäßig lange dauert, sieht man zur Paarungszeit im Hochsommer oft viele Pärchen.

Buntkäfer
CLERIDAE

Die Familie CLERIDAE enthält über 3600 Arten, davon kommen etwa 18 in Mitteleuropa vor. Buntkäfer sind – mit wenigen Ausnahmen – nützliche Räuber, die sich von anderen Insekten ernähren. Sie sind zwischen 2 und 16 mm groß und leben vor allem auf und hinter der Rinde von Bäumen und Sträuchern, aber auch auf Blättern und in Blüten. Die meisten Arten sind prächtig bunt gefärbt, sehr flink und flugfreudig. Auch die Larven leben räuberisch.

Wichtige Arten:
Larven und Imagines des Hausbuntkäfers *Opilo domesticus* machen Jagd auf im Holz lebende Insekten und deren Brut. Dabei sind sie sehr gefräßig. So wurde beobachtet, daß ein Tier innerhalb von 30 Minuten 5 Pochkäfer vertilgte. Die Larven sind ziemlich lang, aber recht dünn. Darum können sie nicht nur den Hausbockkäferlarven nachstellen, sondern auch den kleinen Pochkäfern und ihren Larven.

Cantharis rustica trägt lange schwarze Flügeldecken und einen roten Halsschild. Wie bei allen Weichkäfern (Cantharidae) sind die Fühler lang, vielgliedrig und ohne Endkeule. Käfer und Larven leben räuberisch von Schadinsekten.

Der sogenannte Bienenwolf Trichodes apiarius *(Cleridae) ist nur noch relativ selten anzutreffen. Die adulten Käfer ernähren sich von kleinen Insekten (Pflanzenschädlingen), die Larven von Bienenbrut. Im Sommer findet man sie auf Blüten.*

Nützlinge in Garten, Feld und Flur

Der Ameisenbuntkäfer Thanasimus formicarius (Cleridae) lebt in Nadelwäldern und ist hier als Vertilger von Borkenkäfern sehr nützlich.

Der ähnlich aussehende Weiche Buntkäfer **Opilo mollis** lebt in Wäldern an alten Laub- und Nadelbäumen. Die 7 bis 13 mm großen, nachtaktiven Käfer findet man besonders an alten Eichen. Da zu ihren Beutetieren Schädlinge wie Borkenkäfer, Tannen-, Harz- und Jungholzrüßler (sowie deren Brut) gehören, gelten sie als wichtige Forstnützlinge.

Den Ameisenbuntkäfer **Thanasimus formicarius** findet man in Nadelwäldern, vorzugsweise an Kiefern. Die sehr beweglichen, ca. 7 bis 10 mm großen Käfer weisen eine charakteristische schwarz-weiße Zeichnung auf, die Basalfärbung der Flügeldecken sowie die Unterseite der Käfer ist rot. Sowohl die erwachsenen Käfer als auch die weißlich bis rosarot gefärbten, beinlosen Larven vertilgen alle Stadien der für die Forstwirtschaft so gefährlichen Borkenkäfer.

Tillus elongatus gehört bei uns zu den seltenen Arten. Die sehr charakteristisch schwarz bis schwarzblau und rot gefärbten, ca. 6 bis 9 mm großen Käfer findet man in Wäldern an Buchen und anderen Laubbäumen. Aber auch in Weinbergen kommen sie vor, wo sie Insekten nachjagen, die sich unter der Rinde der Anbindepfähle entwickeln. Die weißlichen Larven machen Jagd auf andere Käferarten, vor allem auf Bockkäfer- und Prachtkäferlarven.

Jagdkäfer
OSTOMIDAE

Diese über 500 Arten umfassende Familie ist in Mitteleuropa mit 10 Arten aus 9 Gattungen vertreten. Jagdkäfer (auch Flachkäfer genannt) sind von langer oder auch rundlicher Gestalt; meist ist der Halsschild nur locker an den Flügeldecken angefügt.

Larven und Käfer leben vor allem von verpilztem Holz, einige jedoch auch räuberisch von Borkenkäfern und spielen dann eine bedeutende Rolle bei der Regulation der Schädlingspopulation, insbesondere in deren sog. Latenzphase (Populationsdichte, bei der noch keine wirtschaftlichen Schäden entstehen).

Bedeutung als Forstnützling hat vor allem der ca. 4 bis 6 mm große, sehr schlank gebaute Jagdkäfer **Nemosoma elongatum**. Er ist als Prädator von über 30 verschiedenen borken- und holzbrütenden Käfern an Laub- und Nadelbäumen bekannt. Sowohl die Larven als auch die Imagines leben in den Brutsystemen ihrer Beutetiere und ernähren sich von den Larven, Puppen und Jungkäfern der Borkenkäfer (vor allem *Pityogenes chalcographus* und *Pityogenes quadridens*). Auch in Totholz und in Stubben wurde *Nemosoma elongatum* gefunden. An Wirtsbäumen von Borkenkä-

Der Jagdkäfer Nemosoma elongatum (Ostomidae) ist ein wichtiger Prädator von Holzschädlingen. Bei der Beutesuche reagiert er u.a. auf die Pheromone (Sexuallockstoffe) von Borkenkäfern.

Auch die Larve des Jagdkäfers (Nemosoma elongatum) ernährt sich von Borkenkäfern.

fern suchen die Jagdkäfer nach Spalten und Einbohrlöchern ihrer Beutetiere, überwältigen diese jedoch erst in deren Brutsystem, wobei sie sich gegen die Gangwände stemmen. Zunächst werden die Männchen in ihrer frisch angelegten Rammelkammer erbeutet und dann die eindringenden Weibchen gefressen.

Leuchtkäfer
LAMPYRIDAE

Diese Familie gehört in Mitteleuropa zu den artenärmsten überhaupt; nur 3 Arten aus 3 Gattungen leben bei uns (*Lampyris noctiluca, Phausis splendidula, Phosphaenus hemipterus*). Bekannter sind die Leuchtkäfer unter dem Namen 'Glühwürmchen'.

Während die Männchen flugfähig sind, haben die Weibchen höchstens kurze Flügelstummel und sind von wurmähnlicher Gestalt. Viele erwachsene Leuchtkäfer nehmen in ihrem kurzen Leben keine Nahrung zu sich, ihre Larven dagegen sind sehr gefräßige Vertilger von Nackt- und Gehäuseschnecken sowie anderen Kleintieren. Die Larven lähmen ihre Beutetiere, indem sie mit Bißverletzungen Gift injizieren, und schleppen sie dann in einen Schlupfwinkel.

Aaskäfer
SILPHIDAE

Zu dieser Familie (insgesamt etwa 300 Arten) gehören in Mitteleuropa ca. 30 Arten. Die meisten dieser Käfer sind verhältnismäßig groß (bis 30 mm). Sie sind meist abgeflacht, die Fühler sind an der Spitze meist knopfartig verdickt, oder die Glieder werden zur Spitze hin allmählich dicker. Nicht alle Arten verdienen den Namen Aaskäfer. Viele leben zwar an Aas, andere jedoch auch an (faulenden) Pflanzen oder aber räuberisch.

Wichtige Arten:
Ablattaria laevigata (ca. 12 bis 18 mm) und *Phosphuga atrata* (ca. 10 bis 16 mm) sind Vertilger von Schnecken. Ihr schnauzenförmig verlängerter Kopf ermöglicht es ihnen, auch Gehäuseschnecken zu fressen. Die Käfer sind besonders an feuchten Standorten anzutreffen, oft an Waldrändern unter Blättern, loser Rinde oder Steinen. Auch ihre Larven ernähren sich von Schnecken.

Der Vierpunkt-Raupenjäger *Xylodrepa quadripunctata* lebt in Laubwäldern (vor allem in Eichenbeständen), wo er auf Bäumen, Büschen und Sträuchern herumklettert und Raupen von Frostspannern, Nonnen, Prozessionsspinnern und anderen Schmetterlingen jagt. Man erkennt den 12 bis 14 mm großen Käfer an seinen gelben Flügeldecken mit je 2 schwarzen Flecken. Die Larven leben räuberisch am Boden.

Zipfelkäfer
MALACHIIDAE

Aus dieser Familie (insgesamt fast 3000 Arten) kommen ca. 50 bis 60 Arten in Mitteleuropa vor. Sie werden auch Warzenkäfer genannt.

Die schwach sklerotisierten, ca. 1,5 bis 7 mm großen Käfer sind meist lebhaft gefärbt und leicht an den ausstülpbaren Hautblasen am Brustabschnitt oder Hinterleib zu erkennen, deren Funktion derzeit noch unklar ist. Ebenfalls typische Organe sind die an verschiedenen Körperteilen der Männchen sitzenden 'Exicatoren'. An diesen münden Drüsen, die ein Sekret absondern, das die Weibchen nach Auflecken in Paarungsbereitschaft versetzt.

Die Eier werden in Ritzen von Holz gelegt, das bereits von anderen Insektenlarven (besonders Käferlarven) befallen ist. Von diesen ernähren sich die räuberischen Zipfelkäferlarven. Die adulten Käfer dagegen ernähren sich meist von Blütenpollen, gelegentlich sind sie allerdings auch räuberisch und fressen z. B. Blattläuse. Man findet sie vor allem an Blüten, Sträuchern und Gräsern.

Wichtige Arten:
Anthocomus coccineus-Larven leben räuberisch von den Larven im Holz bohrender Käfer. Gelegentlich kommt die Art auch in Häusern vor. Der Käfer selbst tritt erst von August bis Oktober in Erscheinung und lebt in feuchten Gebieten, besonders in Gewässernähe. Bunte Blumenwiesen sind der bevorzugte Lebensraum von *Malachius aeneus* und *Malachius bipustulatus*, zwei in ganz Europa vorkommenden Malachiidenarten.

Hautflügler
HYMENOPTERA

Die Ordnung der Hautflügler enthält weltweit 100 000 bis 200 000 Arten (unterschiedliche Literaturangaben) und stellt damit – neben den Käfern und den Schmetterlingen – eine der größten Insektengruppen dar. Allein in Mitteleuropa kommen mehr als 11 000 Hautflüglerarten vor. Sie werden in 2 Unterordnungen unterteilt:

Unterordnung SYMPHYTA
Die Unterordnung SYMPHYTA (Pflanzenwespen und Sägewespen) enthält die pflanzenschädigenden Arten wie Halmwespen, Blattwespen u. a. Bis auf eine Ausnahme, nämlich die Familie ORUSSIDAE, soll uns diese Unterordnung aber hier nicht weiter interessieren.

ORUSSIDAE
Die Larven der Familie ORUSSIDAE zeigen eine parasitische Lebensweise, was für Pflanzenwespen durchaus ungewöhnlich ist. Und zwar parasitieren sie offenbar die Larven holzbewohnender Käfer. Man vermutet, daß die Wirte durch die Rinde hindurch mit dem Legebohrer angestochen werden, denn man hat Imagines beobachtet, die aus Baumstämmen (z. B. Erle, Buche) ausgeschlüpft sind. Die Angaben in der Literatur sind allerdings widersprüchlich. So ist auch nicht auszuschließen, daß sich die Larven in den Fraßgängen der Holzschädlinge ausschließlich von Pilzen ernähren. In Mitteleuropa kommt offenbar nur – und auch nur recht selten – die Art *Orussus abientinus* vor.

Unterordnung APOCRITA
Die Unterordnung APOCRITA (Lege- und Stechwespen oder Taillenwespen) enthält eine Vielzahl weitverbreiteter und dabei äußerst wirksamer Nützlinge.

Nach der Ausbildung des Legeapparates zu einem Legestachel oder zu einem Wehrstachel unterteilt man die APOCRITA in Legewespen (TEREBRANTES) und Stechwespen (Stechimmen, ACULEATA).

Legewespen
Zu den TEREBRANTES gehört die sehr umfangreiche und wichtige Gruppe der sog. Schlupfwespen (Überbegriff für alle parasitischen Hymenopteren), deren Arten endo- oder ektoparasitisch leben. Sie spielen als Parasiten (Parasitoide) von Insekten, seltener von Spinnen, Krebsen und Tausendfüßern eine wichtige Rolle.

Stechwespen
Die Weibchen der Stechimmen besitzen einen Wehrstachel mit Giftdrüse, der zur Verteidigung oder zur Lähmung von Beutetieren dient. Zu dieser Gruppe zählen u.a. die Faltenwespen (VESPIDAE), Grabwespen (SPHECIDAE) und Ameisen (FORMICIDAE). Es handelt sich hier überwiegend um solitär lebende Arten, einige

Ganz oben: Eine Aphidius-Schlupfwespe aus der Familie Aphidiidae.
Oben: Durch Aphidius-Schlupfwespen parasitierte Blattläuse verfärben und verformen sich, es entstehen sog. 'Blattlausmumien'.

Familien zeigen eine soziale Lebensweise und bilden 'Staaten' (z. B. Ameisen, Bienen). Während sich die Adulten von zuckerhaltigen Säften ernähren, benötigen die Larven tierische Nahrung. Sie wird ihnen von den Weibchen beschafft, die entweder ihre Eier an gelähmte Beutetiere legen (Brutfürsorge) oder ihre Larven stets mit neuer Nahrung versorgen (Brutpflege).

Hautflügler

Körperbau

Die Imagines der Hautflügler sind sehr unterschiedlich in Form, Farbe und Größe (z.B. Erzwespe 0,2 mm; Hornisse 35 mm). Charakteristisch sind 2 Paar häutige, durchsichtige Flügel, die in Ruhelage flach nach hinten gelegt sind und beim Flug durch eine Bindevorrichtung (Häkchenreihe an der Vorderkante der Hinterflügel) eine funktionelle Einheit bilden. Die Vorderflügel sind wesentlich größer als die Hinterflügel. Typisch ist auch die 'Wespentaille', eine Einschnürung zwischen Brust und Hinterleib bzw. – genauer gesagt – zwischen dem 1. und 2. Hinterleibssegment, da das 1. Hinterleibssegment mit dem Thorax verwachsen ist (sog. Mittelsegment). Die Larven sind madenförmig (fußlos), die Kopfkapsel ist schwach ausgebildet, trägt keine Augen und nur rückgebildete Mundwerkzeuge. Die Puppe zeigt frei bewegliche Anlagen der Extremitäten und Flügel; eine den ganzen Körper umschließende Hülle fehlt ('Pupa libera').

Parasitische Hymenopteren

Bei den parasitisch lebenden Hymenopterenweibchen ist aus Anhängen (Gonapophysen) des 8. und 9. Hinterleibsringes ein Legeapparat (Legestachel, Legebohrer) ausgebildet, mit dem die Eier in oder an die Wirtstiere abgelegt werden. I.d.R. wird er frei vom Körper abstehend getragen, er kann aber auch mitsamt der letzten Abdominalsegmente in die vorhergehenden Segmente tief zurückgezogen sein (z.B. bei der Überfamilie CHALCIDOIDEA).

Parasitierung

Oft wird der Wirt beim Anstich mehr oder weniger stark gelähmt (paralysiert). Die endo- oder ektoparasitisch lebenden Larven verzehren zunächst nur Hämolymphe des Wirtes, ohne ihn entscheidend zu schädigen. Erst später werden lebenswichtige Organe angegriffen, so daß der Wirt abstirbt. Endoparasiten verpuppen sich schließlich im toten Wirt oder bohren sich als ausgewachsene Larve nach außen, um dort ihren Kokon zu spinnen. Ektoparasiten finden sich vorzugsweise an Wirten, die nicht frei leben (z.B. in Minen oder Kokons).

Ernährung der Imagines

Die Imagines parasitischer Hymenopteren ernähren sich meist von Pollen, Nektar, Honigtau u.ä. Einige Arten stechen die Wirtstiere (ihrer Larven) zur Aufnahme von Hämolymphe an ('host-feeding') oder lecken bei der Eiablage austretende Körpersäfte des Wirtes auf (z.B. APHELI-

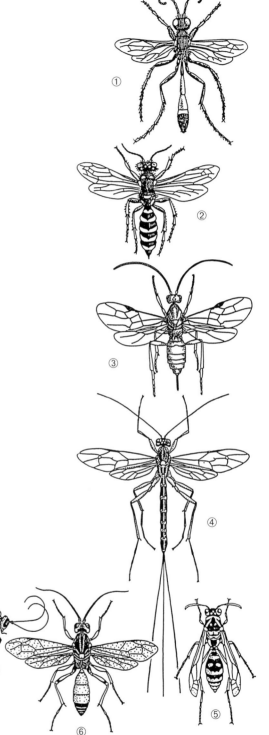

Einige Hautflüglerfamilien in der Übersicht:
① *Grabwespe (Sphecidae, hier: Sandwespe)*
② *Grabwespe (Sphecidae)*
③ *Braconide (Braconidae)*
④ *Ichneumonide (Ichneumonidae)*
⑤ *Faltenwespe (Vespidae, hier: Feldwespe)*
⑥ *Ichneumonide (Ichneumonidae)*
⑦ *Ichneumonide (Ichneumonidae)*
⑧ *Ameisen (Formicidae, hier: Rote Waldameise), oben Weibchen, unten links Arbeiterin, unten rechts Männchen*

Nützlinge in Garten, Feld und Flur

NIDAE, PTEROMALIDAE). Als Pollen- und Nektarpflanzen werden Doldenblütler bevorzugt. Die Umbelliferen bieten den Nektar offen dar, so daß er auch von kurzrüsseligen Insekten und solchen ohne spezialisierte leckend-saugende Mundwerkzeuge erreicht werden kann. Blütennahrung ist für die Eireifung von großer Bedeutung. Ein reiches Angebot an Imaginalnahrung wirkt lebensverlängernd und ermöglicht die Ausbildung größerer Eizahlen.

Entwicklung

Viele parasitische Hautflüglerarten vermehren sich ausschließlich oder zeitweise parthenogenetisch (d. h. durch Jungfernzeugung), dabei arrhenotok (Männchen entstehen aus unbefruchteten, Weibchen aus befruchteten Eiern) oder thelytok (es entstehen nur Weibchen). In einigen Fällen (z. B. ENCYRTIDAE, BRACONIDAE) kommt Polyembryonie vor (mehrere, bis zu 1000 Larven schlüpfen aus einem Ei).

Viele Schlupfwespen haben nur 1 Generation im Jahr, andere sind polyvoltin. Einige haben einen Wirtswechsel, da für die 1. Generation die Hauptwirte noch nicht zur Verfügung stehen. Die Larven- und Puppenentwicklungszeit liegt zwischen wenigen Wochen und knapp 1 Jahr. Manche Arten durchlaufen eine Ruheperiode (Diapause) bis zu 9 Monaten im Puppenstadium. Die männlichen Imagines sind nur kurzlebig. Die Weibchen hingegen können mehrere Wochen nach geeigneten Wirten suchen.

Verbreitung

Die Hauptverbreitungsart parasitischer Hymenopteren ist der aktive Flug, der oft durch passive Windverfrachtung überlagert ist. Aber auch die sog. 'Zoochorie' spielt eine Rolle: Geflügelte Blattläuse können z. B. ihre Parasiten über weite Strecken (1000 km und mehr) verbreiten, bevor sie zugrunde gehen. Andere Parasiten heften sich im Imaginalstadium an bestimmte Insekten und lassen sich von diesen zu anderen Lebensräumen transportieren ('Phoresie'). Manche Eiparasiten setzen sich an ihren Wirten fest und sind dadurch sofort zur Stelle, wenn der Wirt seine Eier ablegt.

Bedeutung

Es gibt kaum eine Insektengruppe, die nicht von parasitischen Hymenopteren befallen wird. So spielen Schlupfwespen als Antagonisten wichtiger Pflanzenschädlinge nicht nur im Gartenbau und in der Landwirtschaft eine wichtige Rolle. Da sie viele forstschädliche Schmetterlinge parasitieren, sind sie auch in der Forstwirtschaft von großem Nutzen.

Systematische Einteilung

Die wichtigsten parasitischen Hautflügler lassen sich 5 Überfamilien zuordnen (Tabelle, siehe unten), deren interessanteste Familien auf den folgenden Seiten vorgestellt werden.

Dabei sei nochmals darauf hingewiesen, daß es in der Fachliteratur verschiedene systematische Zuordnungen einzelner Familien und Gattungen gibt. Da die deutschen Bezeichnungen parasitischer Hymenopteren zum einen teilweise übergreifend für mehrere Familien gelten (z. B. Erz-, Zehr- und Schlupfwespe; siehe Überfamilien) und zum anderen in der Literatur nicht immer einheitlich verwendet werden, wird (wie bei den Milben) auf die wissenschaftlichen Namen zurückgegriffen.

Der Einfachheit halber wird als deutsche Bezeichnung für alle parasitisch lebenden Hautflügler der Ausdruck 'Schlupfwespen' genutzt.

Typisch für die Aphidiiden ist das Hervorschieben des Abdomens beim Anstechen einer Blattlaus.

Systematische Einteilung von Hautflüglerfamilien, die Parasiten enthalten (Auswahl)

Überfamilie ICHNEUMONOIDEA (Schlupfwespen im weiteren Sinne): Familien ICHNEUMONIDAE, BRACONIDAE, APHIDIIDAE (siehe Seiten 91 bis 96).

Überfamilie CHALCIDOIDEA (Erz- und Zehrwespen): Familien APHELINIDAE, TRICHOGRAMMATIDAE, PTEROMALIDAE, ENCYRTIDAE, MYMARIDAE, EULOPHIDAE (siehe Seiten 97 bis 102).

Überfamilie PROCTOTRUPOIDEA (Zehrwespen): Familien SCELIONIDAE, PLATYGASTERIDAE (siehe Seite 102).

Überfamilie CYNIPOIDEA (Gallwespen im weiteren Sinne): Familie EUCOILIDAE, CYNIPIDAE (siehe Seite 102).

Überfamilie BETHYLOIDEA: Familien DRYINIDAE, BETHYLIDAE (siehe Seiten 102 bis 103).

Ichneumoniden
ICHNEUMONIDAE

Die Familie ICHNEUMONIDAE ist weltweit mit etwa 30000 Arten, in Europa mit mehr als 6000 und in Mitteleuropa mit 3000 Arten vertreten. Es handelt sich hierbei um die sog. Echten Schlupfwespen (Schlupfwespen im engeren Sinn).

Aussehen
Die bis zu 5 mm langen, recht flinken Imagines sind meist schlank gebaut; der Hinterleib ist spindelförmig, abgeflacht oder seitlich zusammengedrückt. Charakteristisch für diese häufig lebhaft gefärbten Schlupfwespen sind ihre zitternden und 'trillernden' langen, vielgliedrigen, nicht geknieten Fühler. Auch das typische dunkle Flügelmal (Pterostigma) am Vorderflügel ist gut mit bloßem Auge erkennbar. Der Legestachel ist meist winzig, bei einigen Arten jedoch bis über 35 mm lang, so z.B. bei den großen Schlupfwespen der Gattung *Rhyssa* (Parasiten von Holzwespenlarven, siehe Seite 92).

Ernährung und Lebensweise
Die Imagines findet man häufig auf den Blüten von Doldengewächsen. Sie ernähren sich aber nicht nur von Nektar, sondern auch von Honigtau, Pflanzensäften und den Körpersäften (Hämolymphe) ihrer Wirtstiere. Ichneumoniden sind überwiegend Primärparasiten; aber auch Hyper- und Sekundärparasiten kommen vor. Die Wirtslarven werden i.d.R. bei der Eiablage durch die Injektion eines Giftes paralysiert.

Die fußlosen Larven leben ausnahmslos endo- oder ektoparasitisch, dabei teils solitär und teils gregär (mehrere Larven in einem Wirt). Die Arten sind mehr oder weniger streng auf bestimmte Wirtstiergruppen spezialisiert. Teilweise leben verschiedene Generationen einer Art an verschiedenen Wirten oder an verschiedenen Stadien des gleichen Wirtes. Andererseits kommt es auch vor, daß mehrere Ichneumonidenarten den gleichen Wirt parasitieren.

Schlupfwespe Erigorgus cerinops (Ichneumonidae) an Kieferneulenraupe.

Parasitierung
Bei den meisten Arten stechen die Schlupfwespenweibchen den Körper des Wirtes mit Hilfe des Legestachels an und legen ein oder mehrere Eier in ihn hinein. Nur wenige Arten legen die Eier an der Außenseite des Wirtes ab. Hier müssen sich dann die schlüpfenden Larven selbst einen Weg in den Wirt hinein suchen oder sie heften sich nur an ihm fest und fressen ihn von außen her an. Die Schlupfwespenlarven beschränken sich dabei zunächst auf die nicht lebenswichtigen Organe des Wirtes (Hämolymphe, Fettkörper), lassen ihn aber am Leben. Sind die Larven nahezu ausgewachsen, greifen sie auch die lebenswichtigen Organe des Wirtes an und töten ihn.

In manchen Fällen wird bereits das Wirtsei belegt, die Entwicklung der Parasitenlarve jedoch erst in einem älteren Wirtsstadium beendet. So kommt es vor, daß sich der Wirt verpuppt, bevor der Parasit ausgewachsen ist. Bei einigen Arten legen die Parasitenlarven sogar im Inneren des Wirtes ein Ruhestadium (Diapause) ein. Die Verpuppung der Larven erfolgt dann im leergefressenen Wirt (vor allem bei Ei- und Puppenparasiten) oder außerhalb am Wirt oder in unmittelbarer Nähe des Wirtes in einem länglichen oder kugeligen, seidigen Kokon.

Einige Ichneumonidenarten (z.B. aus den Gattungen *Pimpla* und *Itoplectis*) belegen ihre Wirte in Abhängigkeit von deren Größe entweder mit befruchteten (bei großen Wirtspuppen) oder mit unbefruchteten, also nur Männchen liefernden Eiern (bei kleinen Puppen).

Überwinterung
Die Ichneumoniden können in der Wirtslarve oder Wirtspuppe oder auch als Imago überwintern, die im Spätsommer aus den Wirten geschlüpft ist. Gewöhnlich überwintert das begattete Schlupfwespenweibchen, während die Männchen im Herbst absterben. Als Überwinterungshabitate konnten z.B. Stubben, Bodenstreu von Hecken, Moos, lockere Rinde und Grasbüschel nachgewiesen werden.

Bedeutung
Ichneumoniden spielen als Endo- und Ektoparasiten vor allem von Schmetterlingsraupen, aber auch von Blattwespen-, Fliegen- und Käferlarven im Forst und im Obstbau eine große Rolle. Die Schadinsekten sind gegen eine Parasitierung durch die Schlupfwespen kaum geschützt. Selbst die in dichten, zähen Gespinsten verborgenen Raupen des Goldafters, Gespinstmotten und in Holz lebende Larven werden parasitiert.

Wichtige Arten:
Coccigomymus (Pimpla) instigator (5 bis 20 mm) ist ein häufiger Raupenparasit bei zahlreichen Schadschmetterlingen, wie z.B. Schwammspinner, Kiefernspinner, Prozessionsspinner, Goldafter, Kohlweißling, Kieferntriebwickler und Nonne.

Coccigomymus (Pimpla) turionellae (Ichneumonidae) ist ein Parasit verschiedener Schadschmetterlinge im Forst, Obst- und Weinbau (hier an einer Traubenwicklerlarve).

Die Ichneumonide Diadegma semialausum (hier ein adultes Weibchen) lebt als solitärer Endoparasit an Raupen der Kohlmotte.

Coccigomymus (Pimpla) turionellae wird als Parasit von verschiedenen Schadschmetterlingen im Forst geschätzt, aber auch im Obstbau als Parasit von Schalen- und Apfelwickler.

Diadegma semialausum ist eine ca. 4,5 mm große Schlupfwespe mit einem schlanken, schwarzgefärbten Körper. Die Art lebt als solitärer Endoparasit an den Raupen der Kohlmotte. Parasitierte Raupen sterben kurz vor der Verpuppung ab. *Diadegma* bildet einen weißlichen Puppenkokon im lockeren Gespinst des Wirtes.

Für die Ichneumonide **Ephialtes extensor** ist der Apfelwickler der wichtigste Wirt. Die Adulten schlüpfen 1 oder 2 Wochen vor dem Apfelwickler, sie sind ohne Legebohrer 12 mm lang. Ihre Lebensdauer beträgt manchmal mehr als 2 Monate. Die Eier werden ins Innere des Kokons direkt an die Raupen gelegt (Ektoparasit). Der Parasit fertigt seinen eigenen Kokon im Inneren des Wirtskokons. Manchmal treten 2 Generationen pro Jahr auf.

Bei den **Glypta-Arten** (z. B. **Glypta pedata**, **Glypta bipunctoria**) handelt es sich um ziemlich große Ichneumoniden (7 bis 11 mm) von länglicher Form und schwarzer Färbung. Es sind solitäre Endoparasiten der Raupen. Wahrscheinlich haben sie nur 1 Generation im Jahr. Die Eiablage erfolgt im Juli/August in junge Raupen (vor allem Wickler). Die Larven beenden ihre Entwicklung erst im letzten Larvenstadium der Wirte. Neben der toten Larve findet man dann ein großes, längliches, weißes Puppengespinst.

Die Schlupfwespe **Idechthis canescens** vermag in Mühlen und Getreidespeichern gefährliche Vorratsschädlinge wie Mehl-, Dörrobst-, Korn- und Wachsmotte zu parasitieren.

Itoplectis alternans ist ein polyphager, solitärer Endoparasit an Schmetterlingspuppen (z. B. an Apfelwickler, Schalenwickler). Sein Körper ist schwarz gefärbt und hat eine Länge von ungefähr 7 mm (kann jedoch nach der Größe der verschiedenen Wirte beträchtlich variieren). Die Länge des Legebohrers erreicht ein Viertel der Körperlänge.

Ophion-Arten, auch Sichelschlupfwespen genannt, leben als Endoparasiten an Schmetterlingen, vor allem an Eulenraupen.

Im Gegensatz zu den meisten anderen Hautflüglern sind diese bis 20 mm großen Schlupfwespen nachtaktiv. Deshalb weisen sie auch besonders ausgeprägte Nebenaugen auf. Ihr Legestachel ist zu einem Wehrstachel umgebildet.

Zu den Ichneumoniden, die vor allem landwirtschaftliche Schädlinge (insbesondere Gemüsefliegen) parasitieren, gehören auch **Phygadeuon pegomyiae** (Rübenfliege u. a.) und **Phygadeuon trichops** (Kohl-, Zwiebel-, Brach- und Bohnenfliege u. a.).

Die sog. Schwarze Schlupfwespe **Pimpla instigator** (10 bis 24 mm) kommt recht häufig vor. Die Legeröhre des Weibchens erreicht etwa die halbe Hinterleibslänge. Die Larven entwickeln sich in den Raupen der verschiedensten Schmetterlingsarten. **Pimpla ruficollis** ist ein Parasit des Kieferntriebwicklers.

Pristomerus vulnerator gehört zu den Endoparasiten des Apfelwicklers. Diese ca. 9 mm großen Schlupfwespen haben eine Lebensdauer von 45 bis 50 Tagen. Im Apfelanbau treten sie gleichzeitig mit den ersten Faltern auf. Das Weibchen legt seine Eier in den Körper der jungen Raupe, kurz nachdem sie in die Frucht eingedrungen ist. Die Entwicklung ist im Frühjahr abgeschlossen. Der Parasit verläßt dann die Überreste seines Wirtes und spinnt einen eigenen Kokon im Inneren des im Herbst von der Raupe gesponnenen Wirtskokons.

Die Große Holzschlupfwespe **Rhyssa persuasoria** (auch Riesenschlupfwespe genannt) ist ein Ektoparasit von Holzwespen- und Bockkäferlarven vor allem in Nadelbäumen. Das Weibchen (14 bis 35 mm) kann tief im Holz fressende Insektenlarven, vor al-

Hautflügler 93

lem Holzwespenlarven, aufspüren und bohrt dann seinen bis zu 40 mm langen Legestachel (Legeröhre) zielsicher durch das Holz bis zur Wirtslarve. Dabei übt die Schlupfwespe mit dem Hinterleib einen großen Druck aus und bewegt ihn drehend hin und her. Erst nach etwa einer halben Stunde kommt es zur Eiablage. Die stark deformierbaren Eier erhalten beim Gleiten durch den Legebohrer einen Überzug, der verhindert, daß sie im Wirt als Fremdkörper von Blutzellen abgekapselt werden. An jede Holzwespenlarve wird nur 1 Ei abgelegt; die ausschlüpfende Larve frißt äußerlich am Wirt.

Teleutaea striata ist ein solitärer Endoparasit an Raupen (z.B. Wickler). Der Körper (Länge 10 mm) ist schwarz gefärbt mit ausgedehnten hellgelben Partien. Der Legebohrer ist ein wenig kürzer als der Körper. Der Kokon ist weiß, lang und schmal, zart und durchscheinend. Die Art hat jährlich 2 Generationen.

Trichomma enecator tritt u.a. als Endoparasit des Apfelwicklers auf. Wegen der Kürze des Legebohrers ist es wahrscheinlich, daß das Weibchen die Eier in die jungen Raupen kurz nach deren Eindringen in die Früchte ablegt. Die Entwicklung der Larven erfolgt vorwiegend im Spätwinter. Die Larve verpuppt sich in der Wirtspuppe im Inneren einer papierartigen Hülle, ohne einen äußeren Kokon zu spinnen.

Braconiden
BRACONIDAE

Weltweit gibt es mehr als 5000, in Europa mehr als 2000 Braconidenarten (deutsche Bezeichnung Brackwespen).

Aussehen
Die Imagines der Braconiden sind klein (1 mm) bis mittelgroß

Die Weibchen von Apanteles glomeratus (Braconidae) legen ihre Eier in die jungen Raupen des Kohlweißlings.

(10 mm), unauffällig, meist schwarz, braun oder braungelb gefärbt und tragen fadenförmige Fühler, die länger als der Körper sein können. Sie ähneln in ihrem Aussehen und ihren Lebensgewohnheiten den Ichneumoniden und Aphidiiden, sind aber in ihren Bewegungen träger. Die im Schwarm tanzenden Männchen erinnern an einen Mückenschwarm.

Lebensweise und Parasitierung
Braconiden können grundsätzlich – meist als Primärparasiten – alle Entwicklungsstadien von Insekten parasitieren. Die Larven entwickeln sich oft gregär in Schmetterlingsraupen, verpuppen sich dann aber in zusammengesponnenen Kokons (Gemeinschaftskokons) neben dem toten Wirt. Andere Arten parasitieren Käfer-, Wanzen- oder Fliegenlarven und andere. Bei Arten mit mehreren Generationen im Jahr finden sich diese zuweilen in verschiedenen Wirten. Die Überwinterung erfolgt als Altlarve im Kokon.

Bedeutung
Zu den bei uns wichtigen Arten gehören *Apanteles glomeratus* und andere *Apanteles*-Arten, die als Endoparasiten von Kohlweißlings- und anderen Raupen (u.a. Kiefernspinner, Nonnen) eine Rolle spielen. Dabei finden sich

Die Brackwespenlarven (Apanteles) haben ihren toten Wirt (Kohlweißlingsraupe) verlassen und sich daneben verpuppt.

nicht selten 150 Larven in einem Wirtstier.

Im Gemüse- und Zierpflanzenbau unter Glas spielen die Endoparasiten *Opius pallipes* und *Dacnusa sibirica* eine größere Rolle. Die letztgenannte Art wird auch in Massen gezüchtet und zur Bekämpfung von Minierfliegen in Gewächshäusern eingesetzt (siehe Seite 228).

Wichtige Arten:
Apanteles ater lebt auf Kosten verschiedener Wicklerraupen. Der Körper ist schwarz und erreicht eine Länge von 2,5 mm. Der Legebohrer hat eine Länge von einem Viertel der Körperlänge. Die Kokons sind weiß und weich. Die von einer einzigen Wirtsraupe stammenden Larven verpuppen sich in einem gemeinsamen Gespinst (gregärer larvaler Endoparasit). Manchmal schlüpfen mehr als 20 Individuen aus einer einzigen Wirtsraupe.

Apanteles bicolor und *Apanteles lautellus* spielen teilweise eine wichtige Rolle bei der Begrenzung der Populationsdichte der Faltenminiermotte im Obstbau. Es sind endoparasitäre Arten. Das Weibchen legt seine Eier in die Raupen (1. Stadium) der Miniermotte, die sich bis zum letzten Stadium und sogar manchmal bis zur Verpuppung weiterentwickelt. Die ausgewachsene Parasitenlarve spinnt in der Blattmine eine weißliche, zylindrische, charakteristische Puppe, aus der die Wespe schlüpft, nachdem sie ein Schlupfloch in den Kokon geschnitten hat.

Bei *Apanteles glomeratus* (=*Cotesia glomerata*; auch Weißlingstöter genannt) handelt es sich um eine schwarze, ca. 3,5mm große Wespe. Die Weibchen legen ihre Eier in die jungen Raupen des Kohlweißlings (etwa 30 Eier je Raupe und insgesamt rund 2000). Am Ende der Entwicklung (im letzten Stadium des Wirtes) durchbohren die *Apanteles*-Larven die Wirtshaut, verlassen dann den ausgehöhlten Raupenkörper und verpuppen sich in dessen Nähe. Die parasitierten Raupen sterben spätestens kurz vor ihrer Verpuppung ab. Die gelben, roggenkorngroßen Puppengespinste (bzw. Kokons) der Parasitenlarven werden oft irrtümlicherweise für 'Raupeneier', also für Eier schädlicher Schmetterlinge, gehalten.

Ascogaster quadridentatus, Ascogaster rufipes und *Ascogaster rufedens* sind wirksame Ei- bzw. Larvenparasiten des Apfelwicklers und anderer Wickler. Die Parasitenweibchen legen ihre Eier einzeln in die Wicklereier, aber die ausgewachsenen Parasitenlarven verlassen die Wirtsraupen erst im letzten Stadium, und zwar dann, wenn die Raupe ihren Kokon zu spinnen beginnt. Im Inneren des unvollendeten Puppengespinstes kann man leicht die Reste der Raupen und den glänzend weißen Kokon des Parasiten erkennen, der wie ein langes Reiskorn aussieht. Mehr als 20 Schmetterlingsarten sind als Wirte bekannt. Die Lebensweise der *Ascogaster*-Arten ist sehr eng an die ihrer Wirte angepaßt. Die adulten Insekten schlüpfen im Juni gleichzeitig mit den Wicklern aus, so daß die Weibchen ihre Eier laufend in die Eier ihrer Wirte ablegen können.

Auch Hautflügler, z. B. Blattwespenlarven, werden nicht verschont. Diese Braconiden werden ungefähr 3,5 bis 9mm lang. Ihr Körper ist oberseitig rauh punktiert. Der Legebohrer ist äußerlich nicht sichtbar. Pro Jahr haben sie nur 1 Generation.

Bracon hebetor lebt als Ektoparasit an Raupen von Mehl- und Wachsmotten. Das Weibchen belegt vor allem ältere Wirtsraupen. Es beißt sich durch die Wirtsgespinste, unter Umständen sogar durch den Verpuppungskokon (sofern sich die Raupe darin noch nicht verpuppt hat), sticht den Wirt an und lähmt ihn, um dann austretende Körpersäfte aufzulekken. Das Ei wird jedoch stets außen am Wirt befestigt, wobei es auch zu Doppelbelegungen kommen kann.

Auch bei *Macrocentrus*-Arten (*Macrocentrus pallipes, Macrocentrus thoracicus, Macrocentrus linearis*) handelt es sich um Ei- bzw. Larvenparasiten, die pro Jahr 1 Generation aufweisen. Die Insekten sind gelb oder gelbschwarz, länglich und recht groß (der Legestachel des Weibchens mißt allein 4 bis 5 mm). Fühler (am Ende eingerollt) und Legebohrer der *Macrocentrus*-Arten sind länger als der Körper. Die Insekten fliegen im Juni gleichzeitig mit den Wicklern. Aus einem abgelegten Ei entstehen im Wirt mehrere Embryonen, die sich in der Raupe entwickeln (Polyembryonie). Die befallene Wirtsraupe frißt mehr und einige Tage länger als eine gesunde Raupe.

Nachdem die parasitierten Raupen ihre Puppengespinste vollendet haben, dringen die Larven durch ihre Haut, fressen sie vollständig auf und verpuppen sich an Ort und Stelle. Das Puppengespinst des Wicklers erscheint dann locker und ist mit braunen, seideglänzenden, pergamentartigen Kokons der Parasiten angefüllt.

Zuweilen findet man 40 Kokons pro Wirt in einem gemeinsamen weißen Gespinst. Etwa 12 Tage später schlüpfen gleichzeitig 15 bis 25 gleichgeschlechtliche Schlupfwespen aus.

Microplitis-Arten, ca. 3,5mm große, schwarze Schlupfwespen, parasitieren Eulenraupen (z.B. Kohleule). Parasitierte Raupen sterben schon sehr früh, lange

Kohleulenraupe, parasitiert durch eine Braconidenlarve (Microplitis; kurz vor Verlassen des Wirtes).

Microplitis-Larve beim Verlassen des bereits abgestorbenen Wirtes (Kohleulenraupe).

Hier hat sich die Microplitis-Larve bereits in einem Kokon neben der toten Wirtsraupe verpuppt.

Hautflügler 95

Braconide der Gattung Microplitis, ein Parasit der Kohleule.

Die Schlupfwespe Aleiodes borealis (Braconidae), ein weiterer Parasit der Kohleule.

Durch die Braconide Aleiodes borealis parasitierte Kohleulenraupe.

vor der Verpuppung, ab. Die Parasiten bilden dann einen bräunlichen, roggenkornförmigen Puppenkokon außerhalb der Wirtslarve.

Als Antagonisten von Dipterenlarven (z.B. von Minierfliegen, Rübenfliegen) sind **Opius**-Arten (z.B. **Opius pallipes**) von Bedeutung. Insbesondere in Gewächshäusern spielen sie als natürlicherweise auftretende Parasiten eine große Rolle bei der Bekämpfung von Minierfliegen (siehe auch Seite 228).

Die ca. 3 bis 5 mm große, polyphage Brackwespe **Spathius exarator** parasitiert u.a. in 'Holzwürmern', den Larven der als Holzschädlinge gefürchteten Poch- oder Klopfkäfer. Auch der Große Ulmen-Splintkäfer (*Scolytus scolytus*) wird befallen. Kennzeichnend ist der lange Legebohrer der Weibchen (entspricht der Körperlänge).

Aphidiiden
APHIDIIDAE

In Europa kommen etwa 200 der insgesamt ca. 300 Arten dieser sog. Blattlausschlupfwespen vor. Die Aphidiiden leben als solitäre Endoparasiten an Blattläusen.

Aussehen und Entwicklung
Die Imagines sind klein (2 bis 4 mm lang), schlank, überwiegend schwarz gefärbt und meist sehr lebhaft. Nach der Begattung legt das Weibchen seine Eier einzeln mit seinem Legestachel in Blattläuse (siehe unten).

Die im Wirt (Blattlaus) schlüpfenden Larven der Aphidiiden sind madenförmig, ihnen fehlen Kopfkapsel und Beine. Sie ernähren sich zunächst von der Körperflüssigkeit des Wirtes, dann wird dieser jedoch recht schnell völlig leergefressen. Die Entwicklung der Larven verläuft über 4 Stadien. Von Aphidiiden parasitierte Blattläuse (Blattlausmumien) sind blasig aufgetrieben bzw. fast kugelig und gelblich glänzend oder braun, seltener schwarz verfärbt.

Die Verpuppung der Larven erfolgt im mumifizierten Wirt oder, bei der Gattung *Praon*, in einem sockelartigen Kokon (kegelförmiges Puppenlager) unter der Haut des ausgefressenen Wirtes. Die mumifizierten Wirtskörper bleiben noch lange an der Pflanze bzw. an den Blättern haften, auch wenn der Parasit bereits durch ein kleines Loch ausgeschlüpft ist. Dieser verläßt die

Bildfolge unten: Von Aphidiiden parasitierte Blattläuse (Blattlausmumien) sind blasig aufgetrieben bzw. fast kugelig und gelblich glänzend oder braun, seltener schwarz verfärbt. Sie bleiben noch lange an der Pflanze haften, auch wenn der Parasit bereits durch ein kleines Loch ausgeschlüpft ist. Dieser verläßt die Blattlaus, indem er einen kreisrunden Deckel in die Haut schneidet.

Durch Aphidiiden (Blattlausschlupfwespen) parasitierte Blattläuse (Sitobion fragariae).

Durch Aphidius rhopalosiphi parasitierte Getreideblattlaus (Sitobion avenae).

Aphidius-Imago beim Schlüpfen aus einer Blattlausmumie (Sitobion avenae).

Blattlaus, indem er einen kreisrunden Deckel in die Haut schneidet.

Die Überwinterung der Blattlausschlupfwespen erfolgt im Inneren der Mumie (im letzten Larvenstadium in Diapause) oder als Imago. Im Hochsommer folgen mehrere Generationen aufeinander.

Parasitierung

Im Gegensatz zu den Apheliniden werden die Blattläuse nach Hervorschieben des Abdomens von vorne angestochen. Dazu streckt das Weibchen den Hinterleib bauchwärts unter Brust und Kopf hindurch nach vorn, bis der Legestachel die Blattlaus erreicht. Die eigentliche Eiablage erfolgt dann durch blitzschnelles Einstechen des Legebohrers. Der Legestachel ist in Ruhelage nicht sichtbar. Zur Eiablage werden ungeflügelte Blattläuse (i.d.R. Blattläuse des 2. und 3. Larvenstadiums) bevorzugt. Auch bei Super- oder Multiparasitierung (Mehrfachbelegung) schlüpft stets nur eine Schlupfwespenlarve. Einige Arten haben ein sehr spezifisches Wirtsspektrum. Andere Arten sind zwar grundsätzlich polyphag, dabei jedoch oft an eine bestimmte Wirtsart angepaßt (Rassen, Stämme).

Bedeutung

Die Aphidiiden sind wichtige Blattlausantagonisten, insbesondere für den Ackerbau. Sie können ihre Eier unbehindert von Ameisen, die Blattläuse 'melken' und beschützen, in die Schädlinge ablegen. Bereits im Frühjahr werden die aus den Wintereiern schlüpfenden Blattläuse parasitiert, wodurch nicht selten Koloniebildungen verhindert werden. Die Effizienz der Aphidiiden kann aber – vor allem im späten Frühjahr und im Sommer – durch Hyperparasiten stark eingeschränkt werden.

Die Schlupfwespe Diaeretiella rapae (Aphidiidae) gilt als der häufigste und wichtigste Parasit der Mehligen Kohlblattlaus (Brevicoryne brassicae).

Durch Diaeretiella rapae parasitierte Mehlige Kohlblattläuse.

Durch Diaeretiella rapae parasitierte Haferblattlaus (Rhopalosiphum padi).

Die Schlupfwespen der Gattung Praon (Aphidiidae) verpuppen sich unter der parasitierten Blattlaus (hier unter einer geflügelten), zwischen Mumie und Blattoberfläche.

Wichtige Arten:

Die polyphage Art **Aphidius matricariae** wird bereits in der biologischen Blattlausbekämpfung unter Glas eingesetzt (siehe Seite 210). Eine andere häufige Art, **Aphidius rhopalosiphi**, parasitiert nur Getreideblattläuse.

Die ca. 2 mm große, schlanke, schwarze Kohlblattlaus-Schlupfwespe **Diaeretiella rapae** gilt als polyphag. Sie stellt den häufigsten Parasiten der Mehligen Kohlblattlaus (*Brevicoryne brassicae*) dar, parasitiert aber auch die Pfirsichblattlaus (*Myzus persicae*) und andere Arten. In Mitteleuropa entwickeln sich pro Jahr zwischen 5 und 12 Generationen. Die Überwinterung dieses Solitärparasiten erfolgt in Blattlausmumien. Diese sind rundlich, graubraun und pergamentartig. Aus unbefruchteten Eiern entwickeln sich Männchen, aus befruchteten dagegen Weibchen. Jedes Weibchen parasitiert zwischen 50 und 150 Blattläuse.

Lysiphlebus-Arten leben meist polyphag an zahlreichen Blattläusen. **Lysiphlebus fabarum** parasitiert über 70 Blattlausarten, u.a. Blattläuse an Gurken und Rüben.

Apheliniden
APHELINIDAE

In Europa kommen mehrere hundert Arten dieser sog. Erz- oder Zehrwespen vor. Einige wurden mit Erfolg zur biologischen Schädlingsbekämpfung eingeführt.

Aussehen und Entwicklung

Die Imagines der Apheliniden sind sehr klein (bis 1,5 mm lang) und meist schwarz-gelb gefärbt. Die Imagines ernähren sich zum Teil räuberisch, häufiger jedoch durch Auflecken von Körpersäften des angestochenen Wirtstieres, ohne daß gleichzeitig eine Eiablage erfolgen muß. Auch Honigtau und Nektar werden als Nahrung aufgenommen.

Apheliniden zeichnen sich durch eine hohe Fruchtbarkeit und eine schnelle Generationenfolge aus. Die Weibchen können zwischen 100 und 500 Eier ablegen. Blattlausparasitierende Arten entwickeln mehrere Generationen pro Jahr. Die Überwinterung erfolgt i.d.R. in der Blattlausmumie an Pflanzen oder am Boden.

Parasitierung

Apheliniden sind wichtige Endoparasiten und (seltener) auch Ektoparasiten von Blatt-, Blut-, Schild- und Mottenschildläusen (Weiße Fliegen), Blattflöhen, Blattsaugern u.a. Schädlingen. Blattlausparasitierende Arten sind meist auf eine enge Gruppe von Blattläusen spezialisiert. Im Eiablageverhalten unterscheiden sich die Apheliniden von den oben beschriebenen Aphidiiden, denn die Eiablage erfolgt 'rückwärts' oder 'von oben': Die Weibchen nähern sich ihrem Wirt rückwärts schreitend. Der Legestachel wird dabei nach hinten ausgestreckt, Hinterleibs- und Flügelspitzen werden nach oben gebogen. Parasitierte Blattläuse werden als Mumie schwarz (im Gegensatz zu den meisten Aphidiiden).

Bei der Eiablage nähern sich die blattlausparasitierenden Schlupfwespenweibchen der Familie Aphelinidae ihrem Wirt rückwärts schreitend; der Legestachel wird dabei nach hinten ausgestreckt: Aphelinus varipes bei der Eiablage in eine Getreideblattlaus.

Wichtige Arten:

Die Blutlauszehrwespe **Aphelinus mali** wurde in den 20er Jahren als Parasit der eingeschleppten Blutlaus (*Eriosoma lanigerum*) angesiedelt (siehe Seite 187). Sie ist 0,7 bis 2 mm lang. Der Körper ist schwarz, die Basis des Hinterleibes, die Schenkel der Hinterbeine sowie die Fühler sind gelb. Das Weibchen legt seine Eier bevorzugt in erwachsene Blutläuse. Die Larve höhlt die Blutlaus völlig aus, das befallene Tier erscheint schwarz und bildet keine weißen Wachsausscheidungen mehr. Im Inneren der mumifizierten Blutlaus überwintert die Larve in Diapause. Der Parasitierungsgrad ist in Abhängigkeit von den ökologischen Bedingungen sehr unterschiedlich. *Aphelinus mali* verträgt die Kälte besser als die Blutlaus, aber sie vermehrt sich in feuchten Gebieten weniger gut. Die Anzahl der Generationen pro Jahr variiert je nach Gebiet zwischen 5 und 8. Die Adulten der überwinterten Generation erscheinen in der 2. Aprilhälfte, die letzte Generation geht ab August bis Mitte Oktober in Diapause.

Aphelinus varipes (Aphelinidae) bei der Aufnahme von Wirtshämolymphe ('host-feeding') an einer Getreideblattlaus (Sitobion avenae).

Encarsia tricolor bei der Eiablage in eine Mottenschildlauslarve.

Encarsia tricolor-Imago beim Schlüpfen aus einer Mottenschildlauspuppe.

Prospaltella (*Encarsia*) *perniciosi*, ein spezifischer Parasit der San-José-Schildlaus (*Quadraspidiotus perniciosus*), wurde in den 50er Jahren in Europa eingebürgert (siehe Seite 188). Die Eier werden in alle Stadien der Schildlaus gelegt, vom ersten festsitzenden Larvenstadium bis zum adulten Weibchen. Auch die Entwicklung der Parasitenlarven ist in allen Schildlausstadien möglich. Der Wirt ist abgetötet, wenn die Larve ihre Entwicklung beendet hat. An der Schildlaus sind zu diesem Zeitpunkt charakteristische Merkmale zu sehen: Sie ist aufgedunsen und prall. Der Parasit überwintert im allgemeinen als Ei oder junge Larve in den ersten Stadien der sich in Diapause befindenden San-José-Schildlaus. Seine Entwicklung hängt von den klimatischen Bedingungen ab. Es treten 3 bis 5 Generationen pro Jahr auf. Die Adulten von *Prospaltella perniciosi* sind vom Mai an während des ganzen Sommers hindurch zu finden.

Erwähnt sei an dieser Stelle auch die zu den Apheliniden zählende, nicht heimische Art **Encarsia formosa**, die unter Glas seit vielen Jahren zur Bekämpfung der Weißen Fliegen eingesetzt wird (siehe Seite 214).

Trichogrammatiden
TRICHOGRAMMATIDAE

Bei den etwa 100 bekannten Trichogrammatidenarten (Trichogrammen) – auch Erzwespen genannt – handelt es sich ausschließlich um Eiparasiten.

Aussehen und Entwicklung

Die Imagines der Erzwespen sind winzig (meist kleiner als 0,5 mm lang). Sie haben sehr kurze, oft nur 4gliedrige, keulenförmige Fühler. Männchen und Weibchen lassen sich aufgrund der Beborstung der Fühlerkeulen voneinander unterscheiden.

Die Imagines können gleich nach dem Schlupf mit der Eiablage beginnen. Die Männchen erwarten die Weibchen oft schon am Schlupfloch und kopulieren sogleich mit ihnen. Die anschließende Suche nach den Wirtseiern verläuft weitgehend ungerichtet. Mit zunehmender Temperatur und Helligkeit steigert sich ihre Laufaktivität. Bei direkter Sonneneinstrahlung und hoher Temperatur neigen viele Formen zu Flugsprüngen, die mit Hilfe des Windes zu einer beträchtlichen Verbreitung der Trichogrammen führen.

Es treten mehrere Generationen (5 bis 8) im Jahr auf. Die Überwinterung erfolgt als Vorpuppe in einem Wirtsei.

Parasitierung

Diese Eiparasiten legen ihre Eier in Wirtseier, in denen dann die ganze Entwicklung verläuft. Frische Wirtseier werden bevorzugt, aber auch ältere werden bis kurz vor dem Schlüpfen belegt oder wenigstens abgetötet. Je nach Größe des Wirtseies kommen sowohl Solitär- als auch Gregärparasitismus vor. Die meisten Arten sind polyphag, bevorzugen aber oft bestimmte Wirte, dabei besonders Schmetterlingseier. Doch auch die Eier von Blattwespen, Wanzen u. a. Insektengruppen werden belegt. Die parasitierten Wirtseier verfärben sich in charakteristischer Weise schwarz. Nach dem Schlüpfen der adulten Parasiten bleibt ein gut sichtbares, kreisrundes Loch in der Schale des leeren Wirtseies.

Bedeutung

Sehr bedeutsam und gut untersucht ist die Gattung *Trichogramma* (siehe auch Seite 173). Für die etwa 20 bestimmten Arten sind mehr als 200 potentielle Wirtsinsekten (bzw. genauer deren Eier) aus verschiedenen Ordnungen bekannt. Trotz der Polyphagie sind einzelne Arten oder

Links: Trichogramma cacoetiae (Trichogrammatidae) an einem Eigelege des Traubenwicklers. Oben: Trichogramma evanescens parasitiert die Eier von über 150 verschiedenen Wirtstierarten, darunter bedeutende Acker-, Obst- und Forstschädlinge.

*Oben: Die von Trichogrammatiden parasitierten Wirtseier verfärben sich in charakteristischer Weise schwarz, wie dieses von Trichogramma evanescens belegte Eigelege des Maiszünslers.
Rechts: Pteromalus puparum (Pteromalidae) ist ein wichtiger gregärer Endo-Puppenparasit des Kohlweißlings und anderer schädlicher Schmetterlinge.*

Rassen mehr oder weniger an Hauptwirte angepaßt. So lebt z.B. *Trichogramma evanescens* mit ihren verschiedenen Rassen vorzugsweise auf landwirtschaftlichen Kulturflächen und ist den dortigen Wirten weitgehend angepaßt, während die parthenogenetisch sich fortpflanzenden Arten *Trichogramma pallidum* und *Trichogramma embryophagum* in Wäldern vorkommen und dementsprechend bevorzugt Eier von Forstinsekten (vor allem Tortriciden) parasitieren.

Wichtige Arten:

Trichogramma cacoetiae vermehrt sich parthenogenetisch; es werden nur Weibchen ausgebildet, die parasitisch an Schmetterlingseiern leben.

Trichogramma evanescens parasitiert die Eier von über 150 verschiedenen Wirtstierarten (Eulen, Motten, Weißlinge, Zünsler), darunter bedeutende Acker-, Obst- und Forstschädlinge.

In einigen Weinbaugebieten ist der Eiparasit *Trichogramma semblidis* heimisch und stellt dort den bedeutendsten Gegenspieler von Traubenwicklern dar.
Trichogramma-Arten (Abgrenzung der Arten sehr problematisch) werden weltweit zur Schädlingsbekämpfung eingesetzt. In der Bundesrepublik Deutschland und in Mitteleuropa haben Freilassungsverfahren von *Trichogramma evanescens* gegen Maiszünsler (siehe Seite 173) sowie *Trichogramma dendrolimi* und *Trichogramma embryophagum* gegen Apfelwickler und Apfelschalenwickler (siehe Seite 177) Praxisreife erlangt.

Pteromaliden
PTEROMALIDAE

Diese Familie ist zum einen mit über 5000 bekannten Arten sehr artenreich, zum anderen auch außerordentlich formenreich.

Aussehen und Entwicklung

Die Imagines sind oft metallisch grün glänzend gefärbt; daher auch der Name Erzwespen. Sie leben teils endo-, teils ektoparasitisch; manche Arten haben einen recht großen Wirtskreis.

Die Larven entwickeln sich häufig gregär an Schmetterlings-, Käfer-, Zweiflügler- und Hautflüglerlarven. Viele Arten sind Hyperparasiten. Sehr häufig wird der Wirt vor der Eiablage durch Anstiche gelähmt; die Wirkung ist dann meist so nachhaltig, daß er nicht mehr aus der Lähmung erwacht. Die Weibchen ernähren sich von der Körperflüssigkeit der Wirtstiere ('host-feeding'). Bei nicht unmittelbar zugänglichem Wirt wird ein 'Steigrohr' aus einem erhärteten Sekret der Anhangdrüsen des Legebohrers gebildet, in dem der Körpersaft des angestochenen Wirtes aufsteigt und so genutzt werden kann. Die Weibchen einiger Arten saugen auf diese Weise als 'Eiräuber' Insekteneier aus.

Wichtige Arten:

Lariophagus distinguendus lebt ektoparasitisch an verschiedenen Käfern, u.a. an der – bereits im Kokon eingesponnenen – Altlarve, Vorpuppe oder Puppe des Brotkäfers (*Stegobium paniceum*): Das Weibchen vermag aufgrund ihres ausgeprägten Geruchssinnes aus Tausenden von gesunden Getreidekörnern diejenigen herauszufinden, in denen sich der für die Larve geeignete Wirt befindet. Dieser wird dann paralysiert und das Ei außen an den Wirt geheftet (meist 1 Ei pro Wirt).

Pteromalus puparum ist 1,5 bis 2,5 mm groß und grünlich metallisch glänzend gefärbt. Diese Schlupfwespe ist ein wichtiger gregärer Endo-Puppenparasit des Kohlweißlings und anderer Großschmetterlinge. Da sich zuweilen mehr als 100 Wespen in einer Wirtspuppe entwickeln, erscheinen die Puppenhäute nach dem Ausschlüpfen der adulten Parasiten wie 'durchgesiebt'.

Pteromalus puparum-Imagines auf einer Puppe des Großen Kohlweißlings (Pieris rapae).

Von Pteromalus puparum parasitierte Puppe des Großen Kohlweißlings (Pieris rapae) kurz vor dem Schlupf der Parasiten.

Die Pteromalide Nasonia (Mormoniella) vitripennis parasitiert die (Tönnchen-)Puppen von Fliegen.

Mehrere Arten der Gattungen ***Pteromalus*** und ***Rhopalicus*** sind wichtige Parasiten von Borkenkäferlarven.

Zu den Pteromaliden gehören auch die Fliegenpuppenparasiten ***Nasonia vitripennis***, ***Muscidifurax raptor*** und ***Spalangia endius***. Die beiden letztgenannten wurden auch in der Bundesrepublik Deutschland bereits erfolgreich zur Bekämpfung von Stallfliegen eingesetzt (siehe Seite 242).

Encyrtiden
ENCYRTIDAE

Bei den Imagines der Encyrtiden handelt es sich um kleine (1 bis 2 mm), gedrungene und abgeplattete Wespen, die zum Teil recht bunt oder metallisch gefärbt sind. Oft sind die Fühler der Männchen kammartig geformt. Teilweise können die Tiere mit Hilfe ihrer Mittelbeine springen.

Parasitierung

Als Primär- oder Hyperparasiten leben sie (endoparasitisch) in Schmetterlingslarven und Schildläusen. Das Parasitenweibchen legt das Ei, zuweilen auch mehrere Eier, in den sich im Wirtsei entwickelnden Embryo. Ein Teil der Raupenparasiten ist zur Polyembryonie fähig. Bis zu 3000 Larven können dann durch mehrmalige Teilung der Parasitenembryonen von einem einzigen Ei stammen und sich in einer Raupe entwickeln. Der Wirtskörper ist dann unter Umständen stark aufgebläht.

Wichtige Arten:

***Encyrtus*-Arten** parasitieren Eier von Schmetterlingen und Wanzen. Dabei trifft man bei kleinen Wirten auf Solitärparasitismus, bei größeren Wirten auch auf Gregärparasitismus.

Encyrtus fuscicollis ist streng auf Gespinstmotten spezialisiert. Die Imagines erscheinen im Sommer zur Zeit des Fluges der Falter ihrer Wirtstiere. Die Weibchen, die höchstens 10 Tage leben, suchen die frischen Eigelege der Schmetterlinge auf. In jedes Wirtsei legt der Parasit nur ein einziges seiner Eier ab. Als Folge der Polyembryonie entwickeln sich aus diesem bis zu 150 gleichgeschlechtliche Nachkommen. Zur Zeit der Verpuppung der Gespinstmotte zerstören die Parasitenlarven sämtliche Gewebe und töten den Wirt, wenn er sein Puppengespinst anfertigt. Unter der Haut der abgestorbenen und aufgetriebenen Raupe sind dann die Puppen des Parasiten zu erkennen. Die ausgewachsenen Parasiten schlüpfen 15 bis 20 Tage später durch kleine runde Löcher, die sie in die Kutikula beißen, aus den Resten der Wirtsraupe aus. *Encyrtus fuscicollis* hat jährlich nur 1 Generation.

Ganz oben: Durch Copidosoma floridanum (Encyrtidae) parasitierte Gammaeulenraupe (Autographa gamma).
Oben: Schlupfwespen (Copidosoma floridanum) beim Verlassen der Wirtsraupe (Gammaeule).

Hautflügler

Lithomastix truncatellus (Encyrtidae) bei der Eiablage in das Eigelege eines Eulenfalters (Noctuidae).

Eine Schlupf- bzw. Erzwespe der Eulophidengattung Sympiesis (Eulophidae).

Mymariden
MYMARIDAE

Zu dieser Familie gehören die kleinsten bekannten Insekten. Sie sind teilweise kleiner als 0,25 mm und werden deshalb auch Zwergwespen genannt.

Die Imagines haben typische schmale, gestielte Flügel mit langen Wimperhaaren. Die Larven leben als Eiparasiten, besonders von Käfern, Schmetterlingen und pflanzensaftsaugenden Insekten.

Anaphes flavipes ist beispielsweise als wirksamer Eiparasit von Getreidehähnchen bekannt. Wenige Arten leben auch in Motten- und Schildläusen. I. d. R. entwickelt sich nur 1 Larve pro Wirtsei. Die Anzahl der Generationen pro Jahr ist abhängig von der Anzahl der Wirtsgenerationen (1 bis 5). Die Überwinterung erfolgt als Larve im Wirtsei.

Eulophiden
EULOPHIDAE

Bei den Eulophiden handelt es sich um kleine bis mittelgroße, metallisch glänzende Schlupfwespen (Erzwespen), die Ei-, Ekto-, Endo- und Hyperparasiten umfassen. Hierzu gehören z. B. wichtige Feinde des Apfelschalenwicklers und der Blattminiermotten (z. B. Schlangenminiermotte, Apfelminiermotte), aber auch manche wichtige Antagonisten von Forstschädlingen.

<u>Wichtige Arten:</u>
Colpoclypeus florus ist metallisch grün gefärbt und ca. 1,5 mm groß. Diese Art scheint auf Wickler (TORTRICIDAE) spezialisiert zu sein und gilt als ist wichtiger Antagonist des Apfelschalenwicklers. Die Larven leben als gregäre Endoparasiten an den Raupen. Die Eier werden in das Gespinst der Wicklerraupen gelegt. Die sehr jungen Larven töten offenbar die Wirtsraupe, so daß sich die älteren Parasitenlarven von der toten Raupe ernähren. Manchmal entwickeln sich bis zu 40 Larven in einer einzi-

Kohleulenraupe (Mamestra brassicae) mit ektoparasitischen Eulophidenlarven.

Bereits 24 Stunden später ist von der Wirtsraupe nicht mehr viel übriggeblieben.

gen Wirtsraupe. Die geschlüpften Larven überwintern im Gespinst des Wirtes als Larve oder Puppe.

Diglyphus isaea ist ein wirksamer Minierfliegenparasit. Die Art wird in Massen gezüchtet und seit Jahren erfolgreich zur biologischen Schädlingsbekämpfung unter Glas eingesetzt (siehe Seite 228).

Um einen gregären Ektoparasiten handelt es sich bei **Eulophus viridula**, der Raupen des Maiszünslers (*Ostrinia nubilalis*) befällt. *Eulophus*-Arten bilden eine sonst für Hautflügler nicht übliche Mumienpuppe.

Für **Microplites fuscipennis**, ebenfalls ein gregärer Ektoparasit, stellen Puppen verschiedener Nadelholzblattwespen (DIPRIONIDAE) geeignete Wirte dar. Das Weibchen belegt die Wirtskokons mit 20 und mehr Eiern.

Scelioniden
SCELIONIDAE

Die Larven dieser kleinen (0,4 bis 4 mm) Schlupfwespen sind Eiparasiten verschiedener Arthropoden (u.a. Schmetterlinge, Wanzen, Spinnen). Die Wirtsspezifität ist zuweilen sehr ausgeprägt.

Eine Schlupfwespe der Gattung Telenomus (Scelionidae). Telenomus-Arten werden aufgrund ihrer hohen Sucheffizienz und langen Lebensdauer als geeignete Kandidaten bei der biologischen Bekämpfung von forstlichen Schadschmetterlingen angesehen.

Nicht selten kommt Phoresie vor, d.h., das Parasitenweibchen läßt sich durch die Wirtsimago 'transportieren', bis diese Eier ablegt, die dann parasitiert werden.

Platygasteriden
PLATYGASTERIDAE

Bei den Platygasteriden handelt es sich um Larven- und Eiparasiten. Die meisten Arten leben parasitisch in Gallmückenlarven (z.B. Weizengallmücken), wobei die Eiablage oft schon in das Wirtsei erfolgt, die Entwicklung aber erst in der geschlüpften Wirtslarve beginnt. Eiparasiten aus der Familie PLATYGASTERIDAE sind an Rüsselkäfern, Blattkäfern und Bockkäfern gefunden worden. Bei einigen Arten kommt Polyembryonie vor, d.h., es wird nur 1 Ei in einen Wirt abgelegt, aus dem sich dann mehrere identische Larven entwickeln.

Eucoiliden
EUCOILIDAE

Weltweit gibt es über 1000 Eucoilidenarten. Es handelt sich dabei vor allem um Endoparasiten von Fliegenlarven, die in Aas, Dung oder Pilzen leben. Aber auch landwirtschaftlich wichtige Schädlinge werden durch Schlupfwespen dieser Familie parasitiert. So haben z.B. *Trybilographa rapae* als Antagonist der Kohlfliege (*Delia brassicae*) und *Rhoptromeris eucera* als Parasit der Fritfliege (*Oscinella frit*) eine gewisse Bedeutung.

Cynipiden
CYNIPIDAE

Von diesen sog. Gallwespen sind bisher rund 1600 Arten bekannt; in Mitteleuropa ist die Familie mit etwa 150 Arten vertreten. Die Imagines sind mit 1 bis 5 mm relativ klein. Meist sind sie glänzend schwarz oder braun gefärbt. Die meisten Cynipidenarten sind phytophag und erzeugen Gallen an Pflanzen. Ein kleinerer Teil der Arten lebt jedoch parasitisch oder hyperparasitisch an den verschiedensten Insekten, z.B. an Blattläusen.

Dryiniden
DRYINIDAE

Die Schlupfwespen dieser etwa 400 Arten umfassenden Familie parasitieren ausschließlich Zikadenlarven und werden deshalb auch Zikadenwespen genannt. Bei den meisten Dryiniden weisen die (oft flügellosen) Weibchen an den letzten beiden Gliedern der Vordertarsen (Vorderbeine) ein pinzettenartiges Greiforgan auf, das zum Festhalten der für kurze Zeit durch den Stich des Giftstachels paralysierten Wirtstiere bei der Eiablage dient. Die Larven leben bei vielen Arten zunächst als Endoparasiten. Nach einiger Zeit schieben sie dann aber ihr Hinterende heraus, wobei das Vorderende weiterhin in der Wirtslarve verbleibt, und hängen auf diese Weise – umgeben von den alten Larvenhäuten – außen am Wirt. Die Verpuppung erfolgt außerhalb des Wirtes in einem Kokon am Boden. Bei einigen Arten gibt es Parthenogenese, auch Polyembryonie kommt vor. Die meisten Arten haben 2 Generationen im Jahr; die Überwinterung erfolgt als ausgewachsene Larve, Vorpuppe oder Puppe.

Bethyliden
BETHYLIDAE

Von den etwa 700 Arten der Familie BETHYLIDAE sind einige als Parasiten von Schädlingen (z.B. Speckkäfer, Brotkäfer, Getreideplattkäfer, Schadschmetterlinge) von Bedeutung. Die kleinen bis mittelgroßen, oft metallisch glänzenden Schlupfwespen sind häufig flügellos (vor allem die Weibchen). Die Weibchen sind mit einem Giftstachel ausgerüstet. Bei den Larven handelt es sich überwiegend um ektoparasitische Larvenparasiten. Die Eiablage erfolgt einzeln oder zu mehreren (artspezifisch), außen an die Wirtstiere. Bei manchen Arten ernährt sich das Weibchen von der Körperflüssigkeit des Wirtes. Die Wirte werden i.d.R. paralysiert und z.T. – wie bei den Grabwespen (siehe Seite 105) – als Beutetiere in geeignete Unterschlupfe transportiert.

Faltenwespen
Vespidae

Bei den allgemein bekannten, schwarzgelb gezeichneten Faltenwespen (ca. 20 Arten in Mitteleuropa) handelt es sich um soziale, staatenbildende Insekten. Im Spätsommer kann man sie zahlreich auf reifen oder beschädigten Früchten beobachten. Sie ernähren sich vom süßen Fruchtsaft, aber auch von Nektar und Honigtau. Um ihren Nachwuchs zu füttern, jagen sie alle möglichen Insekten(larven) und dezimieren dadurch auch Pflanzenschädlinge, wie z.B. Raupen. Ihre Beute lähmen sie mit ihrem Giftstachel.

Aussehen und Lebensweise

Faltenwespen lassen sich von anderen Hautflüglern, vor allem von den ähnlichen Grabwespen (siehe Seite 105), durch die in Ruhestellung längsgefalteten Vorderflügel unterscheiden. Im Unterschied zu den Bienen besitzen die Wespen keine Wachsdrüsen und können daher auch keine Waben aus Wachs bauen. Statt dessen benutzen sie dazu eine pappmachéartige Substanz, die sie aus Pflanzenteilen, Holzfasern, Erde und Speichel herstellen.

Die sozialen Faltenwespen leben in relativ großen Staaten zusammen. Jedes Nest umfaßt Tausende von Individuen und weist eine komplexe Sozialstruktur auf.

Ein Nest besteht aus einer befruchteten Königin, einigen wenigen Männchen und einer großen Zahl unbefruchteter Weibchen (sog. Arbeiterinnen). Männchen und besonders die 'Königinnen' (befruchtete Weibchen) sind erheblich größer als die Arbeiterinnen. Die Männchen können an den langen Fühlern erkannt werden, die im Gegensatz zu den Weibchen 13 statt 12 Glieder aufweisen.

Wespenstaaten überdauern nur 1 Jahr, den Winter überstehen nur die schon im Herbst begatteten jungen Königinnen, die im Frühjahr neue Völker gründen. Diese Königinnen überwintern in geschützten Verstecken. Im Frühjahr beginnen sie mit dem Nestbau. Die Nester werden – je nach Art (siehe unten) – an Bäumen, Büschen, Dachbalken oder ähnlich geschützten Stellen, aber auch unterirdisch in Mäusenestern oder Maulwurfsgängen angelegt.

Sobald das Nest 7 bis 10 Zellen aufweist, beginnt die Königin mit der Eiablage. Nach 5 bis 6 Tagen schlüpfen die Larven, die von der Königin allein ernährt werden. Etwa 20 Tage später verpuppen sich die Larven, und nach weiteren 20 Tagen schlüpfen die ersten (nicht fortpflanzungsfähigen) Arbeiterinnen.

Ganz oben: Feldwespenweibchen (Polistes gallicus) beim Nestbau. Oben: Die Nester der Feldwespen (Gattung Polistes) bestehen aus einer einfachen Wabe mit wenigen Zellen. Sie werden in Höhlungen von Mauern, Steinen u.ä. angelegt oder aber völlig frei mit einem Stiel an Pflanzen befestigt.

Während die Königin weitere Eier ablegt, werden Nestbau und -bewachung sowie Brutpflege von den Arbeiterinnen übernommen. Die im Nest kopfabwärts hängenden Larven werden i.d.R. mit zerkauten Insekten gefüttert. Im Herbst entwickeln sich dann Männchen und fortpflanzungsfähige Weibchen. Letztere überwintern, um im darauffolgenden Jahr als Königinnen einen neuen Staat zu gründen.

Wichtige Arten:

Die bei uns häufigeren Faltenwespen finden sich in den Gattungen *Dolichovespula* (Langkopfwes-

Nützlinge in Garten, Feld und Flur

pen) und *Paravespula* (= *Vespula*; Kurzkopfwespen).

Die ca. 10 bis 15 mm große Sächsische Wespe *Dolichovespula saxonica* ist allgemein bekannt, da sie ihre Nester häufig in Dachböden und Gartenlauben anlegt. Auch die verwandten Arten *Dolichovespula sylvestris* (Waldwespe) und *Dolichovespula norvegica* befestigen ihre Nester hängend an Bäumen, auf Dachböden oder an ähnlichen Holzunterlagen. Nester von *Dolichovespula media* findet man dagegen meist in dichtem Gebüsch.

Überwinternde Weibchen der ca. 10 bis 20 mm großen Deutschen Wespe *Paravespula germanica* wie auch die Weibchen der Gemeinen Wespe *Paravespula vulgaris* und der Roten Wespe *Paravespula rufa*, legen ihre Nester i. d. R. unterirdisch an, wobei oft Mäuselöcher oder ähnliche Gänge genutzt werden. Im Spätsommer hat ein Erdnest einen Umfang von 20 bis 30 cm und besteht aus annähernd 3000 Tieren. Noch im Bau kommt es im Herbst zur Befruchtung der Weibchen.

Zur Familie VESPIDAE gehören auch die Feldwespen: Die Arten der Gattung *Polistes* bauen kleine, hüllenlose Nester, die aus einer einfachen Wabe mit wenigen Zellen bestehen und in Höhlungen von Mauern, Steinen u. ä. angelegt oder aber völlig frei mit einem Stiel an Pflanzen befestigt werden. Dabei gründen oft mehrere befruchtete Weibchen gemeinsam ein Nest. Doch schon kurz nach der Eiablage frißt das stärkste Weibchen die Eier der anderen so lange, bis diese sich nur noch als Arbeiterinnen betätigen. Am häufigsten tritt bei uns die Art *Polistes gallicus* auf.

Bekannt und zu Unrecht gefürchtet ist die Hornisse *Vespa crabro*. Mit ca. 20 bis 35 mm Größe ist sie die größte einheimische Wespenart. Sie lebt in Laubmischwäldern, Gärten, Parks und liebt buschreiches Gelände. Für ihren Nestbau bevorzugt sie stehende oder liegende hohle Bäume.

Ganz oben: Die Hornisse (Vespa crabro) ist die größte einheimische Faltenwespe.

Die Deutsche Wespe und die Gemeine Wespe können u. a. an der Ausfärbung des Kopfschildes unterschieden werden: Paravespula germanica weist hier meist 3 schwarze Punkte auf, bei Paravespula vulgaris erkennt man einen schwarzen zackigen Längsstreifen.
Oben: Die Gemeine Wespe (Paravespula vulgaris; Weibchen).
Links: Die Deutsche Wespe (Paravespula germanica; Weibchen).

Hautflügler

Lehmwespen
EUMENIDAE

Bei den Lehmwespen handelt es sich um solitäre Wespen, d.h., jedes Weibchen baut ein Nest, in dem es allein für seine Brut sorgt. Es gibt hier also keine Arbeiterinnen wie bei den sozialen Faltenwespen. Von diesen unterscheiden sich die Lehmwespen auch dadurch, daß sie sich gattungs- oder artspezifisch auf ganz bestimmte Beutetiergruppen spezialisiert haben. Ferner wird die (paralysierte) Beute nur in die Nester eingetragen, eine Fütterung der Larven findet jedoch nicht statt. Wie bei den Grabwespen wird das Nest danach verschlossen.

Wichtige Arten:
Ancistrocerus-Arten (7 bis 16 mm) nutzen für ihren Nestbau verlassene Nester von Solitärbienen, hohle Pflanzenstengel u.a. Höhlungen und erbeuten die Raupen kleiner Schmetterlingsarten.

Die Lehmwespen der Gattung *Eumenes* (Pillenwespen) sind auf den Fang kleiner Spanner- und Eulenraupen spezialisiert. Jede Wespenlarve erhält als lebenden Nahrungsvorrat bis zu 35 Raupen. Die ca. 13 bis 17 mm große Glockenwespe *Eumenes pedunculatus* baut an Pflanzenstengel angeheftete, urnenförmige Lehmnester. Als Beutetiere werden Spannerraupen eingetragen. Pro Jahr bildet die Art offenbar 2 Generationen aus. Die Überwinterung erfolgt als Larve.

Oplomerus-Arten (ca. 10 bis 12 mm) bauen Nester an Sand- oder Lehmwänden mit charakteristischen schornsteinartigen Nesteingängen: Der aus der Neströhre herausgeschaffte Lehm wird in Klümpchen zu einem abwärtsgebogenen Röhrchen verbaut. Beutetiere sind Rüsselkäferlarven der Gattung *Hypera* (Blattnager).

Grabwespen
SPHECIDAE

Auch die Grabwespen (über 250 Arten in Mitteleuropa) sowie die zur gleichen Familie zählenden Sandwespen gehören zu den solitären Wespen. Man kann sie recht gut beobachten, wenn sie ihre Beutetiere (Insekten, manchmal auch Spinnen) fangen und dann fliegend oder laufend zum Nistplatz transportieren.

Aussehen und Lebensweise
Jede Art ist auf eine bestimmte Gruppe von Beutetieren spezialisiert, z.B. Raupen, Fliegen, Käfer, Blattläuse, Zikaden oder Thripse. Die meist durch einen Stich gelähmten (paralysierten) Opfer werden als Larvennahrung in die Nester eingetragen. Dabei wird die Beute beim Transport artspezifisch mit den Beinen, den Mandibeln oder auch mit dem Stachel gehalten, und das Einbringen ins Nest geschieht entweder vorwärts oder rückwärts schreitend.

Die Nester werden häufig und dabei oft kolonieweise im Boden, aber auch in hohlen Stengeln, Schilfhalmen, Käferbohrlöchern, verlassenen Gallen oder anderen 'Höhlen' angelegt. Am Ende eines langen Ganges befindet sich eine kolbenförmige Brutkammer, die nach der Eiablage und dem Eintragen der Larvennahrung mit Sand verschlossen wird.

I.d.R. haben Grabwespen 1 Generation pro Jahr. Wie bei den solitären Bienen überwintert das letzte Larvenstadium, und die neue Generation schlüpft erst im nächsten Frühling oder Frühsommer aus der Puppe (Gespinstkokon).

Die Imagines, gekennzeichnet durch einen dünnen, oft stielartigen und zum Ende keulenförmig verdickten Hinterleib, ernähren sich von Nektar, Pollen, Honigtau sowie teilweise vom Körpersaft ihrer Beutetiere.

Wichtige Arten:
Die Sandwespe *Ammophila sabulosa*, deren Weibchen 16 bis 28 mm groß sind, erbeutet ausschließlich nackte Schmetterlingsraupen. Diese Art nistet mehrere Zentimeter tief im Sand und trägt für jede Bruthöhle zunächst nur eine Raupe ein, bevor die Eiablage erfolgt. Anschließend wird das Nest i.d.R. mit einem Steinchen oder einem anderen Gegenstand verschlossen.

Cerceris arenaria, die sog. Sandknotenwespe, ist eine kleinere Sandwespenart (Weibchen bis 17 mm groß). Sie nistet oft kolonieweise auf sandigen Plätzen und Wegen in der Nähe von Kiefernkulturen, erkennbar an den aufgeworfenen Sandhaufen an den Einfluglöchern der Nistgänge. Zu den Beutetieren gehören vor allem auch pflanzenschädigende Rüsselkäfer.

Bei *Pemphredon lethifer* und anderen Arten der Gattung *Pemphredon* handelt es sich um ca. 5 bis 8,5 mm große, schwer bestimmbare Sandwespen. Die Nester werden in Schilfstengeln oder altem Holz angelegt. Als Larvennahrung dienen Blattläuse. Diese häufige Grabwespe fliegt vom Frühjahr bis zum Herbst und bevorzugt feuchte Biotope.

Grabwespen (Sphecidae) legen ihre Nester häufig im Boden an. Nach dem Eintragen der Larvennahrung und der Eiablage werden die Brutkammern mit Sand verschlossen.

Ameisen
Formicoidea

Weltweit wurden bis jetzt über 6000 Ameisenarten beschrieben. In Deutschland kommen aber nur an die 350 Arten vor; davon sind 16 Waldameisenarten, die große Nester bauen. Zu den Nützlingen unter den Ameisen gehören zweifelsohne die Arten der Gattung *Formica* (Familie Formicidae), die nur schwer voneinander zu unterscheiden sind. Wichtig sind die (Große) Rote Waldameise *Formica rufa* und die Kleine (Rote) Waldameise *Formica polyctena* (auch Kahlrückige Waldameise genannt).

Lebensweise
Die Ameisen zeigen eine komplizierte soziale Lebensweise mit einer hochorganisierten Brutpflege. In dem oft aus Hunderttausenden Ameisen bestehenden 'Staat' gibt es eine ausgeprägte Arbeitsteilung. Wie bei den Wespen ist auch bei den Ameisen nur die Königin in der Lage, Eier abzulegen. Während bei *Formica rufa* oft nur 1 Königin pro Nest vorkommt, können es bei *Formica polyctena* einige hundert bis über tausend Königinnen sein. Die meisten Nestbewohner sind Arbeiterinnen (200 000 bis über 2 Millionen pro Nest), die bestimmten Tätigkeiten nachgehen, davon etwa 50 % außerhalb des Nestes. Von Mai bis Juli entstehen geflügelte Geschlechtstiere, die zur Begattung ausfliegen. Während die Männchen bald darauf sterben, werfen die begatteten Weibchen ihre Flügel ab und beginnen mit der Neugründung eines Staates. Von dem einmal aufgenommenen Spermienvorrat können sie ihr Leben lang ihre Eier befruchten.

Ernährung
Die Nahrung der Waldameisen ist teils pflanzlicher, teils tierischer Herkunft, wobei Insekten als Beutetiere und Blattläuse (Rindenläuse) als Honigtauspender im Vordergrund stehen. Als nicht spezialisierte Räuber richten sie sich nach dem Nahrungsangebot: Im Falle von forstwirtschaftlichen Kulturen sind dies vorwiegend Schädlinge (der Anteil schwankt zwischen 40 und 90%), aber auch nützliche und indifferente Arten werden in die Nester eingetragen. Andererseits führt ihre Vorliebe für Honigtau dazu, daß sie sich häufig in Blattlauskolonien aufhalten und dabei Blattlausfeinde verjagen, was einer Blattlausförderung gleichkommt.

Nestbau
Bei ihren Nestern handelt es sich um die bekannten 'Ameisenhaufen', die aus unzähligen trockenen Pflanzenteilen, meist Nadeln und Ästchen, erbaut sind. Der Haufen ist jedoch sozusagen nur das Dach des Nestes, von dem sich der größere Teil unter der Erde befindet. Oft werden die Nester über Baumstümpfen errichtet, die dann von den Ameisen humifiziert werden. Im gesamten 'Bauwerk' sind viele Stockwerke untergebracht, die durch Gänge verbunden sind.

Rote Waldameisen vertilgen eine große Zahl an Forstschädlingen. Ihre Nester stellen aus Hunderttausenden Ameisen bestehende 'Staaten' dar.

Bedeutung
Von einem großen Waldameisenvolk sollen an einem Tag bis zu 100 000 Forstschädlinge vernichtet werden können. Die Jahresbeute würde demnach etwa 5 bis 10 Millionen Insekten betragen! Nach Auskunft der Deutschen Ameisenschutzwarte genügen 4 Nester, um 1 Hektar Wald vor Schädlingskalamitäten zu bewahren. Andere Experten halten eine Ansiedlung von etwa 10 bis 15 Nestern pro Hektar für notwendig, also eine enorme Siedlungsdichte im Vergleich zum normalen Vorkommen von 5 bis 15 Nestern pro 100 Hektar. Man geht hierbei davon aus, daß – in Abhängigkeit von der Nestgröße – der für eine effektive Reduktion von Beutetieren erforderliche Aktionsradius bei 15 bis 18 m liegt.

Einzelbeobachtungen über das Eintragen von Insekten durch Ameisen sind oft sehr eindrucksvoll, sagen aber über die Bedeu-

An lichten Stellen des Waldes und an Waldrändern kann man zuweilen gewaltige Ameisennester mit einem Umfang von bis zu 10 m, sowie einer Tiefe und einer Höhe von jeweils 2 m finden. Hier ein Bau (Staat) der Großen Roten Waldameise Formica rufa.

Zweiflügler
Diptera

Diese Insektenordnung mit insgesamt rund 85 000 bis 120 000 Arten und in Mitteleuropa ca. 6000 bis 8000 Arten (unterschiedliche Literaturangaben) enthält zwar überwiegend Schädlinge, aber in verschiedenen Familien auch wichtige Räuber und Parasiten. I. d. R. werden die Dipteren (nach dem Bau ihrer Fühler, siehe unten) in 2 Hauptgruppen bzw. Unterordnungen unterteilt: NEMATOCERA (Mücken) und BRACHYCERA (Fliegen). Teilweise werden die Fliegen aber auch (nach der Art und Weise, wie die Kutikula bei jeder Häutung aufreißt) in die 2 Unterordnungen BRACHYCERA und CYCLORRAPHA unterteilt.

Aussehen und Entwicklung

Die Größe der Imagines heimischer Zweiflüglerarten liegt zwischen 1 und 25 mm. Typisch für die Dipteren ist, daß die Imagines nur 1 Paar Flügel besitzen, das in Ruhe meist flach über den Körper gelegt wird. Das hintere Flügelpaar ist zu winzigen, stummel- bzw. keulenförmigen Schwingkölbchen (Halteren) umgebildet, die beim Flug 'mitschwingen' und dadurch eine stabilisierende Wirkung haben. Einige parasitische Arten sind auch flügellos.

Der Kopf ist sehr gut beweglich und vom Thorax deutlich durch eine tiefe Einschnürung abgesetzt. Die 3 Brustringe sind zu einer Kapsel verwachsen. Auch das Abdomen ist meist deutlich vom Thorax abgesetzt. Alle erwachsenen Dipteren haben stechend-saugende oder leckend-saugende Mundwerkzeuge.

Die zart gebauten Mücken haben meist lange Beine und lange, vielgliedrige Fühler. Der Körper der Fliegen ist kräftiger und gedrungen; die Fühler sind kurz und bestehen aus nur 3 Gliedern,

tung dieser Räuber als Begrenzungsfaktor nicht allzuviel aus. Waldameisen sind nicht in der Lage, als schädlich einzustufende Beutetiere selektiv einzutragen; auch können sie ihre Populationsdichte nicht derjenigen des Schädlings anpassen. Dabei ist aber auch noch zu bedenken, daß nicht nur die Neueinrichtung, sondern auch die dauernd notwendige Betreuung von Nestern durch Forstleute recht zeit- und mittelaufwendig ist und daß bei jeder Ansiedlung nur bei etwa der Hälfte der Nester mit einer Etablierung zu rechnen ist (siehe auch Seite 154).

Die Bedeutung der Kolonisation von Ameisen für eine biologische Schädlingsbekämpfung ist also recht schwer zu beurteilen und vielleicht vergleichbar dem Nutzen von Vögeln (siehe Seite 128). Immerhin kann als Folge erwartet werden, daß Fluktuationen in der Populationsdichte von Schadinsekten im Bereich der Nester gedämpft werden. So hat sich z. B. in Kiefernwäldern die Kleine Waldameise speziell bei der Regulierung der Forleule, des Kiefernspanners und Kiefernspinners sowie von Blattwespenlarven als nützlich erwiesen. Auffällig sind hier die sog. 'Grünen Inseln' in unmittelbarer Umgebung der Nester, wo die Bäume vom Kahlfraß ganz oder teilweise verschont und damit mehr oder weniger grün bleiben.

Auch wenn die Ameisen Massenvermehrungen von Schädlingen nicht in jedem Fall verhindern können, tragen sie entscheidend zur Aufrechterhaltung des biologischen Gleichgewichtes im Wald bei. Insbesondere die koloniebildende Kleine Waldameise *Formica polyctena* stellt für den biologischen Waldschutz ein ganz wesentliches Glied im Beziehungsgefüge aus Phytophagen, Parasiten und Prädatoren dar.

von denen das letzte eine große Borste trägt. Die Geschlechtsorgane der Männchen weisen einen komplizierten Klammerapparat zum Festhalten des Weibchens auf. Diese besitzen eine meist mehr oder weniger verhärtete Legeröhre.

Die Larven der Dipteren sind immer beinlos, allerdings sind anstelle gegliederter Extremitäten häufig stummel-, warzen- oder höckerartige, oft mit Borsten oder Häkchen besetzte Ersatzorgane vorhanden. Mückenlarven sind unterschiedlich gestaltet, der Kopf ist meist deutlich zu sehen. Die Mundteile sind stets beißend. Fliegenlarven sind madenförmig, sie haben keine Kopfkapsel, und die Mundwerkzeuge sind bis auf paarige Mundhaken zurückgebildet.

Bei den Puppen der Mücken sind die Körperanhänge (Beine, Fühler, Flügelscheiden) deutlich erkennbar. Es handelt sich dabei um sog. Mumienpuppen ('Pupa obtecta'). Fliegen verpuppen sich als freie Puppe ('Pupa libera'), doch ist diese von einem meist dunkelbraunen Tönnchen ('Puparium') umgeben, weshalb man in diesem Fall auch von 'Tönnchenpuppen' ('Pupa coarctata') spricht. Beim Schlüpfen wird an vorgebildeten Bruchstellen mit Hilfe einer Kopfblase ein Deckel vom Tönnchen abgesprengt.

Lebensweise und Ernährung
Viele Mücken sind nachtaktiv. Sie fliegen langsam mit ausgestreckten Beinen. Nur wenige Familien sind phytophag. Zu den Nützlingen zählen die räuberischen Gallmücken (CECIDOMYIIDAE), deren Larven teilweise wichtige Blattlausvertilger darstellen (siehe Seite 120).

Fliegen sind tagaktiv. Unter ihnen gibt es sehr gewandte Flieger. Sie können gut sehen und mit Hilfe feiner Sinneshaare, die von den Schallwellen zum Mitschwingen gebracht werden, auch 'hören'. Räuberische Arten finden sich vor allem bei den Raupenfliegen (TACHINIDAE), Schwebfliegen (SYRPHIDAE), Blattlausfliegen (CHAMAEIIDAE) und den Raubfliegen (ASILIDAE).

Doch auch in anderen Fliegenfamilien kommt teilweise Zoophagie vor; dazu gehören z. B. die Tanzfliegen (EMPIDIDAE), Langbeinfliegen (DOLICHOPODIDAE), Schnepfenfliegen (RHAGIONIDAE), Kotfliegen (SCATOPHAGIDAE), Stelzfliegen (TYLIDAE) sowie die Essig-, Obst- oder Taufliegen (DROSOPHILIDAE). Obwohl auch diese Familien im folgenden kurz vorgestellt werden, sei darauf hingewiesen, daß die Lebensweisen der einzelnen Arten innerhalb der Familien oftmals sehr unterschiedlich sind und die Zuordnung zu den Nützlingen daher jeweils nur bei einigen Arten gerechtfertigt ist. Dazu kommt noch, daß die Systematik hier teilweise extrem kompliziert ist, was leicht zu unkorrekten Aussagen in der Literatur führen kann.

Raupenfliegen
TACHINIDAE

Von den über 5000 Raupenfliegenarten sind ca. 500 in Mitteleuropa heimisch. Die parasitisch lebenden Tachiniden – auch 'Schmarotzerfliegen' genannt – stellen die wirtschaftlich wichtigste Familie entomophager Dipteren dar. Der Name 'Raupenfliegen' ist eigentlich irreführend, da die Tachiniden nicht nur Raupen befallen, sondern Insekten aus verschiedenen Ordnungen.

Aussehen und Lebensweise
Die Imagines sind rein äußerlich kaum von Stubenfliegen zu unterscheiden. Sie sind meist mittelgroß (bis ca. 15 mm), unauffällig grau gefärbt und weisen oft eine starke, struppige Beborstung (vor allem am Hinterleib) auf. Typisch für diese Familie ist das gut entwickelte, große Postscutellum (Hautfalte zwischen Thoraxende und Oberseite des Hinterleibes). Die erwachsenen Raupenfliegen sind vornehmlich tagaktiv und ernähren sich überwiegend von Blattlaushonigtau und Blütennektar, teilweise auch von Pflanzensaft, Aas oder Kot.

Parasitierung und Entwicklung
Fast alle Arten sind polyphag bzw. wenig spezialisiert und benötigen für den Jahreszyklus zum Teil Wechselwirte. Die Eiablage erfolgt direkt an den Wirt (auf die Haut oder an die Haare des Wirtes) oder in die Nähe der Wirtsraupen auf die Futterpflanzen. In letzterem Falle wird das Ei vom Wirt (mit)gefressen, und im Darm schlüpfen dann die Ma-

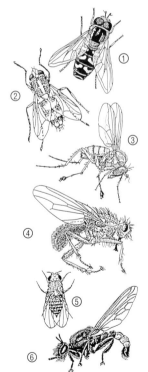

Einige Zweiflüglerfamilien:
① *Schwebfliegen (Syrphidae)*
② *Raupenfliegen (Tachinidae)*
③ *Langbeinfliegen (Dolichopodidae)*
④ *Kotfliegen (Scatophagidae)*
⑤ *Essigfliegen (Drosophilidae)*
⑥ *Raubfliegen (Asilidae)*

den, oder die geschlüpfte Larve sucht den Wirt aktiv auf und bohrt sich durch die Kutikula ein. An der Einbohrstelle wird vom Wirt oft ein Trichter ausgebildet.

Die Larven entwickeln sich ausnahmslos endoparasitisch (teils solitär, teils gregär), vor allem in Schmetterlingsraupen, aber auch in anderen Wirtstieren wie Blattwespenlarven, Käfern (Larven und Imagines) und Wanzen (Imagines). Die Junglarven dringen entweder durch die Darmwand oder von außen in das Körperinnere ein. Sie ernähren sich zunächst von Körperflüssigkeit, dann auch von lebenswichtigen Körperorganen, so daß der Wirt abstirbt. Nach 3 Larvenstadien sind die Parasitenlarven ausgewachsen. Die Larvalentwicklung dauert bei vielen Arten nur wenige Tage. Bei einigen Arten legen die Larven ein fast einjähriges Ruhestadium ein. Die Verpuppung (Tönnchenpuppe) erfolgt selten im Wirt, sondern meist in der Nähe des Wirtes, in Fraßgängen, Blattrollen oder im bzw. am Boden. Viele Arten bilden mehrere Generationen pro Jahr aus.

Bedeutung

Viele landwirtschaftliche Schädlinge dienen Raupenfliegen als Wirte. Über die Parasitierungsraten ist wenig bekannt. Aus der Forstwirtschaft weiß man, daß sie bei Massenauftreten ihrer Wirte bedeutende Ausmaße annehmen. Regelmäßig kommen Raupenfliegen bei Gespinstmotten, Frostspannern, Goldaftern, Wicklerraupen (z.B. Apfelwickler), Eulenraupen (Erdraupen; z.B. Gammaeule), Ringelspinnern, Schwammspinnern, Kohlweißlingen, Blattwespenlarven sowie beim Rapsstengelrüßler und beim Maiszünsler vor. Auch an Getreidelaufkäfern, Kartoffelkäfern, Blattrandkäfern und Maikäfern (Engerlinge) treten Raupenfliegen auf.

Ganz oben: Raupenfliegen leben parasitisch an Schmetterlingsraupen u.a. Insekten.
Oben: Tönnchenpuppen einer Raupenfliege im Gespinst einer Gammaeule (Autographa gamma). Auch die Raupen wichtiger Weinbauschädlinge wie Traubenwickler und Erdraupen werden mehr oder weniger stark durch Raupenfliegen dezimiert.

Wichtige Arten:

Bessa fugax gilt als Parasit mehrerer Wickler- und Spannerarten. Ihr Vorkommen ist mehr auf die wärmeren Gebiete Europas beschränkt. Die Eier werden auf die Raupen des Wirtes gelegt; die kurz darauf schlüpfenden Larven bohren sich ein. Die Verpuppung erfolgt im Kokon des Wirtes im Boden.

Compsilura concinnata (Größe 6 bis 10 mm) gehört zu den Raupenfliegenarten, die kaum spezialisiert sind. Sie hat mehr als 100 verschiedene Wirtsarten (u.a. Schwammspinner-, Nonnen-, Goldafter- und Eulenraupen); vor allem stark behaarte, große Raupen werden häufig parasitiert.

Cyzenis albicans (ca. 5 bis 6 mm) dagegen ist streng an den Kleinen

Frostspanner angepaßt. Im Jahr tritt nur 1 Generation auf. Die adulten Fliegen erscheinen im Frühling. Das Weibchen legt seine rund 1500 winzigen schwarzen Eier ziemlich genau zur Zeit der 3. Häutung der Frostspannerraupen ab, und zwar immer unmittelbar neben frische, durch die Schmetterlingsraupen verursachte Fraßstellen auf Blättern. Die Raupen nehmen dann die Tachinideneier zusammen mit dem Futter auf, und die Parasitenlarven schlüpfen im Darmkanal der Wirtstiere, durchbrechen ihn und setzen sich dann in den Spinndrüsen der Raupen fest. Der Parasit bleibt bis zur Verpuppung seines Wirtes an diesem Ort, ohne daß dadurch die Bildung des Gespinstes für den Puppenkokon im Boden verhindert wird. Bis zum Beginn des Sommers hat die Larve von *Cyzenis albicans* die Puppe des Wirtes vollständig ausgehöhlt, und sie verpuppt sich nun ihrerseits im Inneren der Frostspannerpuppe. Bis zum Schlüpfen im nächsten Frühjahr verbringt sie den ganzen Winter an diesem geschützten Ort. Auch bei dieser Art gibt es im Jahr nur 1 Generation, die Flugzeit der Imagines beginnt im Mai.

Echinomyia fera, die sog. Igelfliege (11 bis 14 mm), parasitiert vor allem Eulen- und Spinnerraupen.

Elodia tragica (Größe 3,5 bis 6 mm; schwarz glänzend) ist ein Endoparasit verschiedener Kleinschmetterlingsraupen (z.B. Apfelwickler). Seine Eier sind nur 0,2 mm lang und werden in der Nähe der Wirtsraupe auf die Früchte abgelegt und (wahrscheinlich) mit der Nahrung aufgenommen. Mit ihrem verlängerten Legerohr kann die Fliege ein paar Millimeter weit in Gespinste, Blattwinkel und Bohrgänge eindringen, um in der Nähe der Raupe ihre Eier abzulegen. Diese kleine Tachinide hat 2 Generatio-

nen im Jahr. Sie überwintert als Puppe im Wirt und erscheint im Frühjahr gegen Ende April als erwachsenes Tier. Ihre Lebensdauer beträgt etwa 1 Monat.

Ernestia rudis (8 bis 12 mm) ist der wichtigste Parasit der Kiefern- oder Forleule. Das Weibchen legt mehrere hundert Eier an die Raupen dieser Schädlinge. Von den sich einbohrenden Larven kann sich jedoch nur jeweils eine weiterentwickeln.

Exorista larvarum ist ein polyphager Parasit (6 bis 14 mm) größerer Raupen. Zum Wirtsspektrum gehören die Raupen verschiedenster Schmetterlingsarten sowie die Larven von Blattwespen. Die weißlichen Eier werden zu mehreren auf die Haut des Wirtes geklebt. Es entwickeln sich bis zu 10 Tachiniden in einer Raupe. Der Wirt wird i.d.R. nach dem Spinnen des Kokons, aber noch vor der Verpuppung getötet. Die erwachsene Parasitenlarve bildet das Puparium im Kokon des Wirtes oder im Erdboden. Die Art hat 2 bis 3 Generationen im Jahr.

Lyphia dubia parasitiert den Kleinen Frostspanner und einige Wicklerarten. Die Fliege (5 bis

Ganz oben: Die Raupenfliege Phryxe vulgaris (Tachinidae) ist ein gregärer Endoparasit von Schmetterlingsraupen.
Oben: Die Tönnchenpuppen der Raupenfliege Phryxe vulgaris – hier vor der Puppe eines Kleinen Kohlweißlings (Pieris rapae) – findet man normalerweise nur im Boden.

6 mm) setzt dünnhäutige Eier auf den Spinnfäden ab, welche die Raupe gezogen hat. Die sehr beweglichen, mit dunklen Chitinplättchen gepanzerten Larven suchen aktiv den Wirt und bohren sich ein. Das Hinterende bleibt in der Eintrittsöffnung, deshalb ist die Parasitierung als schwarzer Fleck erkennbar. Die Raupe wird nach der Abwanderung in den Boden, aber noch vor der Verpuppung getötet. Das Puparium findet man meist frei in der Bodenstreu, seltener im Kokon des Wirtes. Die Fliegen schlüpfen

erst nach der Überwinterung, Mitte April bis Anfang Mai. Pro Jahr gibt es nur 1 Generation.

Phryxe vulgaris, eine ca. 5 bis 9 mm große, schwarze, stark beborstete Raupenfliege, ist als Parasit vieler schädlicher Tag- und Nachtfalter ein für Land- und Forstwirtschaft wichtiger Nützling. Die Art ist polyphag; bisher wurden über 70 Wirtsarten (Raupen von Eulen, Weißlingen, Spannern, Spinnern, Glukken u. a.) festgestellt. Gleich nachdem das Weibchen seine dünnhäutigen Eier auf dem Wirt abgelegt hat, schlüpfen die Larven und bohren sich ein. Da sie anfangs frei in der Leibeshöhle der Wirtsraupe leben und sich erst später an einem Tracheenstamm festsetzen, ist die Parasitierung äußerlich zunächst nicht erkennbar. Meist entwickeln sich mehrere Parasiten in einer Raupe. Parasitierte Raupen sterben ab; bei später Belegung kann sich der Wirt jedoch noch verpuppen. Zur eigenen Verpuppung verlassen die Parasitenlarven meist den Wirtskörper und gehen in den Erdboden, seltener wird das Puparium im Kokon oder in den Resten des Wirtes gebildet.

Schwebfliegen
Syrphidae

Von den weltweit bekannten rund 5000 Schwebfliegenarten leben ca. 500 bis 800 in Mitteleuropa. In Deutschland sind bisher ca. 350 Arten erfaßt.

Unterfamilie Syrphinae

Die Larven der verschiedenen Schwebfliegenarten sind sehr unterschiedlich in ihrer Körperform wie auch ihrer Lebensweise. Viele leben in feuchtem Boden, in Schlamm, Jauche, Tierkot oder in Pflanzenteilen und verzehren u. a. zerfallene pflanzliche und tierische Stoffe. Wichtige Nützlinge finden sich in der Unterfamilie Syrphinae, deren Arten (ca. 100 in Mitteleuropa) im Larvenstadium ausschließlich räuberisch leben (vor allem von Blattläusen).

Aussehen und Lebensweise

Die Imagines sind mittelgroß bis stattlich (8 bis 15 mm). Ihr Hinterleib ist häufig auffallend schwarzgelb gezeichnet. Von den Wespen lassen sie sich aber leicht durch das Fehlen der 'Wespentaille', des 2. Flügelpaares, durch die

Ganz oben: Erwachsene Schwebfliegen (hier: Scaeva pyrastri) findet man häufig an Doldenblüten, wo sie Pollen und Nektar als Nahrung aufnehmen.
Oben links: Schwebfliegeneier – hier an einem Kohlkopf – sind nur ca. 1 mm lang und daher leicht zu übersehen.
Oben rechts: Häufig werden die weißen, netzartig strukturierten Eier der Schwebfliegen einzeln in die Nähe von Blattläusen abgelegt.

Nützlinge in Garten, Feld und Flur

Schwebfliegenlarven (Syrphidae) sind sehr wichtige Blattlausvertilger. Eine Larve kann in 1 bis 2 Wochen mehrere hundert Blattläuse verzehren.

kurzen Fühler und vor allem durch den 'Schwebeflug' unterscheiden.

Der Kopf der Schwebfliegen ist so breit wie die Brust, und die rautenförmigen Augen nehmen einen großen Teil des Kopfes ein. Die Fühler sind kürzer als der Kopf. Die 2 Flügel sind durchsichtig, und ihr Geäder ist charakteristisch für diese Familie. Schwebfliegen sind geschickte, schnelle Flieger. Sie sollen eine Fluggeschwindigkeit von 30 bis 50 km/Stunde erreichen und in wenigen Tagen mehrere hundert Kilometer zurücklegen können.

Die meisten Arten verweilen ('schweben') oft im Schwirrflug an einer Stelle (besonders Männchen), um dann im nächsten Moment blitzartig davonzufliegen.

Ernährung und Entwicklung

Schwebfliegenimagines sind Blütenbesucher. Ihre Nahrung besteht aus Blütennektar, Pollen oder Honigtau. Doldenblütler, Hahnenfußgewächse, Korbblütler, Rosengewächse, aber auch Weidenkätzchen und Gräser sind beliebte Nahrungspflanzen. Pollen ist für die Ausbildung der Ovarien und die Eireifung erforderlich. Besonders wichtig für das Überleben der im Frühjahr erscheinenden Syrphiden sind die ersten Pollenspender im Jahr, wie verschiedene Weidenarten und Hasel. Die Männchen benötigen offenbar weniger Pollen als die Weibchen, dafür aber mehr Nektar (Kohlenhydrate) als Energielieferant für ihre Suchflüge nach Weibchen.

Eiablage

Zur Eiablage in landwirtschaftlichen Kulturen wandern die Schwebfliegenweibchen i.d.R. von anderen, meist naturnahen Lebensräumen in die Äcker ein, da die Habitatansprüche der Imagines innerhalb der Felder nur ungenügend erfüllt werden (mangelndes Blütenangebot usw.). Weibchen der Arten mit blattlausfressenden Larven (aphidophage Arten) suchen aktiv und gezielt nach den Beutetieren und legen ihre weißen, ca. 1 mm langen und netzartig strukturierten Eier meist einzeln in die Nähe von Blattlauskolonien, so daß die schlüpfenden Larven unmittelbar Nahrung finden. Die an einem Standort abgelegte Eizahl korreliert mit der Größe der Blattlauspopulation. Ein Weibchen kann 500 bis 1000 (nach einigen Angaben sogar bis zu 1700) Eier ablegen. Die Embryonalentwicklung beträgt wenige Tage.

Larven

Die überwiegend grünlich bis gelblich gefärbten Larven ähneln auf den ersten Blick kleinen Nacktschnecken. Die Larven der verschiedenen Arten sind recht unterschiedlich geformt und gefärbt. Ihr Körper ist manchmal abgeflacht, meist aber hinten oder in der Mitte leicht verdickt und verjüngt sich zum Kopfende. Schwebfliegenlarven sind blind; sie haben keine Kopfkapsel.

Ausgewachsen sind die Larven 10 bis 20 mm lang. Ihr Körper weist 12 Segmente auf, die wegen der Faltung der Körperoberfläche schwer erkennbar sind. Das letzte Körpersegment trägt ein kleines Röhrchen mit den Atemöffnungen. Die Körperoberfläche (Tegument) ist fein granuliert und bei einigen Arten mit einer Unzahl winziger, nur mit einer starken Lupe erkennbarer Dörnchen bedeckt. Der Körper wird von einer klebrigen Ausscheidung benetzt, die den Larven das Fortbewegen auf der Unterlage ermöglicht. Sie besitzen keine Füße, kriechen aber (schnecken- bzw. blutegelartig) auf ihren Kriechwülsten geschickt umher, wobei sie auf der Beutesuche den Vorderkörper nach allen Seiten schlagen. Aufgespürte Beute wird am Vorderende mit Speichel festgehalten, in die Höhe gerissen und nach Einschlagen der Mundhaken ausgesaugt.

Die zoophagen Syrphiden sind sehr wichtige Blattlausvertilger. Eine Larve kann in 1 bis 2 Wochen bis zur Verpuppung mehrere hundert Blattläuse (400 bis 700) verzehren. Es gibt 3 Larvenstadien. Die Larven gehen überwiegend während der Dämmerung auf Beutesuche, aber auch tagsüber verlassen sie die Blattlauskolonien nicht.

Zweiflügler 113

Oben: Die relativ großen Larven der Gattung Dasysyrphus sind durch stark entwickelte Körperanhänge gekennzeichnet.
Oben rechts: Die durchscheinende Episyrphus balteatus-Larve (hier in einer Kolonie der Mehligen Kohlblattlaus) erscheint 3farbig: Vom weißen Fettgewebe heben sich deutlich die roten Malpighischen Gefäße (Exkretionsorgane) und der schwarze Verdauungstrakt ab.
Rechts: Die Larven der Gattung Sphaerophoria (rechts oben im Bild) sind klein, hellgrün gefärbt und weisen 1 Paar (manchmal verschmolzener) weißlicher Streifen auf der Rückenseite auf. Melanostoma-Larven (links und unten im Bild) sind grasgrün gefärbt und keulenförmig, teilweise mit aus dem Fettkörper durchleuchtenden hellen Streifen.
Unten: Scaeva pyrastri-Larven sind relativ groß, grün gefärbt und nur wenig abgeplattet. Charakteristisch ist das weiße Längsband auf dem Rücken.

Puppen
Die Verpuppung erfolgt meist in einem tropfenförmigen Puparium (verhärtete letzte Larvenhaut). Bei einigen Arten werden die letzten Abdominalsegmente der Larve mit Hilfe eines Analsekretes an Pflanzenteilen befestigt. Bei Arten, die sich im Boden verpuppen, ist die Puppe tönnchenförmig. Auf der Oberfläche der Puparien haften manchmal kleine Steinchen, Pflanzenreste oder die leeren Hüllen der ausgesaugten Blattläuse. Die Färbung der Puparien stimmt vielfach mit der der Larven überein. Die Puppenruhe dauert – in Abhängigkeit von Temperatur und Luftfeuchtigkeit – ca. 7 bis 14 Tage.

Entwicklungszyklen
Die Überwinterung der Schwebfliegen erfolgt artspezifisch als vollentwickelte Larve (am häufigsten), als Puppe oder als Imago. Je nach Art werden im Jahr 1 bis mehrere Generationen ausgebildet. Die Entwicklungszyklen sind für die einzelnen

Nützlinge in Garten, Feld und Flur

Arten recht verschieden. Ihre Kenntnis ist für die Abschätzung der wirtschaftlichen Bedeutung der Arten wichtig: Bei den Arten mit mehreren Generationen (polyvoltine Arten) können entweder die erwachsenen Weibchen (1. Gruppe, siehe unten) bzw. die Larven oder die Puppen überwintern (2. Gruppe).

Polyvoltine Arten

Der 1. Gruppe gehören Arten der Gattungen *Episyrphus* und *Scaeva* an. Die befruchteten Weibchen suchen in der kältesten Zeit Überwinterungsverstecke auf. In milden Wintern fliegen sie nicht selten auch noch im Dezember und Januar. I.d.R. sind dies die allerersten räuberischen Insekten des Frühjahrs, die gegen die ganz früh erscheinenden Schädlinge vorgehen. Es handelt sich hierbei um sog. migrierende Arten (zu- und abwandernd) d.h., die Weibchen überwintern oft in benachbarten Gehölzen.

Zur 2. Gruppe polyvoltiner Arten (Larven oder Puppen überwintern) gehören die Gattungen *Metasyrphus* und *Syrphus*. Sie werden erst später als die Arten der vorherigen Gruppe wirksam, doch ist ihr Entwicklungszyklus mit Ausnahme der Überwinterung derselbe. Einige Arten dieser Gruppe (z.B. *Syrphus ribesii*) können eine Sommerruhe einlegen (fakultative Larvendiapause).

Bivoltine Arten

Bei den Arten mit 2 Generationen im Jahr (bivoltine oder oligovoltine Arten) erscheint die 1. Generation relativ spät gegen Mitte Juni und die 2. im September. Im Sommer und im Winter müssen die Larven ein Ruhestadium haben (obligate Larvendiapause). Zu dieser Gruppe gehört z.B. *Melangyna triangulifera*.

Univoltine Arten

Univoltine Arten haben nur 1 Generation im Frühjahr und

Ganz oben links: Die ca. 6 bis 7 mm lange und 3 mm breite Puppe von Episyrphus balteatus ist cremefarbig bis weißlich-hellgrau. Während der ersten 3 Tage kann man noch die bunte Zeichnung der Schwebfliegenlarve erkennen.
Ganz oben rechts: Melanostoma-Puppen sind wie die Larven grün gefärbt und haben – wie die meisten Schwebfliegenpuppen – eine Tropfenform.
Oben links: Auch die Sphaero-
horia-Puppe ähnelt in der Ausfärbung der Larve.
Oben rechts: Die 8 mm lange und 3 mm breite Puppe von Scaeva pyrastri (hier kurz vor dem Schlupf; Puppe normalerweise im Boden!) ist am stärkeren Ende grün, in der Mitte gelblich und am Hinterende braun, wobei die Farben ineinander übergehen. Den Rücken ziert ein roter Streifen. Mit zunehmendem Alter verblaßt die bunte Zeichnung, später erscheint die Puppe einfarbig braun.

eine Larvenruhe (obligat) von 9 bis 10 Monaten. Zu diesen nicht migrierenden Arten gehören beispielsweise die Gattungen *Pipiza* und *Epistrophe* sowie *Platycheirus ambiguus*.

Bedeutung

Schwebfliegenlarven gehören zu den effektivsten spezifischen Blattlausantagonisten in vielen Acker- und Gartenkulturen. Aufgrund mehrerer charakteristischer Eigenschaften haben sie eine große praktische Bedeutung als Begrenzungsfaktor:
• frühe Präsenz schon im Frühjahr beim Auftreten der ersten Blattläuse;
• große Beweglichkeit der Imagines und damit die Möglichkeit einer raschen Neubesiedlung von Pflanzenbeständen (z.B. nach Insektizidbehandlung);
• ständige Anwesenheit während der ganzen Zeit, in der sich die verschiedenen Blattlausarten entwickeln;
• Eiablage in unmittelbarer Nähe der Blattlauskolonien;
• große Gefräßigkeit der Larven, welche die Blattlauskolonien 'systematisch' vernichten, indem sie alle Stadien (einschließlich der geflügelten Tiere) angreifen.

Auftreten

Schwebfliegen sind von März bis September zu finden. Die häufig in unseren landwirtschaftlichen Kulturen auftretenden Arten *Episyrphus balteatus*, *Syrphus ribesii* und *Metasyrphus corollae* sind vor allem im Hochsommer (Juli) als Blattlausantagonisten von großer Bedeutung. Doch auch im Frühsommer ist das Prädationspotential aphidophager Schwebfliegen (z. B. *Sphaerophoria scripta*, *Melanostoma*-Arten, *Platycheirus clypeatus*) nicht zu unterschätzen. Große Bedeutung haben Schwebfliegen beispielsweise für den Massenwechsel der Getreideblattläuse: Greifen die Schwebfliegenlarven bereits in der Anfangsphase der Blattlausvermehrung an, kann das Entstehen einer Kalamität ganz verhindert werden. Doch auch bei einem späteren Auftreten der Larven sind sie oft maßgeblich an einem frühzeitigen und schnellen Zusammenbruch der Schädlingspopulation beteiligt.

Wie Untersuchungen des Instituts für biologischen Pflanzenschutz der BBA in Darmstadt zeigen, ist z. B. die Höhe der Eiablage in Winterweizen- und Maisfeldern gut mit der saisonalen Entwicklung der Blattlausdichte synchronisiert. Bereits bei sehr geringen Blattlausdichten wurden Syrphideneier nachgewiesen. Dabei zeigten sich deutliche Unterschiede in der Eidichte zwischen dem Feldinnern (100 m Feldtiefe) und dem Feldrand: Sie war 5 m im Feld (Randbereich) wesentlich höher als in 25 bis 100 m. Auch die Artenvielfalt war im Feldrandbereich erhöht. Es konnten jedoch auch artspezifische Unterschiede hinsichtlich der Einwanderung in die Felder festgestellt werden: Einige Arten legten bevorzugt am Feldrand Eier ab (*Melanostoma mellinum*, *Platycheirus clypeatus*, *Platycheirus scutatus*, *Sphaerophoria scripta*), während bei anderen bis 100 m Feldtiefe ähnliche Eidichten nachgewiesen wurden (*Episyrphus balteatus*, *Eupeodes corollae*, *Scaeva pyrastri*).

Auch in unseren Gärten sind Schwebfliegen häufig. An Obstbäumen und Beerensträuchern findet man vor allem die Larven von *Episyrphus balteatus*, *Syrphus ribesii* und *Syrphus vitripennis*. In Abhängigkeit vom Blütenangebot des Gartens sowie der näheren Umgebung können hier jedoch auch andere Arten angetroffen werden.

Wichtige Arten:
Bei den Arten der Gattung *Dasysyrphus* handelt es sich um mittelgroße (ca. 9 bis 13 mm), bis auf *Dasysyrphus lunulatus* und *Dasysyrphus venustus* relativ selten auftretende Schwebfliegen des lichten Laubwaldes. Die auffällig gebauten Larven ernähren sich überwiegend von Blattläusen.

Epistrophe bifasciata und andere Arten dieser Gattung bilden nur 1 Generation pro Jahr aus (univoltin). Ihre Larven haben eine Ruhezeit von Juni bis zum April des folgenden Jahres. Die Larven sind hell- bis dunkelgrün gefärbt, mit einem länglichen, in der Mitte des Rückens diffusen weißen Streifen und kleinen, mehr oder weniger deutlichen Flecken auf dem Rücken. Bevorzugte Habitate der *Epistrophe*-Arten sind Wälder.

Die Schwebfliege Episyrphus balteatus (Syrphidae) zählt in Gärten und auf Feldern zu den wichtigsten Blattlausantagonisten.

Episyrphus balteatus zählt in den Gärten und auf Feldern zu den wichtigsten Blattlausantagonisten. Die Art hat 3 bis 5 Generationen im Jahr (polyvoltin), überwintert im Imaginalstadium und erscheint schon im März an den ersten Pollenspendern. Die Weibchen legen bereits zu Beginn des Frühjahrs Eier ab. Die Imagines sind ca. 10 mm groß und durch eine schwarze Brust mit gelbbraunem Schildchen gekennzeichnet. Der gelbe Hinterleib ist mit unregelmäßigen, breiten und schmalen schwarzen Querbändern versehen. Die abgeflachten, gelblichen Larven (bis zu 11 mm lang) sind so durchscheinend, daß man die weißlichen Fettkörper sowie den dunklen Darmtrakt erkennen kann. *Episyrphus balteatus* meidet große Hitze, ist dafür aber auch bei kühler und feuchter Witterung häufig anzutreffen. Sie bevorzugt in der Mittagshitze eher Sträucher und Bäume und ist meist nur am Morgen und Abend bei der Nahrungsaufnahme zu beobachten.

Melangyna triangulata hat 2 Generationen; die Ruhezeit der aphidophagen Larven ist auf den Sommer und Winter verteilt. Die meisten *Melangyna*-Arten (7 bis 10 mm; überwiegend schwarz gefärbt) sind recht selten; sie leben meist an Bäumen.

Häufigster Vertreter der Gattung *Melanostoma* ist **Melanostoma mellinum**, eine nur etwa 6 bis 8 mm große, polyvoltine Art. Man findet sie vorzugsweise in der offenen Landschaft (Wiesen, Felder, Kahlschläge u. a.). Die Larven sind aphidophag, fressen aber bei Blattlausmangel auch Schmetterlingsraupen und pflanzliches Gewebe.

Metasyprhus corollae, eine ca. 10 mm große Schwebfliege mit gelbem 'Gesicht' und gelb gezeichnetem Abdomen, besiedelt viele Ökosysteme. Sie gilt als sehr klimatolerant und bevorzugt offenes Gelände und Kulturflächen. Die Larve ist braunbeige gefärbt, auf dem Rücken erkennt man je Segment eine querbalkenähnliche Zeichnung. Ihr Körper ist mit unzähligen schwarzen Dörnchen bedeckt. Bei dieser Art wurde eine Gesamtfraßleistung von etwa 870 mittelgroßen Blattläusen (Schwarze Bohnenlaus, Grüne Pfirsichblattlaus) während einer Larvalentwicklungszeit von 10 Tagen ermittelt.

Metasyrphus luniger, ca. 9 mm groß, ist an der grünschwarz glänzenden Brust und einem schwarzbraunen Hinterleib (mit 3 breiten, unterbrochenen Querbinden) zu erkennen. Die graubraune Larve wird bis zu 10 mm lang und zeigt am Rücken in der Längsrichtung helle und dunkle Zeichnungen sowie Querreihen von Borsten. Pro Jahr treten mehrere Generationen auf. Da die Überwinterung als Larve oder als Puppe erfolgt, sind die Fliegen von April bis in den Spätherbst zu finden.

Pipiza noctiluca überwintert als Larve. Die Adulten fliegen von April bis Juni. Bei günstigen Bedingungen kann sich eine 2. Generation entwickeln. Diese Art ist nachtaktiv. Die Larven sind rötlich oder grünlich und sehr durchscheinend, d.h., innere Organe (wie Verdauungstrakt und Luftröhren) sind sichtbar. Ihr Körper ist mit unzähligen kegelförmigen, bräunlichen Dörnchen bedeckt. Sie sind vorwiegend in Gallen oder in Kolonien solcher Blattläuse zu finden, die eine starke Blattrollung verursachen. Sie haften nur schwach an ihrer Unterlage und fallen deshalb leicht von ihr ab.

Platycheirus-**Arten** sind kleine bis mittelgroße (6 bis 14 mm), dunkle Fliegen mit mehr oder weniger hell geflecktem Abdomen und eigentümlich geformten und verzierten Vorderbeinen. Die meisten Arten kommen in offenem Gelände vor (Wiesen, Felder, Kahlschläge). Die kleineren Arten haben jährlich mehrere Generationen, die großen sind wahrscheinlich bivoltin oder – wie *Platycheirus ambiguus* – univoltin. Die Larven dieser Art treten auch in Blattlauskolonien an Obstbäumen auf.

Metasyrphus corollae (Syrphidae) besiedelt viele Ökosysteme, bevorzugt dabei aber offenes Gelände und Kulturflächen. Hier sind sie – wie alle adulten Schwebfliegen – auf ein reiches Blütenangebot angewiesen.

Scaeva pyrastri (Syrphidae) hat in Abhängigkeit von den Witterungs- und Ernährungsbedingungen 3 bis 5 Generationen im Jahr. Auch die Larven dieser Schwebfliegenart ernähren sich von Blattläusen.

Oben links: Sphaerophoria-Arten (Syrphidae) sind schmal und langgestreckt gebaut. Am häufigsten und bekanntesten ist die polyvoltine Art Sphaerophoria scripta. Oben rechts: Syrphus vitripennis (Syrphidae) ist eine wärmeliebende Art. Sie gehört zu den typischen Waldbewohnern und ist hier vor allem in Eichenbeständen anzutreffen. Doch auch an gärtnerischen und landwirtschaftlichen Kulturpflanzen ist sie nicht selten.

Scaeva pyrastri gehört zu den polyvoltinen Arten. Je nach Witterungs- und Ernährungsbedingungen bildet sie 3 bis 5 Generationen im Jahr aus. Es überwintern die erwachsenen Weibchen, die schon zu Beginn des Frühjahrs Eier ablegen. Die Imagines sind 11 bis 14 mm groß. Die Larven erreichen eine Länge von 20 mm. Sie sind intensiv grün (manchmal braun) gefärbt, mit länglichen, weißen Streifen in der Rückenmitte. Der Körper ist mit braunen Dörnchen bedeckt.

Sphaerophoria-**Arten** sind 6 bis 10 mm groß, schmal und langgestreckt gebaut. Sie leben in der offenen Landschaft (Wiesen, Felder, Heiden) sowie an unbeschatteten Stellen im Wald. Am häufigsten und bekanntesten ist die polyvoltine Art **Sphaerophoria scripta**.

In der Gattung **Syrphus** finden sich mittelgroße bis große (8 bis 12 mm), weitverbreitete Arten mit gelbem 'Gesicht', gelbem Schildchen und einem dunkelbraunen, mit gelben Binden versehenen Abdomen. Die nachfolgend beschriebenen Arten sind eigentlich typische Waldbewohner, treten aber auch in anderen Biotopen (z. B. Gärten und Feldern) in hoher Zahl auf und sind hier als wirksame Blattlausvertilger äußerst nützlich.

Syrphus corollae tritt in 3 bis 4 Generationen auf. Die Überwinterung erfolgt als Larve oder Puppe. Die erwachsenen Tiere fliegen von April bis Oktober.

Syrphus ribesii überwintert als Larve oder Puppe. Jährlich werden 2 bis 3 Generationen gebildet. Die Adulten sind von April bis in den Herbst zu finden. Die Fliege ist ca. 9 bis 12 mm lang und weist eine hellbraune Brust mit hellerem Schildchen und einen schwarzen Hinterleib mit 1 unterbrochenen und 3 durchgehenden gelben Querbinden auf.

Die Larve wird ca. 12 mm lang, ist glatt und dünn sowie durchscheinend blaßgelb.

Syrphus vitripennis gehört zwar zu den polyvoltinen Arten, überwintert aber in präimaginalen Stadien. Obwohl sie daher etwa 1 Monat später als *Episyrphus balteatus* oder *Scaeva pyrastri* auf den Nahrungspflanzen erscheint, ist sie – lange bevor die ersten Blattläuse an Kulturpflanzen auftreten – bereits eiablagebereit und daher auf Blattlausbestände sog. 'ökologischer Zellen' (siehe Seite 136) angewiesen. Die Larve zeigt auf den hinteren 5 bis 6 Segmenten je 1 Querstreifen aus gelben, fetthaltigen Geweben. Der Inhalt des Verdauungstraktes erscheint schwarz; die Körperoberfläche ist glatt.

Die Schwebfliege Xanthogramma pedissequum (= ornatum; Syrphidae) ist relativ selten anzutreffen.

Xanthogramma-**Arten** sind nicht so häufig. Sie haben eine Größe von 10 bis 12 mm und weisen an Thorax und Abdomen kräftige gelbe Binden auf. Man findet sie auf Wiesen und in Laubwäldern. Die Flugzeit reicht von Mai bis August.

Blattlausfliegen
CHAMAEIIDAE

Nur etwa 13 Blattlausfliegenarten sind in Mitteleuropa heimisch; die meisten Arten gehören zur Gattung *Leucopis*. Diese Nützlinge sind besonders im Sommer in den Kolonien von Apfelblattläusen zu finden.

Die Larven der Blattlausfliegen (Chaemaeiidae) sind an 2 Atemröhrchen am Hinterleibsende zu erkennen. Sie ernähren sich räuberisch von kleinen Blattläusen und Schildläusen. Die Puppe ist braunrot gefärbt.

Blattlausfliegen (Chaemaeiidae) findet man im Sommer häufig in den Kolonien von Apfelblattläusen.

Aussehen, Lebensweise und Ernährung

Die Imagines der Blattlausfliegen sind klein (1 bis 4 mm) und grau gefärbt; der Hinterleib hat häufig braune oder schwarze Flecken. Charakteristisch ist das Flügelgeäder: Die vorderen Adern sind kräftig verdickt, die hinteren fehlen fast vollständig. Die Bestimmung der einzelnen Blattlausfliegenarten ist sehr schwierig und nur durch die Untersuchung der Beborstung bzw. der Genitalien der Männchen möglich. Bei einigen Arten fördern die Imagines (ähnlich den Ameisen) durch 'Betrillern' der Blattläuse die Ausscheidung von Honigtau.

Die weißen Eier weisen im Gegensatz zu den Syrphideneiern keine netzartige Struktur auf. Sie werden einzeln in die Nähe oder direkt in die Blattlauskolonien abgelegt. Die gelblichgrünen, matten Larven sind denen der Schwebfliegen ähnlich, dabei jedoch mit einer Größe von 3 bis 4 mm viel kleiner. Am Hinterleibsende weisen sie 2 Atemröhrchen auf (Schwebfliegen haben nur 1 Atemröhrchen). Sie ernähren sich räuberisch von kleinen Blattläusen und Schildläusen. Die Puppe ist braunrot gefärbt. An ihrem Hinterleibsende erkennt man 2 kleine Punkte, die den Atemröhrchen entsprechen.

Raubfliegen
Asilidae

Von insgesamt ca. 5000 Arten der Familie Asilidae leben gegen 30 bis 200 Arten (unterschiedliche Angaben) in Mitteleuropa.

Aussehen, Lebensweise und Ernährung

Asiliden sind mittelgroße bis große (5 bis 40 mm), teilweise sehr schlanke Fliegen mit großen vorstehenden Augen. Sie sind kräftig gebaut und häufig an Körper und Beinen stark beborstet, was sie mitunter recht bedrohlich aussehen läßt. Alle Raubfliegen ernähren sich von anderen Insekten, die sie fliegend oder auflauernd erjagen. Zu den Beutetieren gehören Wanzen, Heuschrecken, Wespen u.a. Mit ihrem kräftigen Stech-Saug-Rüssel können selbst Käfer durchbohrt und ausgesaugt werden.

Die rundlichen, mit Kriechwarzen ausgerüsteten Larven le-

Raubfliegen (Asilidae) fangen ihre Beute in der Regel im Fluge. Dabei packen sie die Insekten mit ihren kräftigen Beinen und stechen sie mit ihrem kurzen Rüssel an.

Neben schlanken Arten gibt es bei den Raubfliegen (Asilidae) auch kräftig gebaute, an Körper und Beinen stark beborstete Arten.

ben im Boden oder unter Rinde. Sie sind überwiegend räuberisch, ernähren sich aber auch von zerfallendem pflanzlichen Material. Die sehr beweglichen Puppen sind an Kopf und Körper mit nach hinten gerichteten Dornen besetzt, mit denen sie sich vor dem Schlüpfen ins Freie arbeiten.

In der Literatur werden unter dem Begriff 'Raubfliegen' teilweise Vertreter verschiedener Fliegenfamilien zusammengefaßt, die im adulten Stadium räuberisch leben, so z.B. – neben den Asiliden – die nachfolgend beschriebenen Empididen, Dolichopodiden und Scatophagiden.

Tanzfliegen
Empididae

Über 300 Tanzfliegenarten leben in Mitteleuropa; weltweit sind es ca. 3000 Arten. Man findet sie in Gärten, Wiesen, Parks und lichten Laubmischwäldern.

Aussehen

Die Imagines sind meist winzig (kaum größer als 1 mm), bei einigen Arten erreichen sie eine Größe bis 9 mm. Ihr meist brauner Körper ist schlank, mit einem deutlich von der Brust (durch einen dünnen Hals) abgesetzten, kugeligen Kopf. Kennzeichnend sind der lange, dünne Rüssel sowie lange, dünne, behaarte Beine (oft mit verdickten Schenkeln). Die Flügel werden in Ruhe über dem Rücken der Tiere zusammengelegt.

Die Larven der Tanzfliegen leben räuberisch im Boden, in verrottendem Holz und unter Baumrinde. Sie sind schlank und haben 12 Glieder, von denen die hinteren auf der Bauchseite Kriechwülste tragen. Die Puppen sind mit Dornen besetzt.

Tanzfliegen (Empididae) der Gattung Platypalpus gelten im Gemüsebau als wichtiger Gegenspieler von Minierfliegen und Trauermücken. Das hier gezeigte Exemplar hat eine blattminierende Essig- oder Taufliege (Scaptomyza flava) erbeutet.

Lebensweise und Ernährung

Tanzfliegen haben ihren Namen von den Balztänzen der Männchen, bei denen diese den Weibchen ein Beutestück (meist eine Fliege) anbieten und sie dann im Flug begatten. Häufig gesellen sich mehrere Männchen und Weibchen zu einer Gruppenbalz.

Tanzfliegen ernähren sich von kleinen Insekten (hauptsächlich anderen Zweiflüglern) und anderen kleinen Arthropoden. Ihre Beutetiere können dabei größer sein als sie selbst.

Langbeinfliegen
DOLICHOPODIDAE

Weltweit kennt man 3500 bis 6000 Arten (unterschiedliche Literaturangaben); in Mitteleuropa sind es etwa 300 Arten.

Aussehen

Langbeinfliegen sind kleine, ca. 5 bis 7 mm große, metallisch grün oder blau glänzende Fliegen. Ihr Hinterleib erscheint seitlich zusammengedrückt. Der Körper weist eine lang abstehende, aber spärliche Beborstung auf. Der Kopf ist, von der Seite gesehen, höher als breit, der Rüssel einziehbar. Die häufig gelb gefärbten Beine sind relativ lang (Name!), was bereits darauf hindeutet, daß es sich hier um gute Läufer handelt.

Lebensweise und Ernährung

Langbeinfliegen leben vor allem in Wassernähe, aber auch im Bodenwuchs feuchter Wälder. Sie ernähren sich (als erwachsene Tiere) von kleinen Insekten und deren Larven sowie von Würmern, die sie mit den gezähnten Endlappen ihres Rüssels 'zerquetschen': Die Beute wird dabei mit den fast kieferartig gegeneinander wirkenden sog. Labellen der Unterlippe ergriffen und mit kleinen Zähnchen auf der Unterseite der Oberlippe aufgeschnitten. Manche Arten jagen auch auf der Wasseroberfläche.

Die meisten Larven leben ebenfalls räuberisch, teilweise unter Baumrinde oder in den Gängen von Borkenkäfern, deren Larven und Puppen sie fressen. Einige Arten leben im Larvenstadium im Humus oder im Wasser räuberisch oder von zerfallendem Pflanzenmaterial.

Schnepfenfliegen
RHAGIONIDAE

Schnepfenfliegen treten bei uns mit etwa 30 Arten auf. Sie sind 8 bis 16 mm groß, schlank und langbeinig und überwiegend gelb, braun und grau gefärbt. Meist sitzen sie in einer typischen Haltung: die Beine gespreizt und den Vorderkörper erhoben. Man nimmt an, daß die Imagines räuberisch von anderen Insekten leben.

Bei den Larven (bis 18 mm) handelt es sich auf jeden Fall um Räuber, die Insekten und auch Regenwürmer fressen. Man findet sie in Fallaub, Holz, Kompost, Mist und in der Erde (Wald- und Wiesenböden).

Langbeinfliegen (Dolichopodidae) ernähren sich (als erwachsene Tiere) von kleinen Insekten, deren Larven sowie von Würmern. Auch die Larven leben räuberisch (beispielsweise von Borkenkäferlarven und -puppen).

Die Gemeine Schnepfenfliege Rhagio scolopaceus.

Kotfliegen (Scatophagidae) zeigen artspezifisch die unterschiedlichsten Lebensweisen. Bei einigen Arten leben Imagines und/oder Larven räuberisch.

Kotfliegen
SCATOPHAGIDAE

Die meisten der rund 500 Kotfliegenarten leben in der nördlichen gemäßigten Zone, über 100 davon auch in Mitteleuropa.

Aussehen und Lebensweise

Die Flügel der Imagines überragen weit den Hinterleib, sind oft rauchig getrübt oder gefleckt und zeigen eine familientypische Flügeläderung. Der Hinterleib ist schlank und besteht aus 5 oder 6 sichtbaren Segmenten. Die Lebensweise der Kotfliegen ist sehr verschieden. Viele Arten leben in der Bodenvegetation. Einige sind

Nützlinge in Garten, Feld und Flur

Räuber, die ihre Opfer mit kleinen Zahnreihen an der Rüsselspitze geradezu 'zersägen'.

Die Larven leben auf sehr unterschiedliche Weise. Man findet sie in tierischen Exkrementen, wo sie sich räuberisch von anderen Kotfressern ernähren. Doch auch blattminierende und gallbildende Arten sind bekannt.

Eine häufige Art ist *Scatophaga stercoraria*, eine räuberische, pelzig gelb behaarte, ca. 5 bis 10 mm große Fliege, die oft an frischen Rinderfladen auftritt und dort sowohl ihre Eier ablegt als auch ihre Beute (kleine, weichhäutige Insekten) fängt.

Stelzfliegen
TYLIDAE (MICROPEZIDAE)

Kennzeichen der ca. 6 bis 7 mm großen Stelzfliegen sind außergewöhnlich lange, dünne (Stelz-)Beine und relativ große Flügel. Die 13 bei uns vorkommenden Arten sind relativ selten, daher wohl auch wenig bekannt und in ihrer Effektivität als Nützlinge umstritten. In Gewässernähe und an anderen feuchten, schattigen Orten machen sie fliegend Jagd auf kleine, weichhäutige Insekten, vor allem Blattläuse und kleine Fliegen.

Über die Ernährung ihrer im Humus lebenden Larven ist bis heute leider kaum etwas bekannt.

Selten und in ihrer Effektivität als Nützling umstritten: die Stelzfliege (Tylidae).

Essig-, Obst- oder Taufliegen
DROSOPHILIDAE

Diese ca. 1 bis 6 mm großen, oft gelben Fliegen werden von gärenden Stoffen angelockt. So können sie z. B. in Marmeladenfabriken, auf Obstlagerplätzen und in ähnlichen Einrichtungen zu einer Plage werden.

Die Larven der meisten Arten leben von Bakterien und Pilzen in verwesendem Pflanzenmaterial. Andere Arten leben in Wiesen und Wäldern, in Blüten, auf Baumsäften oder in verfallender organischer Substanz. Weniger bekannt ist, daß einige der rund 50 in Europa heimischen Arten räuberisch oder parasitisch sind (z. B. *Acletoxenus formosus*).

Gallmücken
CECIDOMYIIDAE

Die Cecidomyiiden sind weltweit mit etwa 1000 bis 4000 Arten (unterschiedliche Literaturangaben) verbreitet und stellen damit offenbar die größte der Nematocerenfamilien dar. In Mitteleuropa sind über 500 Arten heimisch. Sie werden als Gallmücken bezeichnet, obwohl keineswegs alle Arten Gallbildner sind.

Oben: Die Larve von Acletoxenus formosus (Drosophilidae) 'belädt' sich mit den ausgesaugten Beutetieren.
Unten: Acletoxenus formosus gehört zu den weniger bekannten Nützlingen. Diese Art ist auf Weiße Fliegen spezialisiert.

Aussehen und Lebensweise
Die Imagines der Gallmücken sind sehr zart gebaut und nur 1 bis 4 mm groß. Sie haben lange Beine, die Flügel sind meist unbehaart und zeigen eine stark reduzierte Äderung. Charakteristisches Merkmal sind die sich kolbenartig erweiternden Fühlerglieder, die dem Fühler ein perlschnurartiges Aussehen verleihen.

Die Larven sind recht verschieden gestaltet. Kopfkapsel und

Mundwerkzeuge sind teilweise zurückgebildet, bei räuberischen Arten sind die Mandibeln jedoch erhalten. Der spindelförmige, oft mit winzigen Dörnchen, Papillen oder Haaren besetzte Körper ist gelblich orange bis rot gefärbt. Zumindest bei älteren Larven sind die durchscheinenden weißlichen Fettkörper zu erkennen. Typisch ist hier auch eine sog. Brustgräte (Spatula; bauchseitig gelegenes sklerotisiertes Gebilde am 1. Brustring), die offenbar zum 'Abspringen' vom Blatt zwecks Aufsuchen des Verpuppungsortes dient.

Die Larven der phytophagen Arten leben im Gewebe von höheren Pflanzen und schädigen dort durch die Bildung von Pflanzengallen. Neben den phytophagen Gallmückenarten gibt es Arten, die sich saprophag, d.h. von modernden Pflanzenstoffen, ernähren, in bzw. von Pilzen (mycophage Arten) oder als sog. Einmieter (Inquilinen) in Gallen anderer Insekten leben.

Unter den zoophagen Vertretern der Familie CECIDOMYIIDAE können Parasiten (z.B. von Blattläusen und Blattsaugern) und Prädatoren (z.B. von Blattläusen und Spinnmilben) unterschieden werden. Zu den parasitisch an Blattläusen lebenden Gallmückenarten gehört z.B. *Endaphis perfidus*. In der ca. 50 Arten zählenden Gruppe der Prädatoren nehmen die Blattlausräuber, und zwar besonders *Aphidoletes aphidimyza*, eine bedeutende Stellung ein. *Theradiplosis persicae* sowie Arten der Gattungen *Arthrocnodax* und *Acaroletes* ernähren sich hauptsächlich von Spinnmilben.

Die Räuberische Gallmücke *Aphidoletes aphidimyza*

Unter den nützlichen Gallmücken spielt die Räuberische Gallmücke *Aphidoletes aphidimyza* eine herausragende Rolle. Diese Art wird auch in vielen Ländern zur biologischen Blattlausbe-

Nicht alle Gallmücken sind Gallbildner. Neben phytophagen, saprophagen, zoophagen u.a. gibt es auch mycophage Arten (im Bild Gallmückenlarven an Rosenmehltau).

kämpfung eingesetzt (siehe Seiten 184 und 204). Da es sich hier um eine wissenschaftlich besonders intensiv untersuchte Art und obendrein um den 'Lieblingsnützling' des Autors handelt, erschien eine etwas ausführlichere Beschreibung als Abschluß des Kapitels über 'Nutzarthropoden' gerechtfertigt.

Eier

Die Gallmückenweibchen von *Aphidoletes aphidimyza* legen ihre Eier entweder einzeln oder in Gruppen inmitten von Blattlauskolonien ab. Sie sind ca. 0,3 mm lang, oval und glänzend orangegelb bis orangerot gefärbt. Aufgrund ihrer geringen Größe werden sie in Blattlauskolonien leicht übersehen. Die Embryonalentwicklung dauert ca. 2 bis 3 Tage; sie ist stark von der Temperatur und Luftfeuchtigkeit abhängig. Auch die Schlupfrate (der Larven) steigt mit zunehmender Luftfeuchtigkeit.

Larven

Die Larven sind kurz nach dem Schlüpfen kaum mit bloßem Auge erkennbar, was z.T. noch dadurch erschwert wird, daß sie

Die Räuberische Gallmücke Aphidoletes aphidimyza *ist nachtaktiv und ernährt sich von Blattlaushonigtau. Ihre Larven leben räuberisch und ernähren sich ausschließlich von Blattläusen.*

sich oft unter den Blattläusen aufhalten. Während die Larven des 1. Stadiums nur 0,3 bis 0,5 mm lang und farblos bis hellorange sind, zeigen die ausgewachsenen Larven (4. Stadium) eine Färbung von blaß rosaorange bis tief rotorange bei einer durchschnittlichen Länge von ca. 2,4 mm (bis 6 mm). Im 3. Larvenstadium sind 2, im 4. Stadium 3 cremefarbene Fettkörperbänder zu erkennen. Die Larven aller 4 Stadien haben gemeinsam, daß sie an beiden Enden spitz zulaufen. Die Entwicklungsdauer der Larven ist von der Temperatur, vom Nahrungsangebot und von der Jahreszeit (bzw. Generation) abhängig und kann entsprechend 3 bis 14 Tage betragen (bei Zimmertemperatur etwa 5 Tage).

Die Larven von *Aphidoletes aphidimyza* ernähren sich ausschließlich von Blattläusen, von denen über 60 Arten als potentielle Beutetiere bekannt sind. Sie stechen ihr Opfer i.d.R. an einem Gelenk der Extremitäten an und injizieren dabei ein Toxin. Die Blattlaus wird dadurch gelähmt, ihr Inneres aufgelöst und schließlich von der Larve ausgesaugt. Dabei kann beobachtet werden, daß größere Blattläuse infolge ihres Eigengewichtes herunterklappen, also nur noch mit ihrem Saugrüssel am Blatt hängen und dadurch für die Gallmückenlarven nicht mehr erreichbar sind. Im Gegensatz zum Verhalten gegenüber anderen Prädatoren oder Parasiten sind die Abwehr- und Meidereaktionen der Blattläuse (z. B. 'Sich-fallen-Lassen') bei *Aphidoletes aphidimyza* sehr gering.

Das Aussaugen der Beute kann wenige Minuten bis einige Stunden dauern. Eine Larve vertilgt auf diese Weise 20 bis 80 Blattläuse, wobei die Opfer ganz oder auch nur teilweise ausgesaugt werden. Die Fraßleistung ist abhängig von der Art und vom Alter bzw. der Größe der Blattläuse sowie der Beutedichte. Auch die Luftfeuchtigkeit hat einen Einfluß: Die Anzahl der getöteten Blattläuse pro Larve nimmt mit sinkender Luftfeuchtigkeit zu. Es wird vermutet, daß die Tiere einen Teil des über die verstärkte Transpiration verlorenen Wassers durch erhöhte Saugaktivität kompensieren können. Andererseits ist die Überlebensrate der *Aphidoletes*-Larven bei niedrigerer Luftfeuchtigkeit wesentlich geringer. Die Anzahl der getöteten Blattläuse nimmt mit steigendem Lebensalter der Larven zu. Da die Eilarven nur kurze Strecken zurücklegen können, ist ihr Sucherfolg stark von der Beutedichte und -verteilung abhängig. Ältere Larven haben einen größeren Aktionsradius und können zudem bis zu 7 Tage ohne Nahrung auskommen.

Grundsätzlich steigt der Sucherfolg und damit die Fraßleistung der *Aphidoletes*-Larven, je größer das Nahrungsangebot bzw. je höher die Populationsdichte der Blattläuse ist. Da die Larven den Saugvorgang mehrmals unterbrechen und dann von ihrem (bereits getöteten) Opfer ablassen, geschieht es häufig, daß sie bei einem erneuten 'Angriff' die Blattlaus verfehlen und entsprechend eine 'neue' Blattlaus anstechen müssen. Dadurch kommt der (für die biologische Schädlingsbekämpfung äußerst günstige) Effekt zustande, daß die Larven weitaus mehr Blattläuse abtöten, als sie für ihre Ernährung brauchen. Bereits die Larvalernährung hat einen großen Einfluß auf die Eibildung adulter Weibchen. Bei 'unterernährten' Larven bleiben die Imagines nicht nur kleiner, die Weibchen bilden auch weniger Eier aus.

Die Aphidoletes-Weibchen legen ihre Eier ganz gezielt in die Nähe von Blattläusen ab. Schon nach 2 bis 3 Tagen schlüpfen die winzigen Eilarven.

Puppen

Nachdem die Larven von *Aphidoletes aphidimyza* ihre Nahrungsaufnahme beendet haben, springen sie (mit Hilfe der Brustgräte) von der Pflanze auf den Boden, um sich dort zu verpuppen. Hungerperioden können bei älteren Larven eine verfrühte Verpuppungsbereitschaft bewirken.

Bei der Ausbildung des ca. 1,8 mm langen Kokons werden schwarze Ausscheidungen der Larve mit eingesponnen, wodurch der Kokon eine braunschwarze Farbe erhält. Die Larve ruht 2 bis 4 Tage im Kokon (Vorpuppenstadium) und bewegt sich kaum. Schließlich reißt die Larvenhaut auf dem Rücken auf, und die Puppe (Mumienpuppe) schlüpft heraus. Die Dauer des Puppenstadiums ist von verschiedensten Faktoren (Temperatur, Substratfeuchte u. a.) abhängig und kann zwischen 6 und 25 Tagen betragen (bei Zimmertemperatur etwa 10 Tage).

Imagines

Am Ende der Puppenruhe befreit sich die Puppe aus dem Kokon, indem sie mit den verhärteten Basalsegmenten ihrer Antennen einen kurzen, länglichen Schlitz in den Kokon reißt. Danach kriecht die Puppe an die Erdoberfläche, und die Imago schlüpft aus. Die Männchen schlüpfen i. d. R. 1 Tag früher als die Weibchen (Protandrie).

Die Adulten wirken sehr zerbrechlich, sie sind langbeinig, und ihr Körper ist ungefähr 2 mm lang. Verglichen mit dem schmalen und bräunlichen Abdomen des Männchens, ist das des Weibchens etwas größer und mehr rötlich gefärbt, da es die

Aphidoletes aphidimyza-Larven – hier in einer Kolonie der Mehligen Kohlblattlaus (*Brevicoryne brassicae*) – ernähren sich ausschließlich von Blattläusen.

orangefarbenen Eier beinhaltet. Die Geschlechter sind auch an den Fühlern (bestehend aus 2 Basal- und 12 Flagellarsegmenten) zu unterscheiden: Beim Weibchen sind sie kürzer, dicker und dunkler, beim Männchen lang, gebogen und mit längeren Haaren versehen.

Die erwachsenen Gallmücken sind hauptsächlich bei Dunkelheit aktiv, auch Eiablage und Begattung erfolgen nachts. Am Tage halten sie sich an schattigen und windstillen Plätzen mit hoher Luftfeuchtigkeit auf. Die Lebensdauer der Weibchen beträgt etwa 1 bis 2 Wochen, die der Männchen ist etwas kürzer. Voraussetzung ist die Aufnahme von Blattlaushonigtau, der einzigen natürlichen Nahrungsquelle der adulten Gallmücken. Die Honigtauernährung hat auch einen großen Einfluß auf die Eibildung. So konnte nachgewiesen werden, daß frisch geschlüpfte Weibchen von *Aphidoletes aphidimyza* erst ungefähr 25 % ihrer potentiellen Eizahl beinhalten und die Bildung weiterer Eier von der Qualität und Quantität der Imaginalernährung abhängt. Die Eiablage wiederum wirkt stimulierend auf die Eireifung, d. h., kommt es zur Eiablage, werden auch mehr Eier produziert. Entsprechend erhöht sich auch der Anteil der Eiproduktion aus der Imaginalernährung an der gesamten Eiproduktion.

Orientierung und Eiablage
Voraussetzung für die Eiablage der *Aphidoletes*-Weibchen ist die Begattung. Jedes Weibchen legt während seiner gesamten Lebensdauer 80 bis 200 Eier ab (Voraussetzung: optimale Larvalernährung), und zwar bevorzugt auf die Blattunterseiten, aber auch an Stengel und Triebspitzen. Die Eiablage erfolgt immer in unmittelbarer Blattlausnähe, wodurch die Ernährung der frisch geschlüpften Eilarven, die noch eine geringe Beweglichkeit und auch nur eine geringe Hungerfähigkeit besitzen, gesichert wird.

Die Gallmücke legt i. d. R. mehr als die Hälfte ihrer Eier zwischen dem 2. und 4. Lebenstag ab. Die Eiablage wird sowohl durch Blattläuse als auch durch Honigtau ausgelöst, am stärksten jedoch durch die Kombination beider Faktoren ('Schlüsselreiz').

Die Weibchen von *Aphidoletes aphidimyza* besitzen eine außerordentlich gute (Such-)Fähigkeit, Blattlauskolonien zu finden. In Laborversuchen konnte nachgewiesen werden, daß sich die Tiere am Blattlaus- und Honigtauduft orientieren (sog. olfaktorische Orientierung). So legen sie ihre Eier nur auf blattlausbesetzten Blättern ab. Dabei ist die Zahl der abgelegten Eier nahezu proportional zur Beutedichte. Örtliche Konzentrationen von Beutetieren werden entsprechend überproportional belegt, was wiederum zu einer überproportionalen Mortalität der Blattläuse führt. Als untere Dichtegrenze wurden ca. 2 bis 3 Blattläuse pro Blatt ermittelt. Sind weniger Beutetiere vorhanden, wird keine Eiablage ausgelöst. Die Wirksamkeit der Gallmücken ist also bei höherer Beutedichte (und ungleichmäßiger Verteilung der Blattläuse) am höchsten. Andererseits werden auch einzelne befallene Pflanzen in einem sonst blattlausfreien Bestand gut von den Weibchen gefunden und relativ stark mit Eiern belegt.

Diapause und Überwinterung
In unserer Klimazone wandern die Larven von *Aphidoletes aphidimyza* Ende September in den Boden ab, bilden einen Kokon und gehen darin – ausgelöst durch Kurztagbedingungen und niedrigere Temperaturen – in Diapause (Ruhestadium). Die Verpuppung findet erst im folgenden Frühjahr statt. Anfang Mai schlüpfen die ersten Imagines. Unter geschützten Bedingungen, wie z. B. im Gewächshaus, kann die Diapause verkürzt sein. Durch eine geringe Beleuchtung über Nacht läßt sich hier jedoch – bei ausreichender Temperatur – eine Winterruhe auch verhindern.

Nützlinge in Garten, Feld und Flur

Fortpflanzung

Die Begattung (Kopulation) ist nicht nur Voraussetzung für die Eiablage, sie dient auch der Befruchtung der Eier. Die Nachkommen jedes Weibchens gehören nur einem Geschlecht an (sog. Monogenie), es werden also entweder nur Männchen (Arrhenogenie) oder nur Weibchen (Thelygenie) erzeugt. Dieses Phänomen tritt auch bei Mehrfachbegattung auf, d.h., wenn ein Weibchen von mehreren Männchen begattet wird. Die schlüpfenden Imagines weisen i.d.R. ein Geschlechterverhältnis von 1:1 (Weibchen : Männchen) auf.

Populationsdynamik

Aphidoletes aphidimyza reagiert auf eine sich ändernde Populationsdichte ihrer Beutetiere sowohl mit einer 'funktionellen Reaktion' als auch mit einer 'numerischen Reaktion'. 'Funktionelle Reaktion' bedeutet, daß die Anzahl getöteter Blattläuse pro *Aphidoletes*-Larve mit zunehmender Beutedichte ansteigt. Da jedoch nicht alle getöteten Blattläuse von den Larven ausgesaugt werden, steigt mit zunehmender Dichte der Blattlauspopulation die Menge der aufgenommenen Nahrung pro Larve langsamer als die Anzahl getöteter Blattläuse. Die aufgenommene Nahrungsmenge ist aber die Grundlage für die 'numerische Reaktion' auf die Änderung der Beutedichte. Diese Reaktion des Räubers ist von seiner Fruchtbarkeit und Sterblichkeit und wiederum vom vorhandenen Nahrungsangebot abhängig. Besonders die Eilarven können bei nicht ausreichendem Nahrungsangebot sterben. Bei älteren Larven ist die Sterblichkeit zwar geringer, dafür macht sich aber eine ungenügende Ernährung durch eine Verminderung

Aphidoletes-Larven stechen ihr Opfer i.d.R. an einem Gelenk der Extremitäten an und injizieren dabei ein Toxin. Die Blattlaus wird dadurch gelähmt, ihr Inneres aufgelöst und schließlich von der Larve ausgesaugt.

der Fruchtbarkeit bemerkbar. Die Folge ist, daß sich die Blattlauspopulation vergrößern kann.

Diese gegenseitige Beeinflussung von Räuber und Beute gilt auch für die adulten Gallmücken, deren Weibchen auf steigende Beutedichte im Sinne einer 'funktionellen Reaktion' mit einer Zunahme der Zahl abgelegter Eier reagieren. Eine höhere Blattlausdichte wird auch über die Ernährung der *Aphidoletes*-Imagines wirksam, denn je mehr Blattläuse vorhanden sind, desto mehr Honigtau steht für die Imagines zur Verfügung, und desto mehr Eier werden abgelegt.

Andere Wirbellose

Fadenwürmer
NEMATODES

Unter den Wirbellosen finden sich nicht nur bei den Gliederfüßern (ARTHROPODA), sondern auch im Stamm NEMATODA (PARENCHYMIA) bzw. im Unterstamm NEMATHELMINTHES (Rundwürmer) interessante Nützlinge, und zwar in der Klasse der Fadenwürmer (NEMATODES oder SECERNENTEA).

Ebenso wie die Insekten stellen auch die Fadenwürmer (Nematoden) eine außergewöhnlich anpassungsfähige Tiergruppe dar. Die etwa 15 000 bekannten Arten (sowie schätzungsweise weitere, noch unbekannte 25 000 Arten) besiedeln die mannigfaltigsten Lebensräume. Sie kommen im Meer, im Süßwasser, in großer Individuenzahl im Boden und weit verbreitet in Pflanzen und Tieren vor, nicht zuletzt auch in Insekten.

Schädliche und nützliche Nematoden
Unter den Nematoden gibt es auch für den Pflanzenschutz relevante Familien und Arten. Neben phytophagen, also aus unserer Sicht schädlichen Arten, finden sich auch zoophage Arten, die als Antagonisten von pflanzenschädigenden Nematoden und vor allem von Insekten eine Rolle spielen.

Manche dieser insektenparasitären Nematoden (z. B. Vertreter der Familien NEOTYLENCHIDAE und SPHAERULARIDAE) schädigen ihren Insektenwirt nur partiell, d. h., sie töten ihn nicht, sondern führen zur Sterilisation (der Weibchen), manchmal auch zur Verminderung der Flugaktivität oder zu anderen (schwer erkennbaren) Beeinträchtigungen. Andere dagegen töten ihren Wirt ab. Zu dieser Gruppe gehören Vertreter der Mermithiden und der Rhabditiden, die wegen ihrer besonderen Bedeutung für die biologische Schädlingsbekämpfung nachfolgend kurz vorgestellt werden sollen.

Mermithiden
MERMITHIDA

Innerhalb der Ordnung MERMITHIDA hat nur die Familie MERMITHIDAE eine größere Bedeutung. Von dieser Familie wurden bisher etwa 60 Gattungen beschrieben, die Käfer, Zweiflügler, Schmetterlinge und Heuschrecken befallen.

Die Mermithiden leben ähnlich wie parasitische Insekten vorerst von Körpersäften des Wirtes, später zunehmend von lebenswichtigen Organen, was schließlich den Tod des Wirtes zur Folge hat. Sie sind meist einige bis viele Zentimeter lang, die größten einheimischen Arten leben in Maikäferengerlingen und erreichen eine Länge bis 40 cm, bei einem Körperdurchmesser von nur 1 bis 2 mm. Erst freilebend, d. h. außerhalb des Wirtstieres im Boden, kommt es bei diesen Nematoden zur Paarung und Eiablage.

Mermithiden treten in unseren Breitengraden nicht nur beim Maikäfer auf (hier wurden Engerlingspopulationen mit über 50 % Parasitierung gefunden), sondern auch bei Drahtwürmern, Schnellkäfern, Rapsblattwespen und verschiedenen Raupen.

Rhabditiden
RHABDITIDA

Als natürliche, weitverbreitete Antagonisten gärtnerischer sowie land- und forstwirtschaftlicher Schädlinge, insbesondere bodenbewohnender Insekten, spielen gegenwärtig die beiden Familien STEINERNEMATIDAE und HETERORHABDITIDAE die weitaus wichtigste Rolle. Sie zählen heute zu der am besten untersuchten Gruppe entomophager Nematoden. Seit einigen Jahren werden verschiedene Arten (und Rassen) dieser Familien in kommerziellen Massenzuchten vermehrt und im Gartenbau gegen einige wichtige Schädlinge eingesetzt. Aufgrund der – im Verhältnis zu anderen Nützlingen – relativ geringen Wirtsspezifität ist das potentielle Wirtsspektrum dieser parasitären Nematoden recht groß (siehe Seite 172). Insbesondere bei der Regulation schwer bekämpfbarer Schadinsekten wird man daher in Zukunft verstärkt auf Möglichkeiten ihrer Nutzung zurückgreifen.

Da eine Besprechung der Morphologie der Nematoden zu weit führen würde, wollen wir uns hier auf eine Darstellung der familientypischen Entwicklungszyklen sowie die weitestgehend identische Wirkungsweise beschränken.

Wirkungsweise
Die Rhabditiden leben in einer engen Symbiose mit Bakterien der Gattung *Xenerhabdus*. Die im Boden lebenden, ca. 0,8 mm großen Dauerlarven (sog. L3-Larven) der Nematoden lagern Zel-

len ihrer spezifischen Symbionten im vorderen Teil ihres Darmes ein und schützen sie so vor extremen Umweltbedingungen im Boden. Die Dauerlarven stellen das infektiöse Stadium der Nematoden dar. Sie orientieren sich an chemischen und physikalischen Reizen (Gradienten), die von ihren potentiellen Wirten ausgehen, dringen aktiv in die mit Körperflüssigkeit gefüllte Leibeshöhle (Haemocoel) der Insekten ein und geben dort die Zellen ihrer symbiontischen Bakterien in die Hämolymphe ab.

Gelingt es dem Nematoden-Bakterien-Komplex, die Abwehrmechanismen der Insekten (durch Abgabe lytischer Enzyme und Immunproteininhibitoren) zu überwinden, dann stirbt das Insekt ca. 48 Stunden nach der Infektion. Die Bakterien vermehren sich in der Hämolymphe und bilden so die Grundlage für die Reproduktion der Nematoden, die sich ihrerseits von den Bakterien wie auch von Bestandteilen der Hämolymphe ernähren. Erst wenn alle Nährstoffe aufgebraucht sind, bilden sich wieder Dauerlarven, die die Zellen des Begleitbakteriums einlagern und den Kadaver auf der Suche nach neuen Wirtsinsekten verlassen.

Steinernematiden
STEINERNEMATIDAE

Bei den Steinernematiden unterscheidet man das Eistadium, 4 unterschiedliche, nicht zwingend aufeinanderfolgende Larvenstadien und das getrenntgeschlechtliche Adultstadium. Die im Boden freilebenden Infektionslarven (Dauerlarven, L3) haben eine Lebensdauer von einigen Tagen bis zu mehreren Monaten. Sie dringen aktiv durch den Mund, den After und möglicherweise auch durch Tracheen oder passiv über die Nahrungsaufnahme des Wirtes in ein Insekt ein, durchbohren dessen Darmwand und entlassen ihre symbiontischen Bakterien. Diese dienen den sich entwickelnden, parasitierenden Nematodenstadien als Hauptnahrungsquelle. Zusätzlich werden auch in geringer Menge sich zersetzende Gewebebestandteile aufgenommen. Etwa 24 Stunden nach dem Eindringen häuten sich die Larven zum nächsten Stadium (L4); etwa 2,5 Tage später sind sowohl männliche als auch weibliche Adulte vorhanden (1. Generation). Vor allem nehmen die weiblichen Nematoden Nahrung zu sich, leben aber – wie die Männchen – nur etwa 5 Tage lang.

Nach der Paarung kommt es zur Ablage der Eier, zunächst in die Wirtshämolymphe, später verbleiben sie im Nematodenweibchen und entwickeln sich dort.

Aus den abgelegten Eiern entwickeln sich Larven des sog. L1-Stadiums. Steigt im Laufe der Parasitierung die Populationsdichte der Nematoden im Wirtsinsekt an, so entwickeln sich L2-Stadien, aus denen sich dann wieder Infektionslarven (L3) mit eingelagerten Begleitbakterien bilden.

Wichtige Steinernematidenarten finden sich in der Gattung *Steinernema* (= *Neoaplectana*): *Steinernema feltiae* (= *Steinernema bibionis* oder *Steinernema carpocapsae*) wird bereits in der Praxis zur biologischen Bekämpfung von Dickmaulrüßlern (siehe Seiten 191 und 238) und Trauermücken (siehe Seite 236) eingesetzt. Auch mit *Steinernema glaseri* und *Steinernema kraussei* wurden schon Bekämpfungsversuche gegen verschiedene Schädlinge durchgeführt (siehe Seite 172).

Heterorhabditiden
HETERORHABDITIDAE

Im Gegensatz zu den Steinernematiden sind die Arten der Familie HETERORHABDITIDAE in der Lage, mit Hilfe eines kleinen 'Zahnes' durch die Kutikula und Intersegmentalhäute (biegsame Kutikula zwischen stärker sklerotisierten Platten zweier Segmente) in ihre Wirtsinsekten einzudringen. Ein weiterer Unterschied besteht darin, daß aus dem L4-Stadium der Larven immer eine 1. Generation sog. hermaphroditischer (d. h. zwittriger) Weibchen entsteht. Diese können eine Länge von mehreren Millimetern erreichen und etwa 1500 Eier produzieren, die zu Beginn einer Parasitierung in das Wirtsinsekt abgelegt werden. Die 2. Generation ist – wie bei den Steinernematiden – getrenntgeschlechtlich. Nach 2 Generationen befinden sich im Wirtsinsekt viele Weibchen, gefüllt mit unzähligen, Begleitbakterien enthaltenden, Infektionslarven. Diese wandern aus dem 'verbrauchten' Wirt aus und suchen sich neue Wirtsinsekten.

Wichtige Arten sind in der Gattung *Heterorhabditis* enthalten: *Heterorhabditis bacteriophora*, *Heterorhabditis heliothidis*, *Heterorhabditis megidis* u.a. Da die Artbestimmung hier äußerst schwierig ist, beschränkt man sich meist auf den Gattungsnamen (siehe auch Seiten 191, 236 und 238).

Parasitäre Nematoden der Gattungen Steinernema und Heterorhabditis spielen als Antagonisten bodenbewohnender Schadinsekten(stadien) eine große Rolle.

Wirbeltiere
VERTEBRATA

Auch unter den Wirbeltieren finden wir eine ganze Reihe wichtiger Nützlinge. Wie bei den vorher vorgestellten Gruppen sollen uns hier nur die landbewohnenden Tiere (Landwirbeltiere, TETRAPODA) interessieren. Betrachten wir wieder einmal die Systematik des Tierreichs, so geht es im folgenden um 4 Klassen innerhalb des Stammes VERTEBRATA: AMPHIBIA (Lurche), REPTILIA (Kriechtiere), AVES (Vögel) und MAMMALIA (Säugetiere, Säuger). Bei den – nach unserer Definition – nützlichen Wirbeltieren handelt es sich ausschließlich um Räuber, die als natürliche Regulationsfaktoren einen Beitrag zur Vertilgung von Schädlingen leisten können. Da die Biologie der Wirbeltiere allgemein bekannter sein dürfte als die der Arthropoden und Nematoden, soll auf detailliertere Angaben zur Morphologie, Lebensweise usw. verzichtet werden.

Erlaubt sei hier der Hinweis auf weiterführende Literatur (Anhang, siehe Seite 302).

Lurche
AMPHIBIA

Von den Amphibien haben als Vertilger schädlicher Insekten und Schnecken eigentlich nur Kröten eine Bedeutung. Beispielhaft seien hier die Kreuzkröte (*Bufo calamita*) und die Erdkröte (*Bufo bufo*) erwähnt.

Erd- und Kreuzkröte
Die Erdkröte ist ein Dämmerungs- und Nachttier. Tagsüber hält sie sich unter Steinen, Brettern und in anderen Schlupfwinkeln verborgen, abends geht sie auf Nahrungssuche. Ihr 'Jagdrevier' soll sich auf eine Fläche bis zu 450 Quadratmeter erstrecken.

Erdkröten sind Vertilger von Schadinsekten und Schnecken. Tagsüber benötigen sie Holzstapel, Steine o. ä. geeignete Unterschlupfmöglichkeiten.

Die Erdkröte lebt ausschließlich von tierischer Nahrung. Zu den Beutetieren gehören viele landwirtschaftliche und gärtnerische Schädlinge, wie z. B. Kartoffelkäferlarven, Asseln, Schmetterlingsraupen, Rapsglanzkäfer und Kohlschotenrüßler (Rapsanbau) sowie Kohl- und Erdeule (Gemüsebau). Früher hielten Gärtner oft Erdkröten zur Vertilgung von Schädlingen in ihren Gewächshäusern. Auch die Kreuzkröte geht in der Dämmerung auf Nahrungssuche.

Beide Krötenarten sind auf Laichgewässer in geringer Entfernung von ihren terrestrischen Lebensräumen angewiesen. Die Erdkröte kehrt zum Laichen alljährlich zu dem Gewässer zurück, in dem sie die Larvenentwicklung durchlaufen hat. Die Kreuzkröte zeigt keine solche Bindung und nimmt auch mit temporären Kleingewässern vorlieb. An Agrarlandschaften, in denen es i. d. R. wenige Feuchtbiotope gibt, ist die Kreuzkröte daher besser angepaßt als die Erdkröte.

Kriechtiere
REPTILIA

Reptilien haben als Insektenfresser zum Teil erhebliche Bedeutung in der Natur. Eidechsen, Blindschleichen und Schlangen können allerlei Kleintiere, darunter auch Schädlinge, verzehren. In Gärten und Kulturpflanzenbeständen spielen sie dagegen in ihrer Funktion als Nützlinge eine eher untergeordnete Rolle.

Da es sich bei den Reptilien um sog. wechselwarme Tiere handelt, sind sie nur bei einer ausreichend hohen Außentemperatur aktiv. Den Winter überdauern sie eingegraben im Boden oder an geschützten Versteckplätzen; erst im späten Frühjahr erwachen sie aus ihrer Winterstarre.

Eidechsen und Blindschleichen
Eidechsen, wie die bei uns vorkommenden Zauneidechsen (*Lacerta agilis*), Mauereidechsen (*Lacerta muralis*) und Smaragdeidechsen (*Lacerta viridis*), wie auch Blindschleichen (*Anguis fragilis*) ernähren sich von Insekten und deren Larven sowie von Schnecken und kleinen Würmern.

Eidechsen findet man vornehmlich an sonnigen, warmen Standorten. Steinmauern und lockere Steinhaufen, Hecken und sonnige Böschungen sind wichtige Requisiten ihres Lebensraumes. Blindschleichen lieben dagegen schattige, feuchte Plätze wie Komposthaufen, Reisig- und Laubhaufen, modernde Holzstubben oder Erdhöhlen.

Vögel
AVES

Es gibt etwa 8600 Vogelarten. Ihre Ernährung ist meist sehr vielseitig und wechselt oft mit der Jahreszeit. Tier- und Pflanzenfresser lassen sich vielfach nicht scharf trennen. Viele Singvögel fangen zwar besonders für die Jungenaufzucht Unmengen an Insekten und Insektenlarven, machen hierbei aber keinen Unterschied zwischen schädlichen und nützlichen Insekten. Allerdings werden ihnen aber i.d.R. überwiegend Schädlinge zum Opfer fallen, da diese nicht nur häufiger und in größerer Individuenzahl auftreten, sondern auch aufgrund ihrer Lebensweise leichter zu erbeuten sind als viele Nützlinge.

Trotzdem nehmen Vögel – verglichen mit anderen Nützlingen (insbesondere mit den Arthropoden) – i.d.R. wenig Einfluß auf das Gleichgewicht zwischen Schädlingen und Nützlingen. Auch bei auftretenden Schädlingskalamitäten sind sie nicht in der Lage, einen Zusammenbruch der Schädlingspopulation herbeizuführen. Anders als viele Nutzinsekten können sie sich nicht in kurzer Zeit bzw. in Abhängigkeit von der Entwicklung der Schädlingspopulationen vermehren. Dazu kommt, daß die meisten Vogelarten omnivor sind, d.h., sie ernähren sich vielseitig von tierischer und pflanzlicher Kost. So suchen sie sich selbst bei einem Massenauftreten bestimmter Schadinsekten trotzdem noch andere Beute bzw. Nahrung. Trotz dieser Einschränkungen ist die überwiegende Zahl der Vogelarten als nützlich (siehe nachfolgende Beispiele) oder zumindest als indifferent einzustufen.

Insektenfressende Arten
Als Vertilger von Schadinsekten sind besonders die insektenfressenden Arten von Bedeutung. Doch auch pflanzen- und samenfressende Arten ernähren ihre Küken fast ausschließlich mit Arthropoden und anderen Tieren, die sie auf Kulturflächen, Wiesen, Hecken- und Waldsäumen finden. So füttert beispielsweise der Feldsperling (*Passer montanus*) seine Jungen zu etwa 80 % mit tierischer Kost.

Auch das Rotkehlchen (Erithacus rubecula) gehört zu den insektenfressenden Singvögeln und ist als Schädlingsvertilger in unseren Gärten gern gesehen.

Höhlenbrüter
Blaumeise und Kohlmeise zählen zu den wichtigsten Feinden des Frostspanners und anderer Spannerarten, doch auch Wanzen, Blattläuse, Schildläuse, Fliegen, Wespen und Schmetterlinge gehören zu ihren Beutetieren. Rotschwänze wie das Hausrotschwänzchen und das Gartenrotschwänzchen sammeln wie die Meisen Larven und Imagines von Schmetterlingen, Fliegen, Wespen, zuweilen auch von Käfern und Heuschrecken von Pflanzen ab. Da sie jedoch sehr viel häufiger Jagd auf fliegende Insekten machen, können sie Insektenbestände noch in späterem Stadium dezimieren als die Meisen. Dies gilt in noch stärkerem Maße für die Fliegenschnäpper, wie z.B. Trauerschnäpper, Halsbandschnäpper, Zwergschnäpper und Grauschnäpper. Gartenbaumläufer und Kleiber ernähren sich vorwiegend von an Rinden lebenden Insekten und anderen Arthropoden.

Spechte, wie z.B. der Buntspecht, sind in doppelter Hinsicht von Bedeutung. Zum einen zimmern Spechte in Bäumen, die die nötige Stärke haben, Höhlen, die von anderen Höhlenbrütern, meistens Insektenfressern, später benutzt werden können. Zum anderen lesen sie ihre Insektennahrung nicht nur von den Pflanzen ab, sondern sie suchen sie im Sommer vorwiegend unter der Rinde oder im Holz, wo sie für andere Tiere kaum erreichbar ist.

Freibrüter
Die wichtigsten insektenfressenden Freibrüter im Obstbau sind die Grasmücken Mönchsgrasmücke, Gartengrasmücke, Dorngrasmücke und Klappergrasmücke sowie die Laubsängerarten Fitis und Zilpzalp. Beide Gruppen erbeuten ihre Nahrung, indem sie Insekten, Spinnen, Asseln und Milben von den Bäumen ablesen.

Greifvögel und Eulen
Die überwiegende Zahl der Greifvögel und Eulen der Agrarlandschaften lebt von Kleinnagern, die landwirtschaftliche Kulturen schädigen. Viele nehmen zusätzlich größere Insekten und gelegentlich auch Früchte auf. Feldmaus, Erdmaus, Hamster und Schermaus gehören zu den Hauptbeutetieren der wichtigsten Arten von Acker und Grünland. Dazu zählen Mäusebussard, Rotmilan, Rohrweihe und Turmfalke unter den Greifvögeln und Schleiereule, Waldohreule, Sumpfohreule, Waldkauz und Steinkauz unter den Eulen.

Ernährung
Waldkauz und Steinkauz ernähren sich größtenteils, die Waldohreule fast ausschließlich von Kleinsäugern, die sie in der Däm-

Übersicht über nützliche Vogelarten in Gartenbau und Land- und Forstwirtschaft (Auswahl)

Meisen (Paridae)	Blaumeise *(Parus caeruleus)* Kohlmeise *(Parus major)* Tannenmeise *(Parus ater)* Haubenmeise *(Parus cristatus)* Sumpf- oder Nonnenmeise *(Parus palustris)*
Erdsänger (Erithacinae)	Hausrotschwanz *(Phoenicurus ochruros)* Gartenrotschwanz *(Phoenicurus phoenicurus)* Rotkehlchen *(Erithacus rubecula)*
Schmätzer (Saxicolinae)	Braunkehlchen *(Saxicola rubetra)*
Fliegenschnäpper (Muscicapinae)	Trauerschnäpper *(Ficedula hypoleuca)* Halsbandschnäpper *(Ficedula albicollis)* Zwergschnäpper *(Ficedula parva)* Grauschnäpper *(Muscicapa striata)*
Grasmückenartige (Sylviinae)	Mönchsgrasmücke *(Sylvia atricapilla)* Gartengrasmücke *(Sylvia borin)* Dorngrasmücke *(Sylvia communis)* Klappergrasmücke *(Sylvia curruca)*
Laubsänger (Phylloscopinae)	Fitis *(Phylloscopus trochilus)* Zilpzalp *(Phylloscopus collybita)*
Baumläufer (Certhiidae)	Gartenbaumläufer *(Certhia brachydactyla)* Waldbaumläufer *(Certhia familiaris)*
Spechtmeisen (Sittidae)	Kleiber *(Sitta europaea)* Zaunkönig *(Troglodytes troglodytes)*
Spechte (Picidae)	Buntspecht *(Picoides major)* Mittelspecht *(Picoides medius)* Kleinspecht *(Picoides minor)* Schwarzspecht *(Dryocopus martius)* Grauspecht *(Picus canus)*
Habichtartige (Accipitridae)	Mäusebussard *(Buteo buteo)* Rotmilan *(Milvus milvus)* Rohrweihe *(Circus aeruginosus)* Kornweihe *(Circus cyaneus)*
Falken (Falconidae)	Turmfalke *(Falco tinnunculus)* Baumfalke *(Falco subbuteo)*
Eulen (Strigidae)	Waldohreule *(Asio otus)* Sumpfohreule *(Asio flammeus)* Waldkauz *(Strix aluco)* Steinkauz *(Athene noctua)*
Schleiereulen (Tytonidae)	Schleiereule *(Tyto alba)*
Stelzen (Motacillidae)	Bachstelze *(Motacilla alba)*
Würger (Laniidae)	Neuntöter *(Lanius collurio)*
Schwalben (Hirundinidae)	Rauchschwalbe *(Hirundo rustica)* Mehlschwalbe *(Delichon urbica)* Uferschwalbe *(Riparia riparia)*

merung erbeuten. Feldmäuse können zuweilen über 50 % der Nahrung dieser Eulen ausmachen. Waldkauz und Waldohreule (sowie die Elster) zerstören übrigens die Bruten oft ganzer Kolonien von Wacholderdrosseln und verringern dadurch spürbar den von diesen Vögeln im Kernobstbau angerichteten Schaden.

Bruthabitate

Um in Agrarlandschaften überleben zu können, benötigen Greifvögel und Eulen geeignete Bruthabitate (siehe auch Seite 157).

Mäusebussarde und Milane bauen ihre Nester in hohen Bäumen, die nur in Feldholzinseln und vereinzelt als 'Überhälter' in Hecken vorkommen.

Die Waldohreule benutzt die Nester von Krähen, Elstern, Greifvögeln und Tauben, die ebenfalls in Horstbäumen angelegt werden.

Turmfalke, Schleiereule und Steinkauz sind Höhlenbrüter. Sie brauchen hohle Baumstämme oder Kopfbäume, nutzen aber auch Gebäudenischen, Felsspalten und Dachböden.

Rohrweihe und Sumpfohreule sind Bodenbrüter, die ihre Nester in Feuchtwiesen und Röhrichtbeständen anlegen und daher auf die Erhaltung von Feuchtlebensräumen in Agrarlandschaften angewiesen sind.

Bedeutung für Land- und Forstwirtschaft

Die Nützlichkeit mancher Vogelarten für die Forstwirtschaft ist seit langem bekannt. Seit Jahrzehnten fördert man hier durch Aufhängen von Nistkästen vor allem Höhlenbrüter, die als Schädlingsvertilger nützlich sind. In der Landwirtschaft dagegen hat man das Augenmerk mehr auf saatschädigende und getreidefressende Arten gelegt, obwohl auch hier viele Vogelarten eher als nützlich oder indifferent und weniger als schädlich angesehen werden können.

Von agrarwirtschaftlichem Interesse sind Vogelarten, die in 'ökologischen Zellen' (z.B. Hecken, siehe Seite 138) nisten, ihre Nahrung aber auf den Nutzflächen suchen. Dies gilt i.d.R. für Heckenvögel (siehe Seite 158), die auf den angrenzenden Feldern neben Samen vor allem auch Insekten verzehren.

Säugetiere
MAMMALIA

Bei den Säugetieren handelt es sich um 4beinige, behaarte, durch Lungen atmende Warmblüter. Die Jungen werden i.d.R. lebend geboren (Viviparie), aus Milchdrüsen des Weibchens ernährt und meist längere Zeit von diesen betreut.

Insgesamt gibt es etwa 7000 Säugetierarten mit sehr unterschiedlicher Lebensweise. Einige der bei uns vorkommenden Arten können zu den Nützlingen gerechnet werden, da sie schädliche Insekten, Schnecken oder Mäuse und Ratten vertilgen.

Die bei uns heimischen Nützlinge der Klasse MAMMALIA finden wir in den Ordnungen INSECTIVORA (Insektenfresser), CHIROPTERA (Fledermäuse) und CARNIVORA (Raubtiere).

Insektenfresser
INSECTIVORA

Alle insektenfressenden Säugetiere leben räuberisch. Dabei ernähren sie sich jedoch nicht nur von Insekten, sondern auch von Würmern, Schnecken und kleinen Wirbeltieren.

Zur Ordnung der Insektenfresser (INSECTIVORA) gehören die 3 Familien ERINACEIDAE (Igel), TALPIDAE (Maulwürfe) und SORICIDAE (Spitzmäuse). Igel und Maulwürfe sind bei uns nur mit jeweils 1 Art vertreten.

Igel

Der Igel (*Erinaceus europaeus*) ist ein dämmerungs- und nachtaktives Tier, tagsüber versteckt er sich in dichtem Gebüsch, in Hecken, in hohen Brennesselbeständen oder unter Laub- und Reisighaufen. Hier baut er auch seine mit Moos und Heu ausgepolsterten Nester. Gelegentlich werden auch die Eingänge nicht mehr benutzter Kaninchenbaue zur Nestanlage verwendet. Frühestens im Mai werden die 5 bis 7 Jungen geboren, die bald darauf mit der Mutter auf Jagd gehen. Da die Paarungszeit von April bis August dauert, kann es bis zum September zu einem 2. Wurf kommen. Den Winterschlaf verbringt der Igel in einer Höhle aus Laub und Gestrüpp. Vorher muß er sich allerdings noch ausreichend Fett anfressen.

Igel ernähren sich hauptsächlich von Insekten bzw. deren Larven (Käfer, Engerlinge, Drahtwürmer, Erdraupen u.a.) sowie von anderen kleinen Wirbellosen, wie z.B. Schnecken, Asseln und Würmern. Gelegentlich verspeisen sie aber auch Lurche, Kriechtiere, Jungvögel, Vogeleier und nesthockende junge Säugetiere (Mäuse). Auch Erdbeeren und Fallobst werden in geringen Mengen gefressen, wobei es aber dadurch kaum zu Schäden kommen wird.

Maulwurf

Der Maulwurf (*Talpa europaea*) ist ein typischer Bewohner mäßig feuchten bis trockenen Grünlandes (Wiesen, Weiden). Hier legt das tag- und nachtaktive Tier ein weitverzweigtes System von unterirdischen Gängen an. Auch wenn er durch das Aufwerfen von Erdhügeln in unseren Gärten nicht sonderlich beliebt ist, gehört er zu den nützlichen Tieren. Die sog. Maulwurfshügel entstehen übrigens dann, wenn das Tier von seinen horizontalen Gängen aus auf der Jagd nach

Säugetiere

Igel ernähren sich hauptsächlich von kleinen wirbellosen Tieren, wie z. B. Käfern, Engerlingen, Drahtwürmern, Erdraupen, Schnecken, Asseln und Würmern.

Kleintieren nach oben stößt. Der Maulwurf frißt nahezu alles Tierische, was ihm in den Weg kommt. Dazu gehören auch viele schädliche Bodeninsekten, wie z. B. Engerlinge, Drahtwürmer und Erdraupen, Rüsselkäferlarven sowie Schnecken. Täglich benötigen Maulwürfe mindestens die Menge an tierischer Nahrung, die ihrem eigenen Körpergewicht entspricht, was pro Maulwurf und Jahr etwa 36 kg tierischer Futtermenge ausmacht.

Spitzmäuse

Als Vertilger kleiner Garten-, Acker-, Forst- und Vorratsschädlinge sind auch Spitzmäuse sehr nützlich. Bei den Spitzmäusen handelt es sich genaugenommen um Spitzrüßler (SORICIDAE), d. h., sie gehören weder zu den Nagetieren noch zu den Mäusen. Von diesen unterscheiden sie sich äußerlich durch ihre lang ausgezogene Nase und Oberlippe sowie ihr samtartiges Fell.

In Mitteleuropa kommen etwa 8 Arten vor. Dazu gehören als Landbewohner die Hausspitzmaus (*Crocidura russula*), die Gartenspitzmaus (*Crocidura suaveolens*), die Feldspitzmaus (*Crocidura leucodon*), die Waldspitzmaus (*Sorex araneus*) und die Zwergspitzmaus (*Sorex minutus*).

Spitzmäuse leben als Einzelgänger unter Steinen, Büschen und Laub, in Erdhöhlen und Mäuselöchern, wo sie auch ihre Jungen zur Welt bringen. Im Garten findet man sie häufig unter Holzbrettern oder am Komposthaufen. Unterirdische Gänge werden von Spitzmäusen nicht angelegt, ebenso findet kein Fraß an Pflanzen bzw. Wurzeln statt. Als Raubjäger erbeuten Spitzmäuse die verschiedensten Insekten, wie z. B. Engerlinge, Maulwurfsgrillen und Drahtwürmer, sowie Schnecken und Würmer. Selbst die wesentlich größeren Haus- und Feldmäuse gehören zu ihren Beutetieren.

Fledermäuse
CHIROPTERA

In Deutschland kommen 22 Fledermausarten vor. Alle stehen auf der 'Roten Liste', d. h., sie sind in ihrem Bestand gefährdet und teilweise sogar vom Aussterben bedroht. Ein gemeinsames Kennzeichen aller Arten sind die Flughäute, die zwischen dem Rumpf, der Schwanzwirbelhaut, den 'Armen' und Beinen der Tiere ausgespannt sind.

Nützlinge in Garten, Feld und Flur

Orientierung und Fortbewegung

Fortbewegung und Orientierung der dämmerungs- und nachtaktiven Fledermäuse sind in der bei uns heimischen Tierwelt einzigartig. Zur Orientierung bedienen sie sich eines akustischen Radars (Echolotung im Ultraschallbereich), indem selbsterzeugte Laute von Gegenständen reflektiert und das entstehende Echo von den Fledermäusen mit den Ohren aufgenommen und im Gehirn verarbeitet werden. Auf diese Weise werden auch Beutetiere geortet, erkannt und dann im Flug erbeutet.

Obwohl viele Fledermäuse gut laufen und klettern können, geschieht die Fortbewegung meist im Fluge. Dabei können Fluginsekten mit der Flughaut wie mit einem Netz gefangen und dann mit dem Maul gefaßt werden. Durch einen sog. 'Rüttelflug' (Verharren in der Luft) können einige Fledermausarten auch Insekten von Hauswänden und Bäumen 'absammeln'.

Quartiere und Lebensräume

Die bei uns vorkommenden Fledermausarten zeigen unterschiedliche Ansprüche an ihre Quartiere und Lebensräume:

Kleinabendsegler und Bechsteinfledermäuse sind typische Waldfledermäuse. Abendsegler und Zwergfledermaus dagegen können in nahezu allen Biotopen angetroffen werden. Das Braune und Graue Langohr sind sowohl im Flachland als auch im Gebirge zu finden. Die Fortpflanzungsstätten befinden sich bei diesen Arten teilweise in Gebäuden, aber auch in Nistkästen oder Baumhöhlen. Mausohren dagegen sind an Landschaftszonen mit vielfältigen Bewirtschaftungsformen gebunden. Bedingt durch das reiche Nahrungsangebot sind wasserreiche Landschaften besonders attraktiv für viele Arten. So ernähren sich Wasser- und Teichfledermäuse von Fluginsekten, die sie über der Wasseroberfläche erbeuten.

Winter- und Sommerquartiere unterscheiden sich entsprechend den arttypischen Ansprüchen. Einige Arten, wie Zwergfledermäuse und Langohren, zwängen sich in enge Spalten oder hinter Dachlatten, andere (z. B. Hufeisennasen) dagegen hängen frei an Balken oder Felszacken. Auch Baumhöhlen und Baumrinden können als Tagesquartiere genutzt werden. Typische Überwinterungsquartiere sind Höhlen, Stollen, Keller und hohle Bäume (siehe auch Seite 159).

Nahrungsbedarf

Der Nahrungsbedarf der Fledermäuse ist sehr groß. Eine Kolonie mit 50 Tieren benötigt während einer Saison mindestens 15 kg Insekten. Dabei handelt es sich zum großen Teil um land- und forstwirtschaftliche Schädlinge, die aufgrund ihrer nächtlichen Lebensweise von anderen Insektenvertilgern nicht erfaßt werden, wie z. B. Apfel- und Pflaumenwickler, verschiedene Spanner, Spinner und Eulenschmetterlinge, Schnaken, Mücken, Käfer und Fliegen.

Wichtige Arten:

Die **Kleine Hufeisennase** (*Rhinolophus hipposideros*) ist bei uns im Sommer typischer Dachstuhlbewohner. Sie hängt frei von der Decke, eingehüllt in ihre Flughaut.

Das **Große Mausohr** (*Myotis myotis*) ist mit bis zu 8 cm Länge die größte heimische Fledermausart. Die Weibchen bilden im Sommer große Kolonien von teils mehr als 100 Tieren; die Männchen dagegen sind Einzelgänger.

Die **Große** und **Kleine Bartfledermaus** (*Myotis brandti, Myotis mystacinus*) beziehen im Sommer ihr Quartier in Gebäuden oder Bäumen.

Die **Wasserfledermaus** (*Myotis daubentoni*) und die **Teichfledermaus** (*Myotis dasycneme*) leben in der Nähe von Wasserflächen.

Als typischen Baumhöhlen- und Nistkastenbewohner trifft man die **Bechsteinfledermaus** (*Myotis bechsteini*) vor allem in Obstgärten und insektenreichen Laub- und Mischwäldern an.

Die **Fransenfledermaus** (*Myotis nattereri*) jagt entlang von Bäumen und Büschen nach Insekten; tagsüber ruht sie in Gebäuden und Nistkästen.

Der **Große Abendsegler** (*Nyctalus noctula*) fliegt schon vor Sonnenuntergang aus und kann aufgrund seiner Größe (bis 8 cm) vor allem in Parkanlagen mit altem Baumbestand entdeckt werden.

Die **Zwergfledermaus** (*Pipistrellus pipistrellus*), die kleinste der europäischen Fledermausarten, wiegt nur 4 g. Wegen ihrer geringen Größe schlüpft sie durch 1 cm breite Spalten hinter Wandverkleidungen oder in Hohlräume von Mauern. In ihrer Quartierwahl ist diese Art recht flexibel; man trifft sie daher noch relativ häufig an.

Auch das **Braune** und **Graue Langohr** (*Plecotus auritus, Plecotus austriacus*) – Arten, die den Rüttelflug beherrschen – gehören zu den etwas häufigeren Arten. Ihre Ohren sind dreimal so lang wie der Kopf und werden während des Winterschlafes unter die Flügel gelegt.

In Norddeutschland zählt die **Breitflügelfledermaus** (*Eptesicus serotinus*) zu den häufigeren Arten, während sie im Süden deutlich seltener ist. Diese gänzlich braune Fledermaus gehört zu den größeren einheimischen Arten. Im Sommer befindet sich ihr Tagesquartier auf Dachböden, hinter Fensterläden oder in Baumhöhlen. Von dort aus führt der Jagdflug entlang von Gehölz- und Baumreihen. Wie im Sommer, ist sie auch im Winter in ihrer Quartierwahl flexibel. Mauer- oder Felsspalten reichen ihr oft zur Überwinterung.

Das Braune Langohr (Plecotus auritus) gehört (noch) zu den etwas häufiger bei uns vorkommenden Fledermausarten. Durch einen sog. 'Rüttelflug' kann diese Art auch Insekten von Hauswänden und Bäumen 'absammeln'.

Raubtiere
CARNIVORA

Als letzte vorzustellende Nützlingsgruppe kommen wir nun noch zu den fleischfressenden Raubtieren. Da Wolf und Marderhund in Mitteleuropa wohl kaum mehr anzutreffen sind, bleiben innerhalb der Ordnung CARNIVORA – neben dem zur Familie CANIDAE (Hunde) zählenden Rotfuchs (*Vulpes vulpes*) – nur noch die Familien MUSTIDAE (Marder) und FELIDAE (Katzen) als landbewohnende Raubtiere (Unterordnung FISSIPEDIA). Es handelt sich hierbei überwiegend um Feinde (Regulatoren) von Schadnagern.

Katzen
Die erste Form der bewußten Nutzung einer Räuber-Beute-Beziehung und damit die erste von Menschen durchgeführte biologische Bekämpfungsmaßnahme erfolgte mit Säugetieren aus der Ordnung der Raubtiere, nämlich durch die Domestizierung der Katze. Hiermit wurde eine regelmäßige biologische Bekämpfung von Vorratsschädlingen (Mäusen) ermöglicht. Da die **Wildkatze** (*Felis silvestris*) und auch der **Luchs** (*Lynx lynx*) in Mitteleuropa selten geworden sind, spielen natürlich vorkommende Katzen kaum eine Rolle als Nützlinge. Allerdings könnten eventuell (verwilderte) Hauskatzen neben Fuchs und Mardern ihren Beitrag zur Dezimierung kulturpflanzenschädigender Nagetiere leisten.

Marder
Das **Mauswiesel** (*Mustela nivalis*), auch Kleines Wiesel genannt, gehört zur Familie der Marder. Es ist ein Wühlmausjäger, der den Nagern auch in die Wohnröhren 'nachsteigt'. Wühlmäuse stellen zwischen 50 und 80% der Nahrung. Aber auch andere Mäuse sowie Ratten, Hamster, junge Hasen, Schlangen und Frösche werden angenommen. Die tagsüber aktiven Mauswiesel leben in Baumlöchern, hohlen Baumstümpfen und Steinhaufen und bevorzugen trockene, offene Standorte. Ein- bis dreimal im Jahr können die Weibchen jeweils 4 bis 9 Junge zur Welt bringen. Die Tiere können bis zu 12 Jahre alt werden. Auch das **Große Wiesel** bzw. **Hermelin** (*Mustela erminea*) sowie das **Zwergwiesel** (*Mustela minuta*) gehören zu den wichtigen Feinden von Mäusen und Ratten.

In dieser ausgeräumten Agrarlandschaft fehlen 'Ausgleichsflächen' und 'Ökozellen' als Rückzugs- und Überwinterungsorte für Nützlinge.

Rechts: Natursteinmauern mit zahlreichen Schlupflöchern und Spalten werden gern von Spinnen, Insekten u.a. Kleintieren besiedelt. Aus der Sicht des Nützlingsschutzes sind sie deshalb fugenlosen Betonmauern vorzuziehen.

Unten: Natürliche Begrünung und 'alternierendes' Mähen (Streifenschnitt) sorgen in Rebbergen für ein kontinuierliches Pflanzen- und Blütenangebot, das auch Nützlinge fördert.

Schonung und Förderung von Nützlingen

Oben: Reisighaufen, Steinhaufen, Trockenmauern, Baumstrünke u.a. aus natürlichen Materialien bestehende oder herzustellende Kleinstbiotope bieten vielen Nützlingen Unterschlupf- und Überwinterungsmöglichkeiten.

Links: Umgekehrte Blumentöpfe, gefüllt mit unbehandelter Holzwolle oder Stroh, werden von Ohrwürmern tagsüber gern als Versteck aufgesucht.

Immer mehr Lebensraum für die heimische Tier- und Pflanzenwelt geht verloren. Einseitige und großflächige landwirtschaftliche Nutzung, Bebauung, Flurbereinigung, Begradigung von Flüssen und Bächen, Entfernung von Hecken und Feuchtgebieten und vieles mehr haben dazu beigetragen, daß wertvolle Biotope zerstört wurden. Natürlich sind davon auch die Nützlinge betroffen. Um das große Nützlingspotential der Natur nutzen zu können, müssen wieder geeignete Lebensräume für Räuber und Parasiten geschaffen und noch vorhandene erhalten werden. Die Möglichkeiten der Anlockung und Ansiedlung von Nützlingen sowie ihrer Förderung und Schonung sind vielfältig. Gärtner, Land- und Forstwirte können und sollten sie verstärkt nutzen.

Schonung und Förderung von Nützlingen

Strukturwandel in der Landwirtschaft

Der vor rund 40 Jahren begonnene umfassende Strukturwandel der mitteleuropäischen Landwirtschaft hat nicht nur das Landschaftsbild tiefgreifend verändert. Hecken, Feldgehölze und Feldraine sind im Zuge von Flurbereinigungsmaßnahmen aus der Agrarlandschaft entfernt worden. Die Schläge wurden immer größer und ihre Bewirtschaftung immer intensiver. Chemische anstelle mechanischer Unkrautbekämpfung, Überdüngung (insbesondere mit Stickstoff), Bodenverdichtung durch schwere Geräte, eine einseitige Fruchtfolge sowie Auswahl von Kulturfrüchten – die Liste negativer Entwicklungen ließe sich noch um viele Faktoren erweitern. Die Folgen sind gravierende Auswirkungen auf das Mikroklima, den Boden, die Vegetation und nicht zuletzt auf die Tierwelt und damit auch auf die Nützlingsfauna.

Stabilisierung der Ökosysteme

Um die Agrarökosysteme zu stabilisieren und auf diese Weise die Gefahr von Schädlingsmassenvermehrungen vorbeugend zu verringern, ist es wichtig, das Überleben einheimischer Antagonisten im Freiland zu sichern sowie deren Entwicklung und Wirksamkeit zu fördern. Es gilt, die der Intensivierung der Landbewirtschaftung zum Opfer gefallenen Rückzugsgebiete für Nützlinge wieder herzustellen, zu pflegen und zu erhalten.

Ausgleichsflächen

Die gezielte Aufrechterhaltung bzw. Gestaltung einer vielfältigen Umwelt kann wesentlich zu einer artenreichen und in großen Populationsdichten auftretenden Nützlingsfauna beitragen. Insbesondere in Agroökosystemen bzw. Agrobiozönosen mit großflächig angebauten einjährigen Monokulturen gewinnt die Schaffung und Erhaltung von 'Ausgleichsflächen' oder 'Ökozellen' zunehmend an Bedeutung. Man versteht darunter landwirtschaftlich nicht genutzte Restflächen wie Hecken, Flurgehölze (Feldholzinseln), Feldraine, Ackerrandstreifen, Brachflächen bis hin zu Waldrändern. Von diesen Habitaten besteht eine 'Ausstrahlung' bzw. ein regulativer Effekt von Nützlingen in landwirtschaftliche und auch gärtnerische Kulturen hinein.

Ökologische Zellen

Viele Nützlinge, wie z. B. Laufkäfer, Marienkäfer und Schwebfliegen, sind zu ihrer Entwicklung (obligatorisch) auf Habitate außerhalb von intensiv bewirtschafteten Ackerflächen angewiesen. Eine Vielzahl von Insekten überwintert in der Laubstreu von Wäldern oder Hecken bzw. im Bodenbereich von mehrjährigen Grasbeständen. Die hier vorhandene Blütenflora bietet vielen Nützlingen Nahrung, die im Imaginalstadium Nektar und Pollen benötigen. Außerdem stellen die hier lebenden phytophagen Arten für die Entomophagen eine oft unentbehrliche Ausweichnahrung dar, da Kulturpflanzenschädlinge i. d. R. nur für eine relativ kurze Zeitspanne als Wirts- und Beutetiere zur Verfügung stehen.

Selbstregulative Biozönosen

So können sich an diesen Standorten selbstregulative Biozönosen aufbauen und längerfristig halten. Dabei stellen speziell Hecken wichtige Refugien für Räuber, wie z. B. Laufkäfer, Kurzflügler, Spinnen und Raubmilben, dar. Aber auch die Frühjahrsgeneration von Schwebfliegen kann nur gedeihen, wenn sie frühzeitig Blattläuse als Beutetiere findet, was meist nur an Gehölzen der Fall ist.

Auch Wiesen und Weiden gelten als wichtige Reservoire, z. B. für Blattläuse und ihre Antagonisten. Und selbst Haus- und Kleingärten können die Funktion kleiner und dennoch vollwertiger 'Ausgleichsflächen' oder 'Ökozellen' übernehmen.

Öko-Gärten

»Jeder noch so kleine Garten ist ein 'Stück Natur' und – wenn man es richtig macht – auch ein wertvoller Lebensraum für eine artenreiche Flora und Fauna.« Diese bereits am Anfang des Buches getroffene Feststellung soll hier noch einmal aufgegriffen werden; denn wir wollen uns in diesem Kapitel natürlich nicht nur mit der großflächigen Schonung und Förderung von Nützlingen auseinandersetzen.

Gerade Hobbygärtner können mit wenig Aufwand zahlreiche Nützlinge in ihren Garten locken und vieles zu deren Schonung und Förderung beitragen. Da es in Hausgärten und anderen nicht landwirtschaftlich genutzten Flächen kaum einen Zwang zu möglichst hohen Erträgen gibt, drängt sich hier eine konsequent umweltschonende und die ökologische Vielfalt fördernde Pflege besonders auf.

Eine vielseitige, standortgerechte Bepflanzung und eine naturnahe Gestaltung machen aus einem Garten eine echte 'Ökozelle'.

Schonung und Förderung von Nützlingen

Natürliche Lebensräume für Nützlinge

So vielfältig wie die Nützlingsfauna sind auch die Ansprüche der einzelnen Nützlingsarten und die verschiedenen Methoden des 'Nützlingsschutzes'. Bevor wir Nützlinge schonen und fördern können, müssen wir zunächst einmal geeignete Maßnahmen zu ihrer Anlockung und Ansiedlung ergreifen. Um Nützlingspopulationen langfristig zu 'stabilisieren', muß dann aber auch ihr Lebensraum so gestaltet und gepflegt werden, daß er ihren Ansprüchen bezüglich Ernährung, Entwicklung und Fortpflanzung gerecht wird.

Methoden und Hilfsmittel

Nicht nur Gärtnern steht hier eine große Palette an Methoden und Hilfsmitteln zur Verfügung, auch Landwirte können und sollten sich – im eigenen und allgemeinen Interesse – verstärkt mit der Problematik der Nützlingsansiedlung und des Nützlingsschutzes auseinandersetzen. Da sich viele Erkenntnisse der mittlerweile recht intensiven 'Nützlingsforschung' im Agrarbereich auch auf andere Bereiche, wie z.B. Gartenbau und Forst, übertragen lassen, sollen im folgenden zunächst einige interessante Beispiele und Aspekte der Nützlingsförderung in landwirtschaftlichen Kulturen vorgestellt werden.

Bedeutung der Ackerwildkräuter

Durch das Angebot von Blütenpflanzen als Nahrungsquelle können Nützlinge in der Agrarlandschaft angelockt werden. Eine wichtige Rolle spielen hier die Ackerwildkräuter. Diese als 'Unkräuter' bezeichneten Wildkräuter wachsen zusammen mit den angebauten Kulturpflanzen auf Ackerflächen. Da sie mit diesen in Konkurrenz um Nährstoffe, Wasser und Licht stehen, teilweise auch die Erntearbeiten behindern und deshalb bei stärkerem Auftreten zu Ertragseinbußen führen können, sind Unkräuter auf dem Acker meist unerwünscht. Aus der Sicht des Arten- und Nützlingsschutzes sind Ackerwildkräuter jedoch äußerst wichtig. Deshalb sollte versucht werden, sie wenigstens in Ackerrandbereichen zu erhalten und zu fördern (siehe auch Seite 144).

Nahrungsreservoir für Nützlinge

Die Bedeutung von angesäten und natürlichen Ackerwildkräutern für die Entwicklung der Nützlingsfauna in landwirtschaftlichen Kulturen (z.B. Getreide) wird derzeit von mehreren Forschungsgruppen untersucht. Beispielhaft seien hier Erhebungen des Zoologischen Instituts der Universität Bern erwähnt, die u.a. belegen, daß Ackerrandstreifen oder Ackerwildkrautstreifen, z.B. mit Klatschmohn, Kamille, Schafgarbe und Buchweizen, einen überdurchschnittlich hohen Blattlausbefall aufweisen können. Dabei handelt es sich jedoch weitgehend um Blattlausarten, die nicht das Getreide befallen, aber eine große Zahl ihrer natürlichen Feinde wie Schlupfwespen, Florfliegen oder Marienkäfer anlocken. Da viele dieser Pflanzen bzw. 'ihre' Blattläuse recht früh im Jahr auftreten, ermöglicht diese alternative Nahrung den Blattlausantagonisten einen entscheidenden Entwicklungsvorsprung, um den später beginnenden Populationsaufbau der Blattläuse im Getreide (oder anderen Kulturpflanzenbeständen) zu bremsen oder gar zu unterdrücken.

Auf ähnliche Weise profitieren die Laufkäfer von den Ackerwildkrautstreifen: Eine ganzjährig dichte, schützende Vegetation mit hoher Nahrungsdichte ermöglicht den Aufbau einer arten- und individuenreicheren Laufkäferpopulation. Markierungs- und Wiederfangversuche des oben genannten Instituts zeigten, daß es einen regen Wechsel (Pendelverkehr) zwischen Getreidebereichen und den eingesäten Streifen gibt.

Ackerrandbereiche mit vielseitigem Blütenangebot locken nützliche Insekten an, die als Adulte auf Pollen- und Nektarnahrung angewiesen sind. Auch andere Nützlinge finden hier Unterschlupf und Deckung.

Rückzugs- und Überwinterungsorte

Im Winter bieten Ackerwildkrautstreifen sowohl den Laufkäfern als auch vielen anderen Nützlingen ideale Überwinterungsmöglichkeiten. So fanden die Forscher des Zoologischen Instituts der Universität Bern z.B. hohe Dichten überwinternder Marienkäfer in den Blütenständen und Kapseln von

Zurückgekrümmtem Fuchsschwanz, Gewöhnlicher Mohrrübe, Gewöhnlichem Hohlzahn und der Weißen Waldnelke. Schlupfwespenarten konnten in den Stengeln von Kamille und Luzerne nachgewiesen werden. Radnetzspinnen bevorzugen offenbar die Kapseln der Kornrade, der Zweijährigen Nachtkerze und der Weißen Waldnelke sowie die Blütenköpfe der Gewöhnlichen Mohrrübe.

Überwinterung im Boden
Auch im Boden konnten unter bestimmten Pflanzen deutlich höhere Dichten überwinternder Nützlinge, verglichen mit reinem Ackerland, gefunden werden, wie einige Zahlen aus den o. g. Untersuchungen belegen: Pro Quadratmeter Boden konnten beispielsweise unter der Kleinen Klette 50 Weichkäferlarven und 80 Marienkäfer gezählt werden, unter der Gewöhnlichen Schafgarbe über 2000 Kurzflügler und über 600 Laufkäfer sowie unter der Echten Wallwurz über 200 Deckennetzspinnen und Wolfsspinnen.

Bedeutung von Hecken

Freiwachsende, artenreiche Hecken, charakterisiert durch Vorhandensein einer Strauchschicht, einer Krautschicht und einer Bodenabdeckung mit abgestorbenem Pflanzenmaterial (siehe Seite 141), sind wertvollste Lebensräume für eine Vielzahl von Pflanzen, Insekten und anderen Kleintieren, für Reptilien, Amphibien, Vögel und Säugetiere.

Schutzraum
Für viele Wirbellose und Wirbeltiere stellt die Hecke eine Schutzzone dar. So konnte z. B. nachgewiesen werden, daß Insektenimagines bei ungünstigen Witterungsbedingungen die Regen- und Windschattenseite von

Freiwachsende, artenreiche Hecken sind wertvollste Lebensräume für eine Vielzahl von Pflanzen, Insekten und anderen Kleintieren, für Reptilien, Amphibien, Vögel und Säugetiere.

Hecken aufsuchen. Da Wasser die Flügel der Insekten 'verklebt', brauchen viele Schutz vor Regen, um nicht flugunfähig zu werden.

Insbesondere der Südrand von Hecken bietet vielen Arten die Möglichkeit, im Frühjahr vorzeitig aktiv zu werden und im Herbst länger aktiv zu bleiben. Auch bei der Durchführung von Bewirtschaftungsmaßnahmen (Schnitt, Bodenbearbeitung usw.) weichen viele Nützlinge kurzzeitig in Hecken aus (nachgewiesen für Wolfsspinnen, Laufkäfer, Schwebfliegen, Tanzfliegen, Wanzen u. a.).

Überwinterungsraum
Eine große Anzahl von Arthropodenarten nutzt die Hecke als Überwinterungsraum. Viele Wanzen, Marienkäfer, Kurzflügler, Laufkäfer, Schlupfwespen, Schwebfliegen, Florfliegen und Zweiflügler, aber auch Ohrwürmer, Hundertfüßer und Spinnen wandern von den landwirtschaftlichen Nutzflächen ab und überwintern in Hecken. Insbesondere die Bodenauflage in älteren Hecken stellt ein ideales Winterquartier für verschiedene Nützlingsgruppen dar (z. B. für Käfer). Auch andere Tierarten, wie z. B. Igel und Spitzmäuse, überwintern nicht selten in Hecken.

Wirtspflanzen für Wirts- und Beutetiere
Für den Ackerbau besonders augenfällig ist die Tatsache, daß die Winterwirte von wichtigen Blattlausarten in Hecken wachsen können. Dazu gehören die Traubenkirsche (*Prunus padus*) als Winterwirt der Haferblattlaus (*Rhopalosiphum padi*), Rosen als Wirte der Bleichen Getreideblattlaus (*Metopolophium dirhodum*) und das Pfaffenhütchen (*Euonymus europaeus*) als Winterwirt der Schwarzen Bohnenlaus (*Aphis fabae*) u. a. An diesen Winterwirten können sich frühzeitig Nützlingspopulationen aufbauen, die dann im Frühjahr mit den Blattläusen auf die Felder wandern (Schwebfliegen, Marienkäfer, Schlupfwespen u. a.).

Doch nicht nur Populationen der Blattlausantagonisten bauen sich in der Strauchschicht der Hecken auf, sondern auch Gegenspieler anderer Schädlinge können sich hier früher entwickeln. So sind die Kleinschmetterlinge, die in den Hecken an Rose, Schlehe und Weißdorn leben (z. B. Gespinstmotten), Wirte einer Reihe von Schlupfwespen (Ichneumoniden, Braconiden), die auch Schädlinge der Kulturpflanzen parasitieren.

Lebens- und Nahrungsraum
Durch das vielseitige Pflanzenangebot über einen langen Zeitraum des Jahres stellen Hecken einen geeigneten Lebens- und

Nahrungsraum für viele Nützlinge dar. Das wird am Beispiel der Blütenbesucher besonders deutlich: Bereits im April/Mai blüht die Schlehe, einige Weidenarten noch zeitiger. Im Juni/Juli folgen Rosen, Eberesche und Holunder, im August dann die Brombeerarten. Allein die Heckensträucher bieten demnach 5 bis 6 Monate lang Pollen und Nektar als Nahrung. Hinzu kommen die vielen innerhalb und am Rand der Hecken wachsenden krautigen Pflanzenarten.

Nistplätze für Vögel

Hecken bieten Vögeln nicht nur Schutz und Nahrung. Eine weitere wichtige Funktion der Hecken ist die Bereitstellung von Nistplätzen für die Vögel. Zu den häufigsten Brutvögeln der Hecken gehören Buchfink, Bluthänfling, Goldammer, Baumpieper, Weidenlaubsänger, Rotkehlchen, Gartengrasmücke, Dorngrasmücke, Amsel, Fitis, Gelbspötter, Heckenbraunelle, Neuntöter, Sumpfrohrsänger, Zaungrasmücke und Zaunkönig.

Viele typische Heckenvogelarten sind ursprünglich Waldrandarten. In der Agrarlandschaft sind deshalb Hecken für das Vorkommen dieser Arten lebensnotwendig.

Die meisten Vogelarten legen ihre Nester bevorzugt am Heckenrand an, vor allem in dornigen Sträuchern wie Schlehe, Weißdorn, Rose und Brombeere. Einzelne Bäume in der Hecke erhöhen die Vogelartenzahl, da zusätzlich Baum- und Höhlenbrüter geeignete Nistmöglichkeiten finden (z. B. Meisenarten). Hecken bieten Vögeln jedoch noch mehr als Schutz-, Nahrungs- und Nistplätze. Greifvögel, wie z. B. der Mäusebussard, finden in sogenannten 'Überhältern' und dürren Wipfeln geeignete 'Ansitzwarten'. Insektenfressenden Vögeln wie dem Neuntöter genügen oft schon hervorstehende Äste.

Ackerkulturen als Nützlingsreservoire

Da Maiskulturen von der Saat bis zur späten Ernte ein weitgehend ungestörtes Agroökosystem darstellen, können hier bis zum Herbst Refugien für die aus reifen Getreidefeldern einwandernden Blattläuse und ihre Antagonisten entstehen. Nach neueren Erhebungen können sich in Maisfeldern pro Tag und Hektar bis zu 30 000 Blattlausräuber (Marienkäfer, Florfliegen) entwickeln. Im Herbst wandern dann Schädlinge und Nützlinge in ihre Winterquartiere ab und verbreiten sich im nächsten Frühjahr wieder auf die verschiedenen landwirtschaftlichen Kulturen.

Untersaaten und Unkräuter

Eine ähnlich günstige Situation, wie sie im Maisanbau herrscht, läßt sich durch Untersaaten (z. B. Rayegras als Untersaat bei Winterweizen) im Ackerbau oder durch Dauerbegrünung in Obstanlagen und im Weinbau erzielen. Auch eine gewisse Toleranz gegenüber Unkräutern als Ressourcen für Antagonisten kann sich günstig auswirken (siehe auch Seite 144).

Kleinbiotope und Nistplätze

Viele Nützlinge sind auf Kleinbiotope (Mikrolebensräume) als Gesamt- oder Teillebensstätten angewiesen. Laubstreu, Trockenmauern, Lesesteinhaufen oder hohl aufliegende Steine, morsches Astwerk, Reisighaufen, morsche Stubben usw. sind ideale Schlupfwinkel und Anziehungspunkte für verschiedene Tiere und besonders für Nützlinge. Insbesondere in unseren Gärten sollten derartige Schutzzonen und Versteckplätze nicht aufgrund übertriebener Ordnungsliebe weggeräumt, sondern zusätzlich eingerichtet werden.

Trockenmauern

Locker geschichtete Steinmauern mit erdgefüllten Mauerritzen ohne Mörtelverfugung, wie sie früher z. B. als Stützmauern in den Steil- und Hanglagen der Wein- und Obstbaugebiete weit verbreitet waren, werden von vielen Nützlingen (Weberknechte, Spinnen, Grabwespen, Reptilien u. a.) besiedelt. Durch ihre trockenwarmen Bedingungen an der Oberfläche und die gegen Sonneneinstrahlung und Windeinwirkung geschützten, zumeist auch mäßig feuchten Fugen stellen Trockenmauern einen besonderen Lebensraum dar. Als biologisch und optisch belebende Elemente sollten sie an sonnenexponierten Stellen auch in Hausgärten ihren Platz finden. Hier eignen sie sich z. B. auch – teilweise aufgefüllt mit Mutterboden – zur Gestaltung bzw. Einfassung einer sog. Kräuterspirale.

Steinhaufen

Auch locker aufgeschichtete Steinhaufen bieten Unterschlupf und Lebensraum für viele nützliche Kleintiere wie Spitzmäuse, Kröten, Eidechsen oder Insekten (z. B. Laufkäfer). Selbst der Igel findet hier Unterschlupf, wenn die Hohlräume entsprechend groß sind.

Reisig- oder Totholzhaufen

Ein Holzhaufen, z. B. aus Obstbaum- und Heckenschnitt, dient vielen Nützlingen als Versteck und Brutplatz. Singvögel, Erdkröte oder Zauneidechse, die im Garten als Schädlingsvertilger aktiv sind, finden in einem Reisighaufen ebenso einen optimalen Überwinterungsplatz und Unterschlupfmöglichkeiten wie Igel und Mauswiesel, Laufkäfer und Spinnen.

Durchmesser und Höhe des Totholzhaufens sollten jeweils mindestens 1,50 m betragen. Um Brutplätze für Vögel zu schaffen, sollten etwas dickere Äste aufge-

Schonung und Förderung von Nützlingen

schichtet und mit dichtem Reisig abgedeckt werden. Äste mit Dornen oder Stacheln bieten einen zusätzlichen Schutz. Zum Schutz vor Katzen kann man den Reisighaufen mit 4 Pfählen und Maschendraht einfassen. Damit der Reisighaufen die Gartenästhetik nicht allzusehr stört, kann man ihn z. B. mit Wilder Clematis oder Wildem Geißblatt bewachsen lassen.

Baumstümpfe und Baumhöhlen

Tote Äste und absterbende Bäume sollten sowohl im Forst, in der Agrarlandschaft als auch in (größeren) Gärten nach Möglichkeit erhalten bleiben. Im absterbenden Holz alter Bäume oder in Baumstümpfen können viele Höhlenbrüter wie Eulen, Baumläufer oder Kleiber ihre Nisthöhlen bauen. Auch Fledermäuse und Steinkäuze, deren natürliche Lebensräume immer mehr eingeengt werden, und die deshalb in ihrem Bestand stark gefährdet sind, suchen Baumhöhlen als Unterschlupf auf, und Wespen legen dort ihre Nester an (siehe auch Seite 157).

Insektennisthölzer

Morsches Holz bevorzugen verschiedene nützliche Insekten (vor allem Hautflüglerarten) als Nistplatz. Die meisten dieser Arten bohren ihre Gänge nicht selbst, sondern beziehen die verlassenen Wohn- und Brutgänge bestimmter holzbohrender Käferarten.

Wo dieses Holz (z. B. alte Zaunpfähle, Baumstümpfe) fehlt, sollte man ihnen eine Nisthilfe anbieten. Diese kann beispielsweise aus einer Baumscheibe von ca. 30 cm Stärke aus Buche oder Eiche (unbehandelt), versehen mit verschieden großen und langen Gängen, bestehen. Auch hohle Stengel (z. B. Strohhalmbündel) werden als Wohnungen angenommen und mit Eiern belegt (Einzelheiten siehe Seite 154, Solitärwespen).

Eine Nützlingswiese (oder auch mehrere) sollte in keinem Garten fehlen. Schwebfliegen, Florfliegen und viele andere Nützlinge lassen sich durch geeignete Wildblumen anlocken.

Nützlingswiesen

Eine bunte Blumenwiese ist Lebensraum für viele Pflanzen- und Tierarten. Nicht nur die Blütenbesucher, auch andere Kleintiere und Vögel profitieren von der großen Faunenvielfalt. Viele Nützlinge finden hier Nahrung, Fortpflanzungsplätze und Unterschlupf. In naturnahen Gärten sollte grundsätzlich eine geschützte, sonnige Fläche für eine 'Nützlingswiese' reserviert bleiben. Doch auch in kleinen Hausgärten (in kleinen Beeten) und selbst auf der Terrasse oder dem Balkon (hier in Kästen und Kübeln) kann man mit bestimmten Blütenpflanzen Schwebfliegen, Florfliegen, Raupenfliegen, Weichkäfer u. a. Nutzinsekten anlocken.

Die blütenreichste Wiese entsteht auf nährstoffarmem, kalkreichem und warmem (unbeschattetem) Boden. Da unsere Gartenböden i. d. R. sehr nährstoffreich sind, muß der Boden also zunächst durch häufigen Schnitt und Entfernen des Schnittgutes 'ausgemagert' werden. Erst dann werden sich die typischen Wiesenpflanzen entwickeln und entfalten können. Es gibt mittlerweile einige Samenhandlungen und Staudengärtnereien, die geeignete Wildpflanzen anbieten. Im Handel sind auch fertige Mischungen (z. B. mit Dill, Kerbel, Wilden Möhren, Mohn und Margeriten; 'Blüten für Nützlinge') erhältlich.

Feldraintypische Pflanzen, wie z. B. Pastinak (*Pastinaca sativa*) und Wilde Möhre (*Daucus carota*), Gemeine Schafgarbe (*Achilea millefolium*), Gemeine Wegwarte (*Cichorium intybus*) besitzen einen offenen Blütenbau, der es auch Insekten mit kurzen Mundwerkzeugen, wie den parasitischen Hautflüglern, erlaubt, Pollen und Nektar zu erreichen.

Teiche und Tümpel

Ob Pfütze, Tümpel, Teich oder Weiher – stehende Gewässer gehören wohl zu den lebendigsten Lebensräumen überhaupt. Libellen, Frösche, Kröten und viele andere Nützlinge sind zum Überleben auf das Wasser oder die Uferzone angewiesen. So ist es erfreulich, daß auch in unseren Gärten immer mehr Teiche zu finden sind. Daß ein Goldfischteich jedoch noch kein Feuchtbiotop darstellt, sollte aufgrund der Fülle entsprechender Fachliteratur allgemein bekannt sein; ein naturnah angelegter Teich dagegen wird den Ansprüchen vieler, teilweise sogar gefährdeter Tier- und auch Pflanzenarten gerecht und auch in Hinblick auf eine Nützlingsansiedlung und -förderung seinen Zweck erfüllen (siehe auch Seite 147).

Biotope an und in Gebäuden

Auch Gebäude bieten Nützlingen vielfältige Lebens-, Brut-, Versteck- und Überwinterungsmöglichkeiten. Nischen- und fu-

genreiche (trocken-warme) Mauern stellen sozusagen Ersatzfelswände dar und können Vögeln (z. B. Turmfalke, Mauersegler, Hausrotschwanz) und Fledermäusen (z. B. Kleine Bartfledermaus) als Bruthabitate dienen. Dachböden eignen sich als sommerwarme 'Höhlen' für Baumhöhlenbrüter sowie als temperierte Winterquartiere für Baum- und Felshöhlenüberwinterer. Schleiereule, Waldkauz, Braunes Langohr, Fransen-, Breitflügel- und Zwergfledermaus, Gemeine und Deutsche Wespe u. a. Nützlinge finden hier ein geeignetes Bruthabitat, Florfliegen u. a. ihr Winterquartier. Keller sind ideale Lebensräume für Spinnen (z. B. Zitterspinnen) und möglicherweise ein Ersatz-Winterquartier für die Höhlenüberwinterer unter den Fledermäusen (z. B. Kleine Hufeisennase). Fachwerk bzw. altes Bauholz wird gern von 'Totholzbewohnern' (vor allem Käfer- und Hautflüglerarten) besiedelt. Schilf- und Strohdächer eignen sich als Bruthabitat für Stengel- und Halmbrüter, wie z. B. Grab- und Faltenwespen.

Einflugmöglichkeiten

Infolge geänderter Bauweisen, der Beseitigung alter Gebäude oder deren technisch zu perfekter Renovierung verschwinden immer mehr Siedlungs- und Lebensmöglichkeiten an und in Gebäuden für viele der genannten Tiergruppen. Soweit möglich, sollte man deshalb Zuflug- bzw. Einflugmöglichkeiten erhalten bzw. schaffen, besetzte Quartiere nicht stören und eventuell zusätzliche Nisthilfen anbringen (siehe Seite 159).

Wichtige Nützlings- biotope

Vielleicht ist mittlerweile deutlich geworden, daß sich die vielfältigen Maßnahmen zur Förderung und Schonung von Nützlingen nicht auf die eigentlichen 'Tatorte' beschränken lassen, also auf die Kulturpflanzenbestände, in denen Räuber und Parasiten gegen Schädlinge aktiv werden. Ebenso wichtig ist der Biotopschutz außerhalb bzw. in der Nähe dieser Standorte. Daraus ergibt sich, daß die Übergänge vom Nützlingsschutz zum Artenschutz und damit zum Natur- und Umweltschutz fließend sind: 'Pflanzenschutz durch Nützlingsschutz ist Umweltschutz', könnte die 'Formel' heißen. An einigen Beispielen sollen im folgenden wichtige Nützlingsbiotope beschrieben werden.

Hecken und Feldgehölze

Hecken in der Agrarlandschaft bilden einen wesentlichen Bestandteil des Agrarökosystems. Viele Hecken wurden gezielt zur Abgrenzung einzelner Felder oder als Windschutz angepflanzt (z. B. die 'Knicks' in Schleswig-Holstein). Andere sind durch spontanen Aufwuchs von Sträuchern auf breiteren Ackerrainen, entlang und zwischen Lesesteinriegeln, auf nicht genutzten Böschungen usw. entstanden. Auf nicht mehr bewirtschafteten Flächen bildet die Heckenvegetation eine Zwischenstufe in der Entwicklung zur natürlichen Bewaldung. Ist die natürliche Sukzession bereits weiter fortgeschritten, entstehen sog. Feldgehölze (Restwälder). Diese entsprechen in ihrem Aufbau und ihrer Ökologie schon eher der des Waldes (siehe Seite 147).

Heckenstruktur

Hecken bestehen i.d.R. aus einer Strauchschicht mit niederen und höheren Sträuchern, manchmal auch mit Bäumen, sowie einer Krautschicht im Randbereich (Unterwuchs im Heckensaum). Dazu kommt – insbesondere bei älteren Hecken – die Abdeckung des (nicht bearbeiteten) Bodens mit abgestorbenem Pflanzenmaterial und darunter mit Mulm. Die Zusammensetzung von Hecken aus verschiedenen Gehölzarten beeinflußt deren Struktur und damit auch deren Funktion als Lebensraum für verschiedene Pflanzen- und Tierarten. In Abhängigkeit von der Wuchsform der verschiedenen Sträucher bilden sich in Hecken sowie in deren Randzonen auf engstem Raum verschiedene Mikroklimazonen aus, wie z.B. warm-trockene Bedingungen auf der Südseite und kühl-feuchte Bedingungen auf der Nordseite. Je dichter die Strauchschicht und je breiter und artenreicher der Kräutersaum (mindestens 2 m Breite), um so mehr kann die Hecke zahlreichen Insekten und vor allem Nützlingen Nahrung und Unterschlupf bieten.

Nieder- und Hochhecken

Niederhecken sind entweder junge, oft aus Dorngebüschen bestehende Hecken oder ältere, floristisch artenreiche, regelmäßig gestutzte Hecken. Sie dienen vor allem als Nützlingsreservoir und sollten in ein- bis zweijährigen Abständen in der Breite und Höhe auf 2 bis 3 m zurückgeschnitten werden. Lockere Hochhecken von etwa 6 m Höhe und Baumhecken dienen zusätzlich als Windschutz. Letztere sollten abschnittsweise alle 5 bis 10 Jahre 'verjüngt' werden. Ein stärkeres Zurückschneiden rasch wachsender Arten fördert die Artenvielfalt.

Heckennetzdichte

Die Hecken sollten inklusive Krautschicht je nach Funktion eine Breite von 5 bis 10 m und eine Mindestlänge von 10 bis 15 m erreichen. Anzustreben ist ein engmaschiges 'Heckennetz', im Idealfall mit einer 'Maschenweite' von 200 bis 300 m. Vielfach wird die Wanderungsleistung von Laufkäfern als wichtigen Prädatoren landwirtschaftlicher Schädlinge als Kriterium für die Heckennetzdichte herangezogen. Da in Hecken und Feldgehölzen jedoch häufig andere Arten leben als in Feldern und Wiesen, sind einige Vogel- und Säugetierarten dazu besser geeignet. So wandert der Igel beispielsweise etwa 250 m von Hecken aus in angrenzende Felder ein. Hermelin und Mauswiesel (wichtige Regulatoren für Feldmäuse) haben 'Aktionsradien' von 300 m respektive 150 m. Spitzmäuse laufen bis zu 20 m in die Felder hinein. Kleinvögel fliegen zur Beutesuche etwa 100 bis 200 m von Hecken oder Waldrändern in landwirtschaftliche Nutzflächen hinein. Daraus ergibt sich ein mittlerer Abstand von ca. 300 m zwischen 2 Hecken. Da viele Nutzinsekten Blütenpflanzen brauchen, um sich in Agrarlandschaften halten zu können, sind dichtere Netze von Krautsäumen notwendig, die als Heckensäume, vergraste Feldraine usw. ausgebildet sein können.

Neuanpflanzung

Bei der Neuanpflanzung von Hecken sollte eine Nord-Süd-Richtung gewählt werden. Wälle oder Lesesteinhaufen als 'Basis' der Hecke sind einer ebenerdigen Anpflanzung vorzuziehen. Bei ebenerdiger Bepflanzung sollten zumindest stellenweise Steinhaufen, Einzelsteine und größere Bodenunebenheiten als Verstecke erhalten bzw. eingebracht werden.

Für freiwachsende Hecken kommen grundsätzlich alle Wildsträucher in Frage, die schnittverträglich sind und nicht allzuviel Licht benötigen. Aufgrund der unterschiedlichen Wüchsigkeit der Pflanzen empfiehlt es sich, jeweils mehrere Sträucher derselben Art nebeneinander zu setzen. So wird verhindert, daß langsamwüchsige Sträucher von ihren schnellwüchsigen Nachbarn von Anfang an unterdrückt werden.

Bei der Auswahl der Pflanzen sollte man bedenken, daß aus der Sicht des Pflanzenschutzes nicht alle Sträucher und Bäume geeignet sind. Einige einheimische Büsche stellen Wirtspflanzen für wichtige Krankheitserreger von landwirtschaftlichen Kulturpflanzen dar. Diese sollten deshalb nur in geringer Zahl gepflanzt werden. Beispiele sind Berberitze (Problem: Getreiderost), Weißdorn, Vogelbeere, Holzbirne und Holzapfel (Problem: Feuerbrand). Auskünfte hierzu erteilen im Bedarfsfall die zuständigen Pflanzenschutzdienststellen.

Ganz wichtig ist – wie bereits erwähnt – der Heckenrand bzw. Heckensaum. Unregelmäßige Buchten und Vorsprünge sowie kurze gehölzfreie Abschnitte fördern die 'Verzahnung' mit den Nachbarbiotopen. Der Wildkrautsaum sollte – vor allem an der Südseite der Hecke – eine Breite von mindestens 4 m (besser 10 m und mehr) aufweisen.

Hinweise:
Viele Gemeinden oder Landkreise unterstützen das Anlegen von Hecken durch Zuschüsse oder stellen kostenlos Pflanzmaterial zur Verfügung. Bei der Planung größerer Hecken in Agrarlandschaften sollte grundsätzlich die örtlich zuständige Fachbehörde hinzugezogen werden.

Hecken für kleine Gärten

Freiwachsende, mehrreihige Hecken benötigen viel Platz. Die meisten Privatgärten bieten dafür nicht genügend Raum. Für kleine Grundstücke sind daher geschnittene Hecken eher geeignet. Auch wenn diese, i. d. R. nur aus einer Pflanzenart bestehenden Hecken durch den häufigen Schnitt nicht zum Blühen und Fruchten kommen, bieten sie doch Vögeln u. a. Tieren sichere Brutplätze und Schutz. Bewährt haben sich folgende Arten: Rot- und Hainbuche (halten lange im Winter das Laub), Liguster (bleibt bis tief in den Winter grün), Weißdorn, Feldahorn und Buchsbaum (immergrün). Bei der Pflanzung werden 4 bis 5 Pflanzen pro Meter gesetzt. Um zu vermeiden, daß die Hecke später von unten kahl wird, sollte sie konisch geschnitten werden, d.h. unten etwas breiter sein als oben.

Benjeshecken

Einen ganz besonderen 'Heckentyp' stellt die nach ihrem 'Erfinder' genannte 'Benjeshecke' dar. Hier wird grober Baum- und Strauchschnitt zu einem ca. 1,5 m hohen und mindestens 4 m breiten Gestrüpphaufen von beliebiger Länge aufgeschichtet. Schon nach wenigen Jahren entwickelt sich daraus über verschiedene Sukzessionsstufen eine Hecke. Allein durch Vögel bzw. Vogelkot und Windverfrachtung kommt es zur natürlichen Aussaat der verschiedensten, standortgerechten (autochthonen) Pflanzen. Um die Entwicklung zu beschleunigen, können im Inneren der Gestrüpphaufen zusätzlich Sträucher (höchstens 50 bis 60 auf 100 m) oder einzelne Bäume gepflanzt werden.

Die Benjeshecke ist nicht nur preiswert, einfach und von jedermann ohne große Vorkenntnisse 'herzustellen', sie stellt auch die weitaus sinnvollste und umweltfreundlichste Methode der Wie-

---

Geeignete Pflanzen für das Anlegen von (Feld-)Hecken

Sträucher:

Schlehe *(Prunus spinosa)*
Haselnuß *(Corylus avellana)*
Roter Hartriegel *(Cornus sanguinea)*
Schwarzer Holunder *(Sambucus nigra)*
Gemeiner Liguster *(Ligustrum vulgare)*
Rote Heckenkirsche *(Lonicera xylosteum)*
Gewöhnlicher Schneeball *(Viburnum opulus)*
Wolliger Schneeball *(Viburnum lantana)*
Wilde Brombeere *(Rubus fruticosus)*
Himbeere *(Rubus idaeus)*
Schwarze Johannisbeere *(Ribes nigrum)*
Alpenjohannisbeere *(Ribes alpinum)*
Weinrose *(Rosa rubiginosa)*
Bibernellrose *(Rosa spinosissima)*
Wildrose *(Rosa canina)***
Roter Holunder *(Sambucus racemosa)***
Kornelkirsche *(Cornus mas)***
Salweide *(Salix caprea)***
Pfaffenhütchen *(Euonymus europaeus)***
Kreuzdorn *(Rhamnus catharticus)***
Berberitze *(Berberis vulgaris)***

Bäume:

Hainbuche *(Carpinus betulus)*
Schwarzerle *(Alnus glutinosa)*
Feldahorn *(Acer campestre)*
Bergahorn *(Acer pseudoplatanus)*
Spitzahorn *(Acer platanoides)*
Aspe *(Populus tremula)*
Moorbirke *(Betula pubescens)*
Sandbirke *(Betula verrucosa)*
Stieleiche *(Quercus robur)*
Traubeneiche *(Quercus petraea)*
Feldulme *(Ulmus carpinifolia)*
Bergulme *(Ulmus glabra)*
Vogelkirsche *(Prunus avium)*
Linde *(Tilia cordata)*
Esche *(Fraxinus excelsior)*
Wildapfel *(Malus sylvestris)*
Wildbirne *(Pyrus communis)*
Weißdorn *(Crataegus monogyna)**
Vogelbeerbaum, Eberesche *(Sorbus aucuparia)**
Rotbuche *(Fagus sylvatica)***
Frühe Traubenkirsche *(Prunus padus)***
Faulbaum *(Rhamnus frangula)***

---

*   Nicht in der Nähe von Obstanlagen pflanzen.
** Nicht zu häufig verwenden (höchstens 10 % je Strauch- oder Baumart).

derverwertung holziger 'Abfälle' dar. Die intensive Pflege, wie sie bei einer 'normal' gepflanzten Hecke in den ersten Jahren notwendig ist, entfällt, und auch ein Wildzaun zum Schutz der gepflanzten Sträucher und Bäume ist nicht erforderlich. Damit statt einer Hecke nicht ein Komposthaufen entsteht, sollte man jedoch darauf achten, daß das verwendete Rohmaterial nicht zu fein ist.

Ackerrandstreifen

Ackerwildkräuter stellen ein wichtiges Nahrungsreservoir für viele Nützlinge dar. Diese Wildkräuter und ihre standorttypischen Pflanzengesellschaften können nur auf ackerbaulich genutzten Flächen erhalten werden. Da sich die meisten Ackerwildkrautarten nicht langfristig gegen die Konkurrenz ausdauernder Pflanzenarten behaupten können, sind sie auf Standorte angewiesen, deren Pflanzenbewuchs regelmäßig durch die im Ackerbau übliche Bodenbearbeitung entfernt wird. Sie können also nicht geschützt werden, indem man Flächen aus der Bewirtschaftung herausnimmt und langfristig brachfallen läßt, obwohl wenige Brachejahre (ohne Einsaat und ohne Bodenbearbeitung) für die Regeneration der Ackerbegleitflora grundsätzlich vorteilhaft sind.

Verzicht auf Herbizide
Um Ackerwildkräuter zu schützen, muß auf die chemische Unkrautbekämpfung verzichtet werden, wobei dies nicht unbedingt die ganze Ackerfläche betreffen muß. Wie Modellversuche zeigen, können die meisten Ackerwildkräuter sehr wirksam geschützt werden, wenn wenige Meter breite Streifen am Rand von Äckern zwar normal bewirtschaftet, aber bei der Anwendung von Herbiziden ausgespart werden. Diese sog. Ackerrand-

streifen bieten niedrigwüchsigen und licht- und wärmeliebenden Wildkräutern günstigere Lebensbedingungen, als sie im meist dichteren Kulturpflanzenbestand des Feldinnern herrschen. Außerdem können die Ackerrandstreifen zur Verbindung (Vernetzung) ökologisch wertvoller Biotope in der Landschaft beitragen.

Einschränkung der Düngung
Zur Erhaltung der auf nährstoffarme Sandäcker angewiesenen Ackerwildkräuter muß nicht nur auf die Herbizide verzichtet, sondern es muß auch die Düngung eingeschränkt (Stickstoffdüngung) bzw. darauf verzichtet werden (Kalkung). Um die sich auf den Ackerrandstreifen ansiedelnden Nützlinge und andere Insekten zu schonen, muß hier natürlich auch der Einsatz von Pflanzenschutzmitteln (insbesondere Insektiziden) unterbleiben.

Ausgleichszahlungen
Nach den bisherigen Erfahrungen muß der Landwirt nicht befürchten, daß das Feldinnere von herbizidfreien Ackerrandstreifen aus verkrautet. Auf den Randstreifen von Getreideäckern muß bei Verzicht auf Herbizidanwendung mit bis zu 30 % geringeren Erträgen gerechnet werden, für die der Landwirt aber staatliche Ausgleichszahlungen (meist auf Länderebene geregelt) erhält.

Sukzessionsstreifen

Eine weitere Möglichkeit, Nutzarthropoden in Agrarlandschaften zu fördern, besteht in der Anlage angesäter 'Sukzessionsstreifen' im Feldbereich, um somit den positiven Randeffekt auch ins Feldinnere zu tragen. Unter Sukzessionsstreifen sind 1,5 m breite, in Abständen von ca. 24 m (12 m wäre ökologisch noch besser) im Feld angelegte Krautstreifen mit einem breiten Spektrum verschiedener Pflanzenarten und

-mischungen zu verstehen, in denen weder Bearbeitung, Düngung noch Pflanzenschutzmaßnahmen durchgeführt werden. Die Streifen unterliegen somit einer 'freien Sukzession'.

Sukzessionsstreifen in Ackerflächen führen zu einer höheren faunistischen Vielfalt in Agrarlandschaften und wirken damit auch der Artenverarmung in diesen Bereichen entgegen. Freilandversuche des Zoologischen Instituts der Universität Bern verdeutlichen, daß Sukzessionsstreifen z. B. Laufkäfer in starkem Ausmaß fördern.

Pflanzen für Grünstreifen
Für die gezielte Ansaat von Grünstreifen in landwirtschaftlichen Kulturen empfehlen die Schweizer Wissenschaftler bodenbedeckende, konkurrenzfähige Pflanzenarten, die zum einen gute Nektar- und Pollenspender sind, zum anderen durch Form, Struktur und Pflanzenmasse eine Verunkrautung verhindern. Optimal seien langblühende Arten oder eine Mischung von früh- und spätblühenden Arten.

Der Schnitt der Grünstreifen sollte flächenweise alternierend oder in einem mehrjährigen Zyklus erfolgen, um ein ausreichendes Angebot an Blüten sowie Überwinterungsplätzen für die Nützlinge zu gewährleisten.

Ökosystem Rebberg

Auch in Reb- bzw. Weinbergen können Nützlinge (insbesondere Nutzarthropoden) durch eine große botanische Vielfalt standortgerechter, natürlicher Begrünung gefördert werden. Eine entsprechende 'Unterwuchsbewirtschaftung' wird z. B. seit einigen Jahren in vorbildlicher Weise in der Ostschweiz praktiziert. Permanente Begrünung und Einsaaten prägen hier zunehmend das Bild vieler Rebberge. Neben dem Schutz der Steillagen vor Erosion und Auswaschung von Nährstoffen und der Verbesserung der Bodenstruktur leistet die Grünbedeckung einen wichtigen Beitrag zur Artenvielfalt im Agrarökosystem Rebberg und damit auch zur ökologischen Stabilität.

Alternierendes Mähen

Durch alternierendes Mähen wird ein kontinuierliches Pflanzen- und Blütenangebot vom Frühjahr bis zum Herbst sichergestellt und gefördert. Der kräuterreiche Unterwuchs bietet Lebensraum für viele nützliche Insekten, Spinnen u. a. Nützlinge. Er wird damit zur ökologischen Ausgleichsfläche im Rebberg und ergänzt vorhandene Nützlingsbiotope wie Hecken, Waldränder, Feldgehölze, Rebbergmauern, Böschungen, Wege usw. Wichtig ist hierbei, daß Herbizide – wenn überhaupt – zurückhaltend und nur unter den Rebstöcken eingesetzt werden, wo Problemunkräuter nicht gemäht, gemulcht oder durch Pflanzen mit niedrigem Wuchs und guter Bodenbedeckung (z. B. Gundelrebe, Fünffingerkraut, Einjähriges Rispengras, Vogelmiere, Ehrenpreisarten) ersetzt werden können.

Alternierendes Mähen ist eine wichtige Maßnahme, mit der die Ansiedlung von Raubmilben, aber auch das Auftreten anderer Nützlinge gefördert werden kann. In terrassierten Anlagen wird pro Schnittzeitpunkt nur jede 2. Böschung, in 'Direktzuganlagen' jede 2. Fahrgasse gemäht. Der 1. Schnitt im Frühling erfolgt etwas früher als üblich (Austrieb), später wird immer der ältere Bestand geschnitten. Der Schnitt erfolgt jeweils dann, wenn der jüngere Bestand zu blühen beginnt. Unter den Stöcken wird jedesmal geschnitten. So sind dauernd blühende Pflanzen vorhanden.

Dauergrünland

In der Bundesrepublik Deutschland sind heute rund 40 % der landwirtschaftlichen Flächen bzw. rund 20 % der Landesfläche Grasland. Die Grünlandnutzung rangiert damit hinter dem Ackerbau. Sie ist zu großen Teilen auf feuchte Niederungen, flachgründige Böden, steilere Hanglagen und höhere Lagen beschränkt.

Die bestimmenden Pflanzen sind ausdauernde oder mehrjährige Gräser und Kräuter. Verschiedene Maßnahmen, wie z. B. Drainage (Regulierung des Bodenwasserhaushaltes), überhöhte Düngung, häufiger Schnitt, Herbizidanwendung oder auch die Neueinsaat artenarmer und standortuntypischer Saatmischungen, können die Qualität des Dauergrünlandes als Lebensraum für Nützlinge beeinträchtigen und sollten daher auf ein notwendiges Minimum beschränkt werden.

Extensive Bewirtschaftung

Zur Förderung der Artenvielfalt sollte wenigstens ein Teil der Wiesen und Weiden extensiv bewirtschaftet werden. Das heißt, daß hier auf Düngung ganz verzichtet wird oder auf höchstens eine schwache Gabe im Frühjahr beschränkt bleibt.

Blumenreiches Dauergrünland ist ein wichtiges Refugium für Nützlinge. Zumindest an Böschungen, Endstücken usw. kann daher die Aussaat einer Wildblumenmischung oder von Heublumen einer artenreichen Heuwiese zusätzliche Dienste leisten. Um den Nützlingen ein Ausweichen zu ermöglichen, wird nicht die ganze Fläche gleichzeitig gemäht, sondern in mindestens 2 Etappen im Abstand von etwa 2 Wochen. Empfehlenswert sind 2 (bis maximal 3) Schnitte im Jahr.

Feuchtbiotope

Feucht- und Naßwiesen, d. h. Grünlandbestände nasser bis wechselfeuchter Böden mit zumeist hohem Reichtum an Seggen, Binsen u. a. feuchtigkeitsliebenden Pflanzenarten, beherbergen an diese Biotopbedingungen besonders angepaßte Tiergesellschaften, darunter auch eine große Zahl gefährdeter Tierarten, und sind daher absolut schutzwürdig. Für viele Amphibien-, Reptilien- und Insektenarten sind diese Lebensräume überlebenswichtig. Verschiedene Vogelarten finden in Schilfbeständen ihr Bruthabitat (z. B. Sumpfohreule).

Erhaltungsmaßnahmen

Der dominierende Ökofaktor ist hier ein hoher Grund- und Stauwasserspiegel (ganzjährig oder wenigstens im Frühjahr), den es auf jeden Fall zu erhalten oder sogar zu erhöhen gilt. Vorteilhaft ist u. U. das zusätzliche Einbringen von Bodenvertiefungen und Kleingewässern. Generell sollte auf den Einsatz von Dünger ganz oder weitestgehend verzichtet werden. Während eine Beweidung schädlich ist, kann die Nutzung als Wiese mit ein- bis zweimaligem Schnitt pro Jahr einem etwaigen Gehölzaufwuchs (Gefahr der Verbuschung oder Verwaldung) entgegenwirken. Ob überhaupt oder wie häufig gemäht werden sollte, hängt jedoch ganz von der jeweiligen Pflanzenarten-Zusammensetzung und der Vegetationsstruktur ab.

Trocken- und Halbtrockenrasen

Kräuterreiche Rasengesellschaften entwickeln sich auf trockenen bis wechseltrockenen Fels-, Sand- oder Kiesböden, i. d. R. in sonnenexponierten Lagen mit einer schlechten Wasser- und Nährstoffversorgung. Während

Schonung und Förderung von Nützlingen

(Feucht-)Wiesen erst im August/September den Höhepunkt ihrer Blütenentwicklung erreichen, liegt dieser bei den Trocken- und Halbtrockenrasen bereits im zeitigen Frühjahr und im Frühsommer. Für die vielen Blütenbesucher unter den Nützlingen stellen diese Standorte daher ein wichtiges Nahrungsreservoir dar.

Pflege durch Nutzung

Nutzung bzw. Bewirtschaftung müssen auf den Erhalt des typischen Charakters dieser relativ selten gewordenen Biotope ausgerichtet sein. So führt beispielsweise eine Aufdüngung zu einer extremen Artenverarmung bei Flora und Fauna. Während eine unregelmäßige, kurzzeitige Beweidung durch Schafe der unerwünschten (z. T. sogar schädigenden) Verbuschung entgegenwirkt, führt die Koppelhaltung von Großvieh (oder Schafen) zu Bodenverdichtung, Eutrophierung (Nährstoffanreicherung), Tritt- und Verbißschäden. Bei großflächigen Trockenrasengesellschaften sind verstreut eingesprengte Einzelbüsche und kleinere Gehölzgruppen mit ausgedehnten Staudensäumen als Larvalhabitate, Aufenthaltsorte, Ausweichquartiere, Witterungsschutz usw. für viele Nützlingsgruppen durchaus vorteilhaft, sie sollten jedoch weniger als 10 % der Grundfläche ausmachen. Bei einer Größe unter 0,5 Hektar ist ein derartiger Bewuchs jedoch eher nachteilig.

Brachen und Teilbrachen

Unter Brachen versteht man ehemals landwirtschaftlich genutzte Bestände, die nicht mehr gemäht, beweidet oder beackert und völlig sich selbst überlassen werden. Die Nutzungsaufgabe führt dazu, daß sich die Vegetation weiterentwickelt, wobei i. d. R. Kräu-

ter und Stauden die Gräser verdrängen. Das sich hier einstellende Kleinklima, eine große Vielfalt an Pflanzen und vor allem Blüten, das Angebot an abgestorbenen und vertrockneten Pflanzen (-teilen) und nicht zuletzt die Reduzierung von Störungen durch Mensch und Vieh machen Brachen zum Gesamtjahreslebensraum, Nahrungsbiotop, Winterquartier, Fortpflanzungsraum, Versteck- und Rückzugsgebiet für viele Nützlinge.

Altgrasinseln und Feldraine

Auch sog. Altgrasinseln und Feldraine (Altgrasstreifen) erfüllen wichtige ökologische Funktionen. Sie sollten daher erhalten und in ausgeräumten Wiesen und Feldfluren wieder eingebracht werden. Wie bei den Hecken ist auch hier eine möglichst engmaschige Vernetzung anzustreben. Ein gelegentlicher Schnitt sollte spät im Jahr erfolgen, auf großflächigen Brachen sollte dieser etappenweise, möglichst im Turnus von einigen Jahren rotierend, erfolgen, wobei das Mähgut abzutransportieren ist. Bei sehr dichtem Gras können kleine Kräuter durch einen frühen Schnitt (Anfang Mai) gefördert werden.

Obstanlagen

Verglichen mit den großflächigen, einjährigen Ackerkulturen, können die mehrjährigen Obstplantagen für viele (andere) Nützlingsarten ein durchaus attraktives Biotop darstellen, nicht zuletzt durch das vielseitige Angebot an Wirts- und Beutetieren. In 'aufgeräumten', intensiv bewirtschafteten Obstanlagen sind Artenzahl und Populationsdichte der verschiedenen Nützlinge natürlich sehr viel geringer als in sog. Streuobstbeständen mit Hochstammkulturen, in denen weniger intensiv (bis extensiv) chemischer Pflanzenschutz sowie

Schnitt- und Düngungsmaßnahmen durchgeführt werden.

Bewirtschaftung und Artenvielfalt

Durch eine sehr zurückhaltende Düngung der Grünlandstreifen in Obst-Hochstammanlagen und Streuobstbeständen wird eine große Artenvielfalt an Wiesenpflanzen erreicht. Das Stehenlassen alter Bäume mit Astlöchern und Stammhöhlen erhöht das Angebot an geeigneten Nistplätzen für höhlenbrütende Vogelarten. In extensiv bewirtschafteten Hochstammanlagen können bis zu 35 Vogelarten leben. Strukturell und funktionell entsprechen Streuobstflächen in vielem den (lichten) Feldgehölzen. So können sie als Ansitzwarte für Greifvögel, als Deckung vor Feinden und Witterung oder als Überwinterungs-, Nahrungs- und Ausweichhabitat dienen.

Niederstammkulturen

Wie die Erfahrungen im biologischen und 'integrierten' Obstanbau zeigen, können aber auch in (ehemals) 'konventionell' gepflegten Obstanlagen (i. d. R. Niederstammkulturen) die Lebensbedingungen für wichtige Nützlingsarten so weit verbessert werden, daß der Einsatz chemischer Bekämpfungsmittel gegen Schadarthropoden oftmals reduziert oder sogar ganz überflüssig werden kann (Beispiel Spinnmilben, siehe Seite 149).

Wegränder

Wegränder mit einer reichhaltigen und vor allem blühenden Flora werden gern von Nützlingen aufgesucht. Man sollte deshalb die Randstreifen und wenn möglich auch die Mittelstreifen von Wegen begrünt lassen. Durch 'Ausmagernlassen' (Verzicht auf Düngung) oder Aussäen einer Wildblumenmischung kann die Ansiedlung und Verbreitung blühender Pflanzen am Wegrand noch gefördert werden.

Wegränder sollten nur einmal im Jahr, dabei erst nach der Blüte bzw. Samenreife und vor allem später als Heuwiesen geschnitten werden. Damit die Samen herausfallen können, empfiehlt es sich, das Mähgut erst nach der Trocknung aufzunehmen. Um die Tiere am Erdboden zu verschonen, muß der Schnitt mindestens 10 cm hoch angesetzt werden und sollte jährlich wechselnd jeweils nur auf einem Teil des Wegrandes erfolgen.

Migrationsbarrieren

Das Asphaltieren oder Betonieren der Wege schafft für viele flugunfähige Nützlinge (z. B. für Laufkäfer) meist unüberwindbare Hindernisse (sog. Migrationsbarrieren). Wege und Straßen tragen außerdem vielfach dazu bei, daß das notwendige Minimalareal bei etlichen Arten unterschritten wird und diese dadurch in ihrem Bestand stark gefährdet werden.

Bachläufe

Die vielerorts durchgeführte 'Begradigung' von Bachläufen hat – wie man mittlerweile erkannt hat – zu weitreichenden, oft irreparablen, ökologischen Folgen geführt. Auch die Nützlinge sind betroffen. Durch sog. 'Renaturierungsmaßnahmen' wird nun versucht, diese Fehlentscheidungen wiedergutzumachen und Bachläufe in eine 'ursprüngliche', d. h. natürliche Form mit Steil- und Flachufern, zurückzuverwandeln.

Zur Reduktion der Fließgeschwindigkeit ist dabei oftmals auch eine naturnahe 'Bachverbauung' (Steinblöcke, Schwellen, Uferschutz mit Holzflechtwerk usw.) erforderlich. Ein vielfältiger Bewuchs der Böschungen mit Kräutern und Sträuchern wirkt sich auch auf die Ansiedlung und Förderung von Nützlingen positiv aus.

Naturnahe Kleingewässer

Als 'Kleingewässer' werden stehende Gewässer mit einer Größe bis 1 Hektar bezeichnet. Sie können dauernd Wasser führen oder zeitweise trockenfallen. Es kann sich dabei um natürlich entstandene Stillgewässer oder auch vom Menschen geschaffene Kleingewässer handeln. Zum ersten Typus zählen z. B. Weiher in sog. Schlatts (Ausblasungsmulden) und Erdfällen oder sog. Kolke und Altwässer in Auen, sofern sie nicht durch menschliche Einflüsse ihren ursprünglichen Charakter völlig verloren haben.

'Künstlich' geschaffene Kleingewässer sind z. B. Stauteiche oder Tümpel in aufgelassenen Kiesgruben. Naturnah belassen können sie ähnliche Strukturen und Lebensgemeinschaften aufweisen wie natürlich entstandene Gewässer.

Nützlinge an Gewässern

Daß stehende Gewässer für viele Tiere von großer Bedeutung sind, sollte hinlänglich bekannt sein. Auch viele Nützlinge sind auf naturnahe Kleingewässer angewiesen. So jagen beispielsweise einige Fledermausarten vornehmlich (oder ausschließlich) über Wasserflächen (Wasser- und Teichfledermaus u. a.). Fast alle einheimischen Amphibienarten sind wasserabhängig. Dies gilt auch für die nützlichen Libellen. Doch auch eine Vielzahl anderer Nutzarthropoden sowie viele nützliche Vogelarten leben an oder in der Nähe von Teichen und Tümpeln.

Gefährdung und Schutz

Viele Kleingewässer sind in den letzten Jahren verfüllt, trockengelegt oder überbaut worden. Verbliebene Teiche und Tümpel wurden durch Einschwemmung von Düngemitteln (Eutrophierung) und durch Pflanzenschutzmittel

stark belastet. Wasserverschmutzung, fischereiliche Nutzung, Veränderung der Gewässergestalt, Beweidung der Uferzonen, Freizeitaktivitäten u. a. führen zu einer Beeinträchtigung naturnaher Kleingewässer.

Naturnahe Kleingewässer sind äußerst schutzwürdig. Auch in Agrarlandschaften sollten sie erhalten bzw. geschaffen werden. Wie z. B. bei den Hecken ist auch hier auf eine 'räumliche Vernetzung' zu achten. Zur Förderung von Amphibien sowie vielen Nutzarthropoden sind mehrere kleine Gewässer besser geeignet als eine einzelne große Wasserfläche. Alle in intensiv landwirtschaftlich genutzten Flächen gelegenen Gewässer sollten einen geschlossenen extensiv bewirtschafteten 'Ufer-Schutzgürtel' (z. B. ungedüngtes Grasland mit Büschen) aufweisen.

Ersatzbiotop Gartenteich

Mit der Anlage eines naturnahen Teiches können Gartenbesitzer einen wertvollen Beitrag zum Artenschutz und auch zur 'Biotopvernetzung' leisten. Wie schnell und in welchem Ausmaß sich entsprechende Nützlingsarten ansiedeln werden, hängt natürlich sehr stark von der Umgebung ab. Da es zum Thema Gartenteich reichlich Fachliteratur gibt, soll hier auf Angaben zur Anlage, Gestaltung und Pflege von Teichen verzichtet werden.

Wälder und Waldränder

Wälder, gekennzeichnet durch die 'Straten' Kraut- und Strauchschicht, Stammregion und Kronenschichten, stellen meist sehr artenreiche Ökosysteme dar. Anzahl und Besiedlungsdichte der verschiedenen Tierarten hängen dabei sowohl von der Größe des Waldes, der Faunenzusammensetzung, der Waldstruktur, dem jeweiligen Alter der Waldbestände

Schonung und Förderung von Nützlingen

(Schonung, Jungwuchs, Altbestand) als auch vom jeweiligen Waldinnenklima ab. Wie in anderen Ökosystemen nutzen die Tierarten im Wald i. d. R. nicht das jeweilige Gesamtökosystem, sondern vielmehr nur bestimmte Teile davon, wie z. B. bestimmte Baumarten, Baumschichten, Altersstadien, Mikrohabitate oder Mikroklimabereiche. Für eine Reihe von Tierarten gibt auch das Verhältnis Waldfläche zu Flächenteilen offener Landschaften den Ausschlag für eine Besiedlung.

Ernährungs- und Entwicklungsbedingungen

Die genannten Faktoren gelten im allgemeinen auch für Schädlinge und Nützlinge. Dabei ist zu bedenken, daß die Bedingungen, die für eine Ansiedlung und Vermehrung auf pflanzliche Ernährung angewiesener Tierarten günstig sind, leider nicht immer (oder sogar in den selteneren Fällen) mit denen für ihre natürlichen Feinde übereinstimmen. Günstigen Ernährungs- und Entwicklungsbedingungen für die verschiedenen Forstschädlinge stehen – ähnlich der Situation in Landwirtschaft und Gartenbau – oftmals weniger optimale Ansiedlungs- und Vermehrungsbedingungen für die entsprechenden Nützlinge entgegen.

Naturschutzmaßnahmen

Neben speziellen Maßnahmen zur Förderung und Schonung von Forstnützlingen, wie z. B. das Anlegen und Pflegen von Ameisennestern (siehe Seite 155) oder das Aufhängen von Nistmöglichkeiten für Vögel und Fledermäuse (siehe ab Seite 157), haben viele im Wald (Forst) durchführbare oder allgemeine, das 'Ökosystem Wald' betreffende Umwelt-, Natur- und Artenschutzmaßnahmen auch einen großen (fördernden) Einfluß auf die standortspezifische Nützlingsvielfalt und Nützlingseffizienz.

Saurer Regen und Kalkung

So bleibt beispielsweise die Belastung durch Immissionen ('Saurer Regen') bzw. die damit verbundene Veränderung des Nährstoffgehaltes im Boden natürlich nicht ohne Auswirkungen auf die Nützlingsfauna. Neben direkten wird es vor allem auch zu indirekten Beeinflussungen (z. B. über die Pflanzen und/oder die Wirts- und Beutetiere) der Nützlingspopulationen kommen. Auch die seit mehreren Jahren in einigen Gebieten großflächig durchgeführte 'Kompensationskalkung' zeigt teilweise negative Auswirkungen auf Nützlinge. Der Kalkstaub bewirkt bei einigen Arten eine erhöhte Mortalität, eine geringere Fruchtbarkeit und einen geringeren Beuteeintrag (z. B. bei Raupenfliegen).

Beeinträchtigungen von Nützlingslebensräumen

Die einseitige Bevorzugung ertragreicher, aber biotopfremder

Zur Ansiedlung von Nützlingen gibt es viele Hilfsmittel. So sind z. B. Fledermauskästen, wie diese frostsichere Großraum- oder Überwinterungshöhle, gut geeignet, fehlende Nist- und Unterschlupfmöglichkeiten zu ersetzen.

Baumarten, großräumige Monokulturen sowie weitere durch die zu einseitig auf Holzproduktion ausgerichtete Waldbewirtschaftung verursachte Beeinträchtigungen führen zu einer Störung von Nützlingslebensräumen. Im Gegensatz zur großflächigen Anwendung von Pestiziden in der Landwirtschaft, beschränkt sich der Einsatz chemischer Bekämpfungsmittel im Wald i. d. R. auf Aufforstungsschläge, Wegränder u. a. Teilflächen. Da jedoch gerade hier aufgrund fehlender Beschattung blütenreiche Zonen entstehen, sind davon viele Nutzinsekten betroffen.

Standortgerechte Vielfalt

Aus der Sicht des Arten- und auch Nützlingsschutzes sind grundsätzlich die Erhaltung und Neuanlage naturnaher Laubmischwälder zu fördern. Alt- und Totholz, Stubben und Reisig, Jungwüchse und Sträucher, stufige Pflanzenbestände mit großer, standortgerechter Artenvielfalt, Zonen mit reichhaltigem Blütenangebot – je vielseitiger die Strukturen und Lebensräume sind, um so mehr Nützlinge werden sich ansiedeln können. Die Liste nützlingsfördernder Maßnahmen ließe sich um viele Aspekte erweitern.

Struktur des Waldrandes

Aus der Sicht der Förderung landwirtschaftlicher Nützlinge spielt auch die Struktur des Waldrandes eine große Rolle. Waldränder haben eine ähnliche Funktion wie Hecken. Je größer die Waldrandlänge, um so größer die Artenvielfalt von Pflanzen und Tieren. Der Aufbau sollte möglichst stufig sein, also von Bäumen über Sträucher in die Krautschicht (mindestens 3 bis 5 m breit) und von da ins Ackerland übergehen. Dies wird erreicht durch regelmäßiges, abschnittsweises Verjüngen.

Ansiedlung und Förderung wichtiger Nützlingsgruppen

Viele Nützlingsgruppen (Ordnungen, Familien, Gattungen) lassen sich durch besondere, meist wenig aufwendige Maßnahmen ganz gezielt fördern. Je besser man über Auftreten, Lebensgewohnheiten, Lebenszyklen und Ernährungsweisen der Nützlinge informiert ist, desto wirkungsvoller kann man ihren mehr oder weniger spezifischen Ansprüchen gerecht werden. Bei der Vorstellung der einzelnen Nützlingsfamilien wurden bereits entsprechende Hinweise gegeben. Für einige wichtige Nützlingsgruppen sollen nun noch einmal die wirkungsvollsten Maßnahmen und Verfahren zur Anlockung, Ansiedlung, Schonung und Förderung in Land- und Forstwirtschaft sowie im Gartenbau erläutert werden.

Spinnen

Ackerflächen oder intensiv genutzte Mähwiesen können von Spinnen (ARANEAE) nur für eine bestimmte Zeitspanne im Jahr als Lebensraum genutzt werden. Die 'Aufenthaltsdauer' liegt z.B. auf Getreide- und Rapsfeldern meist zwischen 2 bis 3 Monaten und bei 4 Monaten auf Maisschlägen.

Fast alle einheimischen Spinnen hängen ihren Eikokon an Pflanzen auf und fallen demnach in einjährigen Kulturen der Ernte zum Opfer. Etwas weniger gefährdet durch die Ernte sind Wolfsspinnen, die ihren Kokon mit sich herumtragen. Diese benötigen aber Deckung in Form einer lockeren Bodenoberfläche oder von niedrigen Unkräutern oder Untersaatpflanzen. Gefährdet werden sie daher u. a. durch zu intensive Bodenbearbeitung.

Die Arten der Wolfsspinnengattung Alopecosa (hier: Alopecosa inquilina) gehören zu den größten Wolfsspinnen, die bei uns vorkommen. Viele Wolfsspinnenarten haben sich auf bestimmte Lebensräume spezialisiert (z. B. Waldränder, Geröllhänge, Ödland, Feuchtwiesen).

Die bräunlich gefärbten Krabbenspinnen der Gattung Xysticus sind überwiegend am Boden anzutreffen; andere Arten leben in der Kraut- und Strauchschicht.

Ausweichbiotope

Voraussetzung für den Erhalt der Spinnenfauna in Agrarlandschaften ist ein ausreichendes Angebot an ökologischen Zellen in Gestalt von Hecken, Feldholzinseln, Grasrainen, Ufergehölzsäumen, Staudenfluren usw. Auch wenn einige Spinnenarten durch Fadenflug befähigt sind, größere Strecken zu überwinden, sollten derartige Ausweichbiotope (auch Saumbiotope genannt) möglichst in unmittelbarer Nähe zu den Kulturflächen zur Verfügung stehen, damit die Felder in den Monaten April bis Juni von hier aus in jedem Jahr neu besiedelt werden können.

Unterschlupfmöglichkeiten

Auch durch einen streifenweisen Anbau verschiedener Kulturpflanzenarten nebeneinander, die zu verschiedenen Zeiten geerntet werden, kann die Bestandsdichte der Spinnen auf Äckern erhöht werden. Weitere Möglichkeiten, die Spinnenfauna zu fördern, bestehen im Liegenlassen einer Mulchschicht in kleinen Arealen von Mähwiesen oder im Anbieten von Unterschlupfmöglichkeiten, etwa in Gestalt von Strohbündeln auf Feldern, wie es in China vielfach mit Erfolg praktiziert wird. Die Strohbündel werden an solchen Stellen deponiert, an denen viele Spinnen vorkommen, und nach ihrer Besiedlung bei Bedarf in anderen Bereichen der Felder ausgelegt.

Raubmilben

Natürliche Reservoire von Raubmilben (ACARI) sind Naturbiotope, besonders Hecken und Waldränder. Für Raubmilben, die im Boden leben, kann eine schonende Anbauweise mit Fruchtfolge, Gründüngung, sorgfältiger Bodenbearbeitung usw. förderlich sein.

Beispiel *Typhlodromus pyri*

Die Raubmilbe *Typhlodromus pyri* (PHYTOSEIIDAE, siehe Seite 46) ist als 'Schutzräuber' in der Lage, Weinbergsparzellen über Jahre hinaus frei von Spinnmilben zu halten (siehe Seite 186). Voraussetzung dafür ist allerdings eine ausreichend hohe Populationsdichte des Nützlings. Diese wiederum kann oftmals allein durch Maßnahmen zur Schonung und Förderung aufgebaut werden.

Eine Schonung der Raubmilben ist vor allem durch den Einsatz von raubmilbenschonenden Rebschutzmitteln gegeben. Im Rahmen des Zulassungsverfahrens von Rebschutzmitteln werden Prüfungsergebnisse zur Auswirkung der Mittel auf Raubmilben gefordert (siehe auch Seite 162). Mit geeigneten Applikationsverfahren, wie z.B. dem Hubschrauber, können u.U. Schäden an Raubmilben vermieden werden, selbst wenn Rebschutzmittel ausgebracht werden, die – mit Bodengeräten ausgebracht – schädlich für *Typhlodromus pyri* sind.

Eine wirkungsvolle Maßnahme zur Förderung der Raubmilben im Weinbau ist z.B. die Tolerierung von Kräusel- und Pockenmilben (sowie Thripslarven), die als Ersatznahrung dienen und damit dazu beitragen, daß sich die Nützlinge im Bestand halten, auch wenn zeitweise keine oder unzureichende Nahrung in Form von Spinnmilben zur Verfügung steht. Auch pflanzliche Nahrung ist äußerst wichtig. So wirkt sich die Aufnahme windverfrachteter Baum- und Sträucherpollen positiv auf die Raubmilbenentwicklung aus. Durch alternierendes Mähen der natürlichen Rebbergbegrünung mit permanentem Blütenangebot kann die Kontinuität des Pollenangebots wesentlich verbessert werden. Eine botanisch vielfältige Begleitflora beinhaltet im allgemeinen auch eine genügende Anzahl verschiedener Gräserarten und sichert dadurch – bei nicht zu kurzen Schnittintervallen – den Pollennachschub zwischen Mitte Mai und August (siehe auch Seite 144).

Die bewußte Schonung von *Typhlodromus pyri* hat in den letzten Jahren zu einer großen Verbreitung dieses wichtigen Nützlings innerhalb der deutschen wie auch Schweizer Weinbaugebiete geführt und damit zu einer Verminderung der Spinnmilbenkalamitäten bei gleichzeitigem Rückgang der Akarizideinsätze. Ähnlich positive Erfahrungen werden seit einiger Zeit auch aus dem integrierten Obstbau gemeldet.

Ohrwürmer

Auch die nachtaktiven Ohrwürmer (DERMAPTERA) finden in Hecken während des Tages Unterschlupf, ferner reichlich Nahrung und Entwicklungsmöglichkeiten während der Larvalentwicklung. Anhand von Markierungsexperimenten konnte nachgewiesen werden, daß sich die Ohrwürmer von Hecken aus in benachbarte Felder sowie in Obstplantagen ausbreiten.

Ohrwurmtöpfe
Als Unterschlupf nimmt der Ohrwurm gern mit Holzwolle gefüllte Blumentöpfe an, die sich leicht herstellen lassen: Man nimmt dazu einen Tontopf und einen Stock, etwas länger als der Topfdurchmesser. An der Mitte des Stockes befestigt man ein etwa 50 cm langes Seil (oder Draht), dessen Ende durch die Öffnung am Topfboden gezogen wird.

Der Ohrwurm ist nachtaktiv. Tagsüber sucht er in geeigneten Verstecken Unterschlupf.

Der Topf wird mit Holzwolle gefüllt und im Frühjahr zunächst dort aufgehängt, wo Ohrwürmer überwintern (z.B. am Rande einer Hecke oder eines Holzhaufens). Die Töpfe werden meist ab Juni besiedelt und können dann in blattlausbefallene Obstbäume oder Sträucher gehängt bzw. ins Gemüsebeet gestellt werden. Bei der Aufhängung ist darauf zu achten, daß der Topf möglichst Stamm- oder Astkontakt hat. Sobald keine Blattläuse mehr festzustellen sind, ist es ratsam, den Topf umzuhängen, bevor die Ohrwürmer aufgrund von Nahrungsmangel auf pflanzliche Nahrung zurückgreifen.

Die Schlafröhre für Ohrwürmer wird über einen abgeschnittenen Aststummel gesteckt. In Gemüsebeeten kann man sie auch auf ein kurzes Stöckchen stellen.

Schlafröhren und Schlafsäcke
Als Tagesversteck für Ohrwürmer eignen sich auch die im Handel erhältlichen 'Schlafröhren' und 'Schlafsäcke'. Die Röhren (Durchmesser 60 mm, Höhe 100 mm) sind aus atmungsaktivem und witterungsbeständigem Holzbeton hergestellt. In Gärten oder in Obstanlagen sollten sie den Ohrwürmern von Anfang Mai bis zum Spätherbst zur Verfügung stehen. Man steckt die Röhren über abgeschnittene Aststummel von Büschen, Sträuchern oder Bäumen (dabei auf schattige Lage achten) bzw. bei Gemüsebeeten auf kurze Stöckchen ungefähr 3 bis 5 cm über dem Boden.

Ansiedlung und Förderung wichtiger Nützlingsgruppen

Raubwanzen

Während Blumenwanzen (ANTHOCORIDAE) weder an bestimmte Lebensräume noch an bestimmte Nahrung angepaßt sind und daher nahezu überall vorkommen, bevorzugen andere räuberisch lebende Wanzen Naturbiotope. Sichelwanzen (NABIDAE) findet man z. B. häufig in Brennesselbeständen. Grundsätzlich sind aber alle 'Raubwanzen' für ihre Überwinterung auf die Existenz von naturnahen Standorten angewiesen. Der Schutz und die Pflege derartiger Biotope ist deshalb eine wichtige Maßnahme zur Förderung dieser Nützlinge.

Alle Raubwanzen (hier eine Sichelwanze der Gattung Nabis) sind für ihre Ernährung, Entwicklung und Überwinterung auf naturnahe Standorte angewiesen.

Hecken als Überwinterungs- und Nahrungsrefugien

Große Bedeutung als Überwinterungs- und Nahrungsrefugien für räuberische Wanzenarten, insbesondere für Blumen- und Weichwanzen, haben Hecken. Die Blumenwanzenart *Anthocoris nemorum* beispielsweise bevorzugt Traubenkirschen-Hecken für ihre Entwicklung. Schon im Winter sind diese Nützlinge hier an sonnigen Tagen aktiv und verursachen eine hohe Mortalität an den Wintereiern der Haferblattlaus (*Rhopalosiphum padi*). Zur Eiablage wandern sie dann von den Traubenkirschen ab, wobei die krautige Vegetation unter den Hecken wichtig ist. Nachdem die 1. Generation dann häufig auf Weiden durchlaufen wird, ist die 2. Generation in Getreidefeldern und auf Obstbäumen anzutreffen. Traubenkirschen haben also für die Entwicklung während des Winters und im zeitigen Frühjahr eine zentrale Bedeutung, während Feldhecken ebenso wie Obstbäume, Felder und andere krautige Vegetation während der aktiven Entwicklung von Bedeutung sind.

Florfliegen

Auch für viele Netzflügler spielen Hecken eine wichtige Rolle. So überwintern beispielsweise Taghafte (HEMEROBIIDAE) im Eistadium an der Hundsrose. Die wichtigste Florfliegenart in Landwirtschaft und Gartenbau, die Gemeine Florfliege *Chrysopa* (*Chrysoperla*) *carnea* (CHRYSOPIDAE), kann z. B. Anfang Juni häufig auf Weißdornbüschen angetroffen werden. Sie tritt in Hecken vom April bis in den Oktober hinein auf (also während aller Generationen), nutzt sie als Tagesverstecke und besiedelt von hier aus die umliegenden Kulturpflanzenbestände.

Florfliegen (Chrysopidae) suchen häufig Hecken auf und besiedeln von hier aus die umliegenden Kulturpflanzenbestände.

Nahrung für die Imagines

Während die räuberischen Larven der Gemeinen Florfliege aufgrund ihres breiten Nahrungsspektrums und ihrer relativ großen Beweglichkeit kaum durch 'Nahrungsengpässe' eingeschränkt werden, benötigen die adulten Florfliegen Pollen, Nektar oder Honigtau, was die dauernde Anwesenheit von Blütenpflanzen oder Blattläusen in ihrem Lebensraum voraussetzt.

Florfliegen überwintern als ausgewachsene Tiere in geeigneten Schlupfwinkeln. Dieses im Handel erhältliche 'Florfliegenquartier' kann eine sinnvolle Ergänzung natürlicher Überwinterungsplätze darstellen.

Überwinterungsplätze

Zur Überwinterung müssen den Florfliegen Schlupfwinkel in Schuppen, Wohnhäusern usw. zur Verfügung stehen. Leider werden sie hier oft mit Schädlingen verwechselt und vernichtet. Im Frühjahr ist es wichtig, den Florfliegen rechtzeitig den 'Ausflug' ins Freie zu ermöglichen, bevor sie an Hunger und Durst zugrunde gehen.

Auch die im Handel erhältlichen 'Florfliegenquartiere' eignen sich als Überwinterungsplatz und bieten optimalen Schutz gegen natürliche Feinde. Diese Spezialkästen aus atmungsaktivem Holzbeton (Maße ca. $28 \times 30 \times 30$ cm; Fa. Schwegler) werden zunächst mit (mitgeliefertem) Weizenstroh ausgestopft und an Stangen, Masten oder alleinstehenden Bäumen in etwa 1,5 bis 2,0 m Höhe angebracht (Lamellenseite windabgewandt). Stellt man die Quartiere ab Mitte September an Ortsrändern, Feldern, Wiesen oder Brachland auf, kann mit einem besonders hohen Besatz an Florfliegen gerechnet werden. Nach dem ersten Frost kann das Quartier dann in den Garten oder in die Obstanlage geholt und in der Nähe von Ziersträuchern und Obstbäumen aufgestellt werden. Im darauffolgenden Frühjahr kann man dann damit rechnen, daß die ausfliegenden Florfliegen hier ihre Eier ablegen und die ausschlüpfenden Larven als Blattlausvertilger aktiv werden.

Laufkäfer

Im Getreideanbau gehören Laufkäfer (CARABIDAE) zu den wichtigsten an der Bodenoberfläche lebenden Raubarthropoden, da ihre Siedlungsdichte sehr hoch sein kann und sie bedeutende Prädatoren verschiedener Getreideschädlinge sind. Landwirtschaftliche Intensivierungsmaßnahmen haben jedoch in den letzten Jahrzehnten zu massiven Rückgängen dieser wichtigen Nützlingsgruppe geführt.

Rückzugs- und Überwinterungshabitate

Verschiedene Untersuchungen zeigen, daß in ungestörten Bereichen wie Hecken oder Feldrainen stets höhere Artenzahlen zu finden sind als im Feld und daß Äcker mit breiten Saumbiotopen generell höhere Dichten von Laufkäfern (und anderen Nutzarthropoden) aufweisen als ausgeräumte Agrarflächen. Diese ungestörten Bereiche stellen auch für Laufkäfer wichtige Rückzugs- und Überwinterungshabitate dar, von wo aus die Ackerflächen neu besiedelt werden können.

Impfbiotope

Die Erhaltung und Neuanpflanzung von Hecken könnte in Agrarlandschaften entscheidend zur Förderung der Laufkäfer beitragen. Einige der wichtigsten Feldlaufkäferarten (z.B. *Nebria brevicollis, Agonum dorsale, Bembidion guttula, Platynus dorsalis*) überwintern in Hecken bzw. in Laubstreu sowie in Grasbüscheln unter den Hecken. Andere Feldarten sind auch in der Lage, auf den Nutzflächen zu überwintern. Große Arten graben sich 40 bis 50 cm tief in den Boden ein, so daß nach der Feldbearbeitung eine Wiederbesiedlung aus tieferen Bodenschichten erfolgen kann.

Da die auf Feldern (Äckern) lebende Carabidenfauna teilweise eine größere Verwandtschaft mit den auf Wiesen (bzw. Grasrainen) vorkommenden Arten zeigt als mit den Arten von Wäldern, eignen sich – nach Aussage einiger Fachleute – vergraste Flächen als 'Impfbiotope' für Äcker noch besser als Hecken.

Sukzessionsstreifen

Auch die Anlage angesäter 'Sukzessionsstreifen' im Feldbereich (siehe Seite 144) kann die Laufkäfer in starkem Ausmaß fördern. Die meisten Laufkäferarten bevorzugen bedeckte Böden. Tagsüber oder bei Störung verstecken sie sich unter Pflanzen oder in Erdspalten. Fördernd wirken auch schonende Bodenbearbeitung, Lockerung der Ackerböden zur Schaffung von Schlupfwinkeln und von Jagdmöglichkeiten im Boden. Günstig sind Untersaaten, eine Restverunkrautung (bzw. Tolerierung eines geringen Unkrautbesatzes) und Zugaben von organischem Material.

Hindernisse

Trotz einer ausreichenden Anzahl, Größe und Verteilung von Ausweich- und Überwinterungshabitaten kann eine gleichmäßige Ausbreitung der Laufkäfer noch auf 'Hindernisse' stoßen: Markierungs- und Wiederfangversuche des Instituts für biologische Schädlingsbekämpfung in Darmstadt haben z.B. ergeben, daß bereits ein ca. 3 m breiter, asphaltierter Feldweg zwischen zwei (Winterweizen-)Feldern für bestimmte Laufkäferarten als 'Barriere' wirken kann (siehe Seite 147).

Marienkäfer

Marienkäfer (COCCINELLIDAE) sind als spezialisierte Räuber stark vom Vorhandensein ihrer Beutetiere abhängig, vor allem während der Periode des Reifungsfraßes im Anschluß an die Überwinterung. Ein gutes Blattlausangebot im Frühling führt zu einer guten Populationsentwicklung und damit zu erhöhter Wirkung. Naturwiesen mit artenreicher Pflanzenzusammensetzung und andere naturnahe Standorte stellen hier wichtige Lebensräume dar, sowohl für die Beutetiere als auch für die Marienkäfer.

Ausweichhabitate

In Agrarlandschaften können sich Marienkäfer nur halten, wenn 'ökologische Zellen' (siehe Seite 136) in ausreichender Zahl vorhanden sind. Da landwirtschaftliche Nutzflächen nur kurze Zeit im Jahr Blattlausnahrung liefern, dienen diese Ausweichhabitate auch als Nahrungsräume. Auf Getreideanbauflächen leben Blattläuse nur etwa von Ende Mai bis zur Ernte. Es sind demnach für einen Zeitraum von ca. 9 Monaten Ausweichbiotope erforderlich. Viele Blattlausarten treten im zeitigen Frühjahr an

Der Goldlaufkäfer Carabus auratus ist wie alle Carabus-Arten flugunfähig. Dieser wärmeliebende Käfer geht tagsüber auf Nahrungssuche. Man findet ihn in Gärten, Wiesen und Feldern.

Ansiedlung und Förderung wichtiger Nützlingsgruppen

Der Siebenpunkt-Marienkäfer Coccinella septempunctata *gehört zu den wichtigsten Nützlingen in gärtnerischen und landwirtschaftlichen Kulturen. In Agrarlandschaften können sich Marienkäfer jedoch nur halten, wenn genügend 'ökologische Zellen' vorhanden sind.*

Heckensträuchern und in Wildkrautbeständen (z. B. Brennessel) auf. Einige Getreideblattlausarten (*Sitobion avenae*, *Rhopalosiphum padi* und *Metopolophium dirhodum*) wechseln zwischen bestimmten Straucharten bzw. Gräsern und Getreidebeständen (sog. Wirtswechsel). Sie zeigen damit das gleiche Wanderungsverhalten wie *Coccinella septempunctata*, der landwirtschaftlich bedeutendsten Marienkäferart Mitteleuropas.

Nahrungsgrundlagen
Zu den bevorzugten Standorten nach der Überwinterung zählen für viele Marienkäferarten Hecken. Einige Arten (z.B. *Adalia bipunctata*) legen auf den Büschen Eier ab, andere (z.B. *Coccinella septempunctata*, *Propylaea quatuordecimpunctata*) wandern aus den Hecken in Wiesen und Felder ein, beginnen aber erst in der Krautvegetation mit der Eiablage. Voraussetzung für die Eiablage ist die Aufnahme von Nahrung in Form von Blattläusen (Reifungsfraß) an den Hecken.

An Kulturpflanzen sollte eine Blattlausbekämpfung grundsätzlich erst nach Erreichen der Bekämpfungsschwelle und nur mit nützlingsschonenden Präparaten (siehe Seite 160) erfolgen. Um den Marienkäfern die Nahrungsgrundlage nicht vollständig zu entziehen, genügt unter Umständen eine Teilwirkung (reduzierte Dosierung).

Überwinterungsmöglichkeiten
Landwirte und Gärtner sollten auch bemüht sein, geeignete Überwinterungsmöglichkeiten für Marienkäfer zu erhalten. Dazu zählen nicht nur Hecken, sonnige, wenig genutzte Böschungen und Randflächen, sondern z.B. auch Lesesteinhaufen, hohle Stubben oder verfilzte Grasnarben.

Weichkäfer benötigen Hecken und Wildkrautbestände zum Überleben. Man findet sie häufig auf Doldengewächsen.

Weichkäfer
Weichkäfer (CANTHARIDAE) leben vor allem in der Busch- und Krautschicht außerhalb landwirtschaftlicher Kulturen. Im Mai und Juni erscheinen Imagines der auch im Ackerland häufigsten Arten *Cantharis fusca* und *Rhagonycha fulva* in zum Teil beträchtlicher Anzahl an Hecken. Diese Standorte sind deshalb für das Überleben und die Entwicklung von Weichkäfern zu schonen. Für die Ernährung der Käfer sind Blüten von Doldengewächsen von Bedeutung. An den Blütenständen von Pastinake, Schafgarbe, Wilder Möhre, Fenchel und Rainfarn finden sich oft massenhaft Weichkäfer.

Schlupfwespen
Schlupfwespen (parasitische Hautflügler; HYMENOPTERA) gehören zu den blütenbesuchenden Nutzinsekten. Die Imagines sind auf Pollen- und Nektarpflanzen in Gärten, an Waldrändern, in Feldrainen und Feldgehölzen usw. angewiesen. Hier finden die Schlupfwespen auch zur Parasitierung und damit zur Vermehrung geeignete Wirtsinsekten.

Ersatzwirte
Blattlausparasiten, deren Hauptwirte in Ackerkulturen leben, haben häufig Ersatzwirte (Ausweichwirte, Nebenwirte) in mehrjährigen Kulturen. Auch Brennesselbestände sind wichtige Impf- und Rückzugsbiotope für agrarwirtschaftlich nützliche Schlupfwespen. Sie beherbergen viele Blattlausarten, die Ersatzwirte z.B. von Aphidiiden sind. Da die Große Brennessel weder

Viele Schlupfwespen (hier eine Pteromalide) finden in Gärten, an Waldrändern, in Feldrainen und Feldgehölzen zur Parasitierung und damit zur Vermehrung geeignete Wirtsinsekten.

als Unkraut im Ackerbau problematisch ist, noch ihre Blattlausarten auf Kulturpflanzen übergehen, sollten ausreichende Bestände im Ackerrandbereich erhalten bleiben. Viele kleine Bestände sind dabei wirkungsvoller als wenige große, weit voneinander entfernt liegende Bestände. Durch den Schnitt zur Hauptbefallszeit des Getreides (Anfang bis Mitte Juni) können die Aphidiiden veranlaßt werden, von den Blattläusen der Brennessel auf die des Getreides überzuwechseln.

Klee- und Luzernefelder beherbergen ebenfalls viele Blattlausschlupfwespen, die auch Getreideblattläuse parasitieren können. Auch hier kann die Parasitierung durch den Schnitt der Futterleguminosen zum richtigen Zeitpunkt gefördert werden.

Habitatwechsel mit dem Wirt

Stehen keine Ersatz- bzw. Alternativwirte zur Verfügung, wechseln viele Parasiten zusammen mit ihrem spezifischen Wirt im Jahresverlauf von Kulturpflanzenbeständen auf Pflanzen in anderen Habitaten. So können z. B. Ichneumoniden, Braconiden, Aphidiiden und andere Schlupfwespen (im weiteren Sinne, siehe Seite 91) in großen Arten- und Individuenzahlen in Hecken angetroffen werden.

Unterwuchs im Forst

Mehr noch als in der Landwirtschaft sind Schlupfwespen in der Forstwirtschaft von Nutzen, da sie sehr viele forstschädliche Schmetterlinge parasitieren.

Auch im Wald sind Unterwuchs und 'Saumgesellschaften' für diese Nützlingsgruppe von Bedeutung. Zum einen finden sich hier Nährpflanzen für die Imagines, zum anderen leben hier auch viele Ausweich- bzw. Nebenwirte der präimaginalen Stadien. Dabei handelt es sich häufig um indifferente oder wenig schädliche Arten, die an wirtschaftlich unbedeutenden Gehölzarten oder auch krautigen Pflanzen leben. Unterwuchsfreie Waldmonokulturen dagegen bieten Schlupfwespen keine geeigneten Lebensräume.

Solitärwespen

Solitär lebende Hautflügler (HYMENOPTERA), wie die zu den Nützlingen zählenden Grabwespen (SPHECIDAE) und Lehmwespen (EUMENIDAE), nisten häufig in älterem oder morschem Holz. Da sie das Holz nicht selbst anbohren können, beziehen sie die verlassenen Wohn- und Brutgänge von bestimmten Käfern, z. B. in alten Weidezaunpfählen.

Nisthölzer

Mit wenig Aufwand kann man diesen Nützlingen zusätzliche Wohnungen bzw. Nistplätze anbieten und sie damit auch in Gärten ansiedeln.

Man bohrt dazu einfach ein Stück unbegiftetes Holz an (Mindestgröße: Format eines Ziegelsteines), so daß mehrere verschieden lange Gänge von 2 bis 10 mm Durchmesser entstehen. Die Abstände sollten ca. 2 cm betragen, die Länge bzw. Bohrlochtiefe sollte – je nach Durchmesser – zwischen 5 und 15 cm variieren. Das Holz darf nicht fasern, da die Bohrungen sonst wieder zuquellen. Gut geeignet sind deshalb Buche und Eiche, nicht aber Kiefer oder Fichte. Natürlich dürfen die Hölzer nicht mit Holzschutzmitteln behandelt werden.

Wer derartige Nisthölzer, Nistblöcke oder – wie man sie auch bezeichnet – Trap- bzw. Fallennester nicht selber anfertigen will, kann auf fertige Insektennisthölzer aus Hartholz oder witterungsbeständigem Holzbeton zurückgreifen, die im Handel erhältlich sind und sich in der Praxis gut bewährt haben.

Mit Insektennisthölzern aus Hartholz oder witterungsbeständigem Holzbeton kann man Solitärwespen ansiedeln und fördern.

Strohbündel und Halmdosen

Weitere, auch sehr einfach selbst zu fertigende Nisthilfen stellen übrigens in offene Blechdosen gesteckte (Stroh-)Halmbündel (sog. Halmdosen) oder mit Dachpappe umwickelte Zweigbündel (von Holunder oder Brombeere) dar. Auch mit Halmen bestückte Lochziegel sind geeignet. Diese Insektenwohnungen werden gern von nützlichen Hautflüglern zur Eiablage genutzt. Sie müssen dazu allerdings waagerecht montiert oder aufgestellt werden.

Für das Positionieren bzw. Anbringen dieser Nisthilfen gibt es kaum eine Regel, doch sollte man auf eine sonnige, windgeschützte Lage achten. Günstige Standorte sind z. B. Hauswände und Dachvorsprünge, aber auch Lauben, Pergolen, Mauern im Garten, und sogar auf Balkonen erfüllen die Nisthilfen ihren Zweck. Die Nisthölzer und -halme sollten auch im Winter draußen bleiben, da die Insekten bei zu hohen Temperaturen (im Haus) vorzeitig aus dem Nest schlüpfen und zugrunde gehen würden.

Ansiedlung und Förderung wichtiger Nützlingsgruppen 155

Hornissen

Auch für Hornissen, wie die bei uns heimische Art *Vespa crabro* (VESPIDAE), kann ein 'künstlicher' Brutplatz eine wertvolle Unterstützung darstellen.

Hornissennistkästen (Maße 25 × 28 × 60 cm, Material Holzbeton; Fa. Schwegler) werden in mindestens 4 m Höhe an Lichtungsrändern, Waldsäumen oder Parklandschaften (z.B. mit Eiche, Esche, Birke und Ahorn angebracht). Die Aufhängestelle sollte nach Möglichkeit nicht besonders auffallen, um eventuelle Störungen nicht noch zu provozieren. Das Flugloch wird nach Südost bis Südwest ausgerichtet. Der Luftraum in Kastenhöhe muß frei von Ästen sein. Werden mehrere Nistkästen angebracht, sollte der Abstand zwischen ihnen mindestens 100 m betragen, weil sonst 'Revierkämpfe' zwischen den Hornissenvölkern ausgetragen werden. Mit einer Besiedlung kann ab Mai bis zum Spätsommer gerechnet werden. Vor April des darauffolgenden Jahres sollte das Nest nicht gereinigt werden.

Hornissennistkästen werden in mindestens 4 m Höhe an Lichtungsrändern, Waldsäumen oder Parklandschaften angebracht.

Waldameisen

Waldameisen, insbesondere die Kleine oder Kahlrückige Waldameise *Formica polyctena* (siehe Seite 106), sind wichtige Glieder der Nützlingsfauna im Forst. Eine Störung ihrer Nester sollte daher unbedingt vermieden werden. Die nachfolgend beschriebenen Methoden der An- und Umsiedlung sowie Maßnahmen zum Schutz der Kolonien dürfen nur von Fachleuten (Forstämter, Ameisenschutzwarte) durchgeführt werden.

Ansiedlung von Kolonien

Zur Ansiedlung, d.h. zur Besiedlung bisher ameisenfreier Gebiete oder Waldteile mit Waldameisen (*Formica polyctena*), werden von Forstfachleuten – mit mehr oder weniger guten Erfolgen – verschiedene Methoden praktiziert. So wurde früher meist eine 'Kolonievermehrung durch einfache Nestteilung' durchgeführt. Eine neuere Methode ist die sog. 'Sommerablegerbildung mit Hilfe von Nestkernen': Der Nestkern, ein trockenes Fichtenstammstück mit einem durch Bohrer oder Motorsäge künstlich erzeugten System zusammenhängender Kammern oder ein entsprechendes Bündel von Holzscheiten, wird im Herbst oder zeitigen Frühjahr in das Mutternest gesteckt. Im Frühsommer (Juni/Juli), wenn sich hier Königinnen und Brut gesammelt haben, wird der 'Nestkern' aus dem Mutternest herausgezogen und zusammen mit einigen tausend Arbeiterinnen an geeigneter Stelle zu einem Ableger vereinigt.

Schutz der Kolonien

Ein wichtiger Gesichtspunkt der 'Ameisenhege' ist der Schutz der Kolonien (Nester). Nach Aussage der Niedersächsischen Forstlichen Versuchsanstalt, Abt. Waldschutz, in Göttingen haben sich die weitverbreiteten Nestschutz-

Waldameisen, insbesondere die Kleine oder Kahlrückige Waldameise (Formica polyctena), sind wichtige Glieder der Nützlingsfauna im Forst. Eine Störung ihrer Nester sollte daher unbedingt vermieden werden.

hauben gegen Spechte und andere Tiere, die für neugegründete Ableger während des ersten Jahres empfohlen werden, als nicht notwendig, wenn nicht sogar schädlich erwiesen. Als wirklich notwendige Schutzmaßnahme wird dagegen das Freihalten der unmittelbaren Nestumgebung von Adlerfarn und Gras angesehen. Werden dazu Herbizide angewendet, muß unbedingt darauf geachtet werden, daß es sich um ameisenunschädliche Mittel handelt. Neben der Verunkrautung und Vergrasung der Nester zählen tiefgreifende Veränderungen im Baumbestand, insbesondere die Freistellung von Nestern, zu den bedeutsamsten Schadfaktoren. Ist die Weiterexistenz einer Kolonie z.B. wegen bevorstehender Wegebaumaßnahmen oder eines Kahlschlages gefährdet, sollte eine Umsiedlung aller Nester samt Königinnen vorgenommen werden.

Schwebfliegen

Schwebfliegen(larven) (SYRPHIDAE) gehören zu den wirksamsten Blattlausantagonisten in der Agrozönose. Da sich nur 1 bis 2 Generationen an Blattläusen der Kulturpflanzen entwickeln können und die Imagines zur Fortpflanzung auf Blütennahrung angewiesen sind, stellen feldbegleitende Saumbiotope wichtige Nahrungs- und Ausweichhabitate zur Unterstützung stabiler Schwebfliegenpopulationen in der Agrarlandschaft dar.

Pollen und Nektar
Saumbiotope mit einem vielseitigen und reichhaltigen Angebot an krautigen Blütenpflanzen (Feldraine, herbizidfreie Ackerrandstreifen, Hecken u.a.) können den adulten Schwebfliegen Nahrung in Form von Pollen und Nektar bieten. Doch auch windbestäubende Gräser (z.B. manche Sauergräser) kommen als Pollenlieferanten in Frage.

Frühjahrsnahrung
Entscheidend für die Entwicklung einer Syrphidenpopulation ist u.a. die zeitliche Synchronisation mit der geeigneten Blütenflora (zeitliche Koinzidenz). Bei dem oftmals frühen Auftreten von univoltinen Arten (1 Generation im Jahr) ist es wichtig, daß schon im April oder Mai eine entsprechende Blütenvegetation existiert. Polyvoltine Arten (mehrere Generationen im Jahr) sind auch noch später im Jahr auf ausreichend Pollen und Nektar angewiesen. Die etwa im Juni einwandernden Arten lassen sich ebenfalls vorwiegend dort nieder, wo sie Nahrung vorfinden.

Sommernahrung
Doch auch den Sommer über benötigen adulte Schwebfliegen zuckerhaltige Nahrung in Form von Honigtau oder Nektar. Das Stehenlassen der Feldränder, die

Schwebfliegen (hier: Episyrphus balteatus), sind auf ein vielseitiges und reichhaltiges Angebot an krautigen Blütenpflanzen angewiesen.

gewöhnlich reich an Blütenpflanzen (besonders Doldenblütlern) sind, trägt wesentlich zur Förderung der Schwebfliegen bei.

Ebenso kann sich eine Restverunkrautung positiv auswirken. Einige Schwebfliegenarten besuchen mit Vorliebe Ehrenpreisarten. Ferner ist Wiesenbärenklau eine von Syrphiden oft beflogene Umbelliferenart.

Unkrautstreifen
Unkrautstreifen weisen eine sehr große Attraktivität für adulte Syrphiden auf. Mit einer ausgewogenen Artenmischung von Pflanzen, die über die ganze Saison verteilt blühen und den Syrphiden als Nahrungspflanze dienen, können täglich Tausende, im Hochsommer sogar Zehntausende von Schwebfliegen in ein Getreidefeld gelockt werden. Im Gegensatz zu anderen Nützlingsarten müssen für Schwebfliegen diese Blütenflächen nicht unbedingt innerhalb des Feldes liegen, da Syrphiden aufgrund ihres exzellenten Flug- und Suchvermögens in der Lage sind, die Blattläuse auch im Zentrum des Feldes aufzuspüren. Blütenreiche Feldränder und verunkrautete Brachflächen sind demnach schon eine große Hilfe.

'Schwebfliegenpflanzen'
Erhebungen des Instituts für biologische Schädlingsbekämpfung in Darmstadt haben ergeben, daß mit der Breite bzw. der Blütendichte in den Feldrainen das Prädationspotential ansteigt. Zu den besonders geeigneten 'Schwebfliegenpflanzen', beispielsweise im Ackerbau als Randstreifen angesät, gehören als Frühblüher Ackersenf, Weißer Senf und Ölrettich und als langblühende Sommerpflanzen Kornblume und Gemeine Nachtkerze. Unter den natürlich vorkommenden Ackerunkräutern sind Ackergänsedistel, Ackerschöterich und das Borstenhaarige Knopfkraut für Schwebfliegen wichtig. Untersuchungen haben gezeigt, daß diese Pflanzen über 15 Schwebfliegen in 15 Minuten auf einem Quadratmeter anlocken können.

Kombiniert man frühblühende und langblühende Pflanzen, niedrige Bodendecker sowie hochwachsende Arten, kann der Besuch auf weit über 40 Schwebfliegen gesteigert werden. Wissenschaftliche Erhebungen belegen ferner, daß nicht nur die Schwebfliegendichte zu steigern ist, sondern auch deren auftretende Artenvielfalt. Sehr positive Auswirkungen auf Schwebfliegen haben in Feldversuchen auch Streifen mit der Gründüngungspflanze *Phacelia* (Büschelschön) gezeigt. In der Umgebung der *Phacelia*-Streifen waren die Getreideblattläuse nicht in der Lage, größere Populationsdichten aufzubauen. Weitere 'Schwebfliegenpflanzen' sind z.B. unter den Ackerwildkräutern die Echte Kamille, Geruchlose Kamille und Ackervergißmeinnicht, unter den Feldrainpflanzen Pastinak und Rainfarn sowie unter den Nutz- und Zierpflanzen Fenchel, Ysop und Ringelblume.

Qualität des Blütenangebotes
Die Attraktivität einer Pflanzenart für Syrphiden ist von vielen verschiedenen Faktoren abhängig. Bau, Farbe, Duft und Kontrast der Blüte können ebenso

Ansiedlung und Förderung wichtiger Nützlingsgruppen

entscheidend sein wie Qualität und Menge von Nektar und Pollen sowie deren prozentuale Zusammensetzung. Wichtig sind der Deckungsgrad (Anteil blühender Pflanzen bezogen auf die Fläche), ein konstantes Blütenangebot, Beginn und Dauer der Blüte.

Optimal ist eine Mischung von angesäten Pflanzen und Ackerwildkräutern, die möglichst langblühende und auch frühblühende Pflanzen beinhaltet, was ein Blütenangebot über die ganze Saison hinweg garantiert und sowohl für überwinternde Syrphidenweibchen als auch für später im Jahr auftretende Schwebfliegen (und andere Nützlinge) ein gutes Nahrungsangebot darstellt.

Überwinterungs- und Ausweichbiotope

Obwohl Schwebfliegen im Flug weite Strecken überwinden können und daher eine Besiedlung von Kulturflächen auch aus weiter entfernt liegenden Winterquartieren erfolgen kann, ist für größere, aus der Sicht des Pflanzenschutzes notwendige Bestandsdichten ein kleinräumiges Netz von Saumbiotopen erforderlich. Die Zahl der den Winter überdauernden Individuen ist eine 'Schlüsselgröße' für die Nützlingsleistung. Diese wiederum hängt von den klimatischen Verhältnissen und vom Lebensraumangebot ab. Die Stärke der nicht auf den Kulturflächen lebenden Herbstpopulationen und infolgedessen die Blattlausbestände in ökologischen Zellen sind mitentscheidend für die Populationsstärke des folgenden Jahres. Nur wenn Überwinterungs- und Ausweichbiotope in ausreichender Zahl und Netzdichte in Agrarlandschaften vorhanden sind, können Syrphiden Populationsdichten ausbilden, die in der Lage sind, pflanzenschädliche Blattlauspopulationen zu dezimieren. Dabei unterscheiden sich die von den Imagines benötigten Habitate i.d.R. von denen der Larven.

Bereits an den Winterwirtspflanzen der Blattläuse (z.B. an der Traubenkirsche) können die Schwebfliegen eine entscheidende regulierende Wirkung auf die Populationsentwicklung der Schädlinge ausüben. Dabei ist der zeitliche Aspekt, also das gleichzeitige (synchrone) Auftreten von Räubern und Beutetieren, oftmals höher zu bewerten als der quantitative Aspekt hoher Zahlen von Syrphiden, die bei einem späteren Auftreten gegebenenfalls keinen entscheidenden Einfluß mehr auf die Populationsentwicklung der Blattläuse nehmen können.

Vögel

Die Mehrzahl der Vögel nistet in Gehölzbeständen und Gebüschkomplexen. Oft werden hier nicht nur die Nester angelegt und die Brut aufgezogen, die meiste Zeit des Jahres wird hier auch die Nahrung gesucht. Anzahl, Dichte und Größe von Hecken und Feldgehölzinseln sind daher für Artenzahl und Bestandsdichte der Vögel in Agrarlandschaften von zentraler Bedeutung. Auch Hochstaudengesellschaften sind für viele Arten überlebensnotwendig, sie bieten Deckung, Brutraum und Nahrung. Landwirtschaftlich genutzte Flächen wie Äcker und Grünland können diese Funktionen i.d.R. nur kurzzeitig und unzureichend erfüllen. Auch reine Nadelwälder, die ökologisch weniger wertvoll sind als Laub- oder Mischwälder, bieten vielen Vogelarten keinen geeigneten Lebensraum. Sehr artenarm sind auch Stadtkerne und Wohnblockzonen der Städte. Zu den artenreichsten Lebensräumen gehören Mischgebiete aus Siedlung, Acker und Wald ('Strukturmosaik') sowie Parkanlagen, Gartenstädte, Auwälder, Feuchtwiesen und Moorstandorte.

Spezifische Ansprüche

Lebensweise und Jagdmethoden sind von Vogelart zu Vogelart sehr unterschiedlich. Infolgedessen bietet eine artenreiche Vogelwelt einen viel besseren Schutz gegenüber Schadinsekten oder Mäuseplagen als eine besonders große Population nur einer Vogelart. Vogelschutzmaßnahmen sollten sich also nicht auf die Unterstützung einzelner Arten (wie z.B. Kohlmeisen) beschränken. Gerade in Obstanlagen und Gärten ist die Ansiedlung von Boden-, Busch- und Baumbrütern besonders notwendig, auch wenn das Aufhängen von Nistkästen für Höhlenbrüter viel einfacher zu bewerkstelligen ist.

Höhlenbrüter

Die insektenfressenden Höhlenbrüter sind als Nützlinge in Obstanlagen und Gärten i.d.R. die wichtigsten unter den Vögeln. Mit Hilfe von Nistkästen können sie auch dort angesiedelt werden, wo natürliche Nistmöglichkeiten fehlen.

Kohl- und Blaumeise, seltener die Sumpfmeise, sind charakteristische Vertreter einer natürlichen Vogelwelt in Obstanlagen. Auf intensiv bewirtschafteten Flächen stehen natürliche Höhlungen i.d.R. kaum zur Verfügung, so daß der Bestand an Meisen hier selbst bei ausreichendem Nahrungsangebot sehr gering ist.

Baumhöhlen stellen für viele Vogelarten (Höhlenbrüter) ideale Nistplätze dar. Wo immer möglich, sollten deshalb alte Bäume erhalten werden.

Bietet man den Meisen künstliche Nisthöhlen an (mindestens 3 bis 4, eventuell bis 10 je Hektar), so kann die Dichte der Meisen bis auf etwa 1 Paar je Hektar gesteigert werden. Ein Überangebot an Nistkästen ist wichtig, weil es den einzelnen Paaren Auswahlmöglichkeiten innerhalb ihrer Reviergrenzen gibt.

Spechte brauchen alte Bäume, weil sie künstliche Nisthilfen nicht annehmen.

Die Nistkästen sollten vorwiegend Einfluglöcher von 26 bis 27 mm (für Blau- und andere Kleinmeisen) oder 32 mm (für Kohlmeisen sowie Fliegenschnäpper, Rotschwänze, Sperlinge, Kleiber, Baumläufer und Wendehälse) aufweisen. Zum Schutz gegen Marder oder Katzen empfiehlt sich die Verwendung von sog. 'Marderkästen', bei denen die Brut durch eine Spirale hinter dem Flugloch geschützt wird. Mehr noch als für Meisen gilt für manche Fliegenschnäpper, daß ihre Dichte durch künstliche Nistmöglichkeiten erstaunlich gesteigert werden kann. Für Grauschnäpper sowie Haus- und Gartenrotschwanz sind 'Halbhöhlen' geeignet, das sind Nistkästen, bei denen die Vorderwand nur teilweise vorhanden ist.

Die Kästen sollten in 2 bis 4 m Höhe aufgehängt werden und nicht allzu starken Witterungseinflüssen wie Sonne, Wind und Regen ausgesetzt sein (Einflugloch nach Südosten). Im Herbst werden die alten Nester entfernt und die Kästen bei starker Verschmutzung mit einem Pinsel gesäubert (ohne Chemikalien!).

Freibrüter

Vielerorts leiden auch Freibrüter unter einem Mangel an Nistplätzen. In einem für Laubsänger und Grasmücken geeigneten Lebensraum müssen z.B. Gebüsch und Gestrüpp zur Anlage der Nester vorhanden sein. Für viele Freibrüter spielen dichte Hecken

Mit Hilfe von Nistkästen (hier: Nisthöhle für Blaumeisen mit einem Einflugloch von bis zu 27 mm Durchmesser) können insektenfressende Höhlenbrüter auch dort angesiedelt werden, wo natürliche Nistmöglichkeiten fehlen.

eine große Rolle. Zur Förderung der Freibrüter sind verschiedene Nisthilfen geeignet: Aus 6 bis 8 ca. 0,7 bis 1,0 m langen Ginster- oder Kiefernzweigen lassen sich beispielsweise sog. 'Nisttaschen' anfertigen. Das Bündel Zweige wird dazu senkrecht an 2 Stellen an den Stamm eines Baumes gebunden. Zwischen den Bindestellen wird das Bündel vom Stamm abgehebelt, so daß ein etwa faustgroßer Hohlraum entsteht, in dem die Vögel leicht ihr Nest bauen können. Auch Reisig- oder Totholzhaufen werden von einigen Vögeln gern als Brutplatz angenommen.

Durch das Aufstellen von Ansitzstangen (sog. Sitzkrücken) werden Greifvögel und Eulen zur Jagd angelockt.

Eulen und Greifvögel

Die Brutmöglichkeiten für Eulen lassen sich durch spezielle Nistkästen (Waldkauz), Brutröhren (Steinkauz) und Horstkörbe (Waldohreule) erweitern. Wenn natürliche Sitzwarten fehlen, kann man durch Pfosten, 'Sitzkrücken' und Steinblöcke die Jagdmöglichkeiten der Eulen wesentlich verbessern. Auch Mäusebussard und Turmfalke kann man mit Hilfe von Pfosten oder 'Sitzkrücken' vermehrt zum Aufenthalt bzw. zur Jagd auf Äckern, Wiesen und Weiden als auch in Obst-Niederstammanlagen veranlassen. Die Nistmöglichkeiten für Turmfalken lassen sich erweitern, wenn man geeignete Holzkisten mit seitlichem Anflugloch aufhängt und die Nester von Elstern und Krähen schont, die gern von Falken oder Waldohreulen benutzt werden.

Igel

Igel brauchen dichte Hecken, Sträucher sowie Reisig- und Laubhaufen als Unterschlupf und Schutz und für ihren Winterschlaf. Aber auch in hohlen Bäumen, in und unter Schuppen, Bretter- und Brennholzstapeln oder in Komposthaufen (Vorsicht beim Umsetzen!) legen sie ihre Nester an, in denen sie den Tag bzw. den Winter verschlafen und ihren Nachwuchs großziehen.

Zusätzliche Verstecke

In naturnahen Gärten sind Igel noch recht häufig anzutreffen. Will man ihnen hier zusätzliche Verstecke einrichten, sollten diese nicht in einer Mulde liegen, in der sich Regenwasser sammeln kann. Bretterstapel und Holzhaufen sollten so geschichtet werden, daß Regen überwiegend seitlich abfließt und nicht in das Innere eindringt.

Hilfreich sind auch die im Handel erhältlichen sog. 'Igel-

Ansiedlung und Förderung wichtiger Nützlingsgruppen

Igel brauchen dichte Hecken, Sträucher sowie Reisig- und Laubhaufen als Unterschlupf- und Überwinterungsquartier. Doch auch Igelhöhlen oder Igelkuppeln werden notfalls als Versteckplatz angenommen.

kuppeln' (Maße: Innendurchmesser 44 cm, Höhe 28 cm, Eingang 11 × 12 cm; Fa. Schwegler). Sie sind aus leichtem, gut isoliertem Holzbeton gefertigt (auch der Boden ist isoliert), mit einem atmungsaktiven Außenanstrich versehen und ermöglichen die Unterbringung von Igeln das ganze Jahr über, einschließlich der Überwinterungszeit.

Igelkuppeln sollten so aufgestellt werden, daß sie vor Zugluft, direkter Sonneneinstrahlung und vor Feuchtigkeit geschützt sind. Auch sollte nach Möglichkeit vermieden werden, daß der Zugang durch Rasenflächen führt, die nachts meist feucht sind. Als Nistmaterial gibt man Heu, Stroh, Zeitungspapier und Hobelspäne hinein.

Reviere und Überwinterung

Da die Reviere der Igel recht groß sind, sollte man ihnen in Zäunen bodennahe Durchlässe schaffen. Besonders gefährdet sind Igel durch nicht abgedeckte Kellerschächte und steil abfallende Teichufer. Im Spätherbst umherirrende junge Igel sollte man nur dann zur Überwinterung ins Haus holen, wenn sie weniger als 700 g wiegen, und ansonsten sofort an der Fundstelle wieder aussetzen. Beratungen geben die örtlichen Naturschutzverbände.

Fledermäuse

Da Fledermäuse viele des Nachts fliegende Schadinsekten vertilgen, leisten sie einen wichtigen Beitrag zum biologischen Pflanzenschutz. Doch nicht nur aus diesem Grunde sollten wir diesen vom Aussterben bedrohten Tieren helfen. Wegen ihrer besonderen Lebensbedürfnisse und der empfindlichen Reaktion auf Umweltveränderungen sind Fledermäuse wichtige 'Indikatoren' für den Zustand bzw. die 'ökologische Wertigkeit' einer Landschaft. Auch in Wäldern, den ursprünglichen Lebensräumen der Fledermäuse, sollte ihre Wiederansiedlung angestrebt werden. Die wichtigsten Voraussetzungen für das Überleben und die Vermehrung der Fledermäuse sind geeignete Wohn- und Fortpflanzungshöhlen. Doch auch das Nahrungsangebot spielt eine große Rolle.

Sicherung der Jagdbiotope

Je vielfältiger die Landschaft strukturiert ist, desto vielfältiger ist i.d.R. auch die Insektenwelt und damit das Nahrungsangebot für Fledermäuse. Durch Erhalt und Anlage von Hecken, naturnahen Wäldern, sauberen Gewässern und Feuchtgebieten können geeignete Jagdbiotope geschaffen werden. Auch eine Extensivierung der Landwirtschaft sowie der weitestgehende Verzicht auf die Anwendung chemischer Pflanzenschutzmittel könnten in erheblichem Maße durch Erhöhung der Insektenvielfalt die Nahrungsgrundlage für Fledermäuse sichern.

Sommerquartiere

Dachstühle, Fensterläden, Wandverkleidungen und Mauerspalten sind – je nach Fledermausart – geeignete Quartiere. Werden hier Fledermäuse (z.B. an Kotresten) entdeckt, sollten sie – zumindest in der Fortpflanzungszeit von April bis einschließlich August – so wenig wie möglich gestört werden. So sollten notwendige Renovierungsarbeiten erst ab Ende September beginnen, wenn die Fledermäuse in ihre Winterquartiere umgezogen sind. Beim Um- und Neudecken eines Daches können eventuell spezielle Lüftungsziegel (ohne Sieb) eingebaut werden, die Fledermäusen als Ein- und Ausflugschlitze dienen. Einige Arten (z.B. Hufeisennasen) benötigen jedoch größere Öffnungen (mindestens 40 bis 60 cm Durchmesser).

Winterquartiere

Als Winterquartiere dienen Höhlen, Stollen, Bunker u.ä. Auch alte Bier- und Gebäudekeller werden angenommen. Um Störungen zu vermeiden, sollten die Eingänge zu diesen Überwinterungsplätzen so durch Gittertore oder Mauern verschlossen werden, daß ein Hindurchfliegen möglich ist. In geeigneten Stollen und Kellern, wo Ritzen oder Spalten fehlen, können Hohlblocksteine für spaltenbewohnende Arten neue Unterschlupfmöglichkeiten bilden.

Während des Zuges zwischen Sommer- und Winterquartieren benötigen die Fledermäuse teilweise noch 'Zwischenquartiere'. Viele gezielte Schutzmaßnahmen sind deshalb nur bei Beratung durch Fledermausexperten durchführbar.

'Fledermauskästen'

Der Erhalt von Bäumen mit Specht- und Fäulnishöhlen trägt dazu bei, daß baumbewohnende Fledermäuse natürliche Sommer- und Winterquartiere finden. Das Aufhängen spezieller 'Fledermauskästen' (im Handel erhältlich) kann ebenfalls sehr hilfreich sein. Werden die Kästen nicht gleich angenommen, sollte man sich nicht entmutigen lassen. Oft findet eine Besiedlung erst nach Jahren statt.

Nützlingsschonender Pflanzenschutz

Das Ziel der erwerbsmäßigen Pflanzenproduktion, hohe Erträge und eine gute Qualität zu sichern, scheint oftmals nur durch einen hohen Aufwand an chemischen Pflanzenschutzpräparaten erreichbar zu sein. Und auch Hobbygärtner glauben allzuoft, daß gegen Schädlinge nur die 'chemische Keule' hilft. Doch die Nebenwirkungen chemischer Bekämpfungsmaßnahmen auf das Ökosystem können vielfältig und folgenschwer sein:

Nebenwirkungen chemischer Pflanzenschutzmittel

Bei der Bekämpfung eines bestimmten Schaderregers werden neben dem eigentlichen Zielorganismus auch andere Arten der Biozönose von chemischen Pflanzenschutzmitteln genauso erfaßt und beeinträchtigt. Dies gilt in besonderem Maße für die Anwendung breitwirksamer Insektizide. Neben indifferenten Arten sind es vor allem die Nützlinge, die häufig empfindlicher auf chemische Präparate reagieren als der eigentliche Schädling.

Wirkungen auf Räuber und Parasiten

Räuber, also meist große Insekten, sind dabei eher weniger empfindlich als die kleinen Parasiten (z. B. Schlupfwespen). Je nach dem Entwicklungsstadium der Parasiten können diese Einflüsse verschieden sein. Bei den Adulten ist die toxische Wirkung von der Art des verwendeten Insektizids abhängig. Werden beispielsweise Kontaktinsektizide mit kurzer Wirkungsdauer zu einem Zeitpunkt angewendet, wenn sich die Parasiten im unempfind-

lichen Puppenstadium (z. B. in den Blattminen ihrer Wirtstiere) befinden, kann die Nebenwirkung auf die Parasitenpopulation geringer sein.

Auch die Larvenstadien der Parasiten können unterschiedlich empfindlich sein. So sind endophage Larven unter Umständen empfindlicher gegenüber Insektiziden, weil mit der Vernichtung der Wirte auch sie absterben. Die ektophagen Arten dagegen lähmen ihre Opfer sofort, so daß auch der Fraß aufhört. Diese Arten befinden sich also gewissermaßen in 'ökologischer Isolierung' und sind vor Insektizideinwirkungen geschützt. Doch neben den direkten, d. h. abtötenden Wirkungen, sind auch indirekte Wirkungen bekannt, wie beispielsweise die Verringerung der Lebensdauer und der Fruchtbarkeit.

Störung des natürlichen Gleichgewichtes

Die Beeinträchtigung bzw. Vernichtung von Nützlingspopulationen führt zu einer dauerhaften Störung des natürlichen Gleichgewichtes. Das Nützling-Schädling-Verhältnis wird zugunsten der Schädlinge verschoben. Eine wichtige ökologische Regel besagt, daß ein Pflanzenschutzmittel mit gleich starker Wirkung gegen Nützlinge (Räuber) und Schädlinge (Beute) vorübergehend die Schädlinge fördert. Eine Beeinträchtigung von Nützlingspopulationen durch Pestizide hat nicht selten eine Übervermehrung von vorher wirtschaftlich unbedeutenden Schädlingen zur Folge (Beispiel: Spinnmilben im Obst- und Weinbau).

Direkte und indirekte Nebenwirkungen

Nebenwirkungen von Pflanzenschutzmitteln auf Nützlinge beschränken sich nicht nur auf Insektizide. So kann der Einsatz von Akariziden (Mittel gegen Spinnmilben) in erheblichem Maße die Raubmilben- und Spinnenfauna schädigen. Fungizide (Mittel gegen Pilzkrankheiten) können einen Einfluß auf nützliche, insektenpathogene Pilze haben. Herbizide (Mittel gegen Unkräuter) können nicht nur direkte, sondern auch starke indirekte Wirkungen auf Nützlinge ausüben. So enthalten unkrautfreie und unkrautarme Äcker weniger räuberische und parasitäre Insekten und sind anfälliger für Schädlingsvermehrungen (z. B. Blattläuse). Der durch Herbizide verursachte Verlust an Blütenpflanzen beeinträchtigt die Leistungsfähigkeit von Schlupfwespen, Schwebfliegen und anderen auf Nektar- und Pollennahrung angewiesenen Nützlingen.

Nützlingsschonung

Allein das Potential einzelner Gegenspieler oder des gesamten Antagonistenkomplexes reicht jedoch vielfach nicht aus, Massenvermehrungen von Schädlingen und damit das Überschreiten von Bekämpfungsschwellen zu verhindern. Ein zusätzlich regulierender Einsatz insektizider respektive akarizider Wirkstoffe wird wohl auch in Zukunft bei realistischer Betrachtung in vielen Freilandkulturen nicht zu vermeiden oder zu verhindern sein.

So stellt sich die Frage nach einer möglichst optimalen Kombination beider Begrenzungsfakto-

Nützlingsschonender Pflanzenschutz

ren oder, anders ausgedrückt, nach der Erhaltung der Effizienz bzw. dem Regulationspotential natürlicher Gegenspieler auch bei und nach der Anwendung von Pflanzenschutzmitteln.

Im Laufe der letzten Jahrzehnte wurde mit beträchtlichem Aufwand nach Möglichkeiten gesucht, auf verschiedene Weise die Gefährdung der Entomophagen durch Bekämpfungsmittel zu verringern: sowohl durch Herabsetzen der Häufigkeit und Änderung der Termine chemischer Bekämpfungsmaßnahmen als auch durch die Suche nach Substanzen, Formulierungen und Anwendungsverfahren, die selektiver oder nur sehr kurzzeitig wirken.

Breitwirksame Präparate

Auch breitwirksame Pflanzenschutzmittel können mitunter so angewendet werden, daß natürlicherweise auftretende Nützlinge davon kaum erfaßt werden. Eine Möglichkeit ist z.B. die örtlich begrenzte Applikation: Durch eine Teilbehandlung des Pflanzenbestandes bzw. bestimmter Pflanzenteile oder die Verwendung räumlich begrenzt wirkender Formulierungen (Saatbeizmittel, Köder, Granulate) wird unter Umständen nur ein Teil der Nützlinge beeinträchtigt, und die Wiederbesiedlung der behandelten Fläche durch die Nützlinge ist rascher möglich.

Auch eine zeitlich begrenzte Applikation, d.h. eine gezielte Anwendung von Schädlingsbekämpfungsmitteln zum richtigen Zeitpunkt (wenn eine zeitliche und örtliche Koinzidenz von Nützling und Schädling nicht wahrscheinlich sind), oder die Bevorzugung von Wirkstoffen mit kurzer Wirkungsdauer können zur Nützlingsschonung beitragen. Eine weitere Möglichkeit besteht in der Anwendung einer reduzierten Dosis: Beispielsweise kann gegen

Blattläuse eine Teilwirkung genügen. Da so den Blattlausantagonisten nicht die Nahrungsgrundlage entzogen wird ('Ohne Schädlinge keine Nützlinge!'), können diese oftmals eine Massenvermehrung der Blattläuse verhindern.

Selektive Präparate

Weniger kompliziert als die 'selektive Anwendung' breitenwirksamer Mittel zur Schonung von Nützlingen ist natürlich die Anwendung von Präparaten, die bereits selektiv wirken. Da die Schonung und Förderung der natürlichen Nützlingsfauna und – womöglich – der gezielte Einsatz von Nützlingen (siehe Seiten 164 bis 249) zu den Hauptbestandteilen des sog. 'Integrierten Pflanzenschutzes' (siehe Seite 286) gehören, werden chemische Präparate bzw. Wirkstoffe benötigt, mit denen die Schadorganismen wirksam bekämpft, wichtige Nützlinge jedoch weitgehend geschont werden können.

Akute toxische und auch subletale Beeinträchtigungen von Prädatoren oder Parasiten, also direkte Reaktionen der betroffenen Organismen auf die Aufnahme von Wirkstoffen über den Kontakt mit Spritzbrühen oder Spritzbelägen auf Pflanzen und Bodenpartikeln oder beim Verzehr kontaminierter Beutetiere, lassen sich durch die Anwendung möglichst selektiver Wirkstoffe erheblich reduzieren. Die Selektivität eines Präparates oder eines Wirkstoffes kann dabei jedoch nur in den seltensten Fällen alle Nützlinge eines behandelten Pflanzenbestandes einbeziehen. Mit anderen Worten, das nützlingsschonende Präparat schlechthin wird es kaum geben können. Selektiv können einzelne Wirkstoffe immer nur gegenüber bestimmten Insektenarten in genau definierten Dosierungen sein.

Reduzierte Aufwandmengen

Auch selektive Präparate können jedoch bei hohem Wirkungsgrad gegenüber Schädlingen (z.B. Blattläusen) durch die Eliminierung der Beutetiere zu starken Beeinträchtigungen vor allem spezialisierter Prädatoren führen. Wie z.B. Untersuchungen des Instituts für Phytomedizin der Universität Hohenheim an Getreideblattläusen zeigten, kann die nützlingsschonende Wirkung selektiver Präparate durch eine Reduktion der Aufwandmengen zusätzlich erhöht werden: Durch eine der Populationsentwicklung der Blattläuse angepaßte Differenzierung der Wirkungsgrade mit Hilfe reduzierter Dosierungen ließen sich die (indirekt) negativen Effekte deutlich verringern. Wird nur eine akute Übervermehrung gebremst, bleibt die Effektivität der Räuber aufgrund des ausreichenden Beuteangebotes erhalten.

Prüfung der Nebenwirkungen

Um selektive bzw. nützlingsschonende chemische Präparate zu finden, müssen Pflanzenschutzmittel auf ihre Nebenwirkungen gegenüber den wichtigsten Nützlingen der verschiedenen Kulturen geprüft werden. Dieses wichtige Forschungsgebiet fand in den letzten Jahren weltweit verstärkte Aufmerksamkeit. Von Wissenschaftlern in verschiedenen Ländern wurden dazu in den letzten Jahren geeignete Prüfmethoden erarbeitet. Mit dem Ziel, die internationale Zusammenarbeit zu fördern und einheitliche Testmethoden für die 'Nützlingsprüfung' zu entwickeln, wurde 1974 von der 'International Organization for Biological Control' ('Internationale Organisation für Biologische Schädlingsbekämpfung', IOBC) die Arbeitsgruppe 'Pesticides and Beneficial Organisms' ('Pflanzenschutzmittel und Nutzorganismen') gegründet.

Nützlings- prüfungen

Bereits 1970 war von der Biologischen Bundesanstalt für Land- und Forstwirtschaft (BBA) eine Arbeitsgruppe zur Entwicklung von Methoden zur Prüfung der Auswirkung von Pflanzenschutzmitteln auf Nutzorganismen ins Leben gerufen worden. Nach Ausarbeitung der ersten Richtlinien für dieses Prüfgebiet wurden die 'Nützlingsprüfungen' 1975 in der Bundesrepublik Deutschland – zunächst auf freiwilliger Basis – in das Zulassungsverfahren für Pflanzenschutzmittel aufgenommen. Seit 1989 fordert nun die BBA für jeden Zulassungsantrag die Vorlage von Versuchsergebnissen zur Auswirkung auf mehrere Nutzorganismen (Neufassung der Pflanzenschutzmittelverordnung vom 28.7.87). Ausgenommen sind nur solche Mittel, die bei der praktischen und zulassungsrechtlichen Anwendung nicht mit Nutzorganismen in Kontakt kommen (z.B. Vorratsschutz- und Wundverschlußmittel). Vorrangiges Ziel der Prüfungen ist der Schutz des Naturhaushaltes, wie er nach dem Pflanzenschutzgesetz gefordert wird. Ein weiterer, sehr wichtiger Aspekt ist, dem Pflanzenschutzdienst notwendige Informationen für die Durchführung des Integrierten Pflanzenschutzes zu liefern.

Konzept der Nützlingsprüfung

Das Gesamtkonzept der Nützlingsprüfung sieht eine Kombination von Labor-, Halbfreiland- und Freilandprüfungen vor. Aus rationellen Gründen werden bei der Routineprüfung zunächst einfachere Labortests ('first screening') durchgeführt. Die Erfahrungen zeigen, daß eine hier ermittelte 'Unschädlichkeit' der geprüften Präparate gegenüber einem Nützling bis auf wenige Ausnahmen durch Feldversuche bestätigt wurde. Da andererseits die 'Schädlichkeit' von Präparaten im Labortest nicht bewiesen werden kann, sind für derartige Mittel weitere Prüfungen unter Halbfreilandbedingungen (z.B. Feldkäfige unter Regenschutzdach und Teilschattierung) bzw. Freilandbedingungen (direkte Behandlung von Kulturen mit Nützlingsbesatz) notwendig. Dabei wird auch die Persistenz der Präparate ermittelt, um so Hinweise auf die Schadwirkungsdauer zu erhalten.

Auswahl der Prüforganismen

Bei der Auswahl der 'Testtiere' sind sowohl die Anwendungsbereiche der zu prüfenden Pflanzenschutzmittel als auch der tatsächliche Nutzen der Organismen als natürliche Gegenspieler von Schädlingen zu berücksichtigen. Als Entscheidungshilfen dienen hierbei sowohl Versuchsergebnisse, Studien und Beobachtungen an verschiedenen Kulturpflanzen in der Praxis als auch Daten über Lebensweise, Verhalten und Vermehrungsrate der Nützlinge. Zahlreiche Nützlingsarten lassen sich ohne große Probleme im Labor züchten. Da es jedoch nicht in allen Fällen möglich ist, für jede Kultur und jeden Schädling den jeweils relevanten Nützling zu züchten und zu prüfen, muß teilweise mit 'Stellvertreterarten' gearbeitet werden.

Auch die Anwendungsbereiche der zu prüfenden Pflanzenschutzmittel muß bei der Auswahl von Nützlingen für die Prüfung berücksichtigt werden ('kulturrelevante' Nützlinge). Von der IOBC-Arbeitsgruppe 'Pflanzenschutzmittel und Nutzorganismen' wurde dazu folgender »Schlüssel zur Auswahl von Testtieren für die Prüfung von Pflanzenschutzmitteln auf Nebenwirkungen gegenüber Nutzarthropoden« entwickelt:

Kulturen mit Blattläusen als Schädling: mindestens 1 Blattlaus- prädator (z.B. CHRYSOPIDAE, COCCINELLIDAE, SYRPHIDAE) und mindestens 1 Blattlausparasit (z.B. APHIDIIDAE).

Kulturen mit Schmetterlingen als Schädling: mindestens 1 Eiparasit (z.B. TRICHOGRAMMATIDAE) und/oder 1 Larven- bzw. Puppenparasit (z.B. TACHINIDAE, BRACONIDAE, ICHNEUMONIDAE).

Kulturen mit Milben als Schädling: mind. 1 Prädator (z.B. aus den Gattungen *Typhlodromus* oder *Amblyseius*) und/oder ANTHOCORIDAE, für Gewächshauskulturen *Phytoseiulus persimilis*.

Kulturen mit Blattsaugern als Schädling: ANTHOCORIDAE.

Kulturen mit Fliegen als Schädling: mindestens 1 Parasit (z.B. CYNIPIDAE, ICHNEUMONIDAE).

Bei Behandlungen des Bodens: mind. 1 Prädator (z.B. CARABIDAE, STAPHYLINIDAE) und 1 im Boden lebender Parasit (z.B. CYNIPIDAE, ICHNEUMONIDAE).

Gewächshauskulturen mit Weißer Fliege als Schädling: *Encarsia formosa*.

Bewertung der Prüfergebnisse

Die Nützlingsprüfungen können einen wichtigen Beitrag zur Entwicklung eines umweltfreundlichen Pflanzenschutzes leisten, wenn zukünftig beim Einsatz von Pflanzenschutzmitteln Nützlinge besser geschont werden und aufgrund eines dadurch gewährleisteten größeren Nützlingspotentials bzw. einer höheren Nützlingseffizienz der Einsatz von Insektiziden und Akariziden gesenkt werden kann. Dazu benötigen potentielle Anwender von Pflanzenschutzmitteln als auch Pflanzenschutzberater konkrete Angaben darüber, wie die Präparate auf eventuell zu schonende Nützlinge wirken.

Diesbezügliche Bewertungen sollten also der Gebrauchsanweisung oder dem amtlichen Pflanzenschutzmittel-Verzeichnis zu entnehmen sein.

Die IOBC (siehe Seite 161) nimmt die Bewertungen der Prüfungsergebnisse und damit die Einstufung der Präparate anhand von vierstufigen Bewertungsschemata vor. Für Laborprüfungen wurde ein ungleichstufiges, für Halbfreiland und Freilandprüfungen ein gleichstufiges Bewertungsschema entwickelt:

Labor (Bewertungskriterien: Minderung der Nutzleistung, Parasitierungs- und Fraßleistung in Prozent):
W 1 = unschädlich (bis 30 %)
W 2 = schwach schädigend (30 bis 79 %)
W 3 = mittelstark schädigend (80 bis 99 %)
W 4 = stark schädigend (über 99 %)

Halbfreiland und Freiland (Bewertungskriterium: Mortalität in Prozent):
W 1 = unschädlich (bis 25 %)
W 2 = schwach schädigend (25 bis 50 %)
W 3 = mittelstark schädigend (51 bis 75 %)
W 4 = stark schädigend (über 75 %)

Seit Ende 1992 kennzeichnet die Biologische Bundesanstalt für Land- und Forstwirtschaft alle Pflanzenschutzmittel auf der Grundlage der genannten IOBC-Bewertungskategorien, wobei die Stufen W 3 und W 4 zusammengefaßt werden als »schädigend«.

Auch im Zuge der EG-Zulassung von Pflanzenschutzmitteln werden die Auswirkungen auf Nutzorganismen geprüft und bewertet, d. h., eine Kennzeichnung der Pflanzenschutzmittel wird zukünftig EG-weit durchgeführt werden (EG-Richtlinie 91/414/EG).

Prüforganismen

Nutzorganismenarten, für die u. a. von der IOBC-Arbeitsgruppe 'Pflanzenschutzmittel und Nutzorganismen' Standardverfahren zur Prüfung von Pflanzenschutzmitteln auf Nebenwirkungen gegenüber Nutzorganismen entwickelt wurden:

Parasitische Insekten:
Trichogramma cacoeciae (TRICHOGRAMMATIDAE, HYMENOPTERA)
Encarsia formosa (APHELINIDAE, HYMENOPTERA)
Cales noacki (APHELINIDAE, HYMENOPTERA)
Aphidius matricariae (APHIDIIDAE, HYMENOPTERA)
Diaeretiella rapae (APHIDIIDAE, HYMENOPTERA)
Leptomastix dactylopii (ENCYRTIDAE, HYMENOPTERA)
Phygadeuon trichops (ICHNEUMONIDAE, HYMENOPTERA)
Coccygomimus turionellae (ICHNEUMONIDAE, HYMENOPTERA)
Drino inconpicua (TACHINIDAE, DIPTERA)

Räuberische Insekten:
Chrysopa carnea (CHRYSOPIDAE, NEUROPTERA)
Syrphus corollae (SYRPHIDAE, DIPTERA)
Syrphus vitripennis (SYRPHIDAE, DIPTERA)
Episyrphus balteatus (SYRPHIDAE, DIPTERA)
Aphidoletes aphidimyza (CECIDOMYIIDAE, DIPTERA)
Semiadalia 11-notata (COCCINELLIDAE, COLEOPTERA)
Harmonia axyridis (COCCINELLIDAE, COLEOPTERA)
Coccinella 7-punctata (COCCINELLIDAE, COLEOPTERA)
Aleochara bilineata (STAPHYLINIDAE, COLEOPTERA)
Bembidion lampros (CARABIDAE, COLEOPTERA)
Poecilus cupreus (CARABIDAE, COLEOPTERA)
Anthocoris nemorum (ANTHOCORIDAE, HETEROPTERA)
Anthocoris nemoralis (ANTHOCORIDAE, HETEROPTERA)
Orius niger (ANTHOCORIDAE, HETEROPTERA)

Räuberische Milben und Spinnen:
Phytoseiulus persimilis (PHYTOSEIIDAE, ACARI)
Amblyseius potentillae (PHYTOSEIIDAE, ACARI)
Amblyseius finlandicus (PHYTOSEIIDAE, ACARI)
Typhlodromus pyri (PHYTOSEIIDAE, ACARI)
Chiracanthium mildei (CLUBIONIDAE, ARANEAE)
Pardosa palustris (LYCOSIDAE, ARANEAE)

Entomopathogene Nematoden:
Steinernema feltiae (STEINERNEMATIDAE, RHABDITIDA)

Entomopathogene Pilze (siehe Seite 274):
Verticillium lecanii (MONILIACEAE, DEUTEROMYCETES)
Beauveria bassiana (MONILIACEAE, DEUTEROMYCETES)
Metarhizium anisopliae (MONILIACEAE, DEUTEROMYCETES)

Der Einsatz von Nützlingen zur biologischen Schädlingsbekämpfung gewinnt zunehmend an Bedeutung. Zu den Standardverfahren gehört die Anwendung von Raubmilben gegen Spinnmilben und Schlupfwespen gegen Weiße Fliegen im Gewächshaus.

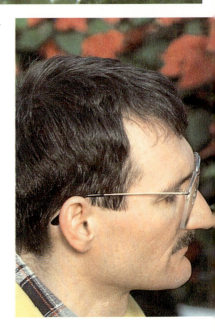

Ganz oben: Die Schlupfwespe Encarsia formosa parasitiert die Larven der Weißen Fliege, einem der häufigsten und wichtigsten Gewächshausschädlinge.

Oben: Die Ausbringung der Encarsia-Schlupfwespen erfolgt in Form parasitierter Larven/Puppen der Weißen Fliege, aufgeklebt auf kleine Pappkärtchen. Diese werden einfach in die befallenen Pflanzen gehängt.

Oben: Die Raubmilbe Phytoseiulus persimilis ernährt sich ausschließlich von Spinnmilben und deren Eiern.

Seite 165 oben: Nicht nur Erwerbsgärtner, auch Hobbygärtner können Schädlinge an Gemüse- und Zierpflanzen unter Glas erfolgreich durch die Ausbringung ihrer natürlichen Feinde bekämpfen.

Rechts: Nicht nur an Tomaten und anderen Gemüsepflanzen sind Weiße Fliegen biologisch zu bekämpfen. Erwerbsgärtner setzen die Schlupfwespen auch in großen Zierpflanzenkulturen, wie z. B. Weihnachtssternen (Poinsettien), ein.

Nützlingseinsatz in der biologischen Schädlingsbekämpfung

Was sich in der freien Natur, aber auch in den Biozönosen kultivierter Flächen ohne oder durch indirekte menschliche Eingriffe (Maßnahmen zur Förderung und Schonung) zwischen Nützlingen und Schädlingen abspielt, kann als natürliche Kontrolle bzw. Regulation bezeichnet werden. Wird dagegen die 'Nützlichkeit der Nützlinge' durch deren gezielte Freilassung oder Manipulation ganz bewußt ausgenutzt, werden also Nützlinge – mehr oder weniger gezielt – zur Bekämpfung von Schädlingen in Massen gezüchtet und dann eingesetzt bzw. freigelassen, handelt es sich um die eigentliche 'biologische Schädlingsbekämpfung'.

Prinzipien der biologischen Schädlingsbekämpfung

Oftmals wird angenommen, daß die biologische Schädlingsbekämpfung in Landwirtschaft und Gartenbau eine Errungenschaft unseres Jahrhunderts sei und die Menschheit vor der Entwicklung chemischer Pflanzenschutzmittel den Schädlingen der Kulturpflanzen hilflos gegenüberstand. Für die Verhältnisse in Europa mag dies größtenteils zutreffen, weltweit gibt es jedoch etliche Beispiele dafür, daß die Nützlichkeit der Nützlinge wie auch Möglichkeiten zu deren Nutzung für den Pflanzenschutz schon viel früher bekannt waren. So wurden beispielsweise in China bereits im Jahre 300 n.Chr. räuberische Zitrusameisen (*Oecophylla smaragdina*) gezüchtet, gehandelt und gegen Schädlinge wie Raupen und Ameisen in Mandarinen- und Orangenplantagen eingesetzt.

Es gäbe viele weitere Beispiele aus alter und neuerer Zeit und aus allen Kontinenten (einschließlich Europa), die aufzeigten, daß wir mit unseren vermeintlich so 'neuen' Methoden der biologischen Schädlingsbekämpfung eigentlich nur bereits lange bekannte und bewährte Prinzipien aufgreifen bzw. uns endlich wieder an diese 'erinnern'. Wenn wir nämlich der Natur 'auf die Finger schauen', werden wir feststellen, daß sich viele der hier zu findenden Räuber-Beute- und Parasit-Wirt-Beziehungen mehr oder weniger gezielt zum Schutz unserer Kulturpflanzen nutzen lassen.

Allerdings müssen wir dabei 'umdenken', denn bei der biologischen Schädlingsbekämpfung geht es nicht darum, die Schädlinge (in einem Bestand) 'auszumerzen', sondern ihre Populationsdichte auf ein für den jeweiligen Kulturpflanzenbestand 'erträgliches Maß' zu reduzieren bzw. – bei Nutzpflanzen – Ernteverluste (oder gar Ernteausfälle) zu verhindern. Mit anderen Worten handelt es sich bei einem Einsatz von Nützlingen eigentlich weniger um eine 'Schädlingsbekämpfung', sondern vielmehr um eine 'Regulation' der Schädlingspopulation. In Anlehnung an den englischen Sprachgebrauch ('biological control') könnte man auch von einer 'biologischen Kontrolle' sprechen.

Unter den räuberischen Insekten (Prädatoren) gibt es Arten, die sich nur als Adulte zoophag ernähren. Andere – wie der hier gezeigte Australische Marienkäfer Cryptolaemus montrouzieri – leben sowohl im Larvalstadium als auch im Imaginalstadium räuberisch (in diesem Falle von Wolläusen).

Verfahren der biologischen Schädlingsbekämpfung

Nun wollen wir uns aber nicht länger mit Grundsätzlichem aufhalten, sondern lieber 'konkret' werden. Welche Verfahren lassen sich also heutzutage, unseren Kultur- und Bewirtschaftungssystemen angepaßt, unter Praxisbedingungen anwenden? Wo liegen die Vorteile, wo die Nachteile? Bei den Möglichkeiten (und auch Grenzen) der nachfolgend vorgestellten Methoden des Nützlingseinsatzes im Freiland und unter Glas wurden nur die für die Bundesrepublik Deutschland bzw. Mitteleuropa interessanten Verfahren berücksichtigt. Weltweit gäbe es natürlich eine Vielzahl weiterer Beispiele, zumal auch die Anzahl einsetzbarer Nützlingsarten aufgrund günstigerer klimatischer Bedingungen im Verhältnis zu der uns zur Verfügung stehenden Artenzahl in vielen Ländern teilweise sehr viel größer ist. Ausschlaggebend sollte jedoch sein, Alternativen zur chemischen Bekämpfung der bei uns vorkommenden und bedeutsamen Schädlinge aufzuzeigen. Dazu werden alle derzeit bei uns verfügbaren und einsetzbaren Nützlingsarten vorgestellt (siehe auch Tabelle Seite 172 und Seite 196). Zum besseren Verständnis der Wirkungsweise und Bedeutung der Nützlinge wie auch deren korrekter Anwendung wird auch die Biologie und Schadwirkung der jeweiligen Schädlinge beschrieben.

Biologischer Pflanzenschutz mit Nützlingen

Das klassische Verfahren der biologischen Schädlingsbekämpfung ist die Nachführung von Gegenspielern solcher Schadorganismen, die aus anderen Regionen eingeschleppt wurden. Da es für die natürliche 'Kontrolle' dieser Schädlinge in der neuen Umgebung häufig keine oder nur unzureichend wirksame Gegenspieler gibt, ist die Einfuhr, Massenfreilassung und Einbürgerung effektiver Feinde aus ihrem Herkunftsgebiet oftmals die beste oder sogar einzige Lösung. Ein bedeutender Beitrag zur biologischen Bekämpfung ist beispielsweise die gelungene Einbürgerung einer Schlupfwespe der San-José-Schildlaus, die diesen schwer bekämpfbaren Schädling im südwestdeutschen Raum wirksam reduzieren konnte (siehe Sei-

Sowohl im Freiland als auch unter Glas spielen Raubmilben bei der Bekämpfung von Spinnmilben eine große Rolle. Die Raubmilbe Phytoseiulus persimilis ist eine nicht heimische Art. Sie benötigt hohe Temperaturen und wird daher vornehmlich im Gewächshaus eingesetzt.

te 188). Ein weiteres Beispiel ist die Ansiedlung einer Zehrwespe aus Nordamerika gegen eine eingeschleppte Blutlaus (siehe Seite 187).

Periodische Freilassungen von Nützlingen aus Massenzuchten

Die Bemühungen in West- und Mitteleuropa konzentrieren sich heute vor allem auf Nutzorganismen, die in Massen gezüchtet (produziert) und jeweils gezielt zur Bekämpfung von Schädlingen freigelassen bzw. ausgebracht werden können. Die Einführung derartiger Verfahren – als Ergänzung oder Alternative zu konventionellen Pflanzenschutzmaßnahmen – verlief in der Bundesrepublik Deutschland lange Zeit sehr schleppend und beschränkte sich noch vor wenigen Jahren im Gewächshaus im wesentlichen auf den Einsatz von Schlupfwespen (*Encarsia formosa*) gegen Weiße Fliegen und Raubmilben (*Phytoseiulus persimilis*) gegen Spinnmilben sowie im Freiland auf die Anwendung von Schlupfwespen (*Trichogramma evanescens*) gegen den Maiszünsler.

Obwohl die genannten Nützlingsarten bereits mit gutem Erfolg angewendet werden konnten, war es lange Zeit sehr schwierig, Praktiker und auch Berater davon zu überzeugen, daß die biologische Schädlingsbekämpfung nicht nur meist unkompliziert in der Durchführung und – bei richtigem Einsatz und vergleichbarer Effektivität – kostengünstiger sein kann als der konventionelle Pflanzenschutz, sondern zudem Probleme durch das Auftreten von Resistenzen, durch eine gesundheitliche Beeinträchtigung des Anwenders, durch das Einhalten von Wartezeiten oder die Gefahr von Spritzmittelrückständen auf oder im Erntegut wegfallen.

Probleme bei der Einführung

Gründe dafür, daß biologische Verfahren so langsam in der Praxis 'Fuß fassen' konnten, waren u.a. die unzureichende Kenntnis über die Existenz praxisreifer Methoden sowie ein mangelndes Verständnis für die Notwendigkeit, dort auf den Einsatz chemischer Mittel zu verzichten, wo diese von biologischen Verfahren 'abgelöst' werden können. Nicht selten fehlte es – ganz grundsätz-

Parasitische Insekten (Parasitoide) spielen im biologischen Pflanzenschutz eine große Rolle. Diese Schlupfwespe (Diglyphus isaea) wird gegen Minierfliegen unter Glas eingesetzt.

lich – an einer entsprechenden Motivation, Pflanzenschutzverfahren umzustellen, d. h., konventionelle Methoden durch biologische zu ersetzen. Ferner waren amtliche Pflanzenschutzdienststellen und andere Beratungsorgane häufig nicht in der Lage, die für einen Nützlingseinsatz erforderliche umfangreiche Beratung und Betreuung der Praktiker bzw. Betriebe zu leisten. Dazu kamen Schwierigkeiten beim Bezug der jeweiligen Nutzorganismen, die – aufgrund fehlender Produktionskapazitäten im Lande – zum großen Teil im Ausland (z. B. in den Niederlanden) bestellt werden mußten.

Derzeitige Situation

In den letzten Jahren hat sich an dieser Situation sowohl in der Bundesrepublik Deutschland als auch in ganz Europa vieles geändert. In einigen Freiland- und Unter-Glas-Kulturen werden die wichtigsten Schädlinge heute bereits ausschließlich mit Nutzorganismen bekämpft. Nach neuesten Schätzungen werden in Europa auf ca. 40 000 bis 60 000 Hektar (Gemüse, Mais, Obst, Wein, Zierpflanzen u. a.) biologische Antagonisten eingesetzt. Im Zeitraum 1985 bis 1991 stieg hier der Umsatz von Bakterien-, Pilz- und Viruspräparaten (siehe Seite 273) von 35 Millionen US-$ auf 120 Millionen US-$ und von Nützlingen (räuberische und parasitische Insekten, Milben und Nematoden) von 10 Millionen US-$ auf 40 Millionen US-$. Im Verhältnis zu den 24 000 Millionen US-$ Umsatz an Pestiziden in Europa (1991) sind die Umsatzzahlen für den Bereich 'Nutzorganismen' zwar nach wie vor sehr klein, doch ist eine 'Bewegung' deutlich erkennbar.

Immer mehr Firmen beschäftigen sich mit der Zucht und dem Verkauf von Nützlingen (Anhang, siehe Seite 302). Ständig werden 'neue' Nützlingsarten an-geboten und neue Einsatzverfahren entwickelt. Insbesondere für die Anwendung unter Glas gibt es heute bereits eine große Anzahl praxisreifer Verfahren. Im Freiland ist der Einsatz von Nützlingen dagegen bislang auf eine verhältnismäßig geringe Anzahl Arten begrenzt. Hier wird der Schwerpunkt auch in Zukunft bei der Förderung und Schonung natürlicherweise vorkommender Nützlinge liegen und weniger bei der Freilassung von Nützlingen aus Massenzuchten.

Verwendung nützlicher Insekten, Milben und Nematoden

Erwerbs- und Hobbygärtnern steht eine große Palette an Nützlingen aus Massenzuchten zur Verfügung. Und auch Landwirte können Nützlinge einsetzen. Ob im Freiland oder unter Glas – Voraussetzung für die erfolgreiche Anwendung von räuberischen und parasitischen Insekten, Raubmilben oder parasitären Nematoden ist:
● ein Grundwissen über die Biologie von Nützling und Schädling,
● die regelmäßige Kontrolle (Überprüfung) der Kulturen auf Schädlingsbefall,
● das rechtzeitige Erkennen des Schädlings und des Schadbildes im Anfangsstadium,
● die richtige Bestimmung des Nützlings-Anwendungszeitpunktes und der Ausbringungsmenge,
● eine regelmäßige Wirksamkeits- und Erfolgskontrolle nach Freilassung der Nützlinge sowie
● die Beachtung möglicher Nebenwirkungen von Pflanzenschutzmitteln auf die Nützlinge.

Nur wenn diese Aspekte Beachtung finden, wird ein Nützlingseinsatz 'funktionieren' und in seiner Wirkung unseren Erwartungen gerecht werden.

Vorteile ...

Der Einsatz von Nützlingen bietet gegenüber der Anwendung chemischer Verfahren viele Vorteile:
● Nützlinge haben eine selektive, d. h. gezielt auf einen bestimmten Schädling bzw. eine Schädlingsgruppe gerichtete (spezifische), Wirkung.
● 'Nicht-Zielorganismen' (Mensch, Pflanze, Tier), insbesondere aber auch Bienen, Hummeln und andere (blütenbestäubende) Insekten, werden nicht geschädigt.
● Mit einem Nützlingseinsatz ist eine hohe – den Wirkungsgraden chemischer Präparate häufig vergleichbare – Wirksamkeit zu erzielen.
● Nützlinge sind auch gegen wirkstoffresistente Schädlingspopulationen wirksam und führen ihrerseits zu keiner Resistenzbildung bei den Schädlingen.
● Die Anwendung ist unkompliziert und von jedermann ohne zusätzlich anzuschaffende Gerätschaften durchzuführen.
● Für die Ausbringung von Nutzarthropoden und Nematoden gibt es keine anwendungsbeschränkenden Auflagen (wie z. B. Gewässer- oder Grundwasserschutz).
● Es bestehen keine gesundheitlichen Risiken für den Anwender; Schutzmaßnahmen wie das Tragen von Maske, Handschuhen, Stiefeln o. ä. sind nicht erforderlich.
● 'Behandelte' Kulturbestände (z. B. im Gewächshaus) können jederzeit betreten und die Pflanzen berührt werden.
● Luft, Boden und Bodenleben sowie (Grund-)Wasser werden nicht belastet.
● Die Qualität bzw. der Verkaufswert von Zier- und Nutzpflanzen oder dem Erntegut wird bei einem Nützlingseinsatz nicht durch Spritzflecken oder schädliche Rückstände gemindert.

Verwendung nützlicher Insekten, Milben und Nematoden

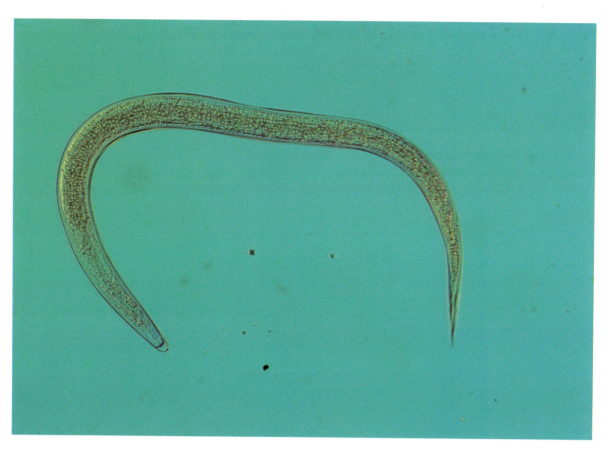

- Es gibt keine Probleme mit der Pflanzenverträglichkeit, d.h., Nützlinge haben keinen negativen Einfluß auf das Pflanzenwachstum.
- Das bei Pestiziden erforderliche Einhalten von Wartezeiten (zwischen Behandlung und Ernte) entfällt, d.h., ein kontinuierliches Ernten ist möglich.
- In vielen Fällen führt der rechtzeitige Nützlingseinsatz zu Mehrerträgen und schnellerem Pflanzenwachstum.
- Biologisch geschützte Produkte haben einen Marktvorteil beim Absatz.

... und Nachteile

Neben den – insbesondere aus der Sicht des Umweltschutzes – nicht zu leugnenden Vorteilen eines Nützlingseinsatzes gibt es auch einige Nachteile, die nicht verschwiegen werden sollen:

- Der Anwender muß sich intensiver mit der Biologie von Schädlingen und Nützlingen auseinandersetzen.
- Der richtige Zeitpunkt für die Ausbringung der Nützlinge ist nicht ganz einfach festzulegen, dabei jedoch sehr entscheidend für den Erfolg oder Mißerfolg ihres Einsatzes.
- Die Ausbringung der Nützlinge ist häufig zeitaufwendiger als die Applikation chemischer Behandlungsmittel.
- Die Befalls- und Erfolgskontrollen erfordern viel Erfahrung und sind ebenfalls relativ zeitaufwendig.
- Viele Nützlinge stellen bestimmte Anforderungen an Temperatur und Luftfeuchtigkeit (insbesondere bei der Anwendung im Gewächshaus).
- Der Nützlingseinsatz kann unter Umständen teurer sein als eine chemische Bekämpfung.

Der Einsatz parasitärer (entomophager) Nematoden gegen Schädlinge im Boden stellt eine umweltfreundliche Alternative zur Anwendung chemischer Bekämpfungsmethoden dar.

- Aufgrund der selektiven Wirkung der Nützlinge ist die Anwendung mehrerer Arten notwendig (im Gegensatz zu breitwirksamen Insektiziden bzw. Akariziden).
- Da eventuell nicht alle Schädlinge (und vor allem auch Pflanzenkrankheiten noch nicht) biologisch bekämpfbar sind, muß der Anwender mögliche Nebenwirkungen chemischer Präparate auf die eingesetzten Nützlinge kennen und ist in seiner Mittelwahl eingeschränkt (Integrierter Pflanzenschutz).

Nützlingseinsatz im Freiland

Während in wärmeren Klimazonen (Tropen und Subtropen) auch in Freilandkulturen die verschiedensten Nützlinge in Massen gegen Schädlinge freigelassen werden, beschränkt sich die Freilandanwendung von Nützlingen in Mitteleuropa auf relativ wenige Arten.

Schlupfwespen gegen Schadschmetterlinge

Zu den mit Nützlingen aus Massenzuchten bekämpfbaren Schädlingen gehören derzeit der Maiszünsler u.a. Schadschmetterlingsarten im Wein- und Obstbau sowie im Kohlanbau. Bei den Nützlingen handelt es sich in diesen Fällen um Schlupfwespen der Gattung *Trichogramma*.

Florfliegen und Gallmücken gegen Blattläuse

Gegen Blattläuse können Florfliegen (*Chrysopa carnea*) und Räuberische Gallmücken (*Aphidoletes aphidimyza*) ausgebracht werden. Hier müssen jedoch noch praxisreife Methoden entwickelt werden, die auch eine effiziente und wirtschaftliche Anwendung auf größeren Kulturflächen ermöglichen.

Nematoden gegen Dickmaulrüßler

Zu den praxisreifen Verfahren zählt der Einsatz parasitärer Nematoden (Gattungen *Heterorhabditis* und *Steinernema*) gegen Dickmaulrüßler. Aufgrund des relativ großen (potentiellen) Wirtsspektrums dieser nützlichen Fadenwürmer einerseits und der Schwierigkeiten bei der konventionellen Bekämpfung tierischer Schaderreger(stadien) im Boden andererseits, ist damit zu rechnen, daß sich die Einsatzgebiete für Nematoden noch ausweiten werden.

Raubmilben gegen Spinnmilben

Besondere Bedeutung hat die Raubmilbe *Typhlodromus pyri* als natürlicher Antagonist von Spinnmilben im Obst- und Weinbau erlangt. Obwohl es sich in diesem Falle nur teilweise um eine Freilassung von Tieren aus Massenzuchten handelt, sondern vielmehr um Verfrachtungs- bzw. Umsiedlungsverfahren, soll dieser Nützling hier als ein Beispiel für 'Freilandanwendungen' mit abgehandelt werden. Wie bereits erwähnt, spielen jedoch die Maßnahmen zur Schonung und Förderung der *Typhlodromus*-Raubmilbe eine insgesamt sehr viel größere Rolle.

Schlupfwespen gegen Blutlaus und San-José-Schildlaus

Eine besondere Stellung nehmen auch die ebenfalls in diesem Kapitel vorgestellten Verfahren der 'Einbürgerung' von Nützlingen ein. Die Ansiedlung der Schlupf- bzw. Zehrwespen *Prospaltella perniciosi* gegen die San-José-Schildlaus und *Aphelinus mali* gegen die Blutlaus gilt als abgeschlossen, d.h., das mittlerweile vorhandene Nützlingspotental gegen diese beiden Schädlinge reicht aus, um selbige unter der wirtschaftlichen Schadensschwelle zu halten.

Trichogramma-Schlupfwespen

Da die Schlupf- bzw. Erzwespen der weltweit verbreiteten Gattung *Trichogramma* unter den im Freiland einsetzbaren Nützlingen eine so herausragende Rolle spielen, wollen wir uns kurz mit diesen Nützlingen vertraut machen.

Es gibt eine Vielzahl von Arten, Rassen und Stämmen, wobei die meisten als Eiparasiten an Schadschmetterlingen leben. Dabei werden jeweils ganz bestimmte Arten bzw. Wirtseier bevorzugt. Ferner haben sich spezielle 'Ökotypen' herauskristallisiert, die ganz eng an bestimmte Wirtstiere und deren Lebensräume (Pflanze, Klima usw.) angepaßt sind und daher auch nur ganz gezielt gegen bestimmte Schädlinge wirksam sind. Ein Beispiel dafür ist *Trichogramma evanescens maidis* 'Ökotyp Moldavia', eingesetzt zur Bekämpfung des Maiszünslers u.a. in der Bundesrepublik Deutschland.

Nützlingsanwendungen im Freiland sind bei uns aufgrund der ungünstigen Klimabedingungen auf relativ wenige Verfahren beschränkt. Eine gut funktionierende Methode ist hier z.B. die Ausbringung parasitärer Nematoden gegen Dickmaulrüßler.

Trichogramma evanescens

Seit vielen Jahren werden *Trichogramma*-Schlupfwespen in mehreren Ländern in Massen gezüchtet und erfolgreich zur biologischen Bekämpfung von Pflanzenschädlingen eingesetzt. Weltweit werden jährlich mehr als 15 Millionen Hektar Kulturflächen (Mais, Zuckerrohr, Reis, Baumwolle, Sojabohnen, Zuckerrüben, Gemüse, Kiefernwälder) mit insgesamt etwa 10 verschiedenen *Trichogramma*-Arten zur Bekämpfung von Schädlingen 'behandelt'. Ein weltweit anerkanntes '*Trichogramma*-Zuchtzentrum' befindet sich im Institut für biologischen Pflanzenschutz der BBA in Darmstadt. Hier werden seit vielen Jahren verschiedene *Trichogramma*-Arten und -Stämme aus diversen Ökosystemen isoliert gezüchtet und auf ihre biologischen Eigenschaften hin geprüft.

Die für die biologische Schädlingsbekämpfung in unseren Breitengraden wichtigste Art ist *Trichogramma evanescens*. Diese in Europa weitverbreitete Schlupfwespe parasitiert an Eiern von Schädlingen im Gemüse-, Obst- und Ackerbau. Besondere Bedeutung hat *Trichogramma evanescens* bei der Bekämpfung des Maiszünslers erlangt (siehe Seite 173). Andere *Trichogramma*-Arten lieferten bereits erfolgversprechende Ergebnisse bei der Bekämpfung von verschiedenen Kohl-, Reben- und Apfelschädlingen (siehe Seiten 177 bis 182).

Weltweiter Einsatz

Nach Mitteilung des Deutschen Maiskomitees (DMK) im Oktober 1991 ist der Einsatz von verschiedenen *Trichogramma*-Schlupfwespen in unterschiedlichen Kulturen praktisch weltweit verbreitet. Ein wichtiger Bereich ist dabei die Zünslerbekämpfung im Mais. So steht die ehemalige UdSSR mit 16 Millionen Hektar behandelter Fläche an der Spitze der weltweiten Skala für den Einsatz von Schlupfwespen. Neben Mais werden Weizen, Zuckerrüben, Baumwolle und Erbsen behandelt. Es folgt China mit 1,6 Millionen Hektar auf Mais-, Zuckerrüben-, Reis-, Baumwoll- und Apfelanbauflächen. In den USA werden auf 354 000 Hektar Schlupfwespen eingesetzt. Neben Mais werden hier auch Soja- und Baumwollflächen behandelt. Peru bekämpft Schädlinge in Baumwoll-, Apfel- und Olivenbeständen auf 218 700 Hektar mit Schlupfwespen. Die Philippinen stehen in dieser Reihenfolge mit 200 000 Hektar vornehmlich mit den Kulturen Mais und Zuckerrohr. Es folgen Kolumbien mit 151 700 Hektar, Taiwan mit 75 000 Hektar und Indien mit 5000 Hektar, überwiegend in Mais-, Baumwoll- und Zuckerrohrbeständen. Die Schweiz schlägt mit 4000 Hektar Mais und Apfelplantagen zu Buche. In Südafrika werden Schlupfwespen auf 2500 Hektar Zitrusfrüchten eingesetzt. Frankreich ist mit 1000 Hektar Mais, Italien mit 300 Hektar Mais und Österreich mit 280 Hektar Mais registriert. Am Schluß dieser DMK-Statistik steht Malaysia mit 163 Hektar Kakaobeständen.

Hinweise für den Nützlingseinsatz im Freiland

Zurück zu den Möglichkeiten, die uns zur Bekämpfung (Regulation) von Freilandschädlingen zur Verfügung stehen. Während Landwirte und Erwerbsgärtner hier i. d. R. eine intensive Beratung und Betreuung durch Pflanzenschutzberater erfahren, sind Hobbygärtner weitestgehend auf sich allein gestellt. Deshalb vorweg ein paar wichtige Aspekte, die beim Einsatz von Nützlingen im Freiland (Garten, Balkon, Terrasse usw.) beachtet werden sollten. Wichtig erscheinen grundsätzlich, d. h. unabhängig von der jeweiligen Nützlingsart, folgende Punkte:
• Beobachtung des jahreszeitlich bedingten Auftretens von Schädlingen in Abhängigkeit der herrschenden Witterungsverhältnisse;
• rechtzeitiger Einsatz der Nützlinge beim allerersten Auftreten der Schädlinge bzw. beim Auftreten der bekämpfungsfähigen Schädlingsstadien (z. B. Larven des Dickmaulrüßlers);
• keine Anwendung chemischer Bekämpfungsmittel vor oder während des Nützlingseinsatzes (Ausnahme: nützlingsschonende Präparate);
• Berücksichtigung der erforderlichen Durchschnittstemperaturen von 15 °C (bzw. 10 °C Bodentemperaturen bei parasitären Nematoden);
• Ausbringung der Nützlinge möglichst noch am Ankunftstag, sofern es die Witterung zuläßt;
• Beachtung der für die einzelnen Nützlingsarten erforderlichen Klima- bzw. Witterungsverhältnisse (z. B. Windstille bei Räuberischen Gallmücken) bzw. Bodenverhältnisse bei parasitären Nematoden (z. B. gleichmäßige Feuchtigkeit).

Weitere Hinweise finden sich bei der Besprechung der einzelnen Arten. Die einzige Methode eines gezielten Freilandeinsatzes von Nützlingen, die derzeit guten Gewissens (was die Wirkungssicherheit und damit auch die Wirtschaftlichkeit angeht) Hobbygärtnern empfohlen werden kann, ist die Anwendung parasitärer Nematoden gegen Dickmaulrüßler. Obwohl in vielen Einzelfällen auch mit anderen Nützlingen bereits gute Bekämpfungsergebnisse erzielt werden konnten, bedürfen alle anderen vorgestellten, grundsätzlich auch im Haus- und Kleingarten anwendbaren Methoden noch weiterer Erkenntnisse und Erfahrungen.

Bleibt zu hoffen, daß sich trotzdem viele Hobbygärtner experimentier- und risikofreudig zeigen werden. Nur so wird es uns gelingen, weitere interessante Verfahren zur Praxisreife zu bringen und damit umweltfreundliche Alternativen zum chemischen Pflanzenschutz zu erhalten.

Nützlingseinsatz im Freiland

Praxisreife Verfahren

Schädlinge	Nützlinge	Anwendungsbereiche
Spinnmilben	Raubmilben (*Typhlodromus pyri*)	Obst- und Weinbau
Dickmaulrüßler	Parasitäre Nematoden (*Heterorhabditis*-Arten, *Steinernema feltiae*)	Gehölze u.a. Zierpflanzen, Baumschulpflanzen, Containerkulturen, Erdbeeren
Apfelwickler und Apfelschalenwickler	Schlupfwespen (*Trichogramma dendrolimi*, *Trichogramma embryophagum*, *Trichogramma cacoeciae*)	Apfelanbau
Pflaumenwickler	Schlupfwespen (*Trichogramma cacoeciae*)	Pflaumen-, Zwetschen-, Mirabellenanbau
Maiszünsler	Schlupfwespen (*Trichogramma evanescens*)	Maisanbau
Blutläuse	Schlupfwespen (*Aphelinus mali*)	Obstbau
San-José-Schildläuse	Schlupfwespen (*Prospaltella perniciosi*)	Obstbau

Verfahren im Forschungsstadium bzw. kurz vor der Praxisreife

Schädlinge	Nützlinge	Anwendungsbereiche
Blattläuse	Räuberische Gallmücken (*Aphidoletes aphidimyza*), Florfliegen (*Chrysopa carnea*)	Obst, Gemüse, Hopfen
Spinnmilben	Raubmilben (*Phytoseiulus persimilis*, *Metaseiulus occidentalis*)	Obst, Gemüse, Zierpflanzen, Hopfen
Schadschmetterlinge	Schlupfwespen (*Trichogramma*-Arten)	Kohlanbau
Traubenwickler	Schlupfwespen (*Trichogramma*-Arten)	Weinbau
Ährenwickler und Getreidewickler	Schlupfwespen (*Trichogramma*-Arten)	Getreide
Kohlfliegen	Kurzflügler (*Aleochara bilineata*)	Kohlanbau
Wiesenschnaken	Parasitäre Nematoden (*Steinernema*-Arten)	Gemüsebau, Rasenflächen
Kohlfliegen	Parasitäre Nematoden (*Steinernema*-Arten)	Gemüsebau
Kirschfruchtfliege	Parasitäre Nematoden (*Steinernema*-Arten)	Obstbau
Glasflügler und Holzbohrer	Parasitäre Nematoden (*Steinernema feltiae*)	Obst - und Ziergehölze, Baumschulen
Gespinstblattwespen	Parasitäre Nematoden (*Steinernema kraussei*)	Forst
Luzernerüßler	Parasitäre Nematoden (*Heterorhabditis*-Arten)	Hopfenanbau
Engerlinge	Parasitäre Nematoden (*Heterorhabditis*-Arten)	Obstbau, Rasenflächen
Blattrandkäfer	Parasitäre Nematoden (*Heterorhabditis*-Arten)	Leguminosenanbau

Nützlinge gegen Maiszünsler

Der Maiszünsler *Ostrinia nubilalis* (LEPIDOPTERA, PYRALIDAE) gilt – zumindest in klimatisch günstigen Gebieten – als der gefährlichste Maisschädling. In sämtlichen süddeutschen Mais-Anbaugebieten tritt er inzwischen auf und verursacht ohne Bekämpfung enorme Schäden (Ertragsausfälle bis zu 30 Doppelzentner pro Hektar).

Aussehen

Der Falter des Maiszünslers hat eine Flügelspannweite von etwa 25 bis 30 mm. Die Vorderflügel des Männchens sind zimtbraun gefärbt, mit gezackten, gelben Querbinden; die Hinterflügel sind braun. Die Weibchen sind etwas größer als die Männchen; ihre ockergelben Vorderflügel weisen 3 bräunliche, gezackte Querbinden und 2 Flecken auf, die Hinterflügel sind gelblich.

Der Körper der Raupe ist gelb bis gelbbraun, manchmal auch rosa gefärbt, mit einer dunkleren Rücken- und einer helleren Seitenlinie. Die Kopfkapsel ist schwarzbraun, Brust- und Hinterleibssegmente tragen jeweils 6 kleine, dunkle Warzen. Die Raupe erreicht eine Länge von 25 bis 30 mm.

Entwicklung

Der Maiszünsler überwintert als Larve in den Stoppeln von Maispflanzen und verpuppt sich ab Ende Mai. Bei wärmeren Temperaturen ab der 2. Junihälfte legt das Weibchen während der Abendstunden seine Eier in schuppenförmigen Gelegen zu 10 bis 40 Eiern überwiegend auf den Blattunterseiten der Maispflanze ab. Etwa 1 Woche später schlüpfen die Räupchen, die zunächst Blattfraß verursachen und sich später in den Stengel der Pflanze einbohren. An den Internodien verlassen sie oft den Stengel, bohren sich aber meist sofort unterhalb des Knotens wieder ein. Durch den Fraß des Schädlings im Inneren des Stengels kommt es zum Abknicken der Pflanze. Im Verlauf der Vegetationsperiode fressen sich die Larven bis in den unteren Bereich des Stengels, um dort – an der Stengelbasis – zu überwintern. Der Maiszünsler bildet jährlich nur 1 Generation aus.

Maiszünslerraupen schädigen nicht nur durch Kolbenfraß; durch den Fraß der Schädlinge im Inneren der Stengel kommt es zum Abknicken der Fahnen und der Pflanzen.

Schädigung der Pflanze

Die durch den Fraß der Zünslerraupe verursachten Schäden, wie z. B. Fahnenbruch, Kolbenbruch, Körnerfraß sowie – im Zusammenwirken mit *Fusarium*-Pilzen – auch Stengelbruch, betreffen sowohl Saat- und Zuckermais (Süßmais) als auch Konsumkörnermais. Beim Silomais erschweren die infolge von Stengelbruch umgefallenen Pflanzen die Ernte. Die Standfestigkeit der befallenen Pflanzen wird oft derart gering, daß sie schon bei wenig Wind umknicken. Ferner stellen die Einbohröffnungen des Maiszünslers ideale Eintrittspforten für Pilze und Bakterien dar, so daß der Futterwert vor allem von Silomais erheblich geschmälert wird. Grundsätzlich kann es durch den Fraß des Maiszünslers im Stengelmark auch zu einer Ertragsminderung durch Nährstoffentzug kommen.

In befallsgefährdeten Gebieten kommen Maisanbauer nicht umhin, den Maiszünsler zu bekämpfen.

Schlupfwespen
Trichogramma evanescens

Ein natürlicher Feind des Maiszünslers ist die nur etwa 0,5 mm große Schlupfwespe *Trichogramma evanescens* (HYMENOPTERA, TRICHOGRAMMATIDAE, siehe auch Seite 98).

Aussehen und Entwicklung

Die Schlupfwespe ist dunkel- bis hellbraun gefärbt; Kopf und Beine sind gelb, die Augen rot. Die Tiere leben etwa 3 bis 4 Wochen lang. Während eines Zeitraumes von 15 Tagen kann ein Weibchen ca. 100 Eier ablegen.

Es handelt sich hier – wie auch bei anderen *Trichogramma*-Arten – um einen Eiparasiten, d. h., die Schlupfwespenweibchen legen ihre eigenen befruchteten Eier in die Eier des Maiszünslers. Hierin entwickeln sich dann die schlüpfenden Parasitenlarven.

Die etwa 0,5 mm große Schlupfwespe Trichogramma evanescens ist ein Eiparasit. Die Schlupfwespenweibchen legen ihre eigenen befruchteten Eier in die Eier des Maiszünslers.

Nützlingseinsatz im Freiland

Nach der Verpuppung der Schlupfwespenlarven in den Maiszünslereiern sind diese schwarz verfärbt.

Nach der Verpuppung der Schlupfwespenlarve in der Eihülle ist diese schwarz verfärbt. Aus den parasitierten Zünslereiern schlüpfen – in Abhängigkeit von der Temperatur – nach 9 bis 12 Tagen die erwachsenen Schlupfwespen. Sie schwärmen aus, und die jungen Weibchen belegen die noch nicht parasitierten und inzwischen neu abgelegten Zünslereier.

Innerhalb einer Vegetationsperiode können sich 5 bis 8 Generationen entwickeln. Da im Spätherbst nur wenige Eiparasiten einen geeigneten Wirt finden, überwintert nur ein geringer Teil dieser Nützlinge (als Puppe im Wirtsei).

Einsatz gegen Maiszünsler

Die Schlupfwespen müssen zu Beginn des Maiszünslerfluges ausgebracht werden, damit auch die ersten Eigelege des Schädlings im Feld erfaßt werden.

Anwendung

Der Einsatz von Schlupfwespen gegen Maiszünsler wird seit über 10 Jahren in vielen Ländern mit Erfolg praktiziert. In der Bundesrepublik Deutschland konnte die Bekämpfungsfläche von 1990 bis 1992 von 4200 Hektar auf über 6200 Hektar gesteigert werden. Schwerpunkte der biologischen Maiszünslerbekämpfung liegen in Baden-Württemberg, Bayern und Hessen. In einigen Bundesländern wird die biologische Bekämpfung des Maiszünslers mit *Trichogramma*-Schlupfwespen durch einen Zuschuß (z. B. DM 100,– pro Hektar) gefördert. Auch in den Nachbarländern – vor allem in der Schweiz und in Frankreich – hat sich das Verfahren gut in der Praxis bewährt (siehe auch Seite 170 f.).

Wirksamkeit

Bei sachgemäßer Anwendung werden Wirkungsgrade von über 90 % erreicht, ein Ergebnis, das dem bei chemischer Bekämpfung zu erzielenden durchaus vergleichbar ist. Der Erfolg einer *Trichogramma*-Anwendung gegen Maiszünsler ist etwa 3 bis 4 Wochen nach der 1. Freilassung im Feld an der Anzahl schwarzgefärbter Eigelege zu erkennen. Bei der Ernte im Herbst läßt sich in Vergleichen mit unbehandelten Maisflächen die Verminderung der Raupenzahl und somit der Wirkungsgrad ermitteln.

Besondere Vorteile

Neben der hohen Wirksamkeit bringt der Einsatz von Schlupfwespen weitere Vorteile mit sich:
1. Bei Verzicht auf eine chemische Maiszünslerbekämpfung werden viele Nutzorganismen geschont. Da Blattläuse in Maisfeldern nicht bekämpft werden, lebt in dieser Kultur eine große Zahl verschiedener Nützlingsarten. So kommt es alljährlich im Juli zu einem Zusammenbruch der Blattlauspopulationen, der von den natürlichen Feinden verursacht wird.
2. Die Ausbringung kann ohne komplizierte Geräte von Hand erfolgen und erfordert nur einen Zeitaufwand von insgesamt zweimal 20 bis 30 Minuten pro Hektar.
3. Der Einsatz von Schlupfwespen unterliegt keinerlei einschränkenden Auflagen, wie z. B. Randzonen- oder Gewässerschutz, Wasserschutzgebiete usw.
4. Die Anwendung ist auch auf schwer befahrbarem Gelände möglich.

Durchführung

In der Bundesrepublik Deutschland erfolgen Produktion und Einsatz von *Trichogramma evanescens* in enger Zusammenarbeit mit dem amtlichen Pflanzenschutzdienst. Die in den Befallsgebieten des Zünslers liegenden Pflanzenschutz-Dienststellen der Länder setzen aufgrund von Lichtfallen-Kontrollen alljährlich die Freilassungstermine fest und überprüfen das ausgelieferte *Trichogramma*-Material auf seine Qualität. Für die termingerechte Auslieferung sorgen genossenschaftliche und private Landhandelorganisationen. Das Institut für biologischen Pflanzenschutz der BBA in Darmstadt liefert jedes Jahr überprüftes, frisches Zuchtmaterial und führt die wissenschaftliche Betreuung dieses Zünslerbekämpfungsverfahrens durch.

Ausbringungsverfahren

Zwei Ausbringungsverfahren stehen dem Landwirt zur Verfügung: Beim sog. Rähmchen-Verfahren (siehe unten) werden die *Trichogramma*-Schlupfwespen in Form von parasitierten Eiern der Getreidemotte (*Sitotroga cerealella*) auf Papprähmchen in die Pflanzen gehängt; beim Kapsel-Verfahren handelt es sich um parasitierte Mehlmotteneier (*Ephestia kuehniella*) in kleinen Kartonkapseln zum Auswerfen (siehe Seite 175).

Rähmchen-Verfahren

Dieses Standardverfahren wurde seinerzeit vom Institut für biologische Schädlingsbekämpfung der BBA in Darmstadt in Zusammenarbeit mit den *Trichogramma*-Zuchtbetrieben Kleinwanzlebener Saatzucht AG in Einbeck und Conrad Appel in Darmstadt entwickelt.

Nützlinge gegen Maiszünsler

Ausbringungsform
Der Landwirt erhält bei diesem Verfahren das Nützlingsmaterial in Form von parasitierten Eiern der Getreidemotte mit schlüpfbereiten *Trichogramma*-Schlupfwespen, aufgeklebt auf Papprähmchen. Es handelt sich dabei um ein Gemisch von Tieren unterschiedlicher Entwicklungsstadien, um einen möglichst langen Zeitraum mit schlüpfenden Schlupfwespen abzudecken. Dadurch ist es möglich, mit insgesamt 2 Freilassungen im Abstand von 10 bis 14 Tagen auszukommen. Aus den parasitierten Getreidemotteneiern schlüpfen die Nützlinge – je nach Temperatur – 2 bis 5 Tage nach der Ausbringung.

Freilassung
Die einzelnen Rähmchen sind vom Landwirt in festgelegten Abständen an den Maispflanzen aufzuhängen. Dazu werden die Rähmchen aus größeren 'Paletten' herausgetrennt und so geknickt, daß ein Regenschutz für die Nützlinge entsteht. Wegen des günstigeren Kleinklimas sind stärkere Blätter im unteren Bereich der Maispflanzen zur Befestigung auszuwählen. Die Rähmchen sind so geformt, daß sie mühelos über die Maisblätter geschoben werden können.

Das Aufhängen der Rähmchen hat nicht nur den Vorteil, daß die Nützlinge bei regnerischem Wetter nicht geschädigt oder abgeschwemmt werden. Außerdem sind so auch die Durchführung einer Untersaat sowie die mechanische Bodenbearbeitung selbst während der beiden Ausbringungstermine möglich, ohne daß der Landwirt befürchten muß, daß durch Zerstörung einzelner Rähmchen neue Befallsnester des Schädlings erzeugt werden.

Ausbringungsmenge
Jedes einzelne Rähmchen enthält so viele parasitierte Getreidemotteneier, daß insgesamt 1500 Schlupfwespen freigesetzt werden. 17 solcher Rähmchen sind zu einer 'Palette' zusammengefaßt. Für 1 Hektar Maisfläche werden je Ausbringungstermin 51 Rähmchen (3 Paletten) benötigt. Daraus ergibt sich für beide Freilassungstermine zusammen eine Schlupfwespenanzahl von über 150 000 je Hektar. Im praktischen Einsatz ist diese Ausbringungsdichte zu erreichen, wenn im Feld ein Abstand von ca. 14 m von Rähmchen zu Rähmchen eingehalten wird. Die damit zu erzielenden Wirkungsgrade drücken den Maiszünslerbefall unter die 'wirtschaftliche Schadensschwelle'. In Süßmais wird allerdings eine höhere Ausbringungsdichte bevorzugt, da es hier auf eine völlige Unterdrückung des Maiszünslers ankommt.

Kapsel-Verfahren
Bei der Ausbringung von *Trichogramma*-Schlupfwespen in Kapseln handelt es sich um ein relativ neues, von der BASF entwickeltes und angebotenes Verfahren, das erst seit wenigen Jahren in der Bundesrepublik Deutschland zur Bekämpfung

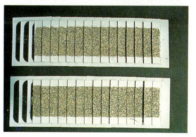

Rechts oben: Beim sog. Rähmchen-Verfahren sind von der Trichogramma-Schlupfwespe parasitierte Getreidemotteneier auf Papprähmchen aufgeklebt. Jeweils 17 solcher Rähmchen sind zu einer 'Palette' zusammengefaßt. Oben: Die einzelnen Rähmchen sind vom Landwirt in festgelegten Abständen an den Maispflanzen aufzuhängen. Bereits kurz darauf schlüpfen die Nützlinge aus und beginnen mit der Parasitierung der Maiszünslereier im Feld. Rechts unten: Beim Kapsel-Verfahren befinden sich die Trichogramma-Schlupfwespen (in Form von parasitierten Mehlmotteneiern) in kleinen Kartonkapseln.

des Maiszünslers angewendet wird. In dreijährigen Versuchen konnten mit dem Kapsel-Verfahren Wirkungsgrade um 80 % erzielt werden.

Ausbringungsform

Ungefähr jeweils 500 schlupfbereite Nützlinge in Form parasitierter Mehlmotteneier befinden sich in kleinen Kartonkapseln (hergestellt aus gepreßter Pappe) mit einem Durchmesser von ca. 2 cm. Das bereitgestellte Material besteht aus je 100 Kapseln in 2 verschiedenfarbigen Netzen. Diese Aufteilung entspricht 2 unterschiedlichen Entwicklungsstadien der Schlupfwespen. Vor der Anwendung sind die Kapseln beider Netztypen im Verhältnis 1:1 gleichmäßig zu vermischen. Der Inhalt von 2 Netzen (200 Kapseln) entspricht ca. 100 000 Nützlingen und reicht für 1 Hektar Maisfläche.

Ausbringungsmenge

Insgesamt sind auch bei diesem Verfahren 2 Ausbringungen im Abstand von 8 bis 10 Tagen erforderlich. Jede Ausbringung umfaßt demnach 2 'Wellen' schlüpfender Nützlinge, die 4 bis 5 Tage auseinander liegen. Die Gesamtbehandlung (2 Freilassungen) umfaßt somit 4 'Wellen', die einen Zeitraum von ca. 20 Tagen abdecken. Zählt man noch diejenigen Schlupfwespen hinzu, die sich aus den in Folge der ersten Freilassung parasitierten Maiszünslereiern entwickeln (nämlich die Folgegeneration), so kann man während eines Zeitraumes von mindestens 30 Tagen mit aktiven *Trichogramma*-Weibchen rechnen. Da die Zeitspanne, in der der Maiszünsler seine Eier ablegt, etwa 3 bis 4 Wochen beträgt, sind zu jeder Zeit ausreichend Schlupfwespen vorhanden, um diese Eier zu parasitieren und damit den Schaden durch Maiszünslerlarven zu begrenzen.

Die Kapseln werden auf den Boden unter den Maispflanzen geworfen. Nach dem Schlüpfen können die Parasiten die Kapseln durch kleine Öffnungen verlassen.

Freilassung

Die Kapseln sollten unmittelbar nach der Auslieferung im Maisbestand ausgebracht werden. Verzögern ungünstige Witterungsverhältnisse (z. B. starke Regenfälle) die Ausbringung am selben Tag, ist eine Zwischenlagerung bei ca. 18 bis 23 °C von (höchstens) 2 Tagen möglich. Kurzzeitige Regenschauer während der Ausbringung sind nicht von Nachteil, da die Kapseln durch eine Wachsschicht vor Feuchtigkeit hinreichend geschützt sind. Die Schlupfwespen verlassen innerhalb weniger Tage die Kapseln durch kleine Öffnungen.

Da es sich bei den *Trichogramma*-Schlupfwespen um lebendes Material handelt, ist auf eine entsprechend vorsichtige Handhabung zu achten. Vor dem Einsatz im Feld sollte daher unbedingt vermieden werden, die Kapseln jeder Art von äußeren Einflüssen (Druck, Feuchtigkeit, Hitze, Kälte) auszusetzen. Zur leichteren Handhabung während

Jede Kartonkapsel enthält ungefähr 500 schlupfbereite Trichogramma-Schlupfwespen (hier eine aufgeschnittene Kapsel).

der Ausbringung im Feld können die Kapseln in eine Schürzentasche oder ähnliches gegeben werden. Die Anwendung beginnt 13 Reihen vom Rand des Maisfeldes. Von dort geht man – entlang einer Reihe – 5 m in den Bestand und wirft dann 2 Kapseln auf den Boden. Nach weiteren 5 m wirft man wieder 2 Kapseln ca. 6 bis 7 m nach links und nach weiteren 5 m 6 bis 7 m weit nach rechts. Dieser Rhythmus (2 Kapseln in die Reihe, 2 Kapseln nach links, anschließend 2 Kapseln nach rechts) wiederholt sich bis 5 m vor Ende der Reihe. Danach geht man 26 Reihen weiter und beginnt erneut mit dem Auswerfen der Kapseln im selben Rhythmus. Bei Einhaltung dieses Verteilungsschemas werden 200 Kapseln pro Hektar benötigt.

Kommerzieller Einsatz

In der Schweiz und in Frankreich befinden sich die Kapseln seit 1988 unter der Markenbezeichnung 'Pyratyp' bzw. 'TR 16' im kommerziellen Einsatz. In der Bundesrepublik Deutschland werden sie seit 1989 unter der Bezeichnung 'Trichocap' (BASF) angeboten. In den drei genannten Ländern wurde das Kapsel-Verfahren im Jahre 1990 bereits auf einer Fläche von insgesamt etwa 11 000 Hektar angewendet. Ob es sich in der Praxis durchsetzen wird, ist derzeit noch nicht zu sagen.

Vor- und Nachteile beider Ausbringungsverfahren

Das beschriebene Kapsel-Verfahren bietet – verglichen mit dem Rähmchen-Verfahren – vor allem durch seine problemlose Handhabbarkeit arbeitswirtschaftlich interessante Vorteile: Für das Auswerfen der Kapseln auf der Fläche von 1 Hektar benötigt der Landwirt nur höchstens 15 Minuten (gegenüber 20 bis 30 Minuten beim Rähmchen-Verfahren), und das Bücken in niedrigen Maisbeständen entfällt. Neben der klassischen manuellen Ausbringung bestehen die Möglichkeiten der Ausbringung vom Schlepper aus sowie der Luftapplikation mittels Leichtflugzeugen. In Frankreich wird die Flugzeugapplikation bereits kommerziell durchgeführt.

Während die Schlupfwespen in ihren Wirtseiern auf den Rähmchen unter Umständen von natürlicherweise im Maisfeld auftretenden Prädatoren geschädigt werden können, sind sie in den Kapseln wirkungsvoll geschützt. Andererseits kann das Auffinden von Maiszünsler-Eigelegen für die Schlupfwespen aus den am Boden liegenden Kapseln schwieriger sein. Auch können Sandkörner oder Erdpartikel die Öffnungen der Kapseln blockieren. Bei hängigem Gelände besteht zusätzlich die Gefahr, daß die Kapseln durch starke Niederschläge weggeschwemmt werden.

Nützlinge gegen Apfelwickler, Apfelschalenwickler und Pflaumenwickler

Der Apfelwickler (*Cydia pomonella*) gilt als der wichtigste tierische Schaderreger im Apfelanbau. Der bekannte 'Wurm im Apfel' (Obstmade) ist die Larve dieses Wicklers. Weitere wichtige Schädlinge im Obstanbau sind der Apfelschalenwickler (*Adoxophyes orana*) und der Pflaumenwickler (*Cydia funebrana*).

Apfelwickler

Der während der Dämmerung bei Temperaturen über 15°C aktive Falter hat eine Flügelspannweite von etwa 16 bis 20 mm und ist unscheinbar graubraun gemustert, mit einem charakteristischen bronzefarbenen Fleck an den Flügelspitzen. Die Larve mißt ca. 20 mm, ist weißlich gefärbt und hat einen braunen Kopf.

Entwicklung

Die ersten Falter schlüpfen etwa Ende Mai und legen an warmen Abenden der folgenden Wochen ihre Eier (bis zu 80 Eier pro Weibchen) einzeln an den Früchten, teilweise auch an Blättern und Trieben, als flache, silbrig glänzende 'Schildchen' ab. Die etwa 1,3 mm großen Eier glänzen perlmuttartig wie kleine Fischschuppen. Die nach etwa 8 bis 12 Tagen schlüpfenden Raupen fressen zunächst oberflächlich an Blatt und/oder Frucht und bohren sich dann in die junge Frucht ein. Sie minieren unterschiedlich lange dicht unter der Schale, bevor sie einen Gang bis zum Kerngehäuse fressen. Insgesamt verbleibt die Raupe etwa 3 bis 4 Wochen in der Frucht. Die ausgewachsene Raupe seilt sich an einem selbstgesponnenen Faden auf den Boden ab oder verläßt die schon abgefallenen Früchte direkt, um sich im Schutz der Baumrinde oder auf dem Boden einzuspinnen. In Gebieten mit 2 Generationen pro Jahr erfolgt die Verpuppung sofort danach. Ab Anfang August schlüpft dann die 2. Generation der Wickler. Wo nur 1 Generation auftritt, verpuppt sich die eingesponnene Raupe erst im April/Mai des Folgejahres.

Schädigung der Pflanzen

Apfelwicklerbefall erkennt man an der mit Kot verstopften Einbohröffnung der Larve am Apfel. Durch den Fraß der Raupen in der Frucht fallen die befallenen Früchte häufig vom Baum. Befallene Früchte bedeuten für den Erwerbsgärtner häufig 'Totalschaden'. Obwohl eine Bekämpfung der 1. Generation wichtig ist, um den Aufbau einer starken 2. Generation zu verhindern, ist diese 2. Generation die eigentlich schädigende.

Der Apfelwickler (Cydia pomonella) gilt als der wichtigste tierische Schaderreger im Apfelanbau. Der bekannte 'Wurm im Apfel' (Obstmade) ist die Larve dieses Wicklers.

Nützlingseinsatz im Freiland

Befallskontrolle

Falterflug, Eiablage und Schadauftreten der Larven verteilen sich mit erheblicher Varianz über den ganzen Sommer. Im Rahmen des Warndienstes wird heute der Flug des Apfelwicklers mit Pheromonfallen ermittelt und kontrolliert (siehe auch Seite 281). Zusätzlich erfolgt die Kontrolle der Eiablage, die Schlüsse auf die mögliche Stärke des zu erwartenden Befalls zuläßt.

Apfelschalenwickler

Der zweite wichtige Schädling an Apfelbäumen ist der Apfelschalenwickler. Auch dieser Falter fliegt ab Juni und tritt alljährlich in 2 Generationen auf. Die Weibchen legen glänzend gelbe Eier in 'Platten' mit je 30 bis 100 Eiern auf die Blattoberseiten. Die ausschlüpfenden Räupchen fressen zunächst noch gesellig an versponnenen Blättern der Triebspitzen, um sich dann einzeln an Früchte anzuspinnen und mit dem Schadfraß zu beginnen. Die Raupen der 2. Generation verursachen – verborgen unter einem angesponnenen Blatt – teilweise erhebliche Schäden an den fast reifen Früchten.

Pflaumenwickler

Der Pflaumenwickler schädigt an Pflaumen-, Zwetschen-, Mirabellen- und Reneklodenbäumen. Gelegentlich befällt er auch Aprikosen und Pfirsiche. Bei uns tritt er in 2 Generationen auf: Die 1. Generation fliegt im Mai/Juni, die 2. im Juli und August. Die Weibchen legen ihre Eier einzeln an die Früchte ab; schon nach 8 bis 10 Tagen schlüpfen daraus die kleinen Räupchen und bohren sich in die jungen Früchte ein. Die befallenen Früchte verfärben sich violett und fallen kurze Zeit später ab. Die ausgewachsenen Raupen verlassen die Früchte und verpuppen sich in einem Kokon am Baumstamm oder am Boden. Im Juli schlüpft daraus

die 2. Generation der Pflaumenwickler. Diese legt ihre Eier auf den reifen Früchten ab, und die ausschlüpfenden Raupen findet man dann als sog. 'Würmer' in den Früchten. Äußerlich erkennt man den Befall durch die mit einem harzigen Tropfen verschlossene Einbohröffnung.

Schlupfwespen
Trichogramma-Arten

Apfelwickler, Apfelschalenwickler und Pflaumenwickler lassen sich durch die Freilassung ihrer natürlichen Feinde kontrollieren. Es handelt sich hier um winzige (ca. 4 mm) Schlupfwespen der Gattung *Trichogramma*. Während gegen den Pflaumenwickler nur *Trichogramma cacoeciae* eingesetzt wird, verwendet man gegen die Apfelschädlinge die beiden Arten *Trichogramma dendrolimi* und *Trichogramma embryophagum* bzw. neuerdings auch *Trichogramma cacoeciae* (HYMENOPTERA, TRICHOGRAMMATIDAE, siehe Seite 98).

Entwicklung

Die Weibchen dieser – auch natürlicherweise auftretenden – Nützlinge legen ihre Eier in die Eier der Wickler (Eiparasiten). Parasitierte Schädlingseier verfärben sich nach wenigen Tagen schwarz, und bereits kurz darauf schlüpfen aus den ausgefressenen Wirtseiern erwachsene Schlupfwespen. Beim Apfelwickler können sich in einem Ei bis zu 3 Parasiten entwickeln; in den kleineren Eiern des Apfelschalenwicklers sowie des Pflaumenwicklers entwickelt sich dagegen nur jeweils 1 Parasit.

Wirksamkeit

In mehrjährigen Feldversuchen (BBA Darmstadt) konnten Freilassungen von *Trichogramma dendrolimi* den Befall durch Apfelwickler und Apfelschalenwick-

ler durchschnittlich um etwa 59 % vermindern. Mit der Schlupfwespe *Trichogramma embryophagum* wurden Wirkungsgrade um 60 % beim Apfelwickler und 34 % beim Apfelschalenwickler erzielt.

Zur biologischen Bekämpfung beider Wicklerarten wurden 1992 die genannten *Trichogramma*-Arten als Gemisch (Verhältnis 1:1) und in verschiedenen Entwicklungsstadien geliefert (Firma Conrad Appel), was sich aufgrund neuerer Erkenntnisse aus Freilandversuchen als besonders wirkungsvoll erwiesen hat. Seit 1993 wird im Gemisch statt *Trichogramma embryophagum* die verwandte Art *Trichogramma cacoeciae* geliefert.

Anwendung

Die Anwendung der *Trichogramma*-Schlupfwespen gegen die genannten Obstschädlinge kann sowohl von Erwerbsgärtnern bzw. Obstbauern als auch von Hobbygärtnern erfolgreich durchgeführt werden. Sind nur wenige Obstbäume zu schützen (z. B. im Hausgarten) empfiehlt sich eine 'Kooperation' mit dem (den) Nachbarn.

Für die Produktionsplanung im Nützlingszuchtbetrieb ist es wichtig, die Nützlinge rechtzeitig (möglichst schon beim Fruchtansatz) zu bestellen. Die Schlupfwespen werden dann absprachegemäß zu den festgelegten Terminen zugesandt. Wichtig für eine effektive biologische Bekämpfung der Obstschädlinge ist der rechtzeitige Einsatz ihrer Gegenspieler. Da es sich hierbei um Eiparasiten handelt, müssen sie wesentlich früher angewendet werden als ein Insektizid, das gegen die Larven wirkt.

Anwendungszeitraum

Der Einsatz der Schlupfwespen muß zeitlich mit der Eiablage der Schädlinge übereinstimmen. Der Termin für die Ausbringung gegen Apfelwickler und Apfelschalenwickler liegt bei der Bekämpfung der 1. Wicklergeneration Anfang Juni (je nach Region und Witterung) und bei der 2. Generation ab Ende Juli. Besonders wichtig ist hier eine Anwendung der Nützlinge zur Reduzierung der 2. Wicklergeneration. Bewährt hat sich daher, in den ersten 10 Junitagen mit dem Einsatz zu beginnen und in Abständen von jeweils 14 Tagen bis Mitte August weitere Schlupfwespen auszubringen.

Gegen den Pflaumenwickler erfolgt die 1. Ausbringung bei frühreifen Sorten zwischen dem 21. Juni und dem 1. Juli, die 2. Ausbringung 3 Wochen danach; bei spätreifen Sorten entsprechend 1 bis 2 Wochen später (Zeitpunkte auch abhängig vom Witterungsverlauf).

Freilassung

Geliefert werden die Schlupfwespen in Form parasitierter Getreidemotteneier auf kleinen Rähmchen, die einfach – vor direkter Sonneneinstrahlung geschützt – über die Äste oder Zweige gestreift werden. Die Rähmchen sind mit einer Banderole verschlossen, wobei an den Rändern Schlitze entstehen, aus denen die Nützlinge ohne Mühe 'entkommen' können. Die Rähmchen geben durch ihre besondere Konstruktion einen hinreichenden Schutz vor Regen und Raubinsekten. Vor allem Ohrwürmer fressen die Eier. Ohrwurmtöpfe u.ä. (siehe Seite 150) sollten deshalb während der Behandlung möglichst nicht in den Bäumen hängen.

Sobald eine Trichogramma-Sendung beim Anwender eintrifft, sollten die Nützlinge an den Bäumen verteilt werden. Nur in Ausnahmefällen (z.B. Dauerregen) kann das Material bis zu 24 Stunden bei ca. 15 °C (z.B. im Keller) zwischengelagert werden.

Ausbringungsmenge und Wirkungsdauer

Zur Bekämpfung von Apfelwickler und Apfelschalenwickler benötigt man für eine Standfläche von ca. 12 bis 15 Quadratmetern jeweils 1 Rähmchen mit ca. 3000 Nützlingen (Trichogramma-Mischung). Bei Rundkronen im Pflanzabstand 6 x 6 m sind pro Baum 2 Rähmchen zu empfehlen. In Pillaranlagen hängt man an jeden 3. Apfelbaum 1 Rähmchen. Zur Bekämpfung des Pflaumenwicklers werden für einen großen Baum mit etwa 20 Quadratmeter Standfläche 3 Rähmchen empfohlen; bei einem kleinen Baum genügen 2 Rähmchen. Auch hier enthält jedes Rähmchen etwa 3000 Schlupfwespen (Trichogramma cacoeciae).

Zum Versandzeitpunkt befinden sich die Schlupfwespen in unterschiedlichen Entwicklungsstadien, so daß sich die Wirkungsdauer (von jeweils einer Freilassung) über einen Zeitraum von 3 bis 4 Wochen erstreckt. Durch regelmäßige Freilassungen kommt es zur Überlappung der Generationen. Solange die Schlupfwespen an den Obstbäumen Wicklereier finden, wird sich eine natürliche Nützlingspopulation aufbauen.

Nützlinge gegen Schadraupen im Kohlanbau

Schmetterlingsarten, wie z.B. der Große und Kleine Kohlweißling (Pieris brassicae, Pieris rapae), die Kohleule (Mamestra brassicae) und der Kohlzünsler (Evergestis forficalis) gehören an Kohlpflanzen zu den bedeutsamen Schädlingen.

Großer Kohlweißling

Der Große Kohlweißling hat eine Flügelspannweite von etwa 60 mm. Die Flügel sind weißlich gefärbt, mit schwarzen Enden an den Vorderflügeln. Die Lebensdauer der Falter beträgt etwa 3 Wochen. Pro Jahr gibt es 2 Generationen, wobei die erste (Mai/Juni) im Gegensatz zur zweiten (Ende Juli/August) relativ unbedeutend ist.

Entwicklung

Die Eiablage erfolgt in Gelegen von 60 bis 80 Eiern meistens auf den Blattunterseiten von Kohlpflanzen (bei der 1. Generation auch an anderen Kreuzblütlern), bevorzugt in windgeschützten Lagen. Die Eier sind zunächst grünlich, später leuchtend gelb gefärbt. Nach 10 bis 12 Tagen schlüpfen die zunächst gelbgrünen, danach meist graugrünen, schwarz gefleckten Raupen, die im letzten Stadium eine Länge von etwa 40 mm erreichen. Nach etwa 4 Wochen erfolgt die Abwanderung an Zäune, Bäume, Mauern und ähnliche Verstecke, wo sie sich verpuppen und in der 2. Generation auch überwintern.

Schädigung der Pflanzen

Kohlweißlingsraupen sind sehr gefräßig. Bei schwachem Befall weisen die Pflanzen einen flächigen Lochfraß auf. Bei stärkerem Befall kommt es zum sog. 'Skelettierfraß', bei dem nur noch die stärkeren Blattrippen stehenbleiben. Im Gegensatz zu den Raupen der Kohleule und des Kleinen Kohlweißlings bohren sich die Kohlweißlingsraupen aber nicht in die Kohlköpfe oder die Blumen ein.

Befallskontrolle

Während der Flugzeit der 2. Generation (ab Mitte/Ende Juli und August) sollten die Kohlkulturen häufiger kontrolliert werden, vor allem in den Randzonen. Als kritische Befallszahlen gelten etwa 5 Eigelege oder bei schon vorhandenen Raupen etwa 80 Jungraupen oder 20 ältere Raupen auf 100 Pflanzen.

Kohleule

Die Kohleule hat eine Flügelspannweite von ca. 45 mm und ist graubraun gefärbt. Sie fliegt ausschließlich in der Dämmerung und nachts und sitzt tagsüber unter Blättern oder in anderen Verstecken. In Mitteleuropa hat die Kohleule 2 Generationen mit Falterflug im Mai/Juni und Juli/August und Raupen im Juni und August bis Oktober. Auch hier ist die 2. Generation die gefährlichere.

Die Raupe der Kohleule (Mamestra brassicae) kann bis zu 40 mm lang werden. Die Kohlpflanze schädigt sie zunächst durch Lochfraß, später frißt sie sich in den Kohlkopf und in die Blume ein.

Entwicklung

Die Eier sind zunächst gelb, später grau und werden in Gruppen auf der Blattunterseite abgelegt. Nach 14 Tagen schlüpfen daraus grüne, dann braun werdende Raupen (bis zu 40 mm Länge). Die Verpuppung erfolgt im Boden.

Schädigung der Pflanzen

Zu Beginn des Befalls verursachen die Raupen Lochfraß, später fressen sie sich in den Kohlkopf und in die Blumen ein. Der Schaden wird durch die großen Mengen an grünschwarzem Kot sowie sekundär durch in den Fraßlöchern entstehende Fäulnis verstärkt.

Befallskontrolle

Die Kontrolle der Kohlkulturen auf Kohleulenbefall sollte bereits ab Mitte Juli beginnen und nicht auf den Randbereich beschränkt bleiben. Die kritischen Befallszahlen sind 5 Eigelege, 50 Jungraupen oder 10 ältere Raupen auf 100 Pflanzen.

Voraussetzung für eine effektive biologische Bekämpfung von Schadraupen im Kohlanbau ist die rechtzeitige und regelmäßige Befallskontrolle.

Für die Ausbringung von Trichogramma-Schlupfwespen in Kohlbeständen eignet sich besser das sog. Kapsel-Verfahren, da eine Anbringung von Rähmchen hier recht aufwendig wäre.

Schlupfwespen
Trichogramma-Arten

Bei allen Schadraupen an Kohl konnte eine natürliche Parasitierung der Eier durch Schlupfwespen der Gattung *Trichogramma* festgestellt werden. Freilanderhebungen des BBA-Instituts für biologische Schädlingsbekämpfung in mehreren Kohlfeldern und Gemüsegärten in Südhessen und Nordbaden zeigten durchschnittliche Eiparasitierungsraten von ca. 82 % bei der Kohleule, beim Großen und Kleinen Kohlweißling ca. 11 % respektive 36 % sowie beim Kohlzünsler ca. 33 %. Es wurde beobachtet, daß in Kohlfeldern in unmittelbarer Nähe von Feldgehölzen das natürliche Auftreten von *Trichogramma* stärker und früher erfolgt als in Kohlkulturen weitab von Gehölzen.

Obwohl *Trichogramma*-Schlupfwespen in Kohlkulturen natürlich vorkommen, könnte durch zusätzliche Freilassungen von in Massen gezüchteten Parasiten in vielen Fällen eine starke Befallsverminderung bewirkt werden. Es werden 2 Freilassungen von *Trichogramma evanes-*

Eigelege der Kohleule (Mamestra brassicae): Sie sind zunächst gelb, später grau und werden in Gruppen auf die Blattunterseite abgelegt. Nach etwa 2 Wochen schlüpfen daraus die Raupen.

cens im Abstand von 2 bis 3 Wochen im Zeitraum von Ende Mai bis Anfang Juli empfohlen. Sehr wichtig ist, daß die Behandlung in jedem Fall zum Zeitpunkt der Eiablage erfolgt.

Die *Trichogramma*-Anwendung im Kohlanbau ist bislang noch nicht über das Forschungsstadium hinausgekommen. Aufgrund der guten Erfolge im Maisanbau und vielversprechender Ergebnisse im Obst- und Weinbau ist zu vermuten, daß auch hier der Einsatz der Schlupfwespen eine Zukunft hat.

Trichogramma-Schlupfwespe auf einem Eigelege der Kohleule. Die Schwarzfärbung einzelner Eier zeigt, daß diese bereits parasitiert sind.

Bei diesem Kohleuleneigelege ist bereits ein höherer Parasitierungsgrad durch die Trichogramma-Schlupfwespe erkennbar.

Nützlinge gegen Traubenwickler

Der Einbindige Traubenwickler (*Eupoecilia ambiguella*) ist in nahezu allen europäischen Weinbaugebieten vertreten und gilt als der wirtschaftlich bedeutendste tierische Schädling im deutschen Weinbau. In verschiedenen, vor allem wärmeren Regionen kommt daneben auch der Bekreuzte Traubenwickler (*Lobesia botrana*) vor.

Einbindiger und Bekreuzter Traubenwickler

Die Eier der Traubenwickler sind ca. 0,9 mm lang, uhrglasförmig und tragen beim Einbindigen Traubenwickler orangegelbe Flecken.

Eupoecilia-Raupen sind 10 bis 12 mm lang, rotbraun und haben eine braunschwarze Kopfkapsel. Die 9 bis 10 mm großen *Lobesia*-Raupen sind grünbraun mit einer gelblichen Kopfkapsel. Die Falter beider Traubenwicklerarten erreichen eine Größe von ca. 13 mm. Die Vorderflügel sind bei *Eupoecilia* strohgelb (mit dunkler Binde), bei *Lobesia* in verschiedenen Farben marmoriert.

Schädigung der Pflanzen

Die Raupen der 1. Generation (sog. Heuwurm; Flugzeit der Falter Ende April bis Ende Mai) fressen an den Blütenständen (Gescheinen). Die Raupen der 2. Generation (sog. Sauerwurm; Flugzeit der Falter Anfang Juli bis Anfang August) bohren sich in die Traubenbeeren ein.

Schäden der 1. Generation werden oft durch das Wachstum der Gescheine ausgeglichen. Der Fraßschaden der 2. Generation ist i.d.R. unbedeutend, doch können durch sekundären Befall der verletzten Trauben mit Grauschimmel (*Botrytis cinerea*) erhebliche wirtschaftliche Schäden entstehen.

Befallskontrolle

Die Flugkontrolle erfolgt meist mit Pheromonfallen (siehe auch Seite 281). Durch Sexuallockstoffe werden spezifisch nur die Männchen einer Art angelockt. Die Zahl der gefangenen Falter wird täglich ermittelt und gibt schließlich Auskunft über Flugbeginn, Flughöhepunkt und Flugverlauf und somit Anhaltspunkte für eine gezielte Bekämpfung zum richtigen Zeitpunkt. Entscheidend für einen Befall ist jedoch die Zahl der abgelegten Eier und die Zahl der Räupchen, die tatsächlich aus den Eiern schlüpfen.

Da durch die Anwendung von Insektiziden in Reben auch wichtige natürlicherweise auftretende Nützlinge (z.B. *Typhlodromus pyri*) in Mitleidenschaft gezogen werden, wird versucht, Traubenwickler durch Freilassung von *Trichogramma*-Schlupfwespen zu bekämpfen.

Schlupfwespen
Trichogramma-Arten

Bereits 1985 wurden von der Staatlichen Lehr- und Versuchsanstalt für Wein- und Obstbau in Weinsberg in Zusammenarbeit mit dem Institut für biologische Schädlingsbekämpfung der BBA in Darmstadt erste Feldversuche mit verschiedenen *Trichogramma*-Arten und -Stämmen zur Bekämpfung der Traubenwickler durchgeführt. Es zeigte sich, daß durch 3 Freilassungen eines Stammes von *Trichogramma embryophagum* eine Reduzierung des Traubenwicklerbefalls um ca. 70 % zu erreichen war. Die Wirkungsgrade von *Trichogramma dendrolimi* waren dagegen unzureichend.

Bei Laboruntersuchungen der FA Geisenheim zeigte u.a. auch *Trichogramma dendrolimi* gute Parasitierungserfolge. Man fand ferner heraus, daß 1 bis 2 Tage alte Traubenwicklereier wesentlich besser angenommen wurden als 4 bis 5 Tage alte Eier. Die Parasitierungsleistung frisch geschlüpfter *Trichogramma*-Weibchen war deutlich höher als die älterer Tiere.

Die Verbreitung der *Trichogramma*-Schlupfwespen im Rebbestand war am größten innerhalb der Rebzeilen, in denen die Freilassung stattfand. Die Ausbreitung über die Rebgassen in die Nachbarzeilen war sehr gering und nur bis zu einer Entfernung von maximal 2 m nachweisbar. Die bisherigen Bekämpfungsversuche zeigten, daß unter günstigen Bedingungen (zwei- bis dreimalige Freilassung von jeweils 3000 Schlupfwespen in 9 m Abstand in der Rebzeile und nützlingsschonende Pflanzenschutzmaßnahmen) Wirkungsgrade von bis zu 83 % zu erzielen waren.

Nützlinge gegen Blattläuse

Blattläuse (APHIDIDAE) gehören zur Ordnung der Pflanzensauger (HOMOPTERA). Es gibt in Mitteleuropa über 800 Arten mit einer großen Vielfalt an Formen und Farben. Die meisten Blattlausarten sind durch 2 Rückenröhren (Siphonen) an ihrem rundlichen Hinterleib charakterisiert. Der Kopf der Blattläuse ist mit stechend-saugenden Mundwerkzeugen ausgestattet; der Saugrüssel entspringt an der Unterseite des Kopfes.

Lebensweise und Entwicklung
Viele Blattlausarten haben einen vielgestaltigen Entwicklungsgang. Häufig gibt es einen obligaten Wirtswechsel zwischen Gehölzen, die als Winterwirte dienen, und krautigen Pflanzen, die im Sommer besiedelt werden.

Auf den Sommerwirtspflanzen erfolgt die Vermehrung durch Jungfernzeugung (Parthenogene-

Im Sommer findet man meist ungeflügelte Blattläuse. Erst wenn sich die Lebensbedingungen verschlechtern bzw. spätestens im Herbst, werden geflügelte Nachkommen gebildet. Hier eine geflügelte Grünstreifige Kartoffelblattlaus (Macrosiphon euphorbiae).

se) und Lebendgeburt (Viviparie): Die Weibchen bringen ohne Befruchtung ausschließlich Weibchen hervor. Die Sommerformen sind meist ungeflügelt. Erst wenn sich die Lebensbedingungen verschlechtern (meist bei Übersiedlung, also zu hoher Populationsdichte), beginnen die Weibchen, geflügelte Nachkommen hervorzubringen. Die geflügelten Blattläuse schwärmen aus und finden andere Pflanzen, an denen sie sich niederlassen und wieder flügellose Nachkommen produzieren.

Bei günstigen Temperaturen kann die ungeschlechtliche Vermehrung das ganze Jahr lang stattfinden, die meisten Arten stellen sich jedoch im Herbst auf die geschlechtliche Vermehrung um. Geflügelte Weibchen fliegen dann auf ihre Winterwirte und bringen dort befruchtungsfähige Weibchen hervor. Auf den Sommerwirtspflanzen entwickeln sich gleichzeitig geflügelte Männchen, die zu den Winterwirtspflanzen fliegen und sich mit den befruchtungsfähigen Weibchen paaren. Nach der Paarung legen die Weibchen Eier ab, aus denen erst im nächsten Frühjahr Junge schlüpfen. Die Jungtiere durchlaufen 4 Entwicklungsstadien, bevor sie geschlechtsreif werden. Nach jedem Stadium häuten sie sich. Die weißen, verlassenen Häute (Exuvien) findet man auf den darunterliegenden Blättern. Da sich die Nachkommenschaft selten weit von der Mutter fortbewegt, findet man Blattläuse häufig in dichten Kolonien, wo die ausgewachsenen Blattläuse dicht von Jungtieren aller Altersstufen umgeben sind.

Die Generationen folgen schnell aufeinander: Eine Blatt-

Blattläuse schädigen die Pflanzen durch ihre Saugtätigkeit und die Ausscheidung von Honigtau. Viele Arten, wie die hier gezeigte Grüne Apfelblattlaus (Aphis pomi), treten in Kolonien auf.

Nützlinge gegen Blattläuse

laus kann ihre ersten Nachkommen schon im Alter von 6 Tagen haben. Innerhalb von 3 Wochen können es 50 bis 100 Nachkommen sein.

Schädigung der Pflanzen

Blattläuse schädigen die Pflanzen auf verschiedene Weise: Durch ihre Saugtätigkeit (Phloemsauger) können die Spitzen der Triebe verkrüppeln und die Knospen abfallen. Um genug Eiweiß zu erhalten, müssen die Blattläuse viel mehr Pflanzensaft aufnehmen, als sie in ihrem Stoffwechsel verarbeiten können. Da Pflanzensaft hauptsächlich aus Wasser und Zucker besteht, wird der aufgenommene 'Überschuß' dieser Stoffe als sog. 'Honigtau' wieder ausgeschieden. Blätter und Früchte werden mit klebrigem Honigtau bedeckt, auf dem sich später Rußtaupilze ansiedeln können.

Viele Blattläuse tragen zudem zur Ausbreitung von Viruskrankheiten der Pflanzen bei, indem sie die Viren aufnehmen und sie anschließend mit ihren Mundwerkzeugen auf gesunde Pflanzen übertragen.

Biologische Bekämpfung

Von den in Nützlingszuchtbetrieben erhältlichen Blattlausantagonisten eignen sich für eine Freilandanwendung sowohl Florfliegen als auch Räuberische Gallmücken. Ein Bekämpfungserfolg ist jedoch von vielerlei Faktoren abhängig und wird i.d.R. nur im Zusammenwirken mit anderen natürlicherweise auftretenden Blattlausfeinden zu erzielen sein.

Florfliegen
Chrysopa carnea

Die Wirksamkeit der Gemeinen Florfliege *Chrysopa (Chrysoperla) carnea* gegenüber Blattläusen ist schon seit Anfang dieses Jahrhunderts bekannt und von zahlreichen Wissenschaftlern untersucht worden. In den meisten Agroökosystemen zählt die Florfliege zu den natürlich vorkommenden Räubern. (Beschreibungen der Biologie finden sich ab Seite 63.)

Anwendung

Florfliegen wurden in Europa bislang hauptsächlich in Gewächshauskulturen zur Blattlausbekämpfung eingesetzt (siehe Seite 208). Für gezielte Massenfreilassungen im Freiland fehlt es derzeit noch an geeigneten Verfahren. Die in Gewächshäusern kontrollierbaren Temperatur-, Licht-, Luftfeuchte- und Bewässerungsbedingungen erleichtern den Einsatz von Nützlingen derart, daß die hier gewonnenen Erfahrungen nur eingeschränkt auf die Verhältnisse im Freiland zu übertragen sind.

Erfahrungen mit großflächigen Freilandfreilassungen von Florfliegen liegen z.B. in den USA vor, wo verschiedene Schädlinge in Kartoffel- und Baumwollbeständen sowie in Obstanlagen biologisch bekämpft wurden. Zur Freilassung der Florfliegen wurden z.B. in den Obstanlagen kleine Zuchtgefäße mit jeweils 500 Eiern an einzelnen Zweigen der Bäume befestigt, aus denen die geschlüpften Larven auf Zweige und Blätter gelangen konnten. In den Baumwollbeständen werden Eier oder Larven (z.B. mit Reisspelzen als Trägermaterial) von Hand oder von Flugzeugen aus auf die Pflanzen gestreut. Teilweise besprüht man die Pflanzen vorher mit einer Zuckerlösung, damit die Eier haften bleiben und nicht auf den Boden gelangen.

Die Ergebnisse ausländischer Untersuchungen zum Einsatz von Florfliegen gegen Blattläuse und andere Schädlinge sind auch aufgrund der abweichenden in Mitteleuropa herrschenden Klimaverhältnisse nur bedingt verwertbar. Die in der Bundesrepublik Deutschland durchgeführten Untersuchungen (z.B. in Ackerbohnenbeständen) zeigten, daß die Hauptprobleme in der Ausbringungstechnik liegen. Nur eine schonende Ausbringung bei gleichzeitig hoher Verteilungsgenauigkeit der freigelassenen Nützlingsstadien gewährleisten eine ausreichende Wirksamkeit der Anwendung.

Um die auf fadenförmigen Stielen abgelegten Eier der Florfliegen im Freiland ausbringen zu können, müssen diese entweder von der Unterlage abgetrennt oder zusammen mit den bei der Eiablage im Zuchtbetrieb verwendeten Unterlagen bzw. Trägermaterialien ausgebracht werden. Wie Untersuchungen des Instituts für Pflanzenkrankheiten der Universität Bonn ergeben haben, kann das Abtrennen der Eier von den Stielen einen negativen Einfluß auf die Entwicklung der daraus schlüpfenden Larven haben. Nach neueren Untersuchungen scheint die Ausbringung ungestielter Eier im Spritzverfahren grundsätzlich möglich. Wichtige Faktoren sind in diesem Zusammenhang u.a. der Druck, die Verweildauer in der Spritzbrühe, die Düsengröße, die Reibung (besonders zwischen Ei und Düse), die Verteilung in der Spritzbrühe sowie die Haftung auf der Pflanze (spez. Zusatzstoffe).

Florfliegenlarven (Chrysopa carnea, siehe auch ab Seite 63) packen ihre Opfer mit ihren zangenartigen Mundwerkzeugen und saugen sie aus.

Für eine 'kleine Anwendung' von Florfliegen gegen Blattläuse im Freiland (z.B. im Garten) eignen sich die Ausbringungsmethoden, die für die Anwendung unter Glas beschrieben werden (siehe Seite 208). An geschützten Stellen kann eine Freilassung dieser Nützlinge durchaus wirkungsvoll sein.

Räuberische Gallmücken
Aphidoletes aphidimyza

Unter den räuberischen Gallmücken ist *Aphidoletes aphidimyza* (auch 'Blattlausgallmücke' genannt) die am weitesten verbreitete Art. Sie ist zwar mit den Gallmücken verwandt, kann jedoch keine Gallen bilden und ist auch kein Schädling. Mehr als 60 verschiedene Blattlausarten sind als Beutetiere bekannt. Eine ausführliche Beschreibung der Biologie wurde bereits ab Seite 120 gegeben.

Auch dieser Nützling wird vornehmlich zur Blattlausbekämpfung im Gewächshaus u.a. geschlossenen Räumlichkeiten eingesetzt. Zur Freilandanwendung liegen nur wenige Erkenntnisse vor. Versuche wurden z.B. in Getreide, Ackerbohnen, Obstgärten sowie an Gemüse- und Zierpflanzen durchgeführt. Soweit es sich um windgeschützte Bereiche handelt, kann eine Freilassung von *Aphidoletes*-Gallmücken zur Unterstützung natürlich auftretender Nützlingspopulationen empfohlen werden. Die Ausbringung erfolgt dann wie im Gewächshaus (siehe dazu auch Seite 204).

Nützlinge gegen Spinnmilben

Spinnmilben gehören im Obst- und Weinbau zu den wichtigsten Schädlingen. Aus der Familie TETRANYCHIDAE gehören dazu die Obstbaumspinnmilbe (*Panonychus ulmi*), die Gemeine Spinnmilbe (*Tetranychus urticae*) und die Braune Obstbaumspinnmilbe (*Bryobia rubrioculus*).

Biologie der Spinnmilben

Die Spinnmilben sind etwa 0,3 bis 0,5 mm groß, wobei die Weibchen stets etwas größer sind als die Männchen (deutlicher Geschlechtsdimorphismus). Ihre Entwicklung verläuft über das Eistadium, 1 Larvenstadium (6beinig), 2 Nymphenstadien (8beinig wie erwachsene Tiere) zum adulten Tier. Die Entwicklung ist temperaturabhängig: Bei 21 °C beträgt sie bei der Obstbaumspinnmilbe ca. 10 bis 12 Tage, bei der Gemeinen Spinnmilbe ca. 8 Tage. Pro Jahr können mehrere sich überlappende Generationen auftreten.

Obstbaumspinnmilbe

Die Obstbaumspinnmilbe tritt an Weinreben und Obstbäumen, insbesondere an Apfel und Pflaume, auf. Die Tiere sind hellrot und tragen auf dem Rücken Borsten auf weißlichen Höckern. Die Überwinterung erfolgt in Form von Wintereiern. Aus diesen schlüpfen Larven, die nach 6 bis 7 Tagen zu Nymphen werden. 2 weitere Häutungen in 2 bis 3 Wochen führen zu Adulten. Aus den im Sommer abgelegten Eiern (20 bis 30 Eier pro Weibchen in 3 Wochen) schlüpfen nach 3 bis 15 Tagen Larven. Bis zur Ablage der Wintereier (etwa im September) entwickeln sich bis zu 5 Generationen.

Gemeine Spinnmilbe

Die Gemeine Spinnmilbe befällt über 200 verschiedene Wirtspflanzen, insbesondere Kartoffeln, Bohnen, Gurken, Tomaten, viele Zierpflanzen, aber auch Wein, Beerenobst und Obstgehölze. Im Gegensatz zu den grünlichgelben 'Sommerweibchen' sind die überwinternden Weibchen rot gefärbt ('Rote Spinne'). *Tetranychus urticae* ist etwas größer als *Panonychus ulmi*; ihr nur schwach beborsteter Körper ist durch 2 seitliche dunkle Flecken gekennzeichnet (siehe auch Seite 219).

Braune Obstbaumspinnmilbe

Die Braune Obstbaumspinnmilbe ist ebenfalls ein Obstbaumschädling und befällt insbesondere Apfel, Birne, Zwetsche und Kirsche. Charakteristisch für diese rotbraunen Milben sind spatelförmige Haare an der Hinterleibskante.

Die Larven der Räuberischen Gallmücke Aphidoletes aphidimyza ernähren sich ausschließlich von Blattläusen. Mehr als 60 Blattlausarten wurden als geeignete Beutetiere nachgewiesen.

Obstbaumspinnmilben (Panonychus ulmi) treten an Weinreben und Obstbäumen auf. Man erkennt sie an den, auf weißlichen Höckern sitzenden, Rückenborsten.

Nützlinge gegen Spinnmilben

Schädigung der Pflanzen

Spinnmilben schädigen die Pflanzen durch Besaugen der Epidermiszellen, bevorzugt auf der Blattunterseite, mit Hilfe ihrer nadelartigen Stechorgane (Cheliceren). Das Schadbild zeigt zu Beginn kleine weißlich-gelbe Flecken auf der Blattunterseite, die bei starkem Befall schnell anwachsen und zu kupferglänzenden Flecken zusammenfließen können. Als Folge kommt es zunehmend zum Welken der Blätter.

Besonders von der Gemeinen Spinnmilbe werden die befallenen Wirtspflanzen mit einem mehr oder weniger dichten Gespinst überzogen, auf dem sich die Tiere fortbewegen und ausbreiten. Die Spinnfäden werden aus in den Mundvorraum mündenden Spinndrüsen gebildet (daher auch der Name 'Spinnmilben').

Spinnmilbenschäden im Weinbau zeigen sich im Frühjahr bei jungen Blättern an ausgedehnten Randnekrosen mit anschließenden Blattzerreißungen, im Extremfall können die Blätter abgeworfen werden oder ganze Triebe absterben. Im Sommer sind durch *Panonychus ulmi* befallene Reben durch eine leichte Bronzeverfärbung, später durch verfrühten Blattfall zu erkennen. *Tetranychus urticae* bevorzugt Triebspitzen, die bei starkem Befall verkahlen.

Raubmilben
Typhlodromus pyri

Die Raubmilbe *Typhlodromus pyri* gehört zu den wichtigsten Nützlingen im Weinbau und Obstbau (siehe Seite 46). Als 'Schutzräuber' spielt sie hier vor allem bei der Regulierung von Spinnmilben eine große Rolle.

Aussehen

Die adulten Raubmilben sind ca. 0,4 bis 0,8 mm lang; die Männchen sind etwa ein Drittel kleiner als die Weibchen. Sie haben einen

Typhlodromus pyri ist die wichtigste Raubmilbenart im Wein- und Obstbau. Durch Schonung und Förderung und auch durch Ausbringungs- oder Umsiedlungsverfahren entstehen hohe Populationsdichten dieses Nützlings.

birnenförmigen, glänzend glatten, gelblichweiß bis bräunlich oder rötlich gefärbten Körper und sind sehr flink.

Auftreten

Typhlodromus pyri ist nicht auf Reben oder Obstbäume als Lebensraum spezialisiert. Man findet die Art z.B. auch auf Blättern von Brombeeren (*Rubus fruticosus*), weniger regelmäßig auf Rotem Hartriegel (*Cornus sanguinea*), Hasel (*Corylus avellana*), Roter Heckenkirsche (*Lonicera xylosterum*) u.a. Heckenpflanzen, die wichtige ökologische Ausgleichsflächen und Reservoire für diese wirtschaftlich bedeutende Raubmilbenart darstellen (siehe auch Seite 149).

An Reben findet man die höchsten Populationsdichten Anfang Juni und Anfang August. Der überwiegende Teil der Population lebt auf den Blättern der Fruchtruten, weniger auf Geiztrieben und noch weniger auf Gescheinen und Trauben. Im Frühjahr halten sie sich bevorzugt im Inneren der Rebstöcke auf, im Sommer zunehmend auch auf äußeren Blättern. Die Gesamtzahl von Raubmilben pro Rebstock schwankt im Jahresverlauf. Es können sich einige hundert bis mehrere tausend Raubmilben auf einem Rebstock aufhalten.

Überwinterung

Ab Ende August beginnt die Abwanderung in die Winterverstecke. Die befruchteten Weibchen überwintern in Ritzen des mehrjährigen Holzes, insbesondere in der Borke des Rebstammes. Obwohl sie dabei Frost von mehr als –30°C überleben können, kann die Wintersterblichkeit bei 60 bis 90% liegen. Bei Temperaturen um 10°C werden die Weibchen wieder aktiv. Zur Zeit des Austriebes verlassen die Raubmilben ihre Winterquartiere und wandern zur Eiablage auf die jungen Triebe.

Entwicklung

Die Weibchen legen zwischen 20 und 50 Eier in den Blattachseln, entlang der Blattadern und um das Erineum von Pockenmilben ab. Die Eier sind ca. 0,1 mm groß, milchig-weiß und oval. Die Zahl der von einem Weibchen pro Tag abgelegten Eier ist u.a. von der Nahrung abhängig. Im Gegensatz zu einigen anderen Phytoseiidenarten reicht bei *Typhlodromus pyri* eine einmalige Kopulation nicht für die maximal mögliche Eiablage aus. Die Kopulationsdauer beträgt 7 bis 8 Stunden.

Die aus den Eiern schlüpfenden Larven (6beinig) entwickeln sich über 2 Nymphenstadien (Proto- und Deutonymphe) zu 8beinigen Adulten. Die Larven sind relativ inaktiv und nehmen keine Nahrung zu sich, die Nymphenstadien dagegen sind sehr gefräßig. Die Entwicklungsdauer ist temperaturabhängig, bei 21°C beträgt sie ca. 13 Tage. Nahrungsmangel verlängert die Entwicklungszeit.

Unter mitteleuropäischen Klimabedingungen werden i.d.R. 3 Generationen ausgebildet.

Ernährung

Typhlodromus pyri ist polyphag. Die Fraßleistung beträgt 20 und mehr Spinnmilben pro Tag. Neben Spinnmilben (TETRANYCHIDAE) werden auch Kräuselmilben (*Calepitrimerus vitis*), Pockenmilben (*Eriophyes vitis*), Weißdornmilben (*Tetranychus viennensis*) sowie Rostmilben (*Aculus schlechtendali*) nicht verschmäht. Weitere Nahrungsquellen sind Pollenkörner, Pilzsporen und Myzelien, z.B. von Apfelmehltau. Wenn diese Nahrungsquellen fehlen, dann sind die Raubmilben imstande, auch ein paar Wochen zu hungern.

Einsatz gegen Spinnmilben

Bei ausreichend hoher Populationsdichte von *Typhlodromus pyri* (Weinbau: 1 bis 2 Individuen pro Rebblatt) erübrigt sich langfristig ein Akarizideinsatz. Werden auf raubmilbenfreien Flächen nur raubmilbenschonende Präparate eingesetzt, kann i.d.R. mit einer Zuwanderung von *Typhlodromus pyri* aus Nachbarflächen gerechnet werden. Allerdings ist die Verbreitung der *Typhlodromus*-Raubmilben durch eigene Wanderungen in Rebanlagen häufig unzureichend. Sind großflächig keine Raubmilben vorhanden, beispielsweise nach einer Flurbereinigung oder nach dem Einsatz stark raubmilbenschädigender Pflanzenschutzmittel, sollten daher Maßnahmen zur Umsiedlung bzw. 'Einbürgerung' getroffen werden.

Anwendung

Für den Einsatz von *Typhlodromus pyri* gegen Spinnmilben im Obst- und Weinbau stehen verschiedene Verfahren zur Verfügung. Bewährt hat sich – vor allem im Weinbau – die Umsiedlung bzw. Einbürgerung aus Weingärten mit gutem Raubmilbenbesatz, dies sowohl innerhalb von Parzellen bzw. Obstanlagen als auch zwischen Parzellen, Betrieben und Regionen.

Umsiedlungsverfahren

Die Raubmilben lassen sich auf sehr einfache Art von einer Rebanlage in die andere übersiedeln. Hierzu können mit Raubmilben besetzte Rebteile aus Weinbergen mit hohen Raubmilbenpopulationen eingesetzt werden. In Rebanlagen mit sehr hohen Spinnmilbenpopulationen sollte vorher jedoch ein raubmilbenschonendes Akarizid eingesetzt werden, damit die Wirkung der Raubmilben rechtzeitig einsetzen und danach Jahre anhalten kann.

Umsiedlung mit Pflanzenmaterial

Im Winter kann die Umsiedlung über zweijähriges Schnittholz und nach dem Rebaustrieb über Stocktriebe (Wasserschosse) – die vom Rebstamm entfernt werden – erfolgen. Das Schnittholz wird dann einfach an die Rebstöcke der neu zu besiedelnden Anlage gebunden. Im Sommer können Reblaub (Blattbüschel) und Geiztriebe, die bei routinemäßigen Laubarbeiten anfallen, verwendet werden.

In solchen Fanglappen (Filzmanschetten) können die Raubmilben 'gesammelt' und dann leicht umgesiedelt werden.

Umsiedlung mit Filzstreifen

Im Spätsommer oder Frühherbst ist es möglich, Filzstreifen (Filzmanschetten, Fanglappen) an der Basis des zweijährigen Holzes ('Spender-Rebstöcke') anzubringen und diese dann im Winter oder Frühjahr nach Einwanderung der Raubmilben auf 'Empfänger-Rebstöcke' umzusetzen. Die Raubmilben sammeln sich in den Filzstreifen, da diese besonders gute Winterverstecke darstellen. Als Material für die Fanglappen eignen sich grob gewobene Wollstoffe (alte Wolldecken, Uniformstoffe) und Filz (5 x 15cm). Vor der Ansiedlung sollte der Empfänger-Rebberg geschnitten sein.

Besatzdichte

Für eine ausreichende Regulierung von Spinnmilben im Weinbau wird 1 Raubmilbe pro Blatt im Frühjahr bzw. 1 bis 2 Raubmilben pro Blatt bei voller Belaubung als ausreichend betrachtet. In Apfelanlagen wurde beobachtet, daß die Ausbreitung eingebürgerter Raubmilben vom Ausbringungsort aus über 7 bis 8 Nachbarbäume innerhalb eines Jahres erfolgt. Wichtig ist hierbei auch die Windverdriftung.

Ausbringung resistenter Raubmilben

In der ehemaligen Tschechoslowakei wird bereits seit etwa 10 Jahren an der biologischen Spinnmilbenbekämpfung im Obst- und Weinbau gearbeitet. In einem südmährischen Weingarten bei Mikulov wurde eine Population der Raubmilbe *Typhlodromus pyri* entdeckt, die gegen Phosphorsäureester und Schwefelpräparate hochresistent ist. Dieser resistente Stamm wird seit neuestem in Massen vermehrt und kommerziell in Form von Filzstreifen mit Etiketten vertrieben ('Biocont-Raubmilbenstreifen'). Jeder Streifen enthält ca. 15 bis 30 Raubmilbenweibchen. Für die Sommerausbringung auf Weinaustrieben werden mindestens 5 Raubmilben pro Austrieb empfohlen. Bei der Winterausbringung (Dezember bis März) sollte 1 Biocont-Streifen auf jeden 3. Weinrebenstamm bzw. auf jeden 3. Obstbaum kommen (entspricht ca. 1000 bis 1300 Stück pro Hektar). Im Hobbygarten wird 1 Streifen pro Baum oder Weinrebenstamm benötigt. Bei optimalen Bedingungen (Verwendung raubmilbenschonender Spritzmittel, bedeckter Boden) vermehren sich die Raubmilben (nach Auskunft des Nützlingslieferanten) innerhalb von 3 Wochen um 100%; sie sind daher nur einmal auszubringen. Nach ca. 3 Jahren soll sich eine Raubmilbendichte von ca. 2 Raubmilben pro Blatt einstellen.

In der ehemaligen Tschechoslowakei wurde diese Methode bereits in mehr als 1300 Hektar Weingärten und Apfelanlagen eingeführt. In Österreich kann bei Lieferung der Raubmilben ein Servicevertrag mit dem Lieferanten abgeschlossen werden. Nach dem Einbringen der Raubmilben in die Weinberge oder in die Apfelanlagen kontrolliert der Raubmilben-Erzeuger dann 2 Jahre lang die Vermehrung der Raubmilben sowie die Populationsdichte der Schadmilben und gibt Empfehlungen zu begleitenden Pflanzenschutzmaßnahmen.

Nützlinge gegen Blutläuse

Die Blutlaus (*Eriosoma lanigerum*) ist eine braunrote Blattlaus, die mit einer bläulichweißen Wachsmasse bedeckt ist. Ihr Name ist darauf zurückzuführen, daß beim Zerdrücken ein rötlicher Saft austritt.

Die Blutlaus kann an Apfelbäumen ernsthafte Schäden hervorrufen. Dabei wird weniger die Frucht geschädigt; durch ihre Saugtätigkeit an der Rinde oder an den Zweigen des Baumes entstehen Geschwulste (Blutlauskrebs), und der Fruchtansatz wird behindert.

Die Blutlaus stammt aus Nordamerika, hat sich aber jetzt in allen Ländern, in denen Äpfel angebaut werden, verbreitet. Der Schädling bleibt in Europa während des ganzen Jahres auf dem Apfelbaum. Larven verschiedener Stadien überwintern an den oberirdischen Baumteilen oder an den Wurzeln anfälliger Unterlagen. Die Kolonien entwickeln sich vorzugsweise an Wunden und Schnittstellen. Spaliere werden meist stärker befallen als freie Baumformen. Die Apfelsorten sind unterschiedlich anfällig gegenüber der Blutlaus.

Eine chemische Bekämpfung ist sehr schwierig, da die Blutläuse versteckt in mehreren Schichten übereinander unter Rindenschuppen (an Schnittwunden) sitzen und zudem auch noch von einer wasserabstoßenden Wachswolle umgeben sind.

Zehrwespen
Aphelinus mali

Die Blutlauszehrwespe *Aphelinus mali* wurde 1920 aus Nordamerika nach Frankreich und zwischen 1921 und 1926 in andere Länder Europas eingeführt. Hier fand sie sehr günstige Entwicklungsbedingungen vor. Zwischen 1924 und 1934 konnte sie dann auch in verschiedenen Obstbaugebieten Deutschlands angesiedelt werden.

Wirksamkeit

Die Zehrwespe wirkt vor allem gut in wärmeren Lagen, wo sie den Blutlausbefall oft stark reduziert. Schwierigkeiten gibt es dagegen in kühleren Gegenden mit der Überwinterung von Parasitenlarven im Wirt. Deshalb lagert man in England im Winter solche Zweigstücke ein, die mit parasitierten Wirten besetzt sind.

Bei einem frühen Erscheinen der Zehrwespen im Frühjahr kann es aufgrund zu niedriger Temperaturen zuweilen zu einer ungenügenden Wirksamkeit der Parasiten kommen. Auch im Spätsommer kann der Temperaturrückgang zu geringeren Parasitierungsraten führen. Die Blutlaus, die sich bei tieferer Temperatur als *Aphelinus mali* vermehren

Durch die Saugtätigkeit der Blutlaus (Eriosoma lanigerum) an der Rinde oder an Zweigen entstehen Geschwulste, und der Fruchtansatz wird behindert.

Durch die Zehrwespe Aphelinus mali (Aphelinidae, siehe Seite 97) parasitierte Blutläuse. Gut erkennbar sind die Ausschlupflöcher der Parasiten.

Die Blutlauszehrwespe Aphelinus mali ist schwarz gefärbt, die Basis des Hinterleibs, die Schenkel der Hinterbeine sowie die Fühler sind gelb.

kann, entwickelt sich dann (im zeitigen Frühjahr und ab Mitte August bis Ende November) besonders stark.

Maßnahmen

Der durch *Aphelinus mali* erreichte Parasitierungsgrad kann sowohl im Winter als auch im Sommer (vorzugsweise im August) ermittelt werden. An verschiedensten Stellen der Obstanlagen werden dazu Kolonien von Blutläusen gesammelt. Mit der Lupe sind auf dem Rücken der parasitierten Blutläuse die Ausschlupflöcher der geschlüpften Parasiten zu erkennen. In Obstanlagen, in denen *Aphelinus mali* nicht auftritt, sollten einige Triebe mit parasitierten Blutlauskolonien an den Zweigen befestigt werden. Um in stark befallenen Obstanlagen wenigstens einen minimalen Bestand an Parasiten zu erhalten, ist es erforderlich, zumindest einige befallene Bäume nicht mit Insektiziden zu behandeln. Um die Zehrwespen vor räuberisch lebenden Nützlingen (z.B. Marienkäfer und Schwebfliegen) zu schützen, kann man zusätzlich einige befallene Blutlauskolonien durch Netze (2 mm Maschenweite) überspannen. (Angaben zur Biologie von *Aphelinus mali* wurden bereits auf Seite 97 gemacht.)

Nützlinge gegen San-José-Schildläuse

Die San-José-Schildlaus *Quadraspidiotus perniciosus* (Coccina, Diaspididae) wurde 1945 von Nordamerika nach Europa und dabei auch nach Deutschland eingeschleppt. Sie breitete sich lawinenartig über die Obstanlagen Süddeutschlands aus und schädigte Bäume und Früchte dermaßen, daß diese unbrauchbar wurden. Eine große Zahl der verseuchten Pflanzen starb ab oder mußte gerodet werden.

Aussehen und Entwicklung

Die Gefährlichkeit der San-José-Schildlaus beruht auf deren starker Vermehrungsrate mit mindestens 2 Generationen im Jahr und 400 Nachkommen je Weibchen sowie dem großen, über 200 Pflanzen umfassenden potentiellen Wirtspflanzenkreis. Die ca. 2 mm langen Schilde dieser festsitzenden Deckelschildlaus sind beim Weibchen rund, beim Männchen oval. Die Fortpflanzung ist zweigeschlechtlich. Die Nachkommen werden lebend geboren (Viviparie), es gibt jedoch Übergänge zur sog. Ovoviviparie, d.h., es werden Eier kurz vor dem Schlüpfen der Larven abgelegt. Die gelblichen Larven des 1. Stadiums sind zunächst noch beweglich, setzen sich dann aber an den Pflanzenteilen fest. Die Überwinterung erfolgt im 1. Larvenstadium (sog. Schwarzschildstadium).

Schädigung der Pflanzen

Neben Apfel und Johannisbeere werden von der San-José-Schildlaus auch Birne, Pfirsich und Zwetsche befallen. Den Befall an Apfel- und Birnenfrüchten erkennt man leicht an der Rotfleckung, vor allem in der Kelch- und Stielgrube. Inmitten der etwa linsengroßen, dunkelrot verfärbten Saugflecken findet man den winzigen, nur stecknadelkopfgroßen, meist grauen Schild (je nach Entwicklungsstufe auch weiß oder schwarz) der Schildlaus. Es werden aber nicht nur die Früchte, sondern auch die Stämme und Äste des Kern- und Steinobstes sowie die Triebe der Johannisbeeren befallen. An diesen Pflanzenteilen ist der Befall meist schwerer zu erkennen, da die Schilde in der Farbe kaum von der Rinde zu unterscheiden sind. Bei Massenbefall bilden sich an den Zweigen dichte, graue 'Überzüge'.

Meldepflicht und Bekämpfung

Die San-José-Schildlaus hat heute unter den Obstbauern ihren Schrecken verloren; sie ist aber immer noch meldepflichtig, d.h., bei einem Neubefall ist das zuständige Pflanzenschutzamt zu informieren. Die wenigen einheimischen Gegenspieler (Parasiten der Gattung *Aphytis* sowie der Marienkäfer *Chilocorus bipustulatus*), die sich auf diese Schildlaus einstellten, konnten gegen deren Massenvermehrung nur wenig ausrichten. Erfolgreich war dagegen die Einbürgerung der Zehrwespe *Prospaltella perniciosi*.

Schlupfwespen
Prospaltella perniciosi

Die ca. 0,8 mm große Schlupf- oder Zehrwespe *Prospaltella perniciosi* (= *Encarsia perniciosi*; Hymenoptera, Aphelinidae, siehe auch Seite 97) ist ein monophager Endoparasit und nur auf die San-José-Schildlaus spezialisiert. Wie neuere Untersuchungen belegen, ist ein Pheromon des Schädlings verantwortlich für die Anlockung und gezielte Reaktion des Parasiten. Ein Weibchen kann mit seinem Legestachel in etwa 40 Schildläuse je 1 Ei ablegen. Dort entwickelt sich die Schlupfwespe bis zur Imago. Die Entwicklung im Wirt dauert bei 27 °C mit etwa 19 Tagen nur halb so lang wie die Wirtsentwick-

Die San-José-Schildlaus (Quadraspidiotus perniciosus) befällt neben Apfel und Johannisbeere auch Birne, Pfirsich und Zwetsche. Hier das Schadbild an Apfel: Durch die Saugtätigkeit kommt es zu einer starken Rotfärbung.

lung. Das Männchen entwickelt sich hyperparasitisch im Weibchen der gleichen Art (Autoparasitismus). Auch unisexuelle, also sich parthenogenetisch fortpflanzende Stämme sind bekannt. Die Lebensdauer der Adulten beträgt nur 2 bis 8 Tage. In Süddeutschland treten im Freiland 3 bis 4 Generationen pro Jahr auf.

Einbürgerung

Prospaltella perniciosi wurde 1950 ihrem Wirt 'nachgeführt' und erstmals im Heidelberger Befallsgebiet freigelassen. Von 1954 bis 1976 wurden dann im südwestdeutschen Obstbau (vor allem in den Streuobstgebieten der Rheinebene) rund 30 Millionen gezüchteter *Prospaltella*-Schlupfwespen zur Niederhaltung der San-José-Schildlaus ausgesetzt. Innerhalb von 15 Jahren wurde ein Rückgang des Befalls um mehr als 95 % erreicht. Bis heute wird die Schädlingsdichte durch den Parasiten auf einem so niedrigen Niveau gehalten, daß für die Kulturen keine wirtschaftlichen Schäden entstehen. Dabei ist das Gleichgewicht zwischen Schädling und Nützling nicht statisch, sondern pendelt entsprechend den Witterungsbedingungen zwischen engen Grenzen. Auch in Frankreich und der Schweiz sind ähnliche Erfolge zu verzeichnen.

Zucht und Freilassung

Die Zucht der Parasiten erfolgt auf der San-José-Schildlaus, die wiederum auf verschiedenen Cucurbitaceen (Wassermelonen, spanische Kürbisse u.a.) vermehrt wird. Zur Freilassung der *Prospaltella*-Schlupfwespen werden diese stark mit parasitierten Schildläusen besetzten Früchte einen Tag vor dem Ausschlüpfen der Parasiten in die Obstanlagen gebracht und dort an den Befallsbäumen aufgehängt.

Nützlingsmenge

Die Zahl der für die Einbürgerung des Parasiten notwendigen Melo-

Die ca. 0,8 mm große Schlupf- oder Zehrwespe Prospaltella perniciosi ist ein monophager Endoparasit und nur auf die San-José-Schildlaus spezialisiert.

nen und ihre Verteilung hängt von der zu erwartenden Zahl schlüpfender *Prospaltella*-Schlupfwespen und von der Heterogenität des Schildlausbefalls ab. Die für eine Einbürgerung anzustrebende Zahl liegt ungefähr bei 1 Million Individuen pro Hektar.

Die Freilassungen in Baden-Württemberg erfolgten (1954 bis 1976) jährlich auf etwa 20 bis 30 von der San-José-Schildlaus befallenen Apfelbäumen, inselartig in einem größeren Befallsgebiet. In den ersten Jahren wurden Imagines ausgebracht, später jedoch schlüpfbereite Parasiten mitsamt ihren Wirten und Wirtspflanzen, was zu einer steigenden Parasitierungsleistung im Freiland führte.

Erfolgskontrollen

Wenn die Freilassungen im Frühjahr erfolgen, können die ersten Kontrollen auf Einbürgerung des Parasiten im folgenden Herbst durchgeführt werden.

Um die Aktivität und Wirksamkeit von *Prospaltella perniciosi* während der Vegetationsperiode zu ermitteln, werden im Obstgarten geschnittene Äste (Freilassungsbäume und Nachbarbäume) überprüft und die Schlupflöcher der Parasiten auf einer bestimmten Fläche ausgezählt. Diese Methode setzt eine gute Kenntnis der morphologischen Merkmale des durch möglicherweise verschiedene Arten parasitierten Wirtes voraus.

Während des Winters können in periodischen Abständen aus den Obstgärten Äste geholt und bei Temperaturen von über 20 °C vorgetrieben werden. Die aus den San-José-Schildläusen geschlüpften Parasiten werden dann aufgefangen, bestimmt und gezählt.

Wirksamkeit

Die Vermehrung, die je nach den lokalen Bedingungen mehr oder weniger rasch verläuft, ist für den Erfolg des Parasiten wesentlich. Sie ist jedoch nur möglich, wenn die Pflanzenschutzmaßnahmen sorgfältig darauf abgestimmt werden, den eingeführten Parasiten soweit wie möglich zu schonen. Unter diesen Voraussetzungen ist in den Mittelmeerregionen, wo sich 5 *Prospaltella*-Generationen entwickeln, schon im ersten Jahr nach der Freilassung eine Wirkung von 80% zu erreichen. In nördlicheren Regionen, wie auch in Süddeutschland, wo sich jährlich 3 bis 4 Generationen entwickeln, kommt es erst nach 2 bis 3 Jahren nach der Freilassung zu einem befriedigenden Parasitierungsgrad (durchschnittlich 60 bis 70%). Höhere Parasitierungsgrade sind bei sehr niedrigem Befallsdruck, d.h. relativ kleinen Populationen der San-José-Schildlaus, nicht erforderlich bzw. nicht wünschenswert, da sonst dem auf diesen Schädling spezialisierten Parasiten ein ausreichendes Wirtsangebot und damit die Überlebenschancen genommen würden.

Nach der Einführung von *Prospaltella perniciosi* in der Schweiz kam es dort im Verlauf von 2 bis 4 Jahren nach der Freilassung zu einer 70- bis 90%igen Parasitierung. Nach dem Rückgang der Wirtspopulation pegelte sich der Parasitierungsgrad schließlich – wie in Süddeutschland – bei 30 bis 50% ein. Auch in Frankreich, Österreich, im ehemaligen Jugoslawien, der ehemaligen Tschechoslowakei und der ehemaligen Sowjetunion sind Einbürgerungen von *Prospaltella perniciosi* gelungen. Das Gesamtresultat war außer vom Klima vor allem auch von dem jeweils üblichen Insektizideinsatz abhängig. Deshalb ist zur Schonung eingeführter Parasiten eine weitgehende Umstellung im Obstbau auf integrierte Programme zu empfehlen.

Nützlinge gegen Dickmaulrüßler

Der Gefurchte Dickmaulrüßler (*Otiorhynchus sulcatus*) und andere Dickmaulrüßlerarten (z. B. der Liebstöckelrüßler *Otiorhynchus ligustici*) können im Weinbau, im Zierpflanzenbau, in Baumschulen und Erdbeeranlagen große Schäden verursachen. Das Wirtspflanzenspektrum dieser einheimischen Käfer ist sehr weit. Anfällig sind u.a. Rhododendron, Thuja, Efeu, Azaleen, Begonien, Eibe, Cotoneaster und Cyclamen. Auch in Haus- und Dachgärten ist der Gefurchte Dickmaulrüßler in den letzten Jahren vielerorts an Ziergehölzen, Stauden, Erdbeeren und in Pflanztrögen zu einem Problemschädling geworden.

Aussehen und Entwicklung
Adulte Dickmaulrüßler sind ca. 7 bis 13 mm groß, braun- bis grauschwarz gefärbt und haben einen länglich eiförmigen Körper. Typisch ist ihr breiter Rüssel, an dessen Vorderende die Mundwerkzeuge sitzen. Die Käfer sind nicht flugfähig, können aber gut laufen. Pro Jahr entwickelt sich 1 Generation. Die Vermehrung erfolgt parthenogenetisch, alle Tiere sind dann weiblichen Geschlechts. Überwinternde Weibchen kommen etwa im April aus ihren Verstecken und beginnen i.d.R. im Mai mit der Ablage ihrer 1 mm großen, kugeligen, gelblichen Eier an Wurzelhälse.

Nach 2 bis 3 Wochen schlüpfen die Larven. Sie sind etwa 8 bis 10 mm lang, 6beinig, elfenbeinfarbig und tragen eine braune Kopfkapsel. Ihr Vorderkörper ist engerlingartig gekrümmt. Die im Herbst ausgewachsenen Larven überwintern und verpuppen sich Ende März. Die Puppen sind ca. 10 mm lang und schmutzigweißlich gefärbt. Die jungen Käfer schlüpfen dann etwa Ende Mai/Anfang Juni und sind nach weiteren 4 bis 5 Wochen geschlechtsreif.

Die weiblichen Käfer leben 1,5 bis 3 Jahre und können während dieser Zeit bis zu 1000 Eier ablegen. Durch die Überlappung der Generationen sind nahezu während der ganzen Vegetationsperiode auch alle Stadien anzutreffen.

Schädigung der Pflanzen
Die adulten Dickmaulrüßler halten sich tagsüber am Boden verborgen. Bei Einbruch der Dunkelheit klettern sie an den Pflanzen hoch und fressen große, meist U-förmige Kerben vom Blattrand her in die Blätter. Neben diesem sog. 'Buchtenfraß' können auch Schäden an Knospen beobachtet werden. Manchmal verdorren auch ganze Triebe

*Der Gefurchte Dickmaulrüßler (*Otiorhynchus sulcatus*) hat ein großes Wirtspflanzenspektrum. Während der Käfer an den Blättern frißt, schädigen die Larven die Wurzeln der Pflanzen.
Ganz oben: Imago des Gefurchten Dickmaulrüßlers.
Oben: Larve (rechts) und Puppe (links) des Gefurchten Dickmaulrüßlers.*

durch Abnagen der Rinde (z. B. an Eiben). Während die Gehölze im Wuchs verkümmern, zeigen die krautigen Pflanzen häufig plötzliche Welkeerscheinungen, verursacht durch den Fraß der Dickmaulrüßlerlarven an den Wurzeln. Bei starkem Befall kommt es dann auch hier zu Wachstumshemmungen oder gar zum Absterben der Pflanzen.

Nützlinge gegen Dickmaulrüßler

Befallskontrolle und Bekämpfung

Die chemische Bekämpfung der Dickmaulrüßler bereitet besondere Probleme, da es zum einen schwierig ist, den Zeitpunkt des Auftretens exakt festzustellen und rechtzeitig Gegenmaßnahmen einzuleiten, zum anderen ist die Bekämpfung der Larven aufgrund der unzureichenden Wirkungssicherheit von Insektiziden im Boden schwierig. Vielfach ist eine Applikation von Insektiziden nicht möglich, da die Kulturflächen in Wasserschutzgebieten liegen. Unter geschützten Bedingungen, wie z. B. in Gewächshäusern, geheizten Räumen und an besonders wärmeexponierten Lagen, ist der Entwicklungszyklus beschleunigt, und Käfer wie Larven können entsprechend früher auftreten (siehe Seite 237).

Der Schaden an den Blättern ist leicht zu entdecken. Beim ersten Auftreten des Blattrandfraßes sollte man den Boden (bzw. das Pflanzsubstrat) auf das Vorkommen von Dickmaulrüßlerlarven untersuchen. Häufig werden die Larven beim Umtopfen entdeckt.

Parasitäre Nematoden
Heterorhabditis- und *Steinernema*-Arten

Die biologische Bekämpfung des Dickmaulrüßlers mit parasitären Nematoden (auch entomophage oder entomopathogene Nematoden genannt) hat sich sowohl im Erwerbs- als auch im Hobbygartenbau als umweltfreundliche und dabei hochwirksame Methode bewährt und stellt – auch im Erwerbsgartenbau – eine konkurrenzfähige Alternative zur chemischen Bekämpfung dar.

Wirksamkeit
Nematoden der Gattung *Heterorhabditis* sind hier besonders gut geeignet. Bekämpfungsversuche unter praxisüblichen Bedingungen zeigten sowohl im Freiland als auch unter Glas sehr gute Ergebnisse (Wirkungsgrade zwischen 80 und 100 %). Von einigen Nützlingslieferanten werden auch Stämme der Nematodenart *Steinernema feltiae* (= *Neoaplectana carpocapsae*) zur Bekämpfung von Dickmaulrüßlern angeboten. Wirksamkeitsversuche haben jedoch gezeigt, daß diese – zumindest bei niedrigeren Bodentemperaturen – weniger gut geeignet sind als Nematoden der Gattung *Heterorhabditis*. *Steinernema*-Arten erreichten in Versuchen im Vergleich zu *Heterorhabditis* teilweise um ca. 30 % niedrigere Wirkungsgrade.

Wirkungsweise
Erfaßt werden die Larven und Puppen der Dickmaulrüßler, die Käfer selbst bleiben unbehelligt. Im Boden suchen die nur ca. 0,1 bis 0,8 mm langen Nematoden aktiv die Larven und Puppen der Schädlinge auf und dringen durch die Haut oder Körperöffnungen in diese ein. Im Inneren der Larven geben sie ein Bakterium in das Insektenblut ab, welches sich stark vermehrt und in wenigen Tagen den Tod des Schädlings herbeiführt. Infizierte Larven und Puppen verfärben sich dabei rötlich bzw. bräunlich. Die Nematoden selbst ernähren sich nun von ihren symbiontischen Bakterien (*Xenorhabdus*-Arten), vermehren sich, wandern schließlich aus dem toten Schädling aus und können nun weitere Insektenlarven infizieren. Dadurch wird die Entwicklung neuer Käfer auf natürliche Weise unterbunden.

Ganz oben: Die 0,1 bis 0,8 mm langen parasitären Nematoden dringen durch die Haut oder Körperöffnungen in die Dickmaulrüßlerlarven ein. Die infizierten Wirtstiere sterben innerhalb weniger Tage.
Oben: Durch parasitäre Nematoden infizierte Larven des Dickmaulrüßlers verfärben sich rötlich bzw. bräunlich (im Bild rechts).

Nützlingseinsatz im Freiland

Die Anwendung parasitärer Nematoden gegen Dickmaulrüßler hat sich nicht nur im Erwerbsgartenbau bewährt, auch Hobbygärtner haben mit dieser Methode der biologischen Schädlingsbekämpfung gute Erfahrungen gemacht:
Ganz oben links: Die Nematoden werden in Kunststoffbeuteln oder Eimern auf Schaumstoff (Schwämme oder Flocken) geliefert.
Ganz oben rechts: Man füllt ein Gefäß mit ca. 1 Drittel der später benötigten Wassermenge und weicht hierin den Schaumstoff ein.

Oben links: Nach ca. 60 Minuten haben die Nematoden das 'Trägermaterial' verlassen und sich auf dem Boden abgesetzt. Nach vorsichtigem Umrühren wird das Wasser mit den Nematoden in eine Gießkanne um- und mit Wasser aufgefüllt.
Oben rechts: Nun wird das 'Nematoden-Wasser' einfach über den Boden unter den befallenen Pflanzen gegossen. Stimmen Bodenfeuchtigkeit und Bodentemperatur, werden die Nematoden rasch in den Boden einwandern und nach Wirtslarven suchen.

Anwendung

Voraussetzungen für die biologische Bekämpfung der Dickmaulrüßler sind eine gleichmäßige Bodenfeuchtigkeit und eine Bodentemperatur von mindestens 10 °C (*Heterorhabditis*) bzw. 12 °C (*Steinernema*). Wichtig ist, daß zum Zeitpunkt der Nützlingsausbringung auch tatsächlich im Wurzelbereich Larven oder Puppen des Dickmaulrüßlers zu finden sind.

Anwendungszeitraum

Im Gegensatz zum Gewächshaus, wo u. U. eine ganzjährige Anwendung möglich ist, ist im Freiland ein Einsatz der Nematoden frühestens ab März bis (maximal) Ende Oktober sinnvoll. Der günstigste Bekämpfungszeitraum liegt zwischen April und Anfang Juni, da dann sowohl Altlarven, junge Käfer als auch schlüpfende Eilarven erreicht werden. Der Wirkungsgrad einer Herbstbehandlung ist durch tiefe Bodentemperaturen begrenzt. Unterhalb von 10 °C tritt keine sofortige Abtötung der Schädlinge ein, und der Wirkungsgrad läßt nach. Die Nematoden sind jedoch auch bei 6 °C noch bewegungsaktiv und fallen erst ab 4 °C in eine Kältestarre. Bei tiefen Temperaturen ist das Wachstum der Bakterien eingeschränkt.

Freilassung und Nützlingsmenge

Die Nematoden sollten möglichst sofort nach Erhalt ausgebracht werden. Läßt sich eine Lagerung nicht vermeiden, kann die Packung für wenige Tage bei 5 °C aufbewahrt werden. Da die Nematoden lichtempfindlich (UV-instabil) sind, sollte die Ausbringung nicht bei direkter Sonneneinstrahlung, sondern möglichst gegen Abend oder bei bedecktem Himmel vorgenommen werden.

Für eine effektive Bekämpfung benötigt man mindestens 5000 Nematoden pro Liter Topfinhalt (5 bis 10 Nematoden pro Kubikzentimeter Substrat), bei einer flächigen Ausbringung 500000 Nematoden pro Quadratmeter.

Die Nematoden werden in Kunststoffbeuteln oder in Eimern auf Schaumstoff (Schwämme oder Flocken) geliefert. Neu ist eine Versandform in Gel oder Eiswasser. Die Ausbringung kann mit einer Gießkanne oder einer Spritze (Düsenöffnung mindestens 0,8 mm; optimaler Druck 2 bis 5 bar; Filtereinsätze und Drallkörper entfernen) erfolgen, gegebenenfalls auch über die Bewässerungsanlage (Erwerbsgartenbau). Dazu bestimmt man zunächst, wieviel Wasser zum Gießen bzw. Spritzen der betroffenen Kulturfläche benötigt wird.

Dann wird ein Gefäß (z.B. ein Eimer) mit ca. 1 Drittel dieser Wassermenge (Wassertemperatur nicht über 20°C) gefüllt und hierin der Schaumstoff eingeweicht. Beim Einsatz auf größeren Flächen stellt man zunächst ein 'Nematoden-Konzentrat' mit einer kleineren Wassermenge (20 Liter) her.

Nach ca. 60 Minuten haben die Nematoden das 'Trägermaterial' verlassen und sich auf dem Boden abgesetzt. Schwamm bzw. Flocken werden – eventuell mit einem Sieb – aus dem Wasser genommen und ausgepreßt. Nun gießt man das Wasser mit den Nematoden in ein größeres Gefäß bzw. – bei größeren Flächen – verteilt es gleichmäßig auf die Anzahl der auszubringenden Gieß- bzw. Spritzgefäße (rühren und nachspülen), füllt diese(s) mit Wasser auf, bis die zuvor bestimmte Menge erreicht ist. Ein regelmäßiges Umrühren oder Schütteln verhindert, daß sich die Nematoden absetzen.

Wichtig ist, daß die zu behandelnde Fläche (Boden, Erde) gleichmäßig angefeuchtet ist. Damit eventuell an den Blättern oder anderen Pflanzenteilen anhaftende Nematoden auch in den Boden gelangen, sollten die Pflanzen nach der 'Behandlung' gründlich mit Wasser besprengt bzw. abgespült werden. Die Erde sollte für mehrere Wochen nach der Nematodenausbringung feucht gehalten werden; ein Austrocknen ist unbedingt zu verhindern.

Hinweise für Erwerbsgärtner:

● Nach einer chemischen Bodenentseuchung bzw. der Anwendung von Insektiziden gegen die Dickmaulrüßlerlarven sollten keine Nematoden ausgebracht werden. Hier ist im allgemeinen eine 'Wartezeit' von mehreren Monaten erforderlich. Eine Behandlung der oberirdischen Pflanzenteile mit Insektiziden, Akariziden oder Fungiziden ist dagegen i.d.R. unbedenklich.

● Die Ausbringung der Nematoden mit Hilfe einer Pumpe ist ebenfalls möglich. Dabei ist zu beachten, daß z.B. Zahnrad- bzw. Kreiselpumpen die Nematoden zerstören können. Membran- oder Kolbenpumpen sind dagegen i.d.R. unbedenklich. Im Zweifelsfalle sollte man eine kleine Menge Nematoden mit der vorhandenen Pumpe fördern und dann mit einer Lupe oder einem Binokular überprüfen, ob die Nematoden beschädigt sind (Nützlingsberater fragen). Der Pumpendruck darf nicht zu hoch sein. Während der Anwendung sollte das Rührwerk ständig laufen, oder die Nematoden-Suspension ist des öfteren per Hand umzurühren, da die Nematoden zu Boden sinken.

Weitere Einsatzmöglichkeiten im Freiland

Raubmilben gegen Spinnmilben

Auf die Möglichkeiten, die Raubmilbe *Typhlodromus pyri* durch Maßnahmen zur Schonung und Förderung oder durch eine Umsiedlung bzw. gezielte Freilassung als Antagonist verschiedener Schadmilben zu nutzen, wurde bereits auf den Seiten 185 bis 187 eingegangen. Neben der genannten Art können gegen Spinnmilben an Freilandkulturen auch die Raubmilbenarten *Phytoseiulus persimilis* und *Metaseiulus occidentalis* eingesetzt werden. Beide Arten benötigen allerdings hohe Temperaturen und eine hohe Luftfeuchtigkeit.

Phytoseiulus persimilis

Diese vornehmlich unter Glas eingesetzte Raubmilbenart (ausführliche Beschreibung siehe Seite 220) kann bei entsprechend günstigen klimatischen Bedingungen auch im Freiland gegen die Gemeine Spinnmilbe *Tetranychus urticae* (Rote Spinne) eingesetzt werden. So zeigten die Raubmilben z.B. im Hopfenbau eine bemerkenswerte Kontrollwirkung (Versuche der Bayerischen Landesanstalt für Bodenkultur und Pflanzenbau). Die Raubmilben sind jedoch sehr anfällig gegen kurzfristige Temperaturschwankungen und Änderungen der relativen Luftfeuchtigkeit, man findet sie daher vor allem in den bodennahen und feuchteren Regionen der Hopfenpflanzen. In höheren Bereichen können sie zwar ohne weiteres ausgesetzt werden, haben hier jedoch aufgrund der Klimaschwankungen nur eine geringere Lebenserwartung.

Auch bei guten Witterungsbedingungen ist im Hopfen die Reproduktionsrate der *Phytoseiulus*-Raubmilben geringer als die der Spinnmilben. Inwieweit der Randbewuchs, die Bodenbearbeitung und die im Hopfen übliche Entlaubung der Bodentriebe einen Einfluß auf die Populationsentwicklung der Nützlinge ausüben, bleibt noch zu untersuchen.

Metaseiulus occidentalis

Diese Raubmilbenart wird neuerdings in den Niederlanden angeboten. Sie eignet sich zur Bekämpfung der Gemeinen Spinnmilbe (*Tetranychus urticae*) und verwandter Arten sowie der Obstbaumspinnmilbe (*Panonychus urticae*) im Obst- und Weinbau.

Metaseiulus occidentalis ist eine kleine, sehr aktive, orangefarbene Raubmilbe, die während ihrer Entwicklung über 100 Spinnmilbeneier aussaugt, sich aber auch von adulten Spinnmilben und anderen Milben (z.B. Rostmilben) ernährt. Für einen erfolgreichen Einsatz sollten die Temperaturen zwischen 21 und 35 °C liegen und die relative Luftfeuchtigkeit mindestens 50 % betragen.

Schlupfwespen gegen Ähren- und Getreidewickler

Fraßschäden an Getreide durch den Ährenwickler (*Cnephasia longana*) und den Getreidewickler (*Cnephasia pumicana*) sind seit einigen Jahren vor allem im Südwesten der Bundesrepublik Deutschland zu beobachten. Beide Arten bilden pro Jahr nur 1 Generation aus. Im zeitigen Frühjahr gelangen die Larven dieser Schädlinge durch Windverdriftung auf die Felder. Im Sommer legen die Falter dann ihre Eier an der Rinde von Feldgehölzen ab. Die daraus schlüpfenden Larven überdauern hier im Zustand der Diapause.

Trichogramma-Arten

In ersten Feldversuchen des Instituts für biologische Schädlingsbekämpfung der BBA Darmstadt konnte mit *Trichogramma evanescens* (bei einem Freilassungsverhältnis von 1 *Trichogramma*-Weibchen auf 1 bis 3 Wirtseier) eine Parasitierungsrate bis zu ca. 70 % erzielt werden. Dabei wurden nicht nur frisch abgelegte Wicklereier, sondern auch mehrere Tage alte Eier erfolgreich parasitiert. Ergänzende Laborversuche zur Parasitierungsleistung verschiedener *Trichogramma*-Arten bzw. -Stämme erbrachten besonders gute Ergebnisse bei *Trichogramma confusum* und

Trichogramma dendrolimi . Der Einsatz von Schlupfwespen gegen Ähren- und Getreidewickler hat bislang noch keine Praxisreife erlangt. Aufgrund der oben genannten Untersuchungen wird vorläufig folgende Anwendungsmethode empfohlen: Sobald die Eiablage der Falter beginnt, werden einmalig ca. 150 000 Schlupfwespen (in 3 verschiedenen Entwicklungsstadien) pro Hektar ausgebracht.

Gallmilben gegen Unkräuter

Mit den Einschränkungen des Herbizideinsatzes, insbesondere außerhalb von landwirtschaftlich, gärtnerisch oder forstwirtschaftlich genutzten Flächen, steigt das Interesse an alternativen Methoden zur Bekämpfung unerwünschter Begleitkräuter. Neben Mikroorganismen und Insekten bieten sich auch Milben an. Besonders Gallmilben (ACARI, ERIOPHYOIDEA) sind wegen ihrer oft sehr ausgeprägten Wirtsspezifität geeignet, gegen ganz bestimmte Kraut- und Grasarten zu wirken, Kultur- und andere Wildpflanzen aber zu verschonen. Zur Zeit werden weltweit mehr als ein Dutzend Gallmilbenarten als biologische Alternative zu chemischen Mitteln getestet (z.B. *Cecidophyes galii* gegen Klettenlabkraut).

Wirkungsweise

Die zu bekämpfenden Begleitkräuterpopulationen werden durch den eingesetzten Parasiten nicht vernichtet, sondern erfahren eine nachhaltige Reduktion, bedingt durch die Präsenz der Gallmilben an den verschiedenen Pflanzenorganen. Diese äußert sich u.a. in der Unterdrückung der Sproß- und/oder Knospenentwicklung, Blütenvergrünungen, so daß die Reproduktionskapazität gemindert wird, Blattdeformationen, Absterben der Vegetationspunkte und der Ausbildung von Cecidien.

'Neue Nützlinge'

In den Angebotslisten einiger Zuchtbetriebe und Vertriebsfirmen finden sich viele 'neue', bei uns bislang weitestgehend unbekannte Nützlingsarten für die biologische Schädlingsbekämpfung im Freiland und unter Glas: *Oencyrtus kuwanae* gegen Schwammspinner, *Podisus maculiventris* und *Edovum puttleri* gegen Kartoffelkäfer, *Serangium*- und *Trichoporus*-Arten gegen Weiße Fliegen, *Hippodamia convergens* gegen Blattläuse und Milben, *Geolaps*-Raubmilben gegen Trauermücken, Thripse und Springschwänze usw. Als Antagonisten von Schild- und Wolläusen werden insgesamt mehr als 20 verschiedene Hymenopteren (*Scutelista cyanea*, *Aspidiotiphagus citrinus*, *Coccophagus lycimnia*, *Pseudaphycus maculipennis*, *Comperiella bifasciata* u.a.) und Coleopteren (*Lindorus lophanthae*, *Chilocorus*-Arten u.a.) aufgeführt. Da kann selbst der Fachmann schnell den Überblick verlieren. Natürlich ist es grundsätzlich zu begrüßen, daß immer mehr und auch „neue" Nützlinge auf den Markt kommen. Man sollte dabei jedoch folgendes berücksichtigen: Zum einen werden viele dieser „neuen" Arten aus dem Ausland importiert; sie sind bei uns nicht heimisch und dürfen daher nicht ohne entsprechende Untersuchungen und/oder Genehmigungen freigelassen werden. Zum anderen gibt es erst in den wenigsten Fällen ausreichende Wirksamkeitsprüfungen unter den bei uns herrschenden Bedingungen. Bevor diese Frage geklärt und praxisreife Anwendungsmethoden erarbeitet werden, ist also bei 'neuen' Nützlingen eine gewisse Zurückhaltung angebracht.

Nützlingseinsatz unter Glas

Aufgrund der günstigeren klimatischen Gegebenheiten haben in geschlossenen Räumlichkeiten, wie z.B. Gewächshäusern (aus Glas oder Folie) oder auch Wintergärten bis hin zu Blumenfenstern, Wohn- und Büroräumen usw., nicht nur viele Pflanzen(arten) bessere Lebensbedingungen, auch viele Schadorganismen können sich nur hier oder hier viel besser entwickeln als im Freiland. Glücklicherweise gilt dies auch für viele Nützlingsarten. Da viele der hier auftretenden Schädlinge eingeschleppt wurden, werden neben heimischen auch (ursprünglich) fremdländische Nützlingsarten zu ihrer Bekämpfung eingesetzt. Insbesondere im Erwerbsgartenbau unter Glas gewinnt der Einsatz von Nützlingen international zunehmend an Bedeutung.

Nützlingseinsatz im Erwerbsgartenbau

Die Bundesrepublik Deutschland lag in bezug auf den Nützlingseinsatz im erwerbsmäßigen Gartenbau unter Glas noch vor wenigen Jahren auf einem der letzten Plätze im internationalen Vergleich. Durch intensive Forschungs- und Entwicklungsarbeiten auf der einen und eine 'Umorientierung' der Pflanzenschutzberater und Praktiker sowie entsprechende 'Forderungen' der Verbraucher auf der anderen Seite ist es jedoch mittlerweile gelungen, speziell auf dem Zierpflanzensektor, aber auch im Gemüsebau eine Vorreiterrolle in Europa zu erlangen. So wird z.B. in einigen Teilen Baden-Württembergs und Bayerns bereits auf über 50% der Unter-Glas-Fläche im Gemüsebau erfolgreicher Nützlingseinsatz betrieben. Auch im Zierpflanzenbau sind die Nützlinge auf dem Vormarsch.

Anspruchsvolle Methoden

Grundsätzlich stellt der Nützlingseinsatz höhere Ansprüche an den Erwerbsgärtner als die Anwendung chemischer Pflanzenschutzmittel. Kenntnisse zur Biologie der Schädlinge als auch der Nützlinge sind eine Voraussetzung zur erfolgreichen Durchführung biologischer Bekämpfungsverfahren. Große Probleme bereitet oftmals das rechtzeitige Erkennen eines Anfangsbefalls (Befallskontrolle: erstes Auftreten des Schädlings), die Ermittlung des optimalen betriebs- und kulturspezifischen Freilassungstermins für die jeweiligen Nützlinge, die Beurteilung der weiteren Populationsentwicklung von Schädling und Nützling (Erfolgskontrolle) sowie die Entscheidung über zusätzliche Freilassungen und nicht zuletzt die Auswahl selektiver, d.h. nützlingsschonender, Präparate vor oder während des Nützlingseinsatzes. Das Arbeiten mit Nützlingen unter Glas ist also komplizierter und anspruchsvoller als mit herkömmlichen Pflanzenschutzmethoden. Längst nicht alle Betriebsinhaber sind daher von der neuen Art der Schädlingsbekämpfung überzeugt. Jahrzehntelange Erfahrungen mit chemischem Pflanzenschutz machen ein Umgewöhnen an neue Arbeitsweisen nicht einfach.

Der Einsatz von Nützlingen im Erwerbsgartenbau unter Glas gewinnt zunehmend an Bedeutung. Wichtig ist hier eine gute fachliche Beratung.

Erfahrung und Beratung

Das notwendige Grundwissen kann sich der Gärtner sicherlich autodidaktisch aneignen, zu dessen Umsetzung in die Praxis wird er aber i.d.R. auf fachlichen Rat vor Ort angewiesen sein. Für gute Bekämpfungserfolge sind Erfahrung und unterstützende Beratung über erfahrungsgemäß mindestens 1 bis 2 Jahre Voraussetzung ('learning by advising and self-doing'). Das Engagement des Betriebsinhabers spielt dabei eine große Rolle. Wenn von vornherein eine negative Einstellung zu diesen neuen Methoden herrscht, wird das Gelingen immer schwieriger sein, als wenn man den Nützlingen von Anfang an positiv gegenübersteht.

Nützlingseinsatz unter Glas

Praxisreife Verfahren

Schädlinge	Nützlinge	Anwendungsbereiche
Blattläuse	Räuberische Gallmücken (*Aphidoletes aphidimyza*)	Gemüse- und Zierpflanzenbau, Hobby- und Objektbereiche
	Florfliegen (*Chrysopa carnea*)	Gemüse- und Zierpflanzenbau, Hobby- und Objektbereiche
	Schlupfwespen (*Aphidius*-Arten)	Gemüse- und Zierpflanzenbau
	Schlupfwespen (*Aphelinus abdominalis*)	Gemüse- und Zierpflanzenbau
Weiße Fliegen	Schlupfwespen (*Encarsia formosa*)	Gemüse- und Zierpflanzenbau, Hobbybereich
Spinnmilben	Raubmilben (*Phytoseiulus persimilis*)	Gemüse- und Zierpflanzenbau, Hobby- und Objektbereiche
Thripse	Raubmilben (*Amblyseius cucumeris, Amblyseius barkeri*)	Gemüse- und Zierpflanzenbau
	Raubwanzen (*Orius*-Arten)	Gemüse- und Zierpflanzenbau
Minierfliegen	Schlupfwespen (*Dacnusa sibirica, Diglyphus isaea*)	Gemüse- und Zierpflanzenbau
Woll- oder Schmierläuse	Australische Marienkäfer (*Cryptolaemus montrouzieri*)	Zierpflanzenbau, Hobby- und Objektbereiche
Trauermücken	Parasitäre Nematoden (*Steinernema*-Arten)	Gemüse- und Zierpflanzenbau, Hobby- und Objektbereiche
Dickmaulrüßler	Parasitäre Nematoden (*Heterorhabditis-* und *Steinernema*-Arten)	Gemüse- und Zierpflanzenbau, Hobby- und Objektbereiche

Verfahren im Forschungsstadium bzw. kurz vor der Praxisreife

Schädlinge	Nützlinge	Anwendungsbereiche
Schildläuse	Schlupfwespen (*Metaphycus helvolus, Aphytis-* und *Encyrtus*-Arten, *Coccophagus lycimnia*)	Zierpflanzenbau, Hobby- und Objektbereiche
Woll- oder Schmierläuse	Schlupfwespen (*Leptomastidea abnormis, Leptomastix dactylopii*)	Zierpflanzenbau, Hobby- und Objektbereiche
Blattläuse u. a. weich-häutige Schadinsekten	Taghafte (*Micromus angulatus*)	Gemüse- und Zierpflanzenbau, Hobby- und Objektbereiche
Weiße Fliegen	Schlupfwespen (*Eretmocerus californicus*)	Gemüse- und Zierpflanzenbau
Blattläuse	Schlupfwespen (*Ephedrus cerasicola, Praon*-Arten)	Gemüse- und Zierpflanzenbau
Spinnmilben	Räuberische Gallmücken (*Theradiplosis persicae*)	Gemüse- und Zierpflanzenbau
Spinnmilben, Thripse	Raubmilben (*Amblyseius zwoelferi*)	Gemüse- und Zierpflanzenbau
Thripse	Raubmilben (*Hypoaspis aculeifer*)	Zierpflanzenbau
Nematoden	Raubmilben (*Sancassania ultima*)	Zierpflanzenbau
Holzbohrer	Parasitäre Nematoden (*Heterorhabditis-* und *Steinernema*-Arten)	Zierpflanzenbau

Nützlingseinsatz unter Glas

Die Beratung und Betreuung durch einen fachkundigen, erfahrenen (Nützlings-)Berater allein reicht jedoch nicht aus. Im Betrieb sollte einer Person der Nützlingseinsatz bzw. – was noch sinnvoller ist – der gesamte Pflanzenschutz verantwortlich übertragen werden. Diese Person muß dann ständig beim Besuch des Beraters 'mitlaufen' und sich dabei biologische Kenntnisse zu Schädlingen und Nützlingen aneignen, die durch Literaturstudium zu vertiefen sind. Sie muß das Erkennen und die laufende Beobachtung von Nützlingen und Schädlingen mittelfristig beherrschen, damit sie nach den Einführungsjahren alle notwendigen Entscheidungen und Maßnahmen aus dem 'FF' beherrscht. Kenntnisse über Nebenwirkungen von Pflanzenschutzmitteln auf Nützlinge sind dabei ebenso wichtig wie der Umgang mit 'Hilfsmitteln' (z. B. Blau- und Gelbtafeln) und Geräten (z. B. Thermohygrographen).

Voraussetzungen für den erfolgreichen Nützlingseinsatz unter Glas

Rechtzeitige Freilassung

Die Erfahrungen mit den derzeit praktikablen Methoden der biologischen Schädlingsbekämpfung im Gemüsebau unter Glas zeigen, daß der Erfolg eines Nützlingseinsatzes ganz entscheidend vom rechtzeitigen Erkennen der Schädlinge abhängt. Ganz wichtig ist daher – und das gilt für Erwerbsgärtner und Hobbygärtner gleichermaßen – das regelmäßige und sorgfältige Kontrollieren der Pflanzen bzw. der Kultur. Es gilt, die allerersten Schädlinge zu entdecken. Wartet man, bis sich bereits erste Schadsymptome auf den Blättern oder anderen Pflanzenteilen zeigen, ist es meist schon (viel) zu spät für einen Nützlingseinsatz. Während in Gemüsekulturen eine erste Freilassung bzw. Ausbringung von Nützlingen meist erst bei einem schwachen Anfangsbefall erfolgen sollte, ist bei vielen Zierpflanzenkulturen ein vorbeugender Einsatz sicherer.

Ausreichende Nützlingsmenge

Die Anzahl freizulassender Nützlinge hängt von vielen Faktoren ab, wie z. B. Schädlingsart, Befallsstärke bzw. Populationsdichte des Schädlings, Kulturpflanze (Art, Sorte), Kulturführung (Pflanzabstand, Beleuchtung, Belüftung, Bewässerungssystem, Temperatur, Luftfeuchtigkeit usw.) und von der Jahreszeit.

Die nachfolgend für die verschiedenen Nützlingsarten genannten Ausbringungsmengen können daher nur als Richtwerte gelten. Für eine individuelle Beurteilung und Entscheidungsfindung – insbesondere im Erwerbsgartenbau – sollte man sich von den Nützlingszüchtern oder -lieferanten beraten lassen. Ausschlaggebend sind letztlich jedoch immer die eigenen Erfahrungen, die die Gärtner mit den Nützlingen in den Gewächshäusern machen.

Da die Anzahl Nützlinge pro Versandeinheit bei den verschiedenen Zuchtbetrieben nicht einheitlich ist, wird auf eine Erwähnung der jeweils lieferbaren 'Nützlingseinheiten' verzichtet. Grundsätzlich unterscheiden die Nützlingszuchtbetriebe zwischen Erwerbsgärtner- und Hobbygärtner-Einheiten. Letztere sind i. d. R. auf eine Anwendungsfläche von ca. 5 bis 10 Quadratmeter (Standardgröße Kleingewächshaus) ausgerichtet.

Kurzzeitige Lagerung

Nach Möglichkeit sollten die Nützlinge sofort nach Erhalt ausgebracht werden. Läßt sich eine Lagerung nicht vermeiden, können Nutzarthropoden für einige Stunden bei 8 bis 12°C und parasitäre Nematoden bei 5°C aufbewahrt werden. In jedem Falle sollten die noch verpackten Nützlinge vor direktem Sonnenlicht bzw. Erwärmung geschützt werden.

Klimatische Bedingungen

Für die meisten unter Glas einsetzbaren Nützlingsarten liegt die erforderliche Mindesttemperatur bei 18°C (Tagesdurchschnitt). Obwohl sich temporär auftretende Temperaturabsenkungen über Nacht i. d. R. nicht störend auf den Bekämpfungserfolg auswirken, kann Heizen die Entwicklung der Nützlinge i. d. R. nur fördern. Außerdem treten bei geheizten Kulturen erfahrungsgemäß auch weniger Probleme mit Pilzkrankheiten auf, die den Nützlingseinsatz beeinflussen könnten. Heiz- und Lüftungstemperatur sollten jedoch nicht um mehr als 4°C differieren.

Ein frühes Lüften am Morgen verhindert Taubildung auf den Blättern und damit auch das Entstehen bzw. die Verbreitung von Pilzkrankheiten. In warmen Nächten kann die Lüftung einen Spaltbreit offen bleiben. Durchzug ist dabei jedoch unbedingt zu vermeiden.

Die relative Luftfeuchtigkeit im Gewächshaus sollte bei mindestens 60 % liegen. Ein zu trockenes Gewächshausklima, wie es sich vor allem bei Tropfbewässerung einstellt, wirkt sich fördernd auf die Entwicklung vieler Schädlinge aus und hemmt die Nützlinge. Eine tägliche, kurzzeitige Beregnung von oben hat sich nicht nur bei einem Raubmilbeneinsatz bewährt. Räuberische Gallmücken benötigen eine ausreichende Bodenfeuchtigkeit, um sich verpuppen zu können. Die Puppen schädlicher Thripse dagegen verpilzen häufig in nassem Boden.

Beleuchtung

Auch Lichtintensität und/oder Lichtperiode (Beleuchtungsdauer) können einen großen Einfluß auf die Entwicklung der Nützlinge haben. Einige Arten benötigen Sonneneinstrahlung, andere gehen bei zu kurzer Lichtperiode (Kurztagbedingungen) in Diapause (Ruhephase) und sind dann nicht mehr aktiv. Bei der Besprechung der einzelnen Nützlingsarten werden entsprechende Hinweise gegeben.

Beschaffenheit der Pflanzen

Ein und dieselbe Schädlingsart kann an verschiedenen Pflanzenarten oder -sorten eine unterschiedliche 'Attraktivität' auf die Nützlinge ausüben und deren Wirksamkeit mehr oder weniger stark beeinflussen. Verantwortlich dafür sind häufig Pflanzeninhaltsstoffe, die dann entweder direkt oder indirekt (über das Wirts- bzw. Beutetier) vom Nützling wahrgenommen werden. Aber auch die Struktur der Pflanzen oder die Pflanzen- bzw. Blattoberfläche ist oftmals entscheidend. So kann sich beispielsweise eine starke Blattbehaarung negativ auf die Suchaktivität oder Bewegungsfähigkeit des Nützlings auswirken. Beispiele für derartige Einflüsse finden sich u. a. in Zierpflanzenkulturen, wo die Weiße Fliege nicht auf allen Pflanzen gleich stark von Schlupfwespen parasitiert wird.

Optimale Kulturführung

Da geschwächte Pflanzen grundsätzlich anfälliger gegenüber Krankheiten und Schädlingen sind, sollte die Kulturführung optimal sein, damit für die Pflanzen keine Streßsituationen herbeigeführt werden. Bei Gurken sollten z. B. die Stammgurken auf ein vernünftiges Maß reduziert werden, um die Pflanze nicht unnötig zu belasten. An den unteren 50 cm des Stammes sollten keine Gurken stehen bleiben (die ersten 5 Gurken ab den Keimblättern). Die Düngung sollte dem tatsächlichen Nährstoffentzug bzw. -bedarf der Pflanzen angepaßt sein und deshalb möglichst nur aufgrund von Bodenuntersuchungen durchgeführt werden. Das Nährstoffverhältnis muß ausgewogen sein. Eine Überdüngung mit Stickstoff fördert den Befall mit Schädlingen. So können z. B. Nitratschäden an den Wurzeln zu Pilzbefall (*Pythium* u. a.) führen, was dann wiederum Trauermücken anlockt. Die Bewässerung muß der Pflanzenmasse angepaßt werden. Nach dem Entfernen von Blattmasse (z. B. bei Gurken das Entblättern von unten) kann die Wassergabe reduziert werden.

Begleitende Pflanzenschutzmaßnahmen

Jede Applikation eines chemischen Pflanzenschutzmittels stellt grundsätzlich einen störenden Eingriff in das System des Nützlingseinsatzes dar. Insbesondere im Erwerbsgartenbau ist eine solche Maßnahme jedoch zuweilen unvermeidbar, wenn es nicht zu größeren Ertragseinbußen kommen soll. Soweit vorhanden, sollten dann ausschließlich nützlingsschonende Präparate angewendet werden.

In der Bundesrepublik Deutschland stehen dem Erwerbsgärtner – z. B. im Vergleich zur Situation in den Niederlanden – relativ wenige selektive Mittel zur Verfügung, was sich auf die Durchführung eines integrierten Pflanzenschutzes im Gewächshaus (insbesondere im Gemüsebau) recht negativ auswirkt. Tabellen, die einen Überblick über gleichzeitig mit einem Nützlingseinsatz anwendbare chemische Pflanzenschutzmittel geben, erhält man u. a. bei den Nützlingszuchtbetrieben (Anhang, siehe Seite 302).

Der Einsatz von Fungiziden läßt sich häufig durch den Anbau resistenter Sorten vermeiden oder zumindest reduzieren. So können beispielsweise in der Gurkenkultur mehltauresistente bzw. -tolerante Sorten verwendet werden, die eine mit herkömmlichen Sorten vergleichbare Ertragsleistung aufweisen. Wo möglich (z. B. falscher Mehltau an Gurken), sollte eine Bekämpfung erst nach Aufruf durch den Warndienst erfolgen.

Wichtig ist auch, daß nicht schon die Jungpflanzen in oder aus den Anzuchthäusern von Schädlingen befallen sind. In Gemüseanzuchthäusern kann es leicht durch die Überwinterung von Zierpflanzen oder auch durch den Unkrautbesatz zum Verschleppen von Weißen Fliegen, Spinnmilben oder Thripsen kommen. Gegebenenfalls sollten die Jungpflanzen vor der Pflanzung ins Gewächshaus mit einem Insektizid respektive Akarizid behandelt werden. Besser ist es natürlich, wenn auch in der Anzucht bereits biologischer Pflanzenschutz betrieben wird.

Anwendung im Gemüsebau

Die Geschichte der biologischen Schädlingsbekämpfung im erwerbsmäßigen Unter-Glas-Gemüsebau begann um 1930. Man beobachtete damals, daß einige Larven der Weißen Fliege sich schwarz verfärbten, anstatt weiß zu bleiben. Die Schlupfwespe, die aus diesen veränderten Larven schlüpfte, wurde als *Encarsia formosa* identifiziert. Schon 1935 versandte eine kleine Forschungsstation in England größere Mengen dieses Parasiten an Gärtnereien in Großbritannien, Kanada, Australien, Neuseeland und einigen europäischen Ländern, darunter auch die Niederlande. Nach dem 2. Weltkrieg geriet die Methode wieder in Vergessenheit, da die neuen Insektizide eine billige, effektive und bequeme Bekämpfung der meisten Gewächshausschädlinge erlaubte.

Anwendung im Gemüsebau

Gärtner bei der Erfolgskontrolle: Bei rechtzeitigem und richtigem Einsatz gelingt es den Nützlingen, die Schädlinge bis zur Ernte unter Kontrolle zu halten.

Bekämpfung der Gewächshausspinnmilbe

Nach wenigen Jahren traten jedoch bei der Bekämpfung der Gewächshausspinnmilbe (*Tetranychus urticae*) – trotz der Einführung der Phosphorsäureester, die für kurze Zeit das Problem lösten – Resistenzerscheinungen auf. Anfang der 60er Jahre fand man dann in der Raubmilbe *Phytoseiulus persimilis* einen effizienten Gegenspieler der Spinnmilbe. Die Glasshouse-Crops Research Station in England führte die Methode in die gärtnerische Praxis ein.

Schlupfwespe *Encarsia formosa*

Als sich dann Anfang der 70er Jahre die Weiße Fliege zu einem der Hauptschädlinge an Gurken und Tomaten entwickelte, erwachte auch wieder das Interesse an einer biologischen Bekämpfung dieses Schädlings. Das Wissen um einen effizienten Parasiten (Schlupfwespe *Encarsia formosa*) erleichterte die Entwicklung von Bekämpfungsprogrammen und Massenzuchtverfahren.

Einsatz in Praxisbetrieben

Die Anwendung der biologischen Schädlingsbekämpfung in der Bundesrepublik Deutschland begann erst Mitte der 70er Jahre. Im Raum Papenburg wurden 1973 erstmals Raubmilben in Gurken mit gutem Erfolg gegen Spinnmilben eingesetzt. Der Einsatz von Schlupfwespen erfolgte 1976 erstmals in Westfalen-Lippe im Tomatenanbau. In Südhessen, Nordbaden und Nordwürttemberg begann man 1975 in einigen Betrieben mit der Anwendung von Raubmilben und Schlupfwespen. Die Räuberische Gallmücke *Aphidoletes aphidimyza* wurde schon Ende der 60er Jahre in Gewächshäusern der Bundesrepublik Deutschland als Blattlausprädator nachgewiesen. Trotz intensiver Grundlagenforschung, die z. T. auch anwendungsbezogene Aspekte beinhaltete, kam es jedoch bis 1985 nicht zu einem Einsatz in Praxisbetrieben.

Das Stuttgarter Modell

Die positiven Erfahrungen führten z. B. 1979 zum Start des sog. 'Stuttgarter Modells' im Bereich des Regierungsbezirks Stuttgart. Zur Verwirklichung des Integrierten Pflanzenschutzes im Unter-Glas-Anbau förderte der amtliche Pflanzenschutzdienst mit erheblichen Anstrengungen die Einführung der biologischen Bekämpfungsmethoden gegen Weiße Fliegen sowie gegen Spinnmilben. Jeder Pflanzenschutzberater hatte in seinem Amtsbezirk einen 'Pilotbetrieb' bei der Anwendung der biologischen Bekämpfungsverfahren zu betreuen. Die positiven Erfahrungen sollten andere Betriebe vom Nutzen dieser Methode überzeugen. Der Erfolg dieses Modells läßt sich daran ermessen, daß bereits 1985 in insgesamt 108 Betrieben Schlupfwespen auf mehr als 8 Hektar und Raubmilben auf 4,8 Hektar zum größten Teil mit gutem Erfolg angewendet wurden. Dies entsprach etwa 6 % aller Gemüsebaubetriebe und 12 % der gesamten Gemüsefläche unter Glas im Regierungsbezirk Stuttgart.

Nützlingseinsatz in Gemüsekulturen

Die Anwendung chemischer Pflanzenschutzmittel gegen Schädlinge im Gemüsebau unter Glas gehört zwar noch nicht der Vergangenheit an, doch gewinnt der Einsatz von Nützlingen hier zunehmend an Bedeutung. Diese positive Entwicklung ist jedoch nicht immer auf ein Umdenken in Richtung 'umweltschonenden Anbau' oder 'integrierte Produktion' zurückzuführen. Da sich die Palette der zur Verfügung stehenden wirksamen Insektizide und Akarizide mit Zulassung für Gemüsekulturen in den letzten Jahren drastisch verringert hat, sind die Praktiker oftmals geradezu 'gezwungen', auf biologische Bekämpfungsverfahren auszuweichen. Betrifft dies zunächst nur einen oder wenige Schädlinge, ist bei einer chemischen Bekämpfung anderer Schaderreger die Anwendung selektiver, d. h. nützlingsschonender, Präparate notwendig, wenn der Erfolg des Nützlingseinsatzes nicht gefährdet werden soll. Der Mangel an Zulassungen für derartige selektiv wirkende Mittel, die in den Nützlingseinsatz integriert werden können, führt letztendlich dazu, daß oftmals alle in einer Kultur auftretenden Schädlinge mit biologischen Mitteln bekämpft werden müssen.

Gemüseschädlinge und 'ihre' Nützlinge

Gegen die meisten im Gemüsebau unter Glas auftretenden Schädlinge stehen heute Nützlinge zur Verfügung (siehe auch Tabelle Seite 196): Spinnmilben lassen sich durch Raubmilben bekämpfen, Weiße Fliegen werden durch Schlupf- bzw. Erzwespen parasitiert. Gegen Blattläuse kann man mittlerweile 4 verschiedene Nützlingsarten einsetzen, nämlich Räuberische Gallmücken und Florfliegen sowie 2 Schlupfwespenarten. Zur biologischen Thripsbekämpfung werden neuerdings neben 2 Raubmilbenarten (die auch Weichhautmilben vertilgen) verschiedene Raubwanzen angeboten. Minierfliegen sind durch die Freilassung von Parasiten in Schach zu halten; 2 Schlupfwespenarten sind auf diese chemisch sehr schwer bekämpfbaren Schädlinge spezialisiert. Und wo Trauermücken oder Dickmaulrüßler zum Problem werden, kann der Gärtner auf parasitäre Nematoden zurückgreifen.

Probleme durch 'Nützlingsvielfalt'

Grundsätzlich sind also alle wichtigen Gemüseschädlinge allein durch die Anwendung von Nützlingen biologisch zu bekämpfen. Da die meisten Nützlinge auf einen bestimmten Schädling spezialisiert sind, müssen bei gleichzeitigem Auftreten mehrerer Schädlingsarten i.d.R. auch mehrere Nützlingsarten eingesetzt werden. So kann die 'Nützlingsvielfalt' im Gemüsebau unter Glas (z.B. in Gurken) mitunter auf

Paprika gehört neben Tomaten, Gurken, Bohnen und Auberginen zu den wichtigsten Gemüsekulturen unter Glas, in denen erfolgreich Nützlinge gegen Schädlinge eingesetzt werden können.

mehr als 5 gleichzeitig anzuwendende Nützlingsarten ansteigen. Für den Gemüsegärtner wird es also immer schwieriger, nicht den Überblick über den gesamten 'Zoo' in seinem Gewächshaus zu verlieren. Außerdem erhöht sich mit der Nützlingsvielfalt auch die Wahrscheinlichkeit, daß es bei einem Nützling(seinsatz) einmal zu Problemen oder Komplikationen kommen kann.

Tomate als 'Einstiegskultur'

Tomaten haben gegenüber anderen Fruchtgemüsearten die geringste Anlockungskraft auf Schädlinge. Deshalb ist der Befallsdruck überwiegend als gering zu bezeichnen. Als Hauptschädling tritt die Weiße Fliege auf, deren Vermehrungsrate hier jedoch deutlich geringer ist als z.B. an Gurken. Für Gemüsebaubetriebe, die erstmals Erfahrungen mit der biologischen Schädlingsbekämpfung sammeln möchten, bietet sich die Tomate deshalb als 'Einstiegskultur' an.

'Erdelose' Anbauverfahren

Bei keinem anderen Kulturverfahren sind modernste gartenbauliche Technik auf der einen und neueste Erkenntnisse in der biologischen Schädlingsbekämpfung auf der anderen Seite so eng miteinander verknüpft wie bei erdelosen Kultursystemen im Gemüsebau. Der erdelose Anbau (z.B. auf Steinwolle) hat den Vorteil, daß bodenbürtige Krankheiten und Schädlinge, wie z.B. Korkwurzel und Nematoden bei Tomaten oder Stengelfäulen und Welken bei Gurken, durch die Barrieren Bodenfolie oder Rinne von der Pflanze ferngehalten werden. Auch im Boden liegende Zwischen- und Verpuppungsgenerationen, wie z.B. bei der Blattadern-Minierfliege *Liriomyza huidobrensis*, werden so gebremst. Der größte Vorteil erdeloser Kulturverfahren liegt jedoch in der Spezialisierung auf wenige Kulturen, die eine bessere Kulturführung (u.a. Klimaregel- und Düngecomputer) zuläßt als ein Nebeneinander von vielen Gemüsearten und so Schädlinge effektiver mit biologischen Mitteln bekämpfen läßt.

Erdelose Kulturen kommen im allgemeinen der Entwicklung der Nützlinge wegen der ganzjäh-

Anwendung im Zierpflanzenbau

Auch in Zierpflanzenkulturen gewinnt der Nützlingseinsatz zunehmend an Bedeutung. Bei Poinsettien (Weihnachtsstern) wurden bereits sehr gute Erfahrungen mit der Anwendung von Encarsia-Schlupfwespen gegen Weiße Fliegen gemacht.

rig hohen Temperaturführung um 20 °C entgegen; kalte Perioden wie im ungeheizten Sommeranbau machen deshalb keine Schwierigkeiten. Probleme bei der Entwicklung der Nützlinge können dagegen im Sommer bei hohen Temperaturen mit geringer Luftfeuchtigkeit unter 60 % entstehen. Hier sind kurze Beregnungsintervalle mit der Oberberegnung oder mit Nebelanlagen angebracht.

Anwendung im Zierpflanzenbau

Nachdem die biologische Schädlingsbekämpfung im erwerbsmäßigen Gemüsebau unter Glas und Folie bereits eine entscheidende Komponente des Integrierten Pflanzenschutzes darstellt, zeichnen sich nun auch im Zierpflanzenbau interessante Ansätze für einen erfolgreichen Einsatz von Nützlingen ab.

Suche nach Alternativen

Zierpflanzen unter Glas werden in der Bundesrepublik Deutschland auf einer Anbaufläche von ca. 3000 Hektar produziert. Diese Fläche ist etwa dreimal so groß wie die Gemüseanbaufläche unter Glas. Das Auftreten von Resistenzerscheinungen bei Schädlingen, die Ausweitung von Wasserschutzgebietszonen, das Fehlen zugelassener oder wirksamer Präparate gegen bestimmte Schaderreger, die Schädigung von Blüten bei der Applikation von Pflanzenschutzmitteln und nicht zuletzt das gestiegene Umweltbewußtsein der Gärtner fördern hier die Suche nach Alternativen im Pflanzenschutz.

Problem 'Null-Toleranz'

Im Gegensatz zu den wichtigsten Gewächshauskulturen im Gemüsebau, wo nicht das Blatt bzw. die gesamte Pflanze, sondern die Früchte (Tomaten, Bohnen, Gurken usw.) geerntet werden und dadurch Schädigungen am Blatt in gewissem Umfang ohne Ertragsausfälle tolerierbar sind, werden bei Zierpflanzen vielfach die ganze Pflanze oder Pflanzenteile genutzt. Dazu kommt, daß wir es hier häufig mit einer 'Null-Toleranz' zu tun haben, d. h., weder bei einer Direktvermarktung noch bei einem Vertrieb über den Großmarkt oder Großhandel dürfen Schädlinge, Krankheiten oder deren Schadsymptome an den Pflanzen zu finden sein. Besonders extrem stellt sich dieses Problem bei Exportpflanzen dar. Was bedeutet nun diese Situation für den Einsatz von Nützlingen?

Vorbeugender Nützlingseinsatz

Für den Zierpflanzenbau gilt, daß die 1. Freilassung der Nützlinge spätestens beim Erkennen von Schädlingen erfolgen muß. In der Praxis ist dieser Zeitpunkt erfahrungsgemäß äußerst schwierig zu bestimmen. Ein schwacher oder nur stellenweise auftretender Schädlingsbefall wird nur allzuleicht übersehen. Dazu kommt, daß häufig bereits Jungpflanzen einen Schädlingsbesatz aufweisen. Daher ist es in den meisten Fällen ratsam, bereits bei Kulturbeginn Nützlinge in den Bestand einzubringen. Trotzdem muß die Kultur jedoch regelmäßig (möglichst ein- bis zweimal pro Woche) zumindest stichprobenweise 'unter die Lupe' genommen werden.

Nützlingsschonende Mittel

Weiter ist vor einem Nützlingseinsatz zu beachten, daß die Jungpflanzen möglichst frei von Pflanzenschutzmittelrückständen sein sollten. Ist eine Behandlung der Pflanzen unumgänglich, sollten – sofern verfügbar – selektive, d. h. nützlingsschonende, Präparate oder Mittel mit kurzer Residualwirkung auf Nützlinge angewendet werden. Unter den Fungiziden gibt es eine ganze Reihe von Mitteln, die vor und während eines Nützlingseinsatzes appliziert werden können, ohne den Erfolg der biologischen Schädlingsbekämpfungsmaßnahme zu gefährden. Bei den Insektiziden und Akariziden ist diese Zahl deutlich geringer. In jedem Falle sollte vor der Ausbringung von

Nützlingseinsatz unter Glas

Pflanzenschutzmitteln das zuständige Pflanzenschutzamt oder der Nützlingszuchtbetrieb zu Rate gezogen werden.

Wirtspflanzen für Schädlinge

Der Erfolg einer biologischen Schädlingsbekämpfungsmaßnahme läßt sich am leichtesten erreichen, wenn jeweils nur eine Kultur in einem Haus vorhanden ist. Zum einen lassen sich die verschiedenen möglicherweise auftretenden Schädlinge und Krankheiten besser eingrenzen und dann durch ein Bekämpfungskonzept leichter kontrollieren, zum anderen sind Zuflug und Zuwanderung von Schädlingen aus anderen Kulturen bzw. Wirtspflanzen unterbunden. Sind mehrere verschiedene Kulturen in einem Haus untergebracht, müssen auch die scheinbar nicht befallenen Pflanzen in die Bekämpfungsmaßnahme mit einbezogen werden. Da häufig auch Unkräuter zu den Wirtspflanzen zählen, wird vielfach empfohlen, diese rigoros zu entfernen. Grundsätzlich ist es richtig, daß Unkräuter den Nützlingseinsatz erschweren können. Andererseits zeigen Erfahrungen in Bio-Betrieben, daß trotz eines teilweise starken Unkrautbesatzes Erfolge zu verzeichnen sind.

Integrierter Pflanzenschutz

Grundsätzlich ist zu beachten, daß eine chemische Pflanzenschutzmaßnahme nicht einfach durch eine biologische zu ersetzen ist. Vielmehr bildet der Nützlingseinsatz das 'Kernstück' des Integrierten Pflanzenschutzes, d.h., alle übrigen Pflanzenschutzmaßnahmen müssen darauf abgestimmt werden. Dies gilt natürlich nicht nur für den Zierpflanzenbau, sondern generell für den Einsatz von Nützlingen in der erwerbsmäßigen Pflanzenproduktion.

Bekämpfungserfolge

Nach einer 1992 durchgeführten Umfrage der Landesanstalt für Pflanzenschutz in Stuttgart zum Nützlingseinsatz in Zierpflanzenkulturen in Baden-Württemberg sind durch einen regelmäßigen Einsatz von Nützlingen gegen Hauptschädlinge (z.B. Schlupfwespe *Encarsia formosa* gegen Weiße Fliegen oder Raubmilbe *Phytoseiulus persimilis* gegen Spinnmilben) sowie einen Einsatz weiterer Nützlinge jeweils beim ersten Auftreten von Nebenschädlingen in vielen Zierpflanzenbeständen sehr gute Bekämpfungserfolge erzielt worden. So wurde z.B. von 80% der Gärtner der Einsatz von Schlupfwespen gegen Weiße Fliegen in *Euphorbia pulcherrima*-Beständen (Poinsettien) als 'sehr gut' oder 'gut' bezeichnet; nur 7,3% der Betriebe beurteilten den Bekämpfungserfolg als schlecht.

Ausgewählte Kulturen

Es wird vorgeschlagen, den Nützlingseinsatz in der Anfangsphase auf Zierpflanzenkulturen zu beschränken, die i.d.R. nur von einer geringen Zahl von Schädlingsarten befallen werden. Kulturen mit einer langen Standzeit (wie z.B. Gerbera) werden meist von verschiedenen Schaderregern befallen, so daß im Laufe eines Jahres zahlreiche Bekämpfungsmaßnahmen erforderlich sind, was im Falle einer Nützlingsanwendung zu recht hohen Kosten führen kann. Bedenkt man jedoch, daß z.B. in Gerbera-Kulturen 20 bis 40 Insektizidanwendungen im Jahr keine Seltenheit sind, sollte auch hier weiterhin verstärkt an der Entwicklung wirtschaftlicher Methoden der biologischen Bekämpfung gearbeitet werden. Im übrigen haben Praxisversuche gezeigt, daß die höheren Kosten eines Nützlingseinsatzes teilweise durch einen Mehrertrag (z.B. bei Gerbera an Blütenstielen) ausgeglichen werden können.

Anwendung im Hobby- und Objektbereich

Noch vor wenigen Jahren war der Einsatz von Nützlingen als Alternative zum chemischen Pflanzenschutz ausschließlich Erwerbsgärtnern vorbehalten. Heute können auch Hobbygärtner die Vorteile dieses umwelt- und anwenderfreundlichen Verfahrens nutzen. Viele der nachfolgend vorgestellten Nützlingsarten sind auch als 'Hobbypackungen' in kleinen Einheiten (für 5 bis 10 Quadratmeter Kulturfläche) erhältlich und lassen sich ohne große Vorkenntnisse von jedermann (und jederfrau) im Kleingewächshaus, Wintergarten, Blumenfenster usw. gegen Schädlinge an Gemüse- und Zierpflanzen einsetzen. Und das – wie die Erfahrungen der letzten Jahre gezeigt haben – mit guten Resultaten!

Wichtige Aspekte für Hobbygärtner

Beim Einsatz von Nützlingen in geschlossenen Räumlichkeiten müssen jedoch einige Punkte beachtet werden. Dazu gehören u.a.:
• regelmäßiges Kontrollieren der Pflanzen auf beginnenden Schädlingsbefall,
• Gelbtafeln oder Gelbsticker sind sehr hilfreich bei der Früherkennung fliegender Schädlinge (erhältlich im Gartenfachhandel),
• sofortige Bestellung und Freilassung der Nützlinge nach Entdecken der ersten Schädlinge,
• kein Einsatz von Nützlingen unmittelbar nach Anwendung von Pflanzenschutzmitteln (Ausnahme: nützlingsschonende Präparate),
• Ausbringung der Nützlinge möglichst noch am Ankunftstag (dabei Anweisungen des Nützlingsproduzenten beachten),
• Beachtung der erforderlichen durchschnittlichen Raumtempe-

ratur von – tagsüber – mindestens 18 °C (Nachtabsenkungen bis 10 °C stellen i.d.R. kein Problem dar; bei zu hohen Temperaturen muß gelüftet bzw. schattiert werden) bzw. mindestens 10 °C Bodentemperatur bei parasitären Nematoden,
• Schaffung günstiger Lebens- und Entwicklungsbedingungen für die Nützlinge (Licht, Luftfeuchtigkeit usw.),
• keine chemischen Bekämpfungsmaßnahmen nach Freilassung der Nützlinge (Ausnahmen möglich bei nützlingsschonenden Präparaten).

Hilfreich – wenn auch nicht in dem Maße erforderlich wie im Erwerbsgartenbau – ist ein Grundwissen über die Biologie der Schädlinge und Nützlinge. Da die Verhältnisse bei einer 'kleinen Anwendung' von Nützlingen jedoch bei weitem nicht so kompliziert sind wie in großen, erwerbsmäßigen Kulturen, haben viele Hobbygärtner bereits beim ersten 'Versuch' Erfolg.

Innenraumbegrünung mit Hydrokulturpflanzen

Ein wenig komplexer ist die Problematik des Nützlingseinsatzes im sog. 'Objektbereich'. Grünpflanzen in (öffentlichen) Gebäuden werden immer beliebter. Nicht zuletzt aufgrund der hier i.d.R. kaum zu beeinflussenden Klimabedingungen kommt es immer wieder zum Auftreten bestimmter Schädlinge. Bei der meist sehr geringen Luftfeuchtigkeit stellen z.B. Spinnmilben ein großes Problem dar. Aber auch Blattläuse, Thripse, Woll- oder Schmierläuse und Schildläuse gehören zu den typischen Schädlingen an Hydrokulturen. Ein Nützlingseinsatz hat sich in diesen Fällen oftmals als weniger schwierig erwiesen, als zunächst angenommen.

Hydrokultur-Unternehmen bieten Serviceverträge an und sichern ihren Auftraggebern, wie

Wenn Hobbygärtner einige Grundregeln beachten, werden sie bei der Anwendung von Nützlingen keine Probleme haben.

z.B. Banken, Industriebetrieben, Verwaltungen, eine termingerechte und fachmännische Pflege der Hydrokulturanlagen (Innenraumbegrünung, 'Hydro-Grüninseln' in Innenräumen, atriumartige Treppenhäuser usw.) zu. Dazu gehört auch ein sachgerechter Pflanzenschutz. Viele dieser Firmen haben sich intensiv mit den Möglichkeiten eines Nützlingseinsatzes vertraut gemacht und biologische Pflanzenschutzmaßnahmen in ihre Serviceleistung mitaufgenommen.

Auch im Kleingewächshaus, Wintergarten und Blumenfenster ist ein Nützlingseinsatz möglich.

Nützlinge gegen Blattläuse

Blattläuse (HOMOPTERA, APHIDIDAE) gehören zu den häufigsten Schädlingen unserer Kulturpflanzen (siehe auch Seite 182). Gerade in Gewächshäusern treten sie bereits im zeitigen Frühjahr auf. Aufgrund der sehr hohen Vermehrungsraten, der kurzen Entwicklungszeit und des Auftretens mehrerer Generationen im Jahr sind Pflanzenschutzmaßnahmen gegen Blattläuse meist unumgänglich.

Auftreten und Entwicklung

Im Gewächshaus, Wintergarten und Blumenfenster treten verschiedene Blattlausarten auf. Dabei gibt es sowohl geflügelte als auch ungeflügelte ausgewachsene Tiere, mit einer Größe zwischen 1 und 4 mm. Ihr Farbspektrum reicht von Grün über Rot bis Schwarz. Charakteristisch sind 2 nach hinten gerichtete Röhren am Hinterleib (Siphonen), die man am besten mit der Lupe erkennen kann.

Die vornehmlich an den Blattunterseiten, aber auch an Triebspitzen, Stengeln, Knospen, Blüten und jungen Früchten (Gurken) sitzenden Blattläuse vermehren sich in den Sommermonaten durch Jungfernzeugung (Parthenogenese) und Lebendgeburt (Viviparie). Unter den günstigen klimatischen Bedingungen eines Gewächshauses erfolgt die Entwicklung vieler Blattläuse anholozyklisch, d.h., es gibt kein Eistadium zur Überwinterung.

Wichtige Blattlausarten
Zu den wichtigsten und häufigsten Blattläusen im Unter-Glas-Anbau gehören folgende Arten: Die Grüne Pfirsichblattlaus (*Myzus persicae*) befällt nahezu alle Gewächshauskulturen. Sie ist blaßgelb-grünlich oder rötlich gefärbt und etwa 1,2 bis 2,6 mm groß. Die Grüne Gurkenblattlaus bzw. Baumwollaus (*Aphis gossypii*) tritt bislang hauptsächlich an Gurken auf. Sie ist hellgelb bis dunkelgrün gefärbt und 1 bis 2 mm groß. Gut erkennbar ist sie an den dunklen Hinterleibsröhren. Die hellgrün gefärbte und ca. 1,8 bis 3 mm große Grünfleckige Kartoffelblattlaus (*Aulacorthum solani*) befällt unter Glas besonders Gurke, Tomate und Aubergine. Um die Hinterleibsröhren erkennt man meist dunkle Flecken. Die Grünstreifige Kartoffellaus (*Macrosiphum euphorbiae*) ist von langgestreckter Gestalt und kann 1,7 bis 3,4 mm groß werden. Die Färbung ist meist gelblich-grün, die Hinterleibsröhren sind stets schwarz und relativ lang. Die Schwarze Bohnenlaus (*Aphis fabae*) ist dunkel gefärbt, bis ca. 3 mm lang und befällt vorwiegend Bohnen und andere Leguminosen.

Schädigung der Pflanzen
Blattläuse schädigen die Pflanzen durch Entzug von Zellsaft und Einbringen toxischer Stoffe in das Blatt. Gekräuselte und eingerollte Blätter sind die Folge. Häufig kommt es zusätzlich zur Übertragung pflanzlicher Viruskrankheiten (z.B. Gurkenmosaikvirus). Die zuckerhaltigen, klebrigen Ausscheidungen der Blattläuse – Honigtau genannt – locken nicht nur Ameisen an, sondern führen durch die Ansiedlung von Rußtaupilzen zur Verschmutzung der Blätter und Früchte.

Befallskontrolle
Für eine erfolgreiche biologische Bekämpfung ist es wichtig, den Blattlausbefall festzustellen, bevor sich größere Kolonien gebildet haben und es zum Einrollen der Blätter kommt. Ein schwacher Anfangsbefall wird häufig übersehen. Der Pflanzenbestand sollte daher möglichst wöchentlich ab Pflanzung auf Blattlausbefall untersucht werden. Anzeichen für einen Befall sind Honigtausprenkel, weißliche Blattlaushüllen (Exuvien) auf den Blattoberseiten, Rußtaubildung sowie das Auftreten von Ameisen.

Im Gewächshaus, Wintergarten und Blumenfenster können sich Blattläuse rasch entwickeln. Wartet man, bis sich solche Kolonien gebildet haben, ist es für den Nützlingseinsatz i.d.R. bereits zu spät.

Räuber und Parasiten
4 Nützlingsarten stehen derzeit zur biologischen Blattlausbekämpfung 'unter Glas' zur Verfügung: die Räuberische Gallmücke *Aphidoletes aphidimyza* (siehe Seite 204), die Florfliege *Chrysopa carnea* (siehe Seite 208) sowie Schlupfwespen der Gattungen *Aphidius* (siehe Seite 210) und *Aphelinus* (siehe Seite 212).

Räuberische Gallmücken und Schlupfwespen werden vornehmlich – und häufig kombiniert – im Gewächshaus-Gemüsebau eingesetzt; sie eignen sich aber auch zur Anwendung im Kleingewächshaus und Wintergarten. Mit Florfliegen wurden auch im Zierpflanzenbau Erfolge bei der Blattlausbekämpfung verzeichnet; vorteilhaft ist dabei, daß sie auch Thripse und Spinnmilben nicht verschmähen. Florfliegen sind auch für den Einsatz im Blumenfenster bzw. an Pflanzen in Wohn- und Büroräumen zu empfehlen.

Räuberische Gallmücken
Aphidoletes aphidimyza

Obwohl schon seit langem Erkenntnisse über die Bedeutung und Effizienz der Räuberischen Gallmücke *Aphidoletes aphidimyza* (DIPTERA, CECIDOMYIIDAE; siehe auch Seiten 120 und 184) als Blattlausantagonist vorliegen, fand eine Anwendung im Rahmen der biologischen Schädlingsbekämpfung unter Glas erst ab 1975, zunächst in der ehemaligen Sowjetunion, wenig später auch in Finnland statt. In der Bundesrepublik Deutschland ist vornehmlich am Institut für Pflanzenpathologie und Pflanzenschutz in Göttingen über diese Gallmücke eine eingehende Grundlagenforschung betrieben worden. 1985 wurden erste Anwendungsversuche von Erwerbsgärtnern im Raum Stuttgart

Nützlinge gegen Blattläuse 205

Die Imagines der Räuberischen Gallmücke Aphidoletes aphidimyza sind ca. 2 mm groß. Sie sind nachtaktiv und ernähren sich vom Honigtau der Blattläuse.

Die Eier der Räuberischen Gallmücke sind etwa 0,3 mm lang, länglich und orangerot gefärbt. Sie werden gezielt in die Nähe von Blattläusen abgelegt.

Eine Gallmückenlarve vertilgt durchschnittlich 50 Blattläuse während ihrer Entwicklung. Danach wandert sie in den Boden, um sich zu verpuppen.

durchgeführt. Mittlerweile wird dieser Nützling bereits in mehreren Ländern erfolgreich zur Blattlausbekämpfung in Gewächshäusern eingesetzt.

Aussehen und Entwicklung

Die ca. 2 mm großen erwachsenen Gallmückenweibchen haben einen bräunlich bis rötlich gefärbten Hinterleib. Sie legen ihre etwa 0,3 mm langen, länglichen, orangeroten Eier gezielt in die Nähe von Blattläusen ab. Dabei werden Blattlauskolonien meist einzelnen Blattläusen gegenüber bevorzugt. Ein Weibchen kann bis zu 200 Eier ausbilden, i. d. R. werden ca. 80 bis 150 Eier je Weibchen proportional zur Blattlausdichte abgelegt.

Aus den Eiern schlüpfen nach ca. 2 Tagen kleine orangerote Larven, die sich ausschließlich von Blattläusen ernähren. Nach dem Ausschlüpfen sind die Larven nur 0,3 mm lang, also wesentlich kleiner als eine Blattlaus. Die vollentwickelten Larven erreichen eine Körperlänge von 3 mm. An den Seiten der älteren Larven erkennt man jeweils ein unregelmäßig geformtes weißliches Band. Es handelt sich dabei um Fettreserven, von denen die Gallmücke im Puppenstadium und als ausgewachsenes Tier lebt. Nach Beendigung der Larvalentwicklung wandern die Larven zur Verpuppung in den Boden bzw. in die Pflanzgefäße. Hier graben sie sich etwa 1 cm tief in die Erde ein und spinnen einen Kokon. Im Inneren des Kokons geht die Larve ins Puppenstadium über, und nach ca. 10 bis 14 Tagen kommt es zum erneuten Schlupf erwachsener Gallmücken, und der Kreislauf beginnt von vorn.

Die erwachsenen Mücken leben ca. 1 bis 2 Wochen. Sie sind nachtaktiv und ernähren sich ausschließlich vom Honigtau der Blattläuse. Tagsüber verstecken sich die Adulten an schattigen Plätzen im Pflanzenbestand bzw. Gewächshaus. Die Vermehrung erfolgt sexuell monogenetisch, d. h., eine Begattung ist Voraussetzung für die Eiablage, und die Nachkommen sind Männchen oder Weibchen.

Ernährung der Larven

Über den Zeitraum von 5 bis 8 Tagen können von einer einzigen Larve zwischen 20 und 80 Blattläuse abgetötet werden. Dabei sticht die Gallmückenlarve die Blattlaus an einer leichtverletzlichen, dünnhäutigen Stelle

Als Transport- und Ausbringungsstadium eignen sich die Puppen (hier freigelegt) bzw. Kokons der Gallmücke.

an und spritzt ihr einen Giftstoff ein, der die Blattlaus in wenigen Minuten lähmt. Dann saugt sie die Blattlaus aus, bis nur noch die leere Haut übrig ist. Eine gerade geschlüpfte Larve braucht 24 Stunden, um eine Blattlaus auszusaugen, eine vollentwickelte dagegen nur etwa 1 Stunde. Sind viele Blattläuse vorhanden, werden entsprechend mehr Beutetiere angestochen und abgetötet, jedoch nicht vollständig ausgesaugt (sog. 'over-kill-Effekt').

Ein weiterer Vorteil der Räuberischen Gallmückenlarve besteht darin, daß sie die Blattläuse lähmt, bevor es diesen möglich ist, Gefahrensignale aus den Hinterleibsröhren abzugeben. Die Blattlaus schafft es noch nicht einmal, ihren Saugrüssel aus dem Blatt zu ziehen. Die rundumsitzenden Blattläuse werden daher nicht gewarnt, und die Larve kann in aller Ruhe nach und nach alle Blattläuse an einem Blatt abtöten.

Einsatz gegen Blattläuse
Alle Stadien der Räuberischen Gallmücke sind von Feuchtigkeit abhängig. Das ist einer der Gründe dafür, daß sie in dem warmen und feuchten Gewächshausklima so gut gedeihen. Die erwachsene Gallmücke findet im allgemeinen eine Stelle, wo die Luftfeuchtigkeit hoch ist, auch mitten am Tag. Eier und Larven profitieren von der Verdunstungsfeuchtigkeit auf den Blattoberflächen. Auch die Verpuppungs- und Schlupfraten sind in feuchtem Boden besser als in trockenem.

Bei Tageslängen unter 15 Stunden und einer Nachttemperatur unter 10 °C gehen die Gallmücken in Diapause (Winterruhe). Von September bis Mitte April ist ein Einsatz dieser Nützlinge daher nur bei Zusatzbeleuchtung (mindestens 5 Watt pro Quadratmeter) sinnvoll.

Anwendung
Entscheidend für den erfolgreichen Einsatz der Räuberischen Gallmücke ist deren rechtzeitige Freilassung beim ersten Auftreten der Blattläuse.

Freilassung
Die Zusendung der Gallmücken erfolgt in Form von Puppen. Diese sind i.d.R. in einem feuchten Torf/Vermiculit-Gemisch eingebettet, das häufchenweise oder – bei Hobby-Einheiten – in der geöffneten Schachtel auf den Boden unter den mit Blattläusen befallenen Pflanzen zu legen ist. Da bereits während des Transportweges einige Gallmücken geschlüpft sein können, sollte der Versandbehälter in der Nähe der befallenen Pflanzen geöffnet werden. Durch Einlegen des Gemisches in flache Erdmulden oder durch Überstülpen von mehrfach gelochten Plastiktöpfen wird ein zu schnelles Austrocknen verhindert. Allerdings ist darauf zu achten, daß nicht Spinnen mit ihren Netzen die Öffnungen 'blockieren' und die Mücken abfangen.

Ausbringungsmenge
Für die biologische Bekämpfung von Blattläusen benötigt man im Wintergarten und Kleingewächshaus ca. 8 Gallmückenpuppen pro Quadratmeter, in größeren Gewächshäusern (Erwerbsgartenbau) ca. 2 Puppen pro Quadratmeter. Empfehlenswert ist eine 2. Freilassung nach 1 bis 2 Wochen. *Aphidoletes*-Larven, die sich im Winter (kurze Tageslänge) verpuppen, schlüpfen erst im Frühjahr, wenn die Tageslänge ihren Winterschlaf beendet. Deshalb ist während der Wintermonate eine Freilassung alle 14 Tage notwendig.

Begleitende Maßnahmen
Wichtig ist, daß das Puppengemisch über 1 Woche feucht ge-

Bei der Ausbringung der Gallmückenpuppen im Gemüsebau unter Glas hat es sich bewährt, das Torfgemisch häufchenweise in die Nähe der Bewässerungstropfstellen zu legen.

halten wird, damit ein vollständiger Schlupf der erwachsenen Gallmücken erfolgen kann. Damit die biologische Bekämpfung schnell in Gang kommt, sollte man für optimale Bedingungen sorgen: Temperaturen zwischen 20 und 24 °C sowie eine hohe Luftfeuchtigkeit fördern die Eiablage der Gallmückenweibchen und die Fraßaktivität der Larven.

Erfolgskontrollen
Das Schlüpfen der erwachsenen Gallmücken aus dem gelieferten Puppengemisch kann unter Umständen an weißen Puppenhüllen auf dem Substrat zu erkennen sein. Ca. 1 Woche nach der Freilassung sollten zwischen den Blattläusen winzige orangerote Gallmückeneier (meist nur mit der Lupe erkennbar) und nach spätestens 2 Wochen orangerote Gallmückenlarven zu finden sein. Für die Erfolgskontrolle im Erwerbsgartenbau gilt als Faustzahl das Verhältnis 1:10 von *Aphidoletes*-Larven zu Blattläu-

Nützlinge gegen Blattläuse

Auch im Wintergarten und Kleingewächshaus können Gallmücken zur Blattlausbekämpfung freigelassen werden. Förderlich sind ein üppiger Pflanzenbestand und eine hohe Luftfeuchtigkeit.

Da vom Auslegen des Puppensubstrates bis zum Wirksamwerden der räuberischen Larven etwa 1 Woche verstreicht, muß die Ausbringung dieser Nützlinge sehr rechtzeitig erfolgen.

sen nach 2 bis 3 Wochen. Längerfristig werden die Blattläuse befriedigend bekämpft, wenn 1 *Aphidoletes*-Larve (oder 1 Ei) auf 5 Blattläuse vorhanden sind.

Je nach Befallsentwicklung kann eine 2. Freilassung im Abstand von 10 bis 14 Tagen notwendig werden. Andererseits wird ungefähr 3 Wochen nach der 1. Freilassung bereits die 2. Gallmückengeneration auftreten. Voraussetzung dafür ist allerdings, daß der Boden bzw. das Pflanzsubstrat feucht gehalten wird, damit eine Verpuppung möglich ist.

Besondere Hinweise

Für die Blattlausbekämpfung im Blumenfenster und an einzeln stehenden Pflanzen ist die Räuberische Gallmücke – wie bereits erwähnt – weniger geeignet, hier empfiehlt sich der Einsatz von Florfliegen (*Chrysopa carnea*).

Hinweise für Erwerbsgärtner:

- In größeren Pflanzenbeständen sollten die Gallmückenpuppen auf etwa 10 bis 20 Stellen pro 1000 Quadratmeter verteilt werden.
- Als Alternative zur Ausbringung nach Auftreten eines Blattlausbefalls hat sich auch der vorbeugende wöchentliche Einsatz von 0,5 Gallmücken (Puppen) pro Quadratmeter mindestens dreimal ab Pflanzung bewährt.
- Eine sehr wirkungsvolle Blattlausbekämpfung wird durch die Kombination von Räuberischen Gallmücken und Schlupfwespen (*Aphidius matricariae*) ermöglicht.
- Bei der Bekämpfung der Gurkenblattlaus (*Aphis gossypii*) hat sich gezeigt, daß es von großem Vorteil ist, wenn zum Zeitpunkt des Blattlausauftretens bereits Nützlinge im Gewächshaus vorhanden sind. Werden zu diesem Zeitpunkt erst die ersten Nützlinge bestellt, kann eine erfolgreiche Bekämpfung sehr schwierig werden. Hier empfiehlt sich deshalb das frühzeitige Einrichten einer sog. 'offenen Dauerzucht'.

'Offene Gallmückenzucht'

Vornehmlich in Gurkenkulturen, aber auch bei Paprika und Auberginen hat sich bei der Blattlausbekämpfung die sog. 'offene Dauerzucht' der Räuberischen Gallmücken als besonders geeignet erwiesen. Das Prinzip dieser Methode besteht darin, bereits einen hohen Nützlingsbesatz im Gewächshaus zu haben, bevor die ersten Blattläuse auftreten. Dazu werden die Gallmücken auf Blattlausarten, die für die angebaute Kultur nicht gefährlich werden können, sozusagen 'vorvermehrt'. Die für dieses Verfahren benötigten Getreideblattläuse (*Sitobion avenae*, *Rhopalosiphon padi*) sind bei (einigen) Nützlingszuchtbetrieben erhältlich.

Durchführung

Etwa 4 bis 6 Wochen vor der Pflanzung der Kultur wird Wintergetreide (Weizen, Gerste oder Triticale; möglichst mehltauresistentes und ungebeiztes Saatgut) in Saatkisten, Balkon- oder Hydrokulturkästen gesät. Für 200 Quadratmeter Kulturfläche benötigt man z. B. einen 1 m langen Balkonkasten oder 1 Gurken- bzw. Salatsteige. Pro Kasten/Steige sollten ca. 50 g Getreide ausgesät werden.

1 Woche später, wenn die Getreidepflanzen eine Höhe von ca. 3 bis 4 cm erreicht haben, werden sie mit Getreideblattläusen (ca. 1000 Blattläuse je Kasten/Steige) und nach weiteren 3 bis 5 Wochen mit Räuberischen Gallmücken 'belegt'. Für eine ausreichende Vermehrung von Blattläusen und Gallmücken ist es i. d. R. notwendig, nach etwa 3 Wochen eine 2. Getreideaussaat in Kisten vorzunehmen.

Zum Zeitpunkt der Kulturpflanzung wird dann zusätzlich eine Getreidedirektsaat in den Gewächshausboden vorgenommen (5 Stellen pro 1000 Quadratmeter; jeweils eine Fläche von ca. 1 Quadratmeter). Daneben werden die

Getreidekisten aufgestellt und mit Gallmücken belegt. Bewährt haben sich eine 2. Nützlingsfreilassung ca. 2 Wochen nach Pflanzung sowie eine 2. und gegebenenfalls eine 3. Getreidedirektsaat nach 3 respektive 6 Wochen. Wichtig ist, daran zu denken, das Getreide zu gießen und zu düngen. Wenn die Getreidepflanzen vergilben und dann den Blattläusen keine ausreichende Nahrungsgrundlage mehr bieten, sollte direkt daneben rechtzeitig neues Getreide ausgesät werden. Je mehr Getreide ausgesät wird, desto besser gelingt die Ansiedlung der Nützlinge. Zur Förderung der Lebensdauer und Eibildung kann den erwachsenen Gallmücken zusätzlich Honiglösung als Ersatznahrung angeboten werden, insbesondere wenn der Blattlausbesatz und damit die Honigtaubildung zu gering sind. Dazu werden die Getreidepflanzen mehrmals mit Honigwasser (5 Teelöffel Honig auf 1 Liter Wasser; Handzerstäuber) besprüht.

Neben der Gallmückenvermehrung dienen die blattlausbesetzten Getreidepflanzen auch der Anlokkung weiterer heimischer Blattlausnützlinge. Nachteile ergeben sich teilweise durch die frühzeitige Anlockung von Ameisen, die zusätzliche Arbeit für den Gärtner mit dem Verteilen der Getreideläuse und mitunter durch die Förderung von Pilzkrankheiten, wenn bei zu dicht am Stengel der Gurkenpflanze stehendes Getreide die Belüftung erschwert wird.

Florfliegen
Chrysopa carnea

Ein anderer natürlicher Gegenspieler der Blattläuse ist die Gemeine Florfliege *Chrysopa carnea* (PLANIPENNIA, CHRYSOPIDAE). Bekannt ist dieser Nützling auch unter den Namen 'Blattlauslöwe' oder 'Goldauge' (siehe Seite 63 und Seite 183).

Oben: Die ca. 10 bis 15 mm große Florfliege fällt durch ihre hellgrünen, netzartigen Flügel auf, die sie in Ruhestellung dachförmig über dem Hinterkörper trägt.
Rechts oben: Die auf ca. 5 mm langen Stielchen sitzenden Eier der Florfliegen sind zunächst hellgrün, später bräunlich.
Rechts Mitte: Nach dem Ausschlüpfen der Larven nehmen die Florfliegeneier eine weißliche Färbung an.
Rechts unten: Die Florfliegenlarven entwickeln sich je nach Temperatur in 2 bis 3 Wochen und erreichen in dieser Zeit eine Körpergröße von ca. 5 bis 10 mm.

Aussehen und Auftreten
Die ca. 10 bis 15 mm großen erwachsenen Florfliegen fallen durch ihre hellgrünen, netzartigen Flügel auf, die sie in Ruhestellung dachförmig über dem Hinterkörper tragen. Sie sind häufig im Garten anzutreffen, oft in der Nähe von Blattlauskolonien oder blühenden Pflanzen, deren Pollen und Nektar den erwachsenen Florfliegen als Nahrung dienen. Im Spätherbst verfärben sich die Florfliegen gelblich-bräunlich. Zur Überwinterung suchen sie dann oft Unterschlupf in Häusern oder Gartenlauben.

Entwicklung

Pro Weibchen werden bis zu 700 Eier abgelegt. Die Eiablage ist unspezifisch, d.h., sie ist nicht unbedingt vom Ort des Beutetieres (Blattlaus) abhängig. Die auf ca. 5 mm langen Stielchen sitzenden Eier der Florfliegen sind zunächst hellgrün, später bräunlich. Nach dem Ausschlüpfen der Larven nehmen sie eine weißliche Färbung an.

Die Larven entwickeln sich je nach Temperatur in 2 bis 3 Wochen und erreichen in dieser Zeit eine Körpergröße von ca. 5 bis 10 mm. Sie haben große, zangenartige Kiefer, mit denen sie ihre Beute ergreifen. Zum Abtöten der Blattlaus wird ein giftiges Sekret eingespritzt, das innerhalb weniger Minuten das Innere auflöst. Anschließend wird der Saft ausgesaugt. Zurück bleibt die leere Chitinhülle der Blattlaus.

Überwiegend leben die Florfliegenlarven von Blattläusen, von denen sie während ihrer Entwicklung bis zu 500 (800) vertilgen können. Sie saugen aber auch andere kleinere Insekten (z.B. Thripse) und Spinnmilben aus. Das 3. Larvenstadium spinnt einen Kokon, in dem die Verpuppung (im 4. Larvenstadium) erfolgt. Die Puppe verläßt den Kokon, ehe sie sich zur Imago verwandelt hat.

Die Begattung erfolgt im Frühjahr; pro Jahr entstehen 2 bis 3 Generationen. Unter Glas vermehrt sich die Florfliege im allgemeinen nicht in ausreichendem Maße, d.h., sie sollte bei Bedarf mehrfach freigelassen werden.

Einsatz gegen Blattläuse

Florfliegenlarven gehören nicht nur zu den wichtigsten natürlichen Blattlausfeinden, sie können auch gut zur gezielten biologischen Bekämpfung eingesetzt werden. In Gewächshäusern sowie an Zimmerpflanzen und Hydrokulturen in Büroräumen usw. lassen sich sowohl Blattläuse als auch Thripse recht gut durch die Ausbringung von Florfliegen kontrollieren. Optimal ist dabei ein Räuber-Beute-Verhältnis von etwa 1:10.

Anwendung

Bewährt hat sich die Ausbringung von Florfliegeneiern beim ersten Auftreten von Blattläusen.

Freilassung

Die vom Zuchtbetrieb zugesandten hellgrünen oder bräunlichen kleinen Eier befinden sich i.d.R. auf Mullgaze oder Papierstreifen. Man schneidet diese vorsichtig in kleine Stücke und verteilt sie auf die befallenen Pflanzen. Da die aus den Eiern schlüpfenden Larven zunächst nur einen begrenzten Aktionsradius haben und nur in unmittelbarer Nähe nach Beute suchen, sollten die Stückchen möglichst dicht an die Blattlauskolonien gelegt werden.

Neben der beschriebenen, praxisbewährten Methode gibt es 2 weitere Möglichkeiten der Florfliegenausbringung: So können Eier (oder Larven) auch in einem Trägermaterial (z.B. Kleie) geliefert werden, das dann möglichst gleichmäßig im Pflanzenbestand mit der Hand auszustreuen ist. Eine andere Variante ist die Ausbringung der Eier in einer wäßri-

Die Ausbringung der Florfliegen erfolgt in Form von Eiern. Vom Nützlingszuchtbetrieb erhält man die hellgrünen bis bräunlichen Eier i.d.R. auf Mullgaze oder Papierstreifen.
Rechts: Man schneidet diese Papierstreifen vorsichtig in kleine Stücke.
Unten: Anschließend verteilt man sie auf die befallenen Pflanzen. Schon nach wenigen Tagen schlüpfen die räuberischen Larven, die im Pflanzenbestand dann kaum mehr wiederzufinden sind. Wenn alle Eier weiß verfärbt sind, ist der Schlupf abgeschlossen.

Nützlingseinsatz unter Glas

gen Lösung mit Hilfe einer herkömmlichen Spritze oder eines Feinzerstäubers. Zu diesem Zweck bieten einige Nützlingszuchtbetriebe Florfliegeneier in einem speziellen in Wasser auflösbaren pulverförmigen Trägermedium an. Dieses Verfahren hat sich allerdings bislang in der Praxis noch nicht ausreichend bewährt; eine Schädigung der Eier und damit größere Verluste sind hier nicht auszuschließen.

Die vorgestellten Ausbringungsmethoden sind auf den größeren Flächen im Erwerbsgartenbau mit zu hohem Arbeits- und Zeitaufwand oder mit Verteilungs- und Verschmutzungsproblemen verbunden und daher nicht in jedem Fall praktikabel. Versuche mit Feinzerstäubern, bei denen der nötige Luftdruck (0,5 bis 1,5 bar) nicht mühsam von Hand, sondern maschinell durch einen Kompressor erzeugt wurde, verliefen dagegen erfolgreich. Zur besseren Haftung der Eier auf den Blättern wurde als Trägermedium eine stark verdünnte Netzmittellösung und eine 5%ige Saccharoselösung geprüft: Die Schlupfrate war gegenüber nicht ausgespritzten Eiern nur geringfügig vermindert (siehe auch Seite 183).

Ausbringungsmenge

Für eine erfolgreiche Bekämpfung der Blattläuse im Hobbybereich benötigt man bei Zimmerpflanzen – je nach Größe – ca. 20 Florfliegen pro Pflanze, im Kleingewächshaus und Wintergarten ca. 10 Florfliegen pro Quadratmeter. Im Erwerbsgartenbau empfiehlt sich eine mindestens zweimalige Ausbringung von jeweils 5 Florfliegen(eiern) pro Quadratmeter. Dabei sollte das Räuber-Beute-Verhältnis zwischen 1:5 und 1:10 liegen.

Begleitende Maßnahmen

Blattlausbefallene Topf- und Kübelpflanzen sollten möglichst dicht zusammengerückt werden,

damit die Larven gut überwandern können. Nach ca. 1 Woche werden die Florfliegeneier eine weißliche Färbung angenommen haben, was anzeigt, daß die Larven ausgeschlüpft sind. Die Mullgaze- bzw. Papierstückchen können dann entfernt werden.

Die Tagestemperaturen im Pflanzenbestand sollten mindestens 18°C betragen; optimal sind Temperaturen zwischen 20 und 26°C. In einem üppigen Pflanzenbestand mit höherer Luftfeuchtigkeit empfiehlt sich gegebenenfalls die gleichzeitige oder alternative Freilassung von Räuberischen Gallmücken. Wie Versuche gezeigt haben, werden Gallmückenlarven von den Florfliegenlarven weder 'angegriffen' noch vertilgt.

Erfolgskontrollen

Florfliegenlarven sind erfahrungsgemäß im Pflanzenbestand sehr schwer zu finden. Ihre Wirksamkeit ist aber meist schon nach wenigen Tagen zu erkennen. 2 bis 3 Wochen nach der Ausbringung der Florfliegeneier sollte eine deutliche Reduzierung des Blattlausbesatzes festzustellen sein. Da die Florfliegenlarven nur etwa 10 bis 14 Tage aktiv sind und sich dann verpuppen, müssen gegebenenfalls mehrere Ausbringungen erfolgen. Vor allem im Erwerbsgartenbau kann sich unter Umständen die relativ langsame Entwicklung der Florfliegen sowie deren – im Gegensatz zu den Räuberischen Gallmücken – ungezielte Eiablage im Gewächshaus nachteilig auswirken.

Schlupfwespen
Aphidius-Arten

Ein weiterer Nützling, der im Erwerbsgartenbau unter Glas bereits mit Erfolg gegen Blattläuse eingesetzt wurde, ist die Schlupfwespe *Aphidius matricariae* (HYMENOPTERA, APHIDIIDAE; siehe Seite 95). Neuerdings wird von

einigen Nützlingszüchtern auch die Art *Aphidius colemani* angeboten. Da sich Biologie, Wirkungsweise und Anwendung dieser Schlupfwespen ähneln, wird im folgenden nur *Aphidius matricariae* vorgestellt.

Aussehen und Entwicklung

Aphidius-Schlupfwespen sind ca. 2 mm groß, dunkel gefärbt und schlank. Die Größe der adulten Schlupfwespen variiert je nach Größe ihrer Wirte. Die Männchen haben längere Fühler und sind schwarzbraun. Die Weibchen sind hellbraun und besitzen einen Legestachel.

Die erwachsenen Tiere ernähren sich vom Honigtau der Blattläuse oder von Blütennektar. Während seiner ein- bis zweiwöchigen Lebensdauer kann ein Weibchen ca. 200 bis 500 Eier (unterschiedliche Literaturangaben) ausbilden und entsprechend viele Blattläuse parasitieren. Dazu werden die ca. 0,1 mm langen Eier einzeln mit Hilfe des Legebohrers in die Blattläuse (auch geflügelte) abgelegt. Die Eientwicklung dauert nur 1 bis 2 Tage, dann schlüpfen die Larven.

Die Entwicklung der Schlupfwespen vollzieht sich über 4 Larvenstadien und 1 Puppenstadium innerhalb der Blattlaus und dauert bei 20°C weniger als 2 Wochen. Dabei ernährt sich die Schlupfwespenlarve von ihrem Wirt (Blattlaus). Erst kurz vor der Verpuppung der Schlupfwespe, nach etwa 5 bis 8 Tagen, stirbt die Blattlaus ab. Sie wird dann zur sog. 'Mumie', was durch eine Farbveränderung zu Hellbraun bis Gelblich (Pergamentfarben) und eine Verhärtung der Außenhaut sichtbar wird. Parasitierte, getötete Blattläuse sind leicht an ihrer aufgeblasenen, kugelrunden Gestalt zu erkennen.

Nach Beendigung der etwa fünftägigen Verpuppungsphase (in einem Kokon) schneidet die erwachsene Schlupfwespe ein

Nützlinge gegen Blattläuse

Parasitierte Blattläuse werden zu sog. 'Mumien', d. h., es kommt zu einer Farbveränderung zu Hellbraun bis Gelblich (Pergamentfarben) und einer Verhärtung der Außenhaut.

Ein Weibchen der Schlupfwespe Aphidius matricariae kann während seiner ein- bis zweiwöchigen Lebensdauer bis zu 500 Eier ausbilden und entsprechend viele Blattläuse parasitieren.

kreisrundes Loch in die Blattlausmumie, durch welches sie den Wirt verläßt. Einen Tag nach dem Schlupf findet die Paarung statt. Die Männchen erkennen die Weibchen an deren Duft. Weibchen paaren sich nur einmal, Männchen meist mehrmals. Männchen können sowohl aus befruchteten Eiern als auch aus unbefruchteten Eiern entstehen. Das Geschlechterverhältnis liegt bei 2:1 (Weibchen zu Männchen).

Bereits kurz nach dem Schlupf können die *Aphidius*-Weibchen mit der Parasitierung von Blattläusen beginnen. Die Schlupfwespe zeigt dabei sehr gute Sucheigenschaften, die es ihr ermöglichen, auch vereinzelt sitzende Blattläuse zu finden. Selbst geflügelte Blattläuse werden erfolgreich parasitiert.

Einsatz gegen Blattläuse

Wichtige Voraussetzungen für eine erfolgreiche Anwendung sind durchschnittliche Temperaturen von mindestens 15 °C sowie die rechtzeitige Freilassung der Schlupfwespen, spätestens beim ersten Auftreten der Blattläuse. Je früher diese Nützlinge freigelassen werden, desto wirkungsvoller kann ein Blattlausbefall unterdrückt oder zumindest verzögert werden.

Ein Einsatz von *Aphidius*-Schlupfwespen wird (speziell in Gemüsekulturen) insbesondere bei einem ersten Auftreten (bevor es zu Koloniebildungen kommt) von Grünen Pfirsichblattläusen, Gurkenblattläusen und Grünfleckigen Kartoffelblattläusen empfohlen. Im Gegensatz zu den Räuberischen Gallmücken können die *Aphidius*-Schlupfwespen auch vereinzelt auftretende Blattläuse finden und parasitieren. Ferner sind sie in ihrer Aktivität nicht von der Tageslänge abhängig, und ihre Anwendung kann auch bei einem trockenen Gewächshausklima bzw. in Gewächshäusern mit trockenerem Boden (Tröpfchenbewässerung) erfolgen. Einige in Gewächshäusern vorkommende Blattlausarten werden von *Aphidius matricariae* jedoch nicht parasitiert. Dazu gehören die Grünstreifige Kartoffelblattlaus (*Macrosiphum euphorbiae*) und die Schwarze Bohnenlaus (*Aphis fabae*).

Anwendung

Die Anwendung der *Aphidius*-Schlupfwespen hat bislang nur im Erwerbsgartenbau (insbesondere in Gemüsekulturen) Bedeutung erlangt. Mit dem Einsatz dieser Nützlinge sollte hier bereits vorbeugend begonnen werden, d. h., bevor überhaupt Blattläuse im Gewächshaus gefunden werden.

Freilassung

Die Zusendung der Parasiten erfolgt in Flaschen oder Dosen, in denen sich (lose) mumifizierte Blattläuse und/oder erwachsene Schlupfwespen befinden. In Gewächshäusern bis 100 Quadratmeter können die Behälter einfach an einer zentralen, schattigen Stelle am Boden plaziert oder im Pflanzenbestand aufgehängt werden. Bewährt hat sich jedoch auch die gleichmäßige Verteilung von jeweils 50 bis 100 Schlupfwespen auf trockenen Plätzen am Boden oder auf den Blättern der Pflanzen. Die Schlupfwespen verlassen die Behälter innerhalb weniger Tage und suchen sich dann selbst ih-

Nützlingseinsatz unter Glas

re Wirtstiere (Blattläuse). Die Behälter sollten jedoch erst entfernt werden, wenn alle Schlupfwespen herausgekommen sind, also frühestens nach 1 Woche.

Begleitende Maßnahmen
Beim Gießen der Kulturen sollte man darauf achten, daß kein Wasser in die Ausbringungsbehälter bzw. an die Schlupfwespenpuppen gelangt. Temperaturen zwischen 20 und 24 °C fördern die Eiablage der Schlupfwespenweibchen und erhöhen damit die Parasitierungsrate; die Mindesttemperatur sollte bei 15 °C liegen.

Ausbringungsmenge
Für die biologische Blattlausbekämpfung benötigt man etwa 1,5 bis 2,5 Schlupfwespen pro Quadratmeter; bei vorbeugendem Einsatz reichen 0,5 bis 1 Schlupfwespe (als Blattlausmumien) pro Quadratmeter aus. Je nach Befallsentwicklung kann eine weitere Freilassung nach 7 bis 10 Tagen notwendig werden. Allgemein wird empfohlen, *Aphidius*-Schlupfwespen vorzugsweise zweimal, vornehmlich in der Zeit von November bis Juni, beim ersten Auftreten von Blattläusen einzusetzen. Optimal ist eine vorbeugende Behandlung, mit der schon bald nach dem Pflanzen der Kultur (z.B. Paprika) begonnen werden sollte.

Erfolgskontrolle
Schon etwa 1 Woche nach Freilassung der Schlupfwespen werden die ersten hellbraunen, mumifizierten Blattläuse an den Blattunterseiten der befallenen Pflanzen zu finden sein (temperaturabhängig).

Besondere Hinweise
Bei einem stärkeren Blattlausbefall im Frühjahr, bei dem nicht nur einzelne Blattläuse, sondern bereits kleine Kolonien mit mehreren Blattläusen auftreten, hat sich der gleichzeitige Einsatz von

Aphidius-Schlupfwespen mit der Räuberischen Gallmücke (*Aphidoletes aphidimyza*, siehe Seite 204) bewährt. Dies gilt auch für die Bekämpfung der Grünstreifigen Kartoffellaus (*Macrosiphum euphorbiae*) und der Schwarzen Bohnenlaus (*Aphis fabae*), die von *Aphidius*-Schlupfwespen nicht parasitiert werden.

Von einigen Nützlingszuchtbetrieben werden 2 verschiedene *Aphidius*-Stämme angeboten: ein Stamm für den Einsatz gegen die Grüne Gurkenblattlaus (*Aphis gossypii*), ein anderer Stamm für den Einsatz gegen die Grüne Pfirsichblattlaus (*Myzus persicae*).

'Offene Zucht'
Aphidius- und *Aphelinus*-Schlupfwespen (s. u.) eignen sich grundsätzlich auch für eine 'offene Zucht'. Das Verfahren gleicht dann dem von *Aphidoletes*-Gallmücken, das bereits auf Seite 207 beschrieben wurde.

Schlupfwespen
Aphelinus abdominalis

Zur biologischen Bekämpfung verschiedener Blattlausarten im Erwerbsgartenbau unter Glas, besonders der Grünstreifigen *Macrosiphum euphorbiae* und der Grünfleckigen Kartoffelblattlaus *Aulacorthum solani*, wird seit kurzem die Schlupfwespe *Aphelinus abdominalis* angeboten.

Diese sehr fruchtbare Schlupfwespe (bis zu 1000 Nachkommen pro Weibchen) parasitiert alle Entwicklungsstadien der Blattläuse. Parasitierte Blattläuse färben sich schwarz, mumifizieren und sterben innerhalb weniger Tage ab. Aus den Mumien schlüpfen nach etwa 2 Wochen die adulten Schlupfwespen. Neben der Parasitierung tötet die Schlupfwespe viele Blattläuse auch durch Anstechen und Aufnahme von Wirtshämolymphe ('host-feeding').

Aphelinus-Schlupfwespen können das ganze Jahr über eingesetzt werden, da sie weder in Diapause gehen, noch große Temperaturansprüche haben. Auch scheint es keine Probleme mit Hyperparasiten zu geben. Die Freilassung sollte beim ersten Auftreten von Blattläusen erfolgen, und zwar in unmittelbarer Nähe der befallenen Pflanzen, da sich die Schlupfwespe nicht gut im Gewächshaus verbreitet. Bis eine 80%ige Parasitierung feststellbar ist, wird eine wöchentliche Freilassung empfohlen.

Nützlinge gegen Weiße Fliegen

Die sog. Weißen Fliegen sind eigentlich gar keine 'Fliegen', denn sie gehören zu den Mottenschildläusen (ALEURODIDAE), die eng mit den Blattläusen und Schildläusen verwandt sind. Ursprünglich in den tropischen und subtropischen Regionen Amerikas beheimatet, wurde die Weiße Fliege vor 130 Jahren in Großbritannien eingeschleppt und von dort aus weltweit verbreitet. Seit etwa 1970 zählt die Gewächshaus-Mottenschildlaus *Trialeurodes vaporariorum* zu den wichtigsten Schädlingen im Unter-Glas-Gemüseanbau. Seit einigen Jahren tritt in Gewächshäusern eine weitere Art auf, die Süßkartoffel- bzw. Baumwoll-Mottenschildlaus *Bemisia tabaci*. Beide Arten können sowohl an Gemüse als auch an Zierpflanzen vorkommen. Besonders gefährdet sind Tomaten und Gurken sowie Poinsettien, Fuchsien, Gerbera, Lantanen und Geranien.

Bei genauer Betrachtung (mit einer guten Lupe) sind die beiden Arten recht gut zu unterscheiden: Sowohl die erwachsenen Baumwoll-Mottenschildläuse als auch deren Eier, Larven und Puparien zeigen eine gelbliche statt weißgräuliche Färbung, und die flachen Puparien weisen im Ge-

Nützlinge gegen Weiße Fliegen

gensatz zur Gewächshaus-Mottenschildlaus nur wenige, kurze Borsten auf. Die Imagines von *Bemisia* sind etwas kleiner und auch schlanker als die *Trialeurodes*-Imagines. Biologie, Schadbild und Schadwirkung unterscheiden sich dagegen kaum voneinander.

Eiablage

Die etwa 2 mm langen, geflügelten und mit weißem Wachsstaub bepuderten Weißen Fliegen legen ihre ca. 0,2 mm langen, ovalen, weißen bis gelblichgrünen Eier an den Blattunterseiten der Wirtspflanzen ab. Das Weibchen unterbricht seine Nahrungsaufnahme nicht, um Eier abzulegen, sondern bewegt nur für jedes Ei den Hinterleib etwas weiter zur Seite. So kommt es, daß die – mit einem kleinen Fortsatz in der Blattepidermis verankerten – Eier in kleinen Halbkreisen oder Kreisen angeordnet sind. 1 bis 2 Tage nach der Ablage verfärben sich die Eier braun und schwarz, und nach 7 bis 10 Tagen schlüpfen dann die weißlichen bis gelblichgrünen Larven. Aus unbefruchteten Eiern entwickeln sich nur Männchen, aus befruchteten auch Weibchen.

Larven und Imagines

Während das erste, durchsichtig erscheinende Larvenstadium beweglich ist, sitzen die weiteren 3 Stadien fest und sind durch einen Schild geschützt, unter dem auch die Verpuppung und Umwandlung zur Imago erfolgt. Im 1. und 2. Stadium sind die Larven 0,2 bis 0,4 mm lang und sehr flach. Im 3. und 4. Stadium sind sie dann auf 0,6 bis 0,7 mm herangewachsen, haben eine eher gewölbte Form und sind dann auch ohne Lupe zu erkennen. Das 1. Larvenstadium ist im Gegensatz zu den nachfolgenden Stadien beweglich und noch nicht von einer Wachsschicht umhüllt. Nach dem Schlüpfen der erwachsenen Weißen Fliege ist auf der Oberseite der Puppenhülle eine T-förmige Ausschlupföffnung zu erkennen.

Die adulten Weißen Fliegen sind etwa 1 bis 2 mm groß. Unter dem Hinterleib befinden sich Wachsdrüsen, die Wachsmehl abscheiden. Das Wachs wird mit den Beinen über den ganzen Körper und über die Flügel verteilt und schützt so die Tiere gegen Wasser und Sonneneinstrahlung.

Lebenszyklus

Die Dauer des gesamten Lebenszyklus ist sehr stark temperaturabhängig. Bei 25 °C dauert der Entwicklungskreislauf der Weißen Fliegen ungefähr 21 Tage, bei 16 °C dagegen 60 Tage. Lebensdauer und Eizahl werden auch von der Wirtspflanze beeinflußt. So kann ein Weibchen an Aubergine ca. 4 Wochen leben und an die 300 Eier ablegen, während an Paprika die Lebensdauer sehr kurz ist (ca. 5 Tage) und nur wenige Eier gebildet werden. Insbesondere bei höheren Temperaturen in den Monaten Mai, Juni und Juli ist eine rasche Generationenfolge zu beobachten. Nicht selten kommt es dann zu einer explosionsartigen Vermehrung und Ausbreitung der Weißen Fliegen.

Schädigung der Pflanzen

Sowohl Larven als auch Adulte schädigen die Pflanzen durch ihre Saugtätigkeit (Entzug von Zellsaft) und die Ausscheidung von klebrigem Honigtau. Dadurch werden die Stoffwechselprozesse der Pflanzen beeinflußt. Blattvergilbungen und – vor allem bei hoher Luftfeuchte – die Ansiedlung von Rußtau- bzw. Schwärzepilzen sind die Folge, beeinträchtigen die Atmung und Assimilation der Wirtspflanze und führen zur Verschmutzung der Früchte. *Bemisia tabaci* spielt zudem als potentieller Überträger von Viruskrankheiten eine Rolle.

Befallskontrolle und Bekämpfung

Die biologische Bekämpfung der Weißen Fliegen erfordert unbedingt eine regelmäßige Kontrolle des Pflanzenbestandes, denn der Einsatz von Nützlingen kann nur bei einer kleinen Schädlings-Ausgangspopulation erfolgreich sein. Ein Befall ist relativ leicht festzustellen, denn die erwachsenen Weißen Fliegen halten sich vornehmlich auf den obersten (jüngsten) Blättern der Wirts-

Die Imagines der Gewächshaus-Mottenschildlaus (Trialeurodes vaporariorum) sind etwa 1 bis 2 mm groß und mit weißem Wachsstaub bepudert. Sie sitzen an den oberen Blättern und Triebspitzen der Pflanzen.

Die älteren, bis 0,7 mm großen Larven der Gewächshaus-Mottenschildlaus sind auch ohne Lupe zu erkennen. Man findet sie an den Unterseiten der Blätter im unteren Teil der Pflanzen.

pflanzen auf und können hier durch Schütteln leicht aufgestört werden. In größeren Pflanzenbeständen – z.B. im erwerbsmäßigen Tomatenanbau – reicht es dabei aus, die Triebspitzen jeder 5. Pflanze zu schütteln. Zur Sicherheit sollten die Pflanzen hier jedoch zusätzlich auf Anwesenheit von Weiße Fliege-Larven untersucht werden: Ältere Larven (3. und 4. Stadium) finden sich auf der Unterseite von 3 bis 4 Wochen alten Blättern. Die jüngeren Larvenstadien werden auf entsprechend jüngeren Blättern angetroffen. Für eine Befallsprognose sind beleimte Gelbtafeln, die man vor allem in der Nähe von Lüftungsklappen und Türen in Pflanzenhöhe aufhängt, recht gut geeignet. Eine visuelle Kontrolle der Pflanzen sollte aber in jedem Falle durchgeführt werden.

Schlupfwespen
Encarsia formosa

Zur Bekämpfung der Weißen Fliegen unter Glas wird weltweit seit etlichen Jahren mit gutem Erfolg die Schlupf- bzw. Erzwespe *Encarsia formosa* (HYMENOPTERA, APHELINIDAE, siehe auch Seite 97) eingesetzt. Vermutlich stammt sie aus Mittel- oder Südamerika. Bereits 1927 wurde die Schlupfwespe von britischen Forschungsinstituten zur Bekämpfung von Weißen Fliegen in Gewächshäusern eingesetzt. In den 30er Jahren wurden in England bereits jährlich 1,5 Millionen dieser Wespen gezüchtet und in verschiedene Länder exportiert.

Aussehen
Der winzige Solitärparasit *Encarsia formosa*, der sich ausschließlich in Weißen Fliegen entwickelt, ist nur ca. 0,6 mm lang und daher mit bloßem Auge kaum zu erkennen. Kopf und Brust sind dunkelbraun bis schwarz gefärbt; der Hinterleib ist beim Weibchen

gelb durchscheinend und beim Männchen braun bzw. schwarz. Die paarigen Flügel sind durchsichtig und ragen in Ruhestellung über den Hinterleib hinaus.

Ernährung
Die erwachsenen Schlupfwespen ernähren sich von Honigtau, aber auch von den jüngeren Stadien der Weißen Fliegen. Hierbei werden junge Larven im 1. und 2. Stadium angestochen und ausgesaugt. Man nennt die Aufnahme von Wirtshämolymphe (Körperflüssigkeit des Wirtstieres) 'host-feeding'. Die so geschädigten Larven der Weißen Fliege sterben ab. Dies gilt auch für die Eiablage in jüngere Wirtslarvenstadien, die meist keine Schlupfwespennachkommen ergeben.

Entwicklung
Encarsia formosa vermehrt sich überwiegend durch Jungfernzeugung (Parthenogenese), d.h., zur

Ganz oben: Die winzige Schlupfwespe Encarsia formosa entwickelt sich ausschließlich als Solitärparasit in den Larven der Weißen Fliegen. Sie ist nur ca. 0,6 mm lang und daher mit bloßem Auge kaum zu erkennen.
Oben links: Von Encarsia-Schlupfwespen parasitierte Weiße Fliege-Larven verfärben sich je nach Art schwarz oder gelblichbräunlich. Haben die Parasiten ihre Entwicklung im Wirt beendet, verlassen sie diesen durch ein gebohrtes rundes Loch aus der Schädlingshülle (links im Bild).
Oben rechts: Ungefähr 4 Wochen nach der Freilassung von Encarsia-Schlupfwespen im Gewächshaus sollten ca. 50 % und nach 6 bis 8 Wochen ca. 80 % der Weiße Fliege-Larven parasitiert sein. Zumindest bei der Gewächshaus-Mottenschildlaus (Trialeurodes vaporariorum) ist der Parasitierungsgrad durch die deutliche Schwarzfärbung gut erkennbar.

Nützlinge gegen Weiße Fliegen

Eiablage ist eine Befruchtung nicht unbedingt erforderlich. Es entstehen hauptsächlich weibliche Nachkommen. Die Schlupfwespe kann zwischen parasitierten und unparasitierten Wirten unterscheiden und vermeidet die Eiablage in bereits parasitierte Wirte. Da Männchen nur durch Hyperparasitierung entstehen, kommen sie relativ selten vor (1 bis 2 % der Population).

Während der etwa zwei- bis dreiwöchigen Lebensdauer bildet ein *Encarsia*-Weibchen bis zu 300 Eier aus. Täglich werden durchschnittlich 10 bis 15 Eier einzeln, mit Hilfe eines Legestachels (Legeröhre) bevorzugt in die älteren Larven (3. und 4. Stadium) der Weißen Fliegen abgelegt. Aus den Eiern schlüpfen Wespenlarven, die sich über 3 Larvenstadien und 1 Puppenstadium innerhalb der Weiße Fliege-Larven entwickeln, sich also auch von ihnen ernähren und sie dabei zum Absterben bringen. Die Entwicklungsdauer ist temperaturabhängig. Unter Gewächshausbedingungen dauern Ei- und Larvenstadium zusammen 12 bis 14 Tage, das Puppenstadium ungefähr 8 bis 12 Tage.

Einsatz gegen Weiße Fliegen

Die *Encarsia*-Weibchen zeigen ein sehr aktives Suchverhalten. Über Entfernungen bis zu 30 m sind sie in der Lage, geeignete Wirte für die Eiablage zu finden. Bei gleichzeitigem Auftreten werden *Trialeurodes*-Larven den *Bemisia*-Larven vorgezogen. Anhand der nach ca. 10 Tagen eintretenden Schwarzfärbung (bei *Trialeurodes*) oder Braunfärbung (bei *Bemisia*; parasitierte Larven oft gelblich-durchscheinend) wird die erfolgreiche Parasitierung deutlich sichtbar. Nach weiteren 10 Tagen (bei 20 bis 25 °C) schlüpft die junge Schlupfwespe nach Beendigung der Puppenentwicklung durch ein gebohrtes rundes Loch am Kopfteil der Weiße Fliege-Larve aus der Schädlingshülle aus. Dies ist auch ohne Lupe zu erkennen, wenn man die Blätter mit den parasitierten Weiße Fliege-Larven gegen das Licht hält.

Anwendung

Wichtige Voraussetzungen für eine erfolgreiche Anwendung der Schlupfwespen sind durchschnittliche Tagestemperaturen von mindestens 18 °C. Bei niedrigeren Temperaturen ist die Vermehrungsrate der Weißen Fliegen höher als die der Nützlinge. Unter 15 °C werden von *Encarsia* keine Eier mehr abgelegt. Ganz entscheidend ist ferner die rechtzeitige Freilassung der Nützlinge bereits beim ersten Auftreten von Weißen Fliegen.

Ausbringungsmenge

Man benötigt bei Zimmerpflanzen je nach Größe ca. 20 Schlupfwespen pro Pflanze, im Gewächshaus ca. 5 bis 10 Schlupfwespen pro Quadratmeter. Im erwerbsmäßigen Gemüsebau rechnet man mit 5 Nützlingen pro Quadratmeter und Freilassung, die nach etwa 10 Tagen wiederholt werden sollte. Bewährt hat sich auch der vorbeugende Einsatz. Hierbei werden ab Anfang Juni in wöchentlichen Abständen zwei- bis dreimal kleine Mengen freigelassen, auch wenn noch kein Befall entdeckt wurde.

Freilassung

Die Zusendung der Schlupfwespen erfolgt in Form parasitierter, d. h. schwarzgefärbte Larven/Puparien der Weißen Fliege, aufgeklebt auf kleine Kartonkärtchen. Diese sind – gleichmäßig im Pflanzenbestand verteilt – in den unteren Teil (unteres Drittel) der Pflanzen zu hängen. Da bereits einige Schlupfwespen während des Transportweges geschlüpft sein können, sollte die Nützlingspackung erst in der Nähe der Pflanzen geöffnet werden. Beim Trennen und Aufhängen der Kartonkärtchen ist darauf zu achten, daß man die schwarz gefärbten Larven nicht berührt. Das Ausschlüpfen der jungen Wespen erfolgt zwar innerhalb weniger Tage nach Ausbringung der Kärtchen, trotzdem sollten diese frühestens nach 10 Tagen entfernt werden, denn erst dann ist sichergestellt, daß alle Schlupfwespen ausgeschlüpft sind. An kleinen runden Ausschlupflöchern erkennt man, daß die Wespen die schwarze Hülle verlassen haben.

Begleitende Maßnahmen

Damit es zu einer gleichmäßigen und raschen Parasitierung kommt, sollten befallene Topfpflanzen möglichst dicht zusammengerückt werden. Temperaturen zwischen 20 und 27 °C sowie eine relative Luftfeuchtigkeit von ungefähr 70 % fördern die Aktivität und Vermehrung der Schlupfwespen.

Der Lichtbedarf der Schlupfwespen ist für den Bekämpfungserfolg von besonderer Bedeutung. Nach niederländischen Untersuchungen fliegt *Encarsia formosa* erst bei einer Beleuchtungsstärke von mindestens 4200 Lux, der optimale Bereich liegt sogar über 7300 Lux. Ohne künstliche Zusatzbeleuchtung ist ein *Encarsia*-Einsatz vor Mitte Februar daher nicht sinnvoll.

Erfolgskontrollen

Frühestens 14 Tage nach der Ausbringung, bei niedrigeren Temperaturen zuweilen auch erst nach 3 bis 4 Wochen, findet man erste schwarzverfärbte Weiße Fliege-Larven an den Blattunterseiten der befallenen Pflanzen. Ungefähr 4 Wochen nach der Freilassung sollten ca. 50 % und nach 6 bis 8 Wochen ca. 80 % der Larven parasitiert sein. Da die Schädlingspopulation i. d. R. nicht gänzlich abgetötet wird, muß durch laufende Kontrollen festgestellt werden, ob die Schlupfwespen mit der Vermehrung der Weißen Fliegen Schritt halten. Der Prozentsatz schwarzer Puparien an den Blattunterseiten muß ständig zunehmen.

Weitere Anwendungsmethoden
Neben der hier beschriebenen und – nicht nur in der Bundesrepublik Deutschland – gebräuchlichsten Anwendungsmethode (Freilassung des Nützlings nach Auftreten der ersten Schädlinge) gibt es weitere Verfahren des *Encarsia*-Einsatzes:

Bildung künstlicher Nützlingsherde
Bei der sog. 'pest in first'-Methode wird zunächst ein schwacher, gleichmäßig im Bestand verteilter Schädlingsbefall herbeigeführt, indem z. B. 10 adulte Weiße Fliegen pro 100 Pflanzen im Gewächshaus ausgesetzt werden. Nach 3, 5 und 9 Wochen werden dann jeweils Schlupfwespen in einer Menge von jeweils 4, 8 respektive 2 Individuen pro Quadratmeter freigelassen. Diese Methode wurde in England entwickelt; Wissenschaftler bevorzugen sie wegen ihrer hohen Anwendungssicherheit. Durch die aufeinander abgestimmten Freilassungstermine von Schädling und Parasit wird ein relativ stabiles Gleichgewicht der beiden Populationen im Gewächshaus aufgebaut, das auch gegen einen neuen Befall durch die Weiße Fliege schützt. Die Einführung in die Praxis ist aber auf Schwierigkeiten gestoßen, da der Praktiker einer beabsichtigten künstlichen Infektion seiner Pflanzen mit dem Schädling verständlicherweise skeptisch gegenübersteht.

Impfpflanzen-System
Das sog. 'banker plant system' wurde seinerzeit als Methode für Gemüsebauer entwickelt, die ihre eigenen Parasiten produzieren möchten: Getopfte Tomatenpflanzen (oder auch Tabakpflanzen) mit einem starken Besatz parasitierter Weiße Fliege-Larven werden ca. 2 Wochen nach dem Pflanzen in gleichmäßigen Abständen im Gewächshaus verteilt. Pro Hektar werden 50 Pflanzen ausgebracht. Jede 'Impfpflanze' kann über einen Zeitraum von ungefähr 8 bis 10 Wochen ca. 8000 bis 10000 Schlupfwespen hervorbringen. Das Aufstellen solcher 'banker plants' ist ein relativ einfaches und zeitsparendes Verfahren. Trotz dieser Vorteile hat sich auch diese Methode nicht in der Praxis durchsetzen können, da Produktion und Transport der benötigten Pflanzen zu aufwendig sind.

Hinweise für Erwerbsgärtner:

Allgemeine Tips
• Bereits vor der Pflanzung sollten die Pflanzen (z. B. Tomaten) auf einen Weiße Fliege-Befall überprüft werden. Bei eigener Jungpflanzenanzucht sind nicht nur das Anzuchthaus, sondern auch benachbarte Gewächshäuser sowie überwinternde Kübelpflanzen genau zu kontrollieren. Die gleiche Sorgfalt empfiehlt sich bei Jungpflanzenzukauf.
• Das Auftreten von Weißen Fliegen in Gewächshauskulturen kann verzögert bzw. verringert werden, wenn das Glashaus vor dem Pflanzen der Kultur von Unkraut frei gehalten wird. Diese Maßnahme sollte auch die Flächen unmittelbar vor dem Gewächshaus einbeziehen.
• Nach dem Pflanzen sollte der Pflanzenbestand regelmäßig, mindestens aber einmal wöchentlich, kontrolliert werden. Meistens beginnt der Befall in der Nähe von Lüftungsklappen oder Türen.
• In Gewächshäusern, die als Anzuchthäuser genutzt wurden oder zur Überwinterung von Zierpflanzen gedient haben, tritt die Weiße Fliege erfahrungsgemäß sehr früh auf. Hier sollte *Encarsia* schon kurz nach dem

Die Zusendung der Encarsia-Schlupfwespen erfolgt in Form parasitierter, d. h. schwarzgefärbter, Larven/Puparien der Weißen Fliege, aufgeklebt auf kleine Kartonkärtchen.

Die Encarsia-Kärtchen sind – gleichmäßig im Pflanzenbestand verteilt – in den unteren Teil der Pflanzen zu hängen. Die Ausbringung der Schlupfwespen sollte erfolgen, sobald die allerersten Weißen Fliegen im Pflanzenbestand entdeckt werden.

Pflanzen der Kulturen eingesetzt werden. Durch einen schematischen prophylaktischen Einsatz mit Mindermengen (z.B. 1 Schlupfwespe pro Quadratmeter alle 14 Tage) kann man sich die Zeit für Kontrollen sparen.

- Vor dem Nützlingseinsatz dürfen in den Beständen keine Insektizide mit langer Wirkungsdauer (z.B. Pyrethroide) ausgebracht werden. Auch bei einem Fungizideinsatz ist auf mögliche Nebenwirkungen auf die Schlupfwespen zu achten.
- Kühle Nächte im Spätsommer können die Vermehrung der Schlupfwespen stark bremsen. Unter Umständen ist die Lüftung des Gewächshauses nachts zu schließen, obwohl dies wiederum bessere Voraussetzungen für Pilzinfektionen schafft. Um einem Befall mit Pilzkrankheiten vorzubeugen, sollte nur von unten bewässert werden.
- Der Einsatz der Schlupfwespen muß mit den übrigen pflanzenbaulichen Maßnahmen koordiniert werden. So sollten grundsätzlich resistente Sorten bevorzugt werden, da mehrfache Behandlungen gegen Grauschimmel, Samtflecken, Mehltau u.a. dem Nützling schaden.
- Auf den Einsatz von Netzmitteln und Blattdüngern sollte möglichst verzichtet werden.
- Die Seitenlüftungen der Gewächshäuser sollten bei starker Luftbewegung geschlossen werden, da sich die Schlupfwespen sonst nicht gleichmäßig im Bestand verteilen können.

Encarsia-Einsatz in Gemüsekulturen

- Erwerbsgärtner sollten bereits reagieren, wenn nur 1 Weiße Fliege auf 1000 Quadratmeter entdeckt wird. Ist bereits mehr als 1 Weiße Fliege je 10 Pflanzen vorhanden, ist ein Nützlingseinsatz zwar noch möglich, allerdings muß dann in zunehmendem

Maße mit Verschmutzungen der Blätter und Früchte durch Honigtau und Rußtau gerechnet werden.

- Bewährt hat sich ein 'Splitting' der Gesamtausbringungsmenge an Schlupfwespen, d.h. 2,5 bis 5 Schlupfwespen pro Quadratmeter und Ausbringung, mit einer Wiederholung nach 10 bis 14 Tagen.
- 4 Wochen nach dem Aussetzen sollten mindestens 50 %, 7 bis 8 Wochen nach dem Aussetzen mindestens 80 % Parasitierung vorliegen.
- Befalls- und Erfolgskontrollen lassen sich gut mit Pflegearbeiten verbinden. So sind sie beispielsweise beim Aufleiten bzw. Ausgeizen von Tomaten ohne zusätzlichen Arbeitsaufwand durchzuführen.
- Sinnvoll ist es, schon in den Jungpflanzen kleine Mengen der Schlupfwespen auszusetzen und diese Maßnahme bei Bedarf zu wiederholen. Die Nützlingszuchtbetriebe liefern nach Absprache auch kleinere Schlupfwespeneinheiten.
- Bei Tomaten kann durch das Entfernen von Geiztrieben der Weiße Fliege-Befall eventuell reduziert werden. Die Triebe sollten dabei sofort aus dem Gewächshaus entfernt werden. Entfernt man jedoch untere Tomatenblätter, sollte überprüft werden, ob sich hier bereits parasitierte Puparien auf den Unterseiten befinden. Gegebenenfalls läßt man solche Blätter noch 1 Woche im Bestand liegen, damit die Schlupfwespen ausschlüpfen können.
- An Gurken kann es – insbesondere bei einem zu späten Encarsia-Einsatz – Probleme durch die Behaarung der Blätter geben. Zum einen ist die Beweglichkeit der Schlupfwespen eingeschränkt, zum anderen kommt es durch die langen Haare zu einer schnelleren 'Kontamination' der Tiere mit Honigtau, was zu häufi-

gem Putzen führt. Bei frühzeitigem Einsatz der Nützlinge kann es aber auch hier zu einer ausreichenden Parasitierung kommen.

Encarsia-Einsatz in Zierpflanzenkulturen

- In Zierpflanzen-Beständen sollten die Schlupfwespen nicht nur häufiger als bei Gemüse (möglichst wöchentlich), sondern grundsätzlich besser vorbeugend eingesetzt werden. Mit dem Ausbringen der Nützlinge sollte sofort nach dem Topfen der Stecklinge begonnen werden, da sich auf den Jungpflanzen meist schon Eier und junge Stadien der Weißen Fliege befinden.
- Da Zierpflanzen weitestgehend befallsfrei in den Verkauf kommen sollen, ist hier eine regelmäßige wöchentliche Ausbringung zu empfehlen. Als Ausbringungsmengen werden bei Weihnachtssternen (Poinsettien, siehe unten) 1 Schlupfwespe auf 3 Pflanzen, bei Fuchsien, Lantanen u.a. 1 Schlupfwespe auf 5 bis 10 Pflanzen empfohlen.
- Gute Bekämpfungserfolge wurden – sowohl in Versuchen als auch unter Praxisbedingungen – bei folgenden Kulturen verzeichnet: *Euphorbia*, *Fuchsia*, *Gerbera*, *Solanum* und *Thunbergia*. Auch bei *Lantana*, *Cyclamen*, *Brachycome*, *Impatiens*, *Ageratum*, *Verbena* und *Heliotropium* scheint ein *Encarsia*-Einsatz ausreichend wirkungsvoll zu sein. Bei *Chrysanthemum* dagegen dürfte eine biologische Bekämpfung der Weißen Fliegen kaum Erfolg haben. *Abutilon*, *Senecio*, *Hydrangea* und *Sinningia* scheinen so wenig anfällig zu sein, daß möglicherweise gar keine Bekämpfungsmaßnahmen nötig sind.

Encarsia-Einsatz in Poinsettien-Kulturen

Der Einsatz von *Encarsia formosa* in Poinsettien-Kulturen gehört zu den ersten praxisreifen Verfah-

Nützlingseinsatz unter Glas

Speziell für den Einsatz in Poinsettien werden von einigen Nützlingszuchtbetrieben die Encarsia-Schlupfwespen auf kleinen Kunststoffetiketten geliefert (teilweise sogar zur besseren Verteilung in wöchentlich wechselnden Farben), die am Topfrand in das Substrat gesteckt werden.

Der Einsatz von Encarsia formosa in Poinsettien-Kulturen gehört zu den ersten praxisreifen Verfahren der Nützlingsanwendung im erwerbsmäßigen Zierpflanzenbau.

ren der Nützlingsanwendung im erwerbsmäßigen Zierpflanzenbau. An Poinsettien treten beide Weiße Fliege-Arten (*Trialeurodes vaporariorum* und *Bemisia tabaci*) auf. Ziel der Bekämpfung ist es, einen weitestgehend Weiße Fliege-freien Pflanzenbestand zu erhalten. Dazu müssen die Schlupfwespen in wöchentlichen Abständen im Pflanzenbestand freigelassen werden. Die Schlupfwespe greift auf zweierlei Weise in den Lebenszyklus der Weißen Fliege ein: zum einen durch Parasitierung der älteren Larven, zum anderen durch 'host-feeding' an jungen Larven. Die letztere Schädigungsweise überwiegt beim Einsatz von *Encarsia* in Poinsettien.

• Vor der Freilassung von Schlupfwespen müssen einige Maßnahmen beachtet werden: Das Gewächshaus sollte beim Einstellen der Poinsettien frei von Weißen Fliegen sein. Unkräuter und befallene sonstige Kulturpflanzen sind zu entfernen. Sichtbar von Weißer Fliege befallene Poinsettien-Stecklinge sollten unbedingt vernichtet werden. Die Anzahl Weißer Fliegen bei Beginn des Bekämpfungsverfahrens entspricht in etwa der bei Kulturende, d. h., der Befall zum Zeitpunkt der 1. Nützlingsfreilassung sollte so gering wie möglich sein.

• Von großer Bedeutung ist, wann und mit welchen Pflanzenschutzmitteln die Mutterpflanzen vor dem Schneiden der Stecklinge behandelt wurden. So dürfen beispielsweise synthetische Pyrethroide spätestens 3 Wochen vor Einsatz der Nützlinge das letztemal angewendet worden sein. Auch bei zugekauften Jungpflanzen ist sicherzustellen, daß der Nützlingseinsatz nicht von vornherein durch eine falsche oder zu späte Behandlung der Pflanzen im Anzuchtbetrieb in Frage gestellt ist. Zierpflanzengärtnern sei daher empfohlen, sich bei ihrem Stecklingslieferanten zu erkundigen, mit welchen Pflanzenschutzmitteln die Stecklinge behandelt wurden. Einige Lieferanten bieten Ware an, die speziell für den Schlupfwespeneinsatz geeignet ist. Auskünfte hierzu erteilen auch die Nützlingszuchtbetriebe.

• Unmittelbar nach dem Einstellen der Poinsettien sollten während der ersten 14 Tage wöchentlich 10 Schlupfwespen je Quadratmeter (mindestens 1 Schlupfwespe pro 5 Pflanzen) freigelassen werden, und zwar unabhängig davon, ob bereits Weiße Fliegen vorhanden sind. Sind gleichzeitig andere Kulturen im Gewächshaus, von denen ein Zuflug von Weißen Fliegen zu erwarten ist, muß die Aufwandmenge auf 1 Schlupfwespe pro 2 Pflanzen erhöht werden. Eine Reduktion der Freilassungsmenge auf 5 und später 2,5 Schlupfwespen je Quadratmeter ist möglich. Die Freilassung ist in wöchentlichen Abständen zu wiederholen. Die letzte Freilassung von Schlupfwespen erfolgt 2 bis 3 Wochen vor Kulturende.

• Bei einem geplantem *Encarsia*-Einsatz sollte sich der Erwerbsgärtner rechtzeitig (spätestens 2 Wochen vor Kulturbeginn) mit dem Nützlingszüchter in Verbindung setzen, um einen detaillierten Einsatzplan erstellen zu lassen sowie noch offene betriebsspezifische Probleme zu besprechen.

• Speziell für den Einsatz in Poinsettien (bzw. für Topfkulturen) werden von einigen Nütz-

Nützlinge gegen Spinnmilben

lingszuchtbetrieben die Schlupfwespen auf kleinen Kunststoffetiketten (Sticker) geliefert (teilweise sogar zur besseren Verteilung in wöchentlich wechselnden Farben), die am Topfrand in das Substrat gesteckt werden. Dies erleichtert nicht nur die Handhabung, sondern bringt die Nützlinge in eine optimale Freilassungsposition.

• Welche Pflanzenschutzmittel gleichzeitig mit dem Einsatz der Schlupfwespen angewendet werden können, erfährt der Erwerbsgärtner ebenfalls bei den Nützlingszuchtbetrieben. Netzmittel sollten nicht verwendet werden. Der Einsatz eines Wachstumsregulators ist möglich, wenn das Präparat gegossen oder mit 2 bis 2,5 bar auf die Blattoberfläche gespritzt wird. Blattdünger sollten ebenfalls nur auf die Blattoberfläche appliziert werden. Hohe Temperaturen (über 30 °C) sollten durch Lüftung bzw. Schattierung reduziert werden.

Nützlinge gegen Spinnmilben

Die Gemeine Spinnmilbe *Tetranychus urticae* (ACARI, TETRANYCHIDAE) ist ein bekannter Schädling vieler Nutz- und Zierpflanzen (siehe auch Seite 184). Vor allem in Gewächshäusern, aber auch an Zimmerpflanzen in Blumenfenstern und Wintergärten ist bei ihrem Auftreten eine Bekämpfung zum Schutz der Pflanzen unumgänglich.

Schädigung der Pflanzen

Saugschäden durch Spinnmilben erkennt man an kleinen, weißlichgelben, punktförmigen Aufhellungen bzw. Sprenkeln auf den Blattoberseiten, die sich in kurzer Zeit ausweiten, zu größeren Flecken zusammenschließen und schließlich zur Verfärbung und zum Absterben der Blätter führen. Wenn z. B. an Tomaten- oder Gurkenpflanzen 30 % der Blattfläche auf diese Weise geschädigt sind, findet keine ausreichende Photosynthese und Chlorophyllbildung mehr statt, und die Kulturen sind stark gefährdet. Bei starkem Befall werden zudem 'Gespinste' ausgebildet, die unter Umständen ganze Pflanzenteile überziehen können. Die Spinnmilben selbst sitzen überwiegend an den Blattunterseiten und saugen einzelne Pflanzenzellen aus. Jüngere Blätter werden bevorzugt; besonders häufig werden die Triebspitzen befallen.

Aussehen und Entwicklung

Spinnmilben durchlaufen in ihrer Entwicklung 5 Stadien: Aus dem an die Blattunterseite abgelegten kugeligen Ei (Durchmesser ca. 0,14 mm; zunächst transparent, kurz vor dem Schlupf der Larven leicht gelblich) schlüpft die 6beinige Larve, die sich dann über die Protonymphe und Deutonymphe zur adulten Milbe entwickelt.

Die erwachsenen Milben sind ca. 0,5 mm groß und von länglichovaler Gestalt; auf dem Rücken erkennt man 2 dunkle Flecken. Ihre Färbung variiert in Abhängigkeit von Jahreszeit und Wirtspflanze: Die Sommerform ist gelb, grüngelb bis bräunlich, zuweilen sogar fast schwarz; die Winterform ist rötlich gefärbt,

Einen Befall durch die Gemeine Spinnmilbe (Tetranychus urticae) erkennt man an kleinen, hellen Sprenkeln auf den Blattoberseiten. Die Schädlinge selbst (sowie ihre Eier) sitzen aber an den Blattunterseiten.

daher auch der häufig benutzte Name 'Rote Spinne'. Bei ungünstigen Lebensbedingungen können sich auch während der Sommermonate orangerote 'Dauerformen' bilden. Die Männchen sind etwas kleiner als die Weibchen. Das Verhältnis Weibchen zu Männchen beträgt in Spinnmilbenpopulationen etwa 3:1.

Spinnmilben vermehren sich besonders schnell bei höheren Temperaturen und trockener Luft. Ein ausgewachsenes Weibchen lebt bis zu 5 Wochen und legt in dieser Zeit ungefähr 100 bis 200 Eier ab. Während einer Vegetationsperiode können theoretisch 300 Millionen Nachkommen pro Weibchen entstehen. Die Begattung erfolgt sofort nach dem Schlupf der adulten Weibchen. Die Vermehrung kann aber auch ungeschlechtlich sein: Aus unbefruchteten Eiern entwickeln sich Männchen, während aus befruchteten Eiern auch Weibchen schlüpfen. Bei einer Temperatur von ca. 25 °C dauert die Entwicklung vom Ei zum erwachsenen Tier 8 bis 10 Tage, bei niedrigerer Temperatur entsprechend länger (z. B. bei 20 °C ca. 14 Tage). Trocken-warmes Klima fördert die Entwicklung. Bei Temperaturen unter 12 °C findet keine Entwicklung statt; Temperaturen über 40 °C schädigen die Spinnmilben.

Spinnmilben können in Gewächshäusern überwintern oder im Frühsommer von krautigen Pflanzen oder Bäumen in die Häuser gelangen. Hier befallen sie vor allem Zierpflanzen, Gurken und Stangenbohnen; aber auch Tomaten, Melonen, Paprika, Auberginen und nicht zuletzt Unkräuter zählen zu ihren Wirtspflanzen.

Befallskontrolle

Erfahrungen in Erwerbsgärtnereien haben gezeigt, daß kleine und verstreut liegende Spinnmilbenkolonien leicht übersehen werden. Man sollte deshalb regelmäßig ein- bis zweimal in der Woche zumindest die Pflanzen auf Schädlinge absuchen, deren Blätter oberseitig kleine gelbliche Punkte aufweisen. Da diese Symptome auch andere Ursachen haben können (z. B. Verbrennungen durch Sonneneinstrahlung), empfiehlt sich ein sorgfältiger Blick auf die Blattunterseiten.

Raubmilben
Phytoseiulus persimilis

Als sehr wirksamer natürlicher Gegenspieler von Spinnmilben hat sich die Raubmilbenart *Phytoseiulus persimilis* (ACARI, PHYTOSEIIDAE) erwiesen. Sie stammt ursprünglich aus Chile und wurde 1958 zufällig nach Deutschland importiert, dann zunächst in den Niederlanden und in England, später auch in anderen europäischen Ländern vermehrt und versuchsweise zur Bekämpfung von Spinnmilben eingesetzt. Mittlerweile gehört diese Raubmilbe weltweit zu den 'Standardnützlingen' der biologischen Schädlingsbekämpfung unter Glas.

Aussehen

Bei ähnlichem Körperbau und etwa gleicher Größe (ca. 0,6 mm lang) unterscheiden sich die Raubmilben von den Spinnmilben u. a. durch ihre leuchtend orangerote Färbung, ihre tropfenförmige, kugelige Gestalt und eine wesentlich größere Beweglichkeit. Die jungen, gelbgrün bis blaßrosa gefärbten Raubmilben sind dagegen nur schwer erkennbar und auf den ersten Blick leicht mit Spinnmilben zu verwechseln.

Ernährung

Phytoseiulus-Raubmilben sind monophag, d. h., sie ernähren sich ausschließlich von Spinnmilben (TETRANYCHIDAE) und deren Eiern. Die Fraßaktivität beginnt ab dem Protonymphenstadium. Ein erwachsenes Raubmilbenweibchen kann bei 20 °C täglich etwa 5 bis 7 ausgewachsene Spinnmilben oder 20 Eier bzw. Jungtiere aussaugen und abtöten. Männchen und junge Raubmilbenstadien vertilgen etwa 1 Viertel dieser Menge. Bei Futtermangel kann es zu Kannibalismus kommen, d. h., die Raubmilben saugen ihre eigenen Artgenossen aus. Andererseits können Raubmilben auch ohne Nahrung noch etwa 3 Wochen überleben.

Entwicklung

Ein Raubmilbenweibchen legt bei 21 °C insgesamt 40 bis 60 Eier ab; bei höheren Temperaturen und einem ausreichenden Nahrungsangebot können es bis zu 100 Eier sein. Die Eier sind zunächst milchig-hellorange (pinkfarben) und transparent, später dunkler (rötlich) und im Gegensatz zu den kugeligen Eiern der Spinnmilben oval und etwa doppelt so groß. Nach etwa 2 bis 3 Tagen schlüpfen aus den Eiern

Die Raubmilbe Phytoseiulus persimilis ist unter Glas der wirksamste Gegenspieler der Gemeinen Spinnmilbe (Tetranychus urticae).

Bis zu 20 Spinnmilbeneier können täglich von einer einzigen erwachsenen Raubmilbe (Phytoseiulus persimilis) ausgesaugt werden.

junge Milben. Die zunächst 6beinigen, inaktiven Larven verwandeln sich schon nach einem weiteren Tag in 8beinige Nymphen.

Die Raubmilben leben etwa 4 Wochen. Der optimale Temperaturbereich für ihre Entwicklung liegt zwischen 22 und 26 °C. Bei 20 °C vermehren sich die Raubmilben in 30 Tagen etwa 300fach; bei 26 °C 200000fach. Wenn die Temperaturen allerdings über einen längeren Zeitraum 30 °C übersteigen, vermehren sich die Raubmilben langsamer als die Spinnmilben. Dies gilt auch bei zu geringer Luftfeuchtigkeit (unter 50 %), denn die Raubmilben lieben eine hohe Luftfeuchtigkeit zwischen 70 und 80 %. Bei Temperaturen über 35 °C wie auch unter 10 °C stellen die Raubmilben sowohl Nahrungsaufnahme als auch Eiablage ein; bei länger anhaltenden Temperaturen unter dem Gefrierpunkt sterben sie ab. Das Geschlechterverhältnis (Weibchen zu Männchen) beträgt in einer Raubmilbenpopulation i. d. R. etwa 4:1.

Einsatz gegen Spinnmilben

Da der Lebenszyklus der Raubmilben mit etwa 7 bis 8 Tagen bei einer Temperatur von ca. 25 °C nur etwa halb so lang ist wie der der Spinnmilben, ist bei rechtzeitigem Einsatz der Nützlinge eine schnelle und nachhaltige Wirkung gegen Spinnmilben gewährleistet. Ausgesetzte Raubmilben wechseln erst auf andere Pflanzen über, wenn alle Spinnmilben vertilgt sind. Bei der Entstehung neuer 'Befallsherde' ist deshalb darauf zu achten, daß sich die Spinnmilben hier nicht zu stark vermehren, bevor nicht Raubmilben von benachbarten Pflanzen übergewandert sind. Gegebenenfalls ist eine weitere Nützlingsausbringung sicherer. Sehr gute Erfahrungen mit dem Einsatz von Raubmilben hat man in Gurkenkulturen gemacht. Doch auch bei Bohnen und anderen Fruchtgemüsearten sowie Zierpflanzen unter Glas sind gute Bekämpfungsresultate erzielbar.

Anwendung

Das Aussetzen der Raubmilben sollte bereits dann erfolgen, wenn die ersten Spinnmilben zu sehen sind, und nicht erst, wenn sich bereits stärkere Schadsymptome an den Pflanzen zeigen. Eine regelmäßige und gründliche Beobachtung der Pflanzen ist also sehr wichtig. Bei Kulturen, die regelmäßig von Spinnmilben befallen werden, hat sich der vorbeugende Einsatz bewährt.

Die Freilassung der Raubmilben muß gleich erfolgen, nachdem die allerersten Spinnmilben entdeckt wurden.

Ausbringungsmenge

Ist ein Anfangsbefall festgestellt worden, benötigt man für eine erfolgreiche Bekämpfung der Spinnmilben bei Zimmerpflanzen – je nach Größe – ca. 20 Raubmilben pro Pflanze, im Kleingewächshaus ca. 10 Raubmilben pro Quadratmeter. Im Erwerbsgartenbau hat sich eine Ausbringungsmenge von 5 bis 10 Raubmilben (bei 2 Freilassungen im Abstand von 10 bis 14 Tagen) pro Quadratmeter bewährt. Da bei hohen Pflanzen und dichter Belaubung Befallsstellen schwer zu finden sind, empfiehlt sich hier ein vorbeugender Raubmilbeneinsatz. Dabei reicht die Freilassung von 1 bis 3 Raubmilben pro Quadratmeter im 14täglichen Rhythmus, und zwar dort, wo erfahrungsgemäß erste Befallsherde erwartet werden.

Freilassung

Die Raubmilben werden von den Nützlingszuchtbetrieben entweder auf Buschbohnenblättern oder – für Erwerbsgärtner – auch in Weizenkleie bzw. in Vermiculit oder anderen 'Trägermaterialien', eingefüllt in Kunststoff-Flaschen (Streudosen) oder Tüten, verschickt. Die Ausbringung sollte sofort nach Erhalt der Nützlinge erfolgen, jedoch nicht in der Mittagshitze.

Befallene Topfpflanzen sollten möglichst dicht zusammengerückt werden, damit sich die Raubmilben gut verbreiten können. Im Erwerbsgartenbau muß bei der Freilassung der Raubmilben besonders auf eine gleichmäßige Verteilung im Bestand geachtet werden. Jede 2. oder 3. Pflanze wird hier belegt; stärker befallene Pflanzen werden besonders berücksichtigt. Je nach Befallsentwicklung kann eine 2. oder 3. Freilassung im Abstand von 10 bis 14 Tagen notwendig werden.

Raubmilben auf Bohnenblättern

Erfolgt die Zusendung auf Bohnenblättern, so sind diese ganz oder stückchenweise auf die befallenen Pflanzen zu legen. In größeren Kulturen sind die Bohnenblätter gleichmäßig im Pflanzenbestand zu verteilen; Befallsnester sind entsprechend stärker zu belegen. Dabei berührt man die Bohnenblätter möglichst nur mit den Fingerspitzen und auch

Nützlingseinsatz unter Glas

Die Ausbringung von Raubmilben auf Bohnenblättern ist eine bewährte Methode. Die vom Nützlingszuchtbetrieb gelieferten Blätter werden dazu einfach auf die Blattoberseiten der von Spinnmilben befallenen Pflanzen gelegt.

nur am Blattrand. Auch das Verpackungsmaterial sollte man für 1 bis 2 Tage zu den befallenen Pflanzen legen, da sich auch hieran noch einige Raubmilben befinden können.

Raubmilben in Streudosen
Bei der Ausbringung der Raubmilben in Flaschen wird deren Inhalt (Vermiculit, Kleie) – gleichmäßig im Bestand verteilt – auf die Blattoberseiten befallener Pflanzen gestreut. Dabei sind die Flaschen stets waagerecht zu halten und vorsichtig zu drehen, damit sich die Raubmilben auf dem Trägermaterial gut verteilen.

Vergleich der Ausbringungsverfahren
Vorteilhaft bei der Verpackungsart 'Bohnenblätter' ist, daß hier neben adulten Raubmilben auch Eier, Larven und Nymphen geliefert und ausgebracht werden. Die Wirkungsdauer ist daher mit mindestens 14 Tagen auch höher als bei der Verpackungsart 'Flaschen' (ca. 7 Tage), die nur erwachsene Raubmilben enthält. Andererseits nimmt das Ausstreuen der Raubmilben weniger Arbeitszeit in Anspruch als die Ausbringung von Raubmilben auf Bohnenblättern.

Erfolgskontrollen und begleitende Maßnahmen
Bei einem Raubmilben-Spinnmilben-Verhältnis von 1:50 (bzw. darunter) zum Zeitpunkt der Freilassung sind die Spinnmilben meist bereits im Verlauf von 10 bis 15 Tagen unter Kontrolle zu bekommen. 1 bis 2 Wochen nach der Freilassung sollte das Verhältnis von Raubmilben zu Spinnmilben mindestens 1:10 betragen. Insbesondere in Befallsnestern müssen ausreichend Raubmilben angetroffen werden. 3 bis 4 Wochen nach der Freilassung müßten die ursprünglich befallenen Pflanzen schädlingsfrei sein und sich die Raubmilben auf andere Befallsstellen ausgebreitet haben. Bei neuen Befallsherden sollte man entsprechend Raubmilben auf die betroffenen Pflanzen umverteilen (umsetzen). Wichtige Voraussetzungen für eine effektive Anwendung der Raubmilben sind Temperaturen zwischen 20 und 27 °C (durchschnittliche Mindesttemperaturen nicht unter 18 °C) sowie eine relative Luftfeuchtigkeit von über 60 % (optimal 75 bis 80 %).

Eine ganz neue Ausbringungsmethode ist die Aufhängung von Raubmilbentüten bzw. sog. 'slow-release'-Päckchen. Hier müssen sich die Raubmilben durch eine kleine, in die Tüte gerissene Öffnung selbst den Weg auf die Blätter suchen.

Hinweise für Erwerbsgärtner:
- Die Erstbesiedlung durch Spinnmilben erfolgt meistens in der Nähe von Türen und Lüftungsklappen, also an trockenen und zugigen Stellen. Eine zu geringe Luftfeuchtigkeit (z. B. bei Tropfbewässerung) sowie Zugluft, hohe Temperaturen, Stickstoffüberdüngung und Unkräuter im Bestand fördern die Vermehrung und Verbreitung der Schädlinge.
- Bei niedriger Luftfeuchtigkeit (unter 60 %) und hohen Temperaturen halten sich die Raubmilben nur in den unteren 2 Dritteln der Pflanzen auf. Insbesondere bei einer Tröpfchenbewässerung sollte

Nützlinge gegen Thripse

daher durch mehrmalige kurzfristige Sprühberegnungen die Luftfeuchtigkeit erhöht werden. Über Nacht sollten die Pflanzen allerdings trocken sein, damit Pilzkrankheiten nicht gefördert werden. Auch durch Schattieren kann man an trockenen, heißen Tagen einem zu schnellen Absinken der Luftfeuchte entgegenwirken.

• Bei gleichzeitiger Verwendung von Pflanzenschutzmitteln ist auf mögliche Nebenwirkungen zu achten. Selbst Netzmittel und Blattdünger können den Raubmilben schaden. Zur Verminderung des Fungizideinsatzes sollten grundsätzlich nur resistente Sorten angebaut werden.

• Beim 'Ausputzen' werden oft Blätter entfernt, auf denen sich noch Raubmilben befinden. Diese Blätter sollten im Bestand verbleiben, bis die Nützlinge übergewandert sind.

Nützlinge gegen Thripse

In Gewächshäusern treten sowohl an Zier- als auch an Gemüsepflanzen nicht selten Thripse (THYSANOPTERA, THRYPIDAE) – auch Fransenflügler oder Blasenfüße genannt – auf. Es handelt sich dabei um verschiedene Arten, wie z. B. Kalifornischer Blütenthrips *Frankliniella occidentalis* (auch Western Flower Thrips genannt), Gewächshausthrips *Thrips tabaci* (Tabak- oder Zwiebelthrips), Rosenthrips *Thrips fuscipennis* und Schwarzer Gewächshausthrips *Heliothrips haemorrhoidalis*.

Aussehen und Entwicklung

Die erwachsenen Thripse sind bräunlich gefärbte, teilweise quer gestreifte, schlanke und nur ca. 0,6 bis 1,5 mm große Insekten. Da sie sehr versteckt an Blattrippen, zwischen Knospenschuppen und in Blüten leben, sind sie mit bloßem Auge oft kaum zu erkennen. Auf den ersten Blick gleichen sie winzigen Stäbchen. Wenn man sie berührt, fliegen sie blitzschnell davon. Thripslarven sind heller, oft grünlich oder gelblich gefärbt, flügellos und als winzige 'Würmchen' zu erkennen.

Der Kopf der Thripse weist stechend-saugende Mundwerkzeuge sowie 3 Stechborsten auf. Die Beine enden mit 1 bis 2 Fußgliedern, wobei das letzte Glied mit einer anschwellenden Haftblase ausgerüstet ist ('Blasenfüße'). Die Entwicklung verläuft vom Ei über 2 flügellose Larvenstadien, Protonymphe (Vorpuppe) und Nymphe (Puppe) zum erwachsenen Tier. Die Imagines tragen 2 schmale Flügelpaare mit langen Haarfransen am Rand ('Fransenflügler').

Die Thripse sind äußerst beweglich und können sich – da sie meist zu spät entdeckt werden – schnell in einem Bestand ausbreiten. Unter günstigen Bedingungen, d. h. Wärme und Trockenheit, kann ein Weibchen bis zu 350 Eier ausbilden. Diese werden einzeln mit Hilfe eines Legebohrers in das Pflanzengewebe (Blätter oder Blüten) abgelegt. Aus ihnen schlüpfen ca. 0,5 mm große, gelbliche Larven, die sich innerhalb von 2 Wochen zum erwachsenen Tier entwickeln. Dabei

Thripse können im Gewächshaus an Zier- und Gemüsepflanzen auftreten. Oft sitzen sie versteckt an Blattrippen, in Knospenschuppen und Blüten.

durchlaufen sie ein Puppenstadium, das ohne Nahrungsaufnahme meist auf dem oder im Boden überdauert.

Schädigung der Pflanzen

Bei den Thripsen handelt es sich überwiegend um Pflanzensauger, nur wenige Arten leben räuberisch (siehe Seite 53). Sowohl die Larven als auch die Adulten schädigen die Pflanzen durch Entzug von Zellsaft. Durch das Anstechen und Aussaugen von Epidermis- und Parenchymzellen dringt Luft in die Pflanzenzellen ein. Blüten- und Laubblätter zeigen zu Anfang eine weißliche Sprenkelung. Die Laubblätter haben später einen typischen silbrigen Glanz (Silberglanz). Da die Tiere nur die äußeren Zellschichten schädigen, ist das Blattgewebe auf der anderen Seite zunächst gesund. Starker Befall führt allerdings zur Vergilbung, Braunfärbung und zum Absterben der Blätter.

Ein weiteres Kennzeichen für Thripsbefall sind winzige schwarze Kottröpfchen auf den Blättern. Auf den Blüten findet sich oft verstreuter Pollen. Die Früchte von Gurken, Paprika und Auberginen können deformiert sein. Auch als Überträger pflanzlicher Viruskrankheiten können Thripse von Bedeutung sein. In Zierpflanzenbeständen ist der Kalifornische Blütenthrips durch die Verursachung von Blattverkrüppelungen und Blütenschäden mittlerweile zu einem Hauptschädling geworden.

Befallskontrolle und Bekämpfung
Wichtig für eine biologische Bekämpfung der Thripse ist der rechtzeitige Einsatz ihrer Gegenspieler. Sie sollten ausgesetzt werden, sobald die ersten Thripse auftreten. Diese findet man gewöhnlich an warmen Plätzen, wie z. B. in der Nähe der Heizungsrohre.

In Gewächshäuser werden Thripse häufig mit Zierpflanzen (z.B. Beet- und Balkonpflanzen) eingeschleppt. Um den Schädlingsbefall so früh wie möglich zu erkennen, hat es sich bewährt, mit Beginn der Kultur 'Blautafeln' im Bestand aufzuhängen. Die Thripse werden von der Farbe angezogen, bleiben auf dem Leim haften und können hier mit einer Handlupe gut erkannt werden. Einen *Frankliniella*-Befall kann man auch feststellen, indem man die Knospen und Blüten über einem weißen Blatt Papier oder einfach auf die Handinnenfläche ausklopft; die Schädlinge fallen dabei heraus.

Raubmilben
Amblyseius cucumeris
Amblyseius barkeri

Zur biologischen Bekämpfung von *Thrips tabaci* und *Frankliniella occidentalis* in Gewächshauskulturen werden im Erwerbsgartenbau die beiden Raubmilbenarten *Amblyseius cucumeris* und *Amblyseius (Neoseiulus) barkeri* (ACARI, PHYTOSEIIDAE, siehe Seite 46) eingesetzt.

Aussehen
Beide Arten sind sich in bezug auf Aussehen und Verhalten sehr ähnlich. Sie sind nur etwa 0,5 bis 1 mm groß, blaßrosa bis rotbraun gefärbt und sehr beweglich. Im Vergleich zur Raubmilbenart *Phytoseiulus persimilis* (siehe Seite 220) sind sie kleiner und haben kürzere Beine. Auch vermehren sie sich etwas langsamer und sind kaum im Pflanzenbestand aufzufinden, da sie sich am Boden und in den Triebspitzen verstecken.

Ernährung und Entwicklung
Amblyseius-Raubmilben entwickeln sich über das Eistadium, das Larvenstadium und 2 Nymphenstadien zum erwachsenen Tier. Erst ab dem 1. Nymphenstadium sind sie beweglich und nehmen Nahrung auf, die überwiegend aus Thripsen besteht. Eine Raubmilbe kann pro Tag bis zu 3 Thripslarven aussaugen. Ihre Entwicklungsdauer vom Ei zum erwachsenen Tier beträgt bei 25 °C etwa 6 bis 9 Tage, die Lebensdauer der Raubmilbe etwa 20 bis 25 Tage. Während dieser Zeit kann eine Raubmilbe also bis zu 60 Thripse durch Aussaugen abtöten. Die Raubmilben bevorzugen dabei wehrlose junge Schädlingslarven (1. und 2. Larvenstadium) oder Puppen. Beide Arten können sich aber auch von Spinnmilben, Weichhautmilben und anderen kleineren Schädlingen ernähren.

Amblyseius cucumeris überlebt auch kurze Zeit ohne Beutetiere und ernährt sich dann von Pollen. Dies ist z. B. beim Einsatz in Paprika vorteilhaft, da die Raubmilben auf eine Ersatznahrung ausweichen können, bevor die ersten Schädlinge auftreten. Bei Gurken ist dagegen keine Pollenernährung möglich, da die Blüten keinen Blütenstaub produzieren.

Amblyseius-Raubmilben sind nur etwa 0,5 bis 1 mm groß, blaßrosa bis rotbraun gefärbt und sehr beweglich. Das Weibchen (rechts im Bild) ist etwas größer als das Männchen (links).

Eine Amblyseius-Raubmilbe kann pro Tag bis zu 3 Thripslarven aussaugen (hier: Amblyseius cucumeris an Thrips tabaci).

Beide Raubmilbenarten sind erst bei Temperaturen über 18 °C aktiv. Sie entwickeln sich am besten bei höheren Temperaturen (optimal bei 25 °C) und einer relativen Luftfeuchtigkeit von mehr als 65 %. Unter günstigen Bedingungen kann ein Weibchen im Verlauf seines Lebens etwa 40 bis 100 Eier ablegen (unterschiedliche Angaben). *Amblyseius barkeri* ist widerstandsfähiger gegen hohe Temperaturen (über 35 °C) als *Amblyseius cucumeris*, dafür ist letztere weniger empfindlich gegen trockenere Phasen.

Nützlinge gegen Thripse

Anwendung

Entscheidend für eine erfolgreiche Thripsbekämpfung mit Raubmilben ist deren frühzeitiger Einsatz. Sie sollten ausgesetzt werden, sobald die ersten Thripse auftreten, insbesondere wenn es sich dabei um den Kalifornischen Blütenthrips handelt. Bewährt hat sich in der Praxis der gleichzeitige Einsatz beider Raubmilbenarten. Da diese nicht auf Thripse als alleinige Nahrung angewiesen sind, ist auch ein vorbeugender Einsatz möglich.

Versandformen

Die beiden Raubmilbenarten werden – von einigen Zuchtbetrieben als Gemisch – in Flaschen, Streudosen oder Beuteln, neuerdings auch in kleinen Tüten zum Aufhängen an den Pflanzen oder an Spanndrähten, geliefert. Letztere sollen den Vorteil haben, daß sich die Raubmilben darin noch vermehren und aus den Tüten heraus über einen Zeitraum von 3 bis 4 Wochen auf die Pflanzen überwandern können. Sowohl Flaschen, Dosen und Beutel als auch Tüten enthalten neben den Raubmilben noch Kleie und Mehlmilben. Die Mehlmilben, die den Raubmilben während des Transportes als Nahrung dienen, können sich nur auf der Kleie vermehren.

Freilassung und Ausbringungsmengen

Die Raubmilben sollten sofort nach Erhalt ausgebracht werden; von einer Lagerung im Versandbehälter wird abgeraten. Unter keinen Umständen dürfen die Flaschen oder Beutel dem direkten Sonnenlicht oder Frost ausgesetzt werden.

Raubmilben zum Streuen

Vor dem Öffnen der Behälter sollten diese vorsichtig geschüttelt bzw. die Flaschen mehrfach gerollt werden, damit es zu einer gleichmäßigen Durchmischung der Raubmilben kommt. Dann wird die Kleie einfach in kleinen Portionen durch Ausstreuen auf die Blätter im Pflanzenbestand (möglichst auf die oberen Blätter der Kultur) verteilt. Pro Quadratmeter Kulturfläche benötigt man pro Freilassung mindestens 25 (besser 40 bis 50) Raubmilben; die Menge der auszusetzenden Raubmilben ist von der Thrips-Befallsstärke abhängig. An jeder Pflanze werden dabei 2 bis 3 Blätter 'bestreut'. Die Freilassung sollte mehrmals (mindestens dreimalig; bei stärkerem Befall häufiger) im Abstand von 1 bis 2 Wochen wiederholt werden. Die Ausbringung der Raubmilben sollte möglichst jeweils am Abend erfolgen.

Raubmilben in Tüten

Bei der Aufhängung von Raubmilbentüten (s.o.) bzw. sog. 'slow-release'-Päckchen ist vorher durch Einreißen einer Tütenecke eine kleine Öffnung zu schaffen, die den Raubmilben als 'Ausgang' dient. Jüngste Erfahrungen zeigen, daß es vorteilhafter ist, die Tüten lediglich mit einem kleinen Loch (Stricknadel benutzen) im unteren Tütenbereich zu versehen, damit kein Wasser hineinlaufen kann (besonders bei Oberberegnung).

Die Tüten respektive Päckchen werden an den oberen Ästen der Kulturpflanzen im Schatten der Blätter oder an Spanndrähten aufgehängt. Die Raubmilben können nun über einen Zeitraum von mehreren Wochen auf die Pflanzen gelangen, um dort nach den Schädlingen zu suchen. Die Anwendung dieser Freilassungsmethode ist jedoch nur sinnvoll, wenn sich die Pflanzen der jeweiligen Kultur bereits berühren. Auch sollte die Tütenware vornehmlich vorbeugend eingesetzt werden; bei Befall ist Streuware zu bevorzugen.

Bei dieser Ausbringungsart benötigt man etwa 100 Raubmilben pro Quadratmeter. Bei Gurken erfolgt die Anwendung erst, wenn die Seitentriebe mindestens 50 cm lang sind; davor werden die Raubmilben aus der Streuflasche angewendet. Sind pro Tüte oder Päckchen mindestens 250 Raubmilben enthalten, beträgt die Aufwandmenge in Gurken 1 Tüte/Päckchen an jeder 3. Pflanze; bei Paprika an jeder 6. Pflanze. Nach 3 bis 4 Wochen wird eine wiederholte Ausbringung empfohlen.

Raubmilben gegen Thripse werden in Flaschen, Dosen oder Beuteln auf Kleie geliefert. Diese wird dann einfach in kleinen Portionen auf die Blätter gestreut. Bewährt hat sich auch die Ausbringung von Amblyseius-Raubmilben in kleinen Tüten zum Aufhängen an Pflanzen oder Spanndrähten.

Begleitende Maßnahmen

Um eine wirkungsvolle Bekämpfung zu gewährleisten, sollten die durchschnittlichen Temperaturen mindestens 18 °C betragen und die relative Luftfeuchtigkeit über 60 % liegen. Besonders an heißen Tagen ist es empfehlenswert, die Luftfeuchte durch mehrfaches Betätigen der Sprühberegnung bzw. durch Schattieren zu erhöhen.

Besondere Hinweise

Die Verfahren der biologischen Thripsbekämpfung mit Raubmilben wurden bislang nur im Er-

Nützlingseinsatz unter Glas

werbsgartenbau praktiziert. Der Erfolg ist sehr stark von den betriebsspezifischen Bedingungen abhängig.

Bei der Ausbringung der Raubmilben auf Kleie im Streuverfahren ist zu beachten, daß bei Pflanzen mit starker Behaarung Rückstände der Kleie auf den Blättern verbleiben. Insbesondere bei Zierpflanzen kann daher die Aufhängung von Raubmilbentüten zweckmäßiger sein. In kleinen Pflanzenbeständen oder wo 'über Kopf' mit Wasser versorgt wird, ist das Tütenverfahren jedoch eventuell von Nachteil.

Die *Amblyseius*-Raubmilben erreichen auch bei sorgfältigem Einsatz nicht die hohe Effektivität von *Phytoseiulus*-Raubmilben gegen Spinnmilben. Sie können i.d.R. mit Thripsen, insbesondere mit *Frankliniella occidentalis*, als Nahrung keine längerfristig stabilen Populationen in den Kulturen aufbauen. Deshalb ist es besonders wichtig, diese Nützlinge entweder vorbeugend oder von einem sehr frühen Befallsstadium an in regelmäßigen Abständen auszubringen. Bei bereits etwas stärkerem Thripsbefall hat sich ein gleichzeitiger oder ergänzender Einsatz von Raubwanzen bewährt (siehe unten). Für den Einsatz im Kleingewächshaus, Wintergarten und Blumenfenster eignen sich besser Florfliegen (siehe Seite 208).

Raubwanzen
Orius-Arten

Da die Bekämpfung des Kalifornischen Blütenthrips (*Frankliniella occidentalis*) mit *Amblyseius*-Raubmilben im Erwerbsgartenbau häufig nur unzureichende Erfolge brachte, richtet sich in jüngster Zeit das Interesse verstärkt auf Raub- bzw. Blumenwanzen (HETEROPTERA, ANTHOCORIDAE, siehe Seite 55) als potentielle Antagonisten dieses Schädlings. Im Gegensatz zu den *Amblyseius*-Raubmilben können die Raubwanzen auch ältere Larvenstadien und adulte Thripse aussaugen.

In Gewächshäusern mit Thripsbefall konnte man vielerorts ein vermehrtes Auftreten heimischer Raubwanzen (eigentlich 'Blumenwanzen') der Gattungen *Anthocoris* und *Orius* beobachten. Wanzen der beiden in Deutschland weit verbreitet vorkommenden Arten *Anthocoris nemorum* und *Anthocoris gallarum-ulmi* erbeuten vor allem die Larvenstadien von *Frankliniella*. Dabei sind die Wanzen von *Anthocoris nemorum* wesentlich leistungsfähiger als die größeren, weniger aktiven Wanzen von *Anthocoris gallarum-ulmi*. Nicht zuletzt aufgrund der wohl besseren 'Züchtbarkeit' werden derzeit zur Thripsbekämpfung nicht *Anthocoris*-Arten, sondern *Orius*-Wanzen angeboten: *Orius majusculus*, *Orius insidiosus* und neuerdings *Orius laevigatus*. Aussehen und Biologie dieser Arten sind ähnlich.

Orius-Wanzen sind wirkungsvolle Räuber der Thripse, die intensiv nach ihrer Beute suchen. Die erwachsenen Tiere können fliegen und sich daher auch gut im Gewächshaus verteilen.

Larve der räuberischen Blumenwanze Orius insidiosus.

Orius-Wanzen werden i.d.R. als Larven oder erwachsene Tiere in Flaschen mit einem granulierten Trägermaterial geliefert. Das Streusubstrat muß möglichst gleichmäßig im Bestand durch Aufstreuen auf die Blätter verteilt werden.

Aussehen und Entwicklung

Orius-Wanzen sind als Imagines ca. 2 bis 3 mm groß und unscheinbar schwarz, braun und grau gefärbt. Sie durchlaufen 7 Entwicklungsstadien: Eistadium, 5 Nymphenstadien und Imaginalstadium. Die in das Pflanzengewebe (Blattadern) abgelegten Eier sind ca. 0,4 mm lang, zunächst farblos, später milchigweiß. Nach 3 bis 5 Tagen schlüpfen die 0,6 mm großen Larven bzw. Nymphen. Sie sind zunächst gelblich gefärbt und tragen 3 quer angelegte orangefarbene Rückenstreifen, später werden sie mit jedem Stadium dunkler und auch größer (bis 1,8 mm). Nach 2 bis 3 Wochen häuten sie sich schließlich zum erwachsenen Insekt (hemimetabole Entwicklung ohne Puppenstadium). Die Entwicklungsdauer der *Orius*-Wanzen ist vor allem abhängig von der Temperatur und vom Nahrungsangebot, weniger von der Pflanzenart und der relativen Luftfeuchtigkeit. Die Lebensdauer beträgt 2 bis 4 Monate. Pro Weibchen werden bis zu 200 Eier abgelegt.

Ernährung

Orius-Wanzen sind wirkungsvolle Thripsräuber, die intensiv nach ihrer Beute suchen. Sowohl die erwachsenen Tiere als auch die Larven bzw. Nymphen leben räuberisch. Die 'Fraßleistung' liegt bei 10 Thripslarven pro Tag; insgesamt werden bis zu 200 Beutetiere vertilgt. Neben den Thripsen als bevorzugte Nahrung werden auch Pollen, Blattläuse, Blattsauger, Weiße Fliegen und Spinnmilben vertilgt bzw. ausgesaugt. Bei Paprika beispielsweise sind *Orius*-Wanzen oft in Blüten zu finden, wo sie sich von Pollen und Thripsen ernähren.

Einsatz von *Orius*-Wanzen gegen Thripse

Vorteilhaft ist, daß es sich bei den *Orius*-Wanzen größtenteils um einheimische Arten handelt. So

kommen die Tiere auch mit niedrigeren Temperaturen (bis 12 °C) und einer geringeren Luftfeuchtigkeit (50 bis 60 %) noch gut zurecht. Die Imagines können fliegen und sich daher auch gut im Gewächshaus verteilen. In Gewächshäusern mit zurückhaltendem Insektizideinsatz stellen sich *Orius*-Wanzen oft von selbst ein. So tritt in der Zeit von April bis Mitte August besonders die Art *Orius majusculus* spontan auf.

Für die biologische Bekämpfung des Kalifornischen Blütenthrips scheint sich auch die nicht heimische Art *Orius minutus* zu eignen. Die Wanzen dieser Art erbeuten Larven, Nymphen und Adulte von *Frankliniella occidentalis*. Reproduktive Weibchen saugen offenbar auch Eier der Thripse aus. Erste Erfahrungen mit dem Praxiseinsatz dieser Wanzenart sind vielversprechend. Während *Orius majusculus* mindestens 14 bis 16 Stunden Tageslicht braucht, ist *Orius insidiosus* ab einer Tageslänge von mindestens 12 Stunden aktiv. Da ihre Vermehrung auch auf Pfirsichblattläusen und Getreideblattläusen möglich ist, wäre auch die 'offene Zucht' wie bei der Räuberischen Gallmücke denkbar (siehe Seite 207).

Anwendung

Bei Kulturen ohne Zusatzbeleuchtung sollten *Orius*-Wanzen nicht vor Ende März ausgebracht werden. Bei zu kurzer Tageslänge (unter 12 Stunden) verfallen die Tiere in eine Winterruhe (Diapause) und können sich nicht in der Kultur entwickeln. Die Temperatur sollte mindestens 18 °C betragen.

Freilassung

Orius-Wanzen werden i. d. R. als Larven oder erwachsene Tiere in Flaschen mit einem granulierten Material geliefert. Auch wenn eine Lagerung bei 10 °C für 1 Woche möglich wäre, sollten die

Nützlinge besser sofort nach Erhalt ausgebracht werden.

Um den Flug der erwachsenen Wanzen einzuschränken, sollte die Ausbringung am frühen Morgen oder späten Abend erfolgen, wenn das Gewächshaus relativ kühl ist. Dabei müssen die Wanzen möglichst gleichmäßig im Bestand durch Aufstreuen des Trägermaterials auf die Blätter verteilt werden; Befallsstellen sind besonders zu berücksichtigen. Die Flaschen werden beim Ausstreuen leicht geschüttelt. Leere Flaschen sollten noch 1 bis 2 Tage in den Pflanzenbestand gelegt werden, da sich darin noch einige Raubwanzen befinden können.

Ausbringungsmenge

Bei Paprika ohne sichtbaren Thripsbefall sollten 0,5 Tiere pro Quadratmeter Ende März und erneut Ende April bzw. Anfang Mai ausgebracht werden. Ist bereits ein Befall vorhanden, muß die Ausbringungsmenge auf 1 bis 5 Wanzen pro Quadratmeter erhöht werden. Erfahrungsgemäß hat man in Paprika gute Erfolge mit Raubwanzen. Da sie sich auch von Pollen ernähren können und nicht unbedingt auf Thripse angewiesen sind, ist auch ein vorbeugender Einsatz möglich.

In Gurkenkulturen muß die Aufwandmenge deutlich höher liegen; in Abhängigkeit vom Befall sind bis zu 6 *Orius*-Wanzen pro Quadratmeter erforderlich. Die Anwesenheit von Thripsen ist hier zur Entwicklung der Raubwanzen unbedingt erforderlich. Die biologische Thripsbekämpfung ist bei Gurken grundsätzlich schwieriger als bei Paprika, vermutlich wegen der starken Blattbehaarung.

Erfolgskontrollen

Ungefähr 10 Tage nach der Freilassung müssen erste Wanzenlarven auf den Blättern befallener Pflanzen vorhanden sein. In

Gurken findet man das 5. Larvenstadium und die adulten Tiere hauptsächlich in den Blüten. Jüngere Nymphen sind an den jungen Blättern zu sehen.

Erfolgskontrollen sollten vorzugsweise am frühen Vormittag durchgeführt werden, da sich die adulten, flugfähigen Wanzen dann noch in einer Art 'Morgenstarre' befinden. Da die Raubwanzen eine Entwicklungsdauer von etwa 3 Wochen haben, ist ein vermehrtes Auftreten in den Kulturen erst nach 3 bis 4 Wochen zu beobachten.

Nützlinge gegen Minierfliegen

Ein Befall durch Minierfliegen (DIPTERA, AGROMYZIDAE) hat in den letzten Jahren zu mitunter gravierenden Schäden in erwerbsmäßig angebauten Gemüse- und Zierpflanzenkulturen geführt.

Minierfliegenarten
Zu den in Gewächshäusern auftretenden Minierfliegen gehören verschiedene Arten der Familie AGROMYZIDAE, wie z.B. die Florida-Minierfliege *Liriomyza trifolii* und die Tomaten-Minierfliege *Liriomyza bryoniae*, die vor allem Chrysanthemen, Gerbera, Fuchsien und Primeln befallen. Seit 1990 wurde im Erwerbsgartenbau, besonders an Blattgemüse, zunehmend die Blattadern-Minierfliege *Liriomyza huidobrensis* (auch Südamerikanische oder Serpentinen-Minierfliege genannt) festgestellt. In Gemüsekulturen tritt ferner die Blatt-Minierfliege *Phytomyza atricornis* auf.

Aussehen und Schadbild der verschiedenen *Liriomyza*-Arten sind sich sehr ähnlich. Der Hauptschaden wird durch die beinlosen Larven bzw. Maden hervorgerufen.

Aussehen und Entwicklung
Die erwachsenen Minierfliegen sind ca. 2 mm groß und gelbschwarz gefärbt. Sie ernähren sich, indem sie mit dem Legebohrer das Pflanzengewebe anstechen und den Zellsaft aufsaugen.

Die Lebensdauer der Minierfliegen ist temperaturabhängig. Eine Tomaten-Minierfliege beispielsweise lebt bei 25°C ungefähr 1 Woche. Im Verlauf seines Lebens legt ein Weibchen 150 bis 400 Eier in das Pflanzengewebe (Blätter) ab. Die daraus schlüpfenden Larven fressen in den Blättern bis zu ihrer Verpuppung. Die Verpuppung kann außerhalb oder innerhalb des Blattes stattfinden.

Die Larven der *Liriomyza*-Arten sind unterschiedlich gefärbt: Die Florida-Minierfliegenlarven sind vollständig gelb, die Tomaten-Minierfliegenlarven haben einen weißen Hinterleib, und die Maden der Blattadern-Minierfliege sind cremig-weiß.

Die Larve verläßt das Blatt zur Verpuppung auf der Blattoberseite. Die Umwandlung zur gelb-

Minierfliegen der Gattung Liriomyza legen ihre Eier in die Blätter. Die ausschlüpfenden Larven fressen dann durch ihren Fraß im Blattinneren die typischen schlangenförmige Gangminen.

lich-braunen Tönnchenpuppe sowie die Weiterentwicklung zur ausgewachsenen Fliege vollzieht sich i.d.R. im Boden. Nur an manchen Pflanzen bleiben die Puppen an den Blatthaaren haften und entwickeln sich dort weiter.

Schädigung der Pflanzen
Alle Larven leben im Blattinneren und fressen hier schlangenförmige Gangminen. Die Minen der Florida-Minierfliege finden sich fast immer auf der Blattoberseite, unregelmäßig auf der Blattfläche verteilt. Die Gänge der Blattadern-Minierfliege sind häufig auf der Unterseite der Blätter zu finden, sie laufen häufig an den größeren Blattadern entlang. Manchmal winden sich die Gänge dicht nebeneinander, so daß der Eindruck einer 'Platzmine' entsteht. Bei starkem Befall können in einem Blatt mehrere Larven auftreten, was unter Umständen zum Absterben des gesamten Blattes führen kann.

Einzelne oder in Massen auftretende Fraßpunkte und einzelne Eiablagepunkte sind – neben den Miniergängen – ebenfalls typische Schadsymptome. Mitunter sind die Blätter mit zahlreichen Einstichstellen (Fraßpunkte, 'feeding points') übersät.

Befallskontrolle
Minierfliegen bevorzugen Temperaturen von über 20°C. Vor allem im Sommer kann es daher zu einem sehr starken Anstieg der Population kommen. Um einen Minierfliegenbefall rechtzeitig festzustellen, sollte der Pflanzenbestand – vor allem im Erwerbsgartenbau – mindestens einmal wöchentlich ab Pflanzung kontrolliert werden. Wenn die Minierfliegen (insbesondere *Liriomyza huidobrensis*) zu spät entdeckt werden, kann es innerhalb kurzer Zeit zu einem Zusammenbruch der Kulturen kommen.

Schlupfwespen
Dacnusa sibirica
Diglyphus isaea

Die beiden heimischen Schlupfwespenarten *Dacnusa sibirica* (HYMENOPTERA, BRACONIDAE, siehe Seite 93) und *Diglyphus isaea* (HYMENOPTERA, EULOPHIDAE, siehe Seite 101) haben sich als wirkungsvolle Gegenspieler von Minierfliegen bewährt.

Aussehen und Lebensweise
Dacnusa ist mit ca. 3 mm etwas größer als *Diglyphus* und hat längere Fühler. Beide Arten sind schwarzglänzend gefärbt, *Diglyphus* schimmert metallischgrün. Auch bei diesen Schlupfwespen handelt es sich um Parasiten: *Dacnusa sibirica* ist ein Endoparasit, d. h., die Eier werden mittels eines Legebohrers in die Minierfliegenlarven (bevorzugt in das 1. und 2. Stadium) abgelegt und entwickeln sich in ihren Wirten. Die schlüpfenden Parasitenlarven fressen das Innere der Minierfliegenlarven, die meist erst während der Verpuppung absterben. Die Schlupfwespen verlassen dann die toten Wirtstiere nach deren Verpuppung im Boden als erwachsene Insekten.

Diglyphus isaea dagegen zählt zu den Ektoparasiten, d. h., die Eier werden außen am Körper der zuvor betäubten Schädlingslarve abgelegt. Das späte 2. und das 3. Larvenstadium der Minierfliegen werden bevorzugt. Hier stellen die Minierfliegenlarven sofort ihre Fraßtätigkeit ein. Die Anwesenheit von *Diglyphus* in der Kultur ist daher recht gut an den kurzen, abgebrochenen Miniergängen auf den Blättern zu erkennen. Nachdem die Larven der Schlupfwespe geschlüpft sind, ernähren sie sich von ihren Wirtslarven und töten sie damit ab. Bei *Diglyphus* findet die Entwicklung zum erwachsenen Insekt noch vor der Verpuppung des Wirtstieres am Blatt statt.

Dacnusa sibirica ist mit ca. 3 mm etwas größer als Diglyphus isaea und hat längere Fühler. Beide Minierfliegenparasiten sind schwarzglänzend gefärbt. Diglyphus schimmert metallischgrün.
Ganz oben: Dacnusa sibirica ist ein Endoparasit.
Oben: Diglyphus isaea zählt zu den Ektoparasiten.

Entwicklung und Ernährung
Die *Diglyphus*-Weibchen haben bei einer Temperatur von 20°C eine Lebensdauer von 36 Tagen und legen in dieser Zeit ca. 280 Eier ab, während *Dacnusa*-Weibchen nur 6 Tage leben und in dieser Zeit ca. 110 Eier ablegen. Während *Dacnusa* eher an die etwas geringeren Temperaturen im Frühjahr und Herbst angepaßt ist, entwickelt sich *Diglyphus* besser bei höheren Temperaturen und kann von Mai bis September eingesetzt werden. *Dacnusa* kann in der Puppe der Minierfliege im Gewächshaus überwintern.

Dacnusa sibirica tritt i. d. R. schon ab Ende April/Anfang Mai im Freiland auf; in Gewächshäusern kann diese Art auch schon früher beobachtet werden. *Diglyphus* erscheint erst ab Juni, ist dann aber in der parasitischen Leistung *Dacnusa* überlegen.

Nicht nur die Parasitenlarven, sondern auch die erwachsenen Schlupfwespen tragen durch ihre Fraßtätigkeit (Aussaugen der Wirtstiere) zur Schädlingsreduktion bei. Bei *Diglyphus isaea* werden bei 20°C ungefähr 80 % der Minierfliegenlarven durch Eiablage (Parasitierung) und 20 % durch 'host-feeding' abgetötet.

Einsatz gegen Minierfliegen
Häufig wird der gemeinsame Einsatz von *Dacnusa sibirica* und *Diglyphus isaea* in einer 'Mischung' von z.B. 10:1 empfohlen. Der gleichzeitige Einsatz ist jedoch nicht unbedingt vorteilhaft, da *Diglyphus*-Weibchen auch an bereits von *Dacnusa* oder anderen Endoparasiten belegten Larven Eier legen (Hyperparasitierung). Eine Auswahl zwischen bereits parasitierten Larven und nicht parasitierten Wirtstieren wird nicht getroffen. So werden häufig von *Diglyphus* auch Minierfliegenlarven mehrfach mit Eiern belegt (bis 5 Eier je Minierfliegenlarve). In Versuchen zeigte sich, daß bei gleicher Menge der eingesetzten Nützlinge der Einsatz von nur 1 Schlupfwespenart dem Einsatz eines Gemisches beider Schlupfwespenarten in der parasitischen Wirkung ebenbürtig, meistens aber überlegen war.

Anwendung
Ein Einsatz der Minierfliegenparasiten ist nicht gegen alle Minierfliegenarten erforderlich. Wichtig ist jedoch eine Bekämpfung der Blattadern-Minierfliege (*Liriomyza huidobrensis*) und der Florida-Minierfliege (*Liriomyza trifolii*). Hier sollte eine Nützlingsfreilassung spätestens dann erfolgen, wenn die ersten Fraßpunkte oder Gangminen von Minierfliegen gefunden werden. Da vor allem *Dacnusa sibirica* weniger temperaturempfindlich ist, kann mit der Freilassung dieser Art bei Bedarf schon frühzeitig begonnen werden. Im Sommer sollte man *Diglyphus isaea* oder ein Gemisch beider Arten verwenden. Wichtige Voraussetzungen für die erfolgreiche Anwendung der *Diglyphus*-Schlupfwespen sind durchschnittliche Temperaturen von mindestens 18 °C sowie eine relative Luftfeuchtigkeit von über 65 %.

Diglyphus isaea-Larve an Minierfliegenlarve in geöffneter Blattmine: Nachdem die Larven von Diglyphus geschlüpft sind, ernähren sie sich ektoparasitisch von ihren Wirtslarven.

Freilassung
Die Nützlinge werden als erwachsene Tiere in Flaschen geliefert, die eine gleichmäßige Verteilung der Schlupfwespen im Bestand sehr leicht ermöglichen. Man öffnet die Flaschen erst in der Nähe der befallenen Pflanzen, geht dann damit – während man die geöffnete Flasche leicht schüttelt – durch den Bestand, und die Schlupfwespen fliegen heraus. Die Ausbringung der Nützlinge sollte sofort nach deren Erhalt erfolgen.

Ausbringungsmenge
Die notwendige Menge an Schlupfwespen ist von vielen Faktoren abhängig, wie beispielsweise Klima, Kultur und Befallsstärke. Insbesondere ist der bereits natürlicherweise vorhandene Parasitierungsgrad durch von außen zugewanderte bzw. zugeflogene Parasiten von Bedeutung, da sich hierdurch die Menge der auszusetzenden Nützlinge erheblich verringern kann. Wegen der relativ kurzen Lebensdauer der erwachsenen Parasiten empfiehlt sich grundsätzlich ein mehrmaliges Aussetzen in wöchentlichen Abständen über einen Zeitraum von 3 bis 4 Wochen. Dabei ist der frühe Einsatz größerer Nützlingsmengen besser als kleinere Mengen über längere Zeit verteilt.

In Gemüsekulturen wird beim Auftreten der ersten Minierfliegen bzw. bei ersten sichtbaren Miniergängen oder Saugstellen eine drei- bis viermalige Ausbringung von jeweils 0,5 bis 1,5 Schlupfwespen pro Quadratmeter und Woche empfohlen. Bei einem Befall von 2 bis 3 Minierfliegenlarven pro Pflanze muß auf jede 2. Pflanze wenigstens 1 Schlupfwespe freigelassen werden. Bei noch stärkerem Befall wird die Aufwandmenge entsprechend gesteigert.

Hinweise für Erwerbsgärtner:
• Wenn in der angebauten Kultur mit großer Wahrscheinlichkeit mit einem Minierfliegenbefall zu rechnen ist, kann eine vorbeugende Anwendung der Parasiten sinnvoll sein. Auf einer Fläche von 100 Quadratmetern werden dann im Abstand von 2 Wochen 250 Schlupfwespen freigelassen. Für den vorbeugenden Einsatz im Gemüsebau (evtl. schon in der Vorkultur) können 0,1 bis 0,2 Parasiten pro Quadratmeter und Woche über einen Zeitraum von ungefähr 8 Wochen ausreichend sein. Bei Temperaturen ab 20 °C sollte ein Einsatz auf alle Fälle in Abständen von 7 Tagen erfolgen. Bei längeren Zeitspannen zwischen den Einsätzen kann es passieren, daß sich die Larven der Minierfliegen bereits verpuppt haben und nicht mehr parasitiert werden können. Die Auswahl der Schlupfwespenart erfolgt entsprechend der Jahreszeit (siehe links unter »Anwendung«).

Nützlinge gegen Woll- oder Schmierläuse

- Da die genannten Nützlinge sowie die Schlupfwespe *Opius pallipes* auch natürlicherweise vorkommen, tritt ein stärkerer Befall durch Minierfliegen häufig gar nicht erst auf. Um Kosten zu sparen, sollte daher vor einer Nützlingsfreilassung der eventuell bereits bestehende Parasitierungsgrad ermittelt werden. Es ist daher empfehlenswert, sich vor der Freilassung mit dem Pflanzenschutz- oder Nützlingsberater in Verbindung zu setzen.
- Da Minierfliegen oft mit Jungpflanzen in die Betriebe eingeschleppt werden, sollten nur befallsfreie Pflanzen aus minierfliegenfreien Betrieben zugekauft werden.
- Die Kulturen müssen regelmäßig und in kurzen Abständen (mindestens einmal wöchentlich) auf Befallssymptome kontrolliert werden. Minierfliegen sind auch mit Gelbtafeln gut zu fangen und damit festzustellen.
- Beim Einsatz von Schlupfwespen gegen Minierfliegen kann mit guten Resultaten und langandauernder Wirkung gerechnet werden; es dauert jedoch 8 bis 12 Wochen, bis eine ausreichende Wirkung sichtbar wird. Am Ende der Saison ist dann meist ein hoher Parasitierungsgrad erreicht, und die Schlupfwespen überwintern im Gewächshaus. Im Jahr darauf kann dann häufig auf einen Zukauf von Minierfliegenparasiten verzichtet werden, da genügend Nützlinge im Gewächshaus vorhanden sind.

Nützlinge gegen Woll- oder Schmierläuse

Zur Unterordnung der Schildläuse (COCCINA) gehören neben den Röhrenschildläusen, den Napfschildläusen und den Deckelschildläusen auch die Woll- oder Schmierläuse (PSEUDOCOCCIDAE). Sie zählen zur gleichen Ordnung (HOMOPTERA, Pflanzensauger) wie Blattläuse, Weiße Fliegen und Schildläuse. Woll- oder Schmierläuse treten an einer Vielzahl von Zierpflanzen auf. So sind sie häufig auf Kakteen, aber auch an Birkenfeigen, Pfennigbäumen, Poinsettien u.a. zu finden. Der Name 'Wollaus' rührt von der wachsartigen Substanz her, die den Körper fast aller Entwicklungsstadien bedeckt.

Aussehen und Entwicklung

Woll- oder Schmierläuse sind kleine, weichhäutige Insekten mit saugenden Mundwerkzeugen. Der Körper der deutlich segmentierten adulten Weibchen weist i.d.R. eine länglich-ovale, gewölbte Form mit einer Länge von 3 bis 6 mm auf. Die Farbe variiert bei den verschiedenen Arten, sie kann gelblich oder grau sein. Die Beine sind zumeist gut ausgebildet; die Flügel sind zurückgebildet. Oft sind am Hinterleib 2 oder mehr sehr lange Wachsfortsätze vorhanden. Der Körper ist mehr oder weniger stark mit Borsten besetzt und dicht mit mehligen Wachsausscheidungen bedeckt.

Die 3 weiblichen Larvenstadien sind länglich-oval geformt. Bereits im 1. Larvenstadium sind gut entwickelte, mehrfach gegliederte Fühler und Mundwerkzeuge sowie Beine vorhanden. Die folgenden Larvenstadien unterscheiden sich von der Larve des 1. Stadiums primär durch eine Zunahme der Körpergröße sowie eine größere Anzahl an Poren und Drüsen auf der Körperoberfläche.

Die männlichen Larven sind im 1. Stadium morphologisch nicht von den weiblichen Larven zu unterscheiden. Im 2. Stadium fertigt die Larve bei den meisten Arten dann aber im Gegensatz zu den Weibchen ein kokonartiges Gebilde aus fadigen oder filzigen Drüsensekreten an, in dem sich die weitere Larvalentwicklung vollzieht. Im 3. Larven-

Woll- oder Schmierläuse (Pseudococcidae) sind kleine, weichhäutige Insekten mit saugenden Mundwerkzeugen. Sie gehören der gleichen Ordnung (Pflanzensauger) an wie Blattläuse, Weiße Fliegen und Schildläuse und treten an einer Vielzahl von Zierpflanzen auf.

stadium (Pronymphe) sind die Mundwerkzeuge stark reduziert, und im 4. Larven- bzw. Nymphenstadium entwickeln sich längliche Flügel. Die adulten Wollausmännchen weisen im Gegensatz zu den Weibchen einen ausgesprochen insektenhaften Habitus auf. Der Körper ist länglich und schmal; die Vorderflügel sind voll ausgebildet, die Hinterflügel dagegen zu Halteren reduziert.

Die Fortpflanzung erfolgt sexuell (mit Begattung) oder, bei der Mehrzahl der Arten, parthenogenetisch. Da ein Wollausweibchen unter günstigen klimatischen Bedingungen 300 bis 600 Eier abzulegen vermag, kann es unter Umständen zu einer schnellen Ausbreitung des Befalls kommen.

Schädigung der Pflanzen

Die meisten Arten treten an oberirdischen Pflanzenteilen auf. Man findet sie am Wurzelhals, an den Stengeln, in Blattachseln und auf den Blattunterseiten befallener Pflanzen. Hier schwächen sie die Pflanzen durch den Entzug von Zellsaft. Die Blätter können sich gelb verfärben und bei starkem Befall abfallen.

Woll- oder Schmierläuse produzieren große Mengen von Honigtau, der die Pflanzen mit einem klebrigen Film überzieht. Weiterer Schaden wird durch das Wachstum von Rußtaupilzen auf dem Honigtau verursacht. Der Rußtau macht die Pflanzen unansehnlich und mindert ihre Vitalität.

Etwa 15 Schmierlausarten treten an Kulturen unter Glas auf, die wichtigsten gehören den Gattungen *Planococcus* und *Pseudococcus* an. Häufig vorkommende Arten sind die Gewächshaus- oder Zitrus-Schmierlaus (*Planococcus citri*) und die Langdornige Schmierlaus (*Pseudococcus adonidum*), welche an vielen sukkulenten, krautigen und teilverholzten Unter-Glas-Kulturen anzutreffen sind.

Australische Marienkäfer
Cryptolaemus montrouzieri

Der Australische Marienkäfer (COLEOPTERA, COCCINELLIDAE) zählt zu den wichtigsten Schmierlausräubern der Welt und wird in mehreren Ländern jährlich erfolgreich zur biologischen Bekämpfung der Schmierlaus *Planococcus citri* in Zitrusanlagen eingesetzt. Doch auch andere Woll- oder Schmierlausarten, die bei uns an Zierpflanzen in geschlossenen Räumen (Gewächshaus, Wintergarten, Blumenfenster usw.) auftreten, können mit diesem Nützling gut bekämpft werden.

Aussehen

Cryptolaemus montrouzieri ist ein kleiner, in Australien beheimateter Marienkäfer. Dieser kleine Käfer ähnelt im Aussehen unseren einheimischen Marienkäferarten, ist mit ca. 4 mm allerdings etwas kleiner. Kopf, Brust und Hinterleib sowie Fühler sind orangefarben, die Flügeldecken schwarzbraun. Männchen und Weibchen können anhand der Färbung des 1. Beinpaares unterschieden werden: Bei den Weibchen ist der mittlere Teil dieser Beine dunkelgrau bis schwarz, bei den Männchen gelb.

Ernährung

Sowohl die erwachsenen Käfer als auch deren Larven ernähren sich von allen Arten oberirdischer Woll- oder Schmierläuse und nehmen teilweise auch Blattläuse und Larven anderer Insekten an, wenn Woll- oder Schmierläuse in nur geringer Zahl vorkommen.

Die Larven ernähren sich durch Aussaugen von Eiern und jungen Woll- oder Schmierläusen, während die ausgewachsenen Marienkäfer alle Schädlingsstadien annehmen. Im Verlauf seiner Entwicklung kann ein Marienkäfer über 300 dieser Schädlinge vertilgen.

Entwicklung

Die Entwicklung der Australischen Marienkäfer ist stark temperaturabhängig. Bei 18 °C dauert der Zyklus etwa 70 Tage, bei 30 °C dagegen nur 25 Tage. Optimale Bedingungen für die Populationsentwicklung sind Temperaturen zwischen 22 und 25 °C und eine relative Luftfeuchtigkeit zwischen 70 und 80 %. Ein weiterer

Cryptolaemus montrouzieri ist ein kleiner, nicht heimischer Marienkäfer. Sowohl die erwachsenen Käfer als auch deren Larven ernähren sich von Woll- oder Schmierläusen.

Die älteren Cryptolaemus-Larven sind – wie die Woll- oder Schmierläuse – von wachsartigen Ausscheidungen bedeckt und daher von ihren Beutetieren oft nur schwer zu unterscheiden.

Nützlinge gegen Woll- oder Schmierläuse

Einflußfaktor für die Entwicklung sind die Wirtspflanzen. Obwohl sich *Cryptolaemus montrouzieri* auf allen Zierpflanzen entwickelt, bestehen auf verschiedenen Pflanzenarten Unterschiede hinsichtlich der Entwicklungsdauer und der Reproduktionsrate.

Die Weibchen kopulieren schon kurz nach dem Schlupf und beginnen etwa 5 Tage später mit der Eiablage. Das *Cryptolaemus*-Weibchen legt seine insgesamt bis zu 700 Eier (durchschnittlich 400 Eier) einzeln zwischen die Eigelege der Woll- oder Schmierläuse. Pro Tag werden zwischen 7 und 11 Eier abgelegt. Die Gesamteizahl ist abhängig vom Nahrungsangebot. Die Larven schlüpfen innerhalb von 8 bis 9 Tagen aus den Eiern und erreichen eine Länge von bis zu 13 mm. Die älteren Larven sind – wie die Woll- oder Schmierläuse – von wachsartigen Ausscheidungen bedeckt und tragen wachsartige Filamente. Sie sind daher von ihren Beutetieren oft nur schwer zu unterscheiden. Nach dem 4. Larvenstadium erfolgt die Verpuppung an Blattunterseiten, Stengeln oder anderen geschützten Stellen im Gewächshaus. Die Lebensdauer der Käfer variiert bei 25 °C zwischen 27 und 70 Tagen (Durchschnitt ca. 50 Tage). Das Geschlechterverhältnis beträgt i. d. R. 1:1 (Weibchen zu Männchen).

Einsatz gegen Woll- oder Schmierläuse

Aufgrund seiner hohen Temperaturansprüche stellt der Australische Marienkäfer sowohl Nahrungssuche als auch Nahrungsaufnahme unter 10 °C ein; bei Temperaturen unter dem Gefrierpunkt sterben alle Stadien ab. Der Einsatz dieses Nützlings ist daher bei uns auch nur in geschlossenen Räumen möglich. Vor allem in mehrjährigen Kulturen (Wintergärten, Innenraumbegrünung, botanische Gärten usw.) hat sich der Australische Marienkäfer als wirksamer Gegenspieler von Woll- oder Schmierläusen bewährt. Die Marienkäfer sind auch bei einem stärkeren Schädlingsbefall noch wirkungsvoll einzusetzen, da sie einen großen Nahrungsbedarf haben und sich unter günstigen Bedingungen weitervermehren können.

Anwendung

Der Marienkäfer *Cryptolaemus montrouzieri* braucht große Wollauspopulationen, um sich ausreichend ernähren, vermehren und etablieren zu können. Es ist daher nicht notwendig, die Wollläuse vor der Freilassung mit chemischen Mitteln zu reduzieren. Spätestens 4 Wochen vor der Freilassung sollten keine Pflanzenschutzmittel mehr eingesetzt werden.

Freilassung

Die Zusendung dieser Nützlinge erfolgt in Form erwachsener Käfer, die sich in Papierwolle befinden. Teilweise ist zusätzlich ein Blattstück mit Wolläusen als 'Reiseproviant' beigelegt. Die Packung sollte erst in der Nähe der befallenen Pflanzen und möglichst nicht unmittelbar nach Eintreffen der Sendung geöffnet werden, damit sich die Tiere zunächst einmal ein wenig vom Transport erholen können.

Während der Freilassung bzw. bis die Käfer die Pflanzen besiedelt haben, sollten Fenster, Lüftungsklappen usw. möglichst verschlossen und die Temperaturen nicht zu hoch sein. Auch direkte Sonneneinstrahlung kann dazu führen, daß sich die Käfer 'verkriechen', bevor sie die Schädlinge gefunden haben. Optimale Freilassungszeitpunkte sind deshalb der frühe Morgen oder der spätere Abend.

Die Ausbringung der Australischen Marienkäfer ist recht einfach. Falls mitgeliefert, entnimmt

Die Zusendung von Cryptolaemus montrouzieri erfolgt in Form erwachsener Käfer, die sich in Papierwolle befinden. Die Packung sollte erst in der Nähe der befallenen Pflanzen geöffnet werden.

Zur Ausbringung der Australischen Marienkäfer wird die Papierwolle vorsichtig aus dem Transportbehälter genommen und mit den daran sitzenden Käfern auf die befallenen Pflanzen gelegt. Es ist aber auch möglich, den geöffneten Behälter einfach an die Pflanzen zu legen.

234 Nützlingseinsatz unter Glas

man zunächst das Blattstück mit den Wolläusen; es sollte auf keinen Fall zu den Pflanzen gelegt werden. Sollten Käfer auf dem Blattstück sitzen, werden diese vorsichtig entfernt. Die Marienkäfer setzt man möglichst dicht bei den Woll- oder Schmierlauskolonien aus. Dazu wird die Papierwolle vorsichtig aus dem Transportbehälter genommen und mit den daran sitzenden Käfern auf die befallenen Pflanzen gelegt. Ebenso ist es auch möglich, den geöffneten Behälter in, auf bzw. an die Pflanzen zu legen. Bewährt hat sich ein vorsichtiges Umstülpen des Behälters.

Die Käfer beginnen meist sofort nach der Freilassung mit ihrer Nahrungssuche. Bei geringerem Befall muß für eine gute Verteilung im Bestand gesorgt werden, da sich die Käfer von allein meist nicht rasch genug ausbreiten. Befallene Pflanzen sollten daher möglichst dicht zusammengerückt werden, damit Käfer und Larven bei der Suche nach Beute überwandern können.

Ausbringungsmenge

Für eine erfolgreiche Bekämpfung der Wolläuse benötigt man bei Zimmerpflanzen – je nach Größe und Befall – ca. 2 bis 5 Käfer pro Pflanze, im Gewächshaus und Wintergarten 2 bis 5 Käfer je Quadratmeter. Meist sind 2 Freilassungen pro Jahr nötig. Die besten Freilassungstermine sind Frühling und Herbst.

Begleitende Maßnahmen

Die Tagestemperaturen im Pflanzenbestand sollten mindestens 18 °C betragen, besser jedoch zwischen 22 und 28 °C liegen. Bei Temperaturen unter 16 °C sind die Käfer relativ inaktiv; doch auch bei zu hohen Temperaturen (über 33 °C) stellen sie die Suche nach Beutetieren ein. Sowohl Adulte als auch Larven sind am aktivsten bei Sonneneinstrahlung. Förderlich ist auch eine

höhere Luftfeuchtigkeit (mindestens 70 %).

Cryptolaemus montrouzieri kann auch in der erwerbsmäßigen Zierpflanzenproduktion erfolgreich sein, wenn die Ansprüche des Käfers an Licht, Luftfeuchtigkeit und Temperatur eingehalten werden. Nach Möglichkeit sollte eine Abdeckung der befallenen Pflanzen mit einem Netz oder Vlies erfolgen, um die 'Flucht' des sehr beweglichen Käfers zu verhindern. Ansonsten sollten – zumindest für ein paar Stunden nach der Freilassung – alle Fenster und Lüftungen geschlossen werden. Auch beim Einsatz in der Innenraumbegrünung ist die mitunter starke Abwanderung ein Problem. Vorteilhafter erscheint daher hier, über einen längeren Zeitraum regelmäßig kleinere Mengen freizulassen.

Schlupfwespen
Leptomastix dactylopii

Seit kurzem ist mit der aus Südamerika stammenden Schlupfwespe *Leptomastix dactylopii* (HYMENOPTERA, ENCYRTIDAE) ein weiterer Antagonist von Woll- oder Schmierläusen bei den Nützlingszuchtbetrieben erhältlich. Es handelt sich dabei um einen monophagen Endoparasiten, der offenbar vornehmlich die Gewächshaus- oder Zitrus-Schmierlaus *Planococcus citri* mit Eiern belegt.

Aussehen, Ernährung und Entwicklung

Die ca. 3 mm große, gelb-braune Schlupfwespe ernährt sich im Imaginalstadium von Honigtau. Das Weibchen legt durchschnittlich 80 Eier ab, bei 30 °C können es jedoch 200 Eier und mehr sein. Es werden das 3. Nymphenstadium und junge adulte Wollausweibchen parasitiert. Bei der Wirtssuche zeigt die sehr flugtüchtige Schlupfwespe eine gute Suchfähigkeit, d. h., auch bei ge-

ringer Wirtsdichte werden Wollläuse gefunden und parasitiert.

Die Entwicklung der Schlupfwespe vom Ei bis zur Imago vollzieht sich über 4 Larvenstadien innerhalb des Wirtes. Die Larve frißt dabei ihren Wirt innen völlig leer. Die ausgewachsene Schlupfwespe verläßt die mumifizierte Wollaus (bräunlich verfärbt und verhärtet) durch ein kleines rundes Ausschlupfloch.

Die Gesamtentwicklungsdauer der Schlupfwespen ist stark temperaturabhängig und beträgt zwischen 45 Tage bei 18 °C und 12 Tage bei 35 °C. Unter günstigen Bedingungen kann ein Weibchen innerhalb von 10 bis 14 Tagen 60 bis 100 Nachkommen 'produzieren'. Gewöhnlich werden mehr Eier abgelegt, aber durch Superparasitismus gelangen nicht alle zur Entwicklung (bei Mehrfachbelegung schlüpft nur 1 Larve).

Das Geschlechterverhältnis beträgt i. d. R. 1:1, wobei das Geschlecht durch die Größe des Wirtes bestimmt wird (in großen Wirten entwickeln sich Weibchen, in kleinen Männchen). Unbefruchtete Weibchen können nur Männchen hervorbringen. Die Lebensdauer liegt (bei günstigen Bedingungen) zwischen 24 (Männchen) und ca. 28 Tagen (Weibchen).

Anwendung

Erste Erfahrungen mit dem Einsatz der *Leptomastix*-Schlupfwespe liegen bisher nur bei der Gewächshaus-Schmierlaus (*Planococcus citri*) vor. Inwieweit die nachfolgend gegebenen Anwendungsempfehlungen also zu verallgemeinern sind, ist derzeit noch nicht zu sagen.

Wichtig erscheint zunächst der Hinweis, daß ein erfolgreicher Einsatz nur bei einem niedrigen Ausgangsbefall möglich ist, bei stärkerem Wollausbefall empfiehlt sich die Anwendung der Australischen Marienkäfer (siehe Seite 232), oder eine sichtbare

Nützlinge gegen Trauermücken

Die Schlupfwespe Leptomastix dactylopii wird seit kurzem zur Bekämpfung der Gewächshaus-Schmierlaus (Planococcus citri) angeboten.

Ein Leptomastix dactylopii-Weibchen beim Anstechen einer Wollaus. Die Männchen sind etwas kleiner und an behaarten Fühlern zu erkennen.

Wirkung wird erst nach ca. 2 bis 3 Monaten feststellbar sein.

Freilassung und Ausbringungsmenge

Die Freilassung der *Leptomastix*-Schlupfwespen sollte erfolgen, sobald die ersten Schildläuse gefunden werden. Ausgebracht werden Imagines, die in Flaschen geliefert werden. Die Schlupfwespen sind an verschiedenen Befallsstellen freizulassen. Als Einsatzmengen werden 2 Tiere pro Quadratmeter oder 5 Tiere pro Pflanze empfohlen. Wiederholte Freilassungen ein- bis zweimal pro Jahr bzw. alle 14 Tage, bis ausreichend viele parasitierte Wolläuse (Mumien) gefunden werden, sind notwendig (unterschiedliche Angaben). Bereits 2 Wochen nach einer Freilassung sollten erste parasitierte Schildläuse zu finden sein.

Begleitende Maßnahmen

Leptomastix-Schlupfwespen bevorzugen eine sonnige, warme Umgebung mit hoher Luftfeuchtigkeit. Sie können jedoch offenbar auch bei niedriger Luftfeuchtigkeit erfolgreich eingesetzt werden. Der optimale Temperaturbereich für die Entwicklung der Schlupfwespen liegt zwischen 24 und 27 °C.

Nützlinge gegen Trauermücken

Wenn beim Gießen von (Topf-)Pflanzen im Gewächshaus, Wintergarten oder Blumenfenster kleine, dunkle 'Fliegen' aufschwirren, so handelt es sich meistens um sog. Trauermücken (DIPTERA, SCIARIDAE). Zu den Trauermücken zählen mehrere Gattungen, so u.a. *Bradysia*, *Lycoria*, *Lycoriella* und *Sciara*. Trauermücken treten unter Glas sowohl an Zier- als auch an Gemüsepflanzen sowie an Champignonkulturen auf.

Aussehen und Entwicklung

Meist fallen nur die 2 bis 5 mm großen, dunklen, erwachsenen Trauermücken auf, wenn sie in Pflanzennähe auffliegen. Die Weibchen leben nur ca. 5 Tage und können während dieser Zeit etwa 100 bis 200 Eier ausbilden. Diese werden einzeln oder in Gruppen in feuchte, humose und vor allem torfhaltige Substrate abgelegt. Aber auch Vliesmatten und Auflagensubstrate auf Stellagen stellen ideale Eiablage- und Vermehrungsmedien dar, insbesondere, wenn sie vermoost oder veralgt sind. Innerhalb von 1 Woche schlüpfen aus den Eiern die etwa 5 bis 8 mm langen, glasig-weißen, fast transparenten Larven. Sie sind am Kopfende dunkel gefärbt und haben keine Beine. Die Trauermückenlarven entwickeln sich über 4 Larvenstadien zur Puppe. Die Verpuppung geschieht meist in einem kleinen Kokon in der Erde. Die gesamte Entwicklungsdauer einer Trauermücke beträgt bei optimalen Bedingungen (24 °C) rund 3 Wochen.

Schädigung der Pflanzen

Trauermückenlarven ernähren sich von Humusstoffen und sich zersetzendem organischem Material, befallen aber auch die Wurzeln von Sämlingen und Stecklinge sowie junge Wurzeln älterer Pflanzen. Auch oberirdisch kann es zu Fraßschäden am Stengelgrund sowie im Stengel kommen. Bei Stecklingen dringen sie über die Schnittstelle in den Stengel ein, höhlen ihn aus und verhindern die Bewurzelung.

Neben diesen direkten Fraßschäden werden durch den Befall vielfach Eintrittspforten für Fäulnisbakterien und bodenbürtige Pilze geschaffen, die sekundär noch stärkere Schäden verursachen können. Insbesondere in der Jungpflanzenproduktion und

Die bis zu 3 mm großen, dunklen, erwachsenen Trauermücken (Sciaridae) fallen meist nur auf, wenn sie in Pflanzennähe auffliegen.

während der Bewurzelung von Stecklingen kann es durch Trauermückenbefall zu gravierenden Ausfällen kommen.

Befallskontrolle und Bekämpfung

Wenn Trauermücken in Massen auftreten, sollte man etwas gegen sie unternehmen. Mit Gelbstickern oder Gelbtafeln (1 Tafel pro 10 Quadratmeter) lassen sich die erwachsenen Tiere abfangen; die Larven in der Pflanzerde sind biologisch mit parasitären Nematoden bekämpfbar. Auf dieses Verfahren greifen immer mehr Poinsettien-Anbauer, Jungpflanzenfirmen (Saatkisten), Gurkenveredler oder auch Baumschulen (Sämlingsanzucht) zurück.

Die etwa 5 mm langen, glasigweißen Larven der Trauermücken sind am Kopfende dunkel gefärbt und haben keine Beine.

Von Nematoden parasitierte Trauermückenlarven verfärben sich weiß bis cremiggelb. In einer Larve können sich mehrere tausend Nematoden entwickeln. Bei rechtzeitigem Einsatz wird die Vermehrung der Trauermücken wirksam unterbunden.

Parasitäre Nematoden
Steinernema feltiae

Bei den *Steinernema*-Nematoden handelt es sich um im Boden lebende parasitäre (entomopathogene) Fadenwürmer, die nur Insekten bzw. deren Larven befallen (siehe Seite 126). Zur Bekämpfung von Trauermückenlarven eignet sich *Steinernema feltiae* (Synonyme: *Steinernema bibionis*, *Neoaplectana carpocapsae*).

Aussehen und Entwicklung

Die winzigen, fadenförmigen Nematoden haben eine Länge von bis zu ca. 0,8 mm und entwickeln sich vom Ei über 4 Larvenstadien zum erwachsenen Tier. Nur das 3. Larvenstadium, das auch als Dauerlarve monatelang ohne Nahrung überdauert, kann Trauermückenlarven befallen.

Die Nematoden dringen durch Körperöffnungen in die Larven ein. In das Körperinnere des Insekts geben die Nematoden Bakterien aus ihrem Verdauungstrakt ab, was nach starker Vermehrung innerhalb weniger Tage den Tod der Trauermückenlarven verursacht. Die Larven verfärben sich dann weiß bis cremiggelb. In einem Kadaver können sich mehrere tausend Nema-

Die winzigen, ca. 0,8 mm langen, fadenförmigen Nematoden (Steinernema bibionis) dringen durch Körperöffnungen in die Trauermückenlarven ein und geben hier Bakterien aus ihrem Verdauungstrakt ab. Innerhalb weniger Tage sterben die parasitierten Larven.

toden entwickeln. Erst die Dauerlarven des 3. Stadiums verlassen wieder die tote Trauermückenlarve, um neue Wirte zu finden.

Die Nematoden benötigen feuchten Boden und Temperaturen von über 10°C (besser über 15°C), um voll aktiv und wirksam zu sein.

Anwendung

Die Anwendung parasitärer Nematoden der Gattung *Steinernema* gegen Trauermücken unter Glas ist grundsätzlich während des ganzen Jahres möglich, vorausgesetzt, die Boden- bzw. Erdtemperatur beträgt mindestens 10°C. Ferner sollte der Boden gleichmäßig durchfeuchtet sein.

Freilassung

Bewährt hat sich eine vorbeugende Anwendung der *Steinernema*-Nematoden spätestens 1 bis 2 Tage nach der Aussaat, dem Pikieren oder Stecken. Die Nematoden sind dann für einen Zeitraum von 4 bis 6 Wochen im Boden vorhanden und schützen während dieser Zeit zuverlässig vor Trauermückenbefall. Eine wichtige Voraussetzung für die erfolgreiche Anwendung ist eine ausreichende Bodenfeuchtigkeit für 4 bis 6 Wochen nach der Anwendung. Insektizide dürfen vor und während des Nematodeneinsatzes nicht in den Boden gebracht werden.

Versandform, Ausbringungsmethode und Wirkungsweise entsprechen denen von Nematoden der Gattung *Heterorhabditis*, die sowohl im Freiland als auch im Gewächshaus u. a. geschlossenen Räumlichkeiten gegen Dickmaulrüßler eingesetzt werden können. Die Methode wird auf den Seiten 191 bis 193 ausführlich beschrieben.

Im Erwerbsgartenbau unter Glas hat sich die Ausbringung der *Steinernema*-Nematoden im Gieß- wie auch im Spritzverfah-

Nützlinge gegen Dickmaulrüßler

Ausbringungsmenge

Zur biologischen Bekämpfung wird bisher eine Aufwandmenge von 500 000 Nematoden pro Quadratmeter empfohlen. In Versuchen des Pflanzenschutzamtes Bonn zeigten aber auch geringere Aufwandmengen (250 000 Nematoden pro Quadratmeter) im Praxiseinsatz keine Nachteile. Selbst Populationsdichten von 50 000 Nematoden pro Quadratmeter zeigten noch eine gute Wirkung gegen eine beginnende Entwicklung der Trauermücken.

Nützlinge gegen Dickmaulrüßler

Der Gefurchte Dickmaulrüßler (*Otiorhynchus sulcatus*) und andere Dickmaulrüßlerarten können auch im Gewächshaus und anderen geschlossenen Räumlichkeiten auftreten und an den Pflanzen erhebliche Schäden anrichten. Da diese Schädlinge aber in Freilandkulturen von noch größerer Bedeutung sind, wurden sie im Kapitel 'Nützlingseinsatz im Freiland' auf der Seite 190 ausführlich beschrieben.

Nematoden der Gattung Steinernema können gegen Trauermücken angewendet werden. Ganz oben links: Die auf Schaumstoff (Schwämme oder Flocken) gelieferten Steinernema-Nematoden werden zunächst in Wasser eingeweicht.
Ganz oben rechts: Nach ca. 1 Stunde werden die Flocken vorsichtig ausgepreßt.
Oben: Anschließend wird das Wasser mit den Nematoden mit der Gießkanne ausgebracht.

ren bewährt. Die Ausbringung ist relativ einfach, allerdings kann keine Kreiselpumpe, wohl aber eine Membran- oder Kolbenpumpe verwendet werden (Drallkörper und Feinsieb entfernen!). Der Pumpendruck sollte nicht zu hoch sein, die Düsenöffnung größer als 0,8 mm. Während der Anwendung sollte das Rührwerk ständig laufen, oder der Gärtner sollte die Suspension des öfteren umrühren, da die Nematoden zu Boden sinken.

Dickmaulrüßler können auch im Gewächshaus und Wintergarten auftreten und an den Pflanzen erhebliche Schäden anrichten. Gegen ihre Larven sind parasitäre Nematoden einsetzbar.

Parasitäre Nematoden

Heterorhabditis- und *Steinernema-*Arten

Zur Bekämpfung von Dickmaulrüßlern unter Glas eignen sich – wie im Freiland – sowohl *Heterorhabditis-* als auch *Steinernema-*Nematoden. Die Anwendung unter Glas entspricht der Ausbringungsmethode im Freiland (siehe Seiten 191 bis 193). Aufgrund der in Gewächshäusern herrschenden klimatischen Bedingungen ist teilweise eine ganzjährige (eventuell mehrmalige) Anwendung möglich bzw. notwendig und auch mit einem guten Bekämpfungserfolg zu rechnen. Vor der Ausbringung der Nematoden empfiehlt sich auf jeden Fall, den Boden bzw. die Pflanzerde auf das Vorhandensein von Dickmaulrüßlerlarven zu untersuchen.

Weitere Einsatzmöglichkeiten unter Glas

Weitere Einsatzbereiche

Grundsätzlich können die vorgestellten Nützlinge überall dort erfolgreich gegen Schädlinge eingesetzt werden, wo ihre Ansprüche in bezug auf Umweltbedingungen (Temperatur, Licht, Luftfeuchtigkeit, Pflanzenbeschaffenheit, Kulturführung usw.), Ernährungsbedingungen (Wirts- oder Beutetiereignung sowie deren Dichte, örtliches und zeitliches Auftreten usw.) und andere die Entwicklung und Wirksamkeit beeinflussende Faktoren zu erfüllen sind.

Landwirtschaftliche Kulturen, Erdbeeren und Gehölze

Gemüse- und Zierpflanzenkulturen in Gewächshäusern, Innenraumbegrünung, Wintergärten und Zimmerpflanzen stellen sicherlich die (bislang) wichtigsten Einsatzbereiche für Nützlinge 'unter Glas' dar. Daneben gibt es natürlich noch einige weitere Anwendungsmöglichkeiten. So kann beispielsweise in Saatzuchtbetrieben auch bei der Gewächshausanzucht landwirtschaftlicher Kulturen (z. B. Rüben) ein Nützlingseinsatz sinnvoll sein. Selbst an Erdbeeren und Gehölzen (Containerkulturen) unter Glas und Folie wurden schon erfolgreich *Phytoseiulus-*Raubmilben gegen Spinnmilben und Florfliegen gegen Blattläuse eingesetzt.

Kräuterkulturen

Auch in Kräuterkulturen unter Glas können erfolgreich Nützlinge eingesetzt werden. So wurde beispielsweise bei Praxisversuchen im Raum Papenburg ('Modellvorhaben zur Einführung und langfristigen Etablierung biologischer Schädlingsbekämpfungsverfahren in gärtnerischen Kulturen unter Glas') der Befall durch die Minierfliegenarten *Liriomyza huidobrensis* und *Liriomyza sativae* an Basilikum, Petersilie und Liebstock wesentlich durch den Einsatz der Schlupfwespen *Dacnusa sibirica* und *Diglyphus isaea* verringert. Positive Erfahrungen liegen auch bei der Blattlausbekämpfung (z. B. an Petersilie mit Florfliegen) vor.

Ausbringung parasitärer Nematoden im Kleingewächshaus: Das 'Nematoden-Wasser' wird einfach über die Erde gegossen, in der man Larven des Dickmaulrüßlers gefunden hat.

Botanische Gärten und Schmetterlingsgärten

Interessante Anwendungsbereiche für Nützlinge sind auch Glashäuser botanischer Gärten (Troparien u.a.) und 'Schmetterlingsgärten'. Um die Besucher dieser Einrichtungen nicht zu beeinträchtigen, sind hier Alternativen zum chemischen Pflanzenschutz besonders gefragt. Bei den Schmetterlingsgärten kommt hinzu, daß sowohl die in Gewächshäusern frei fliegenden Falter als auch ihre Raupen (auf speziellen Futterpflanzen) sehr empfindlich auf chemische Mittel reagieren. Da der meist recht üppige Pflanzenbestand in diesen Häusern selten von Schädlingen verschont bleibt, war und ist der Einsatz von Nützlingen hier oftmals die einzige 'Rettung'.

Weitere Nützlingsarten

Doch nicht nur die Einsatzbereiche für Nützlinge unter Glas sind noch lange nicht 'ausgereizt'. Wirkungsmängel und -lük-

Weitere Einsatzmöglichkeiten unter Glas

ken (sowohl bei chemischen Präparaten als auch bei den bislang zur Verfügung stehenden Nützlingsarten), 'neue' (z.B. eingeschleppte) Schädlinge, neue Kulturen oder eine veränderte Kulturführung u.a. veranlassen Wissenschaftler, Nützlingszüchter, Berater und Praktiker, die Suche nach 'neuen' oder wirkungsvolleren (oftmals auch leichter zu züchtenden oder einzusetzenden) Nützlingen nicht aufzugeben. Einige der noch mehr oder weniger im Forschungsstadium befindlichen Nützlingsarten und Anwendungsverfahren seien hier abschließend noch kurz vorgestellt:

Schlupfwespen gegen Weiße Fliegen

Der Einsatz der Schlupfwespe *Encarsia formosa* gegen Weiße Fliegen gehört mittlerweile zu den Standardverfahren der biologischen Schädlingsbekämpfung unter Glas. Bei der Parasitierung der Baumwoll-Mottenschildlaus (*Bemisia tabaci*) wurden jedoch teilweise Wirkungsdefizite festgestellt. Möglicherweise kann ein 'neuer' Parasit, die Schlupfwespe *Eretmocerus californicus*, dieses Problem lösen. Die kleine Schlupfwespe (Weibchen hellgelb, Männchen gelblich-braun gefärbt) zeigt ein ähnliches Parasitierungsverhalten wie *Encarsia formosa*. Die parasitierten *Bemisia*-Larven/Puppen verfärben sich hier jedoch gelblich. Die Ausbringung erfolgt ebenfalls in Form parasitierter Wirtslarven, die allerdings nicht auf Kärtchen aufgeklebt, sondern lose in Sägemehl (in Flaschen) geliefert werden. Dieses Material wird auf die Blätter der befallenen Pflanzen gestreut. Wichtig ist, daß über 24 Stunden hohe durchschnittliche Temperaturen (über 24°C) herrschen. Auch die Gewächshaus-Mottenschildlaus soll von der *Eretmocerus*-Schlupfwespe parasitiert werden.

Schlupfwespen gegen Blattläuse

Für die biologische Blattlausbekämpfung im Gewächshaus stehen bereits mehrere wirksame Nützlinge zur Verfügung (siehe Seiten 203 bis 212). Trotzdem wird auch hier ständig nach weiteren Antagonisten gesucht, die sich für einen effektiven Einsatz eignen könnten. Einer davon ist z.B. die Schlupfwespe **Ephedrus cerasicola** (HYMENOPTERA, APHIDIIDAE), ein solitärer Endoparasit vornehmlich der Grünen Pfirsichblattlaus (*Myzus persicae*), aber auch von anderen Arten (z.B. *Aulacorthum solani*).

Die Entwicklung der *Ephedrus*-Schlupfwespe dauert von der Eiablage (in den Wirt) bis zum Schlupf bei 21°C durchschnittlich 17 Tage, also etwas länger als z.B. die Entwicklung von *Aphidius*-Schlupfwespen. Dafür liegt hier die Reproduktionsrate mit über 960 Eiern pro Weibchen deutlich höher. Das Weibchen lebt ca. 18 Tage lang; während der ersten 13 Tage werden täglich zwischen 60 und 75 Eier abgelegt. Vorteilhaft ist, daß von *Ephedrus cerasicola* parasitierte (mumifizierte) Blattläuse bei 0°C für 6 Wochen gelagert werden können, ohne daß die Schlupf- und Reproduktionsrate beeinflußt würde.

Schlupfwespen gegen Schildläuse

Die flinke, ca. 2 mm große Schlupfwespe **Metaphycus helvolus** wird in einigen Ländern bereits erfolgreich gegen Zitrus-Schildläuse eingesetzt. Auch bei uns versucht man sie seit kurzem in Gewächshauskulturen (Zierpflanzen) gegen Schildläuse anzuwenden. Während die Parasitierung der Napfschildlaus *Coccus hesperidum* offenbar (wegen der hier häufig stattfindenden Abkapselung der Schlupfwespeneier) weniger zufriedenstellend ist, scheint eine Anwendung gegen die Schildlausarten *Saissetia olea* und *Saissetia coffea* möglich.

Adulte *Metaphycus*-Schlupfwespen ernähren sich von Honigtau und Körperflüssigkeit der Wirte. Durch 'host-feeding' werden erhebliche Mengen an Schildläusen abgetötet. Zur Parasitierung legen die Schlupfwespen ihre Eier unter das 1. und 2. Nymphenstadium der Schildläuse (jedes Weibchen bildet insgesamt etwa 400 Eier aus). Pro Tag können bis zu 5 Schildläuse (Nymphen) parasitiert werden. Parasitierte Schildläuse erscheinen – je nach Art – leicht dunkel bis schwarz. Der Schlupf der ausgewachsenen Parasiten erfolgt innerhalb von 2 bis 3 Wochen, erkennbar an einem Loch in der Hülle des abgestorbenen Wirtes.

Die Schlupfwespen entwickeln sich bei Temperaturen über 20°C relativ schnell. Der optimale Temperaturbereich liegt zwischen 22 und 29°C. Bei 30°C dauert die Gesamtentwicklung ca. 11 Tage, bei 18°C jedoch 33 Tage. Die adulten Tiere haben eine relativ lange Lebensdauer; bei niedrigeren Temperaturen leben sie (mit Honigtauernährung) bis zu 2 Monate lang.

Metaphycus-Schlupfwespen werden bereits (in Form von Imagines in Behältern) von einigen Nützlingszuchtbetrieben angeboten. So gibt es auch bereits Empfehlungen zur Anwendung: Bei geringem Befall soll die Freilassung von ca. 5 bis 10 Schlupfwespen pro befallener Pflanze bzw. 5 Schlupfwespen pro Quadratmeter genügen. Bei starkem Befall benötigt man das Zwei- bis Dreifache dieser Menge. Bei vorbeugendem Einsatz können schon 0,5 Tiere pro Quadratmeter ausreichend sein. 2 bis 4 Freilassungen pro Jahr sind offenbar notwendig. Empfohlen wird, stark mit Honigtau verschmutzte Pflanzen zunächst abzuwaschen, da sich die Schlupfwespen sonst ständig putzen, anstatt nach Wirtstieren zu suchen und Eier abzulegen. Für eine optimale Wirksamkeit benötigen die Schlupfwespen für mehrere Stunden am Tag starkes Sonnenlicht sowie Temperaturen von über 22 °C. Obwohl bereits innerhalb von 2 bis 3 Wochen nach Freilassung der Schlupfwespen erste Schlupflöcher an den Schildläusen eine erfolgreiche Parasitierung erkennen lassen, wird sich – nach den bisherigen Erfahrungen – ein ausreichender Bekämpfungserfolg erst nach 2 bis 3 Monaten einstellen.

Neben *Metaphycus helvolus* gäbe es eine Reihe weiterer Schlupfwespenarten, die vielleicht in Zukunft zur Bekämpfung von Schildläusen einsetzbar wären: So zählen z. B. Vertreter der ektoparasitischen Gattung ***Aphytis*** (Hymenoptera, Aphelinidae) zu den wichtigsten Feinden von Deckelschildläusen. Mit dem solitären Endoparasiten ***Coccophagus lycimnia*** (ebenfalls eine Aphelinide) wurden bereits erste Bekämpfungsversuche gegen die Schildlausarten *Saissetia olea* und *Saissetia coffea* in Gewächshäusern, botanischen Gärten und in der Innenraumbegrünung durchgeführt, teilweise mit recht gutem Erfolg. Weitere (ebenfalls nicht heimische) Schildlausparasiten finden sich z. B. in der Gattung ***Encyrtus*** (Hymenoptera, Encyrtidae).

Unter den Schildlausantagonisten findet man verschiedene Schlupfwespenarten, die parasitisch an diesen Schädlingen leben.

Schlupfwespen gegen
Woll- oder Schmierläuse
Neben den bereits vorgestellten Schmierlausantagonisten *Cryptolaemus montrouzieri* und *Leptomastix dactylopii* (siehe Seiten 232 und 234) wurde in mehreren Ländern der Einsatz weiterer Parasiten erprobt. Dazu gehören u. a. die Encyrtiden ***Leptomastidea abnormis*** und ***Anagyrus pseudococci***, zwei aus dem Mittelmeergebiet stammende solitäre Endoparasiten.

Raubmilben gegen
Thripse und Spinnmilben
In Laborversuchen wurde festgestellt, daß sich die einheimische, oligophage Raubmilbe ***Amblyseius zwoelferi*** sowohl von Spinnmilben (*Tetranychus urticae*) als auch von Thripslarven (*Thrips tabaci*) ernähren kann. Nachdem eine Laborzucht auf Mehlmilben (*Acarus farris*) gelungen ist, müssen nun Versuche zur Massenvermehrung und Anwendung unter Praxisbedingungen zeigen, ob diese Raubmilbenart als weiterer Nützling zur biologischen Thrips- und Spinnmilbenbekämpfung unter Glas geeignet ist.

Gallmücken gegen Spinnmilben
Eine in Großbritannien heimische und natürlich auftretende räuberische Gallmücke könnte bald bei der Bekämpfung von Spinnmilben der *Phytoseiulus*-Raubmilbe Konkurrenz machen, wenn sich eine Firma findet, die die kommerzielle Entwicklung und Einführung übernimmt. Nach Angaben britischer Entomologen bietet die Gallmücke ***Theradiplosis persicae*** (Diptera, Cecidomyiidae), deren Larven sich von Spinnmilben ernähren, verschiedene Vorteile gegenüber den Raubmilben. Zum einen fliegt sie und kann so leichter zu den Schädlingen gelangen, auch wenn die Pflanzen noch keinen Blattkontakt haben und ein Überwandern der Raubmilben nicht möglich ist (z. B. in jungen Gemüsekulturen oder bei Zierpflanzen). Zum anderen ist die Gallmücke als heimische Art wahrscheinlich bereits bei niedrigeren Temperaturen aktiv.

Interessant ist dieser 'neue' Nützling vor allem zur Bekämpfung 'hypertoxischer' Stämme von Spinnmilben, die in letzter Zeit in einigen Anbaugebieten an Tomaten, aber auch an Zierpflanzen große Schäden anrichten. Der Schaden ähnelt der Mangantoxizität und endet in schlaffen, vertrockneten Blättern. Möglicherweise wird er durch eine giftige Substanz verursacht, die beim Saugen der Milben in das pflanzliche Gewebe abgegeben wird. Nach Untersuchungen in England und den Niederlanden handelt es sich bei diesen Spinnmilben um hypertoxische Stämme von *Tetranychus cinnabarinus* und *Tetranychus urticae*. Da eine Bekämpfung hier schon bei sehr niedriger Befallsdichte wirksam sein muß, ist die Raubmilbe *Phytoseiulus persimilis* offenbar weniger geeignet als die räuberische Gallmücke *Theradiplosis persicae*.

Raubmilben gegen Nematoden
In ersten Versuchen konnten durch den Einsatz der räuberischen, nematophagen Milbenart ***Sancassania ultima*** interessante Wirkungsgrade bei der Bekämpfung von Wurzelgallenälchen (*Meloidogyne*-Arten) erzielt werden. Die in Gefäßversuchen unter kontrollierten Bedingungen ermittelten hohen Wirkungsgrade (z. T. über 80 %) konnten jedoch noch nicht durch Gewächshausversuche unter Praxisbedingungen bestätigt werden.

Die *Sancassania*-Milben entwickeln sich bei 20 °C und einer relativen Luftfeuchtigkeit von etwa 90 % in ungefähr 12 Tagen vom Ei über mehrere Entwicklungsstadien zum erwachsenen Tier. Letztere leben 40 bis 50 Tage. In dieser Zeit legen die Weibchen ungefähr 1000 Eier ab. Alle aktiven Entwicklungsstadien dieser Milbe fressen verschiedene Arten von Wurzelgallenälchen sowie freie Stadien wandernder Nematoden. Die Milbe besitzt eine enge Bindung an wurzelparasitäre Nematoden, obwohl sich ihr Beutetierspektrum nicht allein auf Nematoden beschränkt. Auch frisch geschlüpfte Larven des Gefurchten Dickmaulrüßlers sowie Larven und Puppen der in Champignonkulturen schädigenden Gallmücke *Heteropeza pygmaea* werden von ihr erbeutet.

Durch die relativ lange Lebensdauer der Milben, ihre hohe Reproduktionsrate, ihre kurze Entwicklungsdauer und hohe Fraßleistung scheinen diese Nützlinge für einen Einsatz zur biologischen Nematodenbekämpfung äußerst interessant zu sein. Bis zur Entwicklung praxisreifer Einsatzverfahren sind allerdings noch viele offene Fragen zur optimalen Anwendung und zur Massenvermehrung dieser Raubmilben zu klären.

Raubfliegen gegen Zikaden, Trauermücken, Weiße Fliegen und Minierfliegen

Wie bereits an einigen Stellen erwähnt, treten immer wieder (von allein) heimische Nützlinge in Gewächshäusern auf und unterstützen vielfach die Wirkung der freigelassenen, aus Massenzuchten stammenden Nützlinge. Nicht selten führt dieses 'spontane' Auftreten bestimmter Arten dazu, daß man diese 'in Zucht nimmt' und so zu neuen, wirkungsvollen und dann gezielt anzuwendenden Nützlingen kommt. Abschließend soll daher noch kurz von zwei räuberischen Fliegenarten der Gattung *Coenosia* (DIPTERA, MUSCIDAE) berichtet werden, die 1990 in Baden-Württemberg als äußerst effiziente Antagonisten wichtiger Schädlinge in Gewächshäusern entdeckt wurden:

In zahlreichen Gemüse- und Zierpflanzenbetrieben konnte die Raubfliege *Coenosia humulis* nachgewiesen werden. Sobald die Gewächshäuser beheizt werden, erscheinen die Fliegen unabhängig von der Tageslänge und der Lichtintensität. Von Ende Januar bis Ende November wurden sie an den verschiedensten Kulturen beobachtet, eine Bevorzugung bestimmter Kulturpflanzenarten war nicht zu erkennen. Als Beutetiere wurden u.a. Zikaden (*Eupteryx*- und *Empoasca*-Arten), Trauermücken (SCIARIDAE) sowie Minierfliegen (*Liriomyza*- und *Phytomyza*-Arten) festgestellt.

Im Zierpflanzenbau konnte die nicht heimische, vermutlich mit Jungpflanzen eingeschleppte Raubfliege *Coenosia attenuata* beobachtet werden. Diese polyphage Art erbeutet neben Zikaden (*Empoasca*) und Trauermücken (*Sciara*, *Lycoria*) auch Mottenschildläuse (*Trialeurodes vaporariorum*, *Bemisia tabaci*) und Minierfliegen (*Liriomyza huidobrensis*).

Über die Biologie dieser *Coenosia*-Arten ist kaum etwas bekannt. Die Larven ernähren sich offenbar vornehmlich von Trauermückenlarven. Die Imagines ergreifen nur fliegende Beutetiere in der Luft, begeben sich dann auf einen 'Ansitzplatz' (erhöhte Pflanzenteile, Konstruktionsteile der Gewächshäuser u.a.), öffnen hier die Beute an weichhäutigen Körperstellen und saugen sie aus. Beobachtet wurde auch, daß sich die Raubfliegen mit großen Beutetieren zu Boden fallen lassen, um sie dort abzutöten.

Nematoden gegen Wurzelbohrer

Daß parasitäre (entomophage) Nematoden aufgrund ihres relativ großen potentiellen Wirtsspektrums gegen verschiedene Schädlinge einsetzbar sind, wurde bereits beschrieben. Neue Erkenntnisse gibt es auch aus dem Zierpflanzenbau unter Glas. Hier werden z.B. an *Helleborus* zunehmend Wurzelbohrer (HEPIALIDAE) schädlich. Die Raupen dieser Schadschmetterlinge zerstören die Wurzeln dermaßen, daß es zum Ausfall der Pflanzen kommen kann. Im Institut für Angewandte Botanik der Universität Hamburg wurden erfolgreiche Bekämpfungsversuche mit den Nematodenarten *Heterorhabditis heliothidis* und *Steinernema feltiae* durchgeführt, welche die Raupen befielen und innerhalb von 3 bzw. 5 Tagen töteten. Erste Ergebnisse deuten auch auf eine Wirksamkeit von *Heterorhabditis*-Nematoden unter Praxisbedingungen hin.

In Zierpflanzen unter Glas wurde 1990 in Baden-Württemberg die nicht heimische, vermutlich mit Jungpflanzen eingeschleppte Raubfliege Coenosia attenuata entdeckt. Zu ihren Beutetieren gehören u.a. Zikaden, Trauermücken, Weiße Fliegen und Minierfliegen. Vielleicht ein bedeutender Nützling für die Zukunft?

Nützlingseinsatz in Sonderbereichen

Sicherlich haben Nützlinge ihre größte Bedeutung im Pflanzenschutz und – was den gezielten Einsatz angeht – in unseren Breitengraden insbesondere unter Glas. Doch lassen sich Nützlinge nicht nur gegen Schädlinge an Pflanzen einsetzen, auch in einigen (wenigen) anderen Bereichen kann man sie zur Schädlingsbekämpfung anwenden.

Nützlinge gegen Vorratsschädlinge

'Vorratsschädlinge' sind solche Schädlinge, die sich (ausschließlich) in eingelagerten Vorräten ernähren, entwickeln und vermehren können. Sie schädigen die gelagerten Lebens- und Futtermittel sowohl qualitativ als auch quantitativ. Zu den Vorratsschädlingen zählen z.B. Kornkäfer, Getreidemotten, Mehlmotten und Mehlkäfer in Getreidelagern. Bei der Bekämpfung dieser Schädlinge wie auch anderer (mikrobieller) Schaderreger spricht man (analog zum Pflanzenschutz) von 'Vorratsschutz'.

Der Einsatz biologischer Verfahren im Vorratsschutz gilt als umstritten. Die Freilassung von natürlichen Gegenspielern könnte zwar eine Schädlingspopulation drastisch dezimieren, doch würde die Gesamtmenge an Insektenverunreinigungen trotzdem erhöht. Bei der immer noch geltenden 'Null-Toleranz' gegenüber solchen Verunreinigungen hat der Einsatz von Nutzorganismen in der Vorratsschädlingsbekämpfung wohl in naher Zukunft kaum eine Chance.

Die Anzahl der Versuche, gegen Vorratsschädlinge Nützlinge einzusetzen, ist daher auch – verglichen mit dem Bereich Pflan-

zenschutz – verschwindend gering. So wurden beispielsweise die Schlupfwespen *Bracon hebetor* (BRACONIDAE, HYMENOPTERA, siehe Seite 93) und *Trichogramma pretiosum* (TRICHOGRAMMATIDAE, siehe Seite 98) gegen vorratsschädliche Schmetterlingsarten, wie z.B. *Ephestia cautella* und *Plodia interpunctella*, eingesetzt, wobei teilweise hohe Parasitierungsraten zu erzielen waren.

In Anbetracht der Tatsache, daß z.B. in Getreide ein paar wenige 'Reste' von Nützlingen eigentlich nicht sonderlich stören, zumal diese bei der Weiterverarbeitung i.d.R. ohnehin wieder entfernt werden, kann man nur hoffen oder fordern, daß auch auf diesem Gebiet weiter geforscht wird und bald Alternativen zu chemischen Entseuchungen zur Verfügung stehen.

Daß es jedoch (auch in der Bundesrepublik Deutschland) auch außerhalb des Pflanzenschutzes und des Vorratsschutzes noch interessante Einsatzbereiche für Nützlinge gibt, läßt sich am Beispiel der biologischen Stallfliegenbekämpfung aufzeigen.

Nützlinge gegen Stallfliegen

In Nutzviehställen sowie in Hühnermassenhaltungen können Fliegen für Menschen und Tiere äußerst lästig werden. Auch als potentielle Krankheitsüberträger bei Nutztieren (z.B. Mastitis, Schweinepest, Ringflechte, Rotz, Bindehautentzündung, Beschälseuche) sind Fliegen ein Problem. Krankheitskeime, Pilze und Wurmeier können an der Körperoberfläche, an Haaren und Bor-

sten der Fliegen haften und verschleppt werden. Pathogene Keime werden aufgenommen und ohne Einbuße ihrer Virulenz mit dem Speichel und Kot der Fliegen übertragen. Die Vorbeugung und Bekämpfung einer Fliegenplage steht daher im Interesse eines jeden verantwortungsbewußten und gewinnorientierten Tierhalters.

Auftreten

Vor allem in den Sommermonaten von Mai bis September häufen sich die Klagen über das Massenauftreten von Fliegen in Ställen. In erster Linie handelt es sich dabei um die Große Stubenfliege *Musca domestica*, etwas später im Jahr tritt dann auch – vor allem in Rinderstallungen – der Wadenstecher *Stomoxys calcitrans* auf, der mit seinen stechend-saugenden Mundwerkzeugen das Rind durch Stiche besonders peinigt. Zu den sog. 'Stallfliegen' gehört ferner die Kleine Stubenfliege *Fannia canicularis*.

Stallfliegen finden in Tierstallungen einen günstigen Lebensraum. Ihnen stehen hier ein reichhaltiges Nahrungsangebot und massenhaft Brutsubstrat zur Verfügung. Die Fliegenentwicklung vollzieht sich meist innerhalb des Stalles. Der Misthaufen bietet lediglich in den Randzonen günstige Entwicklungsbedingungen. Im Inneren wird er für die Larvalentwicklung zu warm, an seiner Oberfläche trocknet er meist stark aus. In offenen Stallungen ist mit einem Zuflug von außen zu rechnen. In Stallungen mit konstanten Temperaturen sind optimale Bedingungen für eine ganzjährige, kontinuierliche Fliegenentwicklung gegeben.

Nützlinge gegen Stallfliegen

Fliegen in Nutzviehställen können für Menschen und Tiere äußerst lästig werden. Auch als potentielle Krankheitsüberträger bei Nutztieren sind Fliegen ein Problem.

Entwicklungszyklus

Der Entwicklungszyklus (holometabole Entwicklung) der Fliegen geht über das Ei, die Larve (3 Stadien), die Puppe (Tönnchen) zur adulten Fliege und ist – temperaturabhängig – in 1 bis 2 Wochen abgeschlossen.

Eier und Larven

Die Fliegeneier werden meist im Tierkot abgelegt, der eine gewisse Feuchtigkeit aufweisen muß. Aber auch feucht gewordene Futterreste, mit Harn getränktes Heu oder Stroh sind günstig für die Eiablage. Besonders beliebte Brutplätze sind Tieflaufställe, Schwimmdecken von Güllekanälen, Kotreste unter den Spaltenböden sowie naß gewordenes Futter in der Nähe von Tränken und Trögen. Nach 6 bis 24 Stunden schlüpft aus dem ca. 1 mm langen Fliegenei eine winzige, weiße, beinlose Larve (Made), die zu ihrer Entwicklung ebenfalls auf ausreichende Feuchtigkeit angewiesen ist. In der kurzen Zeit von 5 Tagen wächst sie auf eine stattliche Größe von 12 mm heran.

Puppen

Kurz vor der Verpuppung zur sog. Tönnchenpuppe sucht die Larve einen trockenen, dunklen

Die häufigste Fliegenart in Schweine- und Rinderstallungen ist die Große Stubenfliege Musca domestica.

Ort auf. Sie verkriecht sich vorzugsweise in Ritzen und Ecken, beispielsweise unter Buchtentrennwände. Im Misthaufen und in Tieflaufställen wandert sie von tiefergelegenen Schichten näher an die Oberfläche heran. Die sich dann bildenden Tönnchenpuppen sind 6 bis 7 mm lang. Sie verfärben sich während der 5 bis 6 Tage andauernden Puppenruhe von Elfenbeinweiß bis zu einem sehr dunklen Braun. Die Fliege sprengt nun von innen heraus den runden Deckel des Tönnchens ab und schlüpft aus.

Vermehrung

Das Fliegenweibchen kann bereits 3 bis 4 Tage nach dem Verlassen der Tönnchenpuppe mit der Eiablage beginnen und legt in kurzer Zeit bis zu mehrere tausend Eier ab (bis zu 6000 Eier pro Fliegenweibchen). Die relativ kurze Entwicklungsdauer bedingt eine rasche Generationenfolge. Das erklärt auch, warum es innerhalb kurzer Zeit zu explosionsartigen Vermehrungsschüben kommen kann. Bei ungehin-

Die weißen, beinlosen Larven der Großen Stubenfliege werden bis zu 12 mm lang. Zu ihrer Entwicklung sind sie auf ausreichende Feuchtigkeit angewiesen.

Die ca. 6 bis 7 mm langen Tönnchenpuppen verfärben sich während der 5 bis 6 Tage andauernden Puppenruhe von Elfenbeinweiß bis zu einem dunklen Braun.

derter Vermehrung nur eines einzigen Fliegenpärchens und seiner gesamten Nachkommenschaft könnten – so hat man einmal hochgerechnet – innerhalb eines Sommers genügend Fliegen entstehen, um damit die gesamte Oberfläche der Erde zu bedecken. Daß dies nicht geschieht, verdanken wir vielen natürlichen Begrenzungsfaktoren.

Große Stubenfliege

Die dominierende Fliegenart in Schweine- und Rinderstallungen ist die Große Stubenfliege *Musca domestica*. Diese 7 bis 9 mm lange, grauschwarze Fliege hat eine Lebensdauer von 3 bis 5 Wochen, in der sie in mehreren Gelegen insgesamt etwa 1000 bis 3000 Eier ablegt. Bevorzugte Brutmedien sind Schweine- und Kälbermist, selten der reine Rinderkot. Aus den 1 bis 2 mm großen Eiern schlüpfen innerhalb von 24 Stunden die beinlosen Larven, die sich in 5 bis 7 Tagen zur Tönnchenpuppe entwickeln. Die Larven leben in den feuchten Zonen der Mistmatratze oder der Gülleschwimmschicht und suchen zur Verpuppung die trockenen Randzonen der Einstreu bzw. die obere trockene Zone der Gülleschwimmschicht auf. Während der 5 bis 6 Tage dauernden Puppenruhe verfärbt sich die Puppe zunehmend von hellbraun nach dunkelbraun. Der Entwicklungszyklus ist stark temperaturabhängig und dauert bei 27 °C nur 10 Tage, bei 18 °C jedoch 30 Tage. Während eines Sommers können 6 bis 9 Stubenfliegengenerationen entstehen.

Wadenstecher

In Rinderstallungen kann auch der Wadenstecher *Stomoxys calcitrans* – vornehmlich im Spätsommer und Herbst – zur Plage werden. Im Gegensatz zur Stubenfliege, die ihre Nahrung aus dem Viehfutter (Kraftfutter, Milchreste) aufnimmt, ist der Wadenstecher direkt an das Rind zwecks Blutaufnahme gebunden. Die Brutplätze des Wadenstechers sind faulende und gärende Substanzen wie Grünfutter- und Silagereste sowie Rinder- und Pferdedung. Der 4 bis 7 mm lange Wadenstecher ist der Stubenfliege zum Verwechseln ähnlich. Das wichtigste Unterscheidungsmerkmal stellt der über den Kopf hinausragende Stechrüssel dar.

Kleine Stubenfliege

Die ca. 4 bis 5 mm lange Kleine Stubenfliege *Fannia canicularis* wird in Tierstallungen seltener angetroffen als die Stubenfliege und der Wadenstecher. Zur Entwicklung von Massenpopulationen kann es gelegentlich in Geflügelstallungen kommen.

Zur Problematik der Stallfliegenbekämpfung

Die Anwendung von chemischen Insektiziden zur Eindämmung der Fliegenplage ist nicht nur wegen deren Umweltbelastung im Bereich von Siedlungen und Tierhaltungen mit Problemen verbunden. Das Hauptproblem der heutigen Stallfliegenbekämpfung liegt in der sich immer weiter ausbreitenden, genetisch fixierten Resistenz. Die gängige Bekämpfungsmethode, das Ausbringen von Kontaktinsektiziden in Form von Spritz- und Streichmitteln, verschärft die Situation immer mehr und führt somit in eine Sackgasse. In vielen Ställen haben bereits eine ganze Reihe von Mitteln an Wirksamkeit eingebüßt bzw. diese ganz verloren. In einem akuten Entseuchungsfall kann es dann schwierig werden, entsprechend wirksame Präparate zu finden. Auch besteht bei ständigem Einsatz die Gefahr der Kontamination von Tieren und deren Produkten, was letztendlich den Menschen betrifft.

Herkömmliche chemische Bekämpfungsverfahren werden meist gegen die erwachsenen Fliegen angewendet, wenn diese schon zu einer Plage geworden sind. Demgegenüber werden mit biologischen Verfahren die Larven oder Puppen der Fliegen bereits im Vorfeld der Entstehung einer Fliegenplage bekämpft.

Biologische Bekämpfungsmethoden

Viele Ansätze zur biologischen Bekämpfung von Stallfliegen sind bis heute noch nicht über das Entwicklungsstadium hinausgekommen. Erste positive Erfahrungen konnten gewonnen werden durch das Aussetzen von Schlupfwespen. Unter den verschiedenen Nützlingen im Stall zählen die Schlupfwespenarten *Spalangia endius* und *Muscidifurax raptor* zu den wichtigsten tierischen Feinden der Fliegenpuppen. Recht erfolgversprechende Ergebnisse zeigen Bekämpfungsversuche in Finnland mit einem *Bacillus thuringiensis*-(Exotoxin)-Präparat. Bei einem weiteren Verfahren der biologischen Fliegenbekämpfung wird der natürliche Antagonismus der Güllefliege *Ophyra aenescens* gegenüber der Großen Stubenfliege *Musca domestica* ausgenutzt. Die Einsatzmöglichkeiten von Schlupfwespen und Güllefliegen werden nachfolgend ausführlich besprochen.

Integrierte Stallfliegenbekämpfungssysteme

Fachleute sehen die Chance einer effektiven Stallfliegenbekämpfung nur in der Entwicklung eines integrierten Kontroll- bzw. Bekämpfungssystems, dessen Wirkung nicht von einem einzelnen Präparat abhängt, sondern dessen Erfolg vielmehr auf einem System integrierter, sich ergänzender Maßnahmen beruht. Die Zielsetzung ist eine dauerhafte Verringerung der Fliegendichte in tierhaltenden Betrieben auf ein tolerierbares Minimum. Letztlich

Nützlinge gegen Stallfliegen

geht es um die Wiederherstellung eines biologischen Gleichgewichtes zwischen Fliegen und ihren natürlichen Feinden auf einem möglichst niedrigen Niveau.

Gerade die Stallfliegen eignen sich für integrierte Bekämpfungsmethoden besonders, da die verschiedenen Entwicklungsstufen unterschiedliche Lebensräume benötigen und sich somit vielfältige Angriffspunkte bieten. Durch Kombination mehrerer aufeinander abgestimmter und speziell ausgewählter Verfahren kann eine Resistenzbildung gegenüber Insektiziden längerfristig weitgehend vermieden werden.

Zu den Einzelkomponenten eines integrierten Bekämpfungssystems gehören neben physikalisch-mechanischen Methoden (z. B. nützlingsfördernde Mistbewirtschaftung, Vorsorge durch Hygienemaßnahmen, Belüftung und Zuflugbehinderungen) und der gezielten, dabei jedoch deutlich reduzierten Anwendung chemischer Mittel vor allem die Schonung vorhandener Fliegenantagonisten als auch der Einsatz von Nützlingen bzw. Nutzorganismen selbst.

Schlupfwespen
Spalangia endius
Muscidifurax raptor

Die beiden Stallfliegenparasitenarten *Spalangia endius* und *Muscidifurax raptor*, Hautflügler aus der Familie PTEROMALIDAE (siehe Seite 99), sind weltweit verbreitet und auch in Deutschland nachgewiesen.

Lebensweise und Entwicklung
Die Imagines haben eine Lebensdauer von ca. 4 bis 8 Wochen und erreichen eine Größe von 2 bis 3 mm. Die Weibchen legen ihre Eier an Puppen bestimmter Fliegen ab. Die schlüpfenden Larven dringen in den Wirt ein und fressen die Fliegenpuppe bis auf

*Die Schlupfwespen Spalangia endius und Muscidifurax raptor können in Viehställen gezielt zur Bekämpfung von Stallfliegen eingesetzt werden. Es handelt sich hierbei um Puppenparasiten. Ganz oben: Bei der Eiablage senken die Weibchen ihren Legebohrer in die Fliegentönnchen und legen je ein Ei an das Äußere der Fliegenlarve ab. Ein Schlupfwespenweibchen parasitiert auf diese Weise zwischen 10 und 20 Tönnchen pro Tag, sticht aber weit mehr Puppen an, weil es sich von deren Körperflüssigkeit ernährt.
Oben: Aus einer parasitierten Fliegenpuppe schlüpft statt einer Fliege eine Schlupfwespe.*

die Hülle leer. Nach Abschluß der Entwicklung schlüpft aus der Tönnchenpuppe anstelle einer Fliege die Schlupfwespe. Hauptwirte von *Spalangia*- und *Muscidifurax*-Schlupfwespen sind die Puppen der Großen und Kleinen Stubenfliege sowie des Wadenstechers.

Die Entwicklungszeit ist stark temperaturabhängig und beträgt bei 23 °C etwa 24 Tage. Die Nachkommenzahl ist vom Stamm abhängig und wird mit 50 bis 250 Nachkommen pro Weibchen angegeben.

Parasitierung

Bei der Eiablage senken die Weibchen ihren Legebohrer in die Fliegentönnchen und legen je ein Ei an das Äußere der Fliegenlarve ab. Ein Schlupfwespenweibchen parasitiert zwischen 10 und 20 Tönnchen pro Tag. Zusätzlich werden noch Fliegentönnchen zur Nahrungsaufnahme von den Weibchen mittels ihres Legebohrers angestochen.

Es handelt sich zwar um Solitärparasiten, doch kommt bei hohem Parasitierungsdruck auch Superparasitismus und Multiparasitismus vor. Dadurch kann u.U. eine gewisse Verminderung der Wirksamkeit eintreten. Andererseits vernichten diese Fliegenparasiten mehr Wirte, als es ihrer Reproduktionsrate entspricht. Durch Wirtssondierung ('host-probing') und Hämolyphekonsum ('host-feeding') sterben erhebliche Mengen an Fliegenpuppen (z.T. über 35 %), in denen sich kein Parasit entwickelt hat.

Einsatz gegen Stallfliegen

Beide Schlupfwespenarten werden bereits seit über 20 Jahren in den USA zur biologischen Fliegenbekämpfung in landwirtschaftlichen Betrieben eingesetzt. In der Bundesrepublik Deutschland werden diese Nützlinge seit 1985 in der Praxis angewendet. Dabei hat sich der gleichzeitige Einsatz beider Schlupfwespenarten bewährt, da diese sich besonders gut ergänzen: *Muscidifurax raptor* ist weniger kälteempfindlich und parasitiert Fliegenpuppen in der oberen Einstreu; *Spalangia endius* hingegen bevorzugt höhere Temperaturen, dringt tiefer in den Dung ein und sucht dort nach Fliegentönnchen.

Anwendung

Die Anwendung von Schlupfwespen hat sich vor allem in Rinder- und Schweinehaltungen mit Festmistverfahren bewährt.

Um einer Fliegenplage frühzeitig entgegenzuwirken, sollte die 1. Freilassung von Schlupfwespen beim Auftreten der ersten Fliegen, also i.d.R. bei warmer Witterung im April, erfolgen. Dabei werden ca. 8000 Schlupfwespen pro 10 Großvieheinheiten (GV) in die Einstreu entlang der Buchtenwände und in die Ecken der Buchten gleichmäßig ausgebracht. Die 2. Freilassung mit weiteren 8000 Schlupfwespen pro 10 GV erfolgt dann Anfang Mai. Bei einem hohen Fliegenbesatz ist es empfehlenswert, weitere Freilassungen von 16 000 Schlupfwespen pro 10 GV in monatlichen Abständen durchzuführen.

Vorgehensweise

Geliefert werden die Schlupfwespen – beide Arten in einem Verhältnis von 1:1 gemischt – in Form parasitierter Fliegenpuppen (*Musca domestica*). Der Versandbehälter sollte gleich nach Erhalt überprüft werden: Sind bereits Wespen geschlüpft, sollte man die Puppen so bald wie möglich ausbringen; andernfalls ist die verschlossene Pakkung bei 20 bis 28 °C zu lagern und täglich auf beginnenden Schlupf zu kontrollieren.

Ein Drittel der Fliegenpuppen wird zur Freilassung auf dem Dungplatz verteilt, der Rest wird

Geliefert werden die Schlupfwespen Spalangia endius und Muscidifurax raptor – beide Arten in einem Verhältnis von 1:1 gemischt – in Form parasitierter Fliegenpuppen (Musca domestica).

Die parasitierten Fliegenpuppen werden an den Fliegenbrutplätzen so ausgestreut, daß sie nicht vom Vieh zertreten oder beim Ausmisten entfernt werden. Bereits nach wenigen Tagen schlüpfen aus ihnen die Schlupfwespen und beginnen mit der Parasitierung der Fliegenpuppen im Stall.

im Stall an einer geschützten Stelle aufgestellt oder an den Fliegenbrutplätzen so ausgestreut, daß die Parasiten nicht vom Vieh zertreten oder beim Ausmisten entfernt werden. Bei strohlosen Haltungsverfahren wird die gesamte Parasitensendung im Stall ausgebracht.

Begleitende Maßnahmen

Beim Entmisten sollte der Landwirt unbedingt darauf achten, daß entweder etwas Einstreu zurückbleibt oder in Etappen entmistet wird. Dadurch ist gesichert, daß die Schlupfwespen die neu eingestreuten Bereiche wieder besiedeln können. In der Schweinehaltung sollte daher nie die gesamte Matratze entfernt werden. In der Kälberhaltung hat sich die abwechselnde Entmistung nebeneinanderliegender Boxen bewährt.

Wichtig sind den Schlupfwespeneinsatz begleitende hygienische Maßnahmen, die das Brutplatzangebot für die Fliegen einschränken und damit deren Entwicklungszyklus vorzeitig unterbrechen. In Milchviehstallungen mit Nachzucht sind die Kälberbuchten und der Jungviehbereich Hauptentstehungsorte der Fliegen. Durch das Entmisten dieser Bereiche in zweiwöchigem Rhythmus wird den Fliegen die ideale Vermehrungsgrundlage entzogen.

Güllefliegen
Ophyra aenescens

Die blauschwarz-glänzende Güllefliege *Ophyra aenescens* (auch Deponiefliege genannt) ist mit 6 bis 8 mm Länge etwas kleiner als die Große Stubenfliege und sehr flugträge. Sie rastet im Gegensatz zur Stallfliege nicht auf den Tieren, wird somit nicht lästig und kann dadurch auch aus hygienischer Sicht im Stall toleriert werden.

Entwicklung

In Abhängigkeit vom Angebot an Nahrung und Brutsubstrat kann ein Weibchen 200 bis 800 Eier ablegen. Die weißen, etwa 1 mm langen Eier sind durch Sekret verbunden und bilden Eipakete. Sie werden möglichst tief in das Brutsubstrat geschoben. Bei 90 % relativer Luftfeuchte, einer Temperatur von 24 °C und ausreichender Sauerstoffzufuhr schlüpfen in 12 bis 24 Stunden die ca. 1 mm großen Eilarven, die über 2 weitere Stadien in etwa 9 Tagen zu 15 mm langen Fliegenmaden heranwachsen. Einschließlich des Puppenstadiums (Tönnchenpuppe) dauert der Lebenszyklus bei 24 °C ungefähr 21 Tage.

Ernährung

Die Larven nutzen grundsätzlich das gleiche Nahrungsangebot wie *Musca domestica*-Larven. Andererseits verhalten sie sich semikarnivor als Räuber, denn sie decken ihren Eiweißbedarf zusätzlich, indem sie die Larven der Stallfliegen aufschlitzen und Körperflüssigkeit und -gewebe aufnehmen. In Abhängigkeit von der Befallsdichte der Stubenfliegenlarven können auf diese Weise von einer Güllefliegenlarve bis zu 20 *Mus-*

Die blauschwarz-glänzende Güllefliege Ophyra aenescens ist mit 6 bis 8 mm Länge etwas kleiner als die Große Stubenfliege Musca domestica und sehr flugträge.

Die Larven der Güllefliege nutzen grundsätzlich das gleiche Nahrungsangebot wie die Musca domestica-Larven. Um ihren Eiweißbedarf zu decken, schlitzen sie jedoch zusätzlich die Larven der Stallfliegen auf und nehmen Körperflüssigkeit und -gewebe auf (links oben im Bild die räuberische Güllefliegenlarve).

Nützlingseinsatz in Sonderbereichen

ca-Larven vernichtet werden. Auf dieser räuberischen Lebensweise der Güllefliegenlarven beruht auch der Wirkungsmechanismus des nachfolgend beschriebenen biologischen Bekämpfungsverfahrens.

Anwendung

Die Güllefliege *Ophyra aenescens* wird vornehmlich zur Fliegenbekämpfung in Schweineställen mit Flüssigmist und Geflügelställen (Legehennenhaltung) mit Kotbunker genutzt. Es handelt sich dabei um ein sog. Selbstausbreitungs- bzw. Ansiedlungsverfahren.

Voraussetzungen

Voraussetzungen für eine Ansiedlung sind Spalten- oder Gitterrostaufstallung mit Stau- oder Treibmistkanälen sowie Temperaturen von mindestens 18 °C, eine relative Luftfeuchte von mindestens 50 % im Güllebereich und eine biologisch aktive Gülleschwimmschicht. Da die Güllefliege sehr empfindlich gegenüber Insektiziden ist, dürfen 8 Wochen vor der Ansiedlung keine Stallfliegenbekämpfungsmittel mit Langzeitwirkung angewendet werden. Wichtig ist auch, daß Behandlungen gegen Ekto- und Endoparasiten (Würmer, Läuse, Milben) sowie Reinigungs- und Desinfektionsmaßnahmen frühestens 2 Monate nach der *Ophyra*-Ansiedlung durchgeführt werden.

Damit sich die Güllefliege im Güllekeller ausreichend verbreiten kann, sollte das Umspülen, Aufrühren und Ablassen der Gülle erst 3 Monate nach der *Ophyra*-Ansiedlung erfolgen. Bei starkem Stallfliegenbesatz empfiehlt es sich, zur Beseitigung der Fliegenbrut die Gülle möglichst 2 Wochen vor der Ansiedlung aufzurühren und abzulassen und mehrmalige Behandlungen mit einem Pyrethrum-Präparat durchzuführen.

Mit der Güllefliege lassen sich Fliegen in Schweineställen mit Flüssigmist und in Geflügelställen mit Kotbunker langfristig unter Kontrolle halten. Die Güllefliegenpuppen werden entweder in Spezialkartons geliefert, die man einfach im Stall aufhängt, oder – wie hier abgebildet – in einem Ansiedlungsbehälter aus Styropor, der (mit geöffneten Schlupflöchern) an einer Schnur auf die Gülleschwimmschicht im Güllekeller (Güllekanal) hinuntergelassen wird.
Rechts: Ansiedlungsbehälter aus Styropor.
Unten: Hinunterlassen des Ansiedlungsbehälters in den Güllekeller (nach Entfernen der Roste).

Vorgehensweise

Günstig für die Ansiedlung der Güllefliege ist die fliegenarme Zeit von Oktober bis April. I. d. R. sind ca. 300 Puparien je Quadratmeter Stallgrundfläche erforderlich. Geliefert werden die Güllefliegenpuppen z. B. in einem Ansiedlungsbehälter aus Styropor, dessen Deckel mit Schlupflöchern versehen ist.

Günstige Ansiedlungsstellen im Güllekeller findet man am Ende der Güllekanäle (auf keinen Fall direkt am Abflußrohr oder Schieber). Die Gülle sollte in diesem Bereich eine Schwimmdecke aufweisen, die jedoch nicht staubig und trocken sein darf. Damit der Behälter vor Tierdung geschützt ist, sucht man am besten eine geeignete Stelle unter dem

Futtertrog oder in Bereichen, die von Tieren wenig belaufen werden (nicht im Abkotbereich oder unter Tränkevorrichtungen).

Als erstes werden Spalten oder Roste über dem gewählten Bereich entfernt und der Ansiedlungsbehälter (mit geöffneten Schlupflöchern) an einer Schnur hinuntergelassen und auf die Gülleschwimmschicht im ausgewählten Bereich gestellt. Daraufhin wird der Güllekeller wieder geschlossen und die Ansiedlungsstelle z.B. an der Stallwand (mit Kreide) markiert. Nach ca. 8 Tagen sollte der Schlupf der Güllefliegen (mit Hilfe einer Taschenlampe) kontrolliert werden.

Ansiedlungsphase

Die Güllefliegen schlüpfen binnen weniger Tage nach der Ausbringung. Für kurze Zeit sitzen sie noch konzentriert am Ansiedlungsbehälter. Nach einer Orientierungsphase verteilen sich die Güllefliegen dann aber im Güllekeller und beginnen nach etwa 5 Tagen mit der Eiablage.

Aus den Eiern schlüpfen bereits nach 1 Tag die Larven. Im 3. Larvenstadium ernähren sich diese räuberisch von den Larven der Stallfliegen. Schon 3 bis 4 Wochen später beginnen sich die ersten Larven der ausgesetzten *Ophyra*-Population zu verpuppen. Mit dem Schlupf der Adulten beginnt dann kurz darauf der 'stalleigene' Kreislauf der *Ophyra*-Entwicklungsstadien, bis die Güllefliege eine stabile Dichte erreicht hat, erkennbar an einer Reduzierung des *Musca domestica*-Besatzes.

Die Dauer der Ansiedlungsphase ist stark abhängig von den stallspezifischen Gegebenheiten (Temperatur, Luftfeuchte, Luftbewegung, Beschaffenheit der Gülle, Dicke der Gülleschwimmschicht) und beträgt im allgemeinen 8 bis 12 Wochen. Erst dann wird sich ein Gleichgewicht

zwischen Güllefliegen und Stallfliegen auf sehr niedrigem, hygienisch tolerierbarem Niveau einstellen. Sollte es in den ersten Wochen nach der Ausbringung der Güllefliegen noch einmal zu einem Anstieg der Stallfliegenpopulation kommen, kann zur Reduzierung nochmals ein *Pyrethrum*-Präparat angewendet werden, ohne den Ansiedlungserfolg zu gefährden.

Nach einer erfolgreichen Ansiedlung kann mit einer dauerhaften Verringerung der Stallfliegenpopulation gerechnet werden. Zu einer einseitigen Vermehrung der Güllefliege kommt es nicht, da beim Fehlen von Beutetieren die Güllefliegenlarven durch Kannibalismus ihre eigene Population regulieren. Auch ist nicht zu befürchten, daß die Güllefliege selbst zum Lästling im Stall oder gar im Haus wird, da sie sehr ortstreu ist, die dunklen Bereiche des Stallraumes (Güllekeller, Kotbunker) bevorzugt und nicht auf den Tieren rastet.

Das 'Entomax-System' aus Dänemark

In einem ganz neuen dänischen Verfahren werden in Spezialkartons, die einfach im Stall aufzuhängen sind, Güllefliegen in verschiedenen Entwicklungsstadien geliefert. Hier kriechen die geschlüpften Imagines über einen Zeitraum von 3 bis 6 Wochen nach und nach aus dem Karton und suchen sich dann selbst ihren Weg in den Güllekanal. Da dieses System erst seit kurzem auf dem deutschen Markt ist, können derzeit weder Vergleiche zu dem oben beschriebenen Verfahren gezogen noch Aussagen zur Praktikabilität und Wirksamkeit gemacht werden.

Besondere Hinweise

Wie bei allen biologischen Bekämpfungssystemen können auch bei der biologischen Fliegenbekämpfung mit der Gülle-

fliege eine Vielzahl von Faktoren den Bekämpfungserfolg beeinflussen. Daher ist es besonders wichtig, die Ansiedlung genau zu planen und auf die innerbetrieblichen Maßnahmen abzustimmen. Empfehlenswert ist in jedem Falle die rechtzeitige Absprache mit dem Nützlingszuchtbetrieb bzw. Nützlingslieferanten. Zur Ermittlung des günstigsten Ansiedlungszeitpunktes sowie der erforderlichen Ausbringungsmenge läßt sich dieser i.d.R. vorab vom Landwirt eine ganze Reihe an Daten geben, deren Auswertung eine betriebsspezifische Beratung ermöglicht.

Anwendung in Kälberställen

Nach neueren Erkenntnissen läßt sich die Güllefliege auch zur Fliegenbekämpfung in Kälberaufzucht- und Kälbermastanlagen mit Tiefstreu einsetzen. Empfohlen wird hier eine Anwendung nach dem 'Überschwemmungskonzept', d.h., spätestens 6 Wochen vor dem Erreichen der höchsten Fliegendichte muß die 10fache Menge an Güllefliegen(puppen), verglichen mit dem Ansiedlungsverfahren, ausgebracht werden. Hier wird jedoch nur eine saisonale Beseitigung einer *Musca domestica*-Übervermehrung erreicht, d.h., die Anwendung muß jedes Jahr erneut durchgeführt werden.

Massenvermehrung und Vertrieb von Nützlingen

Es ist nicht damit getan, einen wirksamen natürlichen Feind zur Bekämpfung eines Schädlings zu finden. Bevor eine erfolgreiche Anwendung in der Praxis stattfinden kann, muß man sich noch mit vielen wichtigen Faktoren auseinandersetzen. So steht am Anfang die Massenvermehrung des Nützlings. Eine zunächst erforderliche und auch ausreichende Laborzucht ist in den meisten Fällen in technischer, wirtschaftlicher und zweckmäßiger Hinsicht nicht zur Massenzucht geeignet. Welche Prinzipien und wichtigsten Schritte bei einer Vermehrung nützlicher Insekten und Milben in großen Mengen zu beachten bzw. durchzuführen sind, soll im folgenden erläutert werden.

Kommerzielle Produktion

Mit der Massenvermehrung von Nutzarthropoden und parasitären Nematoden beschäftigen sich spezielle Nützlingszuchtbetriebe (Adressen im Anhang, siehe ab Seite 302). Hier wurden und werden die verschiedensten Zuchtverfahren entwickelt. Im Detail können diese natürlich hier nicht erläutert werden, handelt es sich doch weitestgehend um 'Betriebsgeheimnisse' der Nützlingszüchter.

Massenzucht ist ein kompliziertes Unternehmen. Auch wenn die 'Produktionsabläufe' grundsätzlich feststehen und weitgehend zu standardisieren sind, kommt es immer wieder zu unerwarteten Entwicklungen und Problemen. Ständig sind neue Entscheidungen über den weiteren Verlauf der Produktion zu treffen. Sachverstand und Überblick spielen dabei eine große Rolle. Klima, Kontinuität,

Wirtschaftlichkeit, Automatisierung, Hygiene, Arbeitsaufwand und Qualität sind nur einige der vielen Parameter, die bei einer Massenzucht eine besondere Berücksichtigung finden müssen.

Probleme der Massenzucht

Grundsätzlich ist zu unterscheiden zwischen der reinen Vermehrung der Nützlinge und derjenigen Nützlingsmenge, die für den Vertrieb zur Verfügung gestellt werden kann. Zeitpunkt der Abgabe und Menge der Nützlinge sind die bestimmenden Faktoren bei einer erfolgreichen Vermehrung von Parasiten und Prädatoren. Die Vermehrung ist zunächst einmal abhängig von der Menge an Futter, d.h., die Vermehrung der für viele Nützlingszuchten benötigten Wirts- und Beutetiere muß ständig auf die aktuelle Nützlingsdichte abgestimmt werden. Zum anderen ist zu beachten, daß sich letztere – bedingt durch ständig wechselnde Nachfrage – laufend verändert und somit auch bei ausreichendem Nahrungsangebot eine gleichbleibende oder gleichmäßige Entwicklung der Nützlingspopulationen nicht immer gegeben ist.

Da die Populationsdichte weder in den Nützlings- noch in den Wirts- und Beutetierzuchten kurzfristig erhöht werden kann, müssen alle Zuchten fortlaufend auf einem möglichst hohen Level geführt werden. Bleibt nun aber die Nachfrage nach Nützlingen einmal über einen längeren Zeitraum aus, so kann dies zu einer Übervermehrung und – in Folge von Nahrungsmangel – zu Depressionen in den Nützlingszuchten führen.

Die Zucht der Nützlinge geschieht in vielen Nützlingszuchtbetrieben ununterbrochen das ganze Jahr hindurch. Da eine Lagerung nicht oder nur kurzfristig möglich ist, müssen die Tiere nahezu täglich (ein)gesammelt werden. Die Nachfrage kann zwar in gewissem Maße eingeschätzt werden, fluktuiert jedoch täglich, wöchentlich und monatlich. Vor allem im Winter und Frühjahr kommen auf die Züchter große Probleme zu. Geringe Tageslängen und niedrige Temperaturen in den Gewächshäusern müssen dann durch künstliche Beleuchtung und Beheizung ausgeglichen werden.

Massenzucht von Nutzarthropoden

Die verschiedenen Zuchtverfahren und Arbeitsabläufe können hier nur kurz und unvollständig skizziert werden. Trotzdem wird wohl deutlich, daß es sich um eine Vielzahl von Faktoren handelt, die sowohl innerhalb als auch zwischen den verschiedenen Zuchten eines Nützlingszuchtbetriebes aufeinander abgestimmt werden müssen.

Voraussetzungen für eine erfolgreiche Massenzucht

Die entomologischen Arbeiten verlangen nicht nur viel Einfühlungsvermögen und 'Fingerspitzengefühl' der Mitarbeiter, sondern auch die strikte Einhaltung bestimmter 'Grundregeln'. So darf beispielsweise nicht von der innerhalb eines Zuchtbetriebes genau festgelegten Reihenfolge,

Massenzucht von Nutzarthropoden

in der die einzelnen Zuchträume zu betreten sind, abgewichen werden. Sicherheitsvorkehrungen zum Schutz der Zuchten vor Verunreinigungen durch Zuwanderung, Zuflug, Verschleppung usw. 'zuchtfremder' Arthropodenarten (oder auch Krankheitskeime) sind genauestens einzuhalten und täglich auf ihre Funktionstüchtigkeit hin zu überprüfen. Alle (regelmäßig) in einer Zucht durchzuführenden Arbeitsschritte sind exakt nach Anweisung bzw. Absprache einzuhalten. Bei Auftreten von 'Unregelmäßigkeiten' oder Problemen in einer Zucht muß sofort reagiert werden, da Versäumnisse oft schon nach wenigen Tagen fatale Folgen haben können.

Die Liste der 'Grundregeln' ließe sich um viele Punkte erweitern. Gewissenhaftigkeit, Sauberkeit und Disziplin allein reichen natürlich nicht aus. Ebenso wichtig sind eine fundierte Ausbildung, ein umfangreiches Wissen zur Biologie der Zuchttiere und nicht zuletzt das Engagement eines jeden Mitarbeiters. Nur so haben Erfahrung und verbesserte Zuchttechniken in den letzten Jahren zu einer Steigerung der Zuchtkapazitäten als auch der Qualität der Nützlinge führen können.

Massenzuchtverfahren

Bei der kommerziellen Massenvermehrung von Nutzarthropoden sind grundsätzlich 4 verschiedene Zuchtverfahren zu unterscheiden:
1. die Zucht auf den natürlichen Wirts- bzw. Beuteorganismen,
2. die Zucht auf 'Ersatzorganismen',
3. die Zucht auf künstlichen (synthetischen) Medien ('Diäten'),
4. die kombinierte Zucht (sowohl auf Wirts- und Beutetieren als auch auf künstlichen Medien).

Zucht auf den natürlichen Wirts- bzw. Beutetieren

Die Massenvermehrung von *Phytoseiulus*-Raubmilben, *Encarsia*-Schlupfwespen und einigen anderen wichtigen Nützlingen findet i.d.R. in Gewächshäusern auf den natürlichen Wirts- bzw. Beuteorganismen statt.

Die 3-Stufen-Zucht

Bei der Zucht der genannten Raubmilben und Schlupfwespen unterscheidet man 3 wichtige Phasen:
1. die Produktion von Pflanzenmaterial (frei von Schädlingen),
2. die Vermehrung von Wirts- bzw. Beutetieren,
3. die Zucht der Nützlinge.
Diese 3-Stufen-Zucht (Pflanzenanzucht, Wirts- und Beutetierzucht, Nützlingszucht) ist nur bei konsequenter Einhaltung bestimmter Hygienemaßnahmen und strikter räumlicher und arbeitstechnischer Trennung durchführbar. Kleinere Zuchteinheiten lassen sich z.B. durch Wasser- oder insektizidbehandelte Klebebarrieren voneinander trennen. Auch Lichtschleusen können hier gute Dienste leisten. In den heute üblichen bzw. erforderlichen großen Produktionseinhei-

Voraussetzung für die Massenvermehrung von Nutzarthropoden sind oftmals umfangreiche Pflanzenanzuchten für die natürlichen Wirts- oder Beutetiere im Gewächshaus.

In Klimakammern können Nützlinge unter standardisierbaren Bedingungen vermehrt werden. Temperatur, Licht und Luftfeuchtigkeit sind hier sehr genau zu kontrollieren und den Bedürfnissen der Nützlinge anzupassen.

ten werden zur Isolierung Gewächshäuser oder Gewächshauskabinen genutzt. Da selbst bei einer disziplinierten Arbeitsweise des Züchterteams Verunreinigungen nicht immer zu vermeiden sind, müssen die Zuchteinheiten so konzipiert sein, daß notfalls auch chemische Entseuchungen durchgeführt werden können.

Um eine kontinuierliche Produktion der Nützlinge zu erzielen, müssen die 3 Phasen in bestimmten Intervallen wiederholt werden. Der Umfang der Massenzuchten läßt sich grundsätzlich sowohl durch die Anzahl und Größe der verwendeten Produktionseinheiten als auch durch die zeitlichen Abstände zwischen den Wiederholungen variieren. Da mittlerweile während der Saison (März bis September) mit einer ständigen und nach wie vor steigenden Nachfrage nach Nützlingen zu rechnen ist, laufen die Phasen in den kommerziellen Zuchtbetrieben parallel. D.h., die Stufe 2 erhält einen permanenten (täglichen) 'Nachschub' aus der Stufe 1 und die Stufe 3 entsprechend aus der Stufe 2. Nur wenn Wirtspflanzen und Wirts- bzw. Beutetiere sich gut entwickeln, wird auch die Nützlingszucht einen guten Verlauf nehmen.

Stufe 1: Pflanzenanzucht

Grundlage der Massenzucht sind also bei der 3-Stufen-Zucht die Wirtspflanzen der Schädlinge. Dabei muß die Wirtspflanze nicht unbedingt identisch sein mit der Pflanze, die in der Praxis vor dem Schädling geschützt werden soll. Bei der Massenvermehrung der genannten Nützlinge werden z.B. andere Wirtspflanzen als Gurke, Paprika oder Tomate benutzt. Denn bei diesen Kulturen gibt es viele Schädlinge und Krankheiten, die auch bei der Massenvermehrung von Nützlingen bekämpft werden müßten, und zwar oft mit chemischen Mitteln. Früher wurde

Für die kommerzielle Massenvermehrung von Nutzarthropoden werden nicht nur große Gewächshäuser und klimatisierte Zuchträume benötigt. Viele Nützlingsarten oder auch nur bestimmte Stadien der Nützlinge werden in speziellen Zuchtbehältern oder Zuchtkästen gehalten.
Rechts: Klimakammer mit Zuchtkäfigen für Gallmücken, Florfliegen u.a.
Unten: Klimakammer mit Zuchtkäfigen für Stuben- und Güllefliegen.
Ganz unten: Zuchtgefäße für Amblyseius-Raubmilben mit kontrollierter Luftbefeuchtung.

Massenzucht von Nutzarthropoden

Encarsia formosa auf der Weißen Fliege an Gurkenpflanzen gezüchtet. Dabei sind jedoch Spinnmilben, Thripse, Blattläuse, Raupen und Pilzkrankheiten immer wieder auftretende Probleme, vor allem wenn die Pflanzen längere Zeit genutzt werden.

Außerdem kann sich auch zeigen, daß die Struktur der Pflanze oder die Form der Blätter nicht besonders geeignet sind zum Einsammeln von Blättern und Nützlingen, zum Transport usw. Es ist deshalb von größter Bedeutung, eine in vieler Hinsicht geeignete Wirtspflanze für die Massenzucht zu finden. Wichtig ist, daß die Wirtspflanze einfach und mit wenig Pflege (billig) auch im Winter zu kultivieren ist, möglichst wenig von anderen Schädlingen und Krankheitserregern befallen wird, gute Entwicklungsmöglichkeiten für Schadorganismen und Nützlinge bietet, gut und schnell wächst sowie eine gute Struktur und Blattform für verschiedene technische Verfahren hat. Manchmal wird eine für den Schadorganismus weniger geeignete Wirtspflanze den Vorzug haben, wenn ihre Kultur billiger ist und ein geringeres Infektionsrisiko bietet. Es ist eine ständige Suche nach dem besten Kompromiß, der oft erst bei Massenproduktion erkennbar wird.

Wie die Erfahrungen zeigen, hat bereits die Qualität der Wirtspflanzen für die Wirts- und Beutetiere einen entscheidenden Einfluß auf die Qualität der Nützlinge. D.h., Probleme in der Stufe 1 führen i.d.R. unweigerlich auch zu Problemen in den Stufen 2 und 3. Besonders bemerkbar macht sich dies in den Wintermonaten, wenn ein zu geringer Lichteinfall (Intensität und Dauer des natürlichen Tageslichts) durch Zusatzbeleuchtung kompensiert werden muß.

In vielen Fällen müssen Pflanzenanzucht und Vermehrung der Wirts- oder Beutetiere in getrennten Räumen erfolgen. Ein zu früher Befall der Pflanzen durch die Schädlinge würde eine weitere Verwendung unmöglich machen. Oft werden auch ganz bestimmte Schädlingsstadien für die sich anschließende Zucht des Nützlings benötigt (Beispiel Weiße Fliege/*Encarsia*).

Stufe 2: Wirts- und Beutetierzucht (Schädlingszucht)

Bei der Zucht von Schadorganismen sind der Zeitfaktor und die Menge der einzusetzenden Tiere besonders wichtig. Außerdem muß das Klima so günstig wie möglich sein, obwohl auch hierbei ein Kompromiß gefunden werden muß zwischen Kosten (Heizung, Kühlung, Licht usw.), Wirtspflanzen, Nützling und den technischen Möglichkeiten. Entscheidend für die Vermehrung von Wirts- und Beutetieren (z.B. Weiße Fliegen für Schlupfwespen, Spinnmilben für Raubmilben) ist nicht nur eine gute Qualität der Wirtspflanzen, sondern auch das Alter bzw. Stadium, in welchem sie in die Schädlingszucht überführt bzw. mit Schädlingen infiziert werden. Größe und Blattmasse der Pflanzen sind ein bestimmender Faktor für die notwendige bzw. mögliche Anfangsbesatzdichte (Infektionsintensität) und ausschlaggebend für die weitere Entwicklung der Schädlinge.

In bestimmten Fällen (z.B. Spinnmilbenvermehrung für Raubmilbenmassenzucht) können Pflanzenanzucht und Beutetierzucht (Stufe 1 und 2) auch in einem Raum bzw. Gewächshaus stattfinden. Bei anderen Zuchten (z.B. Vermehrung der Weißen Fliegen für Schlupfwespenzucht) ist für die Bereitstellung parasitierfähiger Wirtstiere eine Aufteilung der Stufe 2 in 2 Räume erforderlich (siehe Seite 258).

Stufe 3: Nützlingszucht

Sind die Pflanzen ausreichend mit Wirts- oder Beutetieren besetzt (bzw. befinden sich die Wirtstiere im richtigen Stadium), kommen sie in die eigentliche Nützlingszucht. Diese wird nun von Art zu Art sehr unterschiedlich gestaltet. Teilweise sind auch hier wieder mehrere Räume zur Trennung bestimmter Stadien oder Zuchtabläufe erforderlich (beispielsweise bei *Encarsia*-Schlupfwespen), oder Massenvermehrung und 'Ernte' des Nützlings finden in einem Raum (bzw. Gewächshaus) statt (z.B. *Phytoseiulus*-Raubmilben, siehe Seite 256).

Zucht auf 'Ersatzorganismen' und 'Diäten'

Die Massenzucht von *Trichogramma*-Schlupfwespen, *Amblyseius*-Raubmilben sowie anderen Nützlingen wird auf 'Ersatzwirts- und -beutetieren' durchgeführt. Eine Massenvermehrung der eigentlichen Zielorganismen (Maiszünsler, Wickler, Thripse u.a.) wäre hier viel zu aufwendig bzw. gar nicht möglich (siehe ab Seite 255). Auf künstlichen Diäten bzw. Nährmedien – oder auch kombiniert mit einer Ernährung in Form von Blattläusen als natürliche Beutetiere – werden beispielsweise Florfliegen (*Chrysopa carnea*) in Massen gezüchtet (siehe Seite 256).

Viele Nützlingszuchten, für die keine natürlichen Wirts- oder Beutetiere (sowie die dazu erforderlichen Pflanzen) benötigt werden, können auch oder sogar besser in klimatisierten Räumen (statt in Gewächshäusern) durchgeführt werden. Dabei müssen Temperatur, Luftfeuchtigkeit, Lichtbedingungen und Ventilation kontrollierbar sein. Auch wenn nicht mit Pflanzen gearbeitet wird, muß auf eine ausreichende Beleuchtung geachtet werden, wobei die Beleuchtungsdauer häufig eine größere Rolle spielt

254 Nützlingseinsatz in der biologischen Schädlingsbekämpfung

Die Massenzucht von Trichogramma-Schlupfwespen wird auf Getreide- oder Mehlmotten durchgeführt. Die Eier dieser Motten stellen die Ersatzwirte für die Eiparasiten dar. Da sie in großen Mengen benötigt werden, sind entsprechend aufwendige Mottenzuchten erforderlich.
Links: In diesen Zuchtapparaturen schlüpfen die Getreidemotten (Sitotroga cerealella) und können dann in Flaschen (unten) gesammelt werden.
Unten links: Zur Gewinnung von Sitotroga-Eiern nutzt man spezielle Eiablageschränke.
Unten rechts: In großen, über Bürsten laufenden Trommeln legen die Getreidemotten ihre Eier ab. Sie werden in großen Schalen gesammelt, danach gereinigt und stehen dann zur Parasitierung durch Trichogramma-Schlupfwespen zur Verfügung.

als die Beleuchtungsintensität: Sog. Kurztagbedingungen (weniger als 15 Stunden Licht pro Tag) können – meist in Kombination mit niedrigeren Temperaturen – eine Diapause (Ruhephase) auslösen.

Stammzuchten

Das 'Sauberhalten' der Zuchten – ob Schädlings- oder Nützlingszuchten – ist eine der wichtigsten Voraussetzungen für die erfolgreiche Durchführung von Massenzuchten. Eine 'verseuchte' Zucht (z.B. Raubmilben in einer Spinnmilbenzucht) bedeutet i.d.R. für den Züchter, wieder von vorn anfangen zu müssen. Auch wenn – zumindest in größeren Zuchtbetrieben – mehrere parallele (räumlich getrennte) Massenvermehrungen derselben Art Standard sind, empfiehlt sich in vielen Fällen die zusätzliche Aufrechterhaltung besonders isolierter 'Stammzuchten'. Wo möglich, sollten diese in separaten Gebäuden untergebracht werden.

Zuchtmethoden

Zum besseren Verständnis sollen am Beispiel wichtiger Nützlingsarten verschiedene Zuchtschemata einer kommerziellen Massenproduktion kurz dargestellt werden.

Trichogramma-Arten

Die Massenvermehrung von Schlupfwespen der Gattung *Trichogramma* wird weltweit nach recht ähnlichen Zuchtschemata durchgeführt. Da die Massenzucht der natürlichen Wirtstiere (z.B. Maiszünsler, Apfelwickler) zu aufwendig wäre, werden die Parasiten auf einem 'Ersatzwirt', wie z.B. der Getreidemotte *Sitotroga cerealella* oder der Mehlmotte *Ephestia kuehniella*, vermehrt. Die Eier dieser Motten können in halbautomatisch gesteuerten Zuchtanlagen jederzeit in großer Anzahl produziert werden.

Getreidemotten beispielsweise werden auf Weizenkörnern gezüchtet. Aus 1 Doppelzentner Weizen können ca. 1 kg Motteneier (ca. 50 000 Stück) gewonnen werden. Die Eier lassen sich bei Kühlung auf +2°C bis zu 4 Wochen ohne erkennbare Verluste lagern, um dann als Wirte für die Schlupfwespen Verwendung zu finden. Voraussetzung für eine gut laufende Zucht von *Trichogramma* ist, daß gleichzeitig frisch geschlüpfte Parasiten wie auch ausreichend Wirtseier zur Verfügung stehen.

Die adulten *Trichogramma*-Schlupfwespen werden mit Honigagar gefüttert. Das Geschlechterverhältnis ist abhängig von Art und Stamm. Zur Parasitierung der Eier von Getreide- oder Mehlmotten verwendet man spezielle Parasitierungskäfige. Zur Wirtsfindung nutzt man die positive Phototaxis der Weibchen aus, indem man jeweils die frischen Eier zur Parasitierung in den belichteten Teil des Käfigs

legt, wo sie relativ rasch von den eiablagebereiten Weibchen gefunden und parasitiert werden. Bei *Trichogramma evanescens* liegt die Parasitierungsleistung pro Weibchen bei 30 bis 80 Eiern. Die Lebensdauer der Wespen beträgt zwischen 25 und 29°C etwa 6 Tage. Bei dieser Zuchttemperatur dauert 1 Generation 8 bis 9 Tage. Die Massenzucht verläuft normalerweise bei 28°C ohne Diapause. Durch Abkühlung auf 8°C kann jedoch eine Diapause induziert werden, was eine Lagerung von *Trichogramma*-parasitierten Wirtseiern über mehrere Monate ermöglicht, ohne die Schlupfrate der Nützlinge ungünstig zu beeinflussen.

Der Zuchtablauf von *Trichogramma evanescens* gestaltet sich dann – grob skizziert – wie folgt:
1. Vorbereitung des Weizens (Anfeuchtung mit Wasser, 6 Stunden Lagerung bei 70°C),
2. Zucht der Getreidemotte (*Sitotroga*) als Alternativwirt (ca. 4 Wochen bei 25 bis 30°C und 60 bis 70% relativer Luftfeuchte),
3. Gewinnung von *Sitotroga*-Eiern in speziellen Eiablageschränken (Trennung der Eier, Kühllagerung),
4. Zwischenlagerung der *Sitotroga*-Eier (bei 2°C; nicht länger als 4 Wochen),
5. Parasitierung durch Trichogrammen (3 bis 4 Tage bei 28°C),
6. Zwischenlagerung der parasitierten Eier bei 10°C und 70% Luftfeuchte,
7. Aufkleben der parasitierten Eier auf Papprähmchen und Verpacken in Versandbehälter.

Aphidoletes aphidimyza

Die Räuberischen Gallmücken werden in Form von Puppen verschickt. Das Verfahren zur 'Gewinnung' dieser Puppen umfaßt folgende Schritte:
1. Eiablage über einen definierten Zeitraum an speziellen Eiablagepflanzen (z.B. Paprika) in den Dauerzuchten,

2. Fütterung der Larven mit Blattläusen über einen Zeitraum von etwa 5 Tagen,
3. Einbringen der verpuppungsreifen Larven in spezielle Verpuppungsgefäße,
4. Vermischen der verpuppten Larven im Substrat (Torf, Vermiculit),
5. Lagerung der Puppen bis kurz vor Beendigung der Puppenruhe.

Für diese Schritte wird ein Zeitraum von 15 Tagen veranschlagt, Larvalentwicklung und Puppenruhe lassen sich durch Veränderung der Temperatur steuern und vorausberechnen.

Das Ziel der *Aphidoletes*-Massenproduktion ist es, so viele Puppen gleichen Alters wie möglich in der kürzestmöglichen Zeit und auf kleinstmöglichem Raum zu produzieren. Dazu sind zunächst einmal alle Faktoren, die die Eiablage beeinflussen, wie z.B. Wirtspflanzen, Blattlauspopulation und klimatische Bedingungen, zu optimieren. In vielen Betrieben wird die Massenzucht ausschließlich in Gewächshäusern durchgeführt und beinhaltet dann folgende Schritte:
1. Das erste Gewächshaus dient der Pflanzenanzucht. Hier werden z.B. Paprikapflanzen bis zu einer Höhe von 30 cm angezogen.
2. Im zweiten Gewächshaus ist die Blattlauszucht untergebracht. Die Paprikapflanzen aus dem ersten Haus werden hier z.B. mit der Grünen Pfirsichblattlaus (*Myzus persicae*) infiziert.
3. Nach etwa 2 Wochen werden die blattlausbesetzten Pflanzen in ein drittes Gewächshaus gebracht, in dem eine Gallmückenpopulation unterhalten wird. Hier kann die Eiablage der Gallmückenweibchen erfolgen.
4. Wenn die *Aphidoletes*-Larven das 3. Larvenstadium erreicht haben, werden die Pflanzen in eine spezielle Larven-Sammeleinrichtung gestellt. Die verpuppungsbereiten Larven fallen von den Pflanzen auf schräge Platten,

von denen sie durch fließendes Wasser aus perforierten Leitungen über Rinnen in einen 'Kollektor' gespült und in einem Sieb aufgefangen werden. Bei einer Wassertemperatur von 15 bis 20°C können die Larven im Kollektor mehrere Tage überleben.
5. Zur Verpuppung werden die Larven dann in Torf, Vermiculit, Sand, Baumwolle o.a. Materialien eingebracht.

Abweichend von diesem Verfahren gibt es weitere verschiedene *Aphidoletes*-Zuchtmethoden. Voraussetzung für die eigentliche Gallmückenzucht ist jedoch immer eine Blattlausvermehrung und für diese zunächst einmal eine entsprechende Wirtspflanzenanzucht (3-Stufen-Zucht, siehe Seite 251). Beschränkt man sich allerdings auf nur <u>eine</u> Blattlausart und <u>eine</u> Pflanzenart, kann es nach mehreren Generationen zu einer ungünstigen 'Anpassung' (Adaptation) kommen: Werden diese Gallmücken gegen andere Blattlausarten eingesetzt, kann es passieren, daß sie nicht die optimale 'Leistung' erbringen. In der Massenzucht ist deshalb die Verwendung mehrerer Blattlausarten auf verschiedenen Pflanzenarten vorteilhafter, wenn auch aufwendiger.

Chrysopa carnea

Die Florfliegen werden im Eistadium verschickt, wobei sich die Eier i.d.R. auf Mullgaze oder Papierstreifen bzw. in einem pulvrigen Substrat befinden. Eine gleichmäßige und starke Eiablage läßt sich nur durch eine hohe Dichte an Imagines in den Eiablagegefäßen erzielen. Die erwachsenen Florfliegen werden mit einer künstlichen Diät gefüttert, die Larven erhalten Lebendfutter (*Sitotroga*-Eier, Blattläuse) oder ebenfalls 'Kunstfutter'.

Die Larven-Diät – bestehend u. a. aus Bienenhonig, Zucker, Hefe, Kasein, Eigelb und Wasser – muß jedoch in einer ganz speziellen Form und Konsistenz angeboten werden, damit sie von den Tieren als Beuteersatz angenommen wird. Nach einem an der Fachhochschule Weihenstephan entwickelten Verfahren wird die flüssige Futterdiät dazu in einem niedrig schmelzenden Paraffin verkapselt, so daß Futterkapseln entstehen, die mit einer dünnen, geschlossenen Wachshülle umgeben sind. Die Abmessung der Futterkapseln muß in etwa der Größe von Blattläusen entsprechen und die Wandstärke der Hülle ein Durchdringen der Mundwerkzeuge (Saugzangen) der Florfliegenlarven ermöglichen.

Auch in der Florfliegenzucht sind also täglich eine ganze Reihe von Arbeitsschritten durchzuführen, bis schließlich versandfertiges Material zur Verfügung steht. Im Gegensatz zu vielen anderen Nützlingen können Florfliegen im Eistadium über mehrere Tage im Kühlraum gelagert werden.

Phytoseiulus persimilis

Phytoseiulus-Raubmilben werden auf Spinnmilben (*Tetranychus urticae*) und diese wiederum auf Buschbohnen vermehrt (3-Stufen-Zucht, siehe Seite 251).

Ganz oben und oben: Für das 'Sammeln' verpuppungsbereiter Larven der Räuberischen Gallmücke Aphidoletes aphidimyza wurden die verschiedensten Techniken entwickelt. Bei dem hier gezeigten Beispiel nutzt man das Verhalten der Larven, nach Beendigung ihres Reifungsfraßes von den Wirtspflanzen (hier Paprika) ihrer Beutetiere (Blattläuse) zu 'springen': Statt auf das Verpuppungssubstrat gelangen sie hier auf einen 'Wasserfilm', der sie über ein Schlauch- bzw. Rohrsystem in ein Sieb 'befördert'.

Ganz entscheidend ist hier eine ausreichende Beleuchtung. Unter Kurztagbedingungen würden die Spinnmilben Winterformen ausbilden und ihre Vermehrung einstellen. Bei entsprechendem Zuchtmanagement können Pflanzenanzucht und Spinnmilbenzucht in ein und demselben Raum durchgeführt werden.

Wichtig für die Spinnmilben ist eine möglichst niedrige Luftfeuchtigkeit. Günstig sind durchschnittliche Tagestemperaturen zwischen 25 und 27°C sowie Nachttemperaturen von 18 bis 25°C. Bei niedrigeren Temperaturen entwickeln sich Pflanzen und Tiere langsamer und damit weniger wirtschaftlich.

Die Raubmilben müssen streng von Pflanzenanzucht und Spinnmilbenzucht getrennt gehalten werden. Einen entscheidenden Qualitätseinfluß auf die Raubmilben hat die Klimaführung in der Zucht. Dies gilt insbesondere für die Sommermonate. Um die Eiablageleistung der Raubmilben hoch zu halten, dürfen die Temperaturen im Zuchtraum nicht zu hoch ansteigen (möglichst nicht über 30°C), und die relative Luftfeuchtigkeit sollte bei etwa 80 % gehalten werden.

Der Versand der Raubmilben zur Bekämpfung von Spinnmilben erfolgt meist auf Bohnenblättern. Es wird dabei ein möglichst konstantes Verhältnis von Eiern, Larven und Adulten von 2:2:6 angestrebt. Ferner müssen die Blätter eine bestimmte Anzahl an Spinnmilben aufweisen, die zum einen als 'Reiseproviant' benötigt werden, zum anderen entscheidend sind für eine gleichmäßige Verteilung auf den Blättern im Pflanzenbestand. Für die Ausbringung der Raubmilben am Einsatzort müssen die verschiedenen Einheiten ferner eine ausreichende Anzahl an Bohnenblättern aufweisen, da sonst eine gleichmäßige Verteilung im Bestand erschwert wird. Für die Auslieferung auf Blättern werden die Raubmilben am Versandtag frisch 'geerntet' und nur für kurze Zeit im Kühlraum zwischengelagert.

Einige Zuchtbetriebe liefern die Raubmilben auch in Flaschen (Plastikdosen) mit Kleie oder Vermiculit als Trägermaterial. Dies bringt neben einer leichteren Verarbeitung und der Möglichkeit einer Automatisierung noch weitere Vorteile mit sich: Die Kontamination mit Krankheitserregern und Schädlingen (z. B. Thripse) ist auf diese Weise fast ausgeschlossen. Eine Lagerung – obgleich begrenzt – ist

Ganz oben und oben: Voraussetzung für eine Massenzucht der Raubmilbe Phytoseiulus persimilis ist eine umfangreiche Vermehrung von Spinnmilben (Tetranychus urticae) auf Buschbohnen im Gewächshaus. Erst wenn die Pflanzen ausreichend mit Beutetieren besiedelt sind, werden sie in die Nützlingszucht überführt.

möglich, Verpackung und Transport werden einfacher, die Dosierung kann genauer geschehen, und das Ausbringen wird erleichtert.

Amblyseius-Arten

Amblyseius-Raubmilben werden auf Kleie vermehrt und dabei mit Mehlmilben (*Acarus farris*) oder Modermilben (*Tyrophagus putrescentiae*) gefüttert. Bei der Produktion von *Amblyseius cucumeris* und *Amblyseius barkeri* müssen verschiedene Zuchtphasen unterschieden werden:
1. Kleieaufbereitung (Abtöten eventueller Schaderreger durch Erhitzung),
2. 'Beimpfung' der Kleie mit Mehlmilben,
3. Vermehrung der Mehlmilben als Futter für die Raubmilben,
4. 'Beimpfung' der Mehlmilben mit Raubmilben,
5. Vermehrung der Raubmilben,
6. Ernte und Verpackung der Nützlinge.

Das Komplizierte an der Mehl- oder Modermilbenzucht und der *Amblyseius*-Zucht ist die Steuerung der (Luft-)Feuchtigkeit (80 bis 95 %) in den Kleiebehältern. Probleme entstehen z. B. auch, wenn sog. Mikrosporidien als Krankheitserreger der Mehlmilben auftreten, die deren Zucht völlig vernichten können. Nur durch sehr strenge Hygienemaßnahmen und einen schnellen 'Umschlag' des Zuchtmaterials können Ausfälle vermieden werden.

Einen großen Einfluß auf das Zuchtsystem hat auch die Art und Weise der Verpackung: Während bei einem Versand bzw. einer Ausbringung der Raubmilben in Beuteln, Tüten oder Flaschen zum Ausstreuen der Anteil an mitgelieferten Mehlmilben möglichst gering sein sollte (nur Proviant für den Transport), muß der Anteil bei Beuteln oder Tüten zum Aufhängen in der Kultur (sog. 'slow-release-Päckchen') so hoch sein, daß sich die *Amblyseius*-Raubmilben über mehrere Tage oder sogar Wochen in den Behältnissen halten und weitervermehren können. Die 'Reproduktionsrate' aus diesen Tüten wird als 8- bis 12fach angegeben; im Vergleich dazu besitzt das Streumaterial eine 2- bis 5fache Reproduktionsrate.

Encarsia formosa

Früher wurden die Schlupfwespen zur Bekämpfung der Weißen Fliegen in Form parasitierter Larven/Puparien der Weißen Fliege auf Blättern (Tabak), Blattstreifen oder ausgestanzten Blattstückchen, aufgeklebt auf Kartonkärtchen, geliefert. Diese Methoden hatten mehrere Nachteile: So war nicht immer auszuschließen, daß sich auch noch unparasitierte Larven oder andere Schädlinge auf den Blättern befanden. Tabakblätter oder Blattstücke waren nicht nur schwierig zu verpacken und zu versenden, sondern auch nicht besonders geeignet für die Ausbringung im Gewächshaus. Die Schlupfwespen (in Form parasitierter Larven/Puparien der Weißen Fliege) werden deshalb heute im Zuchtbetrieb vom Blatt entfernt und dann aufgeklebt auf kleine Pappkärtchen an die

Oben: Gazekammer für die isolierte Anzucht von Tabakpflanzen im Gewächshaus.
Rechts: Sind die Tabakpflanzen groß genug, werden sie zur Eiablage in die Weiße Fliege-Zucht gestellt. Bis sich aus den Eiern Larven im 3. und 4. Stadium entwickelt haben, stehen die Pflanzen in einer 'Larvenkammer'. Erst dann kommen sie zur Parasitierung in den eigentlichen Nützlingszuchtraum, in dem die Encarsia-Schlupfwespen vermehrt werden.

Massenzucht von Nutzarthropoden

Die von Encarsia-Schlupfwespen parasitierten Weiße Fliege-Larven/Puparien werden mit einem speziellen Verfahren von den Tabakblättern abgetrennt und dann auf die Ausbringungskärtchen aufgestreut (aufgeklebt).

Oben: Täglich müssen im Encarsia-Zuchtraum die Pflanzen mit den Weiße Fliege-Larven auf den Grad der Parasitierung kontrolliert werden.
Links: Geerntet werden nur die Pflanzen bzw. Blätter, auf denen alle Schädlingslarven schwarz gefärbt (also parasitiert) sind. Erfolgt die Parasitierung nicht gleichmäßig, können bereits vor der Blatternte Wespen geschlüpft sein.

Gärtner geliefert. Ausführliche Kontrollen haben ergeben, daß diese Schlupfwespen die gleiche Qualität haben wie die auf Blättern transportierten.

Wie bereits erwähnt, werden die *Encarsia*-Schlupfwespen auf ihren natürlichen Wirtstieren gezüchtet. Die Weiße Fliege (*Trialeurodes vaporariorum*) kann auf zahlreichen Pflanzenarten vermehrt werden, doch eignen sich nur wenige Arten zur Verwendung in einer Massenzucht. Im Vergleich zu Gurken, Tomaten, Auberginen und einigen Zierpflanzen hat sich Tabak als am besten geeignet erwiesen. Die großflächigen Tabakblätter können die Stadien der Weißen Fliege in großer Zahl 'beherbergen'. Tabakpflanzen haben nur einen Spitzentrieb und wachsen daher relativ platzsparend.

Eine gleichmäßige und dichte Belegung der Pflanzen mit Larven der Weißen Fliege im 3. und 4. Stadium sowie eine gleichmäßige und hohe Parasitierungsrate sind Voraussetzungen für eine gute *Encarsia*-Qualität. Um diese zu erreichen, wird i.d.R. ein aufwendiges '3-Stufen-System' in mindestens 4 isolierten Gewächshäusern oder Gewächshauskabinen praktiziert:
1. Tabakpflanzenanzucht,
2. Dauerzucht der Weißen Fliege, in der die Pflanzen mit Eiern belegt werden,
3. Anzucht der Weiße Fliege-Larven (bis zum 3. und 4. Stadium),
4. Dauerzucht der Schlupfwespen, in der die Larven parasitiert werden.

Die ganze 'Prozedur' dauert vom Aussäen der Tabakpflanzen bis zur Ernte der Parasiten mehrere Monate. Erntereif sind die Tabakblätter, wenn sie zahlreiche schwarz verfärbte, parasitierte Larven/Puparien der Weißen Fliege und keine ungeschlüpften, nicht parasitierten Stadien des Wirtes aufweisen.

Laborzucht von Nutzarthropoden für Nützlingsprüfungen

Nachdem wir nun bereits einige Prinzipien und Techniken der Massenzucht von Nutzarthropoden für die periodische Freilassung gegen Schädlinge im Freiland und unter Glas kennengelernt haben, soll uns ein kleiner Exkurs mit einer ganz anderen Problematik der Nutzarthropodenzucht vertraut machen. Im Kapitel 'Nützlingsschonender Pflanzenschutz' wurde darauf hingewiesen, daß gemäß der BBA-Richtlinien für die Prüfung von Pflanzenschutzmitteln im Zulassungsverfahren in der Bundesrepublik Deutschland auch die Auswirkungen dieser Mittel auf bestimmte Nutzorganismen zu untersuchen sind (siehe Seite 162). Für diese 'Nützlingsprüfungen' sind standardisierte Zuchten der Prüftiere erforderlich. Aus der Liste der relevanten Nutzarthropoden sei hier einmal der Laufkäfer *Poecilus cupreus* herausgegriffen, eine häufig auf Äckern vorkommende Carabidenart. Dieser Käfer läßt sich im Labor bzw. in Klimakammern erfolgreich über mehrere Generationen züchten.

Beispiel: *Poecilus cupreus*
Frisch geschlüpfte *Poecilus*-Imagines werden für mindestens 3 Wochen in Gruppen von je 15 Tieren in Gefäßen mit etwa 1 Liter feuchtem Torf im Langtag gehalten. Danach stehen sie für mindestens 2 Monate bei 10°C im Kurztag, um das Erreichen der Geschlechtsreife zu erzielen. Wenn sie wieder in den Langtag überführt werden, beginnen sie nach etwa 2 bis 3 Wochen mit der Eiablage. Dazu werden 10 Käfer (5 Weibchen und 5 Männchen) in mit feuchtem Blähton gefüllte Gefäße gesetzt, die mit einem Siebboden (Gaze mit einer Maschenweite von 2 mm) versehen sind. So werden die Tiere bei 16 Stunden Licht und 8 Stunden Dunkelheit (Langtagbedingungen) sowie einer konstanten Temperatur von 20°C gehalten. Zweimal pro Woche werden sie mit zerschnittenen Fliegenpuppen (*Calliphora*) gefüttert.

Die abgelegten Eier werden aus den Gefäßen gespült und dann einzeln (zur Vermeidung von Kannibalismus) in Gewebekulturplatten auf feuchten Filterkarton gelegt und täglich auf Larvenschlupf kontrolliert. Diese Eipaletten werden im Dunkeln bei 20°C aufbewahrt.

Die geschlüpften Larven werden dann einzeln in mit feuchtem Torf gefüllte Glasröhrchen (19 ml) überführt und dort bis zum Schlupf der Imagines belassen. Im Langtag wird zweimal und im Kurztag einmal je Woche mit Fliegenpuppen oder Mehlwürmern (Larven von *Tenebrio molitor*) gefüttert. Die frisch

Die Zucht von Nutzarthropoden für Nützlingsprüfungen (Prüfung der Nebenwirkungen von Pflanzenschutzmitteln auf Nutzorganismen) findet – nach genau vorgegebenen Richtlinien – unter standardisierten Bedingungen statt.
Die hier dargestellte Zuchtmethode für den Laufkäfer Poecilus cupreus wurde von Dr. Udo Heimbach, BBA-Institut für Pflanzenschutz im Ackerbau und Grünland, Braunschweig, entwickelt (siehe Erläuterungen im Text auf dieser Seite links):

Ganz oben: Gruppenhaltung der jungen Käfer in Torf (1 Monat 20°C, Langtag; danach 2 Monate 10°C, Kurztag).
Oben: Einzelhaltung von Larven in mit Torf gefüllten Glasröhrchen (20°C, Halbdunkel).
Seite 261, ganz oben: Eiablage der Käfer in Blähton (20°C, Langtag).
Seite 261, Mitte: Auswaschen von Poecilus-Eiern.
Seite 261, unten: Eier und frisch geschlüpfte Larven in Eipalette (20°C, Halbdunkel).

Massenzucht von Nutzarthropoden **261**

geschlüpften Imagines werden dann wieder (jeweils 15 Käfer) in die Torfbehälter überführt (siehe oben).

Nach etwa 10 Generationsfolgen, spätestens aber beim Auftreten von Degenerationserscheinungen, muß eine Auffrischung der Zucht durch neue Freilandfänge (aus nicht durch Pflanzenschutzmittel belasteten Arealen) erfolgen.

Kontrolle der Nützlingsqualität

Zurück zur Massenvermehrung von Nützlingen für den Einsatz in Gartenbau und Landwirtschaft. Die Anwender von Nützlingen sind darauf angewiesen, daß sie einwandfreies Nützlingsmaterial erhalten. Natürlich muß gewährleistet sein, daß die vom Nützlingslieferanten angegebene Nützlingsmenge (Quantität) stimmt. Das allein reicht jedoch nicht aus, vielmehr müssen die Nützlinge für eine ausreichende Wirksamkeit auch in ihrer 'Qualität' bestimmte Ansprüche erfüllen.

Um sicherzustellen, daß vitale und aktive Nützlinge geliefert werden, müßte in den Zuchtbetrieben eine regelmäßige 'Qualitätskontrolle' stattfinden. Dabei ist es äußerst schwierig festzulegen, was man prüfen muß und wie die Ergebnisse zu interpretieren sind. Außerdem wäre für die Nützlingsproduzenten nur eine einfache und schnelle Qualitätsprüfung mit unmittelbarem Resultat bei geringen Kosten akzeptabel.

Qualitätskontrolle

Nachdem es bislang standardisierte Methoden für eine Qualitätskontrolle nur für die Produktion von *Trichogramma*-Schlupfwespen gab, beschäftigen sich nunmehr seit einigen Jahren mehrere Wissenschaftler auf internationaler Ebene mit der Ausarbeitung entsprechender Richtlinien auch für andere Nutzorganismen (Arbeitsgruppe der Internationalen Organisation für biologische Schädlingsbekämpfung 'Quality Control of mass-reared Arthropods').

Man unterscheidet grundsätzlich 3 Kontroll-Stufen:
1. 'Produktions-Kontrolle' (Überwachung aller Zuchtabläufe, des Zuchtequipments sowie der Zuchtbedingungen),
2. 'Prozeß-Kontrolle' (Überwachung der Qualität der Zwischenstadien, wie z.B. Larvenschlupf, Larven- und Puppengewicht, Verpuppungs-Prozentsatz),
3. 'Produkt-Kontrolle' (Überwachung des 'Endproduktes', also des gelieferten Nützlings(stadiums).

Kontrollparameter

Am Beispiel der wichtigsten Gewächshausnützlinge *Encarsia formosa*, *Phytoseiulus persimilis*, *Aphidoletes aphidimyza* und *Chrysopa carnea* sollen im folgenden einmal einige für einen effektiven Einsatz und damit für eine Qualitätskontrolle bei der Massenzucht und Anwendung dieser Arten relevanten Kriterien aufgelistet werden.

Fremdbesatz

Das gelieferte Nützlingsmaterial darf ausschließlich die angegebenen Arten enthalten. Beispiel: Auf Bohnenblättern als Trägermaterial für Raubmilben dürfen sich keine Thripse befinden.

Homogenität

Sowohl die gelieferten Nützlingsstadien als auch das Trägermaterial sollten eine gleichmäßige Beschaffenheit aufweisen. Beispiel: Florfliegeneier sollten möglichst gleichaltrig sein, da es sonst während des Transportweges beim Schlupf erster Larven durch Kannibalismus zu Verlusten kommen kann.

Geschlechterverhältnis

Bei Arten, die nur nach Befruchtung Eier ablegen, sollte das Weibchen-Männchen-Verhältnis eine ausreichende Kopulation ermöglichen. Beispiel: Bei Räuberischen Gallmücken ist ein Geschlechterverhältnis von ungefähr 1:1 anzustreben.

Beschaffenheit der Trägersubstanz

Die unterschiedlichen Trägermaterialien müssen sowohl für den Transport als auch für eine optimale Ausbringung geeignet sein, ohne daß die Leistungsfähigkeit der Nützlinge negativ beeinflußt wird. Beispiel: Wenn die Bohnenblätter als Trägersubstanz für Raubmilben bereits während des Transportweges vertrocknen, ist eine gleichmäßige Verteilung der Nützlinge im Pflanzenbestand nicht mehr möglich.

Ausbringungsform

Trotz einfacher und schneller Handhabung muß eine optimale Verteilung der Nützlinge gewährleistet sein. Ferner darf die Ausbringungsform die Leistungsfähigkeit der Nützlinge nicht beeinträchtigen. Beispiel: *Encarsia*-Kärtchen müssen leicht an den Pflanzen zu befestigen sein, ohne daß die aufgeklebten Puparien abfallen oder verletzt werden.

Adaptationsgrad

Die Wirts- bzw. Beutespezifität wie auch die Wirts- bzw. Beuteeignung spielen sowohl in der Massenzucht als auch in der Anwendung eine bedeutende Rolle. Teilweise kann die Anpassung der Nützlinge auf bestimmte Beutetiere oder auch an bestimmte klimatische Bedingungen (Toleranz niedrigerer oder höherer Temperaturen u.a.) durch spezielle Zuchtmethoden beeinflußt werden. Es entstehen dann bestimmte Stämme ('strains'), die mehr oder weniger gut zur Bekämpfung bestimmter Schäd-

lingsarten geeignet sind. Beispiel: Räuberische Gallmücken 'gewöhnen' sich an bestimmte Blattlausarten, wenn sie auf diesen über viele Generationen gezüchtet werden, und zeigen dann u.U. eine verminderte Fraßleistung, wenn sie im Pflanzenbestand auf ganz andere Arten treffen.

Lebensdauer

Mit zunehmender Lebensdauer der freigesetzten Nützlinge erhöht sich i.d.R. auch die Anzahl der Nachkommenschaft im Bestand und damit die Effektivität. Beispiel: Je länger ein Gallmückenweibchen lebt, desto mehr Eier kann es über einen längeren Zeitraum ablegen.

Fertilität/Reproduktionsrate

Die 'Vermehrungsfähigkeit' ausgebrachter Nützlinge wird nicht nur durch das vorhandene Wirtsbzw. Beutetierangebot bestimmt, auch ihre Vorernährung sowie die Haltungsbedingungen in der Massenzucht können auf die Fortpflanzungsrate einen entscheidenden Einfluß haben. Beispiel: Gallmückenweibchen, die während ihrer Larvenentwicklung unzureichend gefüttert wurden, legen i.d.R. weniger Eier ab als gut ernährte Tiere.

Verteilung im Pflanzenbestand

Eine rasche Verteilung freigelassener Nützlinge durch Flug oder Überwandern von Pflanze zu Pflanze setzt voraus, daß die Tiere 'vital' sind und ihre natürlichen Verhaltensweisen nicht durch ungünstige Zuchtbedingungen beeinflußt wurden. Derartige Degenerationen sind glücklicherweise bei den oben genannten Nützlingen noch nicht aufgetreten, jedoch grundsätzlich nicht auszuschließen.

Suchvermögen, Parasitierungs- und Fraßleistung

Die räuberisch oder parasitisch lebenden Nützlingsstadien sind i.d.R. mit einem mehr oder weniger ausgeprägten 'Suchvermögen' ausgestattet, das sie in die Lage versetzt, im Pflanzenbestand bzw. auf der Pflanze geeignete Wirts- respektive Beutetiere zu finden. Es ist nicht auszuschließen, daß Vorernährung, Wirts- respektive Beutetierarten sowie deren Wirtspflanzen, klimatische Bedingungen und viele andere Faktoren in der Massenzucht das Suchvermögen, aber auch die Parasitierungsleistung (Parasitierungsrate und -geschwindigkeit) respektive die Fraßkapazität bzw. Vertilgungsleistung (Prädatoren) der Nützlinge entscheidend beeinflussen. Beispiel: Bei Florfliegenlarven, die in der Massenzucht über viele Generationen mit einer künstlichen Diät – anstelle von Blattläusen – gefüttert werden, befürchtet man Beeinträchtigungen des Beutefangverhaltens und der Fraßleistung.

Artspezifische Qualitätskriterien
Neben den aufgeführten allgemeinen Qualitätskriterien, die im Prinzip für alle Nützlingsarten gelten, seien nun noch kurz die wesentlichsten, speziell für die vier oben genannten Arten relevanten Parameter aufgelistet.

Phytoseiulus persimilis:
Aktivität bzw. Vitalität der Raubmilben, Besatzdichte und Verteilung im bzw. auf dem Trägermaterial (z.B. Anzahl Individuen im Verhältnis zur Bohnenblattgröße), Verhältnis Raubmilben zu Spinnmilben sowie Verhältnis Adulte:Larven:Eier in einer Ausbringungseinheit, Fremdbesatz (auf den Blättern), Fertilität und Reproduktionsrate, Suchverhalten und Fraßleistung.

Encarsia formosa:
Anteil während des Transportes abgefallener Puparien, Anzahl bereits geschlüpfter Imagines und deren Flugvermögen, Parasitierungsgrad (bei Tabakblättern als Trägersubstanz), Schlupfzeitpunkt und -zeitraum, Schlupfrate.

Aphidoletes aphidimyza:
Verteilung der Puppen in der Trägersubstanz (z.B. Torf), Alter der Puppen (Schlupfzeitpunkt und -zeitraum), Zeitpunkt bzw. Zeitraum der Eiablage, Eiablagerate.

Chrysopa carnea:
Verteilung und Besatzdichte der Eier auf bzw. in der Trägersubstanz, Zustand und Alter der Eier, Anteil bereits geschlüpfter Larven, Dauer der Larvalentwicklung.

Alle oben aufgeführten Kriterien könnten grundsätzlich auf die 'Qualität' von Nützlingen aus Massenzuchten einen Einfluß haben. Dabei ist die Liste sicherlich noch lange nicht vollständig. Ob und in welchem Umfang die Nützlingszüchter jemals in der Lage sein werden, wenigstens einen Teil der Qualitätsparameter bereits während des Produktionsablaufes zu überprüfen, muß zunächst einmal unbeantwortet bleiben.

Ein anderer wichtiger Aspekt ist das regelmäßige 'Einkreuzen' von Wildmaterial (Freilandfänge), um 'Inzucht'-Depressionen vorzubeugen. Werden Nutzarthropoden über viele Generationen unter ständig gleichen (optimalen) Bedingungen gehalten, sind Degenerationserscheinungen nicht auszuschließen.

Nützlings-vertrieb und Beratung

Ohne eine Kommerzialisierung hätte die biologische Schädlingsbekämpfung nur geringe Chancen, sich in der Praxis zu etablieren. Nicht zuletzt das große Engagement der Zuchtbetriebe hat dazu beigetragen, daß der Nützlingseinsatz in gärtnerischen und landwirtschaftlichen Kulturen zunehmende Bedeutung erlangt hat. Die Nützlingsproduzenten mußten dazu Verkaufssysteme entwickeln, die eine schnelle und sichere Belieferung ihrer Kunden gewährleisten. Da die biologische Schädlingsbekämpfung aber oftmals (zumindest im Erwerbsgartenbau) nur als Bestandteil eines integrierten Verfahrens angeboten werden kann, muß der Verkauf der Nützlinge durch Fachleute erfolgen, die mit den Problemen des Gartenbaus bzw. der Landwirtschaft vertraut sind.

Nützlingsversand
Da es sich bei den Nützlingen um eine lebende 'Ware' handelt, ist ihre Bevorratung bzw. Lagerhaltung auf Handelsebene nicht oder nur sehr eingeschränkt möglich. Die Nützlingszuchtbetriebe betreiben daher i.d.R. einen Direktversand über den Postweg oder andere Paket- und Zustelldienste. So gelangen die Nützlinge ohne Umweg direkt und ohne bzw. mit einem tolerierbaren Qualitätsverlust vom Zuchtbetrieb zum Anwender.

Bestellung von Nützlingen
Wer Nützlinge bestellen möchte, wendet sich einfach – telefonisch oder schriftlich – an einen der Nützlingszuchtbetriebe (Anhang, siehe ab Seite 302). Für Hobbygärtner gibt es zusätzlich die Möglichkeit der Bestellung über 'Gutscheine', die im Gartenfachhandel erhältlich sind. Dieses Bestellsystem wurde 1985 von der Firma Neudorff entwickelt und hat sich in der Praxis sehr gut bewährt: Für jeden Nützling gibt es einen eigenen Bestellgutschein, der neben einer Beschreibung des jeweiligen Schädlings, der Biologie des Nützlings und Hinweisen zur Anwendung eine spezielle 'Anforderungskarte' enthält, die vom Kunden auszufüllen und an den Nützlingszuchtbetrieb der Firma zu

senden ist. Von hier aus werden die Nützlingseinheiten dann direkt – innerhalb weniger Tage bzw. zu einem gewünschten späteren Termin – per Post zugestellt. Jede 'Hobby-Einheit' enthält eine ausreichende Menge der bestellten Nützlinge für ungefähr 10 Quadratmeter Fläche. Die Anwendung wird in einem beiliegenden Merkblatt genauestens beschrieben, so daß auch unerfahrene Gärtner mit dem Nützlingseinsatz kaum Probleme haben. Vorteilhaft ist bei diesem System, daß man sich schon rechtzeitig mit Gutscheinen 'eindecken' kann und sofort beim ersten Auftreten des jeweiligen Schädlings seine Bestellung durchgeben kann.

Nützlingstransport

Eine Ausnahme unter den Nützlingen stellen die *Trichogramma*-Schlupfwespen für den Einsatz zur Maiszünslerbekämpfung dar. Diese Parasiten werden i.d.R. per Boten oder Spediteur zu speziellen Verteilerstellen, wie z.B. landwirtschaftliche Genossenschaften und Landhandel, und von dort weiter zum Landwirt transportiert. Während des Transportes vom Nützlingszuchtbetrieb bis zum Feld muß darauf geachtet werden, daß das *Trichogramma*-Material nicht zu hohen Temperaturen (nicht über 30°C) ausgesetzt wird. Sollte aus bestimmten Gründen (z.B. ungünstige Witterung) eine sofortige Ausbringung der Nützlinge nach der Abholung von der Verteilerstelle nicht möglich sein, können diese für kurze Zeit (1 bis 2 Tage bei 10 bis 15°C) kühl gelagert werden.

Beratung

Insbesondere der Nützlingseinsatz im Erwerbsgartenbau erfordert eine intensive Beratung. Nur zum Teil kann diese durch den Nützlingszuchtbetrieb erfolgen. Anders als z.B. in den Niederlanden, wo sich die Gartenbaubetriebe auf ein relativ kleines Gebiet konzentrieren, ist die Beratung in der Bundesrepublik Deutschland aufgrund der Streustruktur des Gartenbaus teilweise recht problematisch. Der amtliche Pflanzenschutzdienst u.a. Beratungsstellen (z. B. Lehr- und Versuchsanstalten, Erzeugergemeinschaften) haben sich jedoch in den letzten Jahren verstärkt mit den Methoden der biologischen Schädlingsbekämpfung auseinandergesetzt, so daß mittlerweile den Gärtnern kundige und engagierte Nützlingsberater zur Verfügung stehen.

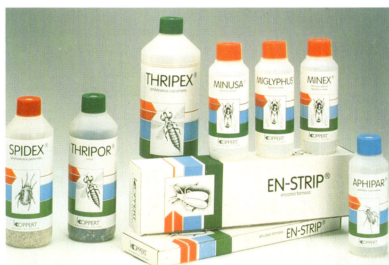

Ganz oben: Hobbygärtner können Nützlinge – wie die Erwerbsgärtner – direkt bei den Nützlingszuchtbetrieben bestellen oder auch über Bestellgutscheine im Fachhandel erwerben.
Oben: Mit dem wohl umfangreichsten Nützlingsprogramm aus eigenen Massenzuchten und einem internationalen Vertriebsnetz steht die niederländische Firma Koppert weltweit an der Spitze der Nützlingsproduzenten. Viele neue Verfahren wurden und werden in diesem Nützlingszuchtbetrieb entwickelt.

Biologische Schädlingsbekämpfung als Unterrichtsthema

An den meisten gärtnerischen und landwirtschaftlichen Fachschulen wird die Behandlung des Themas 'Biologische Schädlingsbekämpfung' als wichtige Komponente des Integrierten Pflanzenschutzes heute bereits einen festen Platz im Unterrichtsprogramm haben. Junge Leute zeigen erfahrungsgemäß ein großes Interesse an umweltfreundlichen Alternativen zu den herkömmlichen, meist chemischen Verfahren. Mit der Aufklärung über die vielfältigen Möglichkeiten, aber auch Grenzen, der biologischen Schädlingsbekämpfung sollte jedoch bereits in der (allgemeinbildenden) Schule begonnen werden. Dabei kommt es vielleicht weniger darauf an, detaillierte Kenntnisse über die verschiedenen biologischen Methoden zu vermitteln, als vielmehr deren 'ökologische Notwendigkeit' in den Vordergrund zu rücken.

Räuber-Beute- und Parasit-Wirt-Beziehungen stellen ideale Modelle für natürliche bzw. ökologische Wechselbeziehungen und Wirkungsgefüge dar. Die Kenntnis über die Funktion von Lebensgemeinschaften, ihre gegenseitigen Abhängigkeiten und der Sinn solcher Systeme zum Erhalt einer intakten Natur sind Grundvoraussetzungen, wenn Schülern die Prinzipien der biologischen Schädlingsbekämpfung bewußt werden sollen.

Tips für einen praxisbezogenen Unterricht

Um das Verständnis für diese Zusammenhänge zu fördern, reicht es nicht aus, sie im Unterricht theoretisch zu erörtern, vielmehr sollten sie anhand anschaulicher Beispiele experimentell dargestellt und bearbeitet werden. Die biologische Schädlingsbekämpfung als Unterrichtsthema gibt den Schülern die Möglichkeit, aktuelle Beispiele angewandter Biologie kennenzulernen. Anhand von Beispielen sollen im folgenden ein paar Anregungen und praktische Anleitungen gegeben werden. Die Zuordnung zu den einzelnen Schulstufen eines Gymnasiums sind dabei nur als ein Vorschlag anzusehen. Die biologische Schädlingsbekämpfung kann für alle Altersstufen verständlich und interessant dargestellt werden.

Damit die zu demonstrierenden Beziehungen zwischen Schädlingen und Nützlingen von den Schülern nachvollziehbar sind, ist es erforderlich, vorab Informationen über die Biologie und Lebenszyklen der verwendeten Arten zu vermitteln.

Durch die Vorbereitung des praktischen Unterrichtsteils kann sich die Bearbeitung des Themas über ca. 10 Wochen hinziehen. Deshalb empfiehlt sich die Integration in ein übergeordnetes Thema. So kann die Behandlung der biologischen Schädlingsbekämpfung im Unterricht für untere Klassen der Anlaß sein, sich mit einfachen, durchschaubaren ökologischen Wechselbeziehungen auseinanderzusetzen, und in oberen Klassen dazu motivieren, ökologisches bzw. naturwissenschaftliches Grundlagenwissen weiter zu differenzieren.

Mit der Aufklärung über die vielfältigen Möglichkeiten, aber auch Grenzen der biologischen Schädlingsbekämpfung sollte bereits in der Schule begonnen werden. Junge Leute zeigen erfahrungsgemäß ein großes Interesse an umweltfreundlichen Alternativen zu den herkömmlichen, meist chemischen Verfahren.

Vorschläge für die Behandlung des Themas in den Klassen 5 bis 13

Schädlinge und Nützlinge für praktische Demonstrationen bzw. Versuche sind relativ leicht bei Nützlingszuchtbetrieben oder Fachinstituten zu beschaffen. Das benötigte Pflanzenmaterial bzw. Saatgut ist in Gärtnereien oder Gartenfachgeschäften erhältlich. Insektenkäfige, Terrarien und sonstige Gerätschaften sind meist in den Schulen vorhanden oder können ohne großen Aufwand selbst gefertigt werden.

Klasse 5 bis 7
Bei der praktischen Behandlung des Themas in den Klassen 5 bis 7 bietet sich an, Räuber-Beute-Beziehungen zwischen Insekten oder Milben in den Mittelpunkt zu stellen. Gegenüber Parasit-Wirt-Beziehungen haben diese den Vorteil, anschaulicher und leichter verständlich zu sein. Hier lassen sich auch leicht analoge Beispiele bei Nahrungsketten von Säugetieren finden. Als Nützlinge eignen sich aufgrund ihrer unkomplizierten Handhabung Räuberische Gallmücken (*Aphidoletes aphidimyza*), Florfliegen (*Chrysopa carnea*) und Raubmilben (*Phytoseiulus persimilis*). Das Beobachten dieser Arten (z.B. das Beutefang- und Nahrungsaufnahmeverhalten) ist schon mit bloßem Auge oder einer Lupe möglich (siehe Beispiele 1 und 2 auf den Seiten 266 und 267).

Klasse 8 bis 10
In der 8. bis 10. Klasse kann das Thema durch eine Erörterung der Problematik chemischer Bekämpfungsverfahren (Anwendertoxologie, Resistenzbildung, Rückstände, Belastung von Luft, Boden und Wasser u.a.) sowie der Möglichkeiten biotechnischer Verfahren ergänzt werden.

Die Anwendbarkeit biologischer Methoden in Gartenbau und Landwirtschaft sollte im Vordergrund stehen. Als praktisches Beispiel eignen sich hier Parasit-Wirt-Beziehungen. Die Beschäftigung mit ihnen erfordert von den Schülern eine größere kognitive Leistung, dient damit aber auch der Annäherung an das Verständnis komplizierter biologischer Zusammenhänge. Vorgeschlagen wird die Anwendung der Schlupfwespe *Encarsia formosa* gegen Weiße Fliegen (siehe Beispiel 3 auf Seite 268).

Klasse 11 bis 13
Ähnlich wie in den Klassen 8 bis 10 geht es zunächst auch in der Oberstufe darum, den Schülern durch die Behandlung des Themas biologische Schädlingsbekämpfung eine – zumindest nach ökologischen Gesichtspunkten – vernünftige und notwendige Alternative bzw. Ergänzung zu konventionellen Pflanzenschutzmaßnahmen vorzustellen. Da ein entsprechendes Grundlagenwissen über wissenschaftliche Disziplinen wie Populationsökologie, Entomologie, Genetik und Mikrobiologie bereits vorhanden sein wird, kann die gesamte Problematik von der Manipulation nützlicher Organismen über die Populationsdynamik bis hin zum Integrierten Pflanzenschutz angesprochen werden. Die Möglichkeiten der Anwendung von Viren und Mikroorganismen zur Bekämpfung von Schadorganismen könnten für die Klassen 11 bis 13 von besonderem Interesse sein. Als praktisches Beispiel bietet sich hier aber auch der Einsatz parasitärer (entomophager, entomopathogener) Nematoden (*Heterorhabditis*- oder *Steinernema*-Arten) an: Zum einen sind diese Nützlinge erst durch ihre symbiontischen Bakterien wirksam, zum anderen sind Arbeiten mit dem Mikroskop unerläßlich (siehe Beispiel 4 auf Seite 268).

Hinweise zur Haltung und Zucht von Nützlingen und Schädlingen

Beispiel 1: Räuberische Gallmücken oder Florfliegen gegen Blattläuse

Pflanzenanzucht
Als Wirtspflanze für die Grüne Pfirsichblattlaus (*Myzus persicae*) eignet sich z.B. Paprika. Ca. 15 Paprikapflanzen reichen für die Experimente aus. Für die Pflanzenanzucht und die nachfolgenden Beobachtungen wird für 6 bis 8 Wochen ein heller und warmer (20 bis 24 °C) Platz benötigt, an dem eine möglichst 16stündige Lichtperiode gewährleistet ist. Dazu genügt im Sommer ein Fensterplatz oder ein Standort in einem Gewächshaus oder Wintergarten mit natürlichem Tageslicht. Im Winter oder bei geringem Lichteinfall sollte für zusätzliche Beleuchtung gesorgt werden (z.B. mit speziellen Pflanzenleuchten oder Leuchtstoffröhren mit neutralweißer Lichtfarbe). Je mehr Licht zur Verfügung steht, um so besser ist das Wachstum der Paprikapflanzen.

Sind Paprikasämlinge nicht in Gärtnereien erhältlich, so können sie leicht aus Samen selbst angezogen werden. Dazu werden die Paprikasamen in einem mit Einheitserde gefüllten Blumentopf verteilt, dünn mit Erde bestreut und leicht angedrückt. Die Erde muß ständig feucht gehalten werden. Nach ca. 15 bis 17 Tagen können die Sämlinge dann in einzelne Töpfe (Durchmesser 17 cm) pikiert werden.

Infektion mit Blattläusen
Da kleinere Pflanzen durch einen frühzeitigen Befall mit Blattläusen sehr schnell absterben können, sollten die Paprikapflanzen eine Höhe von mindestens 15 cm erreicht haben, bevor sie mit Blattläusen infiziert werden. Die

Besiedlung der vorbereiteten Pflanzen erfolgt durch Auflage stark mit Blattläusen besetzter Blätter.

Damit die Schädlinge und später auch die Nützlinge nicht entweichen können, sollten die Pflanzen in einen ausreichend großen, lichtdurchlässigen und durchsichtigen Behälter gestellt werden (z. B. Terrarium oder Aquarium), der mit einem mit Gaze bespannten Rahmen verschlossen ist (auf ausreichende Belüftung achten!). Mit Holzlatten oder Draht läßt sich auch leicht ein 'Insektarium', z.B. ein mit Gaze bespanntes Gestell (Maschenweite der Gaze 100 µm), bauen.

Nach 3 bis 4 Tagen sind die Blattläuse auf die Paprikapflanzen übergewandert, und die aufgelegten Blätter können wieder entfernt werden. Für eine optimale Entwicklung der Blattläuse muß die Luftfeuchtigkeit in dem Käfig durch sparsames Gießen so gering wie möglich gehalten werden. Beim Gießen ist außerdem darauf zu achten, daß die Blattläuse nicht von den Blättern gespült werden.

Ausbringung der Nützlinge

Die Puppen der Räuberischen Gallmücke (*Aphidoletes aphidimyza*) oder die Eier der Florfliege (*Chrysopa carnea*) sollten etwa 1 Woche nach der Infektion der Pflanzen mit den Blattläusen bestellt werden. Die Nützlinge können eingesetzt werden, sobald die Pflanzen ausreichend und gleichmäßig mit Blattläusen besiedelt sind (ca. 30 Blattläuse pro Blatt).

Die **Gallmücken** werden in einem mit Torf/Vermiculit gefüllten Behälter geliefert und müssen sofort ausgebracht werden. Da bereits während des Transports einige Gallmücken geschlüpft sein können, wird der Behälter erst im Käfig geöffnet. Er verbleibt dann während der folgenden 10 Tage im Käfig. Der Torf sollte stets feucht gehalten werden, um den Gallmücken den Schlupf zu ermöglichen. Nach ca. 1 Woche finden sich die ersten Eier und wenig später auch Gallmückenlarven auf den Blattunterseiten.

Die **Florfliegeneier** befinden sich i. d. R. auf Mullgaze- oder Papierstreifen, die – in kleine Stücke geschnitten – auf die Pflanzen gelegt werden. Es dauert etwa 1 Woche, bis alle Larven geschlüpft sind. Nach Beendigung der Larvalentwicklung kommt es zur Verpuppung in einem Kokon. Den daraus schlüpfenden Imagines kann eine spezielle Diät (70 g Honig, 40 g Bierhefe und 50 ml Wasser) als Nahrungsbrei angeboten werden, der mit einem Pinsel auf kleine Futterstreifen aus Plastik gestrichen wird. Die Eiablage erfolgt im Insektarium meist an der Gaze. Es kann daher sinnvoll sein, bereits rechtzeitig einige Kokons aus dem Käfig zu nehmen und in kleinere, mit Gaze bespannte Gefäße umzusetzen.

Ein mit Wasser getränkter Wattebausch bietet den Gallmücken oder Florfliegen einen genügenden Wasservorrat. Die Pflanzen werden weiterhin nach Bedarf gegossen. Damit die Nützlinge nicht entweichen können, darf der Gazedeckel dabei nur einen Spaltbreit geöffnet werden.

Beispiel 2: Raubmilben gegen Spinnmilben

Pflanzenanzucht

Als Wirtspflanzen für die Spinnmilben (*Tetranychus urticae*) werden etwa 40 Buschbohnenpflanzen benötigt. Die Aussaat erfolgt in Kunststoff- oder Tontöpfen (Durchmesser 15 cm). In jedem Topf werden 10 Bohnensamen verteilt, etwa 3 cm tief in die Erde gedrückt und dünn mit Erde bedeckt. Als Pflanzerde sollte schwach gedüngte Pikiererde verwendet werden, die feucht gehalten werden muß. Eine weitere Düngung ist nicht nötig. Die Pflanztöpfe sollten an hellen und warmen (20 bis 26 °C) Standorten stehen (siehe Beispiel 1, Seite 266).

Infektion mit Spinnmilben

Die Infektion mit Spinnmilben (z.B. durch Auflegen gut besiedelter Blätter) kann erfolgen, sobald die ersten Blätter voll entfaltet sind. Um ein Überwandern der Spinnmilben auf andere Pflanzen zu verhindern, sollten die Wirtspflanzen isoliert werden. Da Milben keine geflügelten Stadien haben, ist hier ein Käfig nicht unbedingt erforderlich. Am besten stellt man die Töpfe auf eine Unterlage (Glas, Eternit, wasserfeste Holz- oder Spanplatte) und diese wiederum auf einige kleine Blumentöpfe, die umgedreht in einem Untersetzer stehen. Die Untersetzer füllt man mit Wasser, dem einige Tropfen Spülmittel zuzusetzen sind, damit die Oberflächenspannung verringert wird. Nach der Infektion der Pflanzen dürfen sie nur noch sparsam gegossen werden, weil eine geringe Luftfeuchtigkeit die Vermehrung der Spinnmilben fördert.

Ausbringung der Nützlinge

Die Raubmilben (*Phytoseiulus persimilis*) sollten etwa 5 Tage nach der Infektion der Pflanzen mit Spinnmilben bestellt werden. Die Nützlingszuchtbetriebe versenden sie i. d. R. auf Bohnenblättern, die dann stückchenweise auf die befallenen Pflanzen gelegt werden. Schnell besiedeln die Raubmilben die vorbereiteten Pflanzen und beginnen mit der Nahrungsaufnahme. Da Raubmilben eine hohe Luftfeuchtigkeit lieben, können die Pflanzen nun wieder etwas stärker gegossen werden.

Beispiel 3: Schlupfwespen gegen Weiße Fliegen

Pflanzenanzucht

Als Wirtspflanzen für die Weißen Fliegen (*Trialeurodes vaporariorum*) dienen ca. 10 Tomatenpflanzen. Wenn keine Setzlinge aus Gärtnereien bezogen werden können, werden die Tomaten selbst ausgesät: Die Samen werden in einem mit Einheitserde gefüllten Blumentopf verteilt, dünn mit Erde bedeckt und leicht angedrückt. Nach ca. 14 Tagen, wenn die Pflanzen eine Höhe von ungefähr 5 cm erreicht haben, werden die kräftigsten Pflanzen ausgewählt und einzeln in Blumentöpfe (Durchmesser 15 cm) umgetopft. Die Anzuchtbedingungen entsprechen denen der Paprikapflanzen (siehe Beispiel 1, Seite 266). Nach 3 Wochen sollten die Pflanzen wöchentlich gedüngt werden.

Infektion mit Weißen Fliegen

Sobald die Tomatenpflanzen etwa 25 cm hoch sind, können sie mit Weißen Fliegen infiziert werden. Da sich diese Schädlinge sehr schnell verbreiten, sollten die Pflanzen unbedingt in Gazekäfigen untergebracht werden. Blattstücke mit Larven oder Puppen der Schädlinge werden neben die vorbereiteten Pflanzen gelegt, bis die Imagines geschlüpft sind. Sind erwachsene Weiße Fliegen erhältlich, so besiedeln diese innerhalb kurzer Zeit die jungen Triebe und Blätter und legen hier ihre Eier ab.

Ausbringung der Nützlinge

Etwa 3 Wochen nach der Infektion der Pflanzen mit Weißen Fliegen können bei einem Nützlingszuchtbetrieb die Schlupfwespen (*Encarsia formosa*) bestellt werden. Bis zu diesem Zeitpunkt haben sich bereits genügend Weiße Fliege-Larven bis zum 3. und 4. Larvenstadium entwickelt. In diesen Stadien werden sie von der Schlupfwespe parasitiert. Die gelieferten Pappkärtchen mit den Nützlingspuparien werden gleich nach Erhalt in den unteren Teil der infizierten Tomatenpflanzen gehängt. Nach 8 bis 10 Tagen können bereits die ersten parasitierten, schwarzgefärbten Weiße Fliege-Larven gefunden werden. Wichtig für eine rasche Entwicklung der Schlupfwespen sind hohe Temperaturen zwischen 20 und 27 °C.

Beispiel 4: Parasitäre Nematoden gegen Dickmaulrüßler

Auffinden der Dickmaulrüßlerlarven

Von April bis Oktober – oft sogar das ganze Jahr über – können Larven des Gefurchten Dickmaulrüßlers (*Otiorhynchus sulcatus*) im Wurzelbereich verschiedener Gehölze und Stauden gefunden und gesammelt werden (z. B. Azaleen, Rhododendren, Alpenveilchen, Erdbeeren, Wein, Primeln, Efeu, verschiedene Bodendecker). In Baumschulen oder (Landschafts-)Gärtnereien sind vermutlich sehr leicht befallene Kulturen zu entdecken. Entsprechende Anfragen bei Pflanzenschutzämtern können hilfreich sein. Gräbt man die Pflanzen aus oder nimmt sie aus dem Topf, findet man meist gleich mehrere Dickmaulrüßlerlarven in verschiedenen Stadien. Für die Versuche sollten die Larven an Topfpflanzen (z. B. Alpenveilchen in Plastiktöpfen) gehalten werden; 10 bis 15 Pflanzen reichen dabei aus.

Ausbringung der Nematoden

Geliefert werden die parasitären Nematoden (*Heterorhabditis*- oder *Steinernema*-Arten) i. d. R. auf feuchten Kunststoff-Flocken in einem Plastikbeutel. Eine sog. Hobby-Einheit mit ca. 3 bis 10 Millionen Nematoden ist für die Versuche voll ausreichend. Die winzigen Fadenwürmer werden in Wasser eingeweicht und dann als wäßrige Suspension über die Topferde gegossen. Da sich die Nematoden in feuchter Erde besser fortbewegen können, sollten die Töpfe regelmäßig gegossen werden. Wichtig ist auch die Einhaltung einer Bodentemperatur von mindestens 10 °C (besser 15 bis 20 °C). Schon nach etwa 1 Woche (temperaturabhängig) können die ersten parasitierten Schädlingslarven (erkennbar an der Rot- bzw. Braunfärbung) gefunden werden.

Beobachtungen

Die Darstellung der Räuber-Beute- bzw. Parasit-Wirt-Beziehungen ermöglicht die Bearbeitung einer Fülle von biologischen Aspekten, sowohl durch die genaue Beobachtung der Schädlinge und ihrer Gegenspieler als auch deren Wechselbeziehungen. Um die verschiedenen Stadien besser kennenzulernen, empfiehlt es sich, einzelne abgeschnittene Blätter mit Schädlingen und Nützlingen in Petrischalen zu legen. Mit Hilfe einer Lupe oder eines Binokulars können die Schüler dann leicht morphologische Eigenheiten, den Beutefang, die Parasitierung und andere Verhaltensweisen studieren.

Bei Versuchen mit parasitären Nematoden können mikroskopische Übungen durchgeführt werden. Dazu werden der zur Ausbringung der Nematoden angesetzten Suspension mit einer Pipette Tropfen entnommen und auf Objektträger gegeben. Ebenso können abgestorbene Dickmaulrüßlerlarven mit einem Skalpell oder einer Rasierklinge aufgeschlitzt und die austretende Körperflüssigkeit auf Nematodenlarven hin untersucht werden. Unter dem Mikroskop sind die verschiedenen Larvenstadien der Fadenwürmer sowie ihre Körperorgane gut zu erkennen.

Exkursionen und Freilandstudien

Viele Elemente einer Unterrichtseinheit über biologische Schädlingsbekämpfung hängen sehr stark von der Schulumgebung ab. Steht beispielsweise ein Schulgarten zur Verfügung, können ohne großen Aufwand kleine Versuche im Freiland durchgeführt werden. Auch gute Kontakte zu einem Landwirt oder einer Erwerbsgärtnerei bieten große Vorteile, weil die Schüler dadurch Gelegenheit erhalten, aus erster Hand Erfahrungen mit der praktischen Umsetzung biologischer Verfahren zu sammeln. Außerdem könnten eventuell sogar langfristig Bekämpfungsmaßnahmen mit Nützlingen durchgeführt und beobachtet werden.

Weitere große Themen für Freilandstudien wären natürlich das Erkennen, Bestimmen und Beobachten von Nützlingen in Feld, Wald und Flur sowie auf landwirtschaftlich oder gärtnerisch genutzten Flächen. Auch die verschiedenen Möglichkeiten der Anlockung, Schonung und Förderung von Nützlingen bieten sich für eine interessante und sinnvolle Unterrichtsgestaltung an.

Als attraktive Ergänzung zur theoretischen und praktischen Behandlung des Themas im Unterricht wäre dann noch ein Besuch in einem Nützlingszuchtbetrieb oder einem mit der biologischen Schädlingsbekämpfung befaßten Forschungsinstitut zu empfehlen. Entsprechende Anschriften wie auch Hinweise auf Fachliteratur, Filme und Diaserien zum Thema finden sich im Anhang (siehe ab Seite 302).

Es gäbe eine ganze Reihe weiterer Tips und Anregungen für eine interessante Unterrichtsgestaltung rund um das Thema 'Schädlinge, Nützlinge und biologische Bekämpfung'. Ein detailliertes Unterrichtskonzept kann hier nicht geboten werden. Engagierten Biologielehrern wird es jedoch sicherlich nicht schwerfallen, dieses so wichtige Thema unter Berücksichtigung der jeweiligen Kultusminister-Richtlinien in ihren Unterricht einzubauen.

Ganz oben: Das Kennenlernen von Schädlings- und Nützlingsstadien (hier Puppe und Kokon der Florfliege) bildet die Grundlage für biologische Bekämpfungsverfahren.
Darunter: Bohnenpflanzen für die Vermehrung von Raubmilben sind leicht anzuziehen.
Oben: Gaze-Zuchtkäfige sind relativ leicht zu fertigen.
Links: Kleine wissenschaftliche Experimente können den Unterricht attraktiver machen.

Rechts: Mit einem Gemüsefliegen- bzw. Kulturschutznetz werden Gemüsefliegen und andere Schädlinge von Möhren, Zwiebeln, Porree, Rettich usw. ferngehalten. Das engmaschige Netz kann sowohl flach über die Kulturen gelegt als auch tunnelförmig über die Beete gespannt werden.

Oben: Ein Obstmadenfanggürtel reduziert den Befall an Äpfeln und Birnen durch die Larven des Apfelwicklers. Die Maden werden durch den Fanggürtel abgefangen und sind hier leicht abzusammeln.

Rechts: Schädlinge, die an Baumstämmen emporkriechen oder dort Eier ablegen, können mit Hilfe von Raupenleimringen abgefangen werden. Diese klebrigen Manschetten eignen sich besonders zur Bekämpfung von Frostspannern.

Seite 271: Gelbtafeln werden seit Jahren im Erwerbsgartenbau unter Glas zur Befallskontrolle oder Bekämpfung von Weißen Fliegen, Minierfliegen, Blattläusen, Trauermücken u. a. Schädlingen eingesetzt.

Rechts: Kirschfruchtfliegen, die ihre Eier in Kirschen ablegen, können mit tellerförmigen, beleimten Gelbschalen abgefangen werden. Die Kirschfliegen-Fallen werden in die Bäume gehängt, sobald sich die Kirschen gelb färben.

Weitere Verfahren des biologischen Pflanzenschutzes

Ein zunehmendes Umweltbewußtsein und Verständnis für ökologische Zusammenhänge führen dazu, daß der chemische Pflanzenschutz zunehmend ins Rampenlicht der öffentlichen Kritik gerät. Das Pflanzenschutzgesetz schreibt bereits seit 1986 vor, die Anwendung chemischer Pflanzenschutzmittel 'auf das notwendige Maß' zu beschränken, und fordert eine vorrangige Berücksichtigung biologischer, biotechnischer, pflanzenzüchterischer sowie anbau- und kulturtechnischer Maßnahmen. Den biologischen Pflanzenschutzverfahren wird also – zumindest theoretisch – ein hoher Stellenwert eingeräumt. Neben der Nutzung natürlicherweise vorkommender Nützlinge und dem gezielten Einsatz von Nützlingen aus Massenzuchten gibt es viele weitere umwelt- und anwenderfreundliche Methoden.

Biologische und biotechnische Verfahren

Der 'biologische Pflanzenschutz' wird in der Literatur nicht einheitlich definiert. Häufig werden unter diesem Begriff einfach alle 'nicht-chemischen' Pflanzenschutzmethoden zusammengefaßt, obwohl auf viele von ihnen das Attribut 'biologisch' nicht oder nur im weitesten Sinn zutrifft.

Definition

Nach Definition der Deutschen Phytomedizinischen Gesellschaft (siehe Anhang) umfaßt der biologische Pflanzenschutz (nur) »die gesteuerte Nutzung biologischer Vorgänge, insbesondere von
• Antagonisten gegenüber Schaderregern,
• natürlichen Reaktionen und Verhaltensweisen von Schaderregern (sog. biotechnischer Pflanzenschutz),
• pflanzeneigenen Schutzmechanismen gegenüber biotischen und abiotischen Schadfaktoren«.

Der Begriff 'Schaderreger' umfaßt dabei nicht nur die Schadtiere, sondern als Sammelbegriff für alle biotischen Ursachen wirtschaftlicher Schäden an Nutzpflanzen(beständen) und Erntegütern auch Mikroorganismen und Viren als Erreger von Pflanzenkrankheiten (sowie im weitesten Sinn auch Schadpflanzen).

Schwerpunkte

Ganz eindeutig zählen zum biologischen Pflanzenschutz also alle Methoden des Einsatzes von Nützlingen sowie deren Schonung und Förderung. Wie bereits eingangs erwähnt, gibt es unter den natürlichen Gegenspielern von Schädlingen (Schadtieren) aber auch noch weitere Nutz-

organismen, so z.B. die im folgenden vorgestellten Pilze und Bakterien.

Stärkung der Abwehrkräfte

Einen weiteren Schwerpunkt bildet die Stärkung pflanzeneigener Abwehrkräfte gegenüber biotischen und abiotischen Schadfaktoren. Die Erhöhung der pflanzlichen Widerstandsfähigkeit läßt sich (neben der Resistenzzüchtung) u.a. durch folgende Methoden erreichen:
• Methoden der Prämunisierung (Primärinokulation mit einem schwach virulenten Erregertyp, die zur Resistenz der Pflanze gegenüber 'aggressiven', hochvirulenten Erregerstämmen führen kann),
• Methoden der Resistenzinduktion (mit Kulturfiltraten von Bakterien und Pilzen, durch *Mycorrhiza*-Inokulation oder auch mit synthetischen Stoffen),
• Methoden der Nutzung abwehraktiver Pflanzeninhaltsstoffe (Anwendung von Pflanzenstärkungsmitteln).

Biotechnische Bekämpfungsmethoden

Verschiedene 'biotechnische' Verfahren bewirken eine Störung des Schaderregerverhaltens. Dabei werden sowohl chemische Einflüsse (Pheromone u.a. 'Signalstoffe'), physikalische Einflüsse (akustische und optische Reize) als auch mechanische Barrieren genutzt. Obwohl es sich hierbei genaugenommen nicht um biologische Bekämpfungsverfahren handelt, da sie nicht auf einer direkten Einwirkung lebender Organismen oder der direkten Nutzung biologischer Vorgänge basieren, scheint es dennoch

gerechtfertigt, sie dem biologischen Pflanzenschutz (im weiteren Sinn) zuzuordnen.

Auch die Anwendung von Wachstums- und Entwicklungsregulatoren zur Bekämpfung von Schadinsekten wird von vielen Fachleuten als biotechnisches Verfahren deklariert. Es handelt sich hierbei um Endohormone und ihre natürlichen oder künstlichen Analoga, welche die Entwicklung, Häutung und sexuelle Reifung der Tiere steuern (z.B. Metamorphosehemmer, d.h. Wirkstoffe, die in die Chitinsynthese eingreifen und eine weitere Häutung verhindern). Selbst gentechnische Manipulationen von bzw. an Pflanzen oder tierischen Organismen, die zu einer Reduzierung von Schadeinwirkungen führen können, versucht man neuerdings dem Oberbegriff 'biologischer Pflanzenschutz' zuzuordnen. Eine Abgrenzung ist also recht schwierig und teilweise sehr willkürlich.

Kulturverfahren

Neben Fruchtfolge- und Gründüngungsmaßnahmen, dem Anbau von Anlock- und Abschreckpflanzen sowie der Verwendung resistenter Sorten, also Kulturverfahren mit einer 'biologischen' Wirkung zur Reduzierung von Schädlingspopulationen, werden vielfach auch andere Kulturmaßnahmen wie Standortwahl oder die Anwendung umweltfreundlicher Spritzmittel natürlichen Ursprungs zu den Maßnahmen des biologischen Pflanzenschutzes gerechnet.

Zahlreiche bei uns wachsende Pflanzen verfügen über insektizide Wirkungen. Ihre Nutzung muß nicht ausschließlich über die Extraktion und Isolierung erfolgen. Auch in der Mischkultur können die Abwehreigenschaften der Pflanzen für ihren gegenseitigen Schutz eingesetzt werden. Insbesondere im 'biologischen Landbau' nutzt man dieses 'allelopathische' Wirkungsprinzip, d.h. die Ausscheidung pflanzlicher Stoffe (Phytonzide), die einen gewissen Schutz vor Schadorganismen bieten.

Wirkungsprinzipien

Im Gegensatz zum chemischen Pflanzenschutz wird beim biologischen Pflanzenschutz nicht unbedingt eine 100 %ige Abtötung der Schaderreger angestrebt, sondern vielmehr deren Reduzierung auf einen für die jeweilige Kulturpflanze tolerierbaren Restbefall. Dazu reicht häufig auch das Abfangen der Schädlinge oder das Fernhalten von den Kulturpflanzen aus, d.h., nicht alle biologischen Methoden haben überhaupt eine abtötende Wirkung. Eine weitere Besonderheit biologischer und biotechnischer Verfahren ist, daß sie meist an einen bestimmten Anwendungszeitpunkt bzw. -zeitraum und häufig in ihrer Wirkung mehr oder weniger stark an bestimmte Umweltbedingungen gebunden sind. Viele biologische Maßnahmen wirken nur, wenn sie vorbeugend durchgeführt werden.

Forschung und Praxis

Der weitaus größte Teil der biologischen Pflanzenschutzverfahren befindet sich noch im Forschungsstadium. Doch selbst eine Vorstellung der bereits praxisreifen Methoden würde den Rahmen dieses Buches sprengen. Deshalb müssen wir uns im folgenden auf eine kleine Auswahl interessanter Verfahren beschränken.

Mikro-biologische Schädlings-bekämpfung

Nützliche Krankheitserreger

Genauso wie Menschen, andere Wirbeltiere und Pflanzen können auch Insekten und Milben von Krankheiten befallen werden, die durch Viren, Bakterien oder Pilze verursacht werden. Unter natürlichen Verhältnissen können diese Krankheitserreger sogar ein 'Zusammenbrechen' von Schädlingspopulationen verursachen. In den Spätsommer- und Herbstmonaten werden z.B. Blattläuse, Weiße Fliegen u.a. Pflanzenschädlinge häufig durch Pilzkrankheiten auf natürliche Weise dezimiert. Übrigens werden in der Insektenpathologie teilweise auch die parasitären Nematoden (siehe Seiten 125) den Krankheitserregern zugeordnet, da ihre Wirkung zum großen Teil auf ihren symbiontischen Bakterien beruht.

Weitere Krankheitserreger finden sich unter den einzelligen Urtierchen (Protozoen), die normalerweise kaum auffällige Krankheitsbilder und selten ein seuchenhaftes Absterben verursachen. Die Infektion erfolgt hier mit der Nahrung oder durch Übertragung vom infizierten Muttertier auf die Nachkommen. Verlangsamtes Wachstum, vorzeitiges Absterben und reduzierte Fruchtbarkeit sind die Folgen. Protozoen als Krankheitserreger findet man bei Erdraupen und Engerlingen, beim Maiszünsler, Apfelwickler, aber auch bei verschiedenen anderen Insekten.

Bakterien-, Virus- und Pilzpräparate

Viele spezifische Krankheitserreger lassen sich heute bereits zu Präparaten 'formulieren' und dann gezielt gegen Schädlinge einsetzen. Bevor solche Erreger im Pflanzenschutz verwendet werden können, sind jedoch eingehende Untersuchungen erforderlich, um ihre Eignung, ihre wirtschaftliche Massenvermehrung und ihre Ungefährlichkeit für den Menschen, für andere Wirbeltiere sowie sonstige 'Nichtzielorganismen' abzuklären.

Im Gegensatz zu Arthropoden und Nematoden müssen Mikroorganismen und Viren, die zur Bekämpfung von Schaderregern im Pflanzenschutz Anwendung finden, in der Bundesrepublik Deutschland offiziell von der Biologischen Bundesanstalt für Land- und Forstwirtschaft (BBA) im Einvernehmen mit dem Bundesgesundheitsamt (BGA) und dem Umweltbundesamt (UBA) 'zugelassen' werden. Nicht zuletzt aus diesem Grunde hat die mikrobiologische Schädlingsbekämpfung bei uns im praktischen Pflanzenschutz bislang noch kaum Bedeutung erlangt. Nachteilig für die Bio-Präparate sind hier aber auch die hohen Entwicklungskosten sowie die hohe Selektivität, die unter Umständen den Einsatz mehrerer spezifisch wirkender Präparate bzw. Antagonisten notwendig macht.

Vorteile

Im allgemeinen überwiegen die positiven Eigenschaften von Bakterien-, Virus- und Pilzpräparaten. Sie sind:

- nützlingsschonend (somit weniger Probleme mit Sekundärschädlingen),
- gut anwendbar in 'integrierten' Pflanzenschutzprogrammen,
- ohne nachteilige Wirkung auf die Umwelt,
- lange Zeit wirksam aufgrund möglicher Vermehrung und Ausbreitung in der Schädlingspopulation,

- in ihrer Wirkung kaum durch Resistenzbildung gefährdet,
- ohne Rückstandsprobleme,
- mit herkömmlichen Applikationstechniken auszubringen.

> **Zugelassene Präparate in der Bundesrepublik Deutschland**
>
> In der Bundesrepublik Deutschland waren bislang als mikrobiologische Pflanzenschutzmittel nur Präparate mit den Wirkstoffen *Bacillus thuringiensis* v. *kurstaki* (siehe Seite 276) und Apfelwickler-Granulosevirus (siehe Seite 278) zugelassen. Ganz aktuell ist die Zulassung zweier Präparate mit den Wirkstoffen *Bacillus thuringiensis* v. *tenebrionis* (siehe Seite 277) und *Metarhizium anisopliae* (siehe Seite 275).

Pilze gegen Schadinsekten

Pilze stellen die wichtigsten Krankheitserreger von Schädlingen dar. Weltweit sind einige hundert Arten bekannt, die verschiedenen systematischen Gruppen angehören. Die bekanntesten einheimischen pilzlichen Krankheitserreger bei Schadarthropoden finden sich unter den ENTOMOPHTHORALES (ZYGOMYCETES) und den DEUTEROMYCETES, den sog. imperfekten Pilzen. Zum einen haben Pilze eine Bedeutung als natürliche Regulationsfaktoren, zum anderen lassen sie sich auch gezielt zur biologischen Schädlingsbekämpfung einsetzen. Ihr Wirtsspektrum umfaßt Insekten aus nahezu allen Ordnungen sowie Spinnmilben. Im Unterschied zu den tierischen Antagonisten (Parasiten und Räuber), die zur aktiven Suche ihrer Wirts- und Beutetiere befähigt sind und dadurch auch bei geringen Schädlingsdichten wirksam werden können, sind entomophage Pilze auf höhere Wirtspopulationsdichten angewiesen, da ihre Sporen nur passiv in unmittelbarer Umgebung der befallenen Wirte verbreitet werden können.

ENTOMOPHTHORALES
Die Lebensweise der ENTOMOPHTHORALES läßt sich in einen Dauersporenzyklus und einen Konidienzyklus unterteilen: Die Dauersporen, die i.d.R. im Wirtsinneren gebildet werden, dienen vor allem dem Überdauern von Winterkälte, Trockenperioden u.a. ungünstigen Lebensbedingungen. Die Vermehrung und Ausbreitung der Krankheitserreger geschieht durch Konidien (Sporen), die an sog. Konidienträgern außerhalb des Wirtskörpers entstehen und von hier 'abgeschleudert' werden. Treffen die Konidien auf die Kutikula eines Wirtsinsekts, beginnen sie zu keimen. Die Keimschläuche (Hyphen) der Sporen dringen mit Hilfe von Enzymen und mechanischen Kräften durch die Kutikula ein. Im Insekt entwickelt sich dann ein Pilzmyzel, das schließlich den Tod des Wirtes herbeiführt. Unter günstigen Umständen bildet der Pilz auf der Außenseite des Insekts erneut Sporen und kann dann weitere Insekten befallen. Bei hoher Luftfeuchtigkeit und Temperaturen zwischen 20 und 30 °C können diese insektenpathogenen Pilze Schädlingspopulationen stark dezimieren. Dabei sind sie häufig gut an die Lebensweise ihrer Wirte angepaßt und auf bestimmte Arten oder Artengruppen (z. B. Blattläuse) spezialisiert:

Conidiobolus*-Arten** infizieren verschiedene Blattlausarten, Möhrenfliegen und wurden auch an Vorpuppen des Großen Kohltriebrüßlers nachgewiesen. Arten der Gattung ***Entomophaga befallen Trauermücken, Wiesenschnaken, Heuschrecken und Blattwespen. Zu den Wirtstieren verschiedener ***Erynia*-Arten** zählen neben Blattläusen auch die Larven von Rapsblattwespen, Kohlschaben und Gammaeulen sowie andere Erdraupen. ***Entomophthora*-Pilze** sind z. B. bei Blattläusen nicht selten mit Infektionsraten bis zu 100 % zu beobachten. Zu ihren Wirten gehören ferner verschiedene Gallmückenarten (z. B. Weizen- und Erbsengallmücken) und Wurzelfliegenarten (z. B. Möhren- und Kohlfliegen). ***Neozygitis*-Arten** wurden u. a. an verschiedenen Blattlausarten und an Zwiebelthrips festgestellt. ***Zoophtora*-Arten** infizieren u. a. Blattläuse und Schnellkäfer, deren Larven (Drahtwürmer) wichtige Schädlinge sind.

Insekten und Milben können von Krankheiten befallen werden, die durch Viren, Bakterien oder Pilze verursacht werden. Hier eine durch einen insektenpathogenen Pilz infizierte und abgetötete Blattlaus.

DEUTEROMYCETES
Eine weitere Gruppe bilden die sog. imperfekten Pilze, die vornehmlich im Boden lebende Insektenstadien befallen. Auch hier wird das Wirtstier durch Konidien infiziert, von denen aus ein Keimschlauch durch die Haut ins Körperinnere eindringt. Dort kommt es dann zur Bildung von Blastosporen (hefeartiges Entwicklungsstadium) und Myzelien (Hyphengeflechte). Viele imperfekte Pilze sondern zudem toxi-

Mikrobiologische Schädlingsbekämpfung

sche Stoffwechselprodukte ab, die zu einer Beschleunigung des Absterbevorgangs führen können. Bei ausreichender Feuchtigkeit bildet der Pilz außerhalb seines Wirtes ein Myzel, an dem sich wiederum Konidien als Vermehrungsorgane entwickeln.

Auch in dieser Gruppe finden sich viele Arten, die eine große Rolle als Antagonisten verschiedener gärtnerischer sowie land- und forstwirtschaftlicher Schädlinge spielen. So werden z.B. Kartoffelkäfer, Apfelwickler, Rüsselkäfer, Maiszünsler, Borkenkäfer und Bockkäfer von *Beauveria bassiana* befallen; Maikäfer versucht man bei Massenauftreten mit *Beauveria brongniartii* zu bekämpfen (siehe Seite 276).

Metarhizium anisopliae infiziert die Larven, teilweise auch die Puppen und Adulten, von Junikäfer, Maikäfer, Gartenlaufkäfer, Schnellkäfer, Rüsselkäfer sowie Apfelwickler und ist seit neuestem als 'mikrobiologisches Pflanzenschutzmittel' zur Bekämpfung des Gefurchten Dickmaulrüßlers im Handel erhältlich.

Auch *Verticillium lecanii* wird in einigen Ländern gegen schädliche Insekten eingesetzt (siehe rechts). Die Art enthält mehrere Stämme mit unterschiedlichen Wirtsspektren. Einige sind auch als Hyperparasiten von Pilzen bekannt.

Metarhizium anisopliae

Mikrobiologen des Instituts für Biotechnologie der Bayer AG in Monheim ist in Zusammenarbeit mit dem Institut für biologischen Pflanzenschutz in Darmstadt die Entwicklung eines *Metarhizium anisopliae*-Pilzgranulates gelungen, das eine spezielle Wirkung gegen bestimmte, vornehmlich im und auf dem Boden lebende Käferarten, wie z.B. den Gefurchten Dickmaulrüßler, zeigt. Der Pilz kann alle Entwicklungsstadien dieses weitverbreiteten Schädlings infizieren; in Versuchen wurden Wirkungsgrade bis zu 100 % ermittelt.

Das Pilzgranulat (Myzelgranulat 'BIO 1020') wird prophylaktisch als Bodenbehandlungsmittel in das Pflanzsubstrat eingearbeitet und entwickelt dann die infektiösen Konidien. Die Einmischung kann mit praxisüblichen Geräten erfolgen und wird zum Stecken, Pikieren und Topfen vorgenommen. Bei Behandlung im zeitigen Frühjahr sollte die behandelte Topferde vor der Topfung bei Temperaturen über 15 °C 'inkubiert' werden, um eine ausreichende Konidienbildung zu erreichen. Nach der Vorinkubation auftretende niedrige Temperaturen beeinträchtigen die ab Frühsommer einsetzende Wirkung nicht. Sowohl das Granulat als auch die Konidien werden kaum in tiefere Bodenschichten eingewaschen. Aufgrund dieser geringen Mobilität muß das Präparat in den gesamten Boden eingearbeitet werden. Eine Oberflächenapplikation führt nur innerhalb der behandelten Schicht zu einer Wirkung. Die geringe Mobilität ist neben der langen Lebensdauer der Konidien der Grund für die Langzeitwirkung von 6 bis 8 Monaten. Das Präparat kann sowohl im Gewächshaus als auch in Containern im Freiland eingesetzt werden.

Verticillium lecanii

Bereits seit Ende des letzten Jahrhunderts untersucht man die Verwendbarkeit von *Verticillium lecanii* als Bekämpfungsmittel gegen verschiedene Schadinsekten. Das erste kommerzielle Pilzpräparat in Westeuropa war das auf der Basis von *Verticillium lecanii* in England entwickelte 'Vertalec', das gegen Blattläuse im Gewächshaus eingesetzt wird. Andere Stämme von *Verticillium lecanii* hatten sich als sehr wirksam gegenüber Weißen Fliegen bzw. Thripsen herausgestellt, was zur Entwicklung der Präparate 'Mycotal' und 'Thriptal' führte.

Alle Mittel wurden in den letzten Jahren in zahlreichen Ländern – mit allerdings wechselndem Erfolg – in Gewächshäusern (versuchsweise) eingesetzt. Auch in Dänemark ('MicroGermin'), in der ehemaligen CSFR ('Verticon') und in der ehemaligen Sowjetunion ('Verticillin') wurden Präparate mit den Sporen von *Verticillium lecanii* zur Bekämpfung von Schadinsekten entwickelt. Die offizielle Einführung und die praktische Anwendung von *Verticillium*-Präparaten in der Bundesrepublik Deutschland scheiterte bislang u.a. an den hohen Zulassungsanforderungen. Problematisch ist jedoch auch, daß für die Sporenkeimung des Pilzes für mehrere Stunden eine Luftfeuchte von 98 bis 100 % erforderlich ist.

Metarhizium anisopliae an Dickmaulrüßler: Dieser Pilz kann alle Entwicklungsstadien dieses weitverbreiteten Schädlings infizieren.

Verticillium lecanii an Blattlaus: Andere Stämme dieses Pilzes sind wirksam gegen Weiße Fliegen und Thripse.

Weitere Verfahren des biologischen Pflanzenschutzes

Beauveria brongniartii
Vom Pilz *Beauveria brongniartii* ist schon seit Jahrzehnten bekannt, daß er den Zusammenbruch von Maikäferpopulationen bewirken kann. *Beauveria*-verpilzte Individuen treten unter natürlichen Bedingungen auch in Borkenkäferpopulationen immer wieder auf. Neuerdings wird der Pilz künstlich vermehrt und zur biologischen Bekämpfung von Engerlingen eingesetzt. Die Anwendung von Blastosporen gegen schwärmende Maikäfer führt dazu, daß die mit *Beauveria brongniartii* infizierten Weibchen in die Brutgebiete fliegen, bei der Eiablage im Boden durch den Pilz abgetötet werden und dann eine natürliche Infektionsquelle für die Eier und die schlüpfenden Engerlinge darstellen. Da sich aufgrund von Versuchen bei diesem Verfahren jedoch Grenzen abzeichnen (populationsreduzierende Wirkung nur bei relativ hohen Dichten schwärmender Käfer), wird das Schwergewicht neuerdings auf den Schutz von Intensivkulturen (wie z.B. Obstanlagen) durch Bodenbehandlungen gelegt. Das Einbringen von verpilzten Getreidekörnern in den Boden führt offenbar auch bei niedrigeren Populationsdichten zu rascher und hoher Mortalität.

Beauveria brongniartii an Maikäfer: Dieser Pilz tritt unter natürlichen Bedingungen auch in Borkenkäferpopulationen immer wieder auf.

Bakterien gegen Schadinsekten

Zahlreiche Bakterienarten treten natürlicherweise als Krankheitserreger bei Insekten auf. Zu den bekanntesten und am häufigsten in unseren Breitengraden vorkommenden gehört *Bacillus thuringiensis*.

Bacillus thuringiensis-Pathotypen
Die Sporen und Kristalle der meisten bisher isolierten *Bacillus thuringiensis*-Stämme wirken fast ausschließlich gegen bestimmte Schmetterlingsraupen (Pathotyp A). Die Indikationen erstrecken sich im Obst- und Gartenbau vorwiegend auf die Bekämpfung von Kohlweißlingsarten u.a. freifressenden Schmetterlingsraupen im Gemüsebau sowie auf Goldafter, Schwammspinner, Frostspanner, Knospenwickler und Gespinstmotten im Obstbau bzw. an Ziergehölzen.

Nicht gegen Raupen, aber gegen die Larven von Stechmücken und Kriebelmücken wirken die Stämme der Unterart *Bacillus thuringiensis israelensis* (Pathotyp B). Dieser Pathotyp hat zwar bisher keine Bedeutung im Pflanzenschutz, ist aber wirksamer Bestandteil von Präparaten, die zur umweltfreundlichen Stechmückenbekämpfung (z.B. in den Altrheinarmen) eingesetzt werden, und auch in der Bundesrepublik Deutschland im Handel erhältlich ('Neudomück').

Einer dritten Gruppe (Pathotyp C) gehört der 1982 in der Bundesrepublik Deutschland gefundene *Bacillus thuringiensis*-Stamm der Subspecies *tenebrionis* an, der nur gegen bestimmte Blattkäferlarven, u.a. auch gegen die Larven des Kartoffelkäfers, wirkt.

Bacillus thuringiensis-Präparate
Seit über 30 Jahren sind *Bacillus thuringiensis*-Präparate zur biologischen Bekämpfung schädlicher Raupen (Larven von Schadschmetterlingen) bekannt. Die Bakteriensporen können ohne Aktivitätsverlust getrocknet, gelagert und zu Spritzmitteln formuliert werden. *Bacillus thuringiensis*-(= *B. t.*-)Präparate (Unterart *kurstaki*) gegen Schadraupen sind in der Bundesrepublik Deutschland seit langem im praktischen Einsatz (derzeit zugelassen: 'Neudorffs Raupenspritzmittel', 'Thuricide HP', 'Dipel', 'Dipel 2x', 'Dipel ES', 'Foray 48 B', 'Biobit'). Ein *Bacillus thuringiensis tenebrionis*-(*B. t. t.*-)Präparat – z.B. in der Schweiz und in Dänemark schon seit längerem erhältlich – wurde jetzt auch in der Bundesrepublik Deutschland zugelassen ('Novodor'). In Österreich steht eine Zulassung bevor.

Bacillus thuringiensis kurstaki
Das Bakterium *Bacillus thuringiensis* vermehrt sich in den von ihm infizierten Insekten und bildet dort Dauersporen aus. Bei dieser Sporenbildung entstehen gleichzeitig Eiweißkristalle (sog. Endotoxinkristalle). Werden Sporen und Kristalle von blattfressenden Larven einer empfindlichen Insektenart gefressen, so zerstören die Kristalle die Zellen der Darmwand. Die aus den Sporen keimenden Bakterienzellen (sowie andere im Insektendarm vorhandene Bakterien) dringen dann in die Körperhöhle ein und töten die Larve ab.

Bacillus thuringiensis-Sporen haben also keine Kontaktwirkung und wirken nur, wenn sie gefressen werden und in den Darm gelangen. Unter der Wirkung des Toxins tritt eine Lähmung der Muskeln ein, und damit hört der Fraß auf ('Fraßstop'). Die Larven leben aber je nach Art noch bis zu 5 Tage weiter, bevor sich die Bakterien im Körper vermehren und sie daran sterben. Eine Übertragung der Bakterien von befallenen auf ge-

Mikrobiologische Schädlingsbekämpfung

Viren gegen Schadinsekten

Bei Insekten kommen verschiedene Gruppen von Viren vor. Für die biologische Bekämpfung werden im allgemeinen jedoch nur die **Baculoviren** verwendet, da die anderen Virengruppen außer bei Insekten auch bei Wirbeltieren und Pflanzen vorkommen. Baculoviren findet man dagegen, mit Ausnahme weniger Krebstiere und Milben, nur bei Insekten. Das Wirtsspektrum ist dabei oft auf eine oder höchstens einige eng verwandte Insektenarten innerhalb einer Familie beschränkt.

Kernpolyederviren

Bei der wichtigsten Gruppe der Baculoviren, den Kernpolyederviren, sind die stabförmigen Virusteilchen (Virionen) in einem aus Proteinen bestehenden Einschlußkörper, Polyeder genannt, eingebettet (bis zu 100 Virionen pro Polyeder). Die Viren gelangen mit der Blattnahrung in den Magen der Insekten und sind daher sehr geeignet für die Bekämpfung von Larven bzw. Raupen. Im Magen zerfallen die Eiweißkristalle, die Virusteilchen infizieren die Zellen der Darmwand und vermehren sich in den Kernen dieser Zellen. Wenn die Larve abstirbt, besteht ca. 30 % ihres Trockengewichtes aus Virusmaterial (1 bis 10 Milliarden Polyeder). Beim Absterben verschleimt die Raupe, die Polyeder werden freigesetzt und gelangen wieder auf Blätter und Boden. Auf Blättern überleben die Viren nur einige Tage, weil sie durch ultraviolette Strahlung inaktiviert werden. Im Boden können diese Polyeder jedoch Jahrzehnte überdauern. Durch aufgespritzte Regentropfen können sie wieder auf die Blätter gelangen und Raupen infizieren. Eine wichtige Rolle bei der Verbreitung der Viren spielen Vögel, wenn sie kranke oder tote Raupen fressen. Die

sunde Wirtstiere findet nicht statt. Temperatur und Luftfeuchtigkeit sind für die Wirkung der *Bacillus thuringiensis*-Präparate unerheblich. Da die UV-Strahlen des Sonnenlichtes die Sporen inaktivieren, haben die Präparate jedoch keine Langzeitwirkung. Darum und wegen der fehlenden Kontaktwirkung ist ein lückenloser Spritzbelag auf den behandelten Pflanzen sehr wichtig.

Bacillus thuringiensis tenebrionis

Zur Bekämpfung der Kartoffelkäferlarven sind keine Bakteriensporen erforderlich, es reichen hierzu allein die *Bacillus thuringiensis tenebrionis*-Endotoxinkristalle aus. Diese müssen von den zu bekämpfenden Schädlingen gefressen werden, damit es zur Zerstörung des Darmtraktes kommt.

Das Präparat aus *Bacillus thuringiensis tenebrionis* wirkt gegen die Larven des Kartoffelkäfers und einiger verwandter Blattkäferarten (z.B. Schneeballblattkäfer, Erlenblattkäfer). Die Larven hören sofort auf zu fressen und gehen nach einigen Tagen ein. Auch auf die Käfer hat das Präparat eine fraßhemmende Wirkung, so daß die Käfer ihren Reifungsfraß nicht vollenden und keine Eier mehr ablegen können. Gegen junge Larven wirkt das

Raupen, die von Bacillus thuringiensis infiziert sind, beenden innerhalb weniger Stunden ihre Fraßtätigkeit und sterben nach einigen Tagen ab.

Präparat am besten; die 1. Spritzung sollte daher 3 bis 4 Tage nach dem ersten Auffinden von Eigelegen durchgeführt werden. Falls die Eiablage über einen längeren Zeitraum erfolgt, kann eine 2. Behandlung innerhalb von 7 bis 10 Tagen notwendig werden. Kurz nach der Spritzung auftretende Niederschläge oder sehr kühle Witterung (Unterbrechung des Larvenfraßes) können die Wirkung beeinflussen; in diesen Fällen ist eine Wiederholung der Behandlung angezeigt. Eine ausreichende Kontamination des Fraßortes entscheidet über den Bekämpfungserfolg. Ausreichend hohe Spritzflüssigkeitsmengen und kleine Tropfen verbessern eine Durchdringung des Pflanzenbestandes und fördern die allseitige Benetzung der Pflanzen. Nach Untersuchungen des BBA-Instituts für biologischen Pflanzenschutz können bei termingerechtem Einsatz und ausreichenden Witterungsbedingungen mit 1 bis 3 Spritzungen (3 bis 5 Liter pro Hektar) Wirkungsgrade zwischen 70 und 90 % erzielt werden.

Weitere Verfahren des biologischen Pflanzenschutzes

Polyeder passieren den Magen-Darm-Kanal der Vögel ohne Schaden.

Granuloseviren

Eine zweite Gruppe insektenspezifischer Viren sind die sog. Granuloseviren. Die eigentlichen Virusteilchen sind von einer Eiweißkapsel (Granulum) umgeben. Jede Kapsel enthält i.d.R 1 Virion und kann bis etwa 5 µm groß sein. Sie wird mit der Nahrung aufgenommen. Bei infizierten Insekten verflüssigt sich der ganze Körperinhalt innerhalb von etwa 5 bis 10 Tagen. Nur die äußere Hautschicht bleibt intakt, zerreißt aber bei der leisesten Berührung und entläßt dann Millionen von Viren.

Viruspräparate

Die Liste der weltweit zugelassenen Präparate auf der Basis von Insektenviren ist klein im Vergleich zur Zahl der bekannten und beschriebenen Insektenviren. Mehr als 300 Baculoviren von wirtschaftlich bedeutenden Schadinsekten sind bis heute gefunden worden. Fachleute schätzen, daß Baculoviren weltweit gegen etwa 30 % aller landwirtschaftlichen Schädlinge eingesetzt werden könnten.

Auch in der Bundesrepublik Deutschland wurden Insektenviren schon versuchsweise gegen mehr als ein Dutzend land- und forstwirtschaftlicher Schädlinge eingesetzt. Darunter finden sich wirtschaftlich wichtige Arten wie Apfelwickler, Schalenwickler, Getreidewickler, Erdraupen, Kohleule, Schwammspinner und Nonne.

Präparate auf der Basis von Insektenviren weisen eine noch höhere Wirtsspezifität auf als die schon als sehr nützlingsschonend eingestuften *Bacillus thuringiensis*-Präparate. Aufgrund ihrer hohen Selektivität sind die Viruspräparate für den Menschen sowie andere Nicht-Ziel-Organismen (Nützlinge, Bienen, Pflanzen) völlig unschädlich; im Erntegut bleiben keine Rückstände.

Apfelwickler-Granulosevirus

Das Apfelwickler-Granulosevirus (CpGV) wurde 1963 in Mexiko entdeckt und seitdem weltweit erforscht. In Europa wurden mit dem Virus bereits 1970 erste Experimente in der Schweiz durchgeführt, wenig später setzte auch in der Bundesrepublik Deutschland eine intensive und sehr kostenaufwendige Forschung ein.

Gemeinsam mit den BBA-Instituten in Darmstadt und Dossenheim, dem IFU in Pforzheim sowie der Hoechst AG wurde 1989 das hochselektive Apfelwickler-Granulosevirus-Präparat 'Granupom' entwickelt. Für Hobbygärtner ist dieses Präparat unter dem Namen 'Granupom N' im Handel erhältlich. In der Schweiz wird ein gleichwertiges Präparat ('Madex 3') vertrieben.

Das Apfelwickler-Granulosevirus wirkt im Obstbau nur gegen die jungen Larven des Apfelwicklers, die innerhalb etwa 1 Woche abgetötet werden. Das Präparat muß kurz vor dem Schlüpfen der Eilarven ausgebracht werden. Da es keine Kontaktwirkung besitzt, sondern von den Larven gefressen werden muß, sollten Blätter (Ober- und Unterseiten) und Früchte mit der Spritzbrühe möglichst gleichmäßig benetzt werden. Angetrocknete Spritzbeläge werden durch Niederschläge nur wenig beeinträchtigt. Dagegen kann länger einwirkendes UV-Licht die Viruspräparate inaktivieren. Bei sehr heißer, sonniger Witterung sollten daher die Spritzabstände verkürzt werden. Zur Applikation der Präparate können alle handelsüblichen Spritz- oder Sprühgeräte verwendet werden.

Um den optimalen individuellen Bekämpfungstermin des Apfelwicklers unter Beachtung des Schwellenwertes zu bestimmen, ist der Einsatz von Lockstoff-Fallen empfehlenswert (siehe Seite 281). Entsprechend dem Flugverlauf der Falter können die Präparate während der ganzen Eiablageperiode, also etwa Ende Juni bis August, eingesetzt werden. Je nach Befallsdichte sind mehrere Behandlungen erforderlich.

Die Wirksamkeit der CpGV-Präparate beträgt 80 bis 90 %, was im Normalfall sowohl für den kommerziellen Apfelanbau als auch für den Kleingartenbereich ausreichend ist. Durch die nützlingsschonenden Eigenschaften der Viruspräparate werden (indirekt) Spinnmilben- und Blattlausprobleme vermindert, da ihre Gegenspieler am Leben bleiben.

Schalenwickler-Granulosevirus

Vor über 10 Jahren wurde in der Schweiz ein Krankheitserreger des Schalenwicklers (*Adoxophyes orana*), das sog. Schalenwickler-Granulosevirus, gefunden. Nachdem es vom Entomologischen Institut der ETH Zürich genauer untersucht wurde, liegt es nun in anwendungsreifer Form vor und wird in der Schweiz unter dem Handelsnamen 'Capex 2' vertrieben.

Es sind 2 Behandlungen vor der Blüte erforderlich. Die Raupen sterben im letzten Larvenstadium, ohne noch Schaden anzurichten. Die Beimischung von Magermilchpulver (0,25 %) erhöht die Wirkung.

Pilze gegen phytophage Nematoden

Ein weiteres Einsatzgebiet von Pilzen im biologischen Pflanzenschutz ist die Anwendung gegen pflanzenschädigende Nematoden. Diese Schadorganismen gehören nach wie vor weltweit zu den Problemfällen im Pflanzenschutz. In den letzten Jahren haben verschiedene Forschungsarbeiten über die Verbreitung und

Bedeutung von pilzlichen Antagonisten bei phytophagen Nematoden zu überraschenden Ergebnissen geführt. Bis heute kennt man etwa 160 Pilzarten, die Nematoden abtöten. Eine besonders interessante Gruppe stellen die 'Nematoden-fangenden' Pilze dar. Diese Arten (Gattungen *Arthrobotrys, Dactylaria, Monacrosporium* u.a.) bilden z.B. spezielle Fanghyphen aus, die teilweise mit einem klebrigen Sekret versehen sind, an dem die Nematoden hängenbleiben. Auch Ringbildungen oder kontrahierbare Ringe, in denen sich ein durchkriechender Nematode verfängt, kommen vor. Ein erstes Bio-Präparat, das den 'räuberisch' lebenden Pilz *Arthrobotrys irregularis* enthält, wurde in Frankreich entwickelt und wird gegen freilebende Nematoden (*Meloidogyne*-Arten) in Tomatenkulturen eingesetzt ('Royal 350'). Ein weiteres Präparat ('Royal 300') auf der Basis von *Arthrobotrys robusta* eignet sich zur Bekämpfung von *Ditylenchus*-Nematoden in Champignonkulturen.

Weitere Versuche mit nematophagen Arten, wie z. B. *Verticillium chlamydosporium, Meria coniospora* oder *Hirsutella*-Arten, haben gezeigt, daß auch eine künstliche Ausbreitung solcher Antagonisten zu einer deutlichen Reduktion der Gallbildung bzw. der Zystenzahlen führt.

Biotechnische Schädlings- abwehr

Als 'biotechnische' Verfahren sind eigentlich nur solche Methoden zu bezeichnen, bei denen natürliche Reaktionen von Schadorganismen auf bestimmte physikalische oder chemische Reize für den Pflanzenschutz genutzt werden können. Die biotechnische Schädlingsbekämpfung wird da-

her auch definiert als »Nutzung der Elemente von Reaktions-, Regulations- und Interaktions-Mechanismen, abstrahiert von ihrer natürlichen Bedeutung für den Organismus, zum Zweck der Schädlingsbekämpfung« (Krieg und Franz 1989).

Biotechnische Verfahren zur Manipulation tierischer Schadorganismen nutzen physikalische Signale in Form von akustischen oder optischen Reizen, chemische Signale und Wirkstoffe in Form von Endo- und Exohormonen sowie allelochemische Wirkstoffe in Form von Kairomonen oder Allomonen. Auch bei der Unkrautbekämpfung wurden biotechnische Methoden entwickelt, wie z.B. die Verwendung von Phytohormonen und die Nutzung allelopathischer Effekte (z.B. chemischer Antagonismus zwischen verschiedenen Pflanzenarten in Mischkulturen). Bei Schadmikroben können intraspezifische und interspezifische Konkurrenzerscheinungen (Interferenz und Antibiose) zur biotechnischen Bekämpfung genutzt werden.

Da die meisten dieser Methoden mit der eigentlichen 'Biotechnologie' nicht viel zu tun haben, ist das Attribut 'biotechnisch' nicht ganz korrekt. Im übrigen gibt es auch hier wieder – wie beim Oberbegriff 'biologischer Pflanzenschutz' (siehe Seite 272) – unterschiedliche Zuordnungen einzelner Methoden.

Physikalische und mechanische Methoden

Biotechnische Verfahren unter Verwendung physikalischer 'Impulse' sind im Obst- und Gartenbau für die Bekämpfung solcher Schädlinge bekannt, die sich stark nach Schall oder Licht orientieren und daher durch akustische oder optische Signale in ihrem Verhalten beeinflußbar sind. Andere Verfahren zur Abwehr tierischer Schädlinge

basieren auf einer mechanischen 'Barriere' zwischen Insekt und Pflanze oder dienen dem gezielten Abfangen bestimmter Schädlingsstadien. Einige praxiserprobte Methoden und Hilfsmittel sollen hier kurz vorgestellt werden:

Vogelschreckanlagen

Die Nutzung akustischer Signale ist vor allem zur Vertreibung von Schadvögeln üblich. Dabei wird nicht nur mit Schreckschußanlagen, sondern auch mit einer elektro-akustischen Reproduktion des 'Warnrufes' der Vögel gearbeitet. Da sich Stare, Amseln, Wacholderdrosseln u.a. 'betroffene' Vögel jedoch relativ schnell an den Warnruf gewöhnen, ist der Erfolg derartiger Maßnahmen meist nicht ausreichend.

Vogelabwehrnetze

Auch durch flatternde Stanniolstreifen oder farbige Plastikbehälter können Aussaatbeete, Beerensträucher und Kirschen meist nur unzureichend vor Vogelschäden geschützt werden. Bewährt haben sich dagegen starkfädige 'Vogelabwehrnetze'. Damit diese nicht zur Vogelfalle werden oder beim Abnehmen in den Pflanzen hängenbleiben, sollte ihre Maschenweite nur ca. 25 bis 30 mm betragen. Wichtig ist auch, mit den Netzen eine lückenlose Abdeckung vorzunehmen und sie seitlich bis zum Boden abschließen zu lassen.

Farbige Leimfallen

Farbfallen geben vielen Insektenarten optische Reize und locken sie dadurch an. Die Fallen stellen einen Ersatz natürlicher Reizobjekte (wie z.B. Blütenpflanzen) dar, haben also die Funktion von 'Attrappen'. In Abhängigkeit von der Schädlingsart werden – sowohl zu Prognosezwecken als auch zum Abfangen von Schädlingen – Leimtafeln oder Folien in verschiedenen Farben eingesetzt:

Weitere Verfahren des biologischen Pflanzenschutzes

- Kirschfliegen-Fallen: Wenn die Kirschen beginnen, gelb zu werden, beginnt die Kirschfruchtfliege (in klimatisch günstigen Lagen) mit ihrer Eiablage. Hängt man genau zu diesem Zeitpunkt gelbe 'Kirschfliegen-Fallen' in die Kirschbäume, werden viele der Schädlinge abgefangen und an der Eiablage gehindert. Je nach Baumgröße werden 4 bis 14 dieser tellerförmigen, beleimten Gelbscheiben (Durchmesser ca. 25 cm) benötigt.
- Gelbtafeln und Gelbsticker: Ein sehr nützliches Hilfsmittel zur Früherkennung von Insektenbefall an Pflanzen im Gewächshaus, Wintergarten und Blumenfenster sind beleimte 'Gelbtafeln' und 'Gelbsticker'. Weiße Fliegen, Minierfliegen, geflügelte Blattläuse und Trauermücken sind durch das Aufhängen von Gelbtafeln in Pflanzenhöhe leicht abzufangen. Die kleineren Gelbsticker können direkt in die Blumenerde gesteckt oder einfach an einem Stab befestigt werden. Sie sind besonders für kleine Topfpflanzen zu empfehlen. Auch im Forst können Gelbtafeln zu Prognosezwecken eingesetzt werden (Beispiel: Fichtenblattwespen).
- Weiße Klebefallen: Zur Flugüberwachung der Apfel- und Pflaumensägewespen eignen sich weiße 'Kreuzfallen'. Das Wirkungsprinzip ist ähnlich wie bei der Kirschfliegen-Falle: Die Sägewespen sind Blütenbesucher; während der Blüte der Obstbäume werden sie von weißen Flächen ('Superblüte') stark angezogen. Pro Obstanlage sind 1 bis 4 Kreuzfallen aufzuhängen.
- Rote Klebefallen: Zur Regulierung des Ungleichen Holzbohrers (*Anisandrus dispar*) sind z.B. in der Schweiz rote Klebefallen erhältlich, kombiniert mit einem Lockstoff in einer angehängten, gelochten Flasche. Der Flug der Weibchen dauert von Anfang April bis Anfang Juni. Zur Flugüberwachung werden auf 0,5 bis 1 Hektar 1 Falle und zur Befallsreduktion 8 Fallen pro Hektar empfohlen. Rotfallen wirken auch gegen die Apfelfruchtfliege.
- Blautafeln: Sie werden z.B. zur Befallsprognose bei Thripsen im Gewächshaus eingesetzt und werden im Handel in unterschiedlichen Blautönen und Größen angeboten. Da durch die 'Blautafeln' eine blaue Blüte vorgetäuscht werden soll, ist es wichtig, viele kleine Tafeln in den Pflanzenbestand einzubringen. Mit Hilfe der Blautafeln sind z.B. beim Kalifornischen Blütenthrips (siehe Seite 223) sowohl der Anfangsbefall, erste Befallsherde als auch der Befallsgrad einer Kultur gut feststellbar. Daher kann noch vor der Blüte bei entsprechenden Fangzahlen mit gezielten Bekämpfungsmaßnahmen reagiert werden. Die Blautafeln sollten dazu gleich nach dem Topfen der Jungpflanzen so im Bestand verteilt werden, daß eine leichte Kontrolle möglich ist (Stirnseiten von Tischen, an Wegen und im Bereich von Türen und Fenstern).

Kulturschutznetze

Durch das Auflegen bzw. Überspannen engmaschiger Kunststoffnetze auf bzw. über Saat- und Pflanzenbeete können Gemüsefliegen, wie z.B. Kohl-, Möhren- und Zwiebelfliegen, wirksam abgewehrt und an der Ablage ihrer Eier am Wurzelhals von Jungpflanzen gehindert werden. Auch andere Schädlinge, wie z.B. Erbsenwickler, Kohleule und Kohlweißling, können mit Hilfe von Netzen von den Kulturen ferngehalten werden.

Die im Handel erhältlichen Kulturschutznetze ('Rantai', 'Bionet', 'Neudorffs Gemüsefliegen-Netz' u.a.) sind i.d.R. aus UV-stabilisiertem Polyethylen hergestellt. Ihre Wirkung ist abhängig von der Größe der Maschenweite (je nach Netztyp zwischen 1,6 × 1,2 mm und 1,8 ×

Blautafeln haben sich im Erwerbsgartenbau unter Glas zur Befallsprognose (und Bekämpfung) von Thripsen bewährt.

1,8 mm), diese müssen geringer sein als der Körperumfang der abzuhaltenden Insekten. Doch auch bei kleineren Schädlingen, wie z.B. Blattläusen, die eigentlich durch die Maschen hindurchschlüpfen könnten, kommt es zur Befallsminderung; offenbar wird ihre (optische) Orientierung zu den Wirtspflanzen durch deren Abdeckung mit Netzen gestört.

Während Chinakohl, Radies und Rettich von Anfang bis Ende der Kulturzeit abgedeckt werden sollten, reicht bei Kohlkulturen i.d.R. ein Abdecken während der Anzucht, in der empfindlichen Jugendphase und der Zeit des Schädlingsauftretens aus. Selbst wenn die Netze zu spät aufgelegt oder überspannt werden und es bereits zur Eiablage und Verpuppung von Gemüsefliegen gekommen ist, kann die Kultur noch geschützt werden. Das Netz bewirkt eine Störung des Paarungs- und Kopulationsverhaltens der ausgeschlüpften Schädlinge, so daß es i.d.R. nur zur Ablage unbefruchteter Eier kommt.

Leimringe

Ein altbewährtes Verfahren gegen alle Schädlinge, die an Baumstämmen kriechen oder Eier ablegen, ist das Anlegen von Leimringen. Im Handel sind beleimte, gebrauchsfertige Insektenfanggürtel zum Schutz von Obst- und Ziergehölzen erhältlich. Sie dienen vor allem der Bekämpfung des Kleinen und Großen Frostspanners. Dazu sind die Leimringe bis spätestens Mitte Oktober anzubringen. Im Frühjahr und Sommer sind sie ein zuverlässiges Mittel zur Abwehr von Ameisen an Obstbäumen, an denen Blattlausbefall durch Ameisen stark gefördert wird.

Obstmadenfanggürtel

Wenn die Larven des Apfelwicklers nach dem Abspinnen vom Boden aus erneut den Baum 'erklimmen', um ein Überwinterungsversteck unter der Rinde zu suchen, können sie durch den sog. 'Obstmadenfanggürtel' abgefangen werden. Unter dem Fanggürtel, einem einseitig beschichteten Wellpappstreifen, finden die Larven ideale Unterschlupfmöglichkeiten und können hier leicht abgesammelt werden. Der Obstmadenfanggürtel wird Ende Mai/Anfang Juni ca. 20 bis 40 cm über dem Boden um den Stamm gelegt. Im Juni, Juli und August sollte man den Fanggürtel mehrmals kontrollieren und vorhandene Raupen absammeln.

Anwendung chemischer Signalstoffe

Unter den sog. Signalstoffen werden Wirkstoffe (oder deren Analoga) verstanden, welche die Beziehungen zwischen den Organismen regeln. Wissenschaftler sprechen hier auch von 'sekundären Metaboliten', die unter der Bezeichnung 'semiochemische Stoffe' zusammengefaßt werden. So fungieren z. B. Kairomone und Allomone als sog. interspezifische Botenstoffe zwischen

Pheromonfalle zur Anlockung des Apfelwicklers (Cydia pomonella).

Pflanzen und Schädlingen (Anlockung respektive Abschreckung). Pheromone dagegen sind Stoffe (Exohormone), die durch Insekten produziert werden, u.a. um das Verhalten von Individuen derselben Art bzw. deren Populationsbiologie zu beeinflussen. Sexuallockstoffe werden i.d.R. von Insektenweibchen (vor allem bei dämmerungs- und nachtaktiven Schmetterlingen) aus Hinterleibsdrüsen abgegeben. Sie locken den Geschlechtspartner über weite Strecken (einige 100 m) auch in unübersichtlichem Gelände zum Zwecke der Kopulation an und sichern damit die Fortpflanzung.

Pheromonfallen

Vor mehr als 30 Jahren gelang es Wissenschaftlern zum erstenmal den Sexuallockstoff einer Schmetterlingsart (Seidenspinner) chemisch zu identifizieren. Seit einigen Jahren ist es möglich, Pheromone synthetisch 'nachzubauen' und dem praktischen Pflanzenschutz nutzbar zu machen. Die artspezifischen, naturidentischen Duftstoffe werden dazu in kleine Kunststoffkapseln (sog. Dispenser) abgefüllt und in Fallen mit Leimbeschichtung (Obstbau) oder speziellen Fangbehältern (Forst) angebracht. Man unterscheidet:

- Sexualpheromone (Fallen- bzw. Fangmethode, Verwirrungs- oder Desorientierungs-Methode),
- Gregarisations- und Aggregationspheromone (Ansammlung beider Geschlechter am Nahrungs- und Brutplatz),
- Dispersionspheromone.

Pheromonfallen haben im Obst- und Weinbau sowie im Forst eine große Bedeutung erlangt. Folgende, unterschiedlichen Anwendungsbereichen zugeordnete, Zielsetzungen sind bei der Nutzung von Sexual- und von Aggregationslockstoffen zu unterscheiden:

- <u>Monitoring</u>: Fallenfang von Einzelindividuen mit dem Ziel, den zeitlichen und – soweit möglich – den räumlichen Flugverlauf einzelner Schadarten zu erfassen sowie, ergänzt durch weitere Daten, Warnmeldungen und Befallsprognosen zu erstellen. Bewährt hat sich ein solches 'Monitoring-Verfahren' mittels Pheromonfallen z. B. im Obstbau für den Apfelwickler, den Fruchtschalenwickler sowie im Weinbau für den Einbindigen Traubenwickler und den Bekreuzten Traubenwickler.
- <u>Massenfang</u>: Fallenfang eines möglichst hohen Anteils der Ausgangspopulation mit dem Ziel, über die Ausdünnung des Schaderregerbestandes den Befallsgrad niedrig zu halten (Anwendung z. B. bei Borkenkäfern).
- <u>Konfusionstechnik</u>: Gleichmäßige, flächendeckende Ausbringung von Sexuallockstoffen einer Schmetterlingsart mit dem Ziel, den Männchen die Duftorientierung zu den Weibchen unmöglich zu machen, dadurch die Paarung zu unterbinden und den Befallsgrad der folgenden Raupengeneration unterhalb der

Weitere Verfahren des biologischen Pflanzenschutzes

wirtschaftlichen Schadensschwelle zu halten (auch Verwirr- oder Paarungsstörungsverfahren, male confusion technique, mating suppression oder mating disruption genannt).

Anwendung im Obstbau
Pheromon- oder Lockstoff-Fallen werden seit Jahren, vor allem im Obstbau, zur Kontrolle des Flugverhaltens verschiedener Wicklerarten eingesetzt. Die Fallen (z.B. 'Biotrap') bestehen i.d.R. aus beschichtetem Karton und sind auf der Bodeninnenseite mit einem klebrigen Leim bestrichen. Ein eingehängter 'Dispenser' enthält die synthetisch hergestellten Sexuallockstoffe der weiblichen Tiere. Die männlichen Falter werden von diesem 'Duft' angelockt und gehen buchstäblich auf den Leim.

Die Fangergebnisse geben Aufschluß über den Beginn, die Intensität und das Ende des Falterfluges. So läßt sich nicht nur der Befallsdruck ermitteln, aus den Terminen können auch die optimalen Bekämpfungszeitpunkte festgelegt werden. Wird eine bestimmte Zahl gefangener Tiere nicht überschritten, kann auf Bekämpfungsmaßnahmen verzichtet werden. Auch für die termingerechte Freilassung von *Trichogramma*-Schlupfwespen oder für die Anwendung von Granulosevirus-Präparaten gegen Apfelwickler können Pheromonfallen eine große Hilfe darstellen.

Auch für den Haus- und Kleingarten sind verschiedene Pheromonfallen im Handel erhältlich. Diese Fallen eignen sich vornehmlich zur Kontrolle, weniger zum Abfangen der Schädlinge. Man hängt die Fallen ab Mitte Mai in Kopfhöhe in den Pflaumen- bzw. Apfel- oder Birnbaum. Bei den Pheromonkapseln ist i.d.R. ein Wechsel nach 5 bis 6 Wochen nötig; bei den Leimböden hängt der Zeitpunkt in erster Linie von der Befallsstärke ab.

Verdampfer zur Verwirrung des Bekreuzten Traubenwicklers (Lobesia botrana).

Anwendung im Forst
Aggregationspheromonfallen werden seit einigen Jahren verstärkt zur Borkenkäferüberwachung im Forst eingesetzt. Das Ziel dieser Maßnahme ist es, Informationen über Höhe und Flugverlauf der örtlichen Käferpopulation zu erhalten, um gegebenenfalls notwendige Bekämpfungsmaßnahmen rechtzeitig organisieren und einleiten zu können. Den Forstleuten stehen verschiedene 'käferbürtige' und 'wirtsbürtige' Lockstoffe in artspezifischer Kombination zum Abfangen des Buchdruckers (*Ips typographus*, 'Pheroprax'), des Kupferstechers (*Pityogenes chalcographus*, 'Chalcoprax') sowie des Gestreiften Nutzholzborkenkäfers (*Trypodendron lineatum*, 'Linoprax') zur Verfügung.

Die Pheromondispenser enthalten also jeweils eine biologische Lockstoffkombination zur Anlockung der Borkenkäfer. Die Lockstoffe werden in einem besonderen Verfahren auf Zellstoffplättchen aufgebracht und diese dann in eine Spezialfolie eingesiegelt. Die Lockstoffe durchdringen die Spezialfolie langsam und in dosierter Menge. Die Duftstofffreisetzung erfolgt temperaturabhängig, d.h., je höher die Temperatur, um so höher ist die Abgaberate. Dadurch ist gewährleistet, daß bei hoher Flugaktivität der Käfer relativ viel Lockstoff zur Verfügung steht. Die freiwerdenden Lockstoffe signalisieren (simulieren) den schwärmenden Borkenkäfern einerseits bruttaugliches Material, andererseits brutbereite, begattungsfähige Käfer.

Zur Anlockung brutbereiter Käfer während des 'Suchfluges' werden die Pheromondispenser in speziell entwickelten Fallen bzw. Fallensystemen (Einzelfallen: Schlitzfalle, Flachtrichterfalle, Norwegische Kammrohrfalle; Fallensterne: Kombination von 3 Schlitz- bzw. Flachtrichterfallen) gehängt. Die im Forst verwendeten Pheromonfallen sind nicht mit Leim beschichtet, sondern so konstruiert, daß die angelockten Käfer in einen Fangbehälter fallen, aus dem sie nicht mehr entweichen können. Teilweise werden auch Fangbäume, Fangpfähle, Fangpolder bzw. Fangreisighaufen mit Pheromondispensern versehen und die sich hier sammelnden Borkenkäfer dann chemisch bekämpft.

Selbstvernichtungsverfahren

Ein weiteres Verfahren des biologischen Pflanzenschutzes – teilweise auch der biotechnischen Schädlingsbekämpfung zugeordnet – ist das sog. Selbstvernichtungs- oder Autozidverfahren.

Wirkungsprinzip

Das Wirkungsprinzip dieses bisher nur bei Insekten erprobten Verfahrens besteht darin, daß zur Reduzierung von Schädlingspopulationsdichten sterilisierte oder genetisch geschädigte Individuen derselben Art genutzt werden. Dazu vermindert man künstlich bei einer bestimmten Anzahl der Schädlingsindividuen die Fortpflanzungsfähigkeit (oder auch andere lebenswichtige Leistungen). Hier werden verschiedene Methoden verwendet: Die unfruchtbare Kreuzung genetisch unverträglicher Herkünfte oder Rassen oder die künstliche Sterilisation vorwiegend von männlichen Individuen, entweder mit Hilfe sog. Chemosterilantien (alkylierende Substanzen, Antimetaboliten u.a.) oder mit Hilfe energiereicher Strahlung (z.B. Gammastrahlung einer radioaktiven Kobaltquelle). Die so genetisch geschädigten, aber sonst in ihrer Vitalität nicht beeinträchtigten Tiere werden in großer Zahl in die Freilandpopulation eingeschleust. Nach wiederholter Anwendung des Verfahrens wird die Schädlingspopulation – weil immer häufiger nur unfruchtbare Eier abgelegt werden – schließlich auf ein wirtschaftlich unbedeutendes Niveau reduziert.

Voraussetzungen

Der Erfolg des Verfahrens ist von einer ganzen Reihe schwer erfüllbarer biologischer, ökologischer und technischer Voraussetzungen abhängig, so daß weltweit bisher nur wenige praxisrelevante Beispiele vorliegen:

1. Es muß eine Methode zur Verfügung stehen, durch die eine Sterilisation der männlichen Individuen erfolgen kann, ohne deren Begattungs- und Konkurrenzfähigkeit gegenüber normalen Individuen zu vermindern.
2. Die betreffende Schädlingsart sollte dadurch gekennzeichnet sein, daß nur eine Kopulation stattfindet, die zur Befruchtung bzw. Nichtbefruchtung aller Eier eines Weibchens führt.
3. Eine wirtschaftliche Massenvermehrung der betreffenden Schädlinge muß möglich sein.
4. Die zu bekämpfende Schädlingspopulation sollte möglichst auf ein geschlossenes Gebiet lokalisiert sein, so daß eine Zuwanderung unbehandelter Tiere ausgeschlossen ist.
5. Zur Festsetzung des optimalen Freilassungstermins sind genaue Kenntnisse der Biologie und des Massenwechsels der betreffenden Schädlingsart notwendig.
6. Die Freilassung muß bei möglichst geringer Populationsdichte des Schädlings erfolgen (evtl. nach vorheriger Insektizidbehandlung).
7. Durch die freigelassenen Insekten darf es nicht zu (zusätzlichen) Schäden an den Kulturpflanzen kommen.

Beispiel Zwiebelfliege

In den Niederlanden wird das Selbstvernichtungsverfahren zur Bekämpfung der Zwiebelfliege angewandt. Ein etwa 20faches Übergewicht ausgesetzter sterilisierter Fliegenmännchen auf den Zwiebeläckern verkleinert sehr die Chance der fertilen Weibchen, sich mit fertilen Männchen zu paaren. Die Weibchen paaren sich überwiegend mit sterilen Männchen, so daß die von ihnen gelegten Eier keine Nachkommen hervorbringen. Die Befallsentwicklung der Zwiebelfliegen wird mittels Fallenfängen und -kontrollen regelmäßig kontrolliert.

Diese komplizierte, arbeitsintensive und deswegen ziemlich teure Methode kann im Prinzip auf jedem Feld angewendet werden, wird aber aus betriebswirtschaftlichen Gründen nur in Regionen mit einer Konzentration von Zwiebelbauern durchgeführt. In den Niederlanden wird die Methode auf ca. 10 % der Zwiebelanbaufläche angewandt (ca. 1200 Hektar Saat- und Silberzwiebeln). Der einzige Betrieb, der diese Methode in Mitteleuropa anbietet, ist die Firma De Groene Vlieg in Nieuwe Tonge/Niederlande (Anhang, siehe Seite 302).

Im Prinzip wäre die Methode auch gegen andere Arten von Fliegen, z.B. gegen die Kohlfliege und die Möhrenfliege, anwendbar. Zum einen fehlen dafür jedoch noch zu viele Daten über das Verhalten der Fliegen im Freiland, zum anderen ist eine Massenzucht dieser Arten noch nicht möglich.

Anwendung von Naturstoffen

Würden den Pflanzen keine eigenen Schutzmaßnahmen durch die Produktion von Abwehrstoffen (sog. Allomone) gegen Schaderreger zur Verfügung stehen, gäbe es wohl keine Pflanzen mehr. Hier liegt also ein großes Potential an Substanzen, die sich in der Natur bewährt haben, bisher aber nur zum kleinsten Teil erforscht wurden.

Pflanzeninhaltsstoffe

Durch Extraktions- und Isolierungsverfahren ist es möglich, verschiedene Pflanzeninhaltsstoffe zu Präparaten (Biozide, Repellentien usw.) zu formulie-

Weitere Verfahren des biologischen Pflanzenschutzes

ren. Sofern Pflanzeninhaltsstoffe zur Erhöhung der Widerstandsfähigkeit von Pflanzen gegenüber Schadorganismen oder Krankheiten bestimmt sind, bedürfen sie nach der geltenden gesetzlichen Regelung in der Bundesrepublik Deutschland keiner Zulassung. Sind sie dagegen zur Bekämpfung bestimmt, ist eine Zulassung erforderlich.

Brühen, Jauchen, Tees und andere Zubereitungen von verschiedenen Kräutern werden von alters her im naturgemäßen Gartenbau zur Pflanzenstärkung und zur Abwehr von Schädlingen und Krankheiten genutzt. Ihre Wirksamkeit ist von verschiedenen Faktoren abhängig, die wissenschaftlich weitgehend noch nicht untersucht wurden. Teilweise haben sie sich ebenso wie die Stoffwechselprodukte von Mikroorganismen als Quelle wirksamer natürlicher Pflanzenschutzmittel (Insektizide, Fungizide, Bakterizide) erwiesen.

Pflanzenhilfs- und Stärkungsmittel

Kräftige, gesunde Pflanzen sind weniger anfällig gegenüber Schaderregern. Die vorbeugende Anwendung geeigneter Pflanzenhilfs- und Stärkungsmittel stellt daher eine wichtige Maßnahme des prophylaktischen Pflanzenschutzes dar. Wachstum und Entwicklung der Pflanzen können durch bestimmte Pflanzen- und Meeresalgenextrakte sowie Kräuterpräparate gefördert werden. Hier einige Beispiele:
● Eine Kombination natürlicher Fettsäuren und spurenelementreicher Pflanzenextrakte ('Neudo-Vital') kann vorbeugend gegen Monilia, Schorf, Grauschimmel, Echten Mehltau, Kraut- und Braunfäule u. a. Pilzkrankheiten wirksam sein. Auch Extrakte aus dem Staudenknöterich *Reynoutria sacchalinensis* ('Milsana') sind vorbeugend gegen Pilzkrankheiten (Mehltau) einsetz-

bar. Grundsätzlich handelt es sich hier um eine indirekte Wirksamkeit, d.h., frühzeitig behandelte Pflanzen werden über eine Steigerung ihrer Vitalität und Widerstandskraft in die Lage versetzt, Infektionen besser abzuwehren.
● Der Extrakt aus der Braunalge *Ascophyllum nodosum* ('Algan') enthält Spurenelemente, Vitamine, Kohlenhydrate, Aminosäuren, Enzyme und Phytohormone und zeigt bei Kulturpflanzen wachstums- und entwicklungsfördernde Wirkungen. Auch kombinierte Algen- und Kräuterpräparate (z. B. 'Algifert') sowie Extrakte von Meeresalgen, Hopfen, Weizenkeimlingen, verschiedenen Heilpflanzen und Kompostauszügen (z. B. 'Polymaris Plant') können eine vorbeugende Hilfe gegen Krankheiten und Schädlinge darstellen.

Pflanzenschutzmittel natürlichen Ursprungs

Unter den Pflanzenschutzmitteln natürlichen Ursprungs spielen heute Fettsäuren-, Paraffinöl-, Rapsöl-, Lecithin- und Pyrethrum-Präparate eine besondere Rolle. Als erstes natürliches Fungizid (gegen Gurkenmehltau) wurde seinerzeit das Präparat 'BioBlatt-Mehltaumittel' (Wirkstoff Lecithin aus der Sojabohne) zugelassen. Unter den Insektiziden aus pflanzlichen Rohstoffen ist vor allem das Pyrethrum zu nennen, das aus den Blüten bestimmter Chrysanthemen gewonnen wird und auch bei uns in Form verschiedener Präparate auf dem Markt ist. Die Nutzung des Tropischen Niembaumes (*Azadirachta indica*), aus dessen Samen sich insektizidwirksame Extrakte gewinnen lassen, hat dagegen bislang noch nicht zur Entwicklung entsprechender Produkte geführt, obwohl es sich auch hier um einen aus ökologischer und toxikologischer Sicht interessanten Wirkstoff handelt.

Biologische Bekämpfung von Pflanzenkrankheiten

Die biologische Bekämpfung von Pilzen, Bakterien und Viren als Erreger von Pflanzenkrankheiten hat bisher bei weitem nicht dieselbe Bedeutung erlangt wie die von tierischen Schadorganismen. Die größtenteils noch im Forschungsstadium befindlichen Methoden beruhen entweder auf direkten Einwirkungen von Antagonisten auf die Erreger oder auf der Aktivierung der Widerstandsfähigkeit der Pflanze (Resistenzinduktion). Hier einige Beispiele:

Anwendung von Antagonisten
Bei den Antagonisten handelt es sich in ihrer Mehrzahl um saprophytische Mikroorganismen (Pilze, Bakterien), die durch Antibiosis (Ausscheidung toxisch wirkender Stoffwechselprodukte), (Hyper-)Parasitismus oder Konkurrenz die Entwicklung der Schaderreger begrenzen.

Teilweise weisen bestimmte Böden natürlicherweise eine mehr oder weniger spezifische antagonistische Mikroflora auf (sog. suppressive Böden), die man zur Unterdrückung bodenbürtiger Krankheiten auf andere Böden übertragen kann. Möglichkeiten zum 'direkten' Einsatz antagonistischer Mikroorganismen bestehen z. B. mit *Pseudomonas*-Arten in der Saatgutbehandlung zum Schutz vor boden- und samenbürtigen Krankheitserregern, wie z. B. *Fusarium*- und *Sclerotium*-Pilzen.

Interessante Entwicklungen scheinen auch im Einsatz von *Bacillus subtilis* gegeben zu sein, da es sich hier um einen Organismus handelt, den man längerfristig ohne Wirkungsverlust aufbewahren kann. Dieser *Bacillus* könnte vor allem bei der Saatgutbehandlung und in geschlossenen Kultursystemen (z.B. umlaufende Nährlösung im Gewächshaus) praktische Bedeutung erlangen.

Bakterielle und pilzliche Mikroorganismen der Gattungen *Bacillus, Gliocladium* und *Streptomyces* zeigten in Versuchen hohe antagonistische Aktivitäten gegen den Erreger der Wurzeltöter- oder Pockenkrankheit der Kartoffel (*Rhizoctonia solani*).

Erfolge zeichnen sich auch im Einsatz von Hyperparasiten gegen Blattkrankheiten ab, wie z.B. dem Einsatz des Pilzes *Ampelomyces quisqualis* gegen den Echten Mehltau an Gurken u.a. Gemüsearten. Probleme gibt es hier jedoch durch die unterschiedlichen Klimaansprüche von Antagonist und Schadpilz.

Arten der Gattung *Trichoderma* sind als Antagonisten von pathogenen Pilzen schon länger bekannt. Zur aktiven biologischen Krankheitsbekämpfung haben sich Impfstoffpräparate vor allem gegen den Bleiglanzerreger *Stereum purpureum* im Obstbau bewährt. Die Applikation erfolgt prophylaktisch in Kombination mit Schnitt- und Wundbehandlungen bei Obst- bzw. Waldbäumen. In Großbritannien wurde bereits 1979 ein *Trichoderma*-Präparat ('Binap T') für die kommerzielle Nutzung freigegeben. Auch in Frankreich und Schweden sind Präparate zugelassen. In Frankreich befindet sich ferner ein *Trichoderma*-Mittel zur Botrytis-Bekämpfung auf dem Markt. Weitere Forschungsarbeiten im In- und Ausland befassen sich derzeit mit der Verwendung von *Trichoderma*-Arten gegen bodenbürtige Pathogene (*Rhizoctonia, Fusarium, Pythium, Sclerotium* u.a.). Der Pilz wird auf Weizenkleie oder ähnlichen Substraten angezogen und in den Boden gebracht. Hier entwickelt *Trichoderma* hohe Aktivitäten von zellwandauflösenden Enzymen, die für die Unterdrückung bodenbürtiger Pathogene von entscheidender Bedeutung sind.

Auch zur biologischen Bekämpfung bakterieller Erreger von Pflanzenkrankheiten lassen sich Bakterienisolate einsetzen. In Frankreich (und anderen Ländern) ist z.B. ein avirulenter Stamm von *Agrobacterium radiobacter* gegen den Wurzelkropferreger *Agrobacterium tumefaciens* an Obstgehölzen und Zierpflanzen zugelassen ('Galeine A').

Auslösung pflanzlicher Abwehrmechanismen

Interessant sind auch die neueren Forschungen zur Auslösung von pflanzlichen Abwehrmechanismen. So hat man beispielsweise festgestellt, daß eine Erstinfektion von Pflanzen mit einem Virusstamm von geringer Virulenz zur Resistenz gegen die Zweitinfektion mit einem 'normalen' Stamm des gleichen oder eines verwandten Virus führen kann. Diese sog. '**Prämunität**' ist entweder lokal auf das infizierte Blatt begrenzt oder breitet sich systemisch über die gesamte Pflanze aus.

Auch verschiedene nichtpathogene Mikroorganismen bzw. ihre Stoffwechselprodukte können bestimmte Abwehrmechanismen bei den Pflanzen in Gang setzen, die eine spätere Infektion mit Pathogenen ganz oder teilweise unterbinden. Wie z.B. Untersuchungen des Instituts für Pflanzenkrankheiten und Pflanzenschutz der Universität Hannover zeigen, lassen sich z.B. Bohnenrost und Weizenmehltau mit Hilfe von Kulturfiltraten bestimmter Mikroorganismen als Induktoren der pflanzlichen Abwehr ähnlich gut wie mit Fungiziden bekämpfen.

Die sog. '**induzierte Resistenz**' ist definiert als erworbene, nicht im Genom der Pflanze verankerte, also temporäre Resistenz. Sie wird induziert durch Primärbefall mit Schaderregern (oder auch den symbiontisch an den Wurzeln vieler Pflanzenarten lebenden Mykorrizapilzen) oder durch Applikation mit sog. Resistenzinduktoren (bestimmte natürliche oder synthetische Stoffe). Die Resistenzinduktion ist nicht auf die Tötung der Schaderreger ausgerichtet, sondern auf die Stärkung der pflanzeneigenen Abwehrkraft. Dieses Prinzip bietet auch die Möglichkeit, Pflanzenschutzverfahren gegen abiotisch bedingten Streß, wie z.B. Nährstoff- oder Wassermangel, zu entwickeln.

Forschung und Praxis

Im praktischen Pflanzenschutz finden die vorgestellten Verfahren bis auf die Nutzung einiger weniger Pflanzeninhaltsstoffe noch keine Verwendung. Ein großes Problem stellt hier offenbar die noch nicht befriedigende Wirkungssicherheit dar.

Auch für die Anwendung von Antagonisten ließen sich noch viele weitere Beispiele aus der aktuellen Forschung aufführen. Der Wirkungsgrad dieser Verfahren ist in hohem Maße von den Umweltbedingungen während und nach der Applikation der Antagonisten abhängig. So stehen z.B. im Boden die Mikroorganismen in vielfältigen, komplizierten Wechselbeziehungen zueinander. Das existierende mikrobielle Gleichgewicht ist wohl der wichtigste Begrenzungsfaktor sowohl bodenbürtiger Krankheitserreger als auch künstlich zugeführter, fremder Antagonisten zur biologischen Bekämpfung. Ein weiteres Problem stellt sich durch die oftmals sehr spezifischen Umweltansprüche der Agenzien. Schwierigkeiten bereiten aber auch die Selektion kulturspezifischer Stämme sowie die Entwicklung geeigneter Vermehrungs- und Applikationsverfahren.

Integrierter Pflanzenschutz

Gemäß Pflanzenschutzgesetz vom 15. September 1986 dürfen Pflanzenschutzmittel nur nach »guter fachlicher Praxis« unter Beachtung der Grundsätze des Integrierten Pflanzenschutzes angewandt werden. Dieser wird hier definiert als »eine Kombination von Verfahren, bei denen unter vorrangiger Berücksichtigung biologischer, biotechnischer, pflanzenzüchterischer sowie anbau- und kulturtechnischer Maßnahmen die Anwendung chemischer Pflanzenschutzmittel auf das notwendige Maß beschränkt wird«.

Es werden also alle ökonomisch, ökologisch und toxikologisch vertretbaren Methoden verwendet, um Schadorganismen unter der wirtschaftlichen Schadensschwelle zu halten, wobei die bewußte Ausnutzung natürlicher Regel- und Begrenzungsfaktoren im Vordergrund steht.

Einzelmaßnahmen

Im Gegensatz zum konventionellen, überwiegend chemischen Pflanzenschutz versucht man beim Integrierten Pflanzenschutz, die natürlichen Gegenspieler zu schonen und mit in die Bekämpfungsstrategie einzubeziehen. Diese besteht aus einer ganzen Palette an Einzelmaßnahmen. Dazu gehören nicht nur die biologischen und biotechnischen Bekämpfungsverfahren, sondern z. B. auch:
- richtige Standortwahl (Boden, Klima) bzw. standortgerechte Sortenwahl,
- Verwendung gesunden Pflanzmaterials bzw. Saatgutes (resistente Sorten),
- richtige Bodenpflege und ausgewogene, bedarfsgerechte Düngung,
- sinnvoller Fruchtwechsel,
- Prognose des Befalls unter Beachtung der wirtschaftlichen Schadensschwelle,
- gezielte Anwendung chemischer Mittel nach exakter Bestimmung der Bekämpfungstermine,
- Schonung der Nützlinge durch Verwendung selektiver Pflanzenschutzmittel,
- Reduktion der chemischen Mittel auf ein notwendiges Minimum und damit auch der Belastungen, die diese für Menschen, Tier und Naturhaushalt mit sich bringen können.

Integrierter Pflanzenschutz bedeutet also nicht den generellen und grundsätzlichen Verzicht auf den Einsatz chemischer Pflanzenschutzmittel. In den meisten Bereichen geht es vielmehr um eine Reduzierung des Präparateeinsatzes. Wenn wir uns beispielsweise an den Einsatz von Nützlingen gegen Schädlinge unter Glas erinnern, so kann dieser hier (z.B. im erwerbsmäßigen Gemüseanbau) die Applikation von Insektiziden und Akariziden überflüssig machen, nicht jedoch die Anwendung von Fungiziden. Je mehr selektive Präparate zur Verfügung stehen, desto größer ist die Chance für einen gleichzeitigen Nützlingseinsatz. Unabhängig davon ist die Erforschung weiterer biologischer Verfahren unbedingt notwendig, wenn sich die 'Idee' des Integrierten Pflanzenschutzes in Hinblick einer Reduzierung der Pestizidanwendungen durchsetzen soll.

Ausbildung und Beratung

Auch wenn die Möglichkeiten der biologischen und biotechnischen Schädlingsbekämpfung noch relativ begrenzt sind, sollten doch zumindest die bereits praxisreifen und praxiserprobten Methoden dem Landwirt, Erwerbsgärtner und auch Hobbygärtner bekannt sein. Bei den eindeutigen Vorteilen dieser Verfahren darf jedoch nicht vergessen werden, daß sich die Anwender zunächst einmal intensiv mit den verschiedenen Methoden auseinandersetzen und möglichst auch mit der Biologie des jeweiligen Schädlings und Nützlings vertraut machen müssen. Zudem hängt der Erfolg biotechnischer und biologischer Maßnahmen im Vergleich zur Anwendung chemischer Pflanzenschutzmittel sehr stark vom richtigen Einsatzzeitpunkt und von den jeweiligen Witterungs- bzw. Temperaturverhältnissen ab. Ferner sind bei gleichzeitigem Einsatz chemischer Mittel deren Nebenwirkungen auf Nutzorganismen zu berücksichtigen.

Hieraus ist ersichtlich, daß die Einbeziehung biotechnischer und biologischer Komponenten in den Integrierten Pflanzenschutz – zumindest bei Erwerbsgärtnern und Landwirten – ein hohes Maß fachlicher Kenntnisse und Fertigkeiten, eine entsprechende Ausbildung und Weiterbildung und nicht zuletzt eine fundierte Beratung des Anwenders voraussetzt. Der Praktiker ist stärker als bisher gefordert, Betrieb und Kulturen als ein zusammenhängendes System zu begreifen, was eine vorausschauende Planung erforderlich macht.

Hobbygärtner haben es da schon sehr viel leichter, sind sie doch nicht auf Höchsterträge und Wirtschaftlichkeit angewiesen. Im Garten, Kleingewächshaus oder auch im Blumenfenster sollten daher biologische Pflanzenschutzverfahren nicht nur vorrangig, sondern möglichst ausschließlich Anwendung finden.

Schlußbetrachtung
Probleme – Prognosen – Perspektiven

Kritik an der chemischen Schädlingsbekämpfung

Nach Umfragen in der Bundesrepublik Deutschland sind über 60 % der Bevölkerung der Meinung, daß zuviel 'gespritzt' wird. Die großflächige und häufige Anwendung chemischer Pflanzenschutzmittel wird – nicht nur von Natur- und Umweltschützern – als eine der Ursachen für den Rückgang der Artenvielfalt bei Fauna und Flora angesehen. Dazu kommt die Gefahr einer direkten und indirekten Beeinträchtigung unserer Gesundheit, sei es durch Kontamination bei der Ausbringung chemischer Präparate bzw. beim Kontakt mit behandelten Pflanzen wie auch über Rückstände an und in geernteten Pflanzen(teilen) und Früchten, die wir mit unserer Nahrung aufnehmen.

Auch wenn die Kritik an chemischen Schädlingsbekämpfungsverfahren vielleicht nicht in jedem Falle gerechtfertigt ist, kann nicht geleugnet werden, daß jede Applikation von Pestiziden einen unnatürlichen Eingriff in den Naturhaushalt darstellt. Betroffen sind davon nicht nur – wie vielfach angenommen – die direkt behandelten Flächen, Pflanzenbestände bzw. Biozönosen, die Auswirkungen auf Flora und Fauna sind meist viel weitreichender und schließen auch Nicht-Kulturland ein. Boden, Wasser, Luft, Tier- und Pflanzenarten sowie das Wirkungsgefüge zwischen ihnen werden oft nachhaltig beeinträchtigt.

Landwirte und Erwerbsgärtner

Auf der anderen Seite darf die Kritik nicht einseitig an die chemischen Pflanzenschutz betreibenden Landwirte und Erwerbsgärtner gerichtet sein, denn nicht zuletzt haben die Verbraucher selbst durch ihre 'gehobenen' Ansprüche dazu beigetragen, daß immer 'bessere' Qualität zu immer niedrigeren Preisen produziert werden muß. Selbst geringe Ernte- oder Ertragsverluste durch Verzicht auf Pflanzenschutzmaßnahmen kann sich heute kaum ein Betrieb mehr leisten.

Der ungeheure Druck durch die immer schwieriger werdende Wettbewerbssituation beim Absatz landwirtschaftlicher und gärtnerischer Produkte, verstärkt durch die (mit gesundem Menschenverstand oftmals nicht mehr zu verstehenden) komplizierten Marktgesetzmäßigkeiten (Stichwort EG-Politik), zwingt die Pflanzenproduzenten zu Höchsterträgen. Daß Ökonomie und Ökologie jedoch in Einklang zu bringen sind, zeigen uns die Bio-Landwirte und Bio-Gärtner! Es geht also auch ohne 'Chemie'. Diese Problematik kann hier jedoch nicht weiter vertieft werden. Fest steht auf jeden Fall, daß auch viele 'konventionell' produzierende Landwirte und Erwerbsgärtner mittlerweile sehr aufgeschlossen sind gegenüber umweltfreundlichen Alternativen zum chemischen Pflanzenschutz und daß biologische Verfahren – zumindest als Bestandteile integrierter Pflanzenschutzsysteme – zunehmend Beachtung und Anwendung finden.

Hobbygärtner

Was die Pestizid-spritzenden Hobbygärtner angeht, darf die Kritik schon stärker ausfallen. Hier gibt es keinen Zwang zur Wirtschaftlichkeit, zum Höchstertrag oder zu absolut befallsfreien Pflanzen und Früchten. Ob im Gewächshaus oder im Garten – die Toleranzgrenze für Schädlinge könnte hier oftmals ruhig ein wenig höher liegen, und die Anwendung chemischer Mittel müßte eigentlich eine Ausnahme darstellen.

Erfreulicherweise ist aber auch im Hobbybereich ein Umdenken erkennbar. Insbesondere der Einsatz von Nützlingen erfreut sich hier wachsender Beliebtheit.

Chemische Industrie

Kritik muß auch an der Pflanzenschutz- bzw. Schädlingsbekämpfungsmittel-herstellenden Industrie geübt werden. Wirtschaftliche Interessen haben hier in der Vergangenheit oftmals einer Erforschung, Produktion und Vermarktung 'naturgemäßer' Verfahren bzw. der dazu notwendigen Präparate im Wege gestanden.

Die Schonung des natürlichen Antagonistenpotentials durch Bereitstellung selektiver Präparate und die Produktion biologischer Agenzien anstelle umweltgefährdender Pestizide spielt hier erst seit geraumer Zeit eine gewisse Rolle, was zum größten Teil sicherlich auf den wirtschaftlichen Druck durch das steigende Umweltbewußtsein in der Bevölkerung zurückzuführen ist.

Zugegeben, die verhältnismäßig engen Indikationsbereiche

für die Anwendung mikrobiologischer Antagonisten (Pilze, Bakterien, Viren) erschweren die Entwicklung und Vermarktung von Produkten für die biologische Schädlingsbekämpfung. Dazu kommt in der Bundesrepublik Deutschland die – im Vergleich mit anderen Ländern – komplizierte Zulassungssituation für derartige Präparate.

Trotz aller Schwierigkeiten hat die 'Biologische Pflanzenschutz-Forschung' in vielen Unternehmen mittlerweile einen hohen Stellenwert erlangt. Schien die Entwicklung von Bio-Präparaten zunächst eher die Funktion eines 'ökologischen Feigenblattes' zu haben, ist nunmehr ein ernstzunehmendes Bemühen erkennbar, an der Erarbeitung biologischer Alternativen zur chemischen Schädlingsbekämpfung mitzuwirken.

Offizialberatung

Ein Teil der 'Schuld' an der schleppenden Einführung biologischer Verfahren in die Praxis trägt sicher auch der offizielle Beratungsapparat. Lange Zeit gab es Pflanzenschutzberater, die sich lieber an die Empfehlungen der chemischen Industrie hielten, als sich mit umweltfreundlichen alternativen Methoden auseinanderzusetzen.

Hier hat sich vieles geändert. Biologische und integrierte Verfahren haben mittlerweile nicht nur eine Vorrangstellung in der Beratung eingenommen, vielmehr erhalten Pflanzenschutzmittelindustrie und Nützlingszuchtbetriebe von hier sehr viele wertvolle Impulse. Ohne eine enge Zusammenarbeit mit den beratenden und 'angewandt forschenden' Institutionen (wie z. B. Pflanzenschutzämter, BBA-Institute und Lehr- und Versuchsanstalten) käme es nicht zur Entwicklung praxisreifer Verfahren.

Problemlösung biologische Schädlingsbekämpfung?

Die Einsicht, daß die Chemie keine endgültige Lösung für den Pflanzenschutz der Zukunft sein kann, findet immer mehr Anklang in Politik, Forschung und Praxis. Doch kann die chemische Schädlingsbekämpfung so einfach und in jedem Falle durch eine biologische ersetzt werden?

Naturnahe Pflanzenkultivierung

Zunächst einmal dürfen wir nicht vergessen, daß bereits der Anbau landwirtschaftlicher, gärtnerischer und auch forstlicher Nutzpflanzen an sich eigentlich etwas 'Unnatürliches' ist, insbesondere wenn es sich dabei um Monokulturen handelt. Doch auch in Mischkulturen können bestimmte Schädlinge durch attraktive Wirtspflanzen angelockt werden. Zwangsweise kommt es nicht selten zu einseitigen Massenvermehrungen von Schädlingen, die dann mit uns Menschen um ein und dieselbe Nahrungspflanze konkurrieren oder unseren Zierpflanzen so zusetzen, daß ein Eingreifen zu deren Schutz notwendig erscheint.

Je 'naturnaher' die Kultivierung von Nutz- und Zierpflanzen durchgeführt wird, desto eher werden natürliche Begrenzungsfaktoren zum Zuge kommen und unnatürliche Gegenmaßnahmen (z. B. chemischer Pflanzenschutz) überflüssig machen. Daß den Nützlingen hierbei eine Schlüsselfunktion zukommt, muß an dieser Stelle des Buches sicher nicht mehr betont werden.

Das Nützlingspotential – ein kostenloses Angebot der Natur

Nicht nur in der freien Natur, auch auf gärtnerisch, land- und forstwirtschaftlich genutzten Flächen steht uns ein großes Angebot an Nützlingen zur Verfügung. Nicht selten genügt ihre antagonistische Aktivität, um die Populationsdichte der verschiedenen Kulturpflanzenschädlinge dauernd unterhalb der wirtschaftlichen Schadensschwelle zu halten. Aufgrund ihrer Spezialisierung und ihrer Eigenschaft, der Vermehrung des Wirts- oder Beutetieres selbst mit einer entsprechenden Vermehrung zu folgen sowie ihrer spezifischen Wirkung, die keine unerwünschten Nebenwirkungen auf die anderen Glieder der Biozönose ausübt, stellen insbesondere die Nutzarthropoden einen hochinteressanten Regulationsfaktor für die Populationsdichte unerwünschter bzw. schädlicher tierischer Organismen dar. Sowohl aus ökologischer als auch aus ökonomischer Sicht lohnen sich daher Maßnahmen zur Ansiedlung, Schonung und Förderung dieser und anderer natürlicher Schädlingsfeinde.

Freilassung von Nützlingen

Der (gezielte) Einsatz von Nützlingen hat in den letzten Jahren deutlich an Bedeutung gewonnen. Gab es vor 1980 noch keine Unternehmen zur kommerziellen Massenzucht in der Bundesrepublik Deutschland, ist die 'Versorgung' im Hinblick auf die für den biologischen Pflanzenschutz benötigten Nutzarthropoden heute durch mehrere Nützlingsproduzenten 'gesichert'. 1992 wurden auf einer Mais-Anbaufläche von 6200 Hektar die Schlupfwespe *Trichogramma evanescens* zur Bekämpfung des Maiszünslers und in schätzungsweise 250 bis 300 Hektar Unter-Glas-Kulturen verschiedene Parasiten und Prädatoren gegen wichtige Schädlinge eingesetzt. Bedenkt man, daß die entsprechende Gewächshausfläche im Jahre 1985 noch mit ca. 15 Hektar beziffert wurde, bedeutet dies doch eine enorme Ausweitung der Nützlingsanwendung. Dazu kommen weitere Einsatzbereiche, wie Hobbygartenbau (Kleingewächshaus, Wintergarten usw.), Innenraumbegrünung (Hydrokulturen, Grünpflanzen in öffentlichen Gebäuden), botanische Gärten usw., die sich zahlenmäßig kaum erfassen lassen.

Möglichkeiten und Grenzen

Auch wenn immer mehr Methoden zur Schonung und Förderung von Nützlingen Praxisreife erlangen und die Anzahl einsetzbarer Nutzorganismenarten weiter ansteigt, ist sicher nicht zu erwarten, daß in näherer Zukunft für alle Bereiche des Pflanzenschutzes biologische Alternativen zur Verfügung stehen werden. Viel wäre aber schon gewonnen, würde wenigstens das Potential der vorhandenen Verfahren von der Praxis ausgeschöpft werden.

Das Bundesministerium für Forschung und Technologie (BMFT) hat im Jahre 1990, nachdem bereits viele Millionen DM für die biologische Pflanzenschutzforschung aufgewendet wurden, eine Analyse durchführen lassen, warum bisher so wenig praktisch anwendbare Ergebnisse erzielt wurden, welche Gründe mit welchem Gewicht die Entwicklung behinderten und welche Grundsätze und Besonderheiten bei der künftigen Forschungsplanung und -förderung zu beachten sind, um schnellere Fortschritte zu ermöglichen. Aus der unter Mitwirkung des Autors entstandenen Studie 'Biologischer Pflanzenschutz in der Bundesrepublik Deutschland' (Anhang, siehe Seite 307) geht hervor, daß es neben zahlreichen, von der Praxis noch bei weitem nicht genutzten, Möglichkeiten auch Grenzen der biologischen Schädlingsbekämpfung gibt. Viele Probleme und Forschungsdefizite sind hier noch zu lösen und aufzuarbeiten. Einige speziell die Nützlinge betreffende Aspekte sollen im folgenden noch einmal kurz aufgezeigt und diskutiert werden.

Wie nützlich sind Nützlinge?

Die Bewertung der Effizienz bzw. ökologischen Wirkung von Nützlingen (Nutzarthropoden) – ob als Element des Agroökosystems oder 'künstlich' eingebracht – ist nicht immer ganz einfach. Ihr Nutzeffekt für gärtnerische und landwirtschaftliche Kulturen wird vielfach über die Anzahl vernichteter Beute- bzw. Wirtsindividuen gemessen. Das entscheidende Kriterium ist hier meist die Ertragshöhe, es handelt sich also um eine indirekte Bewertung. Kommt der phytophage Schädling (Beutetier, Wirtstier) jedoch in einer Populationsdichte vor, deren Schadwirkung von der Kulturpflanze kompensiert werden kann, so bleibt der Ertrag unbeeinflußt. Der Nutzen der natürlichen Antagonisten ist dann nicht meßbar und wird folglich leicht übersehen.

Die Effizienz der Nützlinge

Dennoch sind die Nützlinge natürlich nicht nutzlos. Oftmals wird ihre Nützlichkeit, also ihre 'ertragswirksame Leistung', erst dann wahrgenommen, wenn es zu einer Störung ihrer Funktionsfähigkeit gekommen ist. Gehören sie doch als wesentlicher Faktor zum Komplex biogener Mortalitätsfaktoren, deren Wirkung manche spezifischen Schadwirkungen unterhalb der Toleranzgrenze zu halten und Übervermehrungen von Schädlingen langfristig (über mehrere Generationen) zu verhindern vermag.

Oft sind dabei nicht diejenigen Nützlingsarten die wirksamsten, die gut sichtbar und gehäuft dort auftreten, wo viele Schädlinge zu finden sind. Viel häufiger sind es unauffällige Arten, die vor einer Massenvermehrung von Phytophagen aktiv werden. Dazu kommt, daß die Nützlinge in besonderem Maße auch die Dichte der sogenannten

Sekundärschädlinge regulieren, ein Aspekt, der meist gänzlich übersehen wird.

Beispiel Kohlfliege

Als populationsdynamische Regler leisten die verschiedenen natürlichen Feinde der Kohlfliege (*Delia brassicae*) im erwerbsmäßigen Kohlanbau unschätzbare Dienste. Vor allem Laufkäfern, Kurzflüglern und parasitischen Hautflüglern (Schlupfwespen aus den Familien Cynipidae und Ichneumonidae) ist es hier zu verdanken, daß die Populationsdichte der Kohlfliegen (langfristig) nicht ansteigt. Die 'Schädigung' der präimaginalen Schädlingsstadien (Eier, Larven, Puppen) durch die Nützlinge kann teilweise bis 98 % betragen!

Untersuchungen der Landesanstalt für Pflanzenschutz in Stuttgart haben ergeben, daß sich die Überlebensrate der Kohlfliegen (Eier, Larven) bis zum Puppenstadium allein durch die Ausschaltung eines Teils der Laufkäferpopulation (mittels Barrieren und Bodenfallen) bis zu 50 % erhöhen kann. Der dadurch entstehende Ertragsverlust liegt bei etwa 300,– DM/Hektar. Dieser Wert könnte dementsprechend als 'ökonomischer Nutzeffekt' der Ei- und Larvenprädatoren angesehen werden.

'Nutzensschwellen'

Analog zu den sog. Schadensbzw. Bekämpfungsschwellen (Bewertungsmaßstab für die Wirtschaftlichkeit einer Schädlingsbekämpfungsmaßnahme) arbeitet man u.a. am Institut für integrierten Pflanzenschutz der Biologischen Bundesanstalt in Kleinmachnow an sog. 'Nutzensbzw. Effizienzschwellen' für Schädlingsfeinde. Man versteht hierunter bestimmte kritische Populationsdichten von Nützlingen, welche die Schädlingspopulationen unter Kontrolle, d.h. unter der ökonomischen Schadensschwelle, zu halten vermögen. Derartige Schwellenwerte basieren auf umfassenden Kenntnissen über das Beziehungsgefüge 'Kulturpflanze-Schädling-Gegenspieler' und lassen sich vorerst nur für einige wenige Schädling-Antagonist-Kombinationen kalkulieren. Die Nutzensschwellen sind dabei sehr variabel. Sie stellen keine fixen Werte, sondern Wertebereiche dar und werden entscheidend durch die Abundanzdynamik (Veränderung der Populationsdichte) des Schädlings ohne Anwesenheit des betrachteten Gegenspielers beeinflußt. So liegen sie z.B. bei starker Populationsentwicklung der Schädlinge höher als bei einer schwachen Massenvermehrung.

Praktische Anwendung

Die praktische Anwendung von Nutzensschwellen als Entscheidungshilfen ist bei der Durchsetzung integrierter Pflanzenschutzprogramme von großer Bedeutung. Insbesondere für Negativprognosen (Voraussage: keine Massenvermehrung des Schädlings) und gerade bei Befallsstärken um die Schadens- bzw. Bekämpfungsschwelle können sie eine Entscheidungshilfe darstellen für die Aussetzung von Bekämpfungsmaßnahmen.

Beispiele

Nutzensschwellen bei einem Schädlingsbefall um den Schadschwellenbereich sind z.B.:
- Raubmilben (*Phytoseiulus persimilis*) an Gurkenpflanzen unter Glas: mehrere Raubmilben/qm bzw. 2 bis 5 Raubmilben/100 Spinnmilben (*Tetranychus urticae*) bei Befallsbeginn;
- Raubmilben (PHYTOSEIIDAE) gegen Obstbaumspinnmilben (*Panonychus ulmi*) an Apfelbäumen: 0,5 bis 1 Raubmilbe/Blatt;
- Schlupfwespen (*Trichogramma evanescens*) gegen Maiszünsler (*Ostrinia nubilalis*) an Mais: 15 bis 30 Schlupfwespen/qm;

- Marienkäfer (*Coccinella septempunctata*) gegen Getreideblattläuse (*Macrosiphum avenae*) in Weizen: ca. 5 Imagines bzw. 20 bis 40 Eier oder 10 bis 20 Larven/qm;
- Schwebfliegen (*Metasyrphus corollae, Episyrphus balteatus*) gegen Getreideblattläuse (*Macrosiphum avenae*) in Weizen: 10 bis 40 Larven/qm.

Nützlinge schonen und fördern

»Die Erhaltung und Förderung der Regulationskraft natürlich vorkommender Gegenspieler von Schadorganismen ist ein in seiner Bedeutung häufig unterschätzter Aspekt des Biologischen Pflanzenschutzes.« Diese 1990 getroffene Feststellung des Arbeitskreises 'Biologische Pflanzenschutzforschung' der Fördergemeinschaft Integrierter Pflanzenbau (Anhang, siehe Seite 303) hat leider auch heute noch ihre Gültigkeit.

Landschaftsdiversität und Nützlingsschutz

Auf die Bedeutung der Strukturelemente der Agrarlandschaft für die Artenvielfalt, Populationsdichte und Ausbreitung von Nützlingen wurde bereits ausführlich eingegangen (siehe ab Seite 137). Lange Zeit hat man dem vielfältigen Nutzen einer 'Landschaftsdiversität' keine große Beachtung geschenkt. Der Agrarwissenschaftler Dr. habil. Basedow verwies in diesem Zusammenhang auf der Deutschen Pflanzenschutztagung 1992 auf einen ethisch-kulturellen Aspekt: »Der Mensch hat in Jahrtausenden die Kulturlandschaft mit den Lebensräumen ihrer Tier- und Pflanzenarten geschaffen, und es spricht nicht für ein umfassendes Kulturbewußtsein, wenn zwar die Städte restauriert werden, aber die Landschaft der Verödung preisgegeben wird...« und forderte: »... Daher müssen poli-

tische Wege gefunden werden, die Landwirte dahingehend zu unterstützen, daß es ihnen möglich ist, umweltschonender zu wirtschaften.« Tatsächlich belegen viele Untersuchungen, daß Landschaftsdiversität und Nützlingsschutz in einer engen Beziehung zueinander stehen.

Saumbiotope und Ackerschonstreifen

Im Rahmen verschiedener Forschungsprojekte wurden in den letzten Jahren insbesondere die Themenfelder 'Saumbiotope' und 'Ackerschonstreifen' zumeist in Gemeinschaftsprojekten von Zoologen, Botanikern und Ökologen sowie Agrarwissenschaftlern und Pflanzenschutzexperten bearbeitet. Eine derartige interdisziplinäre Kooperation macht sich i.d.R. sehr positiv bemerkbar, zumal eine Grundlagenforschung ohne Einbeziehung praxisrelevanter Aspekte (Praxisnähe) meist viel zu langsam zu umsetzbaren Ergebnissen führt.

Durch die Erhaltung und Ausweitung von Saumbiotopen und extensiv bewirtschafteten Randstrukturen als Vernetzungselemente landwirtschaftlicher Produktionsflächen können wichtige Refugien für viele Nützlingsarten geschaffen werden. Die Entwicklung und Integration derartiger Verfahren in bestehende Produktionssysteme tragen als flankierende Maßnahmen der Landschaftsgestaltung und Nutzungsänderung von Agroökosystemen entscheidend zur Verbesserung der ökologischen Situation bei. In einigen Bundesländern werden mit staatlicher Unterstützung in Form von Ausgleichszahlungen bereits Pilotprojekte mit Ackerschonstreifen in der landwirtschaftlichen Praxis durchgeführt. Bleibt zu hoffen, daß immer mehr Landwirte den Sinn und (eigenen) Nutzen dieser Maßnahmen erkennen.

Sukzessionsstreifen

Auch die auf Seite 144 vorgestellten 'Sukzessionsstreifen' in Ackerflächen bieten interessante Möglichkeiten, Agroökosysteme zu stabilisieren und den Aufwand an Pestiziden (besonders Insektiziden) zu reduzieren sowie den Artenschutz innerhalb landwirtschaftlicher Monokulturen zu fördern.

Nach Untersuchungen des Zoologischen Instituts der Universität Bern ergeben sich bei 2 ca. 1,5 m breiten Streifen pro Hektar Ertragseinbußen von rund 4,5 %, die durch Ausgleichszahlungen an die Landwirte gedeckt werden müßten. In Anbetracht der Höhe der bisherigen Subventionierung der europäischen Landwirtschaft aus ökonomischen respektive marktpolitischen Gründen erscheint dieser Beitrag zur 'Ökologisierung' der Landwirtschaft vergleichsweise gering.

Folgen intensiven Ackerbaus

In den letzten Jahrzehnten wurden jedoch nicht nur Hecken und Feldraine weitgehend aus der Agrarlandschaft entfernt, es wurden z.B. auch vermehrt Herbizide angewandt. Die Folge war, daß die Häufigkeit von Blütenpflanzen ständig weiter abnahm und die Lebensbedingungen für blütenbesuchende Nutzinsekten erheblich verschlechtert wurden. Auch die durch eine Verengung der Fruchtfolge bedingte Erhöhung der Anwendungshäufigkeit von Insektiziden (pro Fläche) wirkt sich negativ auf die Nützlinge aus. So belegen z.B. Untersuchungen des Instituts für Phytopathologie und Angewandte Zoologie der Universität Gießen, daß es dadurch zu einer deutlichen Abnahme der Nützlingshäufigkeit kommen kann. Je weniger Nützlinge jedoch vorhanden sind, desto stärker ist die Wahrscheinlichkeit eines erneuten Schädlingsauftretens und damit der Notwendigkeit einer erneuten Insektizidanwendung (und evtl. einer weiteren Dezimierung der Nützlinge). Auf organisch-biologisch bewirtschafteten Ackerflächen dagegen konnten derartige Beobachtungen nicht gemacht werden, vielmehr war hier eine Erhöhung der Nützlingszahlen festzustellen...

Verzicht auf breitwirksame Schädlingsbekämpfungsmittel

Eine wesentliche Voraussetzung für eine Nutzung des natürlichen Nützlingspotentials ist der Verzicht auf breitwirksame Insektizide oder Akarizide, die nicht nur die Schädlinge treffen, sondern meist noch effektiver deren Antagonisten. Die Folge einer Anwendung derartiger Mittel gegen Primärschädlinge ist nicht selten das Auftreten von Sekundärschädlingen, die dann wiederum bekämpft werden müssen. Aus ökologischen Gesichtspunkten müßten daher eigentlich die Rahmenbedingungen für den Pflanzenschutz so verändert werden, daß für den Anwender selektive Bekämpfungsmethoden stets billiger sind als breitwirksame.

In längerfristig stabilen Ökosystemen, wie z.B. Forstkulturen oder Obstanlagen, bringt ein mehrjähriger Verzicht auf Pestizideinsatz oft eine auffällige Regeneration des Antagonistenpotentials mit sich, wobei sich schließlich ein natürliches Gleichgewicht zwischen Schädlingen und Nützlingen einstellt. Doch allein schon die Umstellung auf selektive, nützlingsschonende Präparate zahlt sich aus. Dazu ein Beispiel aus der Praxis:

Nützlingsförderung in Obstanlagen

Unter den zahlreichen Nützlingsgruppen, die in Obstplantagen natürlicherweise auftreten und für den Pflanzenschutz von Bedeutung sind, sind besonders die Raubmilben hervorzuheben (siehe auch Seite 149). Im Rahmen der sog. Integrierten Produktion ist in den letzten Jahren in Beratung und Praxis die Verwendung möglichst raubmilbenschonender Pflanzenschutzmittel ein zentrales Anliegen gewesen. Zugleich wurden große Anstrengungen zur Ansiedlung von Raubmilben in Obstanlagen unternommen.

Die Bemühungen haben sich vielerorts bereits gelohnt. So konnten beispielsweise unlängst bei Erhebungen der Landesanstalt für Pflanzenschutz in Stuttgart in fast allen von 100 erfaßten Praxisanlagen bzw. Betrieben Baden-Württembergs Raubmilben festgestellt werden. Stichprobenartige Bestimmungen zeigten, daß die Art *Typhlodromus pyri* (siehe auch Seite 185) dominiert. In ca. 25 % der Anlagen wurden weniger als durchschnittlich 0,5 Raubmilben/Blatt festgestellt. Etwa gleich groß war der Prozentsatz der Anlagen mit einem Besatz von 0,5 bis 1,5 Raubmilben/Blatt, ein Wert, der allgemein als ausreichend zur natürlichen Regulierung der Obstbaumspinnmilbe *Panonychus ulmi* angesehen wird. Bemerkenswert ist, daß in rund der Hälfte der Anlagen sogar Populationen von mehr als 1,5 Raubmilben/Blatt gezählt werden konnten. Bei Untersuchungen, die 3 Jahre früher in denselben Anlagen durchgeführt worden waren, hatte man in weniger als 50 % der Anlagen Raubmilben feststellen können, und nur in ca. 15 % der Proben betrug die Raubmilbendichte mehr als 0,5 Tiere/Blatt. Parallel dazu ist die Bedeutung der Spinnmilben als Schädlinge in den integrierten Anlagen deutlich zurückgegangen und damit auch die Intensität der Akarizidanwendungen.

Nützlingsschonende Pflanzenschutzmittel

Inwieweit eine umweltschonendere Produktionsweise mit weitergehender Nutzung selektiver Präparate durchführbar ist, bleibt davon abhängig, ob sie die wirtschaftliche Position eines Betriebes über den zwangsläufig höheren Preis des integriert produzierten Obstes verbessern kann. Für den weiten Bereich der großflächigen ackerbaulichen Kulturen zeigen sich bisher leider nur wenige Ansätze zur Anwendung selektiver Präparate und Verfahren. Zum einen fehlen wirtschaftliche Anreize, zum anderen ist vielfach das Wissen über die Bedeutung einzelner Nutzorganismen in diesen sehr komplexen Systemen noch nicht ausreichend, um mit Sicherheit positive oder negative Wirkungen von Präparaten unterschiedlicher Selektivität festzulegen.

Die Prüfung möglicher Nebenwirkungen von Pflanzenschutzmitteln auf Nützlinge kann nur anhand einzelner (mehr oder weniger willkürlich) ausgewählter Organismen erfolgen. Laborprüfungen allein reichen hier i. d. R. nicht aus, bereits eine Einteilung in 'gute' und 'schlechte' Präparate vorzunehmen. Für eine umfassende Bewertung sind langjährige Feldstudien unumgänglich.

An einer Optimierung der sog. Nützlingsprüfungen (siehe Seite 162) und Ausweitung auf weitere Testorganismen wird zur Zeit intensiv gearbeitet. Im Hinblick auf eine EG-Zulassung von Pflanzenschutzmitteln scheint sich eine Vereinheitlichung der Prüfmethoden unter Berücksichtigung der betreffenden Anwendungsgebiete (Schädlinge und deren direkte Antagonisten) auf 4 'Indikatororganismen' (jeweils 1 Art aus der Gruppe der epigäischen Raubarthropoden, aphidophagen Prädatoren, Raubmilben und Parasitoiden) bei einer Anpassung der Bewertungskriterien (siehe Seite 163) an die Biologie des jeweiligen Prüforganismus abzuzeichnen.

Massenzucht und Vertrieb von Nützlingen

Der mit Erfolg praktizierte gezielte Einsatz von räuberischen oder parasitischen Insekten, Milben und Nematoden hat dazu geführt, daß vor allem kleinere und mittelständische Unternehmen auf diesem Gebiet des Pflanzenschutzes bzw. der biologischen Schädlingsbekämpfung tätig wurden und sich heute um markt- und wettbewerbsfähige 'Produkte' bemühen. Allerdings reichen ihre Kapazitäten kaum aus, um Forschungs- und Entwicklungsdefizite aus eigener Kraft auszugleichen. Einige Probleme, mit denen sich die Nützlingszuchtbetriebe auseinandersetzen müssen, seien im folgenden kurz dargestellt und diskutiert. (Eine ausführlichere Erläuterung findet sich in der Studie 'Biologischer Pflanzenschutz in der Bundesrepublik Deutschland', Anhang, siehe Seite 307.)

Methoden der Massenvermehrung

Als Voraussetzung für eine großtechnische 'Produktion' bzw. Massenvermehrung von Nützlingen sind Verfahren zur Massenzucht notwendig, deren Kosten wirtschaftlich sein müssen. Die kommerzielle Nützlingsproduktion erfolgt zum überwiegenden Teil noch unter Verwendung von Wirts- und Beutetieren mit entsprechend aufwendigen Massenvermehrungen dieser Organismen (siehe Seite 250).

Verbesserung der Produktivität

Ansätze für kostenreduzierende Verfahren mit 'künstlichen Diäten' gibt es erst bei den Florfliegen (*Chrysopa carnea*, siehe Seite 256) und den parasitären (entomophagen, entomopathogenen) Nematoden. Gemessen an den Kriterien Produktivität (d. h. Aus-

beute pro Zeit), Kontinuität der Produktion, Platzbedarf und Größe von Produktionseinheiten sowie manueller Aufwand bereitet die Massenzucht von Nützlingen besondere Schwierigkeiten. Eine Verbesserung der Produktivität durch Mechanisierung und Automatisierung ist jedoch nur teilweise möglich.

Lagerungsverfahren und Vertriebssysteme

Lagerungsverfahren und Vertriebssysteme sind bei den Nützlingen ein grundsätzliches Problem. Die Anwendung der Nützlinge ist nur in bestimmten Entwicklungsstadien wirksam. Schon eine Lagerung über wenige Tage kann zum Qualitätsverlust (siehe ab Seite 250), häufig gar zum Totalverlust führen. Bei einigen Arten gibt es Ansätze, durch Beeinflussung der hormonellen Entwicklungssteuerung Unterbrechungen während des Produktionsverlaufes zu erzielen. Als Beispiel sei die Induktion der Diapause (Winterruhe) durch Kurztagbedingungen und Temperaturabsenkung genannt. Solche Regulierungsmöglichkeiten könnten teilweise zu Verfahren mit Lagerhaltung auf Produktionsebene führen, sind jedoch sehr schwierig und ebenfalls nicht ohne Verluste durchführbar.

Überkapazitäten und Saisonproduktion

Da nur ein geringer Teil der Nützlingseinheiten im Auftrag produziert wird, müssen erhebliche Überkapazitäten für den nicht konkret abzuschätzenden Bedarf eingeplant werden, damit genügend Tiere im applizierbaren Entwicklungsstadium vorliegen. Sowohl für die Anwendung im Unter-Glas-Anbau als auch im Freiland wird die Produktion der Nützlinge in den Wintermonaten eingeschränkt. Diese 'Saisonproduktion' führt zeitweise zu einer ungenügenden Auslastung der

Produktionsanlagen wie auch der Arbeitskräfte. Das besondere Problem der Konzentration der Nützlingsnachfrage auf wenige Monate des Jahres läßt sich auch nur bedingt durch die Einstellung von Saisonarbeitskräften lösen, da diesen i.d.R. die notwendige Qualifikation fehlt. Diese grundsätzlichen Sachzwänge erfordern vom Produzenten bzw. Nützlingszuchtbetrieb ein großes Maß an Flexibilität und stellen sich um so komplizierter dar, je spezialisierter ein Betrieb ist.

Wirkungssicherheit

Um die Wirkung von Nützlingen zu charakterisieren, sind deren Wirkungsgrad, Wirkungsgeschwindigkeit und Wirkungsdauer, Wirkungsbreite (Spezifität) und vor allem ihre Wirkungssicherheit zu beurteilen. Zum Aufbau einer wirksamen Nützlingspopulationsdichte und zu deren Erhaltung über einen längeren Zeitraum sind verschiedene Faktoren von Bedeutung, so z.B. die Attraktivität der Kulturpflanze, optimale Klimabedingungen, rechtzeitige Applikation geeigneter Nützlings- bzw. Anwendungsformen sowie eine hohe Leistungsfähigkeit der Parasiten oder Prädatoren.

Nachweis der biologischen Effektivität

Von großer Bedeutung für die Wirkungssicherheit von Nützlingsapplikationen wäre also der Nachweis der biologischen Effektivität bzw. Leistungsfähigkeit der ausgebrachten Individuen. Eine diesbezügliche Qualitätskontrolle wird derzeit jedoch nur teilweise vom Produzenten innerbetrieblich durchgeführt und durch Stichproben in kooperierenden Versuchs- oder Praxisbetrieben außerhalb der Produktionsstätten geprüft.

Ein sehr wichtiger Aspekt für die Wirkungssicherheit ist auch die Auswahl besonders effektiver, d.h. an bestimmte Umwelt- und Kulturbedingungen angepaßter, Arten und Stämme (z.B. Nematodenstämme, die auch bei niedriger Bodentemperatur ausreichend wirksam sind).

Prüfmethoden zur Erfassung derartiger Kriterien und Parameter sind bei den *Trichogramma*-Schlupfwespen am weitesten entwickelt. Hier wurde die Bedeutung der richtigen Auswahl von Parasitenarten bzw. -stämmen zur Bekämpfung von diversen Schädlingen in verschiedenen Klimazonen bereits seit langem erkannt. Standardverfahren für Vergleichsprüfungen von verschiedenen Arten und Stämmen auf deren Leistung sowie für die Qualitätskontrolle der in Dauerzucht gehaltenen Nützlinge werden derzeit auch für andere Parasiten sowie Prädatoren erarbeitet.

Nützlingsqualität

Nachdem mittlerweile mehrere Zuchtbetriebe Nützlinge in Massen vermehren und vertreiben, versuchen Berater und Anwender deren 'Qualität' zu beurteilen und zu vergleichen. Unterschiede in den Bekämpfungsresultaten werden nicht selten auf eine unterschiedliche Qualität zurückgeführt. Die Nützlingszüchter sind also gefordert, ihre 'Nützlingsqualität' zu definieren und durch geeignete Methoden in der Massenvermehrung zu kontrollieren und – wo biologisch und technisch möglich – zu beeinflussen.

Qualitätskontrolle

Um sicherzustellen, daß 'gute' und aktive Nützlinge geliefert werden, müßte eine regelmäßige Kontrolle stattfinden. Häufig findet eine Qualitätskontrolle aber erst statt, wenn es Probleme bei der Zucht oder in der Praxis gibt und starke Verluste zu befürchten sind. Mit regelmäßigen Kontrollen wäre man in der Lage, vielen Problemen zuvorzukommen. Insbesondere bei Nutzarthropodenzuchten, die nicht mit natürlichen Wirts- respektive Beutetierarten, sondern ganz oder teilweise mit künstlichen Nährmedien (Diäten) durchgeführt werden, können Probleme durch Degeneration und Depression nicht ausgeschlossen werden (siehe Seite 261). Dies gilt im wesentlichen auch für die Massenvermehrung von Nematoden.

Um die gewünschten 'Wildstammeigenschaften' zu erhalten, wird es in manchen Fällen unumgänglich sein, regelmäßig Freilandtiere in die Laborzuchten 'einzukreuzen'. Eine derartige 'Zuchtauffrischung' wird bereits von mehreren Zuchtbetrieben durchgeführt.

Ursachen für Wirksamkeitsunterschiede

Andererseits ist festzustellen, daß es bislang kaum Probleme durch Qualitätseinbußen in den Massenzuchten oder der Anwendung der Nützlinge gegeben hat. Im praktischen Nützlingseinsatz festgestellte Wirksamkeitsunterschiede sind vielmehr häufig auf Anwendungsfehler oder ungünstige Klimaverhältnisse zurückzuführen. Auch die gelieferte Nützlingsmenge (Quantität) – die übrigens oft mit der Nützlingsqualität gleichgesetzt wird – kann unter Umständen von den Angaben des Züchters (nach unten) abweichen und dann die Ursache für eine unzureichende Wirkung sein. Hier sind jedoch alle Nützlingszüchter bemüht, ihre Kunden so korrekt wie möglich zu beliefern.

Standardisierte Tests

Nicht zuletzt um den Erfolg eines Nützlingseinsatzes durch eine hohe Wirkungssicherheit zu gewährleisten, sollten unbedingt rationelle Methoden (Bio-Tests im Labormaßstab) erarbeitet werden, mit denen die Züchter die Nützlingsqualität anhand standardisierter Parameter messen und beurteilen können. Da eine regelmäßige Durchführung derartiger Tests in der züchterischen Praxis kaum realisierbar ist, wäre es wünschenswert, daß eine neutrale Institution (z. B. BBA) zumindest einen Teil dieser Qualitätskontrollen übernehmen könnte.

Biotechnische Produktion parasitärer Nematoden

Der breite Einsatz parasitärer Nematoden zur Bekämpfung von Schadinsekten im Boden scheitert noch immer an den niedrigen Produktionskapazitäten europäischer Hersteller. Die Bekämpfung des Gefurchten Dickmaulrüßlers (*Otiorhynchus sulcatus*) mit parasitären Nematoden der Gattung *Heterorhabditis* (siehe Seiten 190 und 237) ist aufgrund der hohen Produktionskosten des derzeit angewandten 'In-vitro'-Produktionsverfahrens auf Kulturen mit hohen Deckungsbeiträgen pro Fläche sowie die Anwendung im Hobby- und Objektbereich begrenzt. Der Abgabepreis für Großeinheiten beträgt ca. 1,00 DM/Million Nematoden, was bei einer Aufwandmenge von 0,5 Millionen Nematoden/Quadratmeter Behandlungskosten von ca. 5000 DM/Hektar verursacht.

Vermehrung in Bioreaktoren

Zur Senkung der Produktionskosten wird an der Entwicklung eines biotechnischen Verfahrens zur Produktion in Bioreaktoren (Massenvermehrung in Flüssigkultur) gearbeitet. Im Institut für Phytopathologie der Universität Kiel konnten bereits erste Erfolge bei der Vermehrung der Nematoden in 10-Liter-Bioreaktoren erzielt werden. Kostenschätzungen haben ergeben, daß schon bei einer Produktionskapazität von 100 Litern eine Senkung der Kosten von 0,20 DM/Million Nematoden erreicht werden kann. Bei der Verwendung größerer Reaktoren (z. B. 1000 Liter) könnte sogar eine Verringerung der Produktionskosten von 75 % erreicht werden.

Marktpotential

Expertenbefragungen bei Pflanzenschutzämtern und Anwendern haben gezeigt, daß ein ausreichendes Marktpotential für Nematoden vorhanden ist. Voraussetzungen sind allerdings eine Senkung der Produktions- und Abgabepreise sowie die Gewähr, daß bei Bedarf ausreichende Mengen zur Verfügung stehen. Die industrielle Produktion in Bioreaktoren könnte deshalb zu einer weiteren Markterschließung und einem umfangreichen Einsatz von entomophagen Nematoden im Integrierten Pflanzenschutz führen.

Zulassung, Konkurrenz und Marktsituation

Für die Vermarktung von Nützlingen zur Schädlingsbekämpfung bedarf es in der Bundesrepublik Deutschland keiner Zulassung, dementsprechend kann die 'Verfahrensentwicklung' relativ schnell und kostengünstig ablaufen. Die Marktpreise dieser 'Nützlingspräparate' müssen nicht neben den Produktionskosten auch noch Zulassungskosten mit auffangen. Daraus ergeben sich Vorteile für die Verwendung von Nützlingen im Vergleich zu zulassungspflichtigen biologischen Agenzien (mikrobiologische Antagonisten usw., siehe ab Seite 273), die sich auch in der derzeitigen Marktsituation niederschlagen. Im übrigen wären die mittelständischen Produktionsbetriebe wohl sonst kaum in der Lage, sich mit der Massenzucht und dem Vertrieb von Nützlingen auseinanderzusetzen.

Probleme aus ökonomischer Sicht

Probleme aus ökonomischer Sicht entstehen bei den Nützlingen jedoch nicht nur durch die hohen Produktionskosten, die geringe Mechanisierung und Lagerungsschwierigkeiten, sondern auch dadurch, daß es sich bei den Massenzuchten überwiegend um nicht patentierfähige Produktionsverfahren handelt. Dazu kommt die Konkurrenz durch chemische Insektizide und Akarizide und der relativ enge Indikationsbereich. Die Tatsache, daß sich der Nützlingseinsatz bislang vornehmlich auf gartenbauliche Kulturen beschränkt, ist sicherlich auch darauf zurückzuführen, daß diese im Vergleich zu landwirtschaftlichen Kulturen höhere Deckungsbeiträge aufweisen.

Marktchancen für Nützlinge

'Marktchancen' haben Nützlinge vor allem in Spezialkulturen im Freiland (Obst, Baumschulpflanzen) sowie im Mais und in Gewächshauskulturen, wenn eine umweltschonende Dichteregulierung von Problemschädlingen gefordert ist. Diese Situation liegt beispielsweise vor bei Lückenindikationen (Anwendungsgebiete, für die kein zugelassenes Pflanzenschutzmittel zur Verfügung steht), bei der Resistenzbildung gegenüber chemischen Pflanzenschutzmitteln oder in Anbauweisen, die die biologischen Pflanzenschutzverfahren im Produktionsziel besonders berücksichtigen (z. B. biologischer Landbau).

Eine steigende Nachfrage nach Nützlingen ist auch im Hobbybereich zu verzeichnen. Diese positive Entwicklung ist sicher weniger auf gesetzgeberische Einschränkungen im Abverkauf ('Selbstbedienungsverbot' u. a.) oder zur Anwendung chemischer Präparate zurückzuführen, als vielmehr auf ein deutlich spürbares 'Umdenken' der Hobbygärtner, resultierend in einer Bevorzugung umwelt- und anwenderfreundlicher Pflanzenschutzmethoden.

Verbesserungen der Anwendungsverfahren und Erweiterungen der Anwendungsbereiche im Freiland und unter Glas in Verbindung mit einer Preissenkung aufgrund optimierter Produktionsverfahren könnten die Chancen für die Nützlinge auf dem Markt erhöhen.

Nützlingseinsatz in Erwerbsgartenbau und Landwirtschaft

Die Anwendung von Nützlingen aus Massenzuchten gegen Schädlinge an Kulturpflanzen im Freiland und unter Glas erfreut sich nicht nur bei Hobbygärtnern, sondern auch bei Erwerbsgärtnern einer zunehmenden Beliebtheit. Auch wenn lange nicht alle Schädlingsprobleme auf diese umwelt- und anwenderfreundliche Art und Weise zu lösen sind, läßt sich doch zumindest der Insektizid- und Akarizideinsatz erheblich reduzieren.

Anwendungsprobleme

Der Einsatz von Nützlingen ist i.d.R. unproblematisch, dabei jedoch häufig zeitaufwendiger und arbeitsintensiver als die Anwendung chemischer Verfahren. Um eine hinreichende Wirkung sicherzustellen, müssen oftmals Mehrfachbehandlungen empfohlen werden. Einmalige Applikationen könnten den Nützlingseinsatz in der Praxis sicherlich attraktiver und auch billiger machen. Die Optimierung des Anwendungszeitpunktes setzt jedoch u.a. die Ermittlung exakter kulturspezifischer Bekämpfungsschwellen voraus.

Eine andere Möglichkeit bietet die Ausbringung von Nützlingsmaterial, das ein Gemisch von Tieren unterschiedlicher Entwicklungsstadien enthält und damit eine Aktivität der Nützlinge über einen längeren Zeitraum auch bei einmaliger Ausbringung gewährleistet. Erfolgreiche Ansätze hierzu gibt es beispielsweise bereits bei *Trichogramma*-Schlupfwespen. Eine höhere Wirkungssicherheit würde auch der vorbeugende Einsatz von Nützlingen bringen. Trotz der damit verbundenen Mehrkosten wird dieses Verfahren zunehmend in der Praxis (unter Glas) angewendet.

Integration in Kultur- und Pflanzenschutzmaßnahmen

Grundsätzlich setzt die Anwendung von Nützlingen eine intensive Beratung voraus. Sie stellt höhere Anforderungen an die Anwender hinsichtlich der Kenntnisse der Biologie der Schaderreger wie auch zu den Wirkungsweisen der Nützlinge selbst und weitere Wechselwirkungen im Anbausystem. Die Integration der Anwendung von Nützlingen in Kultur- und Pflanzenschutzmaßnahmen ist relativ weit entwickelt. Nebenwirkungen auf die anwendbaren Antagonisten sind hier besser untersucht als bei anderen Nutzorganismen (z.B. Bakterien, Pilze). Trotzdem setzt im Erwerbsgartenbau der erfolgreiche Nützlingseinsatz – wie die Erfahrung zeigt – i.d.R. eine mehrjährige 'Lernphase' voraus. In den ersten 1 bis 2 Jahren sollte daher in der erwerbsmäßigen Pflanzenproduktion die Überwachung und die Entscheidungsfindung möglichst durch einen kundigen Berater erfolgen.

Nützlingsberatung

Bei den kommerziell vertriebenen Nützlingen können Werbung, Verkauf und Beratung durch den Produzenten als Einheit gesehen werden. Regional und Anbausystem-spezifisch (z.B. Gemüse unter Glas) werden die Praktiker zusätzlich bereits durch eine z.T. recht gut funktionierende Offizialberatung unterstützt. Im Rahmen des Integrierten Pflanzenschutzes hat sich gezeigt, daß die Beratung zur Anwendung nützlingsschonender chemischer Präparate die Praktikabilität des Nützlingseinsatzes entscheidend unterstützen kann. Die Prüfung der Nebenwirkungen von Pflanzenschutzmitteln auf Nützlinge spielt also auch für den Nützlingseinsatz selbst eine bedeutende Rolle.

Anbau unter Glas

Im Gemüsebau unter Glas steht die Verbreitung der inzwischen praxisreifen Verfahren im Vordergrund, während im Zierpflanzenbau die biologischen Bekämpfungsmethoden zur Praxisreife weiterentwickelt werden müssen. Daraus ergeben sich für die Nützlingsberatung u.a. folgende Aufgaben:
- Anpassung praxisreifer Bekämpfungsmethoden an die klimatischen u.a. einzelbetrieblichen Gegebenheiten,
- Übertragung aktueller Versuchs- und Forschungsergebnisse in die Praxis,
- Vereinfachung der Anwendungsverfahren,
- Ausdehnung des Nützlingseinsatzes auf weitere Kulturen und Schädlingsarten,
- Prüfung neuer Nützlinge.

Beratung vor Ort

Gartenbaubetriebe, die sich für einen Einsatz von Nützlingen entschieden haben, müssen erfahrungsgemäß anfangs wöchentlich, später in größeren Abständen vom Nützlingsberater besucht werden. Die Betriebsbesuche beinhalten im wesentlichen folgende Tätigkeiten:
- Kontrolle der Kulturen auf Schädlingsbefall,
- Abstimmung der Bekämpfungsmaßnahmen mit dem Betriebsleiter,
- Hinweise zur Biologie und Handhabung der Nützlinge,
- Wirksamkeits- und Erfolgskontrolle,
- Klärung von Fragen zum Integrierten Pflanzenschutz.

Neben der Beratung vor Ort werden von den Nützlingsberatern Veranstaltungen zur Weiterbildung und Information sowie zum Erfahrungsaustausch organisiert.

Pilotprojekte

Um Erwerbsgärtner und Landwirte zu motivieren, verstärkt auf biologische Verfahren 'umzusteigen', haben sich in den letzten Jahren sog. 'Pilotprojekte' in Praxisbetrieben mit einer intensiven fachlichen Betreuung durch Nützlingszuchtbetriebe, amtliche Pflanzenschutzdienststellen, Lehr- und Versuchsanstalten u. a. bewährt. Beratung und Betreuung beschränken sich dabei nicht nur auf die Anwendung der Nützlinge, vielmehr beziehen sie auch deren Integration in das gesamte Pflanzenschutzsystem mit ein und orientieren sich damit direkt an den in der Praxis auftretenden Problemen.

Fachliche Betreuung

Die Erfahrung hat gezeigt, daß die Einführung biologischer Methoden in die Praxis ohne derartige Pilotprojekte kaum möglich ist. Sie erleichtern dem Praktiker das Kennenlernen neuer und zunächst komplizierter erscheinender Methoden. Die fachliche Betreuung verhindert nicht nur wirtschaftlichen Schaden durch unsachgemäßen Einsatz der Nützlinge, sondern schafft auch eine erhöhte Risikobereitschaft seitens der Betriebsleiter.

Gemüsekulturen unter Glas

Der Nützlingseinsatz im Gemüsebau unter Glas wird weiterhin an Bedeutung zunehmen. Durch die zunehmende Sensibilität der Verbraucher in Umweltfragen kann man davon ausgehen, daß auch verstärkt auf die Produktionsmethoden bei der Erzeugung von Gemüse geachtet wird. So ist zu erwarten, daß 'integriert' produziertes Gemüse zum Standardgemüse wird, d. h., Erwerbsgärtner werden ihr Gemüse langfristig wahrscheinlich nur noch verkaufen können, wenn es den Richtlinien für die 'Integrierte Produktion' entspricht. In diesen ist ausdrücklich formuliert, daß biologischen Methoden der Vorrang zu geben ist. Außerdem gibt es immer weniger Neuzulassungen von Pflanzenschutzmitteln für den Gemüsebau unter Glas.

Probleme

Trotz der vielen Vorteile eines Nützlingseinsatzes im Gemüsebau unter Glas fällt es einigen Betriebsleitern noch immer schwer, sich für biologische Bekämpfungsverfahren zu entscheiden. Die Gründe für diese zögerliche Haltung sind verständlich. Als ein Hauptargument werden die höheren Kosten im Vergleich zum herkömmlichen chemischen Pflanzenschutz angeführt. Beispielsweise kann eine Gurkenkultur mit Insektizidkosten von etwa 0,30 DM pro Quadratmeter durchgeführt werden, während man bei Nützlingen mit Kosten (pro Kulturperiode) von etwa 0,80 DM bis 1,00 DM pro Quadratmeter rechnen muß. Hinzu kommen die Kosten für Fungizideinsätze. Bei Tomaten dagegen sind i. d. R. nur *Encarsia*-Schlupfwespen gegen die Weiße Fliege einzusetzen. Es entstehen dabei Kosten von etwa 0,20 DM pro Quadratmeter.

Auch die höhere Arbeitsbelastung wird bemängelt. Während es beim herkömmlichen Pflanzenschutz üblich ist, Insektizide und Fungizide in einem Arbeitsgang auszubringen, müssen Nützlingsfreilassungen und Fungizidspritzungen getrennt durchgeführt werden. Dazu kommt die Einschränkung durch Auswahl selektiver Präparate, welche die Nützlinge nicht oder nur gering schädigen. Ein drittes Argument ist, daß bei der Übervermehrung eines Schädlings trotz eingesetzter Nützlinge nur wenige Möglichkeiten bestehen, korrigierend einzugreifen. Stünden mehr nützlingsschonende Insektizide zur Verfügung, wäre das Risiko für den Gärtner erheblich geringer.

Zierpflanzenkulturen unter Glas

Die für Zierpflanzen (Schnittblumen, Topfpflanzen) entwickelten hohen Qualitätsansprüche haben hier zu extrem niedrigen Schadensschwellen geführt, die man bislang mit biologischen Schädlingsbekämpfungsmethoden nicht erreichen zu können glaubte. Auch stand hier bislang eine ausreichend große Palette wirksamer Insektizide zur Verfügung, und Rückstandsprobleme im Erntegut gab es nicht bzw. blieben unberücksichtigt.

Inzwischen ist die chemische Schädlingsbekämpfung in Zierpflanzenkulturen schwieriger geworden. Die Anzahl zugelassener Pflanzenschutzmittel ist geschrumpft, und die dadurch bedingt häufigere Anwendung der wenigen noch zur Verfügung stehenden Mittel fördert die Resistenzbildung. In vielen Fällen, nicht nur bei Gartenbaubetrieben in Wasserschutzgebieten, stellen die Nützlinge letztlich das einzig wirksame 'Pflanzenschutzmittel' dar.

Erprobung biologischer Verfahren

In der Bundesrepublik Deutschland und in vielen anderen Ländern erfolgen in zunehmendem Maße Erprobungen und praktische Einsätze biologischer Bekämpfungsverfahren in Zierpflanzenkulturen. Die Anzahl der praxisreifen Verfahren ist hier derzeit noch sehr gering; auch ergeben sich wirtschaftliche Probleme, sobald mehrere Schädlingsarten gleichzeitig auftreten und mit Nützlingen bekämpft werden sollen.

Nützlingseinsatz in Erwerbsgartenbau und Landwirtschaft

Bezüglich des Wirkungsgrades und Bekämpfungserfolges muß im Zierpflanzenbau eine differenzierte Betrachtung von Jungpflanzenbetrieben, von Betrieben mit Exportgeschäft und Endverkaufsbetrieben erfolgen.

Erste positive Erfahrungen

Trotz aller Schwierigkeiten und 'Kinderkrankheiten' sind in verschiedenen Zierpflanzenkulturen bereits erfolgversprechende Nützlingseinsätze durchgeführt worden. Lautete eine Prognose in der Vergangenheit: 'Zuerst die Mutterpflanzen, dann die Schnittblumen, dann die Topfkulturen', so hat sich inzwischen gezeigt, daß – sehr zur Überraschung mancher Fachleute – die biologische Schädlingsbekämpfung bei Topfpflanzen am ehesten Fuß gefaßt hat.

So konnten z.B. im Beratungsprojekt 'Biologische Schädlingsbekämpfung' der Hamburgischen Gartenbau-Versuchsanstalt (HGVA) Weiße Fliegen in Poinsettien (Weihnachtssterne *Euphorbia pulcherrima*) durch den Einsatz von *Encarsia*-Schlupfwespen teilweise billiger als durch chemische Maßnahmen bekämpft werden. In der Kultur von *Euphorbia fulgens* ('Korallenranke') waren parasitäre *Steinernema*-Nematoden den Insektiziden bei der Bekämpfung von Trauermücken überlegen. Und auch in Beet- und Balkonpflanzen wurden mit verschiedenen Nützlingsarten gute bis zufriedenstellende Bekämpfungserfolge erzielt.

Beet- und Balkonpflanzen

Bei der Kultur von Beet- und Balkonpflanzen ergeben sich für den biologischen Pflanzenschutz große Probleme allein durch die Vielzahl der Pflanzenarten, die zusammen in einem Gewächshaus stehen. Hinzu kommen die großen Unterschiede von Betrieb zu Betrieb in der Zusammenset-

zung der Pflanzenarten, der Temperaturführung, den Kulturterminen und dem Schädlingsdruck. Bekämpfungsmaßnahmen müssen deshalb betriebsspezifisch geplant werden.

Manche Gärtner kultivieren zuerst Beet- und Balkonpflanzen und anschließend Gemüsepflanzen, wobei es dann hier häufig Probleme mit Schädlingen gibt, die bereits an den Zierpflanzen mit Nützlingen hätten bekämpft werden können. Beispielsweise können Weiße Fliegen bei Fuchsien, Lantanen, Verbenen und Pelargonien leicht durch *Encarsia*-Schlupfwespen unter Kontrolle gehalten werden. Gegen Blattläuse sind *Aphidius*-Schlupfwespen einsetzbar. Thripse, Spinnmilben und Weichhautmilben sind i.d.R. mit *Amblyseius*-Raubmilben zufriedenstellend bekämpfbar (z.B. bei *Impatiens*-Neu-Guinea-Hybriden).

'Reinigungsbehandlungen'

Eine Reihe von Zierpflanzenkulturen kann grundsätzlich einen bestimmten Schädlingsbesatz tolerieren, ohne daß es zu Schädigungen oder Ertragseinbußen kommen muß. Hier reicht es oftmals aus, die Schädlingspopulationen durch den Einsatz von Nützlingen auf einem bestimmten (niedrigen) Niveau zu stabilisieren. Mit einer oder auch mehreren 'Reinigungsbehandlungen' kurz vor Abgabe der Pflanzen an den Kunden ist dann der Schädlingsbefall soweit zu reduzieren, daß die Ware den an sie gestellten Qualitätsansprüchen gerecht wird.

Neue Entwicklungen – neue Probleme

Im Gartenbau unter Glas gibt es ständig neue Entwicklungen, die sich mitunter ganz erheblich auf die Methodik und den Erfolg eines Nützlingseinsatzes auswirken können. Dies betrifft nicht

nur neue Kulturverfahren und Sorten, auch technische Neuerungen haben einen großen Einfluß auf die biologische Schädlingsbekämpfung. Erfahrungen mit der Umstellung von Bodenkultur auf Steinwolle im niederländischen Gewächshausanbau zeigen beispielsweise, daß das Kultursubstrat nicht mehr so oft untersucht wird und die Kulturen sich länger als bisher im Gewächshaus befinden. Teilweise gibt es hier kaum noch eine Periode, in der sich keine Pflanzen im Gewächshaus befinden. Dadurch erscheinen nun einige Schädlinge, wie z.B. die Thripse, früher als bisher.

Veränderung des Gewächshausklimas

Zur Senkung der Energiekosten werden die Gewächshäuser möglichst gut isoliert. Demzufolge gibt es kaum noch einen Luftaustausch, ein Effekt, der durch Aufspannen sog. Energieschirme aus Kunststoff über den Pflanzen noch verstärkt werden kann. Schädliche Dämpfe verschiedener neuer Materialien oder Rückstände chemischer Pflanzenschutzmittel bleiben somit längere Zeit anwesend und können empfindliche Nützlinge (z.B. *Encarsia*-Schlupfwespen) behindern oder sogar abtöten. Auch die Absenkung der Gewächshaustemperaturen beeinflußt die Entwicklungschancen der Nützlinge.

Neue Schadorganismen

Neue Schädlinge können sehr störend sein. Die Einschleppung der Amerikanischen Minierfliege (Florida-Minierfliege) *Liriomyza trifolii* hat z.B. zunächst die biologische Schädlingsbekämpfung in Tomatenkulturen erschwert. Die Parasiten, die die einheimische Minierfliege *Liriomyza bryoniae* gut in Schach halten konnten, sind viel weniger imstande, diesen neu eingeschleppten Schädling zu kontrollieren.

Nützlingseinsatz in Freilandkulturen

Die Anwendung biologischer Bekämpfungsverfahren im Freiland ist i.d.R. sehr viel schwieriger als im Gewächshaus. Da es sich hier um weniger 'intensive' Kulturen handelt, müssen auch die finanziellen Aufwendungen für Pflanzenschutzmaßnahmen entsprechend niedriger liegen. Außerdem genügen oft bereits kleine Mengen chemischer Pflanzenschutzmittel zur Bekämpfung eines Schädlings. Chancen für biologische Alternativen entstehen daher erst, wenn es keine ausreichend wirksamen Präparate mehr gibt oder deren Anwendung durch Auflagen eingeschränkt wird.

In der Rechnung des Landwirts schlagen in erster Linie die erhöhten Kosten, nicht aber die ökologischen Vorteile biologischer Verfahren zu Buche. Da die Akzeptanz einer Pflanzenschutzmethode zunächst einmal durch den Preis bestimmt wird, haben es biologische Verfahren oft schwer, einen weiteren Eingang in die Praxis zu finden. Nur durch gesetzgeberische Maßnahmen könnten die marktwirtschaftlichen Rahmenbedingungen dahingehend geändert werden, daß sich für den Landwirt die Wahl umweltfreundlicher Pflanzenschutzverfahren auszahlt.

Trichogramma-Schlupfwespen

Während im Unter-Glas-Anbau die biologischen Verfahren bei einzelnen Kulturen schon einen höheren Stellenwert einnehmen als chemische, hat im Freiland bis jetzt nur die Bekämpfung des Maiszünslers mit Hilfe von Trichogramma-Schlupfwespen größere Bedeutung erlangt. Zur Zeit wird der Maiszünsler auf etwa 6200 Hektar biologisch bekämpft; dies entspricht etwa einem Drittel der Maiszünsler-Bekämpfungsflächen.

Obwohl seit 1989 Trichogramma dendrolimi und Trichogramma embryophagum für die Bekämpfung des Apfelwicklers und des Apfelschalenwicklers produziert und angeboten werden und die Praxis mit den erzielten Ergebnissen zufrieden war, blieb die behandelte Fläche bisher sehr gering. Als Gründe hierfür werden genannt, daß zum einen die Durchführung von Modellversuchen in der Praxis problematisch und zum anderen der Preis für die Parasiten aufgrund des begrenzten Marktes im Vergleich zu chemischen Insektiziden zu hoch sei.

Parasitäre Nematoden

Die offenbar geringe Beeinträchtigung von Nicht-Ziel-Organismen (z.B. natürliche Käferfauna) durch parasitäre (entomopathogene) Nematoden der Familien STEINERNEMATIDAE und HETERORHABDITIDAE (siehe Seite 126) lassen ihren großflächigen Einsatz zur Bekämpfung von Schädlingspopulationen auch im Freiland als wünschenswert erscheinen. Parasitäre Nematoden besitzen ein hohes Potential zur biologischen Bekämpfung von wirtschaftlich wichtigen Schadinsekten. Durch Anwendungsverbote beim Einsatz chemischer Pflanzenschutzmittel treten in zunehmendem Maße Bekämpfungslücken auf, besonders im Bereich schwer erreichbarer, verborgen lebender Insekten. Mit Inkrafttreten der 'Indikationszulassung' für Pflanzenschutzmittel (bestimmungsgemäße Anwendung; ursprünglich für Juli 1993 geplant) wird insbesondere im Gemüse-, Obst- und im Gartenbau eine Vielzahl von chemischen Wirkstoffen nicht mehr zur Verfügung stehen. Seit einigen Jahren wird in der gärtnerischen Praxis eine dieser Lücken bereits durch den Einsatz parasitärer Nematoden geschlossen (Bekämpfung des Dickmaulrüßlers Otiorhynchus

sulcatus). Die im Vergleich zu chemischen Maßnahmen relativ hohen Bekämpfungskosten stehen jedoch zur Zeit einer breiteren und großflächigeren Anwendung dieser Nützlinge auch gegen andere Schadinsekten im Wege. Aufgrund hoher Kosten und Ausfälle bei der Produktion sowie einer ausbringungstechnisch zu aufwendigen Formulierung (Ausbringungsform) wurden Nematoden bislang nur auf wenigen Hektar im Zierpflanzenbau, in Baumschulen sowie in Erdbeerkulturen angewendet.

Viele bodenbewohnende Schadinsekten sind potentielle Wirte bestimmter Arten bzw. Stämme parasitärer Nematoden. Das Anwendungsgebiet ist deshalb sehr groß, weil über 90% aller wirtschaftlich wichtigen Schadinsekten zumindest einen Teil ihrer Entwicklung im Boden durchlaufen. Grundsätzlich anfällig sind auch auf den oberirdischen Pflanzenteilen lebende Insekten. Die geringe Toleranz der Nematoden gegen UV-Licht und Austrocknung begrenzt den Einsatz bisher jedoch auf Habitate mit einem Mikroklima, die eine Wanderung der Nematoden zum Wirt zulassen. Diese Bedingungen werden im Boden oder z.B. in den Fraßgängen der Kohleule oder in den Galerien holzbohrender Insekten (z.B. Glasflügler) erfüllt.

'Nützlinge' – ein Thema, das uns alle angeht

Vielleicht hat es einige Leser, die nun nicht gerade Erwerbsgärtner, Landwirt, Förster oder Entomologe sind (oder es werden wollen), ein wenig irritiert, daß so sehr auf die Bedeutung und Anwendung von Nützlingen in der 'professionellen', d.h. großflächigen, Pflanzenproduktion eingegangen wurde? Doch hat dies natürlich seine guten Gründe:

Zunächst einmal betrifft es uns alle, ob Naturfreund, Hobbygärtner oder einfach 'nur' Verbraucher bzw. Konsument landwirtschaftlicher und gärtnerischer Produkte, inwieweit Landwirtschaft/Gartenbau und Natur- bzw. Umweltschutz 'unter einen Hut' zu bringen sind. In diesem Zusammenhang erschien es wichtig, einmal aufzuzeigen, in welchen Bereichen (Kulturen) und gegen welche Schädlinge bereits biologische Pflanzenschutzmaßnahmen durchführbar sind und welchen Beitrag die Nützlinge dabei leisten können.

Natürlich haben wir alle ein Interesse daran, daß sowenig wie möglich chemische Schädlingsbekämpfungsmittel eingesetzt werden. Doch bevor Landwirte und Erwerbsgärtner der Forderung nachkommen können, vollständig oder zumindest weitestgehend auf die Anwendung derartiger Mittel zu verzichten, müssen ihnen wirksame und wirtschaftliche Alternativen zur Verfügung stehen. Der großen Vielfalt der Nützlinge (Nützlingspotentiale) und den mannigfaltigen Möglichkeiten ihrer Nutzung zur 'Bekämpfung' tierischer Schaderreger sollte daher mehr Beachtung geschenkt werden als bisher. Andererseits ist vielleicht deutlich

geworden, daß die Einbeziehung der Nützlinge in den Pflanzenschutz oftmals gar nicht so einfach ist wie vielfach angenommen. Chemische Pflanzenschutzmittel durch Nützlingseinsatz und Anwendung anderer biologischer Verfahren zu ersetzen stellt sich für Hobbygärtner sehr viel einfacher dar. Vielfach kann hier auf die Erkenntnisse und Erfahrungen im Erwerbsbereich zurückgegriffen werden. So wurden z. B. die meisten Methoden des Nützlingseinsatzes unter Glas zunächst für den Erwerbsgartenbau entwickelt und kommen nun auch Hobbygärtnern zugute. Im übrigen würde sich eine Massenproduktion von Nützlingen allein für den Hobbybereich kaum lohnen.

Auch von einem intakten, durch nützlingsfördernde Strukturmaßnahmen stabilisierten Agroökosystem profitieren nicht nur die Landwirte. Natürlich spielt die Ansiedlung und Schonung von Nützlingen auch im Haus- und Kleingarten eine sehr wichtige Rolle, doch was nützen all unsere Bemühungen, wenn nicht auch in der Agrarlandschaft (Wälder und Waldränder eingeschlossen) alles dafür getan wird, Nützlingen optimale Lebensbedingungen zu schaffen. Ein erfolgreicher Natur- und Arten-

schutz und damit auch der 'Nützlingsschutz' lassen sich nur großflächig bzw. großräumig verwirklichen; Gärten ('Ökozellen') können hier nur als ein – allerdings sehr wichtiger – Baustein des Ökosystems gesehen werden. Außerdem finden nicht alle Nützlingsarten, die wir in unseren Gärten antreffen, hier auch ihren 'Gesamtlebensraum'. Vielmehr benötigen viele von ihnen für bestimmte Entwicklungsphasen noch andere Biotope, die ihnen nur die Agrarlandschaft bieten kann.

Abschließend sei noch einmal darauf hingewiesen, daß uns die Nützlinge nicht nur als Schädlingsfeinde interessieren sollten. Das Studium ihrer Biologie und Ökologie ermöglicht uns vielmehr weitgehende Einblicke in die vielfältigen und komplexen Wechselwirkungen und Beziehungsgefüge der Natur. Als wichtige 'Bio-Indikatoren' für die Ökosystemforschung und als nutzbare 'Bio-Agenzien' für die Pflanzenschutzforschung könnten die Nützlinge diese beiden Disziplinen sinnvoll verbinden und damit zur Entwicklung umweltverträglicher Produktionsweisen in Gartenbau sowie in Land- und Forstwirtschaft beitragen.

Wichtige Schädlinge und ihre natürlichen Gegenspieler (Nutzarthropoden)

Die Tabelle gibt einen kleinen Überblick über die vielfältigen Räuber-Beute- respektive Parasit-Wirt-Beziehungen zwischen wichtigen Nützlings- und Schädlingsgruppen. Sie ist sicherlich nicht ganz vollständig und beschränkt sich auf mehr oder weniger allgemeine Angaben (bezogen auf Gruppen bzw. Familien). Zumindest bei den polyphagen Prädatoren ist es fast unmöglich, das gesamte Beutetierspektrum zu ermitteln. Viele Angaben in der Literatur basieren hier nur auf Vermutungen. Dies betrifft insbesondere die Spinnen. Verlag und Autor wären deshalb an entsprechenden ergänzenden Mitteilungen seitens der Leserschaft sehr interessiert.

Spinnentiere (ARACHNIDA) — Spinnen (ARANEAE), Milben (ACARI)

Schädling	Weberknechte (OPILIONES)	Afterskorpione (PSEUDOSCORPIONES)	Finsterspinnen (AMAUROBIIDAE)	Kräuselspinnen (DICTYNIDAE)	Sechsaugenspinnen (DYSDERIDAE)	Zitterspinnen (PHOLCIDAE)	Plattbauchspinnen (GNAPHOSIDAE ODER DRASSODIDAE)	Sackspinnen (CLUBIONIDAE)	Krabbenspinnen (THOMISIDAE)	Laufspinnen (PHILODROMIDAE)	Springspinnen (SALTICIDAE)	Wolfsspinnen (LYCOSIDAE)	Raubspinnen (PISAURIDAE)	Trichterspinnen (AGELENIDAE)	Bodenspinnen (HAHNIDAE)	Haubennetz- oder Kugelspinnen (THERIDIIDAE)	Strecker- oder Kieferspinnen (TETRAGNATHIDAE)	Radnetzspinnen (ARANEIDAE ODER ARGIOPIDAE)	Zwergspinnen (MICRYPHANTIDAE)	Baldachinspinnen (LINYPHIIDAE)	Jagdspinnen (HETEROPODIDAE)	Phytoseiiden (PHYTOSEIIDAE)	Anystiden (ANYSTIDAE)	Stigmaeiden (STIGMAEIDAE)	Trombidiiden (TROMBIDIIDAE)	Hundertfüßer (CHILOPODA)	Libellen (ODONATA)	Ohrwürmer (DERMAPTERA)	Thripse (THYSANOPTERA)
Blattläuse	●		●						○	○	○					○	○	○	●	●		●		●	●		●	●	●
Blattsauger			○						○					○		○	○											○	○
Blattwanzen									○							○	○												
Blattwespen								●	○	○	○	○	○					○									○		
Blutläuse			○																●	○					●				
Schadkäfer (-larven)	●		○	○			○				○	○	○			○			○						●	○			
z. B. Blattkäfer											○	○	○						○										
Bockkäfer				○			○																						
Borkenkäfer			○	○										○															
Rüsselkäfer	●													○											●				
Schadfliegen (-larven, -puppen)			○		○			○	○	●	●	●	○	○		●	○	○									○		
Schadschmetterlinge (Raupen)			●	○			○	○	○	●	○	○		●		○	○	○							●		○	○	
z. B. Eulen							○	○						○															
Motten			●				○		○	○	○	○		○															●
Spanner			○				○		○	○	○	○		○						○							○		
Spinner																													
Weißlinge									○					○						○									
Wickler			○	○			○	○	○	○	○	○	○	○		○	○	○	○	○								○	○
Zünsler			○	○			○	○	○	○	○	○	○	○		○	○	○	○	○							○		
Schildläuse																												●	●
Spinnmilben	●		○																			●	●	●				●	●
Springschwänze (Collembolen)		●	○			●			○	○			○	○			○	○				●				●		○	
Thripse (Schadthripse)			○														○	○				●							●
Weiße Fliegen (Mottenschildläuse)			○																										●
Zikaden								○						○	○	○		○	●	○	○								
Weichhautmilben			○																			●	○	○					
Woll- oder Schmierläuse																													
Schnecken	●																												

● = wichtige/spezialisierte Räuber und Parasiten
○ = gelegentliche /i.d.R. weniger spezialisierte Räuber und Parasiten
freie Felder = weitere Räuber-Beute- bzw. Parasit-Wirt-Beziehungen sind möglich

Insekten (INSECTA oder HEXAPODA)

Wanzen (HETEROPTERA)					Netzflügler (PLANIPENNIA)				Käfer (COLEOPTERA)									Hautflügler (HYMENOPTERA)																	Zweiflügler (DIPTERA)							
Blumenwanzen (Anthocoridae)	Weichwanzen (Miridae)	Sichelwanzen (Nabidae)	Baumwanzen (Pentatomidae)	Raubwanzen (Reduviidae)	Kamelhalsfliegen (Raphidioptera)	Florfliegen (Chrysopidae)	Taghafte (Hemerobiidae)	Staubhafte (Coniopterygidae)	Laufkäfer (Carabidae)	Marienkäfer (Coccinellidae)	Kurzflügler (Staphylinidae)	Weichkäfer (Cantharidae)	Buntkäfer (Cleridae)	Jagdkäfer (Ostomidae)	Leuchtkäfer (Lampyridae)	Aaskäfer (Silphidae)	Zipfelkäfer (Malachiidae)	Ichneumoniden (Ichneumonidae)	Braconiden (Braconidae)	Aphidiiden (Aphidiidae)	Apheliniden (Aphelinidae)	Trichogrammatiden (Trichogrammatidae)	Pteromaliden (Pteromalidae)	Encyrtiden (Encyrtidae)	Mymariden (Mymaridae)	Eulophiden (Eulophidae)	Scelioniden (Scelionidae)	Platygasteriden (Platygasteridae)	Eucoiliden (Eucoilidae)	Dryiniden (Dryinidae)	Bethyliden (Bethylidae)	Faltenwespen (Vespidae)	Lehmwespen (Eumenidae)	Grabwespen (Sphecidae)	Raupenfliegen (Tachinidae)	Schwebfliegen (Syrphidae)	Blattlausfliegen (Chamaeleidae)	Raubfliegen (Asilidae)	Tanzfliegen (Empididae)	Langbeinfliegen (Dolichopodidae)	Stelzfliegen (Tylidae)	Gallmücken (Cecidomyiidae)

Bezugsquellen für Nützlinge

Bei den nachfolgend aufgeführten Adressen handelt es sich um eine Auswahl von Nützlingszuchtbetrieben und Unternehmen, die Nützlinge vertreiben.
(Stand November 1999; Angaben ohne Gewähr und Anspruch auf Vollständigkeit)

Deutschland

Frühgemüsezentrum Kaditz GmbH
Grimmstr. 79
01139 Dresden
Tel.: 03 51-8 30 49 10
Fax: 03 51-8 30 49 12

Bip
Biologische Beratung bei Insektenproblemen
Bötzowstr. 34
10407 Berlin
Tel.: 0 30-42 85 95 85
Fax: 0 30-42 80 08 41

Flora Nützlinge
Biologischer Pflanzenschutz
Friedhofstr. 1
15517 Fürstenwalde
Tel.: 03 36 1-30 10 88
Fax: 03 36 32-2 17

e-nema GmbH
Klausdorfer Str. 28-36
24223 Raisdorf
Tel.: 0 43 07-83 88 13
Fax: 0 43 07-83 98 14
E-mail: e-nema.biotec@t-online.de

ÖRE Bio-Protect GmbH
Kieler Str. 41
24223 Raisdorf
Tel.: 0 43 07-69 81
Fax: 0 43 07-71 28

re-natur GmbH
Hof Aqua Terra
Am Pfeifenkopf 9
24601 Stolpe
Tel.: 0 43 26-9 86 10
Fax: 0 43 26-8 96 11
E-mail: aquaterra@re-natur.de

Aries Umweltprodukte
27367 Horstedt
Tel.: 0 42 88-93 0 10
Fax: 0 42 88-93 01 20
E-mail: aries@t-online.de

W. Neudorff GmbH KG, Abt. Nutzorganismen
Postfach 1209
31857 Emmerthal
Tel.: 0 51 55-624-148
Fax: 0 51 55-624-246

Trifolio-M GmbH
Sonnenstr. 22
35633 Lahnau
Tel.: 0 64 41-63 114
Fax: 0 64 41-64 650
URL: http://www.trifolio-m.de
(Nur Großabnehmerbelieferung)

Biocare
Gesellschaft für biologische Schutzmittel mbH
Dorfstr. 4
37574 Einbeck
Tel.: 0 55 61-97 11 40
Fax: 0 55 61-97 11 41
URL: http://www.biocare.notrix.de
E-mail: biocare@t-online.de

BioNova
Gesellschaft für angewandte Biologie mbH
Josefstr. 102-104
41462 Neuss
Tel.: 0 21 31-54 10 71
Fax: 0 21 31-54 10 72

Celaflor GmbH
Konrad- Adenauer-Str. 30
55218 Ingelheim
Tel.: 0 61 32-78 03 0
Fax: 0 61 32-78 03 3 60
E-mail: info@celaflor.de

AMW Nützlinge GmbH
Außerhalb 54
64319 Pfungstadt
Tel.: 0 61 57-99 05 95 und -99 05 96
Fax: 0 61 57-99 05 97

Conrad Appel GmbH
Bismarkstr. 59
64293 Darmstadt
Tel.: 0 61 51-9 29 20
Fax: 0 61 51-9 29 2 10

Wührers Nützlingsservice
Hillebergstr. 18
64219 Pflugstadt
Tel.: 0 61 57-8 82 73
Fax: 0 61 57-8 36 53

STB Control
Schwenk Technologie
Biologischer Pflanzenschutz
Schaltenbach1
65326 Aarbergen
Tel.: 0 61 20-90 08 70
Fax: 0 61 20-90 08 71

Agrinova
Biologische Präparate Produktions- und Vertriebs-GmbH
Hauptstrasse 13
67283 Obrigheim-Mühlheim
Tel.: 0 63 59-9 68 11
Fax: 0 63 59-32 14
E-mail: agrinova@t-online.de

BASF
Landwirtschaftliche Versuchsstation Limburger Hof
Karl-Bosch-Str. 64
67117 Limburgerhof
Tel.: 0 62 1-6 02 81 39
Fax: 0 62 1-60 22 80 83

Sautter und Stepper GmbH
Biologischer Pflanzenschutz
Rosenstr. 19
72119 Ammerbuch
Tel.: 0 70 32-95 78 30
Fax: 0 70 32-95 78 50
URL: http://nuetzlinge.de/
E-mail: nuetzlinge@t-online.de

PK-Nützlingszuchten
Industriestr. 38
73624 Welzheim
Tel.: 0 71 82-43 26
Fax: 0 71 82-39 62
E-mail: pknuetz@t-online.de

Wilhelm
Biologischer Pflanzenschutz GmbH
Neue Heimat 25
74343 Sachsenheim
Tel.: 0 70 46-23 86
Fax: 0 70 46-1 21 98

Raiffeisen Zentral-Genossenschaft eG
Lauterbergerstr. 1
76127 Karlsruhe
Abteilung Pflanzenschutz
Tel.: 0 72 1-3 52 12 72
Fax: 0 72 1-3 52 15 12

Hatto Welte
Gartenbau
Mauershorn 10
78497 Insel Reichenau
Tel.: 0 75 34-71 90
Fax: 0 75 34-14 58

Österreich

F.Joh. Kwizda GmbH
Division Landwirtschaft
Dr.-Karl-Lueger-Ring 6-8
A-1010 Wien
Tel.: +43-1-5 34-6 80
Fax: +43-1-5 34-6 82 60

biohelp
Biologische Systeme – Nützlingszucht
Kapleigasse 16
Tel.: +43-1-7 69 97 69
Fax: +43-1-7 69 97 69-16

Schweiz

Plüss-Staufer AG, Abteilung Agro
Baseler Str. 42
CH-4665 Oftringen
Tel.: +41-62-7 89 29 29
Fax: +41-62-78 92 24 35

Leu & Gygax AG
Fellstr. 1
CH-5413 Birmensdorf
Tel.: +41-56-2 25 15 14
Fax: +41-56-2 25 25 15

Andermatt Biocontrol AG
Unterdorf
CH-6146 Grossdietwil
Tel.: +41-62-17 50 00
Fax: +41-62-6 29 17 50 01

Niederlande

Koppert Biological Systems B.V.
Veilingweg 17
Postfach 155
NL-2650BE Berkel en Rodenrijs
Tel.: +31-101-5 14 04 44
Fax: +31-010-5 11 52 03
URL: http://www.koppert.nl
E-mail: info@koppert.nl

De Groene Vlieg
Duivenwaardsedijk 1
NL-3244 LG Nieuwe Tonge
Tel.: +31-1 87 65 18 62
Fax: +31-1 87 65 24 45

Entocare CV
Biologische Gewasbescherming
Bergpad 5
Postbus 162
6700 AD Wageningen
Tel.: +31-3 17-41 11 88
Fax: +31-3 17-41 31 66
URL: http://www.entocare.nl
E-mail: info@entocare.nl

Belgien

Biobest Biological Systems
Ilse Velden 18
B-2260 Westerlo
Tel.: +32-14-25 79 80
Fax: +32-14-25 79 82
URL: http://www.biobest.be

England

Biological Crop Protection LTD.
Occupation Road
Wye Ashford
Kent, TN 25 5EN
Tel.: +44-123-3 81 32 40
Fax: +44-123-3 81 33 83

Novartis BCM
Aldham Business Centre
New Road
Aldham, Colchester
Essex, CO6 3PN
Tel.: +44-1206-24 32 00
Fax: +44-1206-24 32 09

Institutionen und Institute

Bei den nachfolgend aufgeführten Institute und Institutionen sind ggf. weitere Informationen zum Thema „Nützlinge und biologische Schädlingsbekämpfung" erhältlich. Auskünfte zu Fragen des Nützlingseinsatzes im Erwerbsgartenbau und in der Landwirtschaft erteilen in Deutschland auch Pflanzenschutzämter (Landwirtschaftskammern der Bundesländer), Pflanzenschutzdienste der Regierungspräsidenten, Ämter für Landwirtschaft, Landschafts- und Bodenkultur, sowie die Beratungsdienste für Nützlingseinsatz.

Deutschland

Institut für Allgemeine Botanik und Botanischer Garten
Abt. Angewandte Molekularbiologie/Molekulare Phytophatologie
Universität Hamburg
Ohnhorststr. 18
22609 Hamburg
Tel.: 040-4 28 16-0
Fax: 040-4 28 16-2 54
URL: http://www.rrz.uni-hamburg.de/biologie/ialb/ialbanfa.htm
E-mail: sekretariat@botanik.uni-hamburg.de

Institut für Pflanzenkrankheiten und Pflanzenschutz
Universität Hannover
Herrenhäuser Str. 2
30419 Hannover
Tel.: 05 11-7 62 26 41
Fax: 05 11-7 62 26 15
URL: http://www.gartenbau.uni-hannover.de/ipp/ipphome1.htm
E-mail: Borgemeister@mbox.ipp.uni-hannover.de

Institut für Phytopathologie und Angewandte Zoologie
Justus-Liebig-Universität
Giessen
Ludwigstr. 23
35390 Giessen
Tel.: 0641-99-3 74 91
Fax: 0641-99-3 74 99
URL: http://www.agrar.uni-giessen.de/main-p-1.htm
E-mail: www-Phyto@agrar.uni-giessen.de

Institut für Pflanzenphatologie und Pflanzenschutz
Universität Göttingen
Grisenbachstr. 6
37077 Göttingen
Tel.: 05 51-39 37 00
Fax: 05 51-39 41 87
URL: http://www.uni-goettingen.de/fakultaeten/agarindex.htm
E-mail: Hmaack@gwdg.de

BBA – Biologische Bundesanstalt für Land- und Forstwirtschaft
Messeweg 11–12
38104 Braunschweig
Tel.: 05 31-29 95
Fax: 05 31-29 93 00 1
URL: http://www.bba.de/

Bund für Umwelt und Naturschutz e. V.
Im Rheingarten 7
53225 Bonn
Tel.: 02 28-4 00 9 70
Fax: 02 28-4 00 9 7 40
URL: http://www.bund.net/

Bundesforschungsanstalt für Naturschutz und Landschaftsökologie (BFANL)
Konstantinstr. 110
53179 Bonn
Tel.: 02 28-84 91-0
Fax: 02 28-84 91-2 00

Bundesministerium für Ernährung, Landwirtschaft und Forsten (BML)
Pflanzenschutzreferat
Rochusstr. 1
53123 Bonn

Fördergemeinschaft Integrierter Pflanzenschutz e. V.
Rochusstr. 18a
53123 Bonn
Tel.: 02 28-97 99 30
Fax: 02 28-97 99 3 40
E-mail: FIP-Bonn@t-online.de

Institut für Pflanzenkrankheiten
Universität Bonn
Nußallee 9
53115 Bonn
Tel.: 02 28-73-24 44
Fax: 02 28-73-24 42
URL: http://www.uni-bonn.de/Pflanzenkrankheiten/

Naturschutzbund Deutschland e. V.
Herbert-Rabius-Str. 26
53225 Bonn
Tel.: 02 28-9 75 61-0
Fax: 02 28-9 75 61-90
URL: http://www.nabu.de/index.htm
E-mail: NABU-Info@compuserve.com

Zentralverband Gartenbau e. V. (ZVG)
Godesberger Allee 142–148
53175 Bonn
Tel.: 02 28-8 10 02-0
Fax: 02 28-8 10 02-48
URL: http://www.g-net.de/zvg
E-mail: zvg-bonn@t-online.de

RCC Umweltchemie GmbH & Co. KG
In den Leppsteinwiesen 19
64380 Roßdorf
Fax: 06 1 54-8 33 99

Institut für Phytomedizin
Universität Hohenheim
Otto-Sander-Str. 5
70599 Stuttgart
Tel.: 07 11-4 59-29 30
Fax: 07 11-4 59-24 08
URL: http://www.uni-hohenheim.de/i3v/00000700/00100041.htm
E-mail: hbuchen@hohenheim.de

Landesanstalt für Pflanzenschutz
Reinsburgerstr. 107
70197 Stuttgart
Tel.: 07 11-66 42-4 41
Fax: 07 11-66 42-4 99
E-mail: lfp-stuttgart@t-online.de

Bayerische Akademie für Naturschutz und Landespflege (ANL)
Seethaler Str. 6
83410 Laufen
Tel.: 0 86 82-8 96 30
Fax: 0 86 82-89 63 17
URL: http://www.best.baynet.de/~akademie/index.htm
E-mail: naturschutzakademie@t-online.de

Deutsche Phytomedizinische Gesellschaft e. V. (DPG)
Geschäftsstelle:
Lehrstelle für Phytopathologie
Technische Universität München
Am Hochanger 2
85350 Freising
Tel.: 0 81 61-71-53 92
Fax: 0 81 61-71-41 94
E-mail: geschaeftsstelle@dpg-.phyto
medizin.org

Staatliche Versuchsanstalt für Gartenbau
Institut für Gemüsebau
FH-Weihenstephan
Am Staudengarten 7
85350 Freising
Tel.: 0 81 61-71-33 66
Fax: 0 81 61-71-33 66
URL: http://www.fh-weihenstephan.de/va/gemuese/index.html
E-mail: gemuesebau@fh-weihenstephan.de

Deutsche Gesellschaft für allgemeine und angewandte Entomologie (DGaaE)
Geschäftsstelle: Universität Ulm
Biol. III
Albert-Einstein-Allee 11
89081 Ulm
E-mail: bba.dossenheim@t-online.de

Institute/Auftragslaboratorien, die Nützlingsprüfungen durchführen (siehe Seite 162)

Privatwirtschaftliche Institute

BioChem agrar GmbH
Labor Cunnersdorf
Am Wieseneck 7
04451 Panitztsch
Tel.: 03 42 91-41 60
Fax: 03 42 91-41 22

Gab Biotechnologie GmbH
Niefern Gem. Niefern-Öschelbronn
Eutinger Str. 24
75223 Niefern-Öschelbronn
Tel.: 0 72 33-9 62 70
Fax: 0 72 33-46 97

Bayerische Landesanstalt für Bodenkultur und Pflanzenbau
Abteilung Pflanzenschutz
Menzinger Str. 54
80638 München
Tel.: 0 89-1 78 00-1 38, 0 84 31-21 59
Fax: 0 89-1 78 00-2 40
E-mail: Lotte.Moreth@LBP.Bayern.de
URL: http://www.lbp.bayern.de/wwwlbp/ps.html

Amtliche Institutionen

Landwirtschaftskammer Hannover
Pflanzenschutzamt
Wunstorfer Landstr. 9
30453 Hannover
Tel.: 05 11-40-05-0
Fax: 05 11-40-05-1 20

Niedersächsische Forstliche Versuchsanstalt Göttingen
Grätzelstr. 2
37079 Göttingen
Tel.: 05 51-69 40 10
Fax: 05 51-6 94 01 60
URL: http://merlin.uni-forst.gwdg.de/nfv.htm

Staatliche Lehr- und Versuchsanstalt für Landwirtschaft, Weinbau und Gartenbau
Walporzheimer Str. 48
53474 Bad Neuenahr
Tel.: 0 26 41-9 78 60
Fax: 0 26 41-9 78 66

Staatliche Lehr- und Versuchsanstalt für Landwirtschaft, Weinbau und Gartenbau
Egbertstr. 18–19
54295 Trier
Tel.: 06 51-9 77 60
Fax: 06 51-9 77 61 26

Staatliche Lehr- und Versuchsanstalt für Landwirtschaft, Weinbau und Gartenbau
Rüdesheimer Str. 60–68
55545 Bad Kreuznach
Tel.: 06 71-82 00
Fax: 06 71-3 64 66

Staatliche Lehr- und Versuchsanstalt für Landwirtschaft, Weinbau und Gartenbau
Zuckerberg 19
55276 Oppenheim
Postfach 1165
55272 Oppenheim
Tel.: 06133-9300
Fax: 06133-9301103

Forschungsanstalt Geisenheim Institut für Biologie Fachgebiet Phytomedizin
Von-Lade-Str. 1
65366 Geisenheim
Tel.: 06722-50411
Fax: 06722-50410
E-mail: sekr@geisenheim.fa.fh-wiesbaden.de

Staatliche Lehr- und Forschungsanstalt für Landwirtschaft, Weinbau und Gartenbau (SLFA)
Breitenweg 71
67435 Neustadt an der Weinstraße
Tel.: 06321-671-0
Fax: 06321-671-222
URL: http://194.162.208.37/Dienststellen/Neustadt/Ueber%20uns.htm
E-mail: poststelle.slfa-nw@agrarinfo.rpl.de

Forstliche Versuchs- und Forschungsanstalt Baden-Württemberg
Wonnhaldestr. 4
79100 Freiburg im Breisgau
Postfach 708
79007 Freiburg im Breisgau
Tel.: 0761-4018-0
Fax: 0761-4018-333
URL: http://fva.forst.uni-freiburg.de/
E-mail: poststelle@fva.lfv.bwl.dbp.de

Staatliches Weinbauinstitut Freiburg Versuchs- und Forschungsanstalt
Merzhauser Str. 119
79100 Freiburg im Breisgau
Tel.: 0761-40165-0
Fax: 0761-40165-70
URL: http://www.landwirtschaft-mlr.baden-wuerttemberg.de/la/wbi

Bayerische Landesanstalt für Weinbau und Gartenbau (LWG)
Residenzplatz 3
97070 Veitshöchheim
Tel.: 0931-3050 9-0
Fax: 0931-3050 9-77
URL: http://www.lwg.bayern.de/
E-mail: Poststelle@LWG.Bayern.de

Österreich

Bundesamt und Forschungszentrum für Landwirtschaft
Spargelfeldstr. 191
A-1220 Wien
Tel.: +43-1-732-16-0
Fax: +43-1-732-16-0-5194
URL: http://www.bfl.gv.at
silvia.blueml@relay.bfl.at

Schweiz

Eidgenössische Forschungsanstalt für Agrarökologie und Landbau
Reckenholzstr. 191
CH-8046 Zürich
Tel.: +41-1-377-71-11
Fax: +41-1-377-72-01
URL: http://www.admin.ch/sar/fal/falhomed.html

Eidgenössische Forschungsanstalt für Obst-, Wein- und Gartenbau
CH-Wädenswil
URL: http://www.admin.ch/sar/faw/

Forschungsinstitut für biologischen Landbau
Ackerstr.
CH-5070 Frick
Tel.: +41-0-628657272
Fax: +41-0-628657273
URL: http://www.fibl.ch./
E-mail: admin@fibl.ch

Station Fédérale de recherches en production végétale de Changins
Route de Duillier
case postale 254
CH-1260 Nyon 1
Tel.: +41-22-361-4722
Fax: +41-22-361-5469
URL: http://www.cgiar.org/ecpgr/platform/Crops/tritical.htm

Institut für Pflanzenwissenschaften Gruppe Phytomedizin
ETH-Zentrum, LFW
CH-8092 Zürich
URL: http://www.ipw.agrl.ethz.ch/

Italien

Instituto di Entomologia „Guido Grandi" U.C.I. Scienze e Tecnologie Agroindustriali e Agroambientali Universitá di Bologna
Via Filippo Re 6
I-40126 Bologna
Tel.: +39-51-2091556
Fax: +39-51-251052

Niederlande

Research Station for Floriculture and Glasshouse Vegetables BPG Aalsmeer
Linneauslaan 2A
NL-1431 JV Aalsmeer
Tel.: +44-297-352525
Fax: +44-297-352270
URL: http://www.agro.nl/appliedresearch/pbg/
E-mail: P.U.van.t.Hoff@pbg.agro.nl

Wageningen Agricultural University Department of Entomology
Binnenhafen 7
NL-6700 EH Wageningen
URL: http://www.wau.nl/

School of Biological Sciences – Division of Biodiversity and Econogy University of Southampton Biomedical Sciences Building
Bassett Crescent East
Southampton SO167PX UK
Tel.: +44-23-80-59-4338
Fax. +44-23-80-59-4459
URL: http://sobs.soton.ac.uk/

Filme und Diaserien

Bei den nachfolgend aufgeführten Filmen (überwiegend 16 mm Farbfilme und/oder VHS-Videokopien) und Diaserien zum Thema »Nützlinge und biologische Schädlingsbekämpfung« handelt es sich nur um eine Auswahl.
Weitere Informationen sowie ausführliche Verzeichnisse sind bei den genannten Institutionen (*Anschriften siehe Seite 305) erhältlich.

Filme

(ausleihbar bei Landes-, Kreis- und Stadtbildstellen bzw. Medienzentren; Bestellnummer/Produktionsjahr/Laufzeit in Min. in Klammern)

AID-Filme (*1):

• Biologische Schädlingsbekämpfung (8888/1988/14)
• Schach den Schädlingsplagen (8037/1978/29)
• Mord im Maisfeld (8314/1984/40)

• Der leise Wandel – Integrierter Pflanzenbau in der Landwirtschaft (8881/1989/18)
• Flurbereinigung und Naturschutz (8338 oder 8812/1988/27)
• Nur eine Wiese (8145/1971/30)
• Greifvögel – laßt sie leben (8160/1980/27)
• Artenschutz im Acker? (8883/1990/17)
• Landschaft als Lebensraum – Biotopvernetzung in der Kulturlandschaft (8354 oder 8816/1988/22
• Landwirte pflegen Biotope (8927/1992/18)
• Lebensräume (8896/1987/42)

FWU-Filme (*2):

• Biologische Schädlingsbekämpfung – Nützlinge im Gewächshaus (3203930/1988/15)
• Der Ameisenstaat – Das Jahr der Kleinen Roten Waldameise (3203720/1986/20)

• Einheimische Fledermäuse (3202612/1976/16)
• Der Igel (3202279/1971/21
• Die Hausspitzmaus (3210147/1991/15
• Die Wildkatze (3202837/1976/16)
• Die Kohlmeise (3202398/1972/12)
• Der Steinkauz (4201369/1991/14)
• Schützt die Greifvögel! (3203395/1982/14)
• Tiere in der Agrarlandschaft (3202639/1975/16)
• Lebensraum Hecke (3203236/1980/16)
• Ökologie der Feuchtwiesen (3210037/1991/16)
• Garten ohne Gift (4200438/1984/9)
• Mit Bakterien gegen Stechmücken (3203906/1988/15)
• Mit Lockstoffen gegen Insekten (3203907/1988/14)

IWF-Film (*3):

• Natürliche Feinde von Insekten – Räuber (C 908/1966/16)
• Natürliche Feinde von Insekten; Einbürgerung der Schlupfwespe *Prospaltella perniciosi* zur biologischen Bekämpfung der San-José-Schildlaus (C 862/1963/8,5)
• Beutefangverhalten und Fressen der Larven von *Episyrphus balteatus* (Syrphidae) (C 1702/1989/8,5)
• *Syrphus balteatus* (Syrphidae) – Beutefangverhalten der Larve (E 2936/1986/12,5)
• *Perillus bioculatus* (Pentatomidae) – Beuteerwerb und Nahrungsaufnahme (E 774/1965/8,5)
• Fortpflanzung der Schlupfwespe *Coccygomimus turionellae* (Ichneumonidae) (C 1162/1975/10)
• *Thanasimus formicarius* (Cleridae) – Erbeuten und Fressen von Borkenkäfern (E 2556/1981/10,5)
• Hoch- und Tiefbau – Mauerwespen in Aktion (W 1973/1986/20)

- *Bacillus thuringiensis* (Bacillaceae) – Vegetative Vermehrung und Sporenbildung (E 555/1963/10)
- *Viroses à polyèdres des Insectes* (W 810/1965/20)
- Parasitismus der Nematoden *Gastromermis rosea* in *Chironomus anthracinus* (Diptera) (C 1024/1970/11)

WBF-Filme (*4):

- Jäger und Beute im Insektenreich – Der Sandlaufkäfer und sein Brutparasit (1991/14)
- Sperber und Habicht – Leben und Umwelt (1977/15)
- Arten- und Biotopschutz – Geschützte Arten in ungeschützter Landschaft? (1990/15)
- Bedrohte Lebensräume in unserer Wirtschaftslandschaft – Feuchtgebiete und Trockenrasen (1990/15)
- Der Bach – Gefährdeter Lebensraum für Pflanzen und Tiere (1992/15)

- Der Wald lebt – Eine Einführung in die Ökologie des Laubwaldes (1988/15)
- Lebensgemeinschaft im Garten, Wechselbeziehungen zwischen Nutz- und Schadinsekten (1975/15)

Diaserien

(Bestellnummer/Anzahl Bilder in Klammern)

AID-Diaserien (*1):

- Nutzinsekten als Helfer im Pflanzenschutz (7008/40)
- Geschützte Tiere und Pflanzen – was kann der Land- und Forstwirt zu ihrem Schutz tun? (7137/54)
- Wandernde, wildlebende Tierarten – was kann der Land- und Forstwirt zu ihrem Schutz tun? (7138/24)
- Schutz, Pflege und Anlage von Kleingewässern (7142/72)
- Flurbereinigung, Naturschutz und Landschaftspflege (7149/70)

- Anlage und Pflege von Obstwiesen (7150/48)
- Baum und Strauch in der Landschaft (7153/72)

FWU-Diaserien (*2):

- Schädlinge und Schädlingsvermehrung (102367/22)
- Probleme chemischer Schädlingsbekämpfung (1002368/21)
- Biologische Schädlingsbekämpfung (1002369/16)
- Spinnentiere – Echte Spinnen (1000635/17)
- Spinnentiere verschiedener Ordnungen (1000636/14)
- Einheimische Libellen (1000648/12)
- Marienkäfer-Entwicklung (1002035/13)
- Eulen (10000902/13)
- Vögel in der Feldflur (1000997/18)
- Einheimische Greifvögel (1002197/18)
- Der Igel (1002322/14)
- Tiere der Wiese (1002456/11)

- Naturnaher Garten (1002878/12)
- Schützenswerte Lebensräume (1002742/12)

* Anschriften:

(*1) Auswertungs- und Informationsdienst für Ernährung, Landwirtschaft und Forsten e. V. (AID) Konstantinstr. 124 53179 Bonn

(*2) Institut für Film und Bild in Wissenschaft und Unterricht (FWU) Bavariafilmplatz 3 82031 Grünwald

(*3) Institut für den wissenschaftlichen Film (IWF) Nonnenstieg 72 37075 Göttingen

(*4) Institut für Weltkunde in Bildung und Forschung (WBF) Flachsland 27 22083 Hamburg

Weiterführende Literatur

Nützlinge und biologische Schädlingsbekämpfung

BERLING, R.: Nützlinge und Schädlinge im Garten – Erkennen und richtig handeln, BLV Verlagsgesellschaft, München-Wien-Zürich 1986

BOURQUIN, H.-D.: Nützlinge im Weinbau – Eine einfache Anleitung zum Erkennen von Nützlingen im Weinberg, Dümmler-Verlag, Bonn 1989

COLDITZ, G.: Nützlinge und Schädlinge: Tiere als Helfer im Ökosystem Garten, Naturbuch Verlag, Augsburg 1992

DEBACII, P.: Biological Control by Natural Enemies, Cambridge University Press, London 1974

FISCHER-COLBRIE, P., HÖBAUS, E. und BLÜMEL, S.: Nützlinge – Helfer im zeitgemäßen Pflanzenschutz, Bundesministerium für Land- und Forstwirtschaft, Verlag J & V, Wien 1988

FRANK, W.: Parasitologie – Lehrbuch für Studierende der Human- und Veterinärmedizin, der Biologie und der Agrarbiologie, Verlag Eugen Ulmer, Stuttgart 1976

FRANZ, J. M. (Ed.): Biological Plant and Health Protection – Biological Control of Plant Pests and of Vectors of Human and Animal Diseases, Fortschritte der Zoologie, Band 32, Gustav Fischer Verlag, Stuttgart und New York 1986

FRANZ, J. M. und KRIEG, A.: Biologische Schädlingsbekämpfung, Verlag Paul Parey, Berlin und Hamburg 1982

HASSAN, S. A., ALBERT, R. und ROST, W. M.: Pflanzenschutz mit Nützlingen im Gewächshaus und im Freiland, Verlag Eugen Ulmer, Stuttgart 1993

HUFFAKER, C. B. und MESSENGER, P. S. (Ed.): Theory and Practice of Biological Control, Academic Press, New York 1976

HUSSEY, N. W. und SCOPES, N. (Ed.): Biological Pest Control – The Glasshouse Experience, Blandford Press, Poole, Dorset 1985

KRIEG, A. und FRANZ, J. M.: Lehrbuch der biologischen Schädlingsbekämpfung, Verlag Paul Parey, Berlin und Hamburg 1989

LAMPARTER, B.: Nützlingseinsatz im Gemüsebau unter Glas, Bernhard Thalacker Verlag GmbH & Co. KG, Braunschweig 1992

PEARS, P. und SHERMAN, B.: Nützliche und schädliche Tiere im Garten, Ravensburger Buchverlag Otto Maier GmbH, Ravensburg 1993

PEDERSON, O. C., REITZEL, J., und STENGAARD HANSEN, L.: Pflanzen natürlich schützen – Nützlinge in Treibhaus und Garten, Wolfgang Krüger Verlag, Frankfurt/Main 1986

ROTHERAY, G. E.: Aphid predators, Richmond Publishing Co. Ltd., Slough 1989

SEDLAG, U.: Biologische Schädlingsbekämpfung, Akademie-Verlag, Berlin 1980

SNOEK, H.: Nützlinge im Garten und Gewächshaus, Südwest Verlag, München 1983

STEINER, H.: Nützlinge im Garten, Verlag Eugen Ulmer, Stuttgart 1985

SUTER, H. und KELLER, S.: Blattläuse und Blattlausfeinde, Bubenberg Druck- und Verlags-AG, Bern 1990

Spinnentiere, Insekten und Wirbeltiere

BAEHR, B. und BAEHR, M.: Welche Spinne ist das? Franckh-Kosmos Verlags-GmbH & Co., Stuttgart 1987

BASTIAN, O.: Schwebfliegen, A. Ziemsen Verlag, Wittenberg Lutherstadt 1986

BELLMANN, H.: Spinnen – beobachten, bestimmen, Naturbuch-Verlag, Augsburg 1992

BRAUNS, A.: Taschenbuch der Waldinsekten, Band 1: Systematik und Ökologie/Band 2: Ökologische Freiland-Differentialdiagnose, Gustav Fischer Verlag, Stuttgart 1976

BROHMER, P.: Fauna von Deutschland, Quelle & Meyer Verlag, Heidelberg 1969

BRUUN, B., SINGER, A. und KÖNIG, C.: Der Kosmos-Vogelführer – Die Vögel Deutschlands und Europas, Franckh-Kosmos Verlags-GmbH & Co., Stuttgart 1986

CHINERY, M.: Insekten Mitteleuropas, Verlag Paul Parey, Berlin und Hamburg 1984

DUNGER, W.: Tiere im Boden, A. Ziemsen Verlag, Wittenberg Lutherstadt 1983

EIDMANN, H. und KÜHLHORN, F.: Lehrbuch der Entomologie, Verlag Paul Parey, Berlin und Hamburg 1970

GERSTMEIER, R.: Käfer – erkennen und schützen, Franckh-Kosmos Verlags-GmbH & Co., Stuttgart 1992

HAMMOND, N. und EVERETT, M.: Das Kosmosbuch der Vögel – Über 340 europäische Vogelarten in Farbe, Franckh-Kosmos Verlags-GmbH & Co., Stuttgart 1981

HARDE, K. W. und SEVERA, F.: Der Kosmos-Käferführer, Franckh-Kosmos Verlags-GmbH & Co., Stuttgart 1981

HIRSCHMANN, W.: Milben (Acari), Sammlung: Einführung in die Kleinlebewelt, Franckh-Kosmos Verlags-GmbH & Co., Stuttgart 1966

JACOBS, W. und RENNER, M.: Taschenlexikon zur Biologie der Insekten, Gustav Fischer Verlag, Stuttgart 1974

JACOBS, W. und SEIDEL, F.: Systematische Zoologie: Insekten (Wörterbücher der Biologie), Gustav Fischer Verlag, Jena 1975

JONES, D.: Der Kosmos-Spinnenführer, Franckh-Kosmos Verlags-GmbH & Co., Stuttgart 1985

KARG, W.: Die freilebenden Gamasina (Gamasides), Raubmilben, in DAHL, M. und PEUS, F. (Hrsg.): Die Tierwelt Deutschlands, VEB Gustav Fischer Verlag, Jena 1971

REICHHOLF-RIEHM, H.: Insekten (Steinbachs Naturführer), Mosaik Verlag GmbH, München 1984

RICHARZ, K. und LIMBRUNNER, A.: Fledermäuse – Fliegende Kobolde der Nacht, Franckh-Kosmos Verlags-GmbH & Co., Stuttgart 1992

SAUER, F.: Fliegen und Mücken – nach Farbfotos erkannt, Fauna-Verlag, Karlsfeld 1987

SAUER, F. und WUNDERLICH, J.: Die schönsten Spinnen Europas, Fauna-Verlag, Karlsfeld 1991

SEDLAG, U. (Hrsg.): Insekten Mitteleuropas, Lizenzausgabe Deutscher Taschenbuch Verlag/Ferdinand Enke Verlag, Stuttgart 1976

STORCH, V. und WELSCH, U.: Systematische Zoologie, Gustav Fischer Verlag, Stuttgart 1991

STRESEMANN, E. (Hrsg.): Exkursionsfauna – Wirbellose, Volk und Wissen Volkseigener Verlag, Berlin 1978

TRAUNER, J., GEIGENMÜLLER, K. und DIEHL, B.: Laufkäfer, Deutscher Jugendbund für Naturbeobachtung, 2. Auflage, 1984

VAN DER DONK, M. und VAN GERWEN, T.: Das Kosmosbuch der Insekten – Vielfalt, Anpassung und Lebensweise, Franckh-Kosmos Verlags-GmbH & Co., Stuttgart 1985

WACHMANN, E.: Wanzen beobachten, kennenlernen, Verlag J. Neumann-Neudamm GmbH & Co. KG, Melsungen 1989

WINKLER, R.: Taschenatlas der Käfer, Verlag Dausien, Hanau/M. 1978

WYNIGER, R.: Insektenzucht – Methoden der Zucht und Haltung von Insekten und Milben im Laboratorium, Verlag Eugen Ulmer, Stuttgart 1974

ZAHRADNIK, J.: Der Kosmos-Insektenführer, Franckh-Kosmos Verlags-GmbH & Co., Stuttgart 1989

Pflanzenschutz allgemein

AUST, H.-J., BUCHENAUER, H., KLINGAUF, F., NIEMANN, P., PÖHLING, H. M. und SCHÖNBECK, F.: Glossar Phytomedizinischer Begriffe, Schriftenreihe der Deutschen Phytomedizinischen Gesellschaft, Band 3, Verlag Eugen Ulmer, Stuttgart 1991

BÖHMER, B.: Ratgeber für Pflanzenschutz und Unkrautbekämpfung im Zierpflanzenbau, Verlag Paul Parey, Berlin und Hamburg 1984

BÖHRINGER, M. und JÖRG, G.: Naturgemäßer Pflanzenschutz, Franckh-Kosmos Verlags-GmbH & Co., Stuttgart 1993

BORNER, H.: Pflanzenkrankheiten und Pflanzenschutz (UTB 518), Verlag Eugen Ulmer, Stuttgart 1978

BRUNS, S.: 100 Tips für naturgemäßes Gärtnern, Franckh-Kosmos Verlags-GmbH & Co., Stuttgart 1992

CRÜGER, G.: Pflanzenschutz im Gemüsebau – Handbuch des Erwerbsgärtners, Verlag Eugen Ulmer, Stuttgart 1991

DELUCCHI, V. (Ed.): Integrated Pest Management – Protection Integree – Quo Vadis? – An International Perspective, Parasitis Verlag, Genf 1987

FORTMANN, M., und DÖRFLINGER, R.: Gewächshausgärtnern naturgemäß, Franckh-Kosmos Verlags-GmbH & Co., Stuttgart 1991

HÄNI, F., POPOW, G., REINHARD, H., SCHWARZ, A., TANNER, K. und VORLET, M.: Pflanzenschutz im Integrierten Akkerbau, Verlag Landwirtschaftliche Lehrmittelzentrale, Zollikofen 1988

HEIMANN, M.: Naturgemäßer Pflanzenschutz im Nutzgarten (Schädlinge-Krankheiten-Bekämpfung), Verlag Eugen Ulmer, Stuttgart 1982

HEITEFUSS, R.: Pflanzenschutz – Grundlagen der praktischen Phytomedizin, Georg Thieme Verlag, Stuttgart 1987

HEITEFUSS, R., KÖNIG, K., OBST, A. und RESCHKE, M.: Pflanzenkrankheiten und Schädlinge im Ackerbau, DLG-Verlags-GmbH, Frankfurt 1987

HOFFMANN, G. M. und SCHMUTTERER, H.: Parasitäre Krankheiten und Schädlinge an landwirtschaftlichen Kulturpflanzen, Verlag Eugen Ulmer, Stuttgart 1983

HOFFMANN, G. M., NIENHAUS, F., SCHÖNBECK, F., WELTZIEN, H. C. und WILBERT, H.: Lehrbuch der Phytomedizin, Verlag Paul Parey, Berlin und Hamburg 1976

KREUTER, M.-L.: Biologischer Pflanzenschutz, BLV Verlagsgesellschaft, München-Wien-Zürich 1982

KREUTER, M.-L.: Biologischer Pflanzenschutz, Bayrischer Landwirtschaftsverlag, München 1985

KREUTER, M.-L.: Pflanzenschutz im Bio-Garten, BLV Verlagsgesellschaft, München-Wien-Zürich 1990

LINDNER, U.: Der Hausgarten biologisch, Verlag Eugen Ulmer, Stuttgart 1987

MICHEL, H. G., UMGELTER, H. und MERZ, F.: Pflanzenschutz im Garten, Verlag Eugen Ulmer, Stuttgart 1991

PHILIPP, W. D.: Biologische Bekämpfung von Pflanzenkrankheiten, Verlag Eugen Ulmer, Stuttgart 1988

PROBST, G.: Biologischer Pflanzenschutz – Individuelle Behandlung aller wichtigen Arten, Pietsch Verlag, Stuttgart 1988

SCHMID, O. und HENGGELER, S.: Biologischer Pflanzenschutz im Garten, Verlag Eugen Ulmer, Stuttgart 1990

SCHMIDTKE, F.: Gesunde Pflanzen durch Jauche und Brühen, Franckh-Kosmos Verlags-GmbH & Co., Stuttgart 1990

SCHWARZ, A., ETTER, J., KÜNZLER, R., POTTER, C. und RAUCHENSTEIN, H. R.: Pflanzenschutz im Integrierten Gemüsebau, Verlag Landwirtschaftliche Lehrmittelzentrale, Zollikofen 1990

STELZER, G.: Gesunde Zimmerpflanzen – Krankheiten erkennen und behandeln, Falken-Verlag GmbH, Niedernhausen 1988

Ökologie, Umwelt- und Naturschutz (Nützlingsschutz)

BENJES, H.: Die Vernetzung von Lebensräumen mit Feldhecken, Natur & Umwelt Verlags-GmbH, München 1986

BLAB, J.: Grundlagen des Biotopschutzes für Tiere – Ein Leitfaden zum praktischen Schutz der Lebensräume unserer Tiere, Kilda-Verlag F. Pölking, Greven/Bonn 1993 (Hrsg.: Bundesforschungsanstalt für Naturschutz und Landschaftsökologie, Schriftenreihe für Landespflege und Naturschutz, Heft 24)

CHINERY, M.: Naturschutz beginnt im Garten, Otto Maier Verlag, Ravensburg 1986

RÖSER, B.: Saum- und Kleinbiotope – Ökologische Funktion, wirtschaftliche Bedeutung und Schutzwürdigkeit in Agrarlandschaften, ecomed Verlagsgesellschaft mbH, Landsberg 1988

ROGNER, H. und ROGNER, M.: Mehr Tiere im Garten – Anlokken und Ansiedeln, Franckh-Kosmos Verlags GmbH & Co., Stuttgart 1989

SCHILKE, K. (Hrsg.): Agrar-Ökologie, Metzler-Verlag, Hannover 1992

STEINBACH, G. (Hrsg.): Werkbuch Naturschutz – Selbstbau-Anleitungen für den Vogel-, Fledermaus-, Kröten- und Insektenschutz, Franckh-Kosmos Verlags-GmbH & Co., Stuttgart 1988

STEINBACH, G. (Hrsg.): Werkbuch Biotopschutz – Das Handbuch für alle Praktiker, Franckh-Kosmos Verlags-GmbH & Co., Stuttgart 1990

STEINBACH, G. (Hrsg.): Werkbuch Naturbeobachtung – erkennen, dokumentieren, auswerten, Franckh-Kosmos Verlags-GmbH & Co., Stuttgart 1991

STEINBACH, G. (Hrsg.): Werkbuch Naturgarten, Franckh-Kosmos Verlags-GmbH & Co., Stuttgart 1992

STEINBACH, G. (Hrsg.): Wir tun was für naturnahe Gärten, Franckh-Kosmos Verlags-GmbH & Co., Stuttgart 1991

STEINBACH, G. (Hrsg.): Wir tun was für Hecken und Feldgehölze, Franckh-Kosmos Verlags-GmbH & Co., Stuttgart 1991

STEINBACH, G. (Hrsg.): Wir tun was für Insekten, Franckh-Kosmos Verlags-GmbH & Co., Stuttgart 1992

Schriften, Broschüren und Fachzeitschriften

Schriftenreihe Agrarökologie – Monographische Abhandlungen zur landwirtschaftlichen Ökologie (Hrsg.: Nentwig, W. und Poehling, H.-M.), Verlag Paul Haupt, Bern, Stuttgart und Wien, z.B.:
• Weiss, E. und Stettmer, Ch.: Unkräuter in der Agrarlandschaft locken blütenbesuchende Nutzinsekten an (Band 1)
• Frei, G. und Manhart, Ch.: Nützlinge und Schädlinge an künst-

lich angelegten Ackerkrautstreifen in Getreidefeldern (Band 4)
• Schmid, A.: Untersuchungen zur Attraktivität von Ackerwildkräutern für aphidophage Marienkäfer (Coleoptera, Coccinellidae) (Band 5)
• Bürki, H.-M. und Hausammann, A.: Überwinterung von Arthropoden im Boden und an Ackerkräutern künstlich angelegter Akkerkrautstreifen (Band 7)
• Ruppert, V.: Einfluß blütenreicher Feldrand-Strukturen auf die Dichte blütenbesuchender Nutzinsekten insbesondere der Syrphinae (Diptera: Syrphidae) (Band 8)

Broschüren, Falt- und Merkblätter des Auswertungs- und Informationsdienstes für Ernährung, Landwirtschaft und Forsten (AID) e.V.*, z.B.:
• Integrierter Pflanzenschutz (Broschüre Nr.32, 1985)
• Biologische Schädlingsbekämpfung (Nr.1030, 1993)
• Waldränder gestalten und pflegen (Nr.1010, 1993)
• Gehölze in der Landwirtschaft (Nr.1039, 1992)
• Bewuchs an Wasserläufen (Nr.1087, 1992)
• Brachland als Lebensraum (Nr.1091, 1993)
• Die Blumenwiese (Nr.1155, 1992)
• Flurbereinigung, Landwirtschaft und Naturschutz (Nr.1190, 1991)
• Biotope pflegen mit Schafen (Nr.1197, 1992)
• Wegränder gestalten und pflegen (Nr.1261, 1992)
• Ackerwildkräuter schützen (Nr.2084, 1992)
• Streuobstwiesen schützen (Nr.2096, 1992)
• Garten als Lebensraum (Nr.1193, 1992)

Mitteilungen der Biologischen Bundesanstalt für Land- und Forstwirtschaft (BBA) * (Kommissionsverlag Paul Parey, Berlin u. Hamburg), z.B.:
• Basedow, T.: Der Einfluß gesteigerter Bewirtschaftungsintensität im Getreidebau auf die Laufkäfer (Coleoptera, Carabidae) (Heft 235, 1987)
• Kulp, D., Fortmann, M., Hommes, M. und Plate, H.-P.: Die räuberische Gallmücke Aphidoletes aphidimyza (Diptera: Cecidomyiidae) – Ein bedeutender Blattlausräuber – Nachschlagewerk zur Systematik, Verbreitung, Biologie, Zucht und Anwendung (Heft 250, 1989)
• Maixner, M.: Untersuchungen zur Insektizidresistenz der Raubmilbe Typhlodromus pyri (Acari: Phytoseiidae) an Reben des Wein-

baugebiets Mosel-Saar-Ruwer (Heft 257, 1990)
• Schuler, T., Hommes, M., Plate, H.-P. und Zimmermann, G.: Verticillium lecanii (Hyphomycetales: Moniliaceae): Geschichte, Systematik, Verbreitung, Biologie und Anwendung im Pflanzenschutz (Heft 269,1991)
• Baier, B. und Karg, W.: Untersuchungen zur Biologie, Ökologie und Effektivität oligophager Raubmilben unter besonderer Berücksichtigung von Amblyseius barkeri (Acarina: Phytoseiidae) (Heft 281, 1992)
• Freier, B., Gottwald, R., Baufeld, P., Karg, W. und Stephan, S.: Integrierter Pflanzenschutz im Apfelanbau – Ein Leitfaden (Heft 278, 1992)
• Bay, T., Hommes, M. und Plate, H.-P.: Die Florfliege Chrysoperla carnea (Heft 288, 1993)

Schriftenreihe Angewandte Wissenschaft des Bundesministeriums für Ernährung, Landwirtschaft und Forsten (BML)* (Landwirtschaftsverlag GmbH, Münster-Hiltrup), z.B.:
• Integrierter Pflanzenschutz im Apfelanbau von Baden-Württemberg (Heft 319, 1985)
• Biologischer Pflanzenschutz (Heft 344, 1987)
• Schonung und Förderung von Nützlingen (Heft 365, 1988)

Broschüren und Schriften der Fördergemeinschaft Integrierter Pflanzenbau (FIP)*, z.B.:
• Biologischer Pflanzenschutz in der Bundesrepublik Deutschland, erstellt von Grunewaldt-Stöcker, G. unter Mitarbeit des Arbeitskreises »Biologische Pflanzenschutzforschung«, Schriftenreihe »Integrierter Pflanzenbau«, Heft 7/1990

Broschüren und Schriften des Bundes für Umwelt- und Naturschutz Deutschland e.V. (BUND)*, z.B.:
• Lebendige Welt hinter dem Haus – Ein praktischer Leitfaden zum Gärtnern ohne Gift, Bonn 1989

Berichte der Akademie für Naturschutz und Landespflege in Laufen/Salzach*, z.B.:
• Zwölfer, H., Bauer, G., Heusinger, G. und Stechmann, D.: Die tierökologische Bedeutung und Bewertung von Hecken (Beiheft 3, Teil 2, 1984)

Broschüren der Internationalen Organisation für biologische Bekämpfung schädlicher Tiere und Pflanzen (OILB/IOBC), Sektion Westpalaearktische Region (SROP/WPRS)*, z.B.:

• Visuelle Kontrollen im Apfelanbau, Arbeitsgruppe für integrierte Bekämpfung im Obstbau, Broschüre Nr.2, 1975
• Nützlinge in Apfelanlagen – Einführung in den Integrierten Pflanzenschutz, Arbeitsgruppe für Integrierten Pflanzenschutz im Obstbau, Broschüre Nr.3, 1976
• Guidelines for Testing the Effects of Pesticides on Beneficials – Short Description of Test Methods, Working Group Pesticides and Beneficial Organisms, Bulletin XI/4, 1988

Mitteilungen der Deutschen Gesellschaft für allgemeine und angewandte Entomologie (DGaaE)*

Phytomedizin – Mitteilungen der Deutschen Phytomedizinischen Gesellschaft e.V.*

Biocontrol News and Information C.A.B. International, Farnham House, Farnham Royal, Slough SL 23 BN, UK

Ergänzbare Bibliographie zum Thema Landwirtschaft im Biologieunterricht zusammengestellt von Endlich, G., Klimant, A., Schmiegelt, S. und Schilke, K., Kiel 1988 (Institut für die Pädagogik der Naturwissenschaften IPN, Universität Kiel *)

Arthropoden als Schädlinge landwirtschaftlicher Kulturpflanzen einschließlich Feldgemüse- und Obstbau Autoren: Wyss, U. und Höller, C., Kiel 1988 (Institut für Phytopathologie, Universität Kiel *)

Krankheiten, Schädlinge und Nützlinge im Weinbau, Beratungsschrift der Bundesanstalt für Pflanzenschutz, Bundesministerium für Land- und Forstwirtschaft Wien *, Autoren: Nieder, G. und Höbaus, E.

Biologische Schädlingsbekämpfung in Baden-Württemberg – Arbeitshilfen für Beratung und Betriebsführung Stuttgart 1992 (Ministerium für Ländlichen Raum, Ernährung, Landwirtschaft und Forsten Baden-Württemberg)

Knowing and Recognizing – The Biology of Glasshouse Pests and their Natural Enemies Autoren: Malais, M. und Ravensberg, W.J., Berkel en Rodenrijs 1992 (Koppert B.V. *)

* Anschriften siehe Seite 303 bis 304

Glossar

Erläuterung verwendeter Fachbegriffe

A

Abdomen
Hinterleib der Insekten

abiotisch
unbelebt

Abundanz
Dichte bzw. Häufigkeit von Organismen bezogen auf eine bestimmte Fläche (Populationsdichte)

Abundanzdynamik
Veränderung der Populationsdichte einer Art während einer Generation oder von Generation zu Generation

Adulte
ausgewachsene, erwachsene, voll entwickelte, geschlechtsreife Arthropoden

Akarizid
Giftstoff bzw. Pflanzenschutzmittel zur Bekämpfung (Abtötung) schädlicher Milben

allelopathisches Wirkungsprinzip
gegenseitige Beeinflussung von Organismen durch freiwerdende Inhaltsstoffe (gegenseitige Förderung oder Hemmung; z.B. bei Pflanzen genutzt in Mischkulturen)

Allomone
chemische Stoffe, die von Organismen abgegeben werden und auf Individuen einer anderen Art einen Abwehreffekt ausüben

Anholozyklus
bei Blattläusen die Bezeichnung dafür, daß ausschließlich parthenogenetisch (ohne Befruchtung) sich fortpflanzende Generationen aufeinanderfolgen

Antagonist, biologischer
aktiver Gegenspieler, natürlicher Feind; hier: Organismus, der Schadorganismen hemmt oder abtötet (z.B. Räuber, Parasit, Krankheitserreger)

Antennen
Fühler der Insekten

Antibiose
hier: hemmender Einfluß einer Pflanzenart (-sorte) auf einen Schädling

aphidophag
blattlausvertilgend

Applikation
Ausbringung, Anwendung von Pflanzenschutzmitteln; jedoch häufig auch für Freilassung von Nützlingen verwendet

arrhenothok
siehe Parthenogenese

Arthropoden
Tierstamm der Gliederfüßer (Spinnentiere, Insekten)

Autozidverfahren
siehe Selbstvernichtungsverfahren

B

Baculoviren
Gruppe von stäbchenförmigen DNS-Viren, die speziell Insekten und Milben befallen (Kernpolyederviren, Granuloseviren)

Begrenzungsfaktoren
biotische (z.B. Antagonisten) oder abiotische Umwelteinflüsse (z.B. Witterung, Klima), die der Vermehrungs- und Ausbreitungstendenz einer Art entgegenwirken

Bekämpfungsschwelle
Befallsdichte bzw. -intensität einer Schaderregerpopulation, bei der eine Bekämpfung notwendig ist, um das Erreichen der wirtschaftlichen Schadensschwelle zu verhindern

Beute/Beutetiere
tierische Schaderreger, die von räuberischen Nützlingen vertilgt werden

biologische Kontrolle/Regulation
natürliche Begrenzung/Dezimierung von Schaderregerpopulationen durch Nutzorganismen (ohne direkte Einflußnahme des Menschen)

biologischer Pflanzenschutz
Nutzung biologischer Abläufe, um Schadorganismen direkt oder indirekt zu bekämpfen oder um die Widerstandskraft von Nutzpflanzen zu erhöhen

biologische Schädlingsbekämpfung
Nutzung von biologischen Antago-

nisten (Nutzarthropoden oder Krankheitserreger einschließlich Viren) zur Bekämpfung von Schadorganismen (Verwendung von Lebewesen zur Populationsbegrenzung schädlicher Tiere und Pflanzen)

Biopräparate
Pflanzenschutzmittel auf der Grundlage von Naturstoffen, Viren oder Mikroorganismen

biotechnische(r) Schädlingsbekämpfung (Pflanzenschutz)
Nutzung natürlicher Reaktionen von Schadorganismen zu ihrer Bekämpfung (z.B. Männchen-Fang oder -Verwirrung durch Sexual-Pheromone; Abschreckung/Anlokkung von Schädlingen durch bestimmte Düfte/Farben; Anwendung von Pflanzenextrakten u.a. biogenen, d.h. von Lebewesen abstammenden bzw. produzierten, Wirkstoffen)

biotisch
belebt

Biotop
natürlich begrenzter Lebensraum einer darauf abgestimmten Lebensgemeinschaft (Biozönose)

Biozid
Stoff, der Organismen abtötet

Biozönose
Lebensgemeinschaft in einem Biotop vorkommender Arten, die unter- und miteinander in Wechselbeziehungen stehen

bivoltin
zwei Generationen im Jahr hervorbringend

Blastosporen
durch Sprossung gebildete Pilzsporen, die von (insektenpathogenen) Pilzen in Flüssigkultur gebildet werden

breit(en)wirksam
Pflanzenschutzmittel und -verfahren mit Wirkung auf viele Schadorganismen (und entsprechend breiter Nebenwirkung)

C

Cecidien
Gallen; Gewebewucherungen an

Pflanzen, i.d.R. ausgelöst durch (Schad-)Arthropoden

Chlorose
verminderter Chlorophyllgehalt von Pflanzenzellen (z.B. durch Saugtätigkeit phytophager Insekten), erkennbar u.a. an Blattaufhellungen

D

Dauerlarve
keine Nahrung benötigendes Stadium parasitärer (und anderer) Nematoden

Diapause
genetisch festgelegte physiologische Ruhepause oder Entwicklungshemmung von Insekten bei klimatisch ungünstigen Bedingungen (z.B. Winter); wird häufig durch kurze Tageslänge ausgelöst

E

Effizienzschwelle
siehe Nutzensschwelle

Eiparasiten
Insekten (meist aus der Ordnung der Hautflügler), die ihre Eier in Eier anderer Insekten (z.B. von Schmetterlingen) legen; die Larve ernährt sich vom Wirtsei und verläßt dieses als flugfähiges Vollinsekt (Imago)

Ektoparasit
Parasit, der von außen am Wirt frißt (ektoparasitische Lebensweise)

endemisch
nur in einem bestimmten Gebiet vorkommend

Endoparasit
Parasit der im Wirt lebt (endoparasitische Lebensweise); die Verpuppung kann innerhalb oder außerhalb des Wirtes erfolgen

Entomologie
Insektenkunde (beinhaltet i.d.R. aber alle Arthropoden)

entomopathogen
Insekten krankmachend

entomophag/Entomophage
insektenfressend/Insektenfresser (Räuber oder Parasit)

Anhang

F

Fangpflanzen
bestimmte Pflanzenarten, die zur Anlockung von Schädlingen (z.B. phytophage Nematoden) angebaut werden, um diese von den Kulturpflanzen fernzuhalten

Feindpflanzen
bestimmte Pflanzen (Nichtwirtspflanzen), die zur Abwehr von Schädlingen angepflanzt werden

Fertilität
Fähigkeit zur Erzeugung entwicklungsfähiger Eier bzw. Nachkommen; häufig gleichgesetzt mit der Fruchtbarkeit oder der potentiellen, tatsächlichen bzw. durchschnittlichen Nachkommenzahl eines Weibchens (auch Fekundität genannt)

Formulierung
praxisgerechte Aufbereitung von Wirkstoffen oder Krankheitserregern (Granulat, Spritzpulver usw.)

Fungizid
Giftstoff bzw. Pflanzenschutzmittel zur Bekämpfung (Abtötung) schädlicher Pilze

funktionelle Reaktion
Änderung des Beutetierverzehrs eines einzelnen Prädatoren in Abhängigkeit von der Beutetierdichte

G

Gradation
Massenvermehrung einer Population über das durchschnittliche Dichteniveau hinaus

Granulat
spezielle Formulierungsform bei Pflanzenschutzmitteln

Granuloseviren
zu den Baculoviren gehörende stäbchenförmige DNS-Viren, die sich im Kern und/oder Zytoplasma von Wirtszellen vermehren und dort einzeln in Proteinkapseln (= Granula) eingeschlossen werden

Gregärparasiten
Parasiten (Larven) der gleichen Art, die sich zu mehreren (in Gruppen) in einem Wirtstier entwickeln

H

Habitat
Lebensraum einer Art

Haemocoel
die mit Hämolymphe gefüllte Leibeshöhle der Insekten

Hämolymphe
zirkulierende Körperflüssigkeit des Tierstammes der Arthropoden (Gliederfüßer)

Hemimetabolie
Entwicklungsablauf bei Insekten ohne Puppenruhe; Larven (Nymphen) sehen den Adulten (Imagines) ähnlich und zeigen bereits dieselbe Ernährungsweise

Herbizid
Giftstoff bzw. Pflanzenschutzmittel zur Bekämpfung (Abtötung) unerwünschter Vegetation (Unkrautbekämpfungsmittel)

Heterometabolie
Entwicklungsablauf bei Insekten mit unvollständiger Verwandlung vom Ei über die Larve (Nymphe) direkt (ohne Puppenstadium) zum Vollinsekt (Imago)

Holometabolie
Entwicklungsablauf bei Insekten mit vollständiger Verwandlung vom Ei über die Larve und Puppe zum Vollinsekt (Imago)

Holozyklus
bei Blattläusen die Bezeichnung dafür, daß im Generationszyklus außer Parthenogenese auch zweigeschlechtliche Fortpflanzung (mit Eiablage) auftritt (Gegensatz Anholozyklus)

host-feeding
Saugen von Hämolymphe von potentiellen Wirtstieren (bei Parasiten)

Hyperparasit
Parasit eines Parasiten

I

Imago
vollentwickeltes, erwachsenes, geschlechtsreifes, fortpflanzungsfähiges (adultes) Insekt (Imaginalstadium)

Immission
Einwirkung schädlicher Luftverunreinigungen

Impfbiotope
Lebensräume (Habitate), in denen sich Nützlinge weitestgehend ungestört aufhalten und vermehren können, um von hier aus in die Kulturpflanzenbestände einwandern zu können (z.B. Hecken; siehe auch ökologische Zelle)

indifferente Arten
Arten, die offensichtlich (aus der Sicht des Menschen) weder als schädlich oder lästig noch als nützlich einzustufen sind

Indikation
hier: Anwendungsmöglichkeit eines Pflanzenschutzmittels bzw. -verfahrens gegen das Auftreten bestimmter Schadorganismen in einer bestimmten Kultur

Indikatororganismen
Organismen, deren Auftreten, Überlebensrate und/oder Vermehrung Hinweise auf den Zustand bestimmter Umweltbedingungen geben bzw. Rückschlüsse auf die Einflüsse/Beeinträchtigungen durch Pestizide u.a. zulassen

induzierte Resistenz
Verfahren zur Auslösung von Resistenz bei Pflanzen, z.B. durch Behandlung mit nichtpathogenen Bakterien oder Pilzen, ihren Kulturfiltraten oder mit Pflanzenextrakten (Resistenzinduktoren)

Insektenpathogen
Erreger von Insektenkrankheiten, z.B. Viren, Bakterien, Protozoen

Insektizid
Giftstoff bzw. Pflanzenschutzmittel zur Bekämpfung (Abtötung) schädlicher Insekten

Integrierter Anbau/Integrierte Produktion
umweltschonende, standortgerechte Pflanzenproduktion unter Ausnutzung ökologisch und ökonomisch vertretbarer Anbauverfahren (Verfahren werden in Erzeugergemeinschaften oder Vermarktungsorganisationen über Richtlinien vorgegeben und überwacht; siehe auch Integrierter Pflanzenschutz)

Integrierte(r) Pflanzenschutz (Schädlingsbekämpfung)
Verfahren, bei dem alle ökonomisch, ökologisch und toxikologisch vertretbaren Methoden verwendet werden, um Schadorganismen unter der ökonomischen bzw. hygienischen Schadensschwelle zu halten (wobei die bewußte Ausnutzung aller natürlichen Begrenzungsfaktoren im Vordergrund steht)

Interferenz
einseitige oder gegenseitige Beeinträchtigung von Individuen einer oder mehrerer Arten

interspezifische, intraspezifische Konkurrenz
siehe Konkurrenz

in vitro
außerhalb eines Lebewesens stattfindender Prozeß

in vivo
innerhalb eines Lebewesens stattfindender Prozeß

K

Kairomone
chemische Signal- bzw. Botenstoffe, die von Organismen abgegeben werden und auf andere Arten einen anlockenden Reiz ausüben (z.B. Anlockung eines Parasiten durch den 'Duft' seines Wirtstieres)

Kalamität
starkes (massenhaftes) Auftreten von Schadorganismen (mit wirtschaftlichen Folgen bei angebauten Kulturen)

Kernpolyederviren
zu den Baculoviren gehörende stäbchenförmige DNS-Viren, die sich in Zellkernen von Wirtszellen vermehren und dort zu mehreren in Proteinkörper (= Kernpolyeder) eingeschlossen werden

Konkurrenz
gemeinsame Inanspruchnahme eines nur in begrenzter Menge verfügbaren 'Requisites', wie z.B. Wirtspflanzen bei Phytophagen oder Beutetieren bei Prädatoren, zwischen den Angehörigen einer Art (intraspezifische K.) oder zwischen verschiedenen Arten (interspezifische K.)

Kristall
Eiweißkörper, der bei der Sporenbildung von *Bacillus thuringiensis* gebildet wird (Endotoxin) und für bestimmte Insekten giftig ist

L

Larve(n)
Jugendstadium bei Arthropoden

Lückenindikation
siehe Indikation

M

Maden
Fliegenlarven

Massenwechsel
Schwankungen der Populationsdichte (siehe Abundanzdynamik)

Metabolite
Stoffwechselprodukte (sekundäre Metaboliten, wie z.B. Toxine, haben keine erkennbare physiologische Funktion für den sie produzierenden Organismus)

Metamorphose
hormonell regulierter Entwicklungsablauf bei Insekten über meh-

rere durch Wachstum und Häutungen gekennzeichnete Stadien, verbunden mit einem Gestalt-, Struktur- und Funktionswandel (innere und äußere Organe)

Migration
individuelles Verlassen eines Gebietes oder Zuwandern in einen Siedlungsraum; der Wandertrieb wird oft durch endogene (Alter) oder exogene Faktoren (ungünstige Umweltverhältnisse) ausgelöst

Mischkultur
Bestand aus verschiedenen Kulturpflanzen (kombinierter Anbau bestimmter Arten, die sich gegenseitig fördern und ergänzen)

Mittelresistenz
siehe Resistenz

Monitoring (-Verfahren)
kontinuierliche Überwachung (Kontrolle) des Auftretens oder der Dichte von Populationen von Schadorganismen

Monokultur
(wiederholter) Anbau von nur einer Kulturpflanzenart (auf derselben Fläche)

monophag/Monophage
nur einen Wirt (bzw. ein Wirtstier) befallend (bei Parasiten) bzw. nur auf ein bestimmtes Beutetier spezialisiert (bei Räubern)

Mortalität
Sterblichkeitsrate; Häufigkeit der Sterbefälle in einer Population

Multiparasitismus
gleichzeitiger Befall eines Wirtes durch verschiedene Parasiten

Mumifikation/Mumifizierung
Ausdruck für die Form-, Farb- und Strukturveränderung (Verhärtung) parasitierter Blattläuse

Mykorrhiza
Symbiose bestimmter Pilze mit Wurzeln vieler Pflanzenarten (wachsen auf der Wurzelrinde oder an der Wurzeloberfläche)

N

Nebenwirkung
von der gewünschten Hauptwirkung abweichender, unerwünschter Effekt, z. B. Wirkung eines Insektizids über den Schädling hinaus auch auf Nutzorganismen oder andere Glieder der Biozönose

Nematoden
Fadenwürmer, Älchen

Netzmittel
grenzflächenaktive Substanz, die z. B. die Benetzbarkeit von Blättern durch Pflanzenschutzmittel verbessert

Nützling
natürlicher Gegenspieler (Feind, Antagonist) eines Schädlings oder Lästlings (Räuber, Parasit)

Nützlingspotential
Gesamtheit der natürlicherweise zur Verfügung stehenden Nützlinge als Begrenzungsfaktoren von Schaderregerpopulationen

Nützlingsschutz
Oberbegriff für alle Maßnahmen, die der Anlockung, Ansiedlung, Schonung und Förderung von Nützlingen dienen und zur Steigerung ihrer Effizienz als Antagonisten von Schaderregern beitragen (beinhaltet auch die Schaffung, Erhaltung und Pflege geeigneter Lebensräume)

numerische Reaktion
Zu- oder Abnahme einer Räuber- oder Parasitenpopulation in Abhängigkeit von der Beute- bzw. Wirtstierdichte

Nutzarthropoden
von Schadorganismen lebende, räuberische oder parasitische Gliederfüßer (nützliche Insekten, Spinnen und Milben)

Nutzensschwelle, Nutzungsschwelle
Schwelle, bei der kein weiterer Nützlingseinsatz mehr erforderlich ist (kritische Populationsdichte von Nützlingen, welche die Schädlingspopulation unter Kontrolle, d. h. unter der wirtschaftlichen Schadensschwelle, zu halten vermag)

Nutzorganismen
Oberbegriff für alle – aus der Sicht des Menschen – nützlichen Organismen (Antagonisten von Schaderregern; Gegensatz: Schadorganismen)

Nymphe(n)
Larve(n) der heterometabolen Insekten (mit unvollständiger Entwicklung)

O

Ökologie
Wissenschaft/Lehre, die sich mit den Beziehungen der Lebewesen untereinander sowie zu den an einem gegebenen Standort gebotenen abiotischen Faktoren befaßt

ökologische Zellen/Ökozellen
nicht oder nur extensiv genutzte Flächen in Agrarökosystemen mit einem vielseitigen, standortgerechten Bewuchs (insbesondere reichhaltiges, ganzjähriges Blütenangebot), die als 'Reservoire' vielen Nützlingen Nahrung, Unterschlupf und Überwinterungsmöglichkeiten bieten (siehe auch Saumbiotope)

Ökosystem
Beziehungsgefüge von Organismen und Umwelt; funktionelle Einheit der Biosphäre als Wirkungsgefüge aus Lebewesen (einschließlich des Menschen), unbelebten natürlichen und vom Menschen geschaffenen Bestandteilen, die untereinander und mit ihrer Umwelt in vielfältigsten Wechselwirkungen stehen

offene (Dauer-)Zucht
hier: Vermehrung von Blattlausräubern bzw. -parasiten (*Aphidoletes*-Gallmücken, *Aphidius*-Schlupfwespen), z. B. auf Getreideblattläusen, direkt zwischen den Kulturpflanzen im Gewächshaus

oligophag/Oligophage
nur wenige Wirte (Wirtspflanzen bei Phytophagen, Wirtstiere bei Parasiten) befallend bzw. auf wenige Beutetiere spezialisiert (bei Prädatoren)

P

Parameter
die einen Vorgang bzw. Prozeß beeinflussende Variable

Parasit
Schmarotzer in oder an einem lebenden Wirt (z. B. Blattlausschlupfwespe)

Parasitierungsrate
Anzahl der parasitierten im Vergleich zu den nicht parasitierten Schädlingen

Parasitoid
genauerer Begriff zur Bezeichnung von Insektenparasiten, die ihren Wirt abtöten (zur Unterscheidung von 'echten' Parasiten, die ihren Wirt längere Zeit nutzen, i. d. R. ohne ihn abzutöten)

Parthenogenese
Entwicklung eines Individuums aus einer unbefruchteten Eizelle (Jungfernzeugung, eingeschlechtliche Fortpflanzung); arrhenotoke P. (aus unbefruchteten Eiern schlüpfen nur Männchen) und telytoke P. (aus unbefruchteten Eiern schlüpfen nur Weibchen)

Pathogen
Krankheitserreger (Erreger von Infektionskrankheiten)

Pathotyp
physiologische Rasse, z. B. bei *Bacillus thuringiensis* dadurch charakterisiert, daß nur bestimmte Wirte befallen werden

persistent
dauerhaft, ausdauernd, lang anhaltend (z. B. in Zusammenhang mit der Wirksamkeitsdauer oder Nachweisbarkeit von Pflanzenschutzmitteln im Boden)

Pestizid
Oberbegriff für alle synthetischen Schädlingsbekämpfungs- und Pflanzenschutzmittel

Pflanzenschutzdienst
behördlich organisierter (in der Bundesrepublik Deutschland auf Länderebene) Pflanzenschutz (Aufgaben: Beratung, Überwachung, Quarantäne, Warndienst u. v. m.)

Pflanzenschutzmittel
chemische und biologische Mittel zur Abwehr biotischer und abiotischer Schäden an Pflanzen, insbesondere durch Abtötung oder Abschreckung (Repellentien) von Pflanzenschädlingen und Erregern von Pflanzenkrankheiten, sowie Unkrautbekämpfungsmittel (Herbizide)

Pflanzenstärkungsmittel
Stoffe, die ausschließlich dazu bestimmt sind, die Widerstandsfähigkeit von Pflanzen gegen Schadorganismen zu erhöhen, ohne daß diese Stoffe schädliche Auswirkungen auf die Gesundheit von Mensch, Tier oder auf den Naturhaushalt haben

Pheromone
biogene Signalstoffe, Exo- oder Fernhormone; flüchtige Substanzen, die zur Kommunikation zwischen Individuen der gleichen Art dienen (mit Hilfe sog. Sexualpheromone locken z. B. die Weibchen vieler Insektenarten die Männchen an)

Phoresie
Benutzung eines größeren Tieres als Transportmittel durch ein kleineres Tier durch zeitweiliges Sichfestsetzen (z. B. Milben an flugfähigen Insekten)

Phototaxis
Orientierung zum Licht

Phytomedizin
Wissenschaft von den Krankheiten und Beschädigungen der Pflanzen,

ihren Ursachen, Erscheinungsformen, ihrem Verlauf, ihrer Verbreitung sowie von den Maßnahmen und Mitteln zur Gesunderhaltung der Pflanzen und Bekämpfung der Schaderreger

Phytonzide
pflanzliche Stoffe, die einen gewissen Schutz vor Schadorganismen bieten

phytophag/Phytophage
pflanzenfressend/Pflanzenfresser

Polyembryonie
mehrere (bis Tausende) Larven schlüpfen aus einem Ei

polyphag/Polyphage
viele Wirte bzw. Beutetiere befallend; räuberische und parasitische Organismen mit einem weiten Beutetier- respektive Wirtsspektrum (vgl. mono- und oligophag)

polyvoltin
mehrere Generationen im Jahr hervorbringend

Population
Gruppe von Lebewesen einer Art, die eine Fortpflanzungsgemeinschaft bilden, bzw. Gesamtheit der Individuen einer Art in einem geographisch oder ökologisch begrenzten Gebiet

Populationsdichte
Anzahl von Individuen einer Population pro Flächen- oder Raumeinheit (zu einem bestimmten Zeitpunkt)

Populationsdynamik
Schwankungen der Populationsdichte und -verteilung einer Art in Abhängigkeit von exogenen (Umwelt) und endogenen Faktoren in Raum und Zeit (siehe auch Massenwechsel)

Prädator
Räuber; sich räuberisch ernährendes Tier (benötigt für seine Entwicklung mehrere Beutetiere, die i.d.R. vor dem Vertilgen getötet werden)

präimaginal(e Stadien)
alle voradulten Stadien umfassend: Ei, Larven/Nymphen, Vorpuppe, Puppe (Puparium)

Prämunisierung/Prämunität
durch eine systemische Primärinfektion erworbener Schutz einer Pflanze gegen eine nachfolgende Infektion mit dem gleichen oder nahe verwandten Erreger

Primärparasit
Parasit ersten Grades (siehe Parasit)

Prognose
Vorhersage über den Verlauf der Populationsentwicklung eines Schaderregers, einer Krankheit oder des durch selbige zu erwartenden Schadens

Q

Qualitätskontrolle
hier: regelmäßige Überprüfung der Leistungsfähigkeit in Massen gezüchteter Nützlinge mit Hilfe standardisierter Testverfahren

R

Regurgitationsfütterung
Fütterungsweise bestimmter Spinnenarten, bei der das Weibchen eine nahrhafte Flüssigkeit hervorwürgt und seine Jungen damit von Mund zu Mund füttert

Reifungsfraß
zum Erreichen der Fruchtbarkeit eines Insekts notwendige Fraßaktivität (nach Beginn des Imaginalstadiums)

Reproduktion/Reproduktionsrate
Vermehrung/Vermehrungsintensität pro Zeiteinheit

Requisiten
für eine Art lebenswichtige Grundlagen (Bedingungen in einem Lebensraum)

Resistenz
durch Selektion erworbene und vererbbare Widerstandsfähigkeit z.B. einer Kulturpflanze gegen Schadorganismen oder von Schadorganismen gegenüber Pflanzenschutzmitteln (Mittelresistenz)

Resistenzinduktion/Resistenzinduktoren
siehe induzierte Resistenz

Rückstände
Restmengen von Pflanzenschutzmitteln (sowie ihrer Abbauprodukte), die in Ernteprodukten, Nahrungs- und Futtermitteln bzw. in der Umwelt verbleiben

S

Saumbiotope
Lebensräume mit schmaler, linienhafter Struktur, wie z.B. die den Waldrändern vorgelagerten Gras- und Krautsäume, Hecken, Ackerränder, Gräben, Bäche u.a. ökologische Strukturelemente

Säuberungsräuber
Nützlinge, die sich nach Auftreten von Schädlingen ansiedeln; wandern nach Vertilgen der Beutetiere wieder ab

Schadensschwelle (wirtschaftliche, ökonomische)
Befallsdichte bzw. Befallsintensität eines Schaderregers, bei der der zu erwartende Schaden genauso groß ist wie die Kosten für seine Bekämpfung (Abwehr)

Schadarthropoden
schädliche Gliederfüßer (Insekten, Milben)

Schaderreger
Oberbegriff für alle Organismen (einschließlich Viren), die an Nutzpflanzen bzw. Erntegütern wirtschaftliche Schäden anrichten können

Schädling
tierischer Schaderreger (Schadorganismus)

Schutzräuber
Nützlinge, die bereits vor einem Massenauftreten von Schädlingen anzutreffen sind; können auf Ersatznahrung ausweichen

Sekundärparasit
Parasit zweiten Grades bzw. Hyperparasit, der in einem Primärparasiten lebt (z.B. in Blattlausparasiten)

Selbstvernichtungsverfahren
massenhafte Freilassung sterilisierter (chemisch oder durch Strahlung) Männchen einer Schädlingsart, die dann mit fertilen Männchen derselben Art in Konkurrenz treten und dadurch die Vermehrungsfähigkeit einer Freilandpopulation herabsetzen

selektiv/selektive Präparate
eng begrenzt/Pflanzenschutzmittel mit enger Wirksamkeit gegen bestimmte Schadorganismen (geringe bzw. keine Nebenwirkung auf Nicht-Zielorganismen; häufig mit sog. nützlingsschonenden Mitteln gleichgesetzt)

semiochemische Stoffe
Stoffe, die durch eine Art produziert werden und das Wachstum, die Gesundheit, das Verhalten von Individuen oder die Populationsbiologie derselben oder einer anderen Art beeinflussen

Sexuallockstoffe
Pheromone, die bei Tieren zur Anlockung der Geschlechtspartner dienen

Solitärparasit
Parasitentyp, bei dem sich jeweils nur ein Individuum in einem Wirt(stier) entwickelt

Stadium
Entwicklungsstufe (z.B. Ei, Larve, Puppe und Imago bei holometabolen Insekten)

Stamm
Gruppe von Individuen gleicher Abstammung (i.d.R. mit bestimmten Eigenschaften)

Sukzession
zeitliche Aufeinanderfolge (z.B. von Pflanzengemeinschaften an einem bestimmten Ort)

Sukzessionsstreifen
auf Äckern angelegte Krautstreifen mit einem breiten Spektrum verschiedener Pflanzenarten, auf denen keine Bearbeitung, Düngung und kein Pflanzenschutz durchgeführt werden

Superparasitismus
Parasitierung eines Wirtes durch eine größere als der normalen Zahl von Larven derselben Parasitenart (Mehrfachbelegung; z.B. bei Wirtsmangel); zwischen den Larven entsteht eine Konkurrenz, so daß sich oft nur eine Larve voll entwickeln kann

Suspension
Verteilung feinster Feststoffteilchen in einer Flüssigkeit (z.B. Ausbringungsform parasitärer Nematoden)

symbio(n)tisch
in Symbiose lebend (z.B. *Xenorhabdus*-Bakterien in Nematoden)

Symbiose
Zusammenleben verschiedener Arten von Organismen zu gegenseitigem Nutzen

Systematik
Einteilung des Tierreichs in zusammengehörige Gruppen

T

Taxonomie
Klassifikation bzw. systematische Einteilung der Organismen aufgrund identischer Merkmale bzw. verwandtschaftlicher Beziehungen (siehe auch Systematik)

telythok
siehe Parthenogenese

Tertiärparasit
Parasit dritten Grades (siehe Sekundärparasit)

Toxin
von (Mikro-)Organismen produzierter Stoff, der bereits in niedriger Dosis auf (Makro-)Organismen giftig wirkt

U

univoltin
nur eine Generation im Jahr hervorbringend

UV
ultraviolettes Licht

V

Varietät
(varietas, Abkürzung var.) taxonomische Kategorie unterhalb der Art (Subspecies, Unterart)

Vermehrungsrate
Differenz zwischen tatsächlicher Geburten- und Sterberate (siehe Reproduktionsrate)

Verwirrungsmethode
Desorientierung durch Überangebot weiblicher Sexuallockstoffe, um Geschlechterfindung und Paarung zu verhindern (auch Konfusionsmethode genannt)

Virion
morphologisch-biochemisch definierte infektiöse Einheit eines Virus (Virusteilchen)

Virose
durch Viren hervorgerufene Infektionskrankheit (bei Insekten)

Virus
nichtzellulärer Krankheitserreger, der sich nur in lebenden Zellen vermehren kann (siehe auch Granulosevirus, Kernpolyedervirus)

Viviparie
Lebendgebärung (z.B. bei Blattläusen)

W

Wartezeit
vorgeschriebener Zeitraum zwischen der (letzten) Anwendung eines Pflanzenschutzmittels und der Ernte oder der frühestmöglichen Nutzung des Erntegutes

Wirt
Organismus, der einem Parasiten oder einem Pathogen als Nahrungsquelle dient; häufig gibt es neben dem sog. Hauptwirt noch andere geeignete Wirtsarten (Ersatzwirt, Nebenwirt, Ausweichwirt; Wirtswechsel)

Wirtsspektrum
Bereich, der alle empfindlichen Wirtsarten umfaßt, die von einem Parasiten oder Pathogen befallen werden können

Wirtstier
siehe Wirt

wirtschaftliche Schadensschwelle
siehe Schadensschwelle

Z

Zoochorie
passive Verbreitung (z.B. von Schaderregern) mit Hilfe von Tieren als Träger (siehe auch Phoresie)

zoophag/Zoophage
Tiere fressend/Tierfresser (siehe auch Entomophage, Parasit, Prädator)

Zulassung
behördliche Erlaubnis für das In-Verkehr-Bringen (Handel) und die Einfuhr von Pflanzenschutzmitteln (zuständige Behörde: Biologische Bundesanstalt für Land- und Forstwirtschaft)

Register

halbfette Seitenzahlen = Hauptverweis
* = Abbildung
T = Tabelle

A

Aaskäfer **87**
    — wichtige Arten **87**
Abendsegler, Großer 132
Ablattaria laevigata 87
Abwehrkräfte, Stärkung der **272**
Abwehrnetze, Vogel- **281**
Acantholycosa 39
Acari, siehe Milben
Acariformes 44
Achearanea 41
Ackerkultur 20, **139**
Ackerrandstreifen 136, 137, **144**
Ackerwildkräuter **137**
Acletoxenus formosus 120, 120*
Aculeata 88
Aculepeira 42
Aculepeira ceropegia 42*
Adalia bipunctata 77f., 78*, 153
Adalia decempunctata 78
Adephaga 70
Aelothrips 53, 53*
Aelothrips intermedius 53*
Afterskorpione 28, **30f.**
    — Aussehen **31**
    — Brutpflege **31**
    — Ernährung **31**
    — Lebensweise **31**
Afterspinnen 31
Agelena 40

Agelena labyrinthica 40*
Agelenidae **39f.**
Agonum 71
Agonum dorsale 71, 71*, 152
Agrarlandschaft 136
Agrarlandschaft, Nützlinge in 20
Agrarökosystem **136**
Agrobiozönose 136
Agroeca 36
Agyneta 43
Ahlenkäfer 71
Ährenwickler 172, **194**
Akarizide 23, 160
Aktivitätsdichte 21
Aleiodes borealis 95*
Aleochara 83
Aleochara bilineata 83, 83*, 172
Aleochara bipustulata 83
Algen 52
Allomone 283
Allothrombium fuliginosum 48
Alopecosa 39
Alopecosa inquilina 149*
Altgrasinsel 146
Amaurobiidae **35**
Amaurobius 35
Amaurobius fenestralis 32*
Amblyseius 47, 162, 253
    — Zuchtmethoden **258**
Amblyseius aberrans 47
Amblyseius barkeri 47, 196, **224ff.**, 258
Amblyseius cucumeris 47, 196, **224ff.**, 224*, 258
Amblyseius finlandicus 47
Amblyseius potentillae 47
Amblyseius zwoelferi 196, 240
Ameisen 88, **106f.**

    — Bedeutung **106f.**
    — Ernährung **106**
    — Lebensweise **106**
    — Nestbau **106**
Ameisen, Wald- **155**
Ameisenjungfer, Geflecktflügelige **68**
Ameisenjungfer, Gemeine **68**
Ameisenjungfern 62
    — Aussehen **68**
    — Entwicklung **68**
    — Lebensweise **68**
Ameisenlöwe 68
Ameisennest 148, **155**, 155*
Ammophila sabulosa 105
Amphibia **127**
Amphibien, siehe Lurche
Anagyrus pseudococci 240
Anaphes flavipes 101
Anatis ocellata 78, 78*
Ancistrocerus 105
Anelosimus 41
Anguis fragilis 127
Anisoptera 50
Anthocomus coccineus 87
Anthocoridae **54f.**, 162
Anthocoris 55, 55*
Anthocoris gallarum-ulmi 226
Anthocoris nemoralis 56
Anthocoris nemorum 56, 56*, 151, 226
Antistea 40
Anyphaenidae 36
Anystidae 44, **47f.**
Anystiden 44, **47f.**, 47*
Anystis agilis 47f., 47*
Apanteles 93, 93*
Apanteles ater 93

Apanteles bicolor 93f.
Apanteles glomeratus 93f., 93*
Apanteles lautellus 93f.
Apfelschalenwickler 25, 99, 101, 172, **177ff.**
Apfelschorf 52
Apfelwickler 25, 57, 92ff., 99, 109, 110, 132, 172, **177ff.**, 177*, 273
Apfelwickler-Granulosevirus 278
Aphelinidae 89f., **97f.**
Apheliniden **97f.**, 97*
    — Aussehen **97**
    — Entwicklung **97**
    — Parasitierung **97**
    — wichtige Arten **97f.**
Aphelinus 204, **210**
Aphelinus abdominalis 196
Aphelinus mali 25, 97, 170, 172, **187f.**, 187*
Aphelinus varipes 14*, 97*
Aphidecta obliterata 79, 79*
Aphidiidae 90, **95f.**
Aphidiiden 90*, **95f.**, 95*, 154
    — Aussehen **95**
    — Bedeutung **96**
    — Entwicklung **95f.**
    — Parasitierung **96**
    — wichtige Arten **96**
Aphidius 16*, 88*, 95*, 196, 204, **210ff.**, 239
Aphidius matricariae 96
Aphidius rhopalosiphi 95*, 96
Aphidoletes aphidimyza **121ff.**, 121*, 122*, 123*, 124*, 172, **184**, 184*, 196, **198**, **204ff.**, 205*, 206*, 207*, 262, **266f.**
    — Qualitätskriterien **263**
    — Zuchtmethoden **255ff.**

Register 313

Aphytis 196
Apocrita **88**
Apostenus 36
Arachnida, siehe Spinnentiere
Araeoncus 43
Araneae, siehe Spinnen
Araneidae **41 f.**
Araneus 42
Araneus diadematus 42*
Araniella 42
Araniella cucurbitina 42*
Arctosa 39
Argenna 35
Argiope 42
Argiope bruennichi 42*
Argiopidae **41 f.**
Arma custos 60
Arthrobotrys irregularis 279
Arthrobotrys robusta 279
Arthropoda, siehe Gliederfüßer
Ascogaster quadridentatus 94
Ascogaster rufedens 94
Ascogaster rufipes 94
Asilidae 108, **118**
Aspidiotiphagus citrinus 194
Asseln 127
Asthenargus 43
Atea 42
Atractotomus mali 57
Augenmarienkäfer 78, 78*
Aulonia 39
Ausgleichsflächen, ökologische 20, **136**
Australischer Marienkäfer 78
Aves **128 ff.**

B
Bachlauf **147**
Bacillus subtilis 284
Bacillus thuringiensis 276 f., 277*
Baculoviren 277
Bakterien 15, 25
Bakterien gegen Schadinsekten **276 f.**
Bakterienpräparate **273**
Baldachinspinnen **43**, 43*
banker plant system **216**
Barberfalle **22**
Bartfledermaus 132
Bathyphantes 43
Baumhöhle **140**
Baumläufer 129, 140
Baumstumpf **140**
Baumwanze, Blaugrüne 61
Baumwanzen 54, **60 f.**, 60*
— Ernährung 60
— Lebensweise 60
— wichtige Arten **60 f.**
Beauveria bassiana **275**
Beauveria brongniartii **275 f.**, 276*
Bechsteinfledermaus 132
Bembidion **71**
Bembidion faemoratum 71*
Bembidion guttula 152
Bembidion lampros 71
Bessa fugax 109
Bestellgutschein 25, 263
Bethylidae 90, **102 f.**
Bethyloidea 90, **102 f.**
Bettwanze 61
Beute **17**
Beutetier **17**

Biene 16, 16*, 103
Bienenwolf 85*
Bio-Präparat 15
biologische Schädlingsbekämpfung **166 ff.**
— Prinzipien **166**
— Verfahren **166**
biologischer Pflanzenschutz **272 ff.**
biologischer Pflanzenschutz mit Nützlingen **167 ff.**
biologisches Gleichgewicht 17
biotechnische Bekämpfungs-methoden **272 ff.**, **279 ff.**
Biotop 19
Biozönose, Agrar- 136
Biozönose, selbstregulative **136**
Blasenfüße 53
Blattflöhe 54, 97
Blattkäfer 102
Blattläuse 14, 25, 32, 35, 43, 48 f., 53 f., 61 ff., 66, 71, 74, 76 ff., 80, 95 ff., 102, 105 f., 112, 117, 121, 128, 136, 139, 151 f., 154, 156, 160, 162, 170, 172, **182 ff.**, 194, 196, **203 ff.**, **239**, 266 f.
— Vermehrungsrate 14
Blattlausfliegen 108, **117 f.**, 117*
— Aussehen **117 f.**
— Ernährung **117 f.**
— Lebensweise **117 f.**
Blattlauslöwe 12*, 64, 66
Blattnager 105
Blattrandkäfer 109, 172
Blattsauger 53 ff., 63, 97, 162
Blattsauger, Birn- 56
Blattwespe, Gespinst- 172
Blattwespe, Nadelholz- 102
Blattwespen 32, 62, 88, 98, 107, 109, 125
Bläuling 61
Blaumeise 128 f.
Blautafeln **280**, 280*
Blepharidopterus angulatus 57
Blindschleiche 15, 127
Blumenwanzen 12*, 15*, **54 f.**, 55*, 56*, **151**
— Auftreten **55**
— Aussehen **55**
— Entwicklung **55**
— Ernährung **55**
— wichtige Arten **56**
Blutlaus, Apfel- 97
Blutläuse 13, 48, 52, 57, 64, 66, 97, 167, 170, 172, **187 f.**, 187*
Blutlauszehrwespe 97
Bockkäfer 86, 92, 102
Bodenmilben 45
Bodenspinnen **40**
Bodenverdichtung 136
Bohnenfliege 92
Bohnenlaus, Schwarze 116, 138
Bolyphantes 43
Boniturmethode, visuelle 21
Boriomyia 66
Borkenkäfer 62, 86, 119
Brache **146**
Brachenraubwanze 59
Brachfläche 20, 136
Brachfliege 92
Brachycera 107
Brackwespe 93, 95
Bracon hebetor 94, 242

Braconidae 90, **93 ff.**, 162
Braconiden **93 ff.**, 138, 154
— Aussehen **93**
— Bedeutung **93**
— Lebensweise **93**
— Parasitierung **93**
— wichtige Arten **93 ff.**
Breitflügelfledermaus 132
Brotkäfer 99, 102
Bruthabitat 141
Bufo bufo 127, 127*
Bufo calamita 127
Buntflachläufer 73*, 74
Buntkäfer **85 f.**
— wichtige Arten **85 f.**
Buntkäfer, Ameisen- 86, 86*
Buntkäfer, Haus- 85
Buntkäfer, Weicher 86
Buntspecht 128 f.
Buschraubwanze 59

C
Callilepis 36
Callobius 35
Calosoma 71 f.
Calosoma inquisitor 71 f.
Calosoma sycophanta 72
Calvia quatuordecimguttata 78 f.
Campylomma verbasci 57
Canidae 133
Cantharidae **84 f.**
Cantharis fusca 85, 153
Cantharis rustica 85*
Carabidae 69, **70 f.**, 162
Carabus 70, 70*, 72 f.
Carabus auratus 69*, 72, 152*
Carabus coriaceus 72
Carabus granulatus 71 f., 72*
Carabus hortensis 72 f.
Carabus nemoralis 73
Carcinophoridae 51
Carnivora 130, **133**
Cecidomyiidae 108, **120 ff.**
Cecidophyes galii 194
Centromerus 43
Ceratinella 43
Ceratinopsis 43
Cerceris arenaria 105
Cercidia 42
Chalcidoidea 89 f.
Chamaeiidae 108, **117 f.**
Cheiracanthium 36
Cheiracanthium punctorium 36*
Chelifer cancroides 31, 31*
Chilocorus 77, 194
Chilocorus bipustulatus 79
Chilocorus renipustulatus 79
Chilopoda **48 f.**
Chiroptera 130, **131 f.**
Chrysopa carnea 12*, 63, 63*, 64, **65 f.**, 172, **183**, 183*, 196, 204, **208 ff.**, 208*, 209*, 253, 262, 266 f.
— Qualitätskriterien **263**
— Zuchtmethoden **256**
Chrysopa flava 64, 66
Chrysopa perla 64
Chrysopa prasina 64
Chrysopa septempunctata 64 f., 66
Chrysoperla carnea, siehe *Chrysopa carnea*

Chrysopidae **62 ff.**, 162
Cicindela campestris 75, 75*
Cicindela hybrida 75, 75*
Cicindela silvicola 75, 75*
Cicindelidae 70, **74 f.**
Cicurina 40
Cleridae **85 f.**
Clitostethus arcuatus 79*
Clubiona 36
Clubiona stagnatilis 36*
Clubionidae **36**
Cnephaloctotes 43
Coccigomymus instigator 91
Coccigomymus turionellae 92, 92*
Coccinella septempunctata 13*, 16*, 26*, 76*, 77*, 78*, **78 ff.**, 153, 153*
Coccinellidae **75 ff.**, 162
Coccophagus lycimnia 194, 196
Coelotes 40
Coenosia attenuata 241
Coenosia humulis 241
Coleoptera **69 ff.**
Collembolen, siehe Springschwänze
Colpoclypeus florus 101 f.
Comaroma 41
Comperiella bifasciata 194
Compsilura concinnata 109
Conidiobolus 274
Coniopterygidae 62, 68
Coniopteryx tineiformis 68
Conwentzia pineticola 68
Conwentzia psociformis 68
Copidosoma floridanum 101*
Coriarachne 37
Cotesia glomerata 94
Crustulina 41
Cryphoeca 40
Cryptolaemus montrouzieri 78, 166*, 196, **232 ff.**, 232*, 233*, 240
Cunaxidae 46
Cybaeus 40
Cychrus 73
Cychrus caraboides 73
Cyclorrhapha 107
Cyclosa 42
Cynipidae 90, **102**, 162
Cynipiden **102**
Cynipoidea 90
Cyzenis albicans 109 f.

D
Dachboden 141
Dacnusa sibirica 93, 196, **229 ff.**, 229*
Dammläufer 73 f.
Dasysyrphus 113*, 115
Dasysyrphus lunulatus 115
Dasysyrphus venustus 115
Dauerbegrünung 139
Dauergrünland **145**
Deckennetz 43*
Demetrias 73
Demetrias atricapillus 73
Dendrocerus carpentari 16*
Dendryphantes 38
Deraeocoris lutescens 57
Deraeocoris ruber 57 f.
Dermaptera **51 f.**
Deuteromycetes **274 f.**
Diadegma semialausum 92, 92*
Diaea 37

Diaeretiella rapae 18*, 96, 96*
Dickmaulrüßler 25, 126, 170, 172, **190ff.**, 190*, 196, **237f.**, 237*, 268
Dictyna 35
Dictynidae **35**
Dicymbium 43
Diglyphus isaea 102, 167*, 196, **229ff.**, 229*
Dignathodontidae 49
Diplocephalus 43
Diplopoda 48
Dipoena 41
Diptera **107f.**
Doldenblütler 20, 20*, 112
Dolichopodidae 108, **119**
Dolichovespula 103f.
Dolichovespula media 104
Dolichovespula norvegica 104
Dolichovespula saxonica 104
Dolichovespula sylvestris 104
Dolomedes 39
Dolomedes fimbriatus 39, 39*
Doppelfüßer 48
Dorngrasmücke 128f.
Dornwanze, Zweizähnige 61
Dörrobstmotte 92
Drahtwürmer 125, 130
Drapetisca 43
Drassodes 36
Drassodes lapidosus 36*
Drassodidae **36**
Drepanopteryx phalaenoides 12*, 66, 67*
Dromius 73
Dromius agilis 73
Drosophilidae 108, **120**
Dryinidae 90, **102**
Dryiniden **102**
Dysdera 35
Dysderidae **35**

E
Echinomyia fera 110
Edovum puttleri 194
Eichenwickler, Grüner 72
Eidechsen 15, 127, 139
Einzeller, siehe Protozoen
Eklektorfalle **22**
Elodia tragica 110
Empicornis vagabundus 61
Empididae 108, **118f.**
Encarsia formosa 98, 162, 164*, 167, 196, **198**, **214ff.**, 214*, 216*, 218*, **239**, 252, 262, **268**
   – Qualitätskriterien **263**
   – Zuchtmethoden **258f.**
Encarsia perniciosi, siehe *Prospaltella perniciosi*
Encarsia tricolor 97*
Encyrtidae 90, **100**
Encyrtiden **100**
   – Parasitierung **100**
   – wichtige Arten **100**
Encyrtus 100, 196, **240**
Encyrtus fuscicollis 100
Endaphis perfidus 121
Engerlinge 172
Enoplognatha 40*, 41
Entelecara 43
Entomax-System **249**
Entomophage 15

Entomophthora 274
Entomophthorales 274
Ephedrus cerasicola 196, **239**
Ephialtes extensor 92
Epimorpha 48f.
Episinus 41
Epistrophe 114
Epistrophe bifasciata 115
Episyrphus 114
Episyrphus balteatus 113*, 114*, 115, 115*, 117, 156*
Erdeule 127
Erdkröte 127, 127*, 139
Erdläufer 49
Erdmaus 128
Erdraupen 109, 273
Erdsänger 129
Erfassungsmethoden, Nützlinge 21f.
Erigone 43
Erigorgus cerinops 91*
Erinaceidae **130f.**
Erinaceus europaeus 130, 131*
Ernestia rudis 110
Erzwespen 25, 90, 97ff., 101
Essigfliegen 108, **120**
Eucoilidae 90, **102**
Eucoiliden **102**
Eulen 128, 140, 158
   – Bruthabitate 130
   – Ernährung 128
Eulenfalter 92, 95, 105, 109, 132
Eulophidae 90, **101f.**
Eulophiden **101f.**, 101*
   – wichtige Arten **101f.**
Eulophus viridula 102
Eumenes 105
Eumenes pedunculatus 105
Eumenidae **105**
Euophrys 38
Eupeodes corollae 115
Euryopis 41
Evarcha 38
Evarcha arcuata 26*
Exochomus 77
Exochomus quadripustulatus 79f.
Exorista larvarum 110

F
Fadenwürmer **125f.**
Falken 129
Faltenwespen 103, 141
   – Aussehen 103
   – Lebensweise 103
   – wichtige Arten 103
Faltenwespen, soziale 103
Fanggürtel, Obstmaden- **281**
Feldflur 146
Feldgehölze **141ff.**
Feldgehölzinsel 20
Feldlaufkäfer 152
Feldmaus 128
Feldrain 136, 141, 146
Feldsperling 128
Feldwespen 103*, 104
Felidae 133
Felswände, Ersatz- 141
Feuchtbiotop 20, **145**
Feuchtwiese 145
Finsterspinnen 32*, 33*, **35**
Fissipedia 133

Fitis 128f.
Flachkäfer 86
Flachstrecker 37*
Flechtlinge 28, **52**, 52*
   – Aussehen **52**
   – Ernährung **52**
   – Lebensweise **52**
Fledermäuse 15, 28, 130, **131f.**, 140f., 147, **159**
   – Fortbewegung **132**
   – Lebensräume **132**
   – Nahrungsbedarf **132**
   – Orientierung **132**
   – Quartiere **132**
   – wichtige Arten **132**
Fledermauskasten **159**
Fliegen 32, 35, 40, 51, 60, 102, 105, 107f., 128, 132, 162
Fliegenschnäpper 128f.
Florfliege, Gemeine **65f.**, **151f.**
Florfliegen 12*, 25, **62ff.**, 63*, 64*, 65*, 138f., 140f., **151f.**, 151*, 170, 172, **183**, 183*, 196, 204, **208ff.**, 208*, 209*, 253, **266f.**
   – Aussehen **63**
   – Entwicklung **63f.**
   – Ernährung **64**
   – Fraßleistung **64f.**
   – Überwinterung **64**
   – wichtige Arten **65f.**
   – Zuchtmethoden **256**
Florfliegenquartier **151f.**, 151*
Floronia 43
Flurbereinigung 136
Flurgehölze 136
Forficula auricularia 51*, 52
Forficulidae 51
Forleule 107, 110
Formica 106
Formica polyctena 106f., **155**
Formica rufa 106f., 107*
Formicidae 88, 106
Formicoidea 106f.
Forstschädlinge 61, 101, 106
Forstwanze 58
Forstnützlinge 148
Fransenfledermaus 132
Fransenflügler 53
Fritfliege 71, 102
Frösche 141
Frostspanner, Kleiner 109f.
Frostspinner 109
Fungizide 160

G
Gallmilben 47, 48, **194**
Gallmücken 32, 56, 102, 108, **120ff.**, **240**
   – Aussehen **120f.**
   – Lebensweise **120f.**
Gallmücken, Räuberische 25, **121ff.**, 121*, 122*, 123*, 124*, 170, **184**, 196, **204ff.**, 205*, 206*, 207*
   – Zuchtmethoden **255f.**
Gallmückenzucht, offene **207f.**
Gallwespen 102
Gallwespen im weiteren Sinne 90
Gamasina 45
Gammaeule 109
Garten, Bio- 20
Garten, Natur- 20

Garten, Nützlinge im 19f.
Garten, Wild- 20
Gartenbaumläufer 128f.
Gartengrasmücke 128f.
Gartenrotschwanz 128
Gartenteich **147**
Gebäude, Biotope am und im **141**
Gelbsticker **280**
Gelbtafeln 21, **280**
Gemüsefliegen 92
Geolaps 194
Geophilidae 49
Gespinstmotten 57, 91, 109, 138
Getreidehähnchen 101
Getreidemotten 242
Getreideplattkäfer 102
Getreidewickler 172, **194**
Gewässer, Klein- **147**
Gibbaranea 42
Glasflügler 172
Glattbauchspinnen 36
Gleichgewicht, biologisches 17
Gliederfüßer 17, 28, **29ff.**
   – Fortpflanzung **29**
   – Körperbau **29**
Glockenwespe 105
Glühwürmchen 87
Glypta 92
Glypta bipunctoria 92
Glypta pedata 92
Gnaphosa 36
Gnaphosidae **36**
Goldafter 72, 91, 109
Goldauge 63
Goldhenne 72
Goldlaufkäfer 152*
Goldschmied 72
Gonatium 43
Grabwespen 105, 105*, 139, 141, 154
   – Aussehen **105**
   – Lebensweise **105**
   – wichtige Arten **105**
Granuloseviren **278**
Grasland 145
Grasmücken 128f.
Grauschnäpper 128f.
Greifvögel 128, 139, 146, 158
   – Bruthabitate 130
   – Ernährung 128
Großlibellen 50
Grünland, Dauer- 145
Grünstreifen 144
Güllefliegen **247ff.**, 247*

H
Haarhornkäfer 73, 73*
Habichtartige 129
Hafte 62
Hahnia 40
Hahniidae **40**
Halbtrockenrasen **145f.**
Halmwespen 88
Halsbandschnäpper 128f.
Hamster 128, 133
Haplodrassus 36
Haplothrips 53
Harpactea 35
Harpactocrates 35
Harpalus 73
Harzrüßler 86
Haubennetz 40*

Register 315

Haubennetzspinnen **40 f.**, 40*
Hauskatze 133
Hausrotschwanz 128 f.
Hautflügler 28, 61, **88 ff.**
  — Körperbau **89**
Hautflügler, parasitische, siehe unter Hymenopteren, parasitische
Hecke, Bentjes- 143 f.
Hecke, Hoch- **142**
Hecke, Nieder- **142**
Hecken 20, 127, 136, **138 f.**, **141 ff.**
  — geeignete Pflanzen (T) 143
  — Neuanpflanzung **142**
  — Struktur **142**
Heliophanus 38
Helophora 43
Hemerobiidae 62, **66 f.**
Hemerobius humulinus 66
Hemimetabolie 50
Henicopidae 49
Herbizide 160
Heriaeus 37
Hermelin 133, 142
Heterometabolie 50
Heteropeza pygmaea 241
Heteropodidae **43 f.**
Heteroptera **53 ff.**
Heterorhabditidae 125, **126**
Heterorhabditiden **126**
Heterorhabditis 126, 170, 172, **191 ff.**, 196, **238**, 268
Heterorhabditis bacteriophora 126
Heterorhabditis heliothidis 126, 241
Heterorhabditis megidis 126
Heterotoma planicornis 58
Heuschrecken 128
Heuwurm 181
Hilaira 43
Himantrariidae 49
Hippodamia convergens 194
Hirsutella 279
Histopona 40
Höhlenbrüter 140
Höhlenbrüter, Baum- 141
Holometabolie 50
Holzbohrer 172, 196
Holzschädlinge 86 f., 95
Holzschlupfwespe, Große 92 f.
Holzwespen 91 f.
Hornissen 104, 104*, **155**
Hornissennistkasten **155**, 155*
host-feeding **18**
Hufeisennase, Kleine 132
Hunde 133
Hundertfüßer 28, **48 f.**, 49*, 138
  — Aussehen **49**
  — Ernährung **49**
Huschspinne, Grüne 43
Hygrolycosa 39
Hymenoptera **88 ff.**
Hymenopteren, parasitische **88 ff.**, 141, 153
  — Bedeutung **90**
  — Entwicklung **90**
  — Parasitierung **89**
  — systematische Einteilung **90**
  — Verbreitung **90**
Hypera 105
Hypoaspis aculeifer 45*, 196
Hypomma 43
Hyposinga 42

I
Ichneumonidae **91 ff.**, 162
Ichneumoniden **91 ff.**, 138, 154
  — Aussehen **91**
  — Bedeutung **91**
  — Ernährung **91**
  — Lebensweise **91**
  — Parasitierung **91**
  — Überwinterung **91**
  — wichtige Arten **91 ff.**
Ichneumonoidea 90
Idechthis canescens 92
Igel 15, **130 f.**, 131*, **138 f.**, **158 f.**
Igelfliege 110
Impfbiotop 152
Impfpflanzen-System **216**
Indifferente Arten 16
Insecta **49 ff.**
Insectivora 130
Insekten 17, 28, **49 ff.**
  — Entwicklung **50**
  — Körperbau **49 f.**
Insektenfresser 28, **130**
Insektennisthölzer **140**
Insektizide 23, 160
Ischyropsalidae 31
Itoplectis 91
Itoplectis alternans 92

J
Jagdkäfer **86 f.**, 86*, 87*
Jagdspinne, Gerandete 39*
Jagdspinne, Grüne 43, 44*
Jagdspinnen 32, **43 f.**

K
Käfer 28, 51, 56, 60 f., **69 ff.**, 101, 105, 125, 131 f.
  — Entwicklung **69**
  — Ernährung **70**
  — Körperbau **69**
Kamelhalsfliegen 28, 62, 62*
  — Aussehen **62**
  — Bedeutung **62**
  — Ernährung **62**
  — Lebensweise **62**
  — Vorkommen **62**
Kanker 31
Kanker, Brett- 31
Kanker, Faden- 31
Kanker, Schnecken- 31
Kartoffelkäfer 109, 127, 194
Katzen 133
Kescherfang 21
Kieferneule 72, 110
Kiefernspanner 107
Kiefernspinner 72, 91, 107
Kieferntriebwickler 91 f.
Kieferspinnen 41, 41*
Kirschfliegen-Falle 21, **280**
Kirschfruchtfliege 172
Klappergrasmücke 128 f.
Klebefallen 21, **280**
Klebefallen, rote 280
Klebefallen, weiße 280
Kleiber 128 f., 140
Kleinbiotope **139**
Kleiner Putt 56
Kleinlibellen 50
Kletterläufer, Großer 72
Kletterläufer, Kleiner 71
Klopfkäfer 95

Klopfmethode 21
Klopftrichter 21*
Kohlanbau **179 ff.**
Kohleule 95, 127, **179 ff.**, 180*
Kohlfliege 71, 92, 102, 172
Kohlmeise 128 f.
Kohlmotte 92
Kohlschotenrüßler 127
Kohlweißling 91, 94, 100, 109
Kohlweißling, Großer **179 ff.**
Kohlweißling, Kleiner **179 ff.**
Kohlzünsler **179 ff.**
Konfusionstechnik **281 f.**
Konkurrenz, interspezifische 14
Konkurrenz, intraspezifische 14
Kornkäfer 242
Kornmotte 92
Kotfliegen 108, **119 f.**, 119*
  — Aussehen **119 f.**
  — Lebensweise **119 f.**
Krabbenspinne, Veränderliche 37*
Krabbenspinnen 16*, **37**, 149*
Krankheitserreger, Ausbringung von **25**
Krankheitserreger, nützliche **273**
Kräuselfaden 35
Kräuselmilben 46, 150
Kräuselspinnen **35**
Kräuterspirale 139
Kreuzkröte 127
Kreuzspinne, Garten- 42*
Kreuzspinnen **41 f.**
Kriechtiere 28, 126, 139, 145
Kröten 15, 139, 141
Krummhornkäfer 73, 73*
Kugelkäfer 81, 81*
Kugelspinnen **40 f.**, 40*
Kulturschutznetze **280**
Kürbisspinne 42*
Kurzflügler 20, **82 ff.**, 82*, 136, 138, 172
  — Aussehen **82**
  — Entwicklung **82**
  — Ernährung **82**
  — Überwinterung **82**
  — Vorkommen **82**
  — wichtige Arten **83 f.**
Kurzkopfwespen 104

L
Labiduridae 51
Labiidae 51
Labkraut, Kletten- **194**
Labulla 43
Labyrinthspinne 40*
Lacerta agilis 127
Lacerta muralis 127
Lacerta viridis 127
Lampyridae **87**
Lampyris noctiluca 87
Landwirtschaft, Strukturwandel **136**
Langbeinfliegen 108, **119**
  — Aussehen **119**
  — Ernährung **119**
  — Lebensweise **119**
Langkopfwespe 103 f.
Langohr, Braunes 132, 133*
Langohr, Graues 132
Larinioides 42
Lariophagus distinguendus 99
Lästling 15

Lathys 35
Laubsänger 128 f.
Laubstreu 139
Laufkäfer 20, **70 ff.**, 70*, **136 ff.**, 142, 144, 147, **152**, 260
  — Aussehen **70**
  — Entwicklung **70**
  — Ernährung **70 f.**
  — Lebensweise **71**
  — Vorkommen **71**
  — wichtige Arten **71 ff.**
Laufkäfer, Garten- **72 f.**
Laufkäfer, Getreide- 109
Laufkäfer, Gold- 69*, 72
Laufkäfer, Hain- 73
Laufkäfer, Körniger 72, 72*
Laufkäfer, Leder- 72
Laufmilben 48
Laufspinne 37
Legewespen 88
Lehmwespen 105, 154
  — wichtige Arten 105
Leimfallen, farbige **279 f.**
Leimringe 281
Leiobunum rotundum 31*
Lepthyphantes 43
Leptomastidea abnormis 196, 240
Leptomastix dactylopii 196, **234 f.**, 235*, 240
Leptorchestes 38
Lessertia 43
Leuchtkäfer **87**
Leucopis 117
Libellen 28, **50 f.**, 51*, 141, 147
  — Aussehen **50**
  — Entwicklung **50 f.**
  — Lebensweise **50 f.**
Lichtfang 21
Lindorus lophanthae 194
Linyphia 43, 43*
Linyphiidae **43**
Liocranidae 36
Liocranum 36
Listkäfer 74*
Listspinne 39, 39*
Lithobiidae 49
Lithobiomorpha 48 f.
Lithomastix truncatellus 100*
Lockstoff-Fallen **282**
Loricera pilicornis 73, 73*
Luchs 133
Lurche 28, **126**, 145, 147
Luzernerüßler 172
Lycosidae **38 f.**
Lygus rugulipennis 58*
Lyphia dubia 110
Lysiphlebus 96
Lysiphlebus fabarum 96

M
Myriapoda, siehe Tausendfüßer
Macrocentrus 94
Macrocentrus linearis 94
Macrocentrus pallipes 94
Macrocentrus thoracicus 94
Maikäfer 109, 125
Maiskultur 139
Maiszünsler 25, 99, 102, 109, 167, 172, **173 ff.**, 173*, 273
Makroorganismen, nützliche 15
Malachiidae **87**
Malachius aeneus 87

Malachius bipustulatus 87
Malacocoris chlorizans 58
Mammalia 127, **130**
Mangora 42
Marder 133
Marienkäfer 20, 69, **75 ff.**, 136 ff.,
152 f.
 — Aussehen **75 f.**
 — Bedeutung **77**
 — Entwicklung **75 ff.**
 — Ernährung **77**
 — Fraßleistung **77**
 — Überwinterung **77**
 — wichtige Arten **78 ff.**
Marienkäfer, Australischer 78,
166*, 196, **232 ff.**, 232*, 233*
Marpissa 38
Maskierter Strolch 61
Massenvermehrung 14
Massenzucht 250
Massenzuchtverfahren **251 ff.**
Mauereidechse 127
Maulwurf 15, **130 f.**
Maulwurfsgrille 131
Mäuse 133
Mäusebussard 128 f.
Mausohr, Großes 132
Mauswiesel 133, 139, 142
Mehlkäfer 242
Mehlmotte 92, 94, 242
Mehltau 52, 81
Meioneta 43
Meisen 128 f.
Melangyna triangulata 115
Melangyna triangulifera 114
Melanostoma 113*, 114*, 115
Melanostoma mellinum 115
Meria coniospora 279
Mermithida 125
Mermithidae 125
Mermithiden 125
Mesostigmata 44
Metaphycus helvolus 196, **239 f.**
Metarhizium anisopliae **275**, 275*
Metaseiulus occidentalis 172, **193 f.**
Metasyrphus 114
Metasyrphus corollae 114 f., 116*
Metasyrphus luniger 116
Micaria 36
Micrargus 43
Microlinyphia 43
Micrommata virescens 43, 44*
Micromus 66
Micromus angulatus 26*, 67*, 196
Micromus variegatus 67
Micropezidae 120
Microplites fuscipennis 102
Microplitis 94*, 95
Micryphantidae **43**
Migrationsbarrieren 147
mikrobiologische Schädlingsbe-
kämpfung **273 ff.**
Mikroorganismen, nützliche 15
Milben 17, 28, 30, **44 ff.**, 56 f., 59,
64, 70, 162
 — Ernährung **45**
 — Fortpflanzung **45**
 — Körperbau **44 f.**
Milben, Boden- 45
Milben, Raub-, siehe Raubmilben
Minierfliege 25, 95, 102, 196,
228 ff., 228*, 241

Minierfliege, Blatt- 228
Minierfliege, Blattadern- 200, 228
Minierfliege, Florida- 228
Minierfliege, Tomaten- 228
Miniermotte, Apfel- 101
Miniermotte, Blatt- 101
Miniermotte, Falten- 93
Miniermotte, Schlangen- 101
Miridae 54, **56 ff.**
Misumena 37
Misumena vatia 26*, 37*
Misumenops 37
Mitopus morio 30*
Mittelresistenz 14
Möhre, Wilde 141
Mönchsgrasmücke 128 f.
Monitoring 281
Monokultur 20, 136
Mormoniella vitripennis 100, 100*
Mottenschildlaus, Baumwoll- **239**
Mottenschildläuse, siehe Weiße
Fliegen
Mücken 32, 35, 40, 51, 74, 107 f.
Mumienpuppe 50
Muscidifurax raptor 100, **245 ff.**
Mustidae 133
Mymaridae 90, **101**
Myrmariden **101**
Myrmarachne 38
Myrmeleon formicarius 68
Myrmeleonidae 62, **68**

N
Nabidae 54, **59**
Nabis 151*
Nabis apterus 59, 59*
Nabis mirmicoides 59, 59*
Nabis pseudoferus 59, 59*
Nachtschwalben 129
Nager, Schad- 133
Nasonia vitripennis 100, 100*
Naturhaushalt 19
Nebria 73 f.
Nebria brevicollis 152
Nebria salina 73*
Nemastomatidae 31
Nemathelminthes 125
Nematocera 107
Nematoden 28, 45, **125 f.**, 240 f.
Nematoden, entomophage 125
Nematoden, nützliche **125**
Nematoden, parasitische 25, **125 f.**,
126*, 169*, 170, 172, **191 f.**,
191*, 196, **236 f.**, 236*, 237*,
238, 238*, **241**, 268
Nematoden, schädliche **125**
Nematoden-Bakterien-Komplex
126
Nematodes 125 f.
Nemosoma elongatum 86 f., 86*,
87*
Neomysia oblongoguttata 80
Neon 38
Neoplectana 126
Neoplectana carpocapsae, siehe *Stei-
nernema feltiae*
Neoscona 42
Neoseiulus barkeri, siehe *Amblysei-
us barkeri*
Neotylenchidae 125
Neozygitis 274
Neriene 43, 43*

Netz, Trichter- 33*
Netzflügler 28, **62 ff.**
 — Aussehen **62 f.**
 — Entwicklung **62 f.**
 — Lebensweise **62 f.**
Nigma 35
Nisthölzer **154**, 154*
Nisthölzer, Insekten- **140**
Nistplätze **139**
Nonne 72, 91
Nuctenea 42
Null-Toleranz 201
Nutzarthropoden 17 f.
Nutzbare Arten 16
Nützlinge
 — Definition **11**
 — Einbürgerung von importier-
ten 24
 — Freilassung aus Massenzuch-
ten 25
 — Lebensräume 19 f., **137 ff.**
 — Nahrungsreservoir für **137**
Nützlingsansiedlung 24, 137
Nützlingsberatung **263 f.**
Nützlingsbiotope, wichtige **141 ff.**
Nützlingseinsatz im Freiland
 — praxisreife Verfahren (T) **172**
 — Verfahren im Forschungssta-
dium (T) **172**
Nützlingseinsatz unter Glas
 — praxisreife Verfahren (T) **196**
 — Verfahren im Forschungssta-
dium (T) **196**
Nützlingseinsatz, vorbeugender
201
Nützlingsförderung 24
Nützlingspflanzen 141
Nützlingsprüfung **162**
 — Prüforganismen (T) **163**
Nützlingsqualität **261 ff.**
Nützlingsqualität, Kontrolle der
261 ff.
Nützlingsreservoir 139, 142
Nützlingsschonende Mittel **201 f.**
Nützlingsschonung 24, 160
Nützlingsschutz 137
Nützlingstransport **263 f.**
Nützlingsvertrieb **263 f.**
Nützlingswiese 140
Nützlingszuchtbetrieb 25
Nymphe 45
Nymphe, Deuto- 45
Nymphe, Proto- 45
Nymphe, Trito- 45

O
Obstanlage 146
Obstfliegen 108, **120**
Obstmade 177
Obstmadenfanggürtel 281
Odonata **50 f.**
Oedothorax 43
Oencyrtus kuwanae 194
Ohrwurm, Gemeiner 51*, 52
Ohrwürmer 16, 28, **51 f.**, 138, **150**,
150*
 — Aussehen **51**
 — Entwicklung **51**
 — Ernährung **52**
 — Lebensweise **51**
 — Schlafröhre 150, 150*
 — Schlafsack 150

Ohrwurmtopf **150**
Öko-Garten 136
Ökologische Zelle 136, 152
Ökosystem, Agrar- 136
Ökosystem, Stabilisierung des
136
Ökozelle 136
Oligota flavicornis 83
Ophion 92
Opiliones, siehe Weberknechte
Opilo domesticus 85
Opilo mollis 86
Opius 95
Opius pallipes 93, 95
Oplomerus 105
Orius 55 f., 196, **226 ff.**, 226*
Orius insidiosus **226 ff.**, 226*
Orius laevigatus **226 ff.**
Orius majusculus 55*, 56*, 56,
226 ff.
Orius minutus 56
Orius niger 56
Orius vicinus 56
Orius-Larve 15*
Orthotylus marginalis 58
Orussidae 88
Orussus abientinus 88
Ostomidae **86 f.**
Oxyptila 37

P
Pachygnatha 41
Panamomops 43
Parasit, Ekto- 18
Parasit, Endo- 18
Parasit-Wirt-Beziehung 17
Parasiten 17 f., 88
Parasiten, Ei- 18
Parasiten, Gregär- 18
Parasiten, Hyper- 18
Parasiten, Imaginal- 18
Parasiten, Larven- 18
Parasiten, monophage 18
Parasiten, oligophage 18
Parasiten, pantophage 18
Parasiten, polyphage 18
Parasiten, Primär- 18
Parasiten, Puppen- 18
Parasiten, Sekundär- 18
Parasiten, Solitär- 18
Parasiten, Tertiär- 18
Parasitiformes 44
Parasitische Hymenopteren **88 ff.**
Parasitismus, Multi- 18
Parasitismus, Super- 18
Parasitoide **17 f.**
Paravespula 104
Paravespula germanica 104, 104*
Paravespula rufa 104
Paravespula vulgaris 104, 104*
Pardosa 38 f., 38*
Parenchymia 125
Parthenogenese 90
Parthenogenese, arrhenothoke 45
Parthenogenese, thelythoke 45
Pastinak 141
Pathogene 25
Pauropoda 48
Pelecopsis 43
Pellens 38
Pemphredon 105
Pemphredon lethifer 105

Register 317

Pentatomidae 54, **60 f.**
Pergamasidae 44
Pergamasus 45
pest in first-Methode **216**
Pfaffenhütchen 138
Pflanzenhilfsmittel **284**
Pflanzeninhaltsstoffe **283 f.**
Pflanzenschutz, biologischer **23 ff.**
Pflanzenschutz, Integrierter 24, **286**
Pflanzenschutzmittel, biologische 15
Pflanzenschutzmittel, chemische **160**
— Wirkung auf Parasiten **160**
— Wirkung auf Räuber **160**
Pflanzenwespen 88
Pflaumenwickler 132, 172, **177 ff.**
Phalangiidae 31
Phausis splendidula 87
Pheromonfallen **281**, 281*
Philodromidae **37**
Philodromus 37
Philodromus dispar 37*
Philonthus cognatus 82
Philonthus fuscipennis 83
Philonthus rutundicollis 83*
Phlegra 38
Phlegra insignita 38*
Pholcidae **35**
Pholcomma 41
Pholcus 35
Pholcus phalangioides 35*
Phoresie 90
Phosphaenus hemipterus 87
Phosphuga atrata 87
Phototaxis, positive 22
Phrurolithus 36
Phryxe vulgaris 110*, 111
Phygadeuon pegomyiae 92
Phygadeuon trichops 92
Phytocoris dimiduatus 58
Phytocoris tiliae 58
Phytophage 14
Phytoseiidae 44, **46 f.**, 46*, 47*, 149 f.
Phytoseiiden **46 f.**
— Aussehen **46**
— Bedeutung **47**
— Entwicklung **46**
— Ernährung **46**
— Überwinterung **47**
Phytoseiulus 47, 253
Phytoseiulus persimilis 47, 162, 164*, 167, 167*, 172, **193**, 196, 198, **220 ff.**, 220*, 221*, 222*, 240, 262, **267**
— Qualitätskriterien **263**
— Zuchtmethoden **256 ff.**
Picromerus bidens 61
Pillenwespen 105
Pilophorus perplexus 58
Pilz, entomophager 15*
Pilze 15, 25
Pilze gegen phytophage Nematoden **278 f.**
Pilze gegen Schadinsekten **274 ff.**
Pilze, imperfekte 274
Pilzhyphen 52
Pilzpräparate **273**
Pilzsporen 52
Pimpla 91
Pimpla instigator 91 f.

Pimpla ruficollis 92
Pimpla turionellae 92, 92*
Pipiza 114
Pipiza noctiluca 116
Pirata 39
Pisaura 39
Pisaura mirabilis 39, 39*
Pisauridae **39**
Pistius 37
Pityohyphantes 43
Planipennia **62 ff.**
Plattbauchspinnen **36**, 36*
Platycheirus 116
Platycheirus ambiguus 114, 116
Platycheirus clypeatus 115
Platygasteridae 90, **102**
Platygasteriden **102**
Platynaspis luteorubra 80*
Platynus 74
Platynus dorsalis 71, 73*, 74, 152
Platypalpus 118*
Pocadicnemis 43
Pochkäfer 95
Pockenmilbe 150
Podisus maculiventris 194
Poecilochroa 36
Poeciloneta 43
Poecilus 74
Poecilus cupreus 71, 74*
— Zucht **260 f.**
Polistes 103*, 104
Polistes gallicus 103*, 104
Polyembryonie 18, 90
Polyphaga 70
Populationsentwicklung 21
Porrhomma 43
Prachtkäfer 86
Prädatoren **17**
Prämunität **285**
Praon 95, 96*, 196
Pristomerus vulnerator 92
Proctotrupoidea 90
Produktion, kommerzielle **250**
Propylaea quatuordecimpunctata 20*, 78, 80, 80*, 153
Prospaltella perniciosi 25, 98, 170, 172, **188 ff.**, 189*
Prostigmata 44
Protozoen 15
Prozessionsspinner 72, 91
Psallus ambiguus 58
Pseudaphycus maculipennis 194
Pseudomonas-Arten **284**
Pseudoscorpiones, siehe Afterskorpione
Pseudoskorpione, siehe Afterskorpione
Psilochorus 35
Psocoptera **52**
Pteromalidae 90, **99 f.**, 153*
Pteromaliden **99 f.**, 153*
— Aussehen **99**
— Entwicklung **99**
— wichtige Arten **99**
Pteromalus 100
Pteromalus puparum 99*, 100, 100*
Pterostichus 74
Pterostichus melanarius 71, 74, 74*
Pupa libera 50, 69
Pupa obtecta 50, 69
Puppenräuber, Großer 72
Puppenräuber, Kleiner 71

Puppenstadium **50**
Putzkäfer 71

Q
Quedius 83
Quedius boops 83

R
Radnetzspinne, Eichenblatt- 42*
Radnetzspinnen **41 f.**, 42*
Rain, Feld- 146
Raphidia 62, 62*
Raphidia flavipes 62*
Raphidioptera **62**
Rapsglanzkäfer 127
Rapsstengelrüßler 109
Ratten 133
Räuber **17**
— Nahrungsspektrum 17
Räuber, Säuberungs- **17**
Räuber, Schutz- **17**
Räuber-Beute-Beziehung **17**
Raubfliegen 108, **118**, 118*, 241
— Aussehen **118**
— Ernährung **118**
— Lebensweise **118**
Raubmilben 20, **45 f.**, 45*, 46*, 47*, 136, **149**, 164*, 167, 167*, 170, **185 ff.**, 185*, **193 f.**, 196, 198, **220 ff.**, 220*, 221*, 222*, **224 ff.**, 240, 267
— Zuchtmethoden **256 ff.**
Raubspinnen 39, 39*
Raubthrips **53**, 53*
Raubtiere 28, 130, **133**
Raubwanze, Große 61
Raubwanzen 54, **61**, 151, 196, **226 ff.**, 226*
— Aussehen **61**
— Entwicklung **61**
— Lebensweise **61**
— wichtige Arten **61**
Raupenfliegen 108, **109**, 109 ff., 140, 148
— Aussehen **108**
— Bedeutung **109**
— Entwicklung **108 f.**
— Lebensweise **108**
— Parasitierung **108 f.**
— wichtige Arten **109 ff.**
Raupenjäger, Vierpunkt- 87
Rebberg **144 f.**
Reduviidae 54, 61
Reduvius personatus 61
Regulationsmechanismen, natürliche 14
Regurgitationsfütterung 41
Reinkultur 20
Reisighaufen 139
Reptilia **126**
Reptilien, siehe Kriechtiere
Resistenzbildung 14, **23**
Resistenz, induzierte **288**
Rhabditida 125 f.
Rhabditiden 125 f.
— Wirkungsweise 125 f.
Rhagio scolopaceus 119*
Rhagionidae 108, **119**
Rhagonycha 84*
Rhagonycha fulva 85, 153
Rhinocoris annulatus 61
Rhinocoris iracudus 61
Rhodacaride 45

Rhopalicus 100
Rhoptromeris eucera 102
Rhyssa 91
Rhyssa persuasoria 92 f.
Riesenschlupfwespe 92 f.
Rindenläufer 73
Rindenläuse **52**
Ringelspinner 109
Robertus 41
Rohrweihe 128 f.
Rosen 138
Rotfuchs 133
Rotkehlchen 128*
Rotmilan 128 f.
Rotschwänze 128 f.
Rübenfliege 92, 95
Runcinia 37
Rüsselkäfer 62, 102, 105, 130

S
Sackspinne **36**, 36*
Sägewespen 88
Salticidae **38**
Salticus 38
Salticus scenicus 38*
Samtmilben 48, 48*
San-José-Schildläuse 25, 98, 167, 170, 172, **188 ff.**, 188*
Sancassani ultima 196
Sandknotenwespe 105
Sandlaufkäfer 70, **74 f.**
— Aussehen **74**
— Lebensweise **74**
— Vorkommen **74**
— wichtige Arten **75**
Sandlaufkäfer, Feld- 75, 75*
Sandlaufkäfer, Gemeiner 75, 75*
Sandlaufkäfer, Kupferbrauner 75, 75*
Sandlaufkäfer, Wald- 75, 75*
Sandwespe 105
Saprobiont 45
Sascassania ultima 240
Säugetiere 28, 127, **130**
Saugexhaustor 21
Saugfalle, Insekten- 22*
Saugrohr 21*
Scaeva 114
Scaeva pyrastri 27*, 111*, 113*, 114*, 116*, 117
Scatophaga stercoraria 120
Scatophagidae 108, **119 f.**
Scelionidae 90, **102**, 102*
Scelioniden **102**
Schadarthropoden 14
Schadensschwelle 21
Schädlinge **17**
— Antagonisten 14 f.
— Massenvermehrung **17**
— Massenwechsel **17**
— Regulationsfaktoren 14
Schädlings-Nützlings-Gefüge 17
Schädlingsbekämpfung, biologische **23 ff.**
Schädlingsbekämpfungsmittel, chemische **23**
Schadraupen **179 ff.**
Schafgarbe, Gemeine 141
Schalenwickler 92
Schalenwickler-Granulosevirus **278**
Schaufelläufer, Körniger 73
Schendylidae 49

Schermaus 128
Scheunenkäfer 73
Schildläuse, San-José, siehe San-
José-Schildläuse
Schildläuse 53, 63, 97, 100, 128,
196, **239 f.**
Schildwanzen 60
Schlangen 127
Schleiereule 128 f.
Schlupfwespe, Große Holz- 92 f.
Schlupfwespe, Riesen- 92 f.
Schlupfwespe, Schwarze 92
Schlupfwespe, Sichel- 92
Schlupfwespen 14*, 16*, 18*, 20,
25, **88 ff.**, 138, **153 f.**, 160, 170,
172, **173 ff.**, **178 f.**, **180 f.**, **181 f.**,
188 ff., **189***, **194**, 196, **214 ff.**,
214*, 216*, **229 ff.**, **234 f.**, 239,
245 ff.
Schlupfwespen im engeren Sinne 91
Schlupfwespen im weiteren Sinne
90
Schlupfwespen, Blattlaus- 95
Schlupfwespen, Echte 91
Schlupfwespen, siehe auch
Hymenopteren, parasitische
Schmarotzer **17 f.**
Schmarotzerfliegen 108
Schmätzer 129
Schmetterlinge 51, 101, 125, **127 f.**,
162
Schmetterlinge, Schad- 91, 100,
102, 154, 170, 172
Schmetterlingsgärten **238**
Schmierlaus, siehe Wollaus
Schnaken 132
Schnecken 87, 127, 130
Schneewürmer 85
Schnelläufer 73
Schnellkäfer 125
Schnepfenfliege, Gemeine 119*
Schnepfenfliegen 108, **119**
Schutznetze, Kultur- **280**
Schutzräuber 46
Schwalben 129
Schwammspinner 72, 91, 109, 194
Schwarzkniewanze 57
Schwebfliegen 20, 27*, 108, **111 ff.**,
111*, 112*, 136, 140, **156 f.**
— Auftreten **114 f.**
— Aussehen **111 f.**
— Bedeutung **114**
— Entwicklung **112 ff.**
— Ernährung **112**
— Lebensweise **111 f.**
— wichtige Arten **115 ff.**
Schwebfliegenpflanzen **156**
Scolothrips 53
Scorpiones 30
Scotina 36
Scotinotylus 43
Scutelista cyanea 194
Scutigeromorpha 48
Scymnus 76, 81
Scymnus subvillosus 81
Scymnus suturalis 81
Secernentea 125
Sechsaugenspinnen **35**
Segler 129
Selbstvernichtungsverfahren **283**
Semidalis aleyrodiformis 68
Serangium 194

Sichelwanze, Flügellose 59
Sichelwanzen 54, 54*, **59**, 59*, **151**,
151*
— Aussehen **59**
— Lebensweise **59**
— wichtige Arten **59**
Siebenpunkt-Marienkäfer 13*, 16*,
26*, 76*, 77*, 78*, 79 f., 153,
153*
Siebenpunktflorfliege 66
Silphidae **87**
Singa 42
Singvögel 139
Sitticus 38
Skorpione, Echte 30
Smaragdeidechse 127
Solitärwespen **154**
Soricidae 130, **131**
Sospita oblongoguttata 80
Spalangia endius 100, **245 ff.**
Spanner 105, 132
Sparassidae 43
Spathius exarator 95
Spechte 128 f.
Spechtmeisen 129
Speckkäfer 102
Sphaerophoria 113*, 114*, 116*
Sphaerophoria scripta 115, 117
Sphaerulariidae 125
Sphecidae 88, **105**, 105*
Spinnen 17, 28, 30, **32 ff.**, 136,
138 f., 141, 145, **149**
— Begattung **33**
— Beutetiere **32**
— Brutpflege **33**
— Eiablage **33**
— Ernährung **32**
— Fortpflanzung **33**
— Hauptnahrung **32**
— Körperbau **32**
— Lebensraum **33 f.**
— Überwinterung **33**
— Vertilgungsrate **32 f.**
— Vorkommen **33**
Spinnenasseln 48
Spinnentiere 28, **30 ff.**
— Bedeutung **30**
— Körperbau **30**
— Lebensweise **30**
Spinner 132
Spinnmilbe, Gemeine 184
Spinnmilbe, Gewächshaus- 198
Spinnmilbe, Obstbaum- 48, 56,
184, 184*
Spinnmilben 25, 47, **53 ff.**, 63, 66,
77, 81, 83, 121, 150, 160, 167,
170 f., **184 ff.**, **193 f.**, 196, **219 ff.**,
219*, **240**, 267
Spitzmaus, Feld- 131
Spitzmaus, Garten- 131
Spitzmaus, Haus- 131
Spitzmaus, Wald- 131
Spitzmaus, Zwerg- 131
Spitzmäuse 15, 130, **131**, 138 f., 142
Spitzrüßler 131
Splintkäfer, Ulmen- 95
Springschwänze 31 f., 49, 71, 73,
194
Springspinne, Zebra- 38*
Springspinnen 26*, **38**, 38*
Stallfliegen 15, **242 ff.**
Stallfliegenbekämpfung **242 ff.**

Stammzuchten **254**
Staphylinidae **82 ff.**, 82*, 162
Staphylinus caesareus 83
Staphylinus olens 83 f.
Stärkungsmittel **284**
Staubhafte 62, **68**
— Aussehen **68**
— Entwicklung **68**
— Lebensweise **68**
— wichtige Arten **68**
Staubläuse 31, **52**
Staubwanze 61
Steatoda 41
Stechimmen 88
Stechwespen **88**
Steinernema 126, 170, 172, **191 ff.**,
196, **238**, 268
Steinernema bibionis 126, 236
Steinernema carpocapsae 126, 236
Steinernema feltiae 126, 172, **191**,
236 f., 236*, 237*, 241
Steinernema glaseri 126
Steiernema kraussei 126, 172
Steinernematidae 125, **126**
Steinernematiden **126**
Steinhaufen 127
Steinhaufen, Lese- **139**
Steinkauz 128 f., 140
Steinkriecher 49
Steinläufer 49
Steinmauer 127
Stelzen 129
Stelzfliegen 108, **120**, 120*
Stemonyphantes 43
Stenus 84
Stenus biguttatus 84, 84*
Stenus clavicornis 84
Stethorus punctillum 77, 81, 81*
Stigmaeidae 48
Stigmaeiden 46, **48**
Streckerspinnen 41, 41*
Stubben, morsche 139
Stubenfliege, Große 242, 243*, **244**
Stubenfliege, Kleine 242, **244**
Stuttgarter Modell 198
*Subcoccinella vigintiquatuor-
punctata* 77
Sukzessionsstreifen **144 f.**
Sumpfohreule 128 f.
Sympherobius 66
Symphyla 48, **88**
Sympiesis 101*
Synaema 37
Synageles 38
Synharmonia conglobata 81, 81*
Syrphidae 108, **111 ff.**, 162
Syrphinae 111
Syrphus 114, 117
Syrphus rebesii 114 f., 117
Syrphus vitripennis 116*, 117

T
Tachinidae 108, 109*, **109 ff.**, 162
Tachinus rufipes 82
Tachyporus 82, 84
Tachyporus chrysomelinus 84
Tachyporus hypnorum 84
Tachyporus obtusus 84
Tachyporus rufipes 84
Taghafte 26*, 62, **66 f.**, 67*, **151 f.**,
196
— Aussehen **66**

— Entwicklung **66**
— wichtige Arten **66 f.**
Taillenwespen 88
Talpa europaea 130 f.
Talpidae **130 f.**
Tamarus 37
Tannenrüßler 86
Tanzfliegen 108, **118 f.**, 118*, 138
— Aussehen **118**
— Ernährung **119**
— Lebensweise **119**
Tapinocyba 43
Tapinopa 43
Taufliegen 108, **120**
Tausendfüßer 28, **48 f.**
Tegenaria 40
Teich 141, **147**
Teich, Garten- **147**
Teichfledermaus 132
Teilbrache **146**
Telenomus 102*
Teleutaea striata 93
Terebrantes 88
Tetragnatha 41, 41*
Tetragnatha extensa 41*
Tetragnathidae **41**
Tetranychiden 47
Tetrix 40
Thanasimus formicarius 86, 86*
Thanatus 37, 37*
Thea vigintiduopunctata 77, 81, 81*
Theonoe 41
Theradiplosis 196
Theradiplosis persicae 240
Theridiidae **40 f.**
Theridion 41
Theridion impressum 40*, 41
Theridion pallens 40*
Thomisidae **37**
Thomisus 37
Thripse 25, 28, 47 f., **53**, 56, 83,
105, 150, 194, 196, **223 ff.**, 223*,
240
— Aussehen **53**
— Entwicklung **53**
— Ernährung **53**
Thripse, räuberische **53**, 53*
Thrombidiidae **44**
Thrombidiiden 46
Thysanoptera **53**
Tibellus 37
Tillus elongatus 86
Totholzbewohner 141
Totholzhaufen **139**
Traubenkirschen 138
Traubenwickler 172
Traubenwickler, Bekreuzter **181 f.**
Traubenwickler, Einbindiger **181 f.**
Trauermücken 25, 126, 194, 196,
235 ff., 235*, 236*, **241**
Trauerschnäpper 128 f.
Tricca 39
Trichodes apiarius 85*
Trichogramma 170 f., **178 f.**, **180 f.**,
180*, **181 f.**, **194**, 253
— Massenzucht **254***
— Zuchtmethoden **255**
Trichogramma cacoeciae 98*, 99,
172, **178 f.**
Trichogramma confusum 194
Trichogramma dendrolimi 99, 172,
178 f., **181 f.**, 194

Trichogramma embryophagum 99, **178f.**, **181f.**
Trichogramma evanescens 98*, 99, 167, 171f., **173ff.**, 173*, 174*, 181, **194**, **255**
  — Aussehen **173**
  — Einsatz gegen Maiszünsler **174ff.**
  — Entwicklung **173**
Trichogramma pallidum 99
Trichogramma pretiosum 242
Trichogramma semblidis 99
Trichogrammatidae 90, **98f.**, 162
Trichogrammatiden **98f.**
  — Aussehen **98**
  — Bedeutung **98f.**
  — Entwicklung **98**
  — Parasitierung **98**
  — wichtige Arten **99**
Trichomma enecator 93
Trichoncus 43
Trichoporus 194
Trichternetz 40*
Trichterspinnen **39f.**, 40*
Trochosa 39
Trockenmauer 139
Trockenrasen **145f.**
Trogulidae 31
Troilus luridus 61
Trombidiidae 48
Trombidiiden **48**, 48*
Trybiligrapha rapae 102
Tuberta 40
Tümpel **141**, 147
Turmfalke 128f.
Tylidae 108, **120**
Typhlodromus 47, 162
Typhlodromus pyri 47, **149f.**, 170, 172, 181, **185ff.**, 185*, **193**
Typhlodromus tiliarum 47

U
Überdüngung 136
Unkräuter 139, **194**
Unkräuter, Nützlinge gegen **194**
Untersaaten 139
Unterwuchs 20
Urtierchen, siehe Protozoen

V
Verfrachtungsverfahren 24
Vertebrata **127ff.**
Verticillium chlamydosporium 279
Verticillium lecanii **275**, 275*

Verwandlung, vollkommene 18
Vespa crabro 104, 104*, **155**
Vespidae 88, **103**, 104
Vespula 104
Vierzehnpunkt-Marienkäfer 20*
Viren 15, 25
Viren gegen Schadinsekten **277f.**
Viren, Kernpolyeder- 277
Viruspräparate **273**, 278
Vögel 15f., 28, 127, **128ff.**, 139, 141f., 145f., 148, **157f.**
  — Bedeutung **130**
  — Freibrüter **128**, 158
  — Höhlenbrüter **128**, 157f.
  — insektenfressende Arten 128
  — Nistkasten 157f., 158*
Vögel, Nistplätze für **139**
Vogelabwehrnetze **279**
Vogelarten, nützliche (T) **129**
Vogelschreckanlagen **279**
Vorratsschädling 92, **242**
Vorratsschutz **242**

W
Wacholderdrossel 130
Wachsmotte 92, 94
Wadenstecher 242, **244**
Walckenaeria 43
Wald **147f.**
Waldameise, Große Rote 106f., 107*
Waldameise, Kahlrückige 106, **155**
Waldameise, Kleine 106f., **155**
Waldameisen **155**
Waldkauz 128f.
Waldohreule 128f.
Waldrand 20, 136, **147f.**
Waldwächter 60
Waldwespe 104
Wanzen 16, 28, **53ff.**, 98, 102, 128, 138
  — Aussehen **53f.**
  — Bedeutung **54**
  — Entwicklung **54**
  — Ernährung **54**
Wanzen, Raub-, siehe Raubwanzen
Wasserfledermaus 132
Weberknechte **30f.**, 30*, 31*, 139
  — Aussehen **31**
  — Entwicklung **31**
  — Ernährung **31**
  — Lebensweise **31**
Weberknechte, Echte 31

Webspinnen 32
Wegrand 20, **146f.**
Wegwarte, Gemeine 141
Weichkäfer **84f.**, 84*, 138, 140, **153**, 153*
  — Aussehen **84**
  — Entwicklung **84f.**
  — Ernährung **85**
  — Vorkommen **85**
  — wichtige Arten **85**
Weichkäfer, Gemeiner 85
Weichkäfer, Rotgelber 85
Weichwanzen 54, **56ff.**, 58*
  — Aussehen **56f.**
  — Entwicklung **56f.**
  — Ernährung **57**
  — wichtige Arten **57f.**
Weichwanzen, räuberische 57*
Weinberg **144f.**
Weiße Fliegen 53, 63, 68, 79, 83, 97f., 162, 167, **194**, 196, 198, **212ff.**, 213*, **239**, 241, 268
Weißlingstöter 94
Wenigfüßer 48
Wespe, Deutsche 104, 104*, 141
Wespe, Gemeine 104, 104*
Wespe, Rote 104
Wespe, Sächsische 104
Wespen 128, 140
Wespen, solitäre 105, **154**
Wespenspinne 42*
Wickler 48, 93f., 101, 109, 132
Wiese 20, 146
Wiese, Feucht- 145
Wiese, Nützlings- **140**
Wiesel, Großes 133
Wiesel, Kleines 133
Wiesenschnake 172
Wildkatze 133
Wildkräuter 20
Wildkräuter, Acker- 144
Winterwirte 138
Wirbellose 28
Wirbeltiere 28, **127ff.**
Wirt **17f.**
Wirtspflanzen **138**
Wirtstier **17f.**
Wolf 133
Wolfsspinnen 32, **38f.**, 38*, 138, 149*
Wolläuse 25, 194, 196, **231ff.**, 231*, 240
Wühlmaus 133
Würger 129

Würmer 49, 130
Wurzelbohrer **241**

X
Xanthogramma 117
Xanthogramma pedissequum 117*
Xenerhabdus 125
Xerolycosa 39
Xylodrepa quadripunctata 87
Xysticus 37, 149*

Z
Zauneidechse 127, 139
Zecken 30
Zehrwespe, Blutlaus- 97
Zehrwespen 90, 97, 167, 170, **187f.**, 187*, **188ff.**, 189*
Zelotes 36
Zetzellia mali 48
Zicrona coerulea 61
Zikaden 43, 54, 57, 102, 105, 241
Zikadenwespen 102
Zilla 42
Zilpzalp 128f.
Zipfelkäfer 87
  — wichtige Arten **87**
Zitterspinnen **35**, 35*, 141
Zoochorie 90
Zoophtora 274
Zoridae 36
Zucht, 3-Stufen- **251ff.**
Zucht auf den natürlichen Wirts- bzw. Beutetieren **251ff.**
Zucht auf Ersatzorganismen und Diäten **253f.**
Zucht für Nützlingsprüfungen **259ff.**
Zuchten, Stamm- **254**
Zuchtmethoden **255ff.**
Zuchtverfahren 250
Zuchtverfahren, Massen- **251ff.**
Zweiflügler 28, 49, **107f.**, 125, 138
  — Entwicklung **107f.**
  — Ernährung **108**
  — Körperbau **107f.**
  — Lebensweise **108**
Zweipunkt 78, 78*
Zweispitzwanze 61
Zwergfüßer 48
Zwergschnäpper 128f.
Zwergspinnen **43**
Zwergwiesel 133
Zwiebelfliege 83, 92, 283
Zygoptera 50

Nützlinge, die in Deutschland kommerziell produziert und vertrieben werden

Die nachfolgende Zusammenstellung wurde freundlicherweise von Dr. Horst Bathon, Biologische Bundesanstalt für Land- und Forstwirtschaft, Institut für biologischen Pflanzenschutz, zur Verfügung gestellt. Sie beinhaltet die Ende 1999 in Deutschland kommerziell vertriebenen Nützlinge und erhebt keinen Anspruch auf Vollständigkeit.
Die Anzahl der Anbieter und das Spektrum der Nützlinge können sich im Laufe der Zeit ändern. Daher sollten Sie sich bei konkreten Anfragen zum Bezug der Nützlinge die Nützlingsliste im Internet ansehen oder sich an folgende Adresse wenden:

Biologische Bundesanstalt für Land- und Forstwirtschaft
Institut für biologischen Pflanzenschutz
Heinrichstraße 243
64287 Darmstadt
Tel.: 06151-4070
Fax: 06151-407290
URL: http://www.bba.de/inst/bi/i_bi.htm
Email: biocontrol.bba@t-online.de

Nützling	Eingesetzt gegen
Insektenparasitische Nematoden	
Heterorhabditis bacteriophora Poinar	Larven von Dickmaulrüsselkäfer, Engerlinge des Gartenlaubkäfers u. a. wurzelfressende Insektenlarven
Heterorhabditis megidis Poinar	Larven von Dickmaulrüsselkäfer u. a. wurzelfressende Insektenlarven
Steinernema carpocapsae Weiser	Larven von Dickmaulrüsselkäfer u. a. wurzelfressende Insektenlarven, Maulwurfgrillen
Steinernema feltiae Filipjev	Trauermückenlarven
Schneckenparasitische Nematoden	
Phasmarhabditis hermaphrodita A. Schneider	Nacktschnecken (Gattung *Deroceras, Agriolimax* u. a.)
Raubmilben	
Amblyseius barkeri Hughes	Thripse (u. a. *Frankliniella occidentalis*)
Amblyseius californicus McGregor	Spinnmilben
Amblyseius cucumeris Oudemans	Thripse (u. a. Frankliniella occidentalis)
Hypoaspis aculeifer Canestrini	Thripse
Hypoaspis miles Berlese	Thripse
Iphiseius degenerans Berlese	Thripse
Metaseiulus occidentalis Nesbitt	Spinnmilben
Phytoseiulus persimilis Athias-Henriot	Spinnmilben
Typhlodromus pyri Scheuten	Spinnmilben in Obst und Wein
Parasitische Hymenopteren	
Anagrus atomus Linnaeus	Zikaden-Eier
Aphelinus abdominalis Dalman	Blattläuse
Aphidius colemani Viereck	Blattläuse
Aphidius ervi Haliday	Blattläuse
Aphidius matricariae Haliday	Blattläuse
Aphidius rhopalosiphi Destefani-Perez	Blattläuse
Aphytis melinus DeBach	Schildläuse

Nützling	Eingesetzt gegen
Coccophagus scutellaris Dalman	Schildläuse (*Coccus, Saissetia*)
Dacnusa sibirica Telenga	Minierfliegen (Liriomyza u. a.)
Diglyphus isaea Walker	Minierfliegen (Liriomyza u. a.)
Encarsia formosa Gahan	Weiße Fliege
Encyrtus infelix Embleton	Schildläuse (*Saissetia hemisphaerica*)
Eretmocerus californicus Howard	Weiße Fliege
Eretmocerus mundus Mercet	Weiße Fliege
Leptomastidea abnormis Girault	Woll- u. Schmierläuse
Leptomastix dactylopii Howard	Woll- u. Schmierläuse
Leptomastix epona Walker	Woll- u. Schmierläuse
Lysiphlebus testaceipes Cresson	Blattläuse
Metaphycus helvolus Compere	Schildläuse
Microterys nietneri Motschulsky	Schildläuse
Opius pallipes Wesmael	Phytophage Dipteren
Pseudaphycus maculipennis Mercet	Woll- u. Schmierläuse
Trichogramma brassicae Bezdenko	Verschiedene Raupen
Trichogramma cacoeciae Marchal	Pflaumenwickler, Apfelwickler
Trichogramma dendrolimi Matsumura	Pflaumenwickler, Apfelwickler
Trichogramma evanescens Westwood	Maiszünsler, Schadschmetterlinge, vorratsschädliche Motten
Räuberische Dipteren	
Aphidoletes aphidimyza Rondani	Blattläuse
Coenosia humilis Meigen, *C. strigipes* Stein oder *C. attenuata* Stein	Weiße Fliege, Trauermücken, Minierfliegen
Episyrphus balteatus DeGeer	Blattläuse
Feltiella acarisuga Vallot (= *Therodiplosis persicae* Kieffer)	Spinnmilben
Räuberische Käfer	
Adalia bipunctata Linné	Blattläuse
Chilocorus baileyii Blackburn	Schildläuse
Chilocorus circumdata Gylenhal	Schildläuse
Chilocorus nigrita Fabricius	Schildläuse
Coccinella septempunctata Linné	Blattläuse
Cryptolaemus montrouzieri Mulsant	Woll- und Schmierläuse
Delphastus pusillus LeConte	Weiße Fliege
Rhyzobius (=*Lindorus*) *lophantae* Blaisdell	Schildläuse, Woll- und Schmierläuse
Raubwanzen	
Orius insidiosus Say	Thripse (Blasenfüße)
Orius laevigatus Fieber	Thripse (Blasenfüße)
Orius majusculus Reuter	Thripse (Blasenfüße)
Orius minutus Linné	Thripse (Blasenfüße)
Macrolophus caliginosus E. Wagner	Weiße Fliege
Macrolophus pygmaeus Rambour	Weiße Fliege
Florfliegen	
Chrysoperla carnea Stephens	Blattläuse